John E. Pfeiffer
Aufbruch in die Gegenwart

John E. Pfeiffer

AUFBRUCH IN DIE GEGENWART

Frühgeschichte
der menschlichen Gesellschaft

Econ Verlag
Düsseldorf · Wien

Titel der amerikanischen Originalausgabe:
Pfeiffer, The Emergence of Society, A Prehistory of the Establishment, McGraw-Hill Book Company, New York 1978
Übersetzung von Kurt Simon

1. Auflage 1981
Copyright © 1981 by Econ Verlag GmbH, Düsseldorf und Wien
Alle Rechte der Verbreitung, auch durch Film, Funk und Fernsehen,
fotomechanische Wiedergabe, Tonträger jeder Art,
auszugsweisen Nachdruck oder Einspeicherung
und Rückgewinnung in Datenverarbeitungsanlagen
aller Art, sind vorbehalten.
Gesetzt aus der Times der Fa. Hell
Satz: Dörlemann-Satz, Lemförde
Papier: Papierfabrik Schleipen GmbH, Bad Dürkheim
Druck und Bindearbeiten: Richterdruck, Würzburg
Printed in Germany
ISBN 3 430 17472 4

Für Andy, Marianne,
Joan und Bill

Inhalt

DANK FÜR MITARBEIT UND UNTERSTÜTZUNG — 13

EINLEITUNG — 21

I DER MENSCH, EIN NEUES PRODUKT DER EVOLUTION — 29

Eine Explosion von Kulturen/Die Aufgabe des Jagens und Sammelns und das Entstehen der Landwirtschaft und der Städte/Die ersten Staaten/Die Familiarisierung des Mannes/Bevölkerungsdruck und das Hinschwinden der Gleichheit/Harmlose Anfänge, revolutionäre Ergebnisse

II LEBEN MIT DER NATUR, DIE KLUGHEIT DER JÄGER UND SAMMLER — 49

Die Evolution der Primaten/Der Zug aus den Wäldern in die Savannen/Die Anfänge des Fleischessens, des Teilens und der Wohnstätten/Die älteste Schlachtungsstelle/Abwanderung aus Afrika und die frühesten Herdstellen/Der Neandertaler-Mensch und der Glaube an ein Leben nach dem Tod/Die Entstehung des modernen Menschen und der Kunst/Die letzten Jäger und Sammler/Eine Weihnacht in der Kalahari

III DIE KULTIVIERUNG DES BODENS, VERÄNDERUNG DER NATUR — 71

Mangel an Nahrung und Land/Bevölkerungsdruck, schmelzende Gletscher und ansteigende Meere/Die Bemühung, das Jagen und Sammeln zu retten/Gärten und Ackerbau durch Feuerrodung/Domestizierung von Tieren/Seßhaftwerdung und der erste Bevölkerungsaufschwung

IV KONFLIKT UND KONTROLLE, DAS ENTSTEHEN VON ELITEN — 91

Das Aufkommen von Eliten/Arithmetik der Gewalt/Die Rolle des Handels bei der Verringerung von Konflikten/Rituelle Kriegführung/Archäologie des »Häuptlingswesens«/Kampf um Sicherheit/Das Auftauchen göttlicher Könige

V NEUE WEGE ZUR ENTDECKUNG VON WANDEL IN VERGANGENEN ZEITEN — 117

Neue Techniken zur Rekonstruktion prähistorischer Gesellschaften/Oberflächenfunde als Hinweis auf das, was unter der Erde liegt/Verräterische Knochen/Die »Sprache« der Töpferwaren/Die geheimnisvollen Straßen im Chaco Cañon/Sechseckige Siedlungsmuster/Computer vor Ort

VI DIE ENTSTEHUNG DES ACKERBAUS IM NAHEN OSTEN — 141

Der fruchtbare Halbmond/Die Bedeutung von Mikrolithen, Mahlsteinen und Sichelglanz/Gazellenherden in Israel/Ein Experiment mit einer Ernte im prähistorischen Stil/Die Gebäude an der Fundstelle »Schatzinsel«/Architektur als Zeichen sozialen Wandels/Die frühesten Bewässerungskanäle

VII DAS AUFKOMMEN VON STÄDTEN UND KÖNIGEN — 165

Die Straße nach Uruk/Landvermessung in der Wüste/Eine der ersten Städte der Welt/Ein Tempellabyrinth/Hierarchien von Menschen und Orten/Frühe Städteplanung/Die Todesgrube bei Ur/Neue Ausgrabungen an einem alten Zentrum in Syrien/Die Gefahren des Königtums

VIII KAUFLEUTE UND HANDELSROUTEN, QUER DURCH DIE IRANISCHE HOCHEBENE — 191

Die Obsidian-Straßen/Das Handelszentrum Susa/Lapislazuli, »der Diamant der Sumerer«/Massenproduktion und Rationalisierung/Steinschalen für die Eliten/Der Ursprung der Schrift/Die ersten Schulen/Eine Nomadenwohnstätte/Die Grenzen der Kontrolle

IX GEPLANTE STÄDTE, DIE ENTWICKLUNG IN INDIEN _____ 215

Domestizierung des Menschen/Kontinente in Kollision/Westliches und östliches Werkzeug/Die ersten Städte im Tal des Indus/Pollen-Funde/Ein Schatz in Zentralasien/Die Ausbreitung von Handelsnetzen/Bilder auf Steinsiegeln/»Meilen der Monotonie«/Die Fortdauer von Tradition

X RITUAL UND KONTROLLE IM FERNEN OSTEN _____ 239

»Brennpunkt« China/Die älteste bekannte Töpferei/Inschriften auf Orakelknochen/Die gute Erde und die Verehrung männlicher Vorfahren/Menschliche Massenopfer/Die Gärten Südostasiens/Der Beweis für Reisanbau/Die frühesten Bronzen/Die Stadt im Mekong-Delta/Bildnishügel/Die kunstvollste Pyramide

XI AFRIKANISCHE URSPRÜNGE, AFRIKANISCHE MACHT _____ 269

»Die Stadt des Falken«, eine ägyptische Hauptstadt/Eine prähistorische Fundstelle in der Wüste/Yam-Anbau in Westafrika/Handelsrouten quer durch die Sahara/Die ersten Städte Westafrikas und erste göttliche Könige/Das Eisenzeitalter in Südafrika/Geld in Form von Kupferkreuzen/Die Entstehung eines Staates auf Madagaskar

XII EUROPA, DIE KLEINE HALBINSEL _____ 299

Das Modell der Ausbreitungswelle/Ackerbauspuren in einer Höhle am Meer/Tempel und Häuptlingswesen auf Malta/Europas erste Stadt/Das Auftauchen von Megalithen, »Grabmäler für die Lebenden«/Sonnenaufgänge in Stonehenge/Aufstieg und Fall der Kelten

XIII DIE SEEFAHRER, PIONIERE IM PAZIFIK _____ 325

Die Besiedlung Australiens/Ein Subkontinent ohne Bauern/Zeugnisse für Gartenbau in Neuguinea/Erforschung Ozeaniens/Segeln nach Sternen und Wellen/Unterwasserblitze/Das Häuptlingswesen Polynesiens/Plätze und Pyramiden/Die Maori-Festungen von Neuseeland/Göttliche Herrscher auf Hawaii/Die Grenzen der »primitiven« Gesellschaft

XIV DIE EVOLUTION DES RITUALS IN DER NEUEN WELT _____ 355

Pioniere aus Sibirien/Die Debatte um Mais/Heilige Plätze und Tempel/Der Aufstieg der Olmec/Das rituelle Zentrum auf dem Tafelland/Kolossalköpfe/Die Gegenwart der Olmec/Die Sippen der Werjaguare und Feuerschlangen/Handel mit Obsidian, Jade, Mantastacheln/Die Verstümmelung von Monumenten

XV HOCHKULTUREN IN MITTELAMERIKA — 385

Die 2300 Terrassen von Monte Alban/Eroberungsaufzeichnungen in Stein/Die erste Schrift der Neuen Welt/Wachsender Abstand zwischen Elite und Gemeinen/Der Aufstieg der Mayas/Die Pyramiden von Tikal/Siedlungsmuster im Urwald/Hierarchien und Hieroglyphen/Die Mayas des 20. Jahrunderts/Macht und Ritual im Tal von Mexiko/Die Höhle unter der Sonnenpyramide/Planung und Großmacht

XVI ÜBERLEBEN UND RELIGION IN DEN ANDEN — 417

Nomaden der Berge/Domestizierung von Bohnen, Meerschweinchen und Cameliden/Hochliegende Weiden und Gärten im Tal/Trockengefrieren von Knollen/Überlebensmuster in großen Höhen/Die Ausbreitung des Chavín-Kultes/Lama- und Menschenkarawanen/Besiedelung längs der Küste/Archäologie im Urwald/Die »Archipele« der Anden/Tiahuanaco, Stadt in den Wolken/Erkenntnisse aus Dorfarchiven/Geheimnisvolle Muster im Wüstensand/Ursprünge in Ecuador

XVII DIE FRÜHGESCHICHTE KOMPLEXER GESELLSCHAFTEN IN DEN VEREINIGTEN STAATEN — 443

Dörfer und Bewässerung im Südwesten/Die ersten Pueblos/Die Ara- und Raben-Totems/Pueblo Bonito/Jäger und Sammler der östlichen Waldgebiete/Die Hügelbauer im Mittelwesten/Friedhofzeugnisse für das Aufkommen von Eliten/Der Hopewell-Kult/Cahokia, die Stadt am Mississippi/Ritual und Opfer/Die Ähnlichkeit von frühgeschichtlichen und modernen Methoden der Landbestellung

XVIII DIE SUCHE NACH SICHERHEIT — 479

Die Umgestaltung der Wildnis – der hohe Preis für das Überleben/Spiralen von Angebot und Nachfrage/Verteilung der Risiken/Schenken, Strategien zur Erhaltung des Friedens/Handelsnetze bei den Yanomamö/Menschenopfer/Eliten im Hochland von Neuguinea/Das Prinzip des Sichausdehnens oder Untergehens/Ökologie und Religion in den kolumbianischen Regenwäldern/Die Stadt als höchstes Kunstprodukt

XIX GESETZMÄSSIGKEITEN DER SOZIALEN EVOLUTION 503

Warum Städte sterben/Nachlassende Fruchtbarkeit des Bodens in Sumer/Möglicher Nahrungsmangel im Tal von Mexiko/Die Grenzen der Kontrolle/Das Problem der Einflüsse aus Übersee/Die Herabsetzung der Frauen und die Entstehung von Geringschätzung/Geschlechtsbewußtsein bei den seßhaften Buschmännern/Die »Gelbe Gefahr« und die Systemtheorie/Stärken und Schwächen der Hierarchien/Magische Zahlen/Die Bedeutung der Schrift/Schaffung einer sicheren Umwelt durch den Menschen

LITERATUR 531

PERSONEN- UND SACHREGISTER 551

DANK FÜR MITARBEIT
UND UNTERSTÜTZUNG

Im August 1969 begann dieses Buch Formen anzunehmen, als ich einige Tage bei Robert McC. Adams vom Orientalischen Institut der University of Chicago in seiner Blockhütte in den Rocky Mountains weilte. Zwischen den täglichen Arbeiten – er war damit beschäftigt, sein Stück Land zu säubern – vermittelte er mir einen Eindruck davon, was es bedeuten würde, die Ursprünge des Akkerbaus und der ersten Städte zu erforschen, welche Bücher man lesen müßte, welche Leute und Ausgrabungsstätten aufzusuchen wären.

Adams war ein Gründungsmitglied meines inoffiziellen »Beraterausschusses«, Forscher, an die ich mich bei vielen Gelegenheiten um Informationen und Rat gewandt habe. Die erste Einladung, mich einer archäologischen Expedition anzuschließen, erhielt ich von seinem Insitutskollegen Robert Braidwood, einem Bahnbrecher bei der Untersuchung frühgeschichtlicher Ackerbaudörfer im Nahen Osten. Weitere Gründungsmitglieder waren Lewis Binford von der University of New Mexico, Robert Carneiro vom American Museum of Natural History, Michael Coe von der Yale University, Kent Flannery von der University of Michigan, Eric Higgs von der Universität Cambridge, Donald Lathrap von der University of Illinois, Richard MacNeish von der Peabody Foundation für Archäologie, John Murra von der Cornell University, William Sanders von der Pennsylvania State University und Paul Wheatley von der University of Chicago.

Folgende Forscher erklärten mir ihre Arbeit »vor Ort« während meiner Besuche an Ausgrabungsstätten im Verlauf von vier Jahren: Griechenland – Eric Higgs. Guatemala – Dennis Puleston, University of Minnesota. Hawaii – Marshall Sahlins, University of Chicago. Iran – Harvey Weiss, Yale University; Henry Wright, University of Michigan. Irak – McGuire Gibson, University of Chicago; Julian Reade, London; Jürgen Schmidt, Deutsches Archäologisches Institut in Bagdad. Mexiko – Richard Blanton, Purdue University, Flannery; David Grove, University of Illinois; Susan Lees, Hunter College; Joyce Marcus, University of Michigan; James Neely, University of Texas; Jeffrey Parsons, University of Michigan; Sanders. Neuguinea – Jocelyn Powell, University of Papua and Neuguinea. Neuseeland – Wilfred Shawcross, Australian National University. Peru – Lathrap, MacNeish; Thomas Patterson, Temple University. Taiwan – Kwang-chih Chang, Yale University. Tasmanien – Rhys Jones, Australian National University. Türkei – Braidwood. Vereinigte Staaten – Charles Bareis, University of Illinois, Binford; James Brown und Gail Houart, Northwestern University; William Longacre und Jefferson Reid, University of Arizona; Robert Salzer, Beloit College.

Die im Buch erwähnten Personen redigierten Abschnitte, die sich mit ihrer Arbeit befassen. Außerdem erhielten Coe und Warwick Bray vom Institute of Archaeology in London erste Entwürfe für Kapitel und schlugen Änderungen vor zugunsten von Genauigkeit und richtiger Akzentuierung. Aus ihren Kommentaren entstanden viele Änderungen; noch verbliebene Irrtümer gehen zu meinen Lasten.

Die nachfolgend genannten Personen lieferten mir noch nicht veröffentlichte Informationen, überprüften Abschnitte auf Genauigkeit, beantworteten Fragen und hielten mich ganz allgemein auf dem laufenden: Albert Ammerman, Stanford University; James Anderson, Cahokia Mounds State Park; Pedro Armillas, University of Illinois, Chicago Circle; David und Nancy Asch, Northwestern University; Eduard M. van Zinderen Bakker, Universität des Oranje-Freistaats; Ofer Bar-Yosef, Hebräische Universität Jerusalem; Daniel Bates, Hunter College; Donn Bayard, University of Otago, Neuseeland; Peter Bellwood, Australian National University; Robert Bettarel, York College; Michael Bisson, McGill University; Ester Boserup, Dänische Delegation bei den Vereinten Nationen; Jeffrey Brain, Harvard University; Keith Brandt, University of Wisconsin; Bennett Bronson, Field Museum of Natural History, Chicago; Karl Butzer, University of Chicago; Edward Calnek, University of Rochester; Halet Cambel, Universität Istanbul; Vern Carroll, University of Michigan; Richard Cassels, University of Auckland; Napoleon Chagnon, Pennsylvania State University; William Chmurny, State University of New York College, Potsdam (USA); Desmond Clark, University of California, Berkeley; Clemency Coggins, Harvard University; Mark Cohen, State University of New York College, Plattsburgh; Michael Cole, Rokkefeller University; Della Cook, University of Indiana; Pat Coursey, Tropical Products Institute, London; George Cowgill, Brandeis University; Carole Crumley, University of Missouri.

Außerdem Bruce Dahlin, Catholic University of America; Patricia Daly, Columbia University; Hilary Deacon, University of Stellenbosch; Robin Dennell, Universität Sheffield; Jan De Wet, University of Illinois; William DiVale, York College; Geneviève Dollfuss, Französische Archäologische Delegation im Iran; Theodore Downing, University of Arizona; Patricia Draper, University of New Mexico; Robert Drennan, Peabody Foundation for Archaeology; Robert Dyson, University of Pennsylvania; Timothy Earle, University of California, Los Angeles; James Ebert, University of New Mexico; John Eisenberg, Smithsonian Institution; Carol und Melvin Ember, Hunter College; Brian Fagan, University of California, Santa Barbara; Walter Fairservis, Vassar College; Kenneth Farnsworth, Northwestern University; Louise Firouz, Teheran; Richard Ford, University of Michigan; Melvin Fowler, University of Wisconsin, Milwaukee; Derek Freeman, Australian National University; Walton Galinat, University of Massachusetts, Waltham; Howard Scott Gentry, United States Department of Agriculture; Ian Glover, Institute of Archaeology, London; Jack Golson, Australian National University; Chester Gorman, University of Pennsylvania; Richard Gould, Universität von Hawaii; Michael Gregg, University of Wisconsin, Milwaukee; James Griffin, University of Michigan; Daniel Gross, Hunter College.

Ebenso Robert Hall, University of Illinois, Chicago Circle; Christopher Hamlin, University of Pennsylvania; Norman Hammond, Universität Cambridge; Margaret Hardin, Loyola University, Chicago; Thomas Harding, University of California, Santa Barbara; Jack Harlan, University of Illinois; Michael Harner,

New School for Social Research; Henry Harpending, University of New Mexico; David Harris, University College, London; Eric Havelock, New Milford, Conn.; Charles Higham, University of Otago; Robert Hitchcock, University of New Mexico; Ping-ti Ho, University of Chicago; Michael A. Hoffman, University of Virginia; Robert Hommon, Bishop Museum, Honolulu; Frank Hole, Rice University; Gail Houart, Northwestern University; Alan Howard, Universität von Hawaii; Nancy Howell, University of Toronto; Eva Hunt, Boston University; Karl Hutterer, University of Michigan; Fumiko Ikawa-Smith, McGill University; Glynn Isaac, University of California, Berkeley; Michael Jarman, Universität Cambridge; Gregory Johnson, Hunter College; Christopher Jones, University of Pennsylvania; William Judge, University of New Mexico; Marion Kelly, Bishop Museum, Honolulu; Diana Kirkbride, British School for Archaeology im Irak; Anne und Michael Kirkby, University of Bristol; Richard Klein, University of Chicago; Philip Kohl, Wellesley College; Conrad Kottak, University of Michigan; Stephen Kowalewski, Lehman College; Carl Lamberg-Karlovsky, Harvard University; Richard Lee, University of Toronto; David Lewis, Australian National University; Michael Ligan, University of East Carolina; Jose Luis Lorenzo, Department of Prehistory, Mexiko; Thomas Lynch, Cornell University.

Ebenso Abdullah Masry, Abteilung für Altertum, Saudi-Arabien; Margaret Mead, American Museum for Natural History; Heinrich Mendelssohn, Universität Tel Aviv; Dorothy Menzel, University of California, Berkeley; Sarunas Milisauskas, State University of New York, Buffalo; René Millon, University of Rochester; Marion Mochon, University of Wisconsin, Parkside; Michael Moseley, Field Museum of Natural History; Hallum Movius, Harvard University; Patrick Munson, University of Indiana; Toni Nelken-Terner, Sorbonne, Paris; Robert Netting, University of Arizona; Hans Nissen, Freie Universität Berlin; Joan Oates, Universität Cambridge; Arturo Oliveros, Department of Prehistory, Mexiko; Leo Oppenheim, University of Chicago; Hamilton Parker, University of Otago; Richard Pearson, University of British Columbia; Christopher Peebles, University of Michigan; Dexter Perkins, Columbia University; Jean Perrot, Französische Archäologische Delegation im Iran; Nicolas Peterson, Australian National University; Warren Peterson, University of Illinois; Barbara Pickersgill, University of Reading; Jane Wheeler Pires-Ferreira, George Washington University; Fred Plog, State University of New York, Binghamton; James Porter, Loyola University of Chicago; Gregory Possehl, University of Pennsylvania; Tatiana Proskouriakoff, Harvard University; Olga Puleston, University of Minnesota; Nanette Pyne, University of Washington.

Ebenso Roy Rappaport, University of Michigan; William Rathje, University of Arizona; Evelyn Rattray, Mexico City; Richard Redding, University of Michigan; Charles Redman, State University of New York, Binghamton; Charles Reed, University of Illinois, Chicago Circle; Colin und Jane Renfrew, Universität Southampton; James Rock, Klamath National Park, Kalifornien; Robert Rodden, University of California, Berkeley; Ralph Rowlett, University of Missouri; Jeremy Sabloff, University of Utah; Isa Salman, Generaldirektorium für Altertum, Bagdad; Earl Saxon, Universität Durham; Robert Schacht, University of Maryland; Charles Scheffer, Temple University; Carmel Schrire, Rutgers University; Thayer Scudder, California Institute of Technology; Thurstan Shaw, Cambridge; Kathleen Shawcross, Department of Internal Affairs, Neuseeland; Gale Sieveking, British Museum; Gurdip Singh, Australian National University; William Skinner, Stanford University; Carol Smith, Duke University; Philip Smith, University of Montreal; Wilhelm Solheim, Universität von Hawaii; Michael Spence, University of Western Ontario; David Starbuck, Yale University; Ledyard Stebbins, University of California, Davis; David Stronach, British Institute of Archaeology, Teheran; Derek Sturdy, Universität Cambridge.

Ebenso Joseph Tainter, University of New Mexico; Eitan Tchernov, Hebräische Universität, Jerusalem; David Thomas, American Museum of Natural History; Harold Thomas, Harvard University; Charles Tilly, University of Michigan; Ruth Tringham, Harvard University; Robert Vierra, Northwestern University; Bernard Wailes, University of Pennsylvania; Patty Jo Watson, Washington University; David Webster, Pennsylvania State University; Fred Wendorf, Southern Methodist University; Theodore Wertime, Smithsonian Institution; Polly Wiesner, University of Michigan; Johannes Wilbert, University of California, Los Angeles; Gordon Willey, Harvard University; Stephen Williams, Harvard University; Edwin Wilmsen, University of Michigan; Elizabeth Wing, University of Florida; Marcus Winter, University of Michigan; Howard Winters, New York University; John Wilson, Hightstown, N. J.; Martin Wobst, University of Massachusetts, Amherst; Gary Wright, State University of New York, Albany; Vero Wynne-Edwards, University of Aberdeen; Richard Yarnell, University of North Carolina; Douglas Yen, Bishop Museum, Honolulu; Cuyler Young, Royal Ontario Museum; Melinda Zeder, University of Michigan; Daniel Zohary, Hebräische Universität Jerusalem. Eine Reihe von diesen Personen leistete auch Hilfe bei der Sammlung von Fotos und anderen Kunstgegenständen.

Richard Krause von der University of Alabama, Warren Kornberg von der National Science Foundation, Cyr Descamps, Richard Shutler gebührt Dank für besondere Bemühungen bei der Beschaffung von Fotos.

Von Stiftungen habe ich Unterstützung, u. a. auch finanzielle, erhalten. Besuche an fast 100 Fundorten wurden durch ein Stipendium der Carnegie Corporation, New York, und durch das aktive Interesse von Margaret Mahoney ermöglicht. Lita Osmundsen von der Wenner-Gren Foundation for Anthropological Research hat mir auf verschiedene Art und Weise geholfen – mit Vorschlägen, die auf ihrer breiten Kenntnis der Anthropologie und der Bekanntschaft mit Anthropologen basieren, mit ihrem Verständnis für die Probleme eines Schriftstellers und mit echter Ermutigung, wenn sie am dringendsten benötigt wurde.

Lois White von der Australian National University hat während der ganzen Zeit als unschätzbarer Mittler gedient, indem er den Informationsfluß zwischen meinem Büro in Pennsylvania und ihrem in Canberra aufrechterhielt.

Susan Gamer, Orren Alperstein und Cathy Clark erledigten einen großen Teil der Korrespondenz und der Nachforschungen, die für die Nachprüfung von Abschnitten der Kapitel und für die Beschaffung des Bildmaterials erforderlich waren. Rita Chesterton besorgte das Schreiben der Manuskripte und Barbara Honal das der Reinschrift; sie hielten ihre Termine ein, besser als ich es tat. Besonderer Dank gebührt Bob Mitchell, wissenschaftlicher Leiter, und Peggy Conroy für ihre Arbeit bei der Koordinierung der komplizierten Planungsprobleme.

Sehr viel verdanke ich Jeanette Hopkins, die dieses Buch wie auch *The Emergence of Man* redigierte. Da gibt es noch so viel zu tun nach den Interviews und dem Lesen, nach der Sichtung und Ordnung der Forschungsergebnisse, nach dem ersten Entwurf, um die Information farbig und frei von Fachsprache zu präsentieren – Fragen des Stils, der Verständlichkeit und Sparsamkeit im Ausdruck. Ihr Beitrag in diesem Stadium, da die meisten Bücher als vollendet erachtet werden, war bemerkenswert, und ich erkenne das mit vielem Dank an. Sie trug auch die Verantwortung für die Kontrolle bei der Suche nach Abbildungen.

EINLEITUNG

Was auch immer die Zukunft bringen mag, der Mensch bewegt sich schneller und schneller dahin, mitgerissen von einer Evolution, die vor 10 000 Jahren begann, als die Welt noch eine Wildnis war und er ein wildes Tier, das im wesentlichen so lebte wie seine Vorfahren Jahrmillionen lang – auf Futtersuche in seinem engeren Revier, andere Wildspezies ausbeutend und weiterziehend, wenn der örtliche Überfluß schwand. Der Steinzeitmensch, ein Jäger und Sammler, ist durch seine Lagerplätze bekannt, durch konservierte Ablagerungen, die unter Felsüberhängen, in Höhlen und auch an ungeschützten Stellen ausgegraben wurden. Seine Transformation, erste Stufe der Evolution, ist ebenfalls in prähistorischen Zeugnissen zu erkennen. Es gibt Bauwerke, Steinwälle, Tonziegel in Standardgrößen, Mörtel, Fenster und Nischen, sauber gestoßene Fugen, vorgefertigte Tonplatten, Sockel für Türen. Die Menschen, die dies errichteten, waren keine Nomaden mehr. Sie waren seßhaft geworden. Sie hatten eine neue Art von Wohnstätte erfunden und, was noch bedeutsamer war, eine neue Weltanschauung, deren Anbruch sie nicht hatten voraussehen können.

Vor 10 000 Jahren begannen die früheste Lebensweise des Menschen, seine ursprünglichen Traditionen sowie seine Ethik zu zerfallen. Die Regel der Futtersucher, Jäger und Sammler war immer die Kleingruppe gewesen: Sie lebten in kleinen Horden, drängten sich nachts um isolierte Lagerfeuer und sahen selten Fremde. Die neuen Menschen lebten zunächst auch in kleinen Gruppen, ihre frühesten Gemeinwesen waren eine Reihe von Hütten, die nur wenigen verwandten Familien Unterkunft gewährten. Wurden die Familien größer, so neigten sie dazu, sich in zwei Gemeinschaften aufzuspalten. Als die Besiedelung des Landes dichter wurde, kehrte sich der Vorgang in das Gegenteil um. Langsam zuerst und dann immer schneller, strömten die Menschen zu Hunderten in einigen Zentren des Handels, der Festlichkeiten und der geschäftigen Märkte zusammen. Sie schufen neue Umgebungen, die wiederum andere anzogen, um einen neuen Zauber, neue Möglichkeiten und Tätigkeiten zu entdecken, die jenseits von Jagen und Sammeln und Urbarmachen des Landes lagen. Die ersten Städte wuchsen nicht lange nach den ersten Dörfern; darin wohnten die ersten Massen und die ersten nicht miteinander verwandten Nachbarn.

Das Zusammenleben trennte die Menschen, wie sie nie zuvor getrennt waren. Die Welt der Jäger und Sammler war eine Welt der Gleichgestellten gewesen. Aufschneider waren lächerlich gemacht worden, bis sie verstummten. Möglichen Schätzesammlern brachte man so deutlich das Gefühl des Unerwünschtseins, des Ausgestoßenseins bei, daß ein für wertvoll erachteter Besitz schnell wieder zum Geschenk wurde und wie eine heiße Kartoffel von einer Person zur anderen, von einer Horde zur anderen weitergereicht wurde. Jetzt gab es zum erstenmal Orte für wichtige Leute, für eine Elite, für Pomp und Förmlichkeit, für Arroganz und die Anhäufung und Zurschaustellung von Wohlhabenheit. Die Entstehung einer komplexen Gesellschaft, die radikalste Entwicklung in der Evolution des Menschen seit der Entstehung der Menschenfamilie aus den Affenvorfahren vor etwa 15 Millionen Jahren, ist eines der tiefsten Geheimnisse für die Wissenschaft. Es muß eine Reaktion auf die drohende Auslöschung gewesen sein; nichts Geringeres hätte die Aufgabe einer Lebensweise bewirken können, die eine Ewigkeit Bestand gehabt hatte.

Sammeln und Jagen war eine wirksame Adaptierung an die Wildnis gewesen und gestattete dem Menschen, sich aus dem afrikanischen Buschland und den Savannen, wo er herstammte, zu verbreiten und auf allen Kontinenten und in allen Klimazonen Lebensraum zu finden. Mehr als alle seither entwickelten Systeme boten das Jagen und Sammeln Muße sowie ein leichteres und spontaneres Leben. Die vollständige Geschichte des Verschwindens dieser Lebensweise ist nicht bekannt. Es gibt eine Theorie, nach der Übervölkerung, Verknappung und drohende Hungersnot wahrscheinlich dafür verantwortlich sind. Die Weltbevölkerung hatte sich sehr langsam, aber stetig vermehrt. Die alten zuverlässigen Methoden der Nahrungsbeschaffung begannen vor 10 000 Jahren in einigen verstreuten Gebieten des Nahen Ostens und vielleicht auch andernorts zu versagen. In gewissem Sinne versagte die Natur selbst. Die Wildnis konnte nicht mehr ausreichend Nahrung liefern, es gab zu viele Menschen.

Vielleicht hätte damals die Welt für immer dem Jagen und Sammeln erhalten werden können, wäre der Mensch in der Lage gewesen, seine Fortpflanzungsgewohnheiten zu ändern, hätten die Populationen zu wachsen aufgehört. Der Mensch vermehrte sich aber und veränderte während des Prozesses auch die Natur. Er siedelte, entwickelte Bauernhöfe und Bewässerungssysteme und vermehrte sich dann noch schneller. Die vergangenen zehn Jahrtausende sind ein fortwährender Kampf um Ausgewogenheit gewesen, der Wettlauf einer wachsenden Bevölkerung und einer zunehmend ausgeklügelteren Nutzbarmachung des Bodens, wobei die Bevölkerungszahl immer in Führung lag.

Die Bemühung um Kontrolle in einer Welt des unkontrollierten Wachstums bietet Hinweise auf die Quellen der komplexen Gesellschaft. Es gibt grundlegende Verbindungen – die noch genau erforscht werden müssen – zwischen Bevölkerungsdruck und dem Entstehen von Eliten und Hierarchien. Mit dem Auftauchen großer Gemeinden kultivierten die Familien das Land nicht mehr nur für sich und ihren eigenen unmittelbaren Bedarf, sondern für Fremde und für kommende Tage. Sie arbeiteten den ganzen Tag, nicht nur einige Stunden täglich, wie es die Jäger und Sammler getan hatten. Es gab Arbeitspläne, festgelegte Mengen, Aufseher und Strafen für Nachlässigkeiten.

Die Menschen konnten ihre Anstrengungen niemals nur mit dem Zwang zu überleben rechtfertigen. Sie bedurften besonderer Gründe für das lange und harte Arbeiten gegen ihre bessere Einsicht, Gründe, die über die Notwendigkeit hinausgingen. Sie haben vielleicht damit begonnen, die Notwendigkeit zu erklären und zu bewerten, und zwar durch die Einführung neuer Religionen, künstlicher Umgebungen für die Erhaltung dieser Religionen und einer Arbeitsethik, die die Aufgabe des Organisierens von Institutionen für ein Überleben sanktionierte und glorifizierte.

Die Religion spielte in der Formung der frühen Städte und

Stadtstaaten eine zentrale Rolle. Die Menschen arbeiteten in erster Linie nicht zu ihrem eigenen Nutzen. Sie gehorchten den Befehlen der Götter, wie sie ihnen durch Könige übermittelt wurden, die dann nach einer gewissen Zeit selbst zu Göttern wurden. Ganze Gesellschaften, Zuschauer wie Akteure, nahmen an den großartigsten Zeremonien teil, bewegten sich nach den Rhythmen von Tanz, Musik und Gesängen, zu Zwergen verkleinert und überwältigt und verzaubert durch den Maßstab der Dinge – die riesig großen Plätze und hohen Plattformen, die Tempel und Paläste, die Monumente und Skulpturen und brillant gemalten Friese.

Im Dienste des Glaubens würden Wissenschaft und Kunst gleichermaßen mobilisiert. Vorausgesagte Verfinsterungen, vorausgesagte Sonnenaufgänge im Sommer und Wintersonnenwenden wurden als Beweis gewertet, daß König und Priester, die Stars in den Schaugeprängen, nicht nur den Göttern nahe waren, sondern in der Ordnung der Himmelsvorgänge ein Wort mitzureden hatten. Es war mehr als Theater, mehr als Illusion, weil nichts so real ist wie eine Illusion, an die kollektiv geglaubt wird. Die Tier- und Menschenopfer waren wirklich, und so war es auch mit dem Zwang, die Menschen durch eine Loyalität zusammenzuhalten, die weiterging als die Loyalität von Blut und Verwandtschaft.

Konflikte gab es bereits in den einfachsten, flexibelsten und informellen Gesellschaften, sogar zwischen kleinen Gruppen von Jägern und Sammlern, wo der einzelne zu Zeiten wachsender Spannung jederzeit zu einer anderen Gruppe wechseln konnte. Konflikt erreichte neue Intensitätsgrade zwischen Gruppen, die sich nicht mehr wegrühren konnten, weil sie sich an Besitz und ein Leben in der Masse gebunden hatten. Nähe bildete eine Quelle für Spannung, einen Abgrund, der Menschen trennte, die sich einmal nahe waren. Zur Zeit der Jäger und Sammler hatten Männer und Frauen als Gleichgestellte zusammengelebt. Aus unbekannten Gründen kam mit der Ansiedlung und der Landwirtschaft, mit dem Entstehen einer komplexen Gesellschaft auch der Sexismus auf.

Handel und auch Religion wurden mobilisiert, um Konflikte unter Kontrolle zu halten. Die Eliten tauschten wertvolle Geschenke aus. Gemeinschaften hörten auf, Produkte herzustellen, die sie benötigten, und erzeugten andere Produkte in Mengen, die über den eigenen Bedarf hinausgingen, einfach um Dinge zu haben, mit denen sie bei benachbarten Gemeinschaften Handel treiben konnten – all dies, um das Wohlwollen sowie Gesetz und Ordnung zu erhalten. Und doch war Krieg chronisch. Der Mensch war immer noch dabei, sich selbst zu zähmen, sich aus einer wilden in eine domestizierte Spezies zu wandeln, eine Umformung, die noch immer nicht abgeschlossen ist.

In dem andauernden Bemühen, Frieden zu erringen, ist das Entziffern der schwer zu definierenden Zeugnisse vergangener Zeiten genauso wichtig wie Grenzgebiete und Petitionen und Diplomatie auf höchster Ebene. Die Erforschung der Entstehung von Gesellschaften, in sich schon ein wichtiges Beispiel für aktive Evolution, weitet sich aus und zieht dabei Studierende an, die sich noch vor zehn Jahren auf »harte« Wissenschaften wie Physik, Chemie und Biologie gestürzt hätten. Spuren gibt es überall, in übriggebliebenen Wildnisflecken von Bergen, Wüsten und Dschungeln, die so abseits gelegen sind, daß man sie erst nach mehreren Tagesmärschen erreichen kann – und ganz dicht bei uns in Hinterhöfen, im Schatten von Wolkenkratzern. Die Forscher rekonstruieren das Auftauchen von Göttern und Mächten ganz allmählich aus prähistorischen Werkzeugen und Geräten, die in Ruinen auf der ganzen Welt entdeckt werden, aus regionalen Landvermessungen und den Analysen altertümlicher Siedlungsanlagen, aus Beobachtungen zeitgenössischer Menschen in Städten und bei Stämmen des Hinterlandes.

Die Vorgeschichte hat Pseudowissenschaftler angezogen. Auf keinem Gebiet der Forschung drängt sich eine Antwort so leicht und mühelos auf und richtet soviel Schaden an. Reisende, die nicht glauben können, daß die Vorfahren eingeborener Völker Städte in den hohen Anden, Pyramiden entlang des Mississippi, Tempel auf entlegenen Pazifikinseln bauten, kehren zurück mit »Beweisen«, nach denen alles das Werk des Chinesen, der verlorenen Stämme Israels oder, in neuester Zeit, von Besuchern aus dem All war. Feststellungen, töricht genug, um ein universelles Unbehagen auszulösen, stören offensichtlich niemand. Amateurphilosophen zögern nicht, die Natur des Menschen zu diskutieren, das umfassendste aller bekannten Probleme, und zwar mit dem unverfrorenen Selbstbewußtsein eines Quacksalbers, der sein Heilmittel für Krebs anpreist. So erscheinen Essays, die den Menschen als nackten, mordgierigen oder sexgeladenen Affen beschreiben, Es-

says, in denen abgedroschene Vererbung-gegen-Umwelt-Argumente abgestaubt und angeboten und – weitgehend – als überraschende neue Einsicht akzeptiert werden.

Diese Leichtgläubigkeit tut weh und entmutigt, diese Bereitschaft, felsenfest an Unsinn zu glauben. Pseudowissenschaft entehrt das Ringen um Perspektive, das Bemühen um Bescheidenheit und Verständnis angesichts einer wachsenden Komplexität. Nur eins ist sicher: Es gibt keine Offenbarungen, keine endgültigen Antworten. Wir haben nur Hypothesen, zerbrechliche und gewollte »Unwahrheiten«, stark vereinfachte Versionen der Realität, die versuchsweise in der Hoffnung angeboten werden, daß sie die Erkenntnis einige Schritte voranbringen mögen, ehe sie selbst wiederum widerlegt werden. Wenn der Mensch fortfährt, das Geheimnis seiner Anfänge zu erforschen, lernt er mehr über das Geheimnis seiner möglichen Zukunft. Er verbessert seine Voraussagen und Planungen.

Die Evolution, die den Wechsel vom Jäger und Sammler zum Stadtbewohner herbeigeführt hat, ist noch in ihrem Anfangsstadium. Die größten Probleme bleiben noch zu lösen. Der Mensch, der große »Zögerer«, hat die Aufgabe der Begrenzung seiner Zahl – eine Aufgabe, die seinen stärksten Instinkten zuwiderzulaufen scheint – seit mehr als 10 000 Jahren aufgeschoben, in erster Linie wegen einer ganzen Reihe von Fortschritten in der Landwirtschaft. Nunmehr beginnt er einzusehen, daß diese Verzögerung beendet werden muß.

Den Bevölkerungsdruck zu verringern, also ein Bevölkerungswachstum von Null zu erreichen, verlangt Veränderungen an der Spitze der Gesellschaftspyramide. Haben Eliten noch eine Funktion, eine Existenzberechtigung? Sie haben wahrscheinlich vor ein oder zwei Jahrtausenden aufgehört, evolutionären Zwecken zu dienen. Bei Menschen, die in der Elite keine Aufnahme gefunden haben, sind die Erwartungen größer denn je. Muße, Prestige und Autorität werden auf einer breiteren Basis verteilt werden müssen, und das erfordert neue Arten von Hierarchien oder vielleicht etwas Besseres als Hierarchien. Bisher ist es uns gelungen, uns trotz der Korruption der Macht und einer Verachtung für Bürgerliche,

Pioniere der Evolution; Fallschirmspringer und Bergsteiger.
(Quellen oben: Jerry Irwin und unten: Nikon, Inc.)

Fremde und andere ausgeschlossene Majoritäten – die so tiefgehend ist, daß sie als minderwertige Spezies behandelt werden – durchzuwursteln. Es ist die Frage, ob solche Mißstände beseitigt werden können, ohne die zentrale Kontrolle selbst zu beseitigen, ob die Krankheit geheilt werden kann, ohne den Patienten umzubringen.

Kontrolle, und sei sie noch so effizient, genügt niemals für ein Überleben. Es muß in dem System etwas Lockerung geben, eine Flexibilitätsreserve, damit sich die Menschen an nicht vorauszusagende Veränderungen anpassen können, die sicherlich vorkommen, vorausgesetzt, die Menschen werden mit Übervölkerung, Krieg und Gewalttätigkeit in den Städten fertig. Hier fangen dann die »nutzlosen« Aktivitäten an, die Ausführung törichter Dinge und vielleicht auch nicht so törichter, solange sie noch nie vorher ausgeführt worden sind – auf dem Seil laufen zwischen zwei Wolkenkratzern, den Doppelsalto rückwärts auf Skiern versuchen, 14 Stunden täglich trainieren, um einen olympischen Rekord zu brechen, zum Mond fliegen, subatomische Partikel suchen, über den Ursprung des Lebens und des Universums theoretisieren (und den Ursprung der Gesellschaft), Gebäude und Berge in Cellophan einpacken, Avantgarde-Bewegungen in allen Künsten.

Spiel, Erforschung und Waghalsigkeit sind Vorboten kommender Evolutionen. Der Geist von Experiment und Herausforderung trägt zur Schaffung eines enormen Repertoirs von Möglichkeiten bei, von möglichen Erfindungen, Aktionen und Vorstellungen, von möglichen Welten. Nur ein winzig kleiner Bruchteil aller Abenteuer des Menschen wird sich jemals bezahlt machen, doch es gibt keine Möglichkeit der Voraussage, welcher Bruchteil es sein wird. Früher oder später werden wir uns Notlagen gegenübersehen, die um ein Vielfaches kritischer und komplizierter als die derzeitigen sein werden. Sollten wir sie überleben, was wahrscheinlich der Fall sein wird, dann nur, weil unsere Fähigkeit zur Kontrolle und Organisation von den Neuerungen jener stimuliert wird, die sich selbst bis an die Grenze des Möglichen und darüber hinaus treiben.

I
DER MENSCH, EIN NEUES PRODUKT DER EVOLUTION

*Eine Explosion von Kulturen/
Die Aufgabe des Jagens und Sammelns
und das Entstehen der Landwirtschaft
und der Städte/
Die ersten Staaten/
Die Familiarisierung des Mannes/
Bevölkerungsdruck und das Hinschwinden der Gleichheit/
Harmlose Anfänge, revolutionäre Ergebnisse*

Einer der letzten Lagerplätze von Afrikas letzten übriggebliebenen Jägern und Sammlern ist – ein Punkt in der Unendlichkeit – ein Kreis niedriger Grashütten in einer sandigen Ebene, so groß wie Frankreich. Außerhalb dieses Kreises erstreckt sich die Wüste Kalahari in allen Richtungen bis zum Horizont und darüber hinaus. Reihen paralleler Dünen verlaufen meilenweit von Osten nach Westen, dazwischen Becken mit Grasland und Dornbüschen, vereinzelten Bäumen und ausgetrockneten Flußbetten.

Innerhalb des Kreises sitzen etwa 30 Buschmänner, am späten Nachmittag heimgekehrt, um ihre Feuerstellen, Rücken an Rücken, Schulter an Schulter, Schenkel an Schenkel. Nahrung geht von Hand zu Hand. Zwei Männer sprechen miteinander über mehrere Feuerstellen hinweg, ohne die Stimme zu erheben. Ein Kind weint, und eine Frau ist da in Reichweite, um es hochzunehmen und zu trösten. Gelächter kommt auf in der Nähe eines Feuers und breitet sich wie eine Welle über die Gruppe aus. In dem Zusammengedrängtsein, mit den weichen, schnellen Bewegungen und Geräuschen unter den Anwesenden, benimmt sich die Gruppe fast wie eine Vogelschar.

Die Menschen in den Städten haben eine andere Art von Nähe geschaffen, eine weniger intime. Für sie wurde die Wildnis zur Abstraktion, etwas weit Entferntes, vage romantisch und dahinschwindend. Ihr Freiluftleben ist geometrisch, eingegrenzt, ein Gitterwerk aus langen Straßen, deren Gebäude den Horizont verbergen. Sie leben in kleinen, hellerleuchteten Plätzen, begrenzt von

Buschmännerjäger und Sammler in der Kalahari-Wüste, Südafrika.
(Quelle: Richard Lee, Anthrop-Photo)

Wänden und scharfen Winkeln, unter Geräuschen, die zumeist von Maschinen erzeugt werden und in Rufweite von Hunderten von Personen, meistens Fremden.

Bei allen Evolutionen gibt es keine Transformation, keinen »Quantensprung«, um es damit zu vergleichen. Niemals zuvor hat sich die Lebensweise einer Spezies, ihre Art sich anzupassen, so grundlegend und so schnell geändert. Einige fünfzehn Millionen Jahre lang waren die Mitglieder der Menschenfamilie als Tiere unter Tieren auf Futtersuche. Das Tempo der Ereignisse ist seitdem explosiv gewesen. Die gesamte Aufeinanderfolge von den ersten Bauerndörfern, der ersten radikalen Abkehr vom Jagen und Sammeln, zu einer von Städten beherrschten Welt, zur sogar noch stärker urbanisierten Zukunft, die noch vor dem Ende des 20. Jahrhunderts die Entstehung von Supermetropolen mit jeweils mehreren hundert Millionen Einwohnern sehen wird – all dies ist in einen Augenblick auf der evolutionären Zeitskala zusammengedrängt worden, auf lediglich 10000 Jahre.

Die Zeiten haben sich geändert, aber nicht die Grundprobleme. Vor 10000 Jahren war die Welt noch eine Wildnis, ohne Bauernhöfe oder Städte oder Straßen. Und trotzdem hatten die Menschen schon mit Knappheit von Nahrungsmitteln und Brennstoff, mit Übervölkerung, Mangel und drohender Hungersnot, mit Gewalttätigkeit zu tun. Sie gingen nicht fröhlich der Zukunft entgegen. Sie kämpften, um sich das Leben als Jäger und Sammler zu erhalten, und beklagten ohne Zweifel die Mittelmäßigkeit ihrer Führer und sehnten die Rückkehr der guten alten Zeit herbei.

Vor der Veränderung war das Leben relativ einfach. Es war ein gutes Leben, in vieler Hinsicht besser als alles, was sich seitdem entwickelt hat. Es gab auf der ganzen Welt weniger Menschen, als heute in New York City leben, und alle waren Jäger und Sammler. Sie hatten sich, von Afrika ausgehend, verbreitet, kamen aus den weiten Savannengebieten, wo sie herstammen. Sie hatten zu überleben und sich zu vermehren gelernt in Tundren, Halbwüsten und tropischen Regenwäldern, in der dünnen Luft der Bergtäler drei bis viereinhalb Kilometer hoch, während langer Winter mit Temperaturen unter null Grad, an den Rändern vorrückender Gletscher.

Diese seltsame neue Art von Primaten schien ihren Platz in dem System aller Dinge gefunden zu haben, lebte von dem, was die Natur bot, als armselige Nomaden in kleinen Gruppen und im Gleichgewicht mit anderen wilden Spezies. Dieses Gleichgewicht sollte aber bald gestört werden. Nach Jahrhunderten des Herumziehens auf der Suche nach Nahrung, weiterziehend, wenn die örtlichen Vorräte erschöpft waren, den Herden folgend und neue Gebiete erforschend, neigten die Menschen in steigendem Maße dazu, an einem Ort zu bleiben und dabei mehr und mehr Zeit in einem bestimmten, vertrauten Gebiet zu verbringen. Sie kamen in immer größeren Gruppen zusammen, als wären sie von einem Mittelpunkt gefesselt und eingezogen. Von Anfang an war der Mensch ein höchst soziales Tier, dies aber war Sozialisierung in einem noch nie dagewesenen Maße.

Das Seßhaftwerden hinterließ Spuren in archäologischen Zeugnissen. Im Nahen Osten gibt es weite Wüstenebenen mit Dutzenden von kleinen Hügeln und einigen nicht so kleinen. Alle sehen aus wie natürliche Erhebungen. Sie sind aber nicht natürlich. Über Generationen hinweg wuchsen die Hügel aus den Trümmern aufeinanderfolgender Okkupationen. Es sind prähistorische Erdhügel, gewissermaßen Zeitkapseln, von denen jede Überbleibsel verschwundener Siedler enthält.

Ansichten des Globus: Die Welt während der letzten Eiszeit vor etwa 20 000 Jahren und heute.
(Quelle: George Buctel)

Der Mensch verlor nach und nach die alte Freiheit, einfach zusammenzupacken und wegzuziehen. Der Beweis liegt innerhalb dieser Erdhügel: Mauern aus Stein und getrocknetem Schlamm, in der Sonne gebrannte Ziegel, Vorrats- und Abfallgruben, Tongeräte, Öfen, Küchenbereiche. Die Hügel enthalten auch Überreste domestizierter Spezies, fossile Knochen und Pflanzenfragmente sowie die scharfen Abdrücke von Samen im Lehm, Indikatoren für einen beginnenden Ackerbau. Landstücke mußten abgeräumt und saubergehalten, eingezäunt und von Unkraut befreit und gegen Vögel und andere konkurrierende Pflanzenfresser geschützt werden. Es war eine neue Art des Gebundenseins an Orte.

Die frühesten Staaten tauchten ungefähr zur gleichen Zeit auf, etwa 3500 bis 3000 v. Chr. in Ägypten und Sumer, dem südlichsten Mesopotamien; später entwickelten sich Staaten auf dem indischem Subkontinent, in China, Afrika, Mittelamerika und Südamerika sowie Südafrika. Es handelte sich um »ursprüngliche« oder Urstaaten, Systeme, die sich als Reaktion auf von innen heraus entstehende Kräfte entwickelten, unabhängig von anderen Staaten; eine unmittelbare Konsequenz ihrer eigenen internen Probleme und Bemühungen um Anpassung.

Die Betonung von unabhängigen Systemen, unabhängigen Ursprüngen ist neu. Bis vor kurzem noch glaubten die Forscher an einen einzigen Ursprung. Sie hielten ganz allgemein Ägypten, Sumer oder den Nahen Osten für den »Herd« oder die »Wiege« der Zivilisation. Sie nahmen an, alles sei in dieser Region entstanden und hätte sich in andere Länder ausgebreitet. Ihre Auffassung implizierte, daß der Rest der Welt rückständig war, daß andere Menschen minderwertiger waren, weil sie nicht die Zivilisation entdeckt oder erfunden hatten.

Diese Annahme hat heute weniger Fürsprecher als früher. Sie wird aber – unter anderen Gemeinplätzen – auf den Seiten einer jüngst herausgegebenen Weltgeschichte fortgesetzt, die ironischerweise unter der Schutzherrschaft der Vereinten Nationen veröffentlicht wird. Sie erklärt, die Chinesen hätten die Metallurgie vom Westen lernen müssen, wo sie erfunden wurde; ihre Schrift käme vom Westen, aus Sumer; und einige ihrer Riten und religiösen Praktiken »könnten auf westlichen Einfluß zurückgehen«. Eine derartige Arroganz ist nicht totzukriegen – der Glaube, die Zivilisation hätte an einem bestimmten Ort mit bestimmten Individuen begonnen, einem begünstigten Flecken, einem Garten Eden. Das Gewicht der anwachsenden Beweise deutet darauf hin, daß es kein Eden gegeben hat – oder daß es viele Eden gab.

Die prähistorischen Menschen haben sich nicht geändert, weil sie intelligenter als ihre Nachbarn gewesen wären, erfinderischer oder schöpferischer. Die große Herausforderung besteht darin, zu verstehen, was mit ihnen geschah – und was mit uns geschieht, denn wir sind mitten im Kampf mit der Reaktion auf die gleichen Kräfte, die sie verändert haben. Eine wachsende soziale Komplexität im Menschen ist nichts Neues. Es ist eine alte Gewohnheit bei den Säugetieren. Unter den Primaten kann man sie zumindest 60 bis 70 Millionen Jahre bis zu den frühesten Vorläufern der Affen, Menschenaffen und menschlichen Wesen zurückverfolgen.

Die meisten Primaten jenes Zeitalters, kleine Wesen ähnlich den heutigen Zwergmakis oder großäugigen Koboldmakis, lebten in der einfachsten der möglichen Gruppierungen, einer Mutter mit ihrem Jungen. Wie John Eisenberg von der Smithsonian Institution angibt, stellt die vollkommene Abhängigkeit von einem einsamen Weibchen die kleinste soziale Einheit dar. Die Empfängnis des Muttertiers war kurz und geschah mit einem anonymen Männchen. Sie säugte ihre Jungen und verteidigte sie gegen Raubtiere, bis sie alt genug waren, die Nahrungssuche selbständig aufzunehmen.

Der Hauptschub der Evolution war seitdem auf mehr Zusammenschluß gerichtet. Das bedeutete die Sozialisierung oder »Familiarisierung« des männlichen Partners, damit er zu einem verantwortlichen, vollwertigen Mitglied der Gruppe im Interesse einer besseren Verteidigung und einer wirkungsvolleren Fortpflanzung wurde. Dieser Eingewöhnungsprozeß dauert noch an. Er ist noch nicht zur vollständigen Zufriedenheit aller beteiligten Parteien gelöst worden. In einzelnen Fällen wurde der männliche Partner in die ursprüngliche Einheit von Mutter und Jungem integriert; häufiger lebten ein oder mehrere Männchen mit einer Anzahl von Weibchen und Jungen zusammen.

Die Veränderung geschah allmählich. Relativ wenig Männchen besaßen die genetische Veranlagung und das Temperament, um weniger krasser Individualist und mehr soziales Wesen zu sein, und waren auch nicht fähig, neue Verhaltensmuster leicht anzunehmen. Jene, die es konnten, überlebten ihre weniger geselligen

Brüder und gaben die Erbanlage an ihre Nachkommen weiter. Die meisten überlebenden Männchen wurden schlecht und recht domestiziert. Bei den weiter entwickelten Affen und Menschenaffen entstand eine komplizierte Gruppe – die Herde, ein Zusammenschluß von vielen Männchen und Weibchen mit ihren Jungen.

Die Familiarisierung der Männchen bleibt ein Problem. Sie wird durch das unerbittliche Wachstum der Bevölkerung ungemein kompliziert. Zu Beginn waren die menschlichen Wesen eine Minderheitsrasse, die in Horden über die Savannen Afrikas verstreut lebten. Seit jener Zeit ist die Frühgeschichte eine Aufzeichnung von Bevölkerungsfluktuationen, örtlichen Blütezeiten und Niedergängen gewesen. Aber weltweit, auf lange Sicht und ungemein langsam bis in neuere Zeit, stiegen die Populationen stetig an. Als Reaktion darauf tat der Mensch etwas, was keine andere Spezies vor ihm jemals getan hat: er schuf neue Umgebungen, die weitaus größere Populationen ernähren konnten als die Wildnis, und es gelang ihm nur zu gut. Er fand sich mitgerissen von einer Folge von Veränderungen, als die Populationen weiter anstiegen, und jede Veränderung brachte neue Bedingungen hervor, die wiederum weitere Veränderungen verlangten. Es war eine neue Art von sich hochschraubender und sich beschleunigender Evolution.

Bevölkerungswachstum war eine der Hauptkräfte, die der Lebensweise der Jäger und Sammler ein Ende bereiteten. Dieses Bevölkerungswachstum zerbrach Traditionen, unausgesprochene Regeln, die sich in Jahrmillionen etabliert hatten. Gewalttätigkeit, ein Problem sogar zu Zeiten kleiner Banden, nahm zu. Nach den Jägern und Sammlern der Gegenwart zu urteilen, waren sich die Menschen der destruktiven Wirkung von Kämpfen wohl bewußt und entwickelten Möglichkeiten, sie zu vermeiden. Eine davon war, in geringer Zahl zusammenzubleiben. Die Bandengröße kann zwischen einem Dutzend und mehr Menschen schwanken. Sie neigt aber dazu, bei der »magischen Zahl« von 25 zu bleiben, eine Zahl, die für Buschmänner, australische Aborigines und andere Jäger und Sammler der Gegenwart sowie für ihre prähistorischen Vorfahren gilt, wie aus Schätzungen hervorgeht, die auf den Gebieten ausgegrabener Wohnstätten basieren. Klein zu bleiben bedeutet eine Verringerung der Konfliktmöglichkeiten; so ist es auch mit dem Fortziehen, einer Möglichkeit, die häufig genützt wurde, wenn der Zorn zu wachsen begann.

Diese Alternativen wurden aber mit steigendem Populationsdruck weniger durchführbar. Auch die magische Zahl änderte sich. Da das Land immer dichter besiedelt wurde, wurde auch der Konflikt zu einem größeren Problem. Das Risiko eines Kampfes zwischen Dörfern wuchs, so daß ein Dorf zu seiner Verteidigung groß genug sein mußte. Andererseits war aber seine Größe begrenzt. Je mehr Menschen eng zusammen wohnten, desto größer war die Zahl der Konflikte untereinander, desto größer auch das Risiko interner Zwietracht und Zerwürfnisse. In den ersten Dörfern mögen vielleicht 50 bis 200 Personen gelebt haben, doch die magische Zahl hat sich wahrscheinlich bei etwa 100 Personen eingependelt, mit der Tendenz, sich in zwei Dörfer aufzuteilen, sobald die Zahl knapp darüberging. (Hier bietet sich ein interessanter Vergleich mit den Größen der Gruppen bei den in der Savanne lebenden afrikanischen Pavianen an, die zur Aufteilung neigen, wenn sie die Anzahl von 100 Mitgliedern überschreiten.)

Informelles und Zufälligkeiten verschwanden zunehmend aus den Leben. Ein Dorf ist ein System mit eingebauten Spannungen, in einem unbequemen und dynamischen Gleichgewicht zwischen entgegengesetzten Kräften. Energie, Zeit, Disziplin und Organisation sind nötig, um ein derartiges System funktionieren zu lassen. Es gab umständliche Rituale, bei denen jeder Schritt dazu ausgelegt war, Konflikte um jeden Preis zu umgehen; und wenn sie fehlschlugen, regelten andere Rituale wieder den Kampf. Die Menschen versuchten, Recht und Ordnung zu wahren, sogar wenn sie sich in häufigen und heftigen bewaffneten Konflikten begegneten. Sie bemühten sich, Frieden zu halten, während sie sich für Schlachten vorbereiteten, die schon immer unvermeidlich waren. Das Drum und Dran der Kontrolle wurde immer umständlicher, detaillierter und komplizierter, als die Populationen weiter anstiegen und die Größe und Anzahl der Gemeinschaften wuchsen.

Die kompliziertesten Kontrollen hingen mit den Städten zusammen, die ein Forscher als »Orte, an denen unerwartete Dinge geschahen«, beschreibt. Es waren zauberhafte Orte, oft mit breiten Avenuen, die in die Stadtmitte zu massiven und strahlend angemalten Gebäuden, zu hohen festen Mauern und Pyramiden und Türmen führten. Menschen aus dem umliegenden Land und von noch weiter her kamen, um zu huldigen und Abenteuer zu suchen. Sie kamen zum Gaffen, um sich beeindrucken und einschüchtern zu lassen, um selten zu sehende Dinge zu bestaunen – zeremonielle Schauspiele, die auf hohen Plattformen stattfanden, Keramiken und Textilien sowie andere Handwerkserzeugnisse auf dem Marktplatz, seltsam aussehende Menschen in seltsamer Kleidung.

Mehr vom analytischen Standpunkt aus gesehen, waren die Städte religiöse und administrative Zentren, Zentren, die die obersten Positionen in Hierarchien kleinerer Zentren, Städte, Dörfer und Weiler einnahmen. Die meisten frühen Städte waren klein; eine Arbeitsdefinition klassifiziert »urbane Zentren« als jede Ansiedlung, die mehr als etwa 125 Morgen Land bedeckt. Die Populationen zählten gewöhnlich von 10 000 bis 40 000 Personen, obwohl man annimmt, daß mindestens 125 000 Menschen in Teotihuacán in Mexiko gelebt haben.

Städte stellen nur einen Aspekt früher Kontrollsysteme dar, einen Brennpunkt für höchst konzentrierte Populationen. »Staat«, ursprünglich oder anders, bezieht sich auf die gesamte Region, die um ein religiös-administratives Zentrum – gewöhnlich eine Stadt, aber nicht notwendigerweise – angeordnet ist. In neueren Untersuchungen ist er im Sinne von administrativen Ebenen und dem Informationsfluß von Ebene zu Ebene definiert worden. »Zivilisation« bezieht sich hauptsächlich auf die Weltanschauung eines Volkes, wie sie in Kunst, Wissenschaft und Religion ihren Ausdruck findet. Zivilisation wurde zu einem gewichtigen Wort in Zeiten des Imperialkolonialismus, indem es *wir* als zivilisiert und *jene* als unzivilisiert implizierte, so daß seine Brauchbarkeit etwas begrenzt ist.

Die Menschen spielten in ihren neuen Gesellschaften auch neue Rollen. Es ist eine alte Feststellung, daß die menschliche Natur nicht geändert werden könne, was immer das auch heißen mag. Menschliches Verhalten aber kann verändert werden. Früher, zur Zeit der Jäger und Sammler, waren alle Menschen in den nomadisierenden Banden gleich oder zumindest so gleich wie möglich. Unter den modernen Jägern und Sammlern ist die Meinung des besten Jägers maßgebend bei der Suche nach Großwild, bei der Deutung von Spuren und Planung der Taktik. Der beste Geschichtenerzähler spielt die erste Rolle am Lagerfeuer, wenn die Jagd beendet ist, und der beste Heiler wird zu Zeiten der Krankheit am häufigsten aufgesucht. Es gibt keinen alleinigen Führer, keinen Mann für alle Gelegenheiten und alle Entscheidungen.

Mit dem Verschwinden der Horden ging auch die Gleichheit dahin, eine weitere zerstörte Tradition. Eine Explosion der Unterschiede setzte ein, ein schneller Aufstieg bestimmter Leute mit speziellen Privilegien, Protoeliten und Eliten. Möglicherweise ähnelten sie jenen in den Stammesgesellschaften der Gegenwart oder jüngeren Vergangenheit, wie man sie unter anderem in Neuguinea, auf den pazifischen Inseln, in Afrika und in den Amazonas-Urwäldern Südamerikas beobachtet hat.

Marshall Sahlins von der University of Chicago beschreibt die unterschiedlichen Ebenen oder Grade der Führerschaft. Es gibt den »Unterhäuptling«, häufig der älteste Mann in der Gemeinschaft: »(Er) ist gewöhnlich der Sprecher seiner Gruppe und ihr Zeremonienmeister, sonst aber hat er wenig Einfluß, wenig Funktionen und keine Privilegien. Ein Wort von ihm, und alle tun, was sie wollen.« Seine Hauptrolle bei Disputen und anderen Gelegenheiten liegt in der Feststellung der Richtung, aus der der Wind bläst, um dann der allseitigen Zustimmung Stimme zu verleihen.

Der sogenannte »Große Mann« hat beträchtlichen Einfluß, wenn dieser auch dazu neigt, örtlich begrenzt und widerruflich zu sein. Seine Position ist nicht offiziell in dem Sinne, daß sie von uralten Stammestraditionen gestützt wird. Er ist ein selbsternannter Führer, ein von Natur begabter Organisator, der aufgrund seiner persönlichen Eigenschaften an die Spitze gelangt. Als hervorragender Kämpfer, Bauer oder Regenmacher erlangt er die Unterstützung von Verwandten und anderen Anhängern. Der »Große Mann« bleibt so lange groß, wie er seine Unterstützung halten kann, und das mag in einer Gruppe, zu der solche, die es auch sein können, und solche, die es gern sein wollen, gehören, möglicherweise nicht lange sein.

Vor dem Aufkommen des Ackerbaus mag es schon solche »Großmann-Gesellschaften« gegeben haben. Sie existierten vielleicht vor 15 000 Jahren oder mehr in Südwestfrankreich in dem Gebiet um das heutige Dorf Les Eyzies, einem Landstrich, der reich ist an prähistorischen Fundstellen. Eine Fülle von Wild und Wasser sowie große Zufluchtstätten und Höhlen in Kalksteinfelsen zogen eine ungewöhnlich große Zahl von Jägern und Sammlern an, wodurch Bedingungen entstanden waren, die nach einem zwanglosen Führertum verlangten.

Auf höheren Ebenen wird das Führertum mehr und mehr zur

Institution. Der Führer kann hervorragende persönliche Eigenschaften besitzen oder auch nicht; die Position an sich nimmt eine besondere Bedeutung an. Es kann ein Häuptling sein oder ein Oberhäuptling an der Spitze eines Verbandes von niederen Häuptlingen. Solche Männer waren am weitesten verbreitet unter seßhaften Gemeinschaften, fast immer bei Bauern. Eine bemerkenswerte Ausnahme trat ein entlang der 3200 Kilometer langen Küstenlinie vom nordwestlichen Kalifornien zum südöstlichen Alaska. Noch Anfang 1900 lebten hier Indianer ohne Ackerbau in großen, festen Dörfern, mit ausreichender Nahrung in den nahe gelegenen örtlichen Wäldern und in den an Lachsen reichen Gewässern. Sie hatten umständliche Zeremonien, einen charakteristischen Kunststil und Häuptlinge und Edle, deren Reichtum und Prestige nach Fellen, Kanus, Kupfer, Sklaven und anderen einen hohen Status anzeigenden Besitztümern bemessen wurde.

Könige standen an der Spitze von Staaten und Imperien wie jenen, die zuerst in Sumer, Ägypten, dem Indus-Tal und in China entstanden. Es gab verschiedene Arten von Königtümern – Könige, die Helden, Messias oder Kreuzritter, aber doch immer noch Menschen waren; leicht übermenschliche Könige, die als Zwischenglieder oder Mittelsmänner zwischen ihren Untertanen und den Göttern angesehen wurden; und die göttlichen Könige, ausgewachsene Götter von eigenen Gnaden, die nur eine Zeitlang unter den Sterblichen lebten.

Der Prozeß, der zu einem solchen Volk und solchen Institutionen führte, war weitgehend zufällig. Das ist die Regel gewesen während des langen Weges biologischer Evolution, der Weitergabe von ererbten oder genetischen Merkmalen von Generation zu Generation, die unter nichtmenschlichen Spezies dominiert. Fossile Funde weisen darauf hin, daß etwa 100 bis 1000 Spezies für jeden Überlebenden der Gegenwart ausgestorben sind. Die mehreren Millionen existierender Spezies sind eine kleine ausgewählte Gruppe, der Rest einer riesigen Anzahl von Spezies, die es nicht geschafft haben.

Die Gesellschaften von heute, geschätzte 6000, stellen einen entsprechenden Rest dar. Kulturelle Evolution, Evolution durch Tradition, hatte auch hier zur Folge, daß viele ausstarben und nur wenige überlebten. Spuren ausgestorbener Gesellschaften sind in allen Ländern begraben. Haufendörfer verschwanden, nachdem sie

Hunderte von Jahren überdauerten, wie man in archäologischen Schichten angefüllt mit Herdstellen, Werkzeugen und Töpferwaren sehen kann – und dann gibt es einen abrupten Abbruch der Zeugnisse aus der Vergangenheit, nichts weiter als unfruchtbaren Boden ohne jegliches Gerät aus prähistorischen Kulturen. Forscher haben ganze Städte entdeckt, die von einer Einwohnerschaft von mehreren Zehntausend innerhalb weniger Jahrhunderte auf nur einige Hundert Personen geschrumpft sein müssen. Die Sterberate für prähistorische Gesellschaften könnte also ebenso groß gewesen sein wie die für Spezies.

Der Verdacht auf hohe soziale Sterberaten wird durch die Bemühungen um Anpassung in der Gegenwart bestärkt. Ständig beginnen Planer großartige neue Projekte, ohne die Konsequenzen vorauszusehen. Vor mehr als einem Jahrzehnt zum Beispiel besprühte die Weltgesundheitsorganisation die Strohdachhütten von Dörfern auf Borneo mit DDT. Es war Teil einer größeren Aktion zur Auslöschung der Malaria, und ein Ziel, das gewünschte Ziel, war die Vernichtung der malariatragenden Moskitos und damit die Erreichung eines deutlichen Nachlassens der Häufigkeit und Schwere der Krankheit. Das Besprühen führte aber auch zu einigen unerwarteten und unwillkommenen Ergebnissen. Die Kakerlaken in den Hütten fraßen mit DDT verseuchte Nahrungsmittel und wurden wiederum von Eidechsen gefressen. Die Eidechsen konzentrierten die starke Droge in ihrem Körper in einer Menge, daß die

Links und rechts: Ein sich selbst regulierendes System: Das »Schweinetötungsfest« der Tsembaga, Neuguinea, reguliert die Schweinebestände.
(Quelle: Roy A. Rappaport, University of Michigan)

eidechsenfressenden Katzen vergiftet wurden und eingingen. Durch die fehlenden Katzen wuchsen die Rattenpopulationen sprunghaft an und ebenso auch die Populationen der Läuse, Flöhe und anderer, die Ratten verseuchender Organismen; dadurch wurde das Risiko für Krankheiten wie Typhus und Pest gesteigert.

Die Gesundheitsbehörden begannen, die neue Bedrohung zu bekämpfen. Flugzeuge der Royal Air Force Großbritanniens warfen mit Fallschirmen neuen Katzennachschub über isolierten Dörfern ab, und Ärzte bereiteten sich auf mögliche Epidemien vor, indem sie Mengen von Antibiotika und Impfstoffen aufstapelten. Es gab noch andere Wirkungen, wie beispielsweise eine erhöhte Anzahl von Raupen, die die Strohdächer vernichteten. Strategien zur Vermeidung ähnlicher Komplikationen in der Zukunft müssen erst noch entwickelt werden.

In Ägypten folgte eine Unmenge von Schwierigkeiten der Vollendung des Milliarden-Dollar-Assuan-Staudammes, eines der großartigsten Bauwerke des 20. Jahrhunderts – und eines der traurigsten Beispiele für ökologisches Fehlmanagement. Der Damm bewirkt eine Menge Dinge, um deretwillen er gebaut wurde: Er erzeugt elektrischen Strom, verhindert schwere Flutkatastrophen entlang des Nils und liefert Wasser für die Bewässerung von Millionen Morgen Land, das einstmals Wüste war und nun bis zu drei Feldfruchternten im Jahr hergibt.

Er hat aber auch neue Probleme geschaffen, darunter einen ernsthaften Gesundheitsnotstand. In den Tagen vor dem Damm lebten in den Bewässerungsgräben Schnecken, die die Bilharzia übertrugen, eine schleichende schwächende Erkrankung; aber die Gräben trockneten periodisch aus, und die Schnecken starben. Jetzt aber, da die Gräben immer gefüllt sind, wachsen und gedeihen die Schnecken, und die Krankheit hat sich um das Zehnfache gesteigert. In der Zwischenzeit gehen auch die Ernten in bestimmten Gebieten zurück. Salze, die die Fruchtbarkeit des Bodens verringern, sammeln sich an, und das einzige Gegenmittel ist der Bau eines Netzes neuer Kanäle zur Entwässerung des bewässerten Landes. Mehr als 100 Wissenschaftler sind am Werk, um mit diesen und anderen Schwierigkeiten fertig zu werden.

Sogar Menschen mit der besten technischen Ausbildung können auf der Grundlage ungenügender Kenntnis, ungenügender Voraussicht handeln. Handeln in Unkenntnis scheint ein chronischer Teil der menschlichen Bestimmung zu sein. Es hat den Menschen im Ungleichgewicht gehalten, seit die Welt für das Jagen und Sammeln zu dicht besiedelt wurde. Es gibt jedoch noch immer Nester der Stabilität, Orte, wo dichte Besiedlung niemals ein Problem gewesen ist, wo schlechte Ernährung, Krankheiten, Kindesmord, Fehlgeburten hervorbringende Drogen, Kämpfe und Sex-Tabus ein starkes Bevölkerungswachstum verhinderten.

Die Tsembaga, 200 Bauern im Hochland von Neuguinea, haben ein wirksames System der Kontrolle und des Gleichgewichts auf etwa 2000 zerklüfteten Morgen dichten Waldgebiets und Graslands entwickelt, wovon nur etwa die Hälfte für Kultivierung geeignet ist. Sie leben hauptsächlich von Taro, Maniok, Süßkartoffeln und anderen Gemüsesorten. Sie halten auch Schweine, und zwar nicht, um sie zu essen, sondern in erster Linie, um sie ihren Vorfahren zu opfern. Roy Rappaport von der University of Michigan verbrachte mehr als ein Jahr bei den Tsembaga und untersuchte, wie ihr System sich für die Gewährleistung des Überlebens auswirkt. Er stellte fest, daß die Schweine mit den Menschen um die Nahrung konkurrieren, indem sie mit Maniok und Süßkartoffeln gefüttert werden. Wenn sich die Gelegenheit bietet, brechen sie in die angelegten Gärten ein und verschlingen mehr als den ihnen zustehenden Anteil der Ernte. Mit der wachsenden Schweinepopulation verschärfen sich auch die Spannungen. Die Tiere brechen häufiger in die Gärten ein und verlangen mehr Nahrung und Pflege, was die Arbeit der Frau ist. Die Situation kommt zu einem Höhepunkt durch ein übereinstimmendes Nörgeln. Müde Frauen beklagen sich, wenn sie am Abend nach Hause kommen, und wenn ihr Klagen genügend intensiv und hartnäckig ist, beginnen ihre Männer öffentlich für ein »kaiki« Stimmung zu machen, ein ausgedehntes Schweinetötungsfest, dem dann eine rituelle Fehde zwischen den Tsembaga und ihren Nachbarn folgt. Das Ergebnis ist eine starke Abnahme der Schweinepopulationen, weniger Arbeit für die Frauen, weniger Nörgelei und Frieden, bis sich der Schweinedruck wieder aufbaut – zehn bis zwanzig Jahre später.

Sich selbst regulierende, selbstadaptierende Systeme haben es an sich, extrem kompliziert zu sein. Eine geringe Veränderung in Schweinebeständen, Feldfruchternten oder irgendein anderer von einem Dutzend Faktoren können das Wohlbefinden der Gruppe ernsthaft beeinträchtigen. Man setzt Computer ein, um bei der

Analyse derartiger Probleme zu helfen. Steven Shantzis und William Behrens gaben am Massachusetts Institute of Technology Informationen über die Tsembaga in die Speicherschaltungen eines elektronischen Hochgeschwindigkeitsrechners ein, zusammen mit einem Programm, das ursprünglich zur Untersuchung von Wirtschaftszyklen diente. Was würde geschehen, wenn bessere medizinische Versorgung die jährliche Wachstumsrate der menschlichen Population von 1,3 auf 1,5 Prozent erhöhen würde. Die Maschine errechnete die Auswirkungen über eine Zeitspanne von einem halben Jahrhundert in dem Bruchteil einer Sekunde tatsächlicher Rechenzeit. Die Versuchsantwort war: Das Land könnte die zusätzliche Bevölkerung ernähren, vorausgesetzt, die Schweinetötungsfeste und die Fehden fänden häufiger statt, sagen wir, alle acht oder neun Jahre.

Damit wäre die äußerste Grenze fast erreicht. Würde die Wachstumsrate dieser Menschen weiter auf zwei Prozent per annum gesteigert, fiele die Schweinepopulation innerhalb eines Jahrhunderts auf Null ab, und in weiteren 40 Jahren würden vier von fünf Menschen verhungern. Andere simulierte Maßnahmen, wie beispielsweise die Verhinderung von Fehden oder die Lieferung besserer Nahrung, brachten ähnliche Ergebnisse und unterstützten somit, was die Erfahrung in der realen Welt ausreichend demonstriert hat. Verbesserte Lebensbedingungen, so gut sie auch gemeint sein mögen, können sich katastrophal auswirken, es sei denn, sie seien Teil eines ganzen Komplexes von Regulierungen, u. a. Geburtenkontrolle und neue Wege zur Nutzung des Landes.

Eine andere Art zu lernen, wie man das Gleichgewicht, den Frieden, erreichen kann, ist die Archäologie. Man kann den Prozeß im Zeitablauf verfolgen, Schritt um Schritt über Hunderte und Tausende von Jahren. Alles begann so einfach, so unschuldig. Keiner schien irgend etwas sehr Außergewöhnliches zu tun. Es gab keine großen Entscheidungen bei dem Übergang vom Jagen und Sammeln zum Ackerbau. Größere Veränderungen waren wahrscheinlich damals wie heute unwillkommen. Damals wie heute ließ die Tradition sicherlich wenig grundlegende Veränderungen zu, eher behelfsmäßige, aufgrund von Kompromissen, die so wenig Unterbrechung wie möglich verursachten und dabei halfen, wirklich wichtige Änderungen für immer oder zumindest für eine Generation oder zwei aufzuschieben. Es war Revolution ohne Revolutionäre, die wirksamste Art. Es waren keine antisozialen Individuen unterwegs, die nach einem Ende des Nomadentums schrien. Seßhaft zu werden war lediglich die beste, gewöhnlich die einzigste mögliche Handlungsweise unter den gegebenen Umständen.

Die Menschen, die die Welt unwiderruflich veränderten, kämpften selbst darum, sich nicht zu ändern. Zunächst war es eine Frage des mehr Jagens und Sammelns, sich niederzulassen und die Wildspezies intensiver auszubeuten; danach der Gebrauch angebauter Pflanzen als zusätzliche Nahrungsmittel; und schließlich die vollständige Abhängigkeit von der Domestizierung und von ausgedehnten Bewässerungssystemen. In den lebenden Orten der Frühgeschichte, in den Mustern der prähistorischen Gerätschaften ist alles belegt. Die Menschen konzentrierten sich in größeren Gruppen, und einer der Hauptgründe war das unaufhaltsame Anwachsen der Bevölkerung.

Macht und Dünkel tauchten in großem Stile auf. Sie waren so notwendig wie der Anbau von mehr Nahrungsmitteln. Die Menschen versuchten, Ordnung und Sicherheit zu etablieren, und sie kannten keinen besseren Weg, als Eliten und absolute, göttliche Autorität zu schaffen, die Menschen auf der Erde übertragen wurde. In jenen Zeiten wäre ein Überleben ohne Macht und Dünkel möglich gewesen, wie gefährlich sie seitdem auch geworden sein mögen. Die letzte und turbulenteste Phase der menschlichen Evolution war angebrochen.

Weltzeittabelle: Bedeutende Ereignisse, die die Entstehung von Macht und Eliten markieren, nach Regionen geordnet.

	20000–10000 v. Chr.	10000–8000 v. Chr.	8000–6000 v. Chr.	6000–4000 v. Chr.
WELTWEIT	Ende der Eiszeit, schmelzende Gletscher, die Meere steigen 75–150 Meter an	Bevölkerung etwa 10000000		
NAHER OSTEN	Früheste Domestizierung des Hundes, Irak, vor 10000 v. Chr.; mögliche Domestizierung der Gazelle, Palästina, 15000 v. Chr. oder früher; erstes Jäger-Sammler-Dorf, Palästina, 10000 v. Chr.	Domestizierte Schafe, Irak, 8900 v. Chr.	Erste Bauerndörfer, Weizen, Gerste, Schafe, Ziegen, 7500 v. Chr.; hochentwickelter Hausbau, Iran, 7000 v. Chr.; Obsidianhandel begonnen, 7000 v. Chr.; frühester ausgegrabener Nomadenort, Iran, 6000 v. Chr.	Erste Bewässerung, 5500 v. Chr.; erste Schriftansätze, Siegel auf Ton, 5000–4000 v. Chr.
INDUS-TAL				Früheste domestizierte Tiere: Schaf, Ziege, Schwein, Höckerrind, Hund, 5500 v. Chr.; früheste Ackerbaudörfer, 4000 v. Chr.
FERNER OSTEN			Früheste bekannte Töpferwaren, Japan, 7500 v. Chr.; erste Anzeichen für Pflanzenpflege und Gartenbau, Thailand, 7000 v. Chr.	Erste Bauerndörfer, China, 5000 v. Chr.; Ursprung der Schrift, China, 4000 v. Chr.
AFRIKA	Mögliche Domestizierung von Berberschafen, Nordafrika, 15000 v. Chr. oder früher		Ende der Saharadürre, 7500 v. Chr.	Erste Bauerndörfer, Ägypten, 4500 v. Chr.; Hirten in der Sahara, 5000 v. Chr.
EUROPA	Höhepunkt der Höhlenmalerei in Frankreich und Spanien	Ende der Höhlenkunst-Periode	Erste Bauerndörfer, Griechenland, 6000 v. Chr.; Irlands erste Besiedlung, 6000 v. Chr.	Erste megalithische Grabstätten, 4500 v. Chr.
DER PAZIFISCHE RAUM			Erste kultivierte Gärten, Neuguinea, vor 6000 v. Chr.	Erste landwirtschaftliche Dränagegräben, Neuguinea, etwa 4000 v. Chr.
MITTELAMERIKA	Die ersten Jäger- und Sammlerbanden kommen im Tehuacan-Tal, Mexiko, an, vor 10000 v. Chr.		Wahrscheinlich die ersten Schritte in Richtung auf den Anbau von Mais, Mexiko, 7000 v. Chr.	Mais, Bohnen, Kürbis, Feigenkaktus, Chilipfeffer in Gärten von Tehuacan, 5000 v. Chr.
SÜDAMERIKA		Der Mensch erreicht die südlichste Spitze, 9000 v. Chr.	Erste angebaute Pflanze, Bohne, Peru, 7500 v. Chr.	Meerschweinchen domestiziert, Ayacucho, 5000 v. Chr.; Vorfahren von Lama und Alpaca werden in den Anden domestiziert, 4000 v. Chr.
NORDAMERIKA	Der Mensch erreicht Pennsylvania, 12000 v. Chr.	Besiedlung des arktischen Teils der Neuen Welt, 9000 v. Chr.		Mammut, Mastodon und andere Großwildtiere verschwinden, 5000 v. Chr.

4000–2000 v. Chr.	2000 v. Chr.–Christi Geburt	Christi Geburt–1000 n. Chr.	1000 n. Chr.–Gegenwart
Bevölkerung etwa 100 000 000			Bevölkerung nahezu 4 500 000 000
Erste Stadt, Uruk, 3500 v. Chr.; früheste bekannte Schrift, Uruk, 3500 v. Chr.; »Bevölkerungs-Implosion« in Uruk, 3100 v. Chr.	Moses führt die Hebräer aus Ägypten, 1300 v. Chr.	Römer zerstören Jerusalem, 70 n. Chr.; Geburt Mohammeds, 570 n. Chr.	Kreuzzüge, 1096–1270 n. Chr.
Erste Städte am Indus, Indus-Schrift, 2500 v. Chr.	Ende der Indus-Städte, 1750 v. Chr.		
Früheste Spuren von Reis, China, 3000 v. Chr.; feste Bauerndörfer, Thailand, 4000 v. Chr.; früheste Bronzegeräte, Thailand, etwa 3600 v. Chr.	Erste Städte, China, 1800 v. Chr.; Buddha, 560–483 v. Chr.; Konfuzius, 551–479 v. Chr.; Große Mauer vollendet, 200 v. Chr.	Erste Stadt in Südostasien, Vietnam, 100 n. Chr.; Monumentalarchitektur, Java, 700–850 n. Chr.	Angkor Wat, Kambodscha, 1200 n. Chr.
Hierakonpolis, Ägyptens südliche Hauptstadt, 3200 v. Chr.; Schrift, Ägypten, 3000 v. Chr.; Yamwurzelanbau in großem Maßstab, Westafrika, 3000 v. Chr.; erneute Dürre in der Sahara, 2500 v. Chr.	Haufendörfer, vielleicht mit Oberhäuptlingen, Südwestsahara, 700 v. Chr.; Terrakottafiguren und Eisenschmelze, Westafrika, nach 500 v. Chr.	Handelswege für Wagen durch die Sahara, 500 n. Chr.; erste Städte, Westafrika, 500 n. Chr.; Höhepunkt der Landwirtschaft, Eisenalter, Kongo bis Kapstadt, 100–400 n. Chr.	Domestizierung, Eisen, weitverbreitet in Südwestafrika, 1000 n. Chr.; Zimbabwe, 1000–1400 n. Chr.; ein »unverdorbener« Staat erreicht seinen Höhepunkt, Madagaskar, 1895
Steintempel auf Malta, 3500 v. Chr.; der Bau von Stonehenge beginnt, 2700 v. Chr.; Oliven und Trauben angebaut, Griechenland, 2500 v. Chr.; erste europäische Stadt, Griechenland, 2000 v. Chr.	Hauptperiode in Stonehenge, 2000–1500 v. Chr.; Ende der megalithischen Periode, 1500 v. Chr.; erste Olympische Spiele, 776 v. Chr.; Römer fallen in England ein, 55 v. Chr.	Nero und der Brand von Rom, 64 n. Chr.; Vandalen plündern Rom, 455 n. Chr.; Karl der Große zum Kaiser des Heiligen Römischen Reiches proklamiert, 800 n. Chr.	Ausbreitung der Pest, 1349 n. Chr.; erste Universitäten, 1100–1150 n. Chr.; Leonardo da Vinci, 1452–1519 n. Chr.
Erste Bewässerung, Neuguinea, 3000 v. Chr.; Fahrten in den offenen Pazifik beginnen, 3000 v. Chr.	»Lapita«-Leute erreichen die Fidschi-, Tonga- und Samoa-Inseln, etwa 1200 v. Chr.	Seefahrer erreichen die Marquesas und Hawaii, etwa 300 n. Chr.; Osterinsel, 400 n. Chr.; Hawaii, 500 n. Chr.; Neuseeland, 750 n. Chr.	Staaten oder Beinahestaaten entstehen in Polynesien um 1500 n. Chr.
Erste Bauerndörfer, Tehuacan und Oaxaca, 2000 v. Chr.	Erstes öffentliches Gebäude, Oaxaca, 1500 v. Chr.; Zusammenbruch von San Lorenzo, 900 v. Chr.; Olmec-Kultur, 1200 v. Chr.–400 v. Chr.; Anfänge von Tikal, Monte Alban, 500 v. Chr.; Anfänge von Teotihuacan, 400 v. Chr.	Höhepunkt Monte Alban, 400 n. Chr., Zusammenbruch 600 n. Chr.; Höhepunkt Teotihuacan, 600 n. Chr., Zusammenbruch 750 n. Chr.; Höhepunkt Tikal, 700 n. Chr., Zusammenbruch 800 n. Chr.	Azteken, 1300–1519 n. Chr.
Erste Bauerndörfer, 2000 v. Chr.	Chavin-Kultur, 1200–500 v. Chr.	Beginn von Tiahuanaco, 100 n. Chr.; Entstehung des Huari-Reiches, 700 n. Chr.	Zusammenbruch von Huari, 1100 n. Chr.; Zusammenbruch von Tiahuanaco, 1200 n. Chr.; Inka-Reich, 1430–1532 n. Chr.
Frühester Anbau von Kürbis, Kentucky, 2500 v. Chr.; frühester Mais im Südwesten, 2000 v. Chr.; Fischerweiher von etwa zwei Morgen Größe in Boston, 2000 v. Chr.	Bewässerung, Bauerndörfer im Südwesten, 300 v. Chr.; erste angebaute einheimische Pflanzen, Sonnenblume, Sumpfgras, 1500 v. Chr.; Beginn des Dammbaues im Mittelwesten, 1000 v. Chr.	Bewässerung, Bauerndörfer etabliert im Südwesten, 100–300 n. Chr.; Ende des Hopewell-Dammbaues, 500 n. Chr.; Pueblos tauchen im Südwesten auf, 900 n. Chr.; Anfänge der ersten Stadt, Cahokia, 900 n. Chr.; Leif Erikson landet an der Ostküste, 1000 n. Chr.	Chaco-Cañon-Pueblos, 900–1300 n. Chr.; »Broken K«-Pueblo, 1150–1275 n. Chr.; Höhepunkt von Cahokia, 1200 n. Chr.; Grashopper-Pueblo, 1275–1400 n. Chr.; Zusammenbruch von Cahokia, 1300 n. Chr.; Zweihundertjahrfeier der USA, 1976

II
LEBEN MIT DER NATUR, DIE KLUGHEIT DER JÄGER UND SAMMLER

*Die Evolution der Primaten/
Der Zug aus den Wäldern in die Savannen/
Die Anfänge des Fleischessens,
des Teilens und der Wohnstätten/
Die älteste Schlachtungsstelle/
Abwanderungen aus Afrika und die frühesten Herdstellen/
Der Neandertaler-Mensch
und der Glaube an ein Leben nach dem Tod/
Die Entstehung des modernen Menschen und der Kunst/
Die letzten Jäger und Sammler/
Eine Weihnacht in der Kalahari*

Nur einen Teil ihrer Zeit auf Erden haben die Hominiden, Glieder der Menschenfamilie, als Jäger und Sammler gelebt. Den 15 000 000 Jahren der Nahrungssuche in der Wildnis folgten nur 10 000 Jahre für alles andere, von den ersten Bauernhöfen bis zu Autobahnen, zu Kernwaffen mit Megatonnen Zerstörungskraft und zu den Vereinten Nationen. In diesen ersten 15 000 000 Jahren lernten sie unheimlich viel. Sie entwickelten Sprache, zunehmend raffiniertere Wege zum Überleben, die Anfänge von Religion und Kunst. Und doch stellt ihre Geschichte noch einen umwerfenden Grad von Konservatismus dar. Die wesentlichen Techniken der Nahrungsbeschaffung änderten sich über Zehntausende von Generationen nicht. Die Traditionen, die sich über derartige Zeitspannen ausbildeten, waren tief verwurzelt und dauerhaft.

Das Jagen und Sammeln hatte zu seiner Empfehlung weit mehr als nur die Gewohnheit. Es dauerte nicht lediglich durch die Macht der Faulheit, den Widerstand gegen jede Art von Veränderung an, sondern aus einer Reihe von positiven Gründen. Die Spezies Mensch lebte im Einklang mit der Natur, eine unter vielen Wildspezies, die miteinander als Parasiten des Sonnenlichts im Kreislauf von Geburt und Zerfall lebten. Opfer, aber auch Räuber, Verzehrte und selbst Verzehrer, die Menschen waren Teil der Kette des Seins, wie sie es seitdem nicht mehr gewesen sind. Das Seßhaftwerden und Zusammenleben in großen und größeren Gruppen brachte ernsthafte Nachteile mit sich.

Trotzdem gab es für die Hominiden so etwas wie einen Zwang zur Veränderung. Sie entstanden in Grenzbereichen, in Übergangszonen, wo unterschiedliche Landschaftsformen sich unmerklich miteinander verschmolzen. Tropische und subtropische Wälder, Wälder, die so dicht waren, daß die Lebewesen unter den Baumkronen zumeist im Schatten lebten, erstreckten sich über ganze Kontinente von der Westküste Afrikas bis nach Ostindien. Das Leben war heller, wenn man vom Rand des dichten Waldes weg in dünner bestandenes Waldland mit mehr Sonnenlicht zog, wo die Bäume nicht mehr so dicht standen, und auch in Waldlandschneisen nahe den Ufern von jahreszeitlich aus ihrem Bett tretenden Seen und Flüssen – und am hellsten war es über den Rand des Waldlandes hinaus, draußen im hellen Sonnenlicht der Savannen, wo sich grasbewachsene Ebenen meilenweit öffneten.

Die meisten Menschenaffen blieben ausschließlich in den dichten Wäldern. Einige aber, oft Gruppen von drei oder vier halberwachsenen Männchen, die in ihren Herden noch keine Statusposition errungen hatten, suchten ihre Nahrung, indem sie zwischen den Zonen hin- und herzogen, aus dem Schatten heraus in das lichtere Waldland kamen und im Schatten wieder verschwanden. Bei seltenen Gelegenheiten wagten sie sich in das Grasland der Savannen, vielleicht um ihren Mut zu zeigen – zumindest am Anfang. Das strahlende Sonnenlicht und die Weite waren seltsam. Bäume standen dort weit auseinander, und das Risiko von Angriffen der Löwen, Wildhunde und anderer Räuber war groß. Schließlich blieben einige Großaffen endgültig in Gebieten außerhalb der dichten Wälder, möglicherweise um der Enge unter den Bäumen zu entgehen. Sie fanden neuen Lebensraum in den Savannen und auch ausreichend Nahrung, einschließlich dem Fleisch von Huftieren. Löwen jagten hauptsächlich in der Nacht, Wildhunde am Abend und ganz früh am Morgen. Dadurch blieben die Tageslichtstunden den Räubern unter den Primaten.

Der erste Hominid war ein Wesen im Übergangsstadium, der sich in den Übergangszonen hin- und herbewegte, eine im Werden begriffene Rasse, dabei, etwas völlig anderes zu werden. Er sah weit mehr einem Großaffen als einem Menschen ähnlich, etwa den heutigen Schimpansen im Kongo, 1,10 Meter groß, wog etwa 18

Oben und unten: Schimpansen, die engsten Verwandten des Menschen.
(Quelle: San Diego Zoo Photo)

bis 20 Kilogramm, war schlank und schwer erfaßbar und schlief wahrscheinlich in Bäumen. Auch mit mehr Beweisen, als heute zur Verfügung stehen, wäre es unmöglich, den Punkt zu spezifizieren, an dem der Hominid aus einem fortgeschrittenen Menschenaffen entstand, genauso unmöglich, wie man den Zeitpunkt bestimmen kann, an dem das Zwielicht endet und die Nacht beginnt. Solche Wesen sind aber wahrscheinlich vor 15 Millionen Jahren über afrikanische Savannen gezogen.

Das Verhalten der heute in den Wäldern lebenden Schimpansen dient als eine Grundlage für Spekulationen über das Verhalten der frühen Hominiden. Es ist etwas ganz Besonderes um das Töten und Essen von Tieren. Das Verzehren von Früchten, Knospen, Insekten und Blüten, die vorherrschende Nahrung der wildlebenden Schimpansen und wahrscheinlich auch unserer frühesten Vorfahren, ist eine recht unschuldige und unkomplizierte Aktivität. Diese Dinge können schnell gekaut und verschlungen werden, in einem Baum oder einem Waldstück, wo andere Schimpansen in ähnlicher Weise beschäftigt sind, sich rührig und begeistert mit den gleichen Nahrungsmitteln vollstopfen. Im Grunde ist jedes Individuum auf sich selbst gestellt.

Das Jagen kann auch ein individuelles Unternehmen sein, doch es ist weitaus ergiebiger, wenn zwei oder mehr Individuen zusammenarbeiten. Die Chancen, eine Jagdbeute zu töten, sind etwa zwei- oder dreimal größer als für einen einzelnen Jäger. Die Schimpansen kennen diese Strategie, und gelegentlich nähern sich mehrere aus verschiedenen Richtungen einer Beute. Die Pression für ein solches Verhalten ist aber nicht sehr stark. Schimpansen im Wald fressen Fleisch nur dann und wann; sie brauchen es nicht, um zu überleben. Für die ersten Menschen in der Savanne war die Erlangung von Fleisch aber eine Sache von Leben oder Tod. Fleisch nahm schätzungsweise ein Drittel oder mehr ihres Speiseplanes ein. Sie wären wohl bald ausgelöscht worden, hätten sie nicht zusammen die Bewegungen der Beute beobachtet und vorausgeahnt und zusammen die geeigneten Strategien geplant. Die Zusammenarbeit konnte nicht nur etwas Zufälliges oder Gelegentliches sein. Die Zusammenarbeit war auch nach dem Töten der Beute lebenswichtig. Fleisch fällt in großen Brocken an, im Vergleich zu Früchten und anderer üblicher Kost des Waldes, es liefert ein beträchtliches Stück Nahrung, konzentriert an einem Ort, ei-

Oben: Worzel meditiert: er zeigt das Weiße im Augapfel, selten bei Schimpansen, üblich bei Menschen.

Unten: Schimpansen teilen sich den Kadaver eines Affen; Gombi Reservat, Tansania.

(Quelle: Geza Teleki, Pennsylvania State University)

nem Mittelpunkt intensiver Anziehung. Bei dem Schimpansen steht das Individuum mit dem Kadaver, der durchschnittlich ungefähr zehn Pfund wiegt, unter dem Zwang, einiges von dem Fleisch an andere Mitglieder der Herde abzugeben. Wie im Fall des kooperativen Jagens ist der Druck recht schwach; Teilung kann eintreten oder nicht, gewöhnlich nicht.

Die frühen Hominiden mußten teilen. Das Teilen spielte eine kritische Rolle bei der Sozialisierung oder Familiarisierung großer kraftvoller Männchen, die aktivsten Jäger bei den Menschen wie den Schimpansen. Dadurch wurde Selbstkontrolle, die Hemmung »natürlicher« Impulse, belohnt. Die Evolution begünstigte Männchen, die den größten Teil des Fleisches am Ort der Tötung für eine spätere Teilung aufheben konnten – und im allgemeinen auch die Individuen, die Regeln aufstellen und sich danach richten konnten und so an einem gewissen System für die Teilung der Beute teilnahmen. Banden, die sich aus solchen Individuen zusammensetzten, überdauerten; weniger sozialisierten Banden gelang dies nicht.

Viele Dinge geschahen zur gleichen Zeit, in einem Gespinst von sich gegenseitig beeinflussenden und unterstützenden Entwicklungen. Die Menschen hingen mehr von Steinwerkzeugen ab, zunächst vielleicht, um dicke Häute durchzuschneiden oder an das Knochenmark heranzukommen, und später für Verteidigung und Angriff. Das Tragen von Werkzeugen und großen Fleischportionen erzwang eine aufrechte Haltung und zweibeinigen Gang, um die Hände für den anderweitigen Gebrauch wie die Anfertigung von Werkzeugen freizuhalten. Und in all der Zeit dehnte sich das Gehirn wie ein gutartiger Tumor am Kopfende der Wirbelsäule weiter aus.

Die wachsende Komplexität des Lebens auf der afrikanischen Savanne begünstigte ein zunehmend komplizierteres Nervensystem, ein umfangreicheres Gedächtnis und eine größere Kapazität für das Abwägen und die schließliche Wahl unter einer zunehmenden Anzahl von alternativen Aktionen. Dieser Prozeß brachte größere Rückwirkungen mit sich. Je größer das Gehirn eines Primaten, desto langsamer ist sein Reifeprozeß. Die Mütter wurden genötigt, sich für immer längere Zeitspannen ihren Jungen zu widmen. Affenjunge sind etwa ein Jahr lang völlig von ihren Müttern abhängig, die Jungen von Menschenaffen mehr als zwei Jahre. Das

Kleinkind von Hominiden vor Millionen von Jahren war jedoch etwa vier bis fünf Jahre hilflos. Es war sogar hilfloser als die Jungen anderer Primaten, weil es im Gegensatz zu diesen sich nicht an die Mutter klammern konnte, während sie sich bewegte. Es beobachtete ihr Weggehen und mußte lernen, sie durch Weinen zurückzuholen.

Ein Ergebnis waren unterschiedliche Arten des Heimlebens. Obwohl Schimpansen Nacht um Nacht einzeln in denselben Bäumen schlafen mögen, gehen sie in einer Gruppe auf Nahrungssuche und verlassen die Bäume zusammen am Morgen. Unter den frühen Hominiden wurde das Heim jedoch ein etwas beständigerer Ort.

Ein erstes Werkzeug: Schimpanse mit Stock.
(Quelle: Linda und Toni Pfeiffer, Rutgers University)

Mütter mit Säuglingen und Kleinkindern und wahrscheinlich alle weiblichen Mitglieder blieben mit einem oder zwei großen Männchen als Schutz zurück. Da Pflanzennahrung gewöhnlich nahe der Wohnstatt gesammelt wurde, wurde das Sammeln hauptsächlich eine Arbeit der Frau, während die Männer auf die Jagd gingen, vielleicht über Nacht oder mehrere Tage und Nächte.

Diese Aufteilung, selbst zum Teil ein Produkt der zunehmenden Gehirngröße und der Abhängigkeit von Kleinkindern, hat vielleicht ihrerseits eine weitere Ausdehnung des Gehirns begünstigt, weil der Zwang zur Sprache gesteigert wurde. Die Jäger müssen in irgendeiner Form die Möglichkeit gehabt haben, ihre Pläne in Einzelheiten mitzuteilen, besonders im Hinblick auf die Zukunft. Sie müssen eine Methode gehabt haben, ihren Angehörigen zu Hause klarzumachen, wo sie hingehen wollten, wie lange, wann sie zurückkehren wollten und was zu tun war im Falle, daß sie nicht wie geplant zurückkamen. Die Fähigkeit, solche Informationen mitzuteilen, hätte auch zu längeren Ausflügen und ehrgeizigeren Erforschungen ermutigt.

Fleischessen, kooperatives Jagen und Teilen, Werkzeuggebrauch und ein aufrechter Gang, größeres Gehirn, Wohnstätten und Sprache – derartige Entwicklungen waren miteinander verknüpft und entwickelten sich gemeinsam. Alle der ältesten Überreste der frühen Hominiden sind in Afrika gefunden worden, damit darauf hinweisend, daß diese die Mehrzahl ihrer Entwicklungsjahre dort verbrachten. Eine der bemerkenswertesten archäologischen Fundstellen der Welt liegt in dem ausgedörrten Ödland von Kenia, zehn sonnenversengte Meilen östlich des Turkana-Sees (früher Rudolf-See), unweit eines langgestreckten niedrigen Felsenhügels, der als »Fieberbaumrücken« bekannt ist. Es ist totes, erodiertes Land mit rissigem Boden. So ziemlich das einzige, was sich bewegt, ist Sand, vom Wüstenwind getrieben und von Forschern auf der Suche nach Spuren des ersten Menschen weggeräumt.

Vor langer Zeit, ehe die Erosion einsetzte, war dies eine grüne, mit allem versehene Welt, eine immer wieder überflutete Deltaebene von 1000 Quadratmeilen, in der sich ein großer Strom in ein Labyrinth von kleineren Flüssen aufteilte. In einer Lichtung in der Nähe einer Baumgguppe entlang eines Flusses erscheint ein seltsames Wesen. Es sieht aus wie ein Menschenaffe, doch ein Menschenaffe lief niemals in dieser Weise; es war kein schlurfender

Gang mit krummen Knien, sondern aufrecht und ausschreitend wie ein Mensch. Es ist nur 1,20 Meter groß, etwa von der Größe eines achtjährigen Kindes, aber seine Ziele sind keineswegs kindhaft.

Rotes Fleisch liegt da zum Greifen – ein teilweise zerlegtes Flußpferd. Das Wesen geht zurück unter die Bäume in Richtung auf den Fluß und kommt zurück mit Gefährten. Sie haben Steine in den Händen, und nachdem sie sich in der Nähe des Kadavers niedergehockt haben, gebrauchen sie Steinhämmer, um Splitter von den kleineren Steinen abzuschlagen und dadurch scharfe Kanten zu schaffen. Danach fallen sie darüber her – schlagen auf die Glieder des toten Tieres und schneiden sich Fleischbrocken ab und zerschmettern die langen Knochen, um an das Mark darin zu gelangen. Nach etwa einer Stunde gehen sie davon. Auf den Schultern tragen sie große Fleischportionen.

Die Zeit vergeht, Tausende und aber Tausende von Jahren. Eine leichte Schlammschicht legt sich darüber, der Regen von vulkanischer Asche folgt, dann weitere Überflutungen und Vulkanausbrüche. Spuren des Festmahls werden unter mehreren hundert Metern Felsen begraben, eingeschlossen in Sedimentschichten wie eine Blume, die zwischen den Seiten eines Buches gepreßt wird. Lange Zeit später ist der Fels zerfallen und verschwunden, und ein Archäologe, Glynn Isaac von der University of California, rekonstruiert das ursprüngliche Ereignis aus den freigelegten Überbleibseln. Er hat eine Unmenge zerbrochener Knochen entdeckt, zerstreut im Umkreis von sieben bis acht Metern, und bis auf wenige Ausnahmen sind es Hippopotamus-Knochen. Ebenfalls verstreut unter den Überresten waren mehr als 100 frühgeschichtliche Gegenstände, einschließlich eines halben Dutzend Steinbeile. Die Fundstelle selbst enthielt keinen Hinweis auf die Fleischesser, doch in ähnlichen Ablagerungen in diesem ganzen Gebiet sind ihre versteinerten Überreste gefunden worden. Es handelte sich um frühe Hominiden.

Das Bedeutungsvollste bei dieser Fundstelle ist ihr Alter, das mit Hilfe der »radioaktiven Uhr« bestimmt worden ist. Das radioaktive Kalium in Vulkangestein verfällt mit regelmäßiger Geschwindigkeit, soundso viele Atome je Sekunde, und hinterläßt einen Restbestand des Edelgases Argon. Je älter das Gestein, desto mehr Kaliumatome verfallen und desto mehr Gas sammelt sich an. Messungen des Gases in Gesteinsproben, die während der Ausgrabungen durch Isaac gesammelt wurden, zeigen an, daß er die älteste bekannte archäologische Fundstelle ausgegraben hat. Das Fleisch des Hippopotamus wurde vor 2 600 000 Jahren, plus oder minus eine Viertelmillion Jahre, verspeist.

Vor ein oder zwei Millionen Jahren begannen die Hominiden, sich von Afrika aus zu verbreiten. Es existiert keine zufriedenstellende Erklärung für die Wanderungen, warum sie stattfanden zu jener Zeit und, wenn man so will, warum sie überhaupt stattfanden. Sie wären allerdings unmöglich gewesen, wäre diese Spezies nicht bereits zu einer der adaptationsfähigsten geworden. Darwin beschreibt Menschen, die an der südlichsten Spitze von Südamerika in einer kalten Klimazone nahezu nackt herumliefen. Ähnliche Robustheit half ihren Vorfahren in der Alten Welt, mit dem kalten Klima des Nordens fertig zu werden. Feuer mag ebenfalls geholfen haben. Die ältesten bekannten Wohnstattfeuer brannten im Norden, in Europa und Asien. Ihre Spuren, grob kreisrunde Flächen, die in Höhlen gefunden wurden und Asche sowie verkohlte Knochen und in der Hitze gesprungene Steine enthielten, sind eine bis eine halbe Million Jahre alt.

Der Herd, die Feuerstelle, markierte das Ende eines vom Auf- und Untergang der Sonne diktierten Lebens. Die Feuerstelle schuf in Tausenden von überdachten Plätzen auf der ganzen Welt besondere Umgebungen, Wärme und Licht spendende Runden in den kältesten und dunkelsten Nächten, einen längeren Tag für Arbeit und Spiel sowie das Austauschen von Ideen. Die Hominiden, die die Feuerstellen bauten, waren etwa 50 Zentimeter größer als die ersten affenähnlichen Mitglieder der Menschenfamilie, doppelt so schwer, ausgestattet mit einem Gehirn, das ungefähr viermal größer war (bereits im Bereich der gegenwärtigen Gehirngröße) und beträchtlich menschenähnlicher. Sie hatten den größten Teil des Weges in Richtung auf die frühesten Typen des *homo sapiens* zurückgelegt, die vor 250 000 bis 300 000 Jahren auftauchten.

Das Tempo der Evolution scheint sich von diesem Punkt ab beschleunigt zu haben. Ein bedeutungsvolles Zeichen war das Auftauchen der Neandertaler vor rund 75 000 Jahren, jener so übel verleumdeten menschlichen Wesen. Der Name ist mit plumper, mit dicken Augenwülsten einhergehender Scheusalhaftigkeit assoziiert worden, und dieses Image wird wahrscheinlich fortdauern.

Genaugenommen ist dies jedoch ein Fall von Personenverwechslung. Sie beruht auf einer Untersuchung, die mehr als ein halbes Jahrhundert alt ist, auf der Analyse fossiler Knochen, die in Südfrankreich gefunden wurden – dem Skelett eines älteren Mannes mit ausgedehnter Arthritis. Die Forscher erkannten die Krankheit nicht und interpretierten abnorm dicke und gekrümmte Knochen als Anzeichen für einen vornübergebeugten, schwerfälligen »affenartigen« Gang.

Die Neandertal-Menschen waren untersetzt und robust. Ihr Gehirn war nicht so weit entwickelt wie das des modernen Menschen. Trotzdem waren sie vollwertige Mitglieder der Spezies *homo sapiens*, mit bemerkenswerter Fähigkeit, sich anzupassen und in den langen Eiszeitwintern des westlichen Europas zu überleben. Eine britisch-amerikanische Untersuchung bestätigt ihren Menschenstatus: »Es gibt keinen stichhaltigen Grund für die Annahme, die Haltung des Neandertalers... hätte sich wesentlich von der des heutigen Menschen unterschieden... Könnte er ins Leben zurückgerufen und in eine New Yorker Untergrundbahn gesetzt werden – vorausgesetzt er wäre gebadet, rasiert und in moderne Kleidung gesteckt –, so ist es zweifelhaft, ob er mehr Aufmerksamkeit erregen würde als manch andere Fahrgäste.«

Die Neandertaler waren die ersten Menschen, die ihre Toten beerdigten – mit Steinwerkzeugen, schweren Steinplatten und Steinbockhörnern und Bärenschädeln, die in rituellen Mustern um den Verstorbenen herum angeordnet wurden –, manchmal sogar mit Blumen, wie aus einer Konzentration von Pollen von Blütenpflanzen hervorgeht, die in einer Grabstätte nördlich von Bagdad gefunden wurden. Sie glaubten wahrscheinlich an ein Leben nach dem Tode, wie man aus dem Vorhandensein verkohlter Knochen schließen kann, die auf einen Vorrat aus gebratenem Fleisch für eine Reise ins Unbekannte hinweisen. Derartige Überreste weisen auf Zeremonien und eine Beschäftigung mit neuen Fragen bezüglich der Natur des Todes, der Welt der Toten und der Welt der Lebenden hin. Man fühlt, daß die Neandertaler nach Einsichten suchten, die sie niemals erlangen konnten, daß sie Ideen und Bestrebungen spürten, die jenseits ihrer Fähigkeit, sie auszudrücken, lagen. Auf jeden Fall gab es einen Ausbruch von »Gefühl« gegen Ende der Neandertaler-Zeit mit dem Auftauchen völlig moderner Menschen vor 40000 oder mehr Jahren.

Ihre Werkzeugausstattung wurde immer mannigfaltiger. Es gab mehrere Arten von Feuersteinstichen oder Schneidwerkzeugen, die zur Ausführung verschieden geformter Rillen oder Kerben dienten. Ein Jäger und Sammler in Westeuropa hatte vielleicht zwei Dutzend oder mehr Arten, was auf eine ansteigende Verfeinerung, eine Vervielfältigung besonderer Erfordernisse und bestimmte Zwecke hinweist. Es gab auch Werkzeuge aus Knochen, die bei den Werkzeugen der Neandertaler noch selten und sehr roh waren, einschließlich Harpunen, winzigen Ahlen und Nadeln mit Öhr. Starke Konzentrationen von Überresten großer Tiere, in erster Linie Rentiere, aus ausgegrabenen Wohnflächen und ein steiler Anstieg in Zahl und Größe der Fundstellen beweisen eine Vermehrung der kooperativen Großwildjagd, die von großen Gruppen, vielleicht Mitgliedern von Stämmen oder anderen Konföderationen, durchgeführt wurde.

Die plötzliche Steigerung des Selbstbewußtseins spiegelte sich im plötzlichen Auftauchen zahlreicher Schmuckstücke wie Halsketten aus gebohrten Zähnen und Fischwirbeln, Muschelkränzen und Elfenbeinarmreifen. Nichts von alledem ist in Fundstellen der Neandertaler entdeckt worden. Das mag etwas mit wachsenden Populationen und einer weiteren magischen Größe von Jäger-und-Sammler-Stämmen zu tun haben, mit Menschen, die die gleiche Sprache sprechen. Und wieder kann wie im Fall der 25 Personen einer Bande die tatsächliche Anzahl über einen weiten Bereich schwanken. Unter den australischen Aborigines, den Andaman-Inselbewohnern in der Bucht von Bengalen, den Shoshonen-Indianern der amerikanischen Great Plains und anderen Jägern und Sammlern schwankt die Größe der Stämme um etwa 500 Personen.

Die mögliche Verbindung zwischen dieser Zahl und dem Tragen von Schmuckstücken ist die, daß 500 nahe an die Gruppengröße herankommt, bei der man von einer Person erwarten kann, daß sie auf der Grundlage des Vornamens erkannt wird. Bei mehr als 500 wird das Erinnerungsvermögen des Menschen überstrapaziert (ein Grund für die Faustregel von Architekten, nach der eine Grundschule nicht mehr als 500 Schüler haben soll, wenn der Rektor sie alle beim Namen kennen will). Wenn die Populationen diese Zahl weit übersteigen, brauchen die Leute vielleicht Merkmale, um sich als Freund oder Feind zu identifizieren.

Oben und unten: Zeitgenössische Interpretation eines Cromagnon-Bildhauers und von Höhlenmalern.
(Quelle: Zdenêk K. Burian)

Solche Merkmale mußten allerdings leicht zu erkennen sein. Eine neuere Untersuchung von »stilistischem Verhalten« im heutigen Jugoslawien, durchgeführt von Martin Wobst von der University of Massachusetts, ergab, daß Menschen unterschiedlicher ethnischer und religiöser Gruppen »Gegenstände tragen, die auf große Entfernung sichtbar sind, wie beispielsweise von einem Berghang zum anderen oder auf einige Entfernung entlang der Straße ... (und) die es einem erlauben, eine Artbotschaft zu entziffern, ehe man in Schußweite des Feindes gerät«. Die einzigen Gegenstände, die diesen Spezifikationen einer Sichtbarkeit über große Entfernung heute entsprechen, sind Umhänge, Jacken und Hüte oder Kopfbedeckungen. Zieht man die Tatsache in Betracht, daß die tödlichen Entfernungen in prähistorischen Zeiten beträchtlich kürzer waren, so könnten die von Jägern und Sammlern getragenen Schmuckstücke auf die wachsende Bedeutung gleicher Gesinnungen und Bindungen hinweisen.

In die Periode nach dem Neandertaler fällt auch die Entstehung der Kunst. Es war eine spektakuläre Entwicklung, die einen Höhepunkt etwa vor 15 000 Jahren in den Malereien und Gravuren an den Wänden von Lascaux und anderen Höhlen in der Region Les Eyzies im südwestlichen Frankreich und auch in Spanien fand. Das »Pattern«, das sich zeigt: vielfältigere und spezialisierte Werkzeuge, größere Gruppen und Jagden in großem Maßstab sowie das Erscheinen von Schmuckstücken und schönen Künsten, ist Beweis für eine ansteigende soziale Komplexität, neue Organisationsstufen und einen zunehmenden Gebrauch von Symbolen. Es gibt guten Grund für die Annahme, daß diese Periode auch einen bedeutsamen Fortschritt in der Entwicklung der Sprache erlebte. Die Forscher haben bis jetzt noch keine Theorien über die Natur der Veränderung aufgestellt oder Wege zur archäologischen Nachprüfung der Theorien aufgezeigt, doch neue Wort- und Satzstrukturen gestatteten wahrscheinlich präzisere, kompaktere und schnellere Kommunikation und Ausdrucksweise.

Ein neuzeitliches Gehirn hatte sich entwickelt – unser Gehirn, mit allem, was sich daraus ergibt. Jagen und Sammeln erforderte letztlich den höchsten Grad von Intelligenz, ausreichend, um mit allem, was sich seither entwickelt hatte, fertig zu werden und darüber hinaus noch eine Reserve zu haben. Zu wissen, welche Pflanzen von Hunderten die besten Nahrungsmittel und Medizinen ergeben; die Gewohnheiten von Einzel- und Herdentieren zu beobachten, besonders die stereotypen, voraussagbaren Gewohnheiten, die ihnen zum Verhängnis werden; aus Zeichen in Wind und Wetter herzuleiten, wo eine mögliche Beute auftauchen wird; Fallen und Fallgruben sowie Hinterhalte zu erfinden – all dies und tausend andere Aktivitäten für ein Überleben verlangten die gleichen Kräfte, die in der heutigen Gesellschaft die neue Kunst, neue Literatur, Satelliten, Computer, ferngelenkte Flugkörper, rudimentäre Weltregierungen hervorgebracht haben.

Die zwangsläufige Unterlegenheit von Menschen, die nahezu nackt herumliefen und wenig Besitz hatten, ist früher als gegeben hingenommen worden, eine Haltung, die in den Berichten von Kolonialverwaltern erhalten geblieben ist. Ein britischer Distriktoffizier der zwanziger Jahre tat die »Hadza«, Afrikaner, die in einem isolierten Tal Tansanias etwa 400 Kilometer südlich des Äquators lebten, kurzerhand als »einen schwarzen, affenähnlichen Stamm«, »als Wilde«, als »Kreaturen des Busches... unfähig, etwas anderes zu werden«, ab. Eine derartige Ignoranz ist zum Teil schuld

Bemerkenswert genaue Karte, von Eskimojägern aus dem Gedächtnis gezeichnet (umrissenes Gebiet), hier im Vergleich mit einer Landkarte der tatsächlichen Küstenlinie im Bereich der Baffin-Inseln, Kanada.
(Quelle: George Buctel)

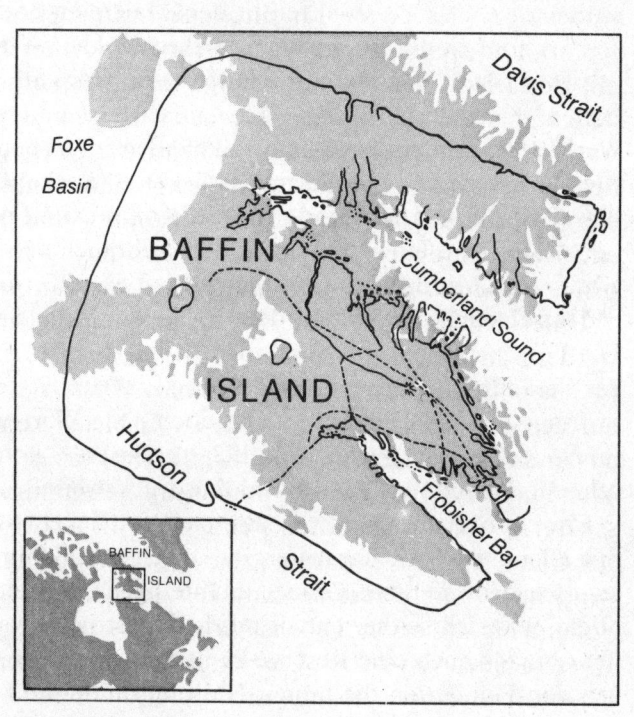

daran, daß ernsthafte wissenschaftliche Untersuchungen noch lebender Jäger und Sammler so selten sind.

Vor 20 Jahren machte sich James Woodburn, ein Student der Universtität von Cambridge und heute an der Londoner School of Economics, daran, sich selbst über diese Menschen zu informieren. Er ging gegen den Rat seiner Professoren, die es lieber gesehen hätten, wenn er eine mehr konventionelle Untersuchung einer Bauern- oder Hirtengemeinde durchgeführt hätte. Einige örtliche Verwaltungsbeamte waren sogar skeptisch, ob Jäger und Sammler überhaupt in dem Gebiet existierten. Woodburn ging jedoch trotzdem in den Busch, fand die Hadza und verbrachte fast drei Jahre bei ihnen.

Die Hadza hatten sich wirksam an eine Buschumgebung angepaßt, die sonst keiner haben wollte. Sie lebten gut auf ihrem Land, und sie lebten so, wie sie es wollten. Ihre Nahrung bestand überwiegend aus Wurzeln, Knollen, einschließlich einer Verwandten der Süßkartoffel, Beeren, Honig und der Frucht vom Baobab-Baum. Sie waren keineswegs überglücklich über diesen Speiseplan, wobei sie vieles davon für unschmackhaft hielten (und das mit Recht), und sie hungerten nach mehr »wirklicher Nahrung«, womit sie Fleisch meinten, das weniger reichlich vorhanden war. Sie hatten aber doch alles, was sie brauchten, wenn schon nicht alles, was sie wünschten. Sorgfältige medizinische Untersuchungen ergaben eine wohlausgeglichene Ernährung, ohne Anzeichen für übliche Tropenkrankheiten, die durch Protein- und Vitaminmangel entstehen. Darüber hinaus war die Nahrungssuche kaum zeitraubend, da sie nur etwa zwei Stunden täglich beanspruchte.

Untersuchungen, die zur Zeit an anderen Stellen durchgeführt werden, unterstützen Woodburns Feststellungen. Jäger-Sammler im australischen Busch, in der Kalahari-Wüste, den Regenwäldern auf den Philippinen und in anderen Gebieten kommen auch gut aus und erfreuen sich einer beträchtlichen Freizeit. Nicht, daß ihre Welt eine Idylle wäre: Tod kommt auf geheimnisvolle Weise, oft schlägt er früh zu. Sie haben wenig mehr als nur Hoffnung und ihren Glauben, wenn es darum geht, ernsthafte Krankheiten zu überwinden, und die Hälfte der zur Welt gebrachten Kinder stirbt vor Vollendung des ersten Lebensjahres. Andererseits können aber die Überlebenden ein reifes Alter erreichen; ungefähr eine von zehn Personen wird mehr als 60 Jahre alt.

Richard Lee von der University of Toronto untersuchte bei einem längeren Aufenthalt bei den Kalahari-Buschmännern auch ihre Ernährungsweise. In einer Gruppe versorgten männliche Jäger und weibliche Sammler sich selbst und die nichtarbeitenden Angehörigen (alte Leute und Kinder, etwa ein Drittel der Gruppe) mit einem guten Speiseplan – zwei Drittel Nüsse und Gemüse und ein Drittel Fleisch. Sie arbeiteten ein bis drei Tage der Woche für die Sättigung ihres Magens und verbrachten den Rest der Zeit mit Schwatzen und Besuchen bei Verwandten. Lee weist darauf hin, daß der Bericht »zusätzliche Bedeutung erhält, weil diese Lebenssicherheit während des dritten Jahres einer der schlimmsten Dürrekatastrophen in der Geschichte Südafrikas beobachtet wurde«. Weniger als 180 Millimeter Regen fielen in jenem Jahr, und die Dürre wirkte sich bei benachbarten Bauern schwer aus, die nur überleben konnten, weil sie sich den Frauen der Buschmänner beim Sammeln von wilden Pflanzen anschlossen. Sogar während der Dürre war genug für alle da. Bauern außerhalb des Gebiets, die sich nicht auf Buschmänner verlassen konnten, brauchten Unterstützung gegen die Hungersnot von seiten der Vereinten Nationen.

Jäger und Sammler kennen ihr Land unwahrscheinlich genau. Sie erkennen vor ihrem geistigen Auge ohne bewußtes Nachdenken das Aussehen von mehreren hundert Quadratmeilen des Territoriums, das oft nur ein flacher wüstenähnlicher Raum ohne erkennbare Markierungen ist. Sie kennen ihr Gebiet so gut, so genau, daß sie sich so zuverlässig an einem bestimmten Ort treffen können wie zwei New Yorker, die sich an der Südostecke der Fifth Avenue und 52. Straße verabreden. Ihr Verstand enthält Atlanten von Karten. Zum Nutzen forschender Anthropologen können sie Karten anfertigen, auf denen die Lage von Flüssen, Strömen, Seen, Teichen, Buchten und Inseln eingetragen sind – Karten, die sich in erstaunlicher Weise mit allen Eintragungen auf den Landkarten offizieller Landvermesser vergleichen lassen.

Das ist aber nur ein Teil, der Anfang dessen, was sie wissen. Ihr Leben hängt davon ab, die geringsten Anzeichen für Dinge, die da wachsen, zu sehen und im Gedächtnis zu behalten. In ihrem Buch über die Kalahari, »The Harmless People« (Die arglosen Menschen), erzählt Elizabeth Marshall Thomas, wie ein Buschmann auf einer ausgedehnten Ebene »ohne Strauch oder Baum als Ortsmarkierung« unfehlbar auf einen bestimmten Punkt zuging und dann anhielt, um auf einen Grashalm zu zeigen, um den sich kaum sichtbare Ranken eines Rebstockes gewunden hatten. Er hatte vor Monaten während der Regenzeit diese Kletterpflanze entdeckt, als sie noch grün war. Jetzt waren alle Pflanzen vertrocknet, Wasser war rar, und er hatte Durst. Er grub an der Stelle im Boden, legte etwa zwei Fuß tief eine saftige Wurzel frei und stillte seinen Durst mit deren milchigem Saft.

Die australischen Aborigines sind ähnlicher Leistung fähig. Richard Gould von der Universität Hawaii, der lange Zeitspannen bei ihnen in der Westwüste gelebt hat, schätzt, daß der Durchschnittsjäger die Lage von mehr als 400 Wasserstellen kennt. In der Liste eingeschlossen sind vielleicht ein halbes Dutzend »natürliche Quellen« oder permanente Wasserlöcher, eine große Anzahl von Wasserlöchern, die nur in einem begrenzten Zeitraum benützt werden können und im übrigen Jahr trocken sind, sowie noch viele weitere obskure Quellen, wie beispielsweise in Felsspalten versteckte Tümpel und Regenwasser, das sich in Baumhöhlungen angesammelt hat.

Über die Kenntnisse des Spurenlesens oder genauer: über den sehr kleinen Teil der Kenntnisse des Spurenlesens, der den Forschern mitgeteilt wurde, könnte man eine Enzyklopädie schreiben. Eskimos können aus Spuren im Schnee herauslesen, welche Art von Tier da gegangen ist, vor welcher Zeit, ob männliches oder weibliches Jungtier, ob Männchen oder trächtiges Weibchen, und so weiter. Man erzählt sich, sie würden sogar versuchen, aus den Spuren von Schneemobilen auf die Identität des Fahrers zu schließen. Wie alle Jäger und Sammler bemerken sie alles, was eines Tages unter nichtvorhersagbaren Umständen ein Überleben bedeuten könnte, und trainieren ihre Beobachtungsfähigkeit bis zur Grenze des Möglichen.

Das Maß für eine Lebensweise wie auch für eine menschliche Beziehung ist, wie gut sie sich in einer Krise bewähren. Danach zu urteilen, muß man die Lebensform des Jagens und Sammelns hoch einschätzen. Sie ist nicht unfehlbar gewesen. Sie funktionierte zum Beispiel nicht für jene Eskimos, die noch anfangs dieses Jahrhunderts in ihren Lagern verhungerten, weil sie durch heftige Stürme und Blizzards bewegungsunfähig gemacht wurden oder an traditionellen Wanderwegen für Karibus auf Tiere warteten, die niemals kamen. In den meisten Fällen jedoch und im gesamten Verlauf der Frühgeschichte hat sie den Menschen durch eine Notlage nach der anderen geholfen.

Eine erfolgreiche Adaptation verlangt gründliche und genaue Kenntnis von Menschen und Land. Die prähistorischen Jäger und Sammler wußten um ihre eigenen Stärken und Schwächen genausoviel wie um das, was die Wildnis bot, und zwar aus dem gleichen Grund. Es war eine Notwendigkeit. Vor allem hatten sie es mit Gewalttätigkeit zu tun. Trotz Jahrtausenden der Auslese für Selbstbeherrschung stellte Gewalttätigkeit noch immer etwas unmittelbar Drohendes dar, etwas, wovor man sich schützen mußte, vor allem beim männlichen Mitglied der Spezies. Es handelte sich um das vertraute Problem, das Problem aller Primaten, aller Säugetiere – wie kann man Männchen in friedliche Glieder der Gesellschaft umwandeln.

Wie bereits aufgezeigt, ist es ein Teil der Lösung, in geringer Zahl zusammenzubleiben; das ist aber nicht immer möglich oder wünschenswert. Es gibt Mächte, die Menschen für eine Zeitlang zusammenführen. Mehrere hundert Buschmänner können sich versammeln, um traditionelle Heilungs- oder Imitations-Riten durchzuführen, Heiraten zu arrangieren, Handel zu treiben, Informationen und Klatsch auszutauschen. Für diese Gelegenheiten sammeln sie eigens Nahrungsvorräte, doch in der Regel ist ihre Geduld eher erschöpft als der Nahrungsmittelvorrat. Die Spannung wächst, und sie lösen sich gewöhnlich nach einer oder zwei Wochen in kleine Banden auf. Während der Trockenzeit, wenn mehrere Banden in der Nähe der permanenten Wasserstellen leben müssen, ist die Auflösung nicht möglich. Deshalb schlagen die Leute ihre Lager so weit wie möglich voneinander entfernt auf und versuchen, die Pfade der anderen nicht zu oft zu kreuzen.

Die Gruppen klein zu halten ist allein nicht genug. Wenn die gleichen Buschmänner über unbegrenzte Zeitspannen hinweg in den gleichen Banden zusammenleben müßten, gäbe es viel häufiger Konflikte. Einzelpersonen wechseln oft von einer Bande zur anderen. Die Leute wissen sehr wohl, was sie tun: »Wir kommen gern zusammen, aber wir fürchten Kämpfe.« Und sogar dann flammen noch Gewalttätigkeiten auf. Lee besitzt Unterlagen über 18 Tötungen, von denen bis auf drei alle in Gruppen von 40 oder mehr Personen geschahen, also in Gruppen, die größer als der

Durchschnitt waren. Andere Berichte zeigen, daß die meisten Jäger und Sammler mindestens einmal alle zwei Jahre in irgendeinen Kampf verwickelt sind. Wenn also das »Kleinbleiben« auf keinen Fall Frieden garantiert, so hilft es doch, die Häufigkeit der Konflikte zu verringern.

Klein zu bleiben trifft für Individuen genauso wie für Banden zu. Der Wunsch nach Status, die Tendenz, anderen zu befehlen, scheint stark zu sein – ein weiteres chronisches Problem, wobei wieder die männlichen Glieder die Hauptstörenfriede sind. So gibt es eine noch stärkere Ethik der Bescheidenheit. Die Regeln gegen das Gierigsein und Gewinnsucht beziehen sich auf die Jagd und die Aufteilung von Fleisch. Ein Mann muß sich Mühe geben, den Eindruck zu vermeiden, er wünsche oder erwarte besondere Privilegien. Das kann natürlich zu einigen höchst komplizierten Manövern führen.

Eine Untersuchung unter den Algonkin-Indianern in Kanada stellt fest: »Es gibt ein bestimmtes festgelegtes Zeremoniell für die Aufteilung von Elchen ... Die Person, die den Elch erlegt, gibt ihn an eine andere weiter. Diese wiederum zerteilt ihn und ist dabei gehalten, sich selbst einen kleineren Teil zu nehmen. Wenn zwei Burschen zusammen jagen, versucht jeder, dem anderen die Chance zu geben, den Elch zu erlegen. Einige Männer, die sehr erfahrene Jäger sind, machen aus der Situation ein wahres Schachspiel, indem sie versuchen, den Elch nicht entkommen zu lassen und gleichzeitig dem anderen (Jäger) Chancen zu geben, das Tier zu töten.«

Ein Jäger, der Jagdbeute gemacht hat, tut gut daran, ohne sich mit seinem Erfolg zu brüsten, ins Lager zu kommen. Sogar wenn es ein kapitaler Büffel wäre – Gelegenheit für eine besondere Feier –, wäre es klug von ihm, das herunterzuspielen und, falls möglich, überhaupt nichts zu sagen. Sogar eine Bemerkung wie »Ich habe ein Tier geschossen« würde sofort die schnelle Antwort herausfordern »Nur eins?« oder doch Worte in diesem Sinne. Hinter diesem Scherz und anderen ähnlichen ist zwischen den Zeilen ein leiser Tadel verborgen gegen das geringste Anzeichen von Arroganz.

Einmal hatte Lee selbst ein weniger freundliches Erlebnis dieser Art in der Kalahari. Es war Weihnachtszeit, und um seine Anerkennung für die Kooperation der Buschmänner während des Jahres zu zeigen, plante er ein besonderes Fest und kaufte von benachbarten Viehzüchtern einen prächtigen Ochsen. Obwohl der etwa 545 Kilogramm wog, also mehr als genug war, um alle erwarteten Gäste aus einem Umkreis von Meilen zu speisen, war er doch ständig einem Schwall spitzer Bemerkungen über das dürre Vieh und seine ungenügende Urteilskraft ausgesetzt. Was ihn aber noch mehr ärgerte – da die Prozedur ja für ihn fremd war –, war die schreckliche Voraussage, alle würden hungrig bleiben und darüber so frustriert sein, daß ernsthafte Streitereien ausbrechen könnten.

Es war eine breitangelegte Demütigung, die perfekt gespielt war. Die Buschmänner wußten, daß es ein großartiges Fest für sie werden würde, und so war es dann auch. Später wurde Lee etwas getröstet, als er hörte, es wäre nichts Persönliches gewesen und sie hätten einen gleichermaßen stolzen Buschmann in gleicher Weise behandelt: »Wenn ein junger Mann viel Fleisch erlegt, dann kommt ihm der Gedanke, den Rest von uns als seine Diener oder Untergebenen anzusehen. Das können wir nicht akzeptieren. Wir lehnen jemand, der angibt, ab, denn eines Tages wird ihn sein Stolz so weit bringen, daß er jemand tötet. Deshalb sprechen wir immer von seinem Fleisch, als wäre es wertlos. Auf diese Weise kühlen wir sein Herz und stimmen ihn freundlich.«

Der Friede und das Überleben der Bande, des Stammes, hängen davon ab, Gewalttätigkeit und Arroganz in Grenzen zu halten. Gewalttätigkeit und Arroganz sind eng miteinander verwandt. Ein von seiner Überlegenheit überzeugter Mann ist geneigt, anderen Schaden zuzufügen, besonders in Zeiten von Streß. Jäger und Sammler leben nach dem Prinzip, daß die einzige Art des Miteinander-Auskommens in einer Gesellschaft von Gleichen möglich ist. Von Anhäufung von Vermögen in jeder Form hört man nichts. Der soziale Druck ist so intensiv, daß ein Individuum mit einem wertvollen Objekt sich unbehaglich und schuldig fühlt, weil es etwas besitzt, was andere haben möchten. Er gibt es mit einem Seufzer der Erleichterung, mit einer Leidenschaftlichkeit weg, die bloße Großzügigkeit übersteigt. Ein Buschmann, der von einem Besucher einen Pullover bekam, gab diesen wenige Wochen später seinem Sohn. Innerhalb eines Monats war er an den Bruder der Frau seines Sohnes weitergegangen, und als er zum letztenmal gesehen wurde, trug ihn ein Vetter in einer Bande, die 32 Kilometer entfernt lebte.

Geschenkt wird unaufhörlich nach einem komplizierten System, das die Buschmänner »Wege für Dinge« nennen. Polly Wiesener von der University of Michigan kehrte kürzlich mit Aufzeichnungen von einem Labyrinth solcher Wege aus der Kalahari zurück; Dutzende von Personen und mehr als 2000 Artikel waren daran beteiligt – Decken, Perlenarbeiten, Messer, Brillen, Sicherheitsnadeln, Sandalen, Pfeile und Beutel. Die Artikel gehen von einem Verwandten zum anderen, von A zu B zu C zu D und so weiter, auf Wegen mit vielen Gliedern, die sich über Entfernungen von 500 und mehr Kilometer erstrecken. Ein Buschmann kann bis zu zehn Individuen an »Schenkungs«-Wegen kennen, die von ihm wegführen, und zehn weitere Individuen an »Empfangs«-Wegen, die zu ihm gehen. Er kann ein Geschenk Wochen oder Monate behalten, doch früher oder später gibt er es weiter.

Dieses Zirkulationssystem für Geschenke stellt eine Form von Versicherung dar, die allerälteste bekannte Form. Es schafft und erneuert unaufhörlich guten Willen über ausgedehnte Regionen. Eine Person ist sicher, irgendwo willkommen zu sein, wenn Hilfe benötigt wird, wenn sie krank oder alt ist oder wenig zu essen hat oder einfach einen Szenenwechsel wünscht. Das Antrainieren des Schenkens beginnt wenige Monate nach der Geburt, wie Wiesener erklärt: »Zu diesem Zeitpunkt haben Eltern und Großeltern Perlen um Arme, Beine, Hals und Taille eines Kindes gelegt. Im Alter zwischen sechs Monaten und einem Jahr schneidet ein Großelternteil die Perlen ab, ersetzt sie durch neue Ketten und legt die alten Perlen in die Hand des Kindes, das sie dann einem anderen Verwandten reichen muß.«

Da solche Traditionen in Jahrmillionen entstanden sind, wurden sie nicht leicht aufgegeben. Das Paradoxe an der Evolution ist die Tatsache, daß es Dingen überhaupt gelingt, sich zu entwickeln. Die stärksten Kräfte drängen zu einem starren Konservatismus, einem tiefverwurzelten Festklammern am *Status quo*. Der Widerstand gegen Veränderungen wird meistens fast zum Instinkt, zum Reflex. Er ist heftig und hat oft die besten Gründe. Und trotzdem wird er immer von noch stärkeren Tendenzen überwunden. Trotz der Kräfte, die sich gegen Veränderungen auflehnen, treten Veränderungen ein. Dieses Phänomen kann man in all seiner großartigen Komplexität bei der zögernden, aber sich beschleunigenden Aufgabe der Lebensweise des Jagens und Sammelns beobachten.

III
DIE KULTIVIERUNG DES BODENS, VERÄNDERUNG DER NATUR

Mangel an Nahrung und Land/
Bevölkerungsdruck, schmelzende Gletscher
und ansteigende Meere/
Die Bemühung, das Jagen und Sammeln zu retten/
Gärten und Ackerbau durch Feuerrodung/
Domestizierung von Tieren/
Seßhaftwerdung und der erste Bevölkerungsaufschwung

Der Mensch bewegte sich konservativ auf die radikalste Entwicklung seiner Evolutionsgeschichte zu. Der Wechsel vom Jagen und Sammeln zum Ackerbau kam rasch im Vergleich zum Ablauf der Dinge während der vorangegangenen zehn Millionen Jahre. Gemessen aber an einer Generation oder einem Lebensalter kam die Veränderung sehr langsam. Zu keinem einzelnen Zeitpunkt ereignete sich viel. Große Entscheidungen blieben selten. Die Revolution bestand aus winzigen Wandlungsprozessen, von denen keiner große Veränderungen hervorzurufen schien; die Leute wehrten sich, um größere Veränderungen zu verhindern oder zumindest aufzuschieben, während sich der Druck zum Wandel aufbaute.

Wenn die Jäger und Sammler sich örtlichem Mangel an Nahrung und Brennstoff gegenübersahen, waren sie erst schockiert und ergriffen dann Behelfsmaßnahmen. Sobald aber die Schwierigkeiten wieder nachließen, vergaßen sie alles – bis zur nächsten Krise. Und die Krisen schienen immer häufiger aufzutauchen. Die Menschen wußten sehr wohl, was geschah, sie verhielten sich aber so, als wüßten sie es nicht, als würde die Schwierigkeit durch bloßes Vergessen vorübergehen. Ihre Art zu leben versagte in erster Linie, weil die Welt zu stark bevölkert wurde.

Eine prähistorische Versammlung, ein Platz für Entscheidungen, irgendwann zwischen 15000 und 10000 v. Chr. und irgendwo an der Ostküste des Mittelmeeres. Erster Punkt auf der Tagesordnung ist die derzeitige Fleischknappheit. Niemand mußte bisher Hunger leiden; doch über eine Reihe von Jahren sind Gazellen, die Hauptfleischquelle, immer seltener geworden, und jetzt fragen die Leute warum und diskutieren das Problem, etwas dagegen zu tun. Sie stimmen überein darin, daß zu viele Tiere getötet werden, daß die Herden weniger stark »abgeerntet« werden sollten, bis sie die Möglichkeit hätten, ihre Anzahl wieder zu mehren.

Nach einigen Debatten einigt man sich auf eine vorübergehende Maßnahme: Während der nächsten beiden Jagdperioden darf nur eine beschränkte Anzahl von ausgewachsenen männlichen Gazellen getötet werden. Einige Leute murren, weil sie an weniger eingeschränkte Zeiten denken, als es weniger Regeln und Tabus gab, mit denen sie sich abzufinden hatten. Sie glauben nicht an eine Nahrungsknappheit durch ihre Schuld, und da es keine Führer gibt, die man verantwortlich machen könnte, schreiben sie es bösen Geistern zu. Und sie gehen ab und zu wildern. Die neue Verfahrensweise funktioniert jedoch so gut, daß die Gazellenpopulationen tatsächlich wieder anwachsen und die Schonzeitregel früher als erwartet wieder aufgehoben wird.

Einige Jahre später tritt das gleiche Problem wieder auf. Diesmal bleibt die Regel länger in Kraft, und die Menschen konzentrieren sich mehr als je zuvor auf andere Spezies. Zum erstenmal säen die Frauen Samen aus, um das natürliche Vorkommen von Getreidepflanzen auszudehnen; wieder eine Behelfsmaßnahme. Einmal mehr gibt es für alle Gazellensteaks, wenn auch weniger als in alten Zeiten, und sie sind auch etwas schwieriger zu bekommen. Wilde Pflanzen gibt es in Fülle, und wenn auch die Regel der eingeschränkten Jagd zur Dauereinrichtung geworden ist, so merken es die Leute kaum und schimpfen auch nicht mehr. Die neue Tätigkeit verläuft wie sonst, fast – zumindest eine Zeitlang.

Viele solche Notfälle müssen sich in den Gemeinschaften auf der ganzen Welt ereignet haben. Sie wurden schließlich durch Aufteilung gelöst. Die Banden teilten sich, um die Versorgungspression zu mildern, die darin bestand, daß es weniger Nahrungsmittel für die Gruppe gab oder daß mehr Mäuler mit der gleichen Menge von Nahrungsmitteln zu stopfen waren. Es müssen viele Trennungen stattgefunden haben, als Nomadenfamilien von Freunden und Verwandten und dem Heimatland wegzogen, in neues Land gerade hinter dem nächsten Bergrücken, in das nächste Tal.

Man stelle sich den ersten Schock der Entdeckung, den ersten Verdacht vor, daß es möglicherweise nicht genügend Land für alle geben könnte. Man stelle sich eine Gruppe von Menschen vor, die die freie Entscheidung ihrer Vorfahren aufgreift und weiterzieht. Sie packen zusammen, sagen ringsum Lebewohl, klettern über einen hohen Paß, schauen mit großer Erwartung hinab ins nächste Tal – und sehen Rauch aufsteigen von den Herdfeuern von Siedlern, die zuerst da waren.

Auch das muß sich immer häufiger ereignet haben. Die Populationsflut war außer Kontrolle geraten, in erster Linie wegen der eindrucksvollen Fähigkeit des Menschen, sich anzupassen. Die meisten anderen Spezies blieben innerhalb ihrer begrenzten Evolutionsnischen, Dschungel, Savanne, Wüste oder Tundra, und ihre Anzahl wurde vom Nahrungsmittelangebot begrenzt und reguliert. Der Mensch, ursprünglich eine Kreatur der Savanne, zog weiter und breitete sich in alle Richtungen aus, er verschob die Nahrungsmittelkrisen – aber nicht unbegrenzt. Populationen wuchsen trotz der Existenz mächtiger Gegenkräfte an. Natürliche Ursachen wie Krankheit und Unfälle töteten jedes zweite Kind vor Ablauf des ersten Lebensjahres – etwa die Rate bei Jägern und Sammlern und Schimpansenherden der Gegenwart – und verlangten einen weiteren schweren Tribut während der Kindheit und in späteren Jahren. Darüber hinaus brachten die Menschen zusätzliche eigene Kontrollen in Anwendung. Sie unternahmen alle Anstrengungen, ihre Anzahl zu begrenzen, indem sie zu Abtreibung, Kindesmord (in manchen Fällen brachten sie 20 Prozent oder mehr ihrer Neugeborenen um) und anderen Maßnahmen Zuflucht nahmen.

Und noch immer stieg die Flut an, wenn auch lange Zeit hindurch nur langsam. Nach einer Berechnung betrug die jährliche Wachstumsrate der prähistorischen Menschen nur etwa 0,001 pro 1000, d. h. durchschnittlich benötigte eine Population von 1000 Menschen etwa zehn Jahrhunderte, um sich um ein zusätzliches Mitglied zu erhöhen. (Die heutige Zuwachsrate im Weltdurchschnitt liegt etwa 20000mal höher; die gleiche Steigerung jedoch geschieht innerhalb dreier Wochen anstelle von 1000 Jahren.)

Diese extrem geringe Wachstumsrate lieferte, über Jahrmillionen zusammengesetzt, eine zunehmende Kraft für die Aufteilung von Banden und die Ausbreitung der Menschheit über die ganze Erde. Nehmen wir an, die Gesamtzahl der Hominidenpopulation auf der Welt betrug vor fünf Millionen Jahren etwa 25000 Individuen, eine bloße, aber dennoch plausible Schätzung, wenn man bedenkt, daß unsere Vorfahren möglicherweise noch eine sehr kleine Minoritätsspezies gewesen sind, beschränkt auf Teile von Afrika. Bei einer jährlichen Wachstumsrate von 0,001 Promille hätte sich diese Zahl bis 10 000 v. Chr. auf etwa 10 000 000 Personen erhöht, mehrere hunderttausend Banden auf Nahrungssuche in der Wildnis von Europa, Asien, Australien, den beiden Amerikas und auch Afrika.

Um es klar auszudrücken, eine Population von 10 000 000 bei etwa fünf bis zwölf Quadratkilometer Land für jedes Individuum kann man nach heutigen Normen kaum als vollgestopft ansehen. Enge ist aber eine relative Sache, und wenn man das Stadium der Kunst der Nahrungsgewinnung in jenen Tagen in Betracht zieht, waren fünf bis zwölf Quadratkilometer je Person bei weitem nicht

Fünf Millionen Jahre Bevölkerungswachstum
(Quelle: Mona Marks)

soviel, wie es scheinen mag. Der Ertrag an wilden Pflanzen und Tieren war so, daß man durchschnittlich zweieinhalb Quadratkilometer benötigte, um eine Person zu ernähren. Die besten Landstriche waren bereits stark ausgebeutet. Die Welt füllte sich.

Es gab weniger Land und mehr Menschen. Das Land hatte sich seit dem Höhepunkt der letzten Eiszeit vor etwa 20 000 Jahren immer mehr verringert, seit soviel Wasser in den Eiskappen und Gletschern der Pole erstarrt war, daß die Pegel der Ozeane 75 bis 150 Meter niedriger lagen als heute. Die Jäger und Sammler jagten Herden, die über die freiliegenden Kontinentalschelfe zogen, ein System von allmählich abfallenden Ebenen, die einen bis zu 1300 Kilometer breiten Rand um die Meeresbecken bildeten.

Dann, als die Gletscher zu schmelzen begannen, strömte das freiwerdende Wasser zurück in die Meere, die Ozeanpegel stiegen, und Jahr um Jahr höher werdende Fluten krochen Zoll um Zoll die Hänge der Schelfe hinauf. Nach wenigen Jahrtausenden lag der größte Teil der Schelfe unter dem Meeresspiegel. Eine große Gletscherflut tauchte Millionen Quadratkilometer, die einst trockenes Land gewesen waren, unter Wasser, wobei Küstenlinien manchmal mit einer Geschwindigkeit von einer Meile oder mehr im Jahrhundert verschwanden. Ein Gebiet etwa von der Größe Afrikas, nahezu ein Fünftel der Landfläche der Erde, einschließlich besten Territoriums für Jäger und Sammler, verschwand unter den Wellen. Was den Lebensraum für Menschen angeht, so ist die Welt ein beträchtlich kleinerer Platz geworden.

Langsam steigende Meere und langsam wachsende Populationen stellen eine Art Schrittmachersystem oder einen Backgrounddruck dar, umfassende Kräfte von weltweitem Ausmaß, die die landwirtschaftliche Revolution herbeiführten. Zu einer bestimmten Zeit wirkten in einem bestimmten Gebiet eine Reihe von örtlichen Faktoren zusammen – geringer werdender Regen, eine stärker werdende Erosion, abnehmende Fruchtbarkeit des Bodens, Pflanzenseuchen und Tierkrankheiten und so weiter. Die prähistorischen Menschen paßten sich neuen Bedingungen an, indem sie ihre umfangreichen Kenntnisse von Pflanzen und Tieren nutzten. Es gibt keinen brauchbaren Weg zur Feststellung, wieviel sie darüber wußten oder wann es begann. Auf jeden Fall wußten sie sicher bedeutend mehr, als man ihnen bisher zugetraut hat.

Vorfahren herabzusetzen scheint genauso eine Versuchung zu

sein wie die Schmälerung von Stammesangehörigen der Gegenwart. Forscher glaubten einmal, die Landwirtschaft wäre vor etwa 10000 Jahren entdeckt worden, als jemand in einem Abfallhaufen nahe dem Lager Samen sprießen sah, eine plötzliche Eingebung hatte und den ersten Garten anlegte. Diese sogenannte Heureka-Theorie hatte eine Reihe von berühmten Anhängern, zu denen sogar Darwin selbst gehörte. Sie unterschätzt jedoch die Jäger und Sammler. Sie nimmt an, jene hätten mehrere Millionen Jahre lang wilde Pflanzen genutzt, ohne dabei zu lernen, was beim Einpflanzen der Samen in den Boden geschieht.

Die ersten Vertreter des *homo sapiens* haben wahrscheinlich dieses bißchen Information vor 300000 Jahren besessen. Die Neandertaler, die ja lange Eiszeitwinter überdauerten und ihr Fleisch durch Gefrieren einlagerten sowie ihre Toten mit Nahrung für ein Leben nach dem Tode begruben, wußten es mit großer Wahrscheinlichkeit vor 75000 Jahren. Was ist mit anderen grundlegenden Erkenntnissen – daß Pflanzen besser wachsen, wenn sie bewässert werden, gedüngt, wenn das Unkraut entfernt wird oder Tiere durch den Bau von Zäunen oder das Aufstellen von Vogelscheuchen ferngehalten werden? Wie weit zurück war es, als lebende Dinge in die Wohnstatt gebracht wurden? Vor mehr als 30000 Jahren schmückten Menschen die Wände in der Nähe der Höhleneingänge mit Malereien und eingeritzten Abbildungen, wahrscheinlich, um die Wohnstätte attraktiver zu machen. Wäre es möglich, daß sie blühende Pflanzen oder Schnittblumen in Schalen auf passenden Felsgesimsen zum gleichen Zweck aufgestellt haben? Und wann begannen sie, Haustiere zu halten?

Die Grundelemente der Landwirtschaft waren bekannt, lange ehe die Landwirtschaft begründet wurde. Die Domestizierung ergibt aber im Zusammenhang mit normalem Jagen und Sammeln überhaupt keinen Sinn. Wiesner erzählt von einem Mann in der Kalahari, der ein Stück Land urbar machte, einen Zaun darum baute, Korn aussäte und eine gute Ernte einholte. Zur Erntezeit kamen seine Verwandten, und das gesamte Korn wurde in einer Woche verbraucht. Im Winter rissen sie den Zaun nieder, um Feuerholz zu erhalten. Dieses frühe Abenteuer hatte einen traurigen Schluß. Im folgenden Jahr weigerte sich der Mann, seine Ernte zu teilen und wurde gezwungen, die Bande zu verlassen.

Während die Menschen gegen den Versorgungsdruck angingen,

waren sie jedoch in der Lage, ihre Lebensweise des Jagens und Sammelns Schritt für Schritt zu ändern. Zunächst ging es einfach darum, was schon getan wurde, in verstärktem Maße zu tun, nämlich jagen und sammeln mit mehr Intensität. Die natürlichen Vorräte wurden total ausgenützt, manchmal mit dem Schwerpunkt auf wenigen Nahrungsmittelvorräten, dann wieder auf einer großen Vielzahl wilder Pflanzen und Tiere, je nach Jahreszeit. Ein steigender Gebrauch domestizierter Pflanzen als Nahrungsergänzung und die schließliche starke Abhängigkeit kamen erst später.

Da der uralte Brauch des Weiterziehens, der Flucht vor Ernährungsproblemen immer schwieriger oder ganz einfach unmöglich wurde, besannen sich die Menschen darauf, sich mehr und mehr auf ihre heimatlichen Territorien zu konzentrieren. Häufig verlangte die Situation von ihnen, in erster Linie ihre »nutzlosen« Kenntnisse anzuwenden. Diese Kenntnisse müssen beträchtlich gewesen sein, denkt man an ihre einmalige Fähigkeit, auf etwas neugierig zu werden und es über eine längere Zeitspanne hinweg zu bleiben und auch bis ins Alter die Neugierde beizubehalten. Sie hätten auch kaum das Lernen vermeiden können, weil viele wichtigen Spezies sich dem menschlichen Nahrungssucher einfach aufdrängten. Gras wuchs überall. Die wilden Vorfahren von Weizen, Gerste, Mais, Reis und anderen Getreidearten entstanden unter Bedingungen, die sie für eine enge Assoziierung mit dem Menschen vorbereiteten oder schon vorher anpaßten, und zwar während der Zeit der Dinosaurier, etwa 100 000 000 Jahre, ehe der Mensch auf der Erde auftauchte.

Ledyard Stebbins von der University of California in Davis vermutet, daß die ersten Gräser einen sehr rauhen Anfang hatten. Sie fanden nur einen unsicheren Halt für die Wurzeln an zweitbesten Plätzen, Plätze, die für blühende Pflanzen, zu jener Zeit dominierend auf der Erde, im allgemeinen ungünstig waren – hoch auf den freiliegenden Hängen der Berge, vielleicht in Zentralasien, im Himalaya und auf den Tien-Shan-Bergketten des westlichen Chinas. Die fruchtbare Erde kann in solchen Lagen instabil sein. Gewässer stürzen schnell und wild die Berghänge hinab und spülen tiefe Einschnitte aus; Erdrutsche sind üblich.

Die Gräser brachten früh Samen hervor, die Wurzeln trieben und in lockerer, sich verschiebender Muttererde schnell wuchsen. Millionen Jahre später fielen sie, von hohen Winden getragen, in die Niederungen ein und gediehen überall da, wo die Erde aufgewühlt, hin- und herbewegt, abgelagert und umgelagert wurde – in Delta-Regionen, in jahreszeitlich überfluteten Ebenen, in Land, das von Gletschern aufgerissen und zerfurcht oder von den Hufen der wandernden Herden zertrampelt worden war. Und noch später fanden die Samen neue Plätze, wo sie wachsen konnten, Plätze, die von dem jüngsten Störenfried des Bodens, dem Menschen, geschaffen wurden. Die Menschen hinterließen ihre Spuren in der Landschaft fast von Beginn an. Sie machten das Land rings um ihre Lagerplätze urbar, schaufelten Plätze aus für ihre Herde und Schlafstellen, Gruben für die Ablage von Abfall und Löcher für Pfosten der Zelte und Hütten (die oft aus Gras gebaut waren). Sie hätten kaum wirksamer sein können, hätten sie bewußt Nischen für die Ausbreitung von Gras bereitet. Die Gräser kamen also natürlich auf und wurden Teil der alltäglichen Umwelt und so Teil der menschlichen Nahrung.

Andere Pflanzen reihten sich unter die ein, die dem Lager schon gefolgt waren. Unter ihnen waren Spezies wie Yam- und Maniokwurzeln sowie Süßkartoffeln, die sich zumindest vor so langer Zeit entwickelt hatten wie die Gräser in den Waldgebieten, in denen es lange und abwechselnd nasse und trockene Jahreszeiten gab. Während der Regenzeiten sind es Sträucher und Kriech- oder Kletterpflanzen; wenn jedoch der Regen aufhört, gehen sie buchstäblich in den Untergrund. Fast ihre gesamte Substanz strömt hinab in schwellende Wurzeln und Knollen, die mit bis zu 300 oder 360 Kilogramm hochkalorienhaltiger Nahrung vollgestopft sind und bis zur nächsten Regenzeit im Boden ruhen. Diese vergrabenen Speicherorgane dienten wahrscheinlich als Nahrung für Primaten, lange ehe die Menschen auftauchten. Afrikanische Paviane sind dabei beobachtet worden, wie sie bis zu 60 Zentimeter tiefe Löcher gruben, um an Knollen heranzukommen; und eines der ersten Werkzeuge des Menschen, der Grabstock, ist wahrscheinlich für den gleichen Zweck verwendet worden. Derartige Pflanzen sind wie die Gräser an aufgerührten Mutterboden angepaßt. Es ist sehr wahrscheinlich, daß Jäger und Sammler dabei halfen, sie zu verbreiten, indem sie auf den Lagerplätzen Stücke von Stengeln und Wurzeln gelegentlich wegwarfen, die sich dann asexuell oder vegetativ vermehrten, indem sie da, wo sie niederfielen, zu vollständigen Pflanzen auswuchsen.

Wurzeln hinterlassen keine dauerhaften Spuren für die Nachwelt wie die harten, verkohlten Samen von Getreide, die man gefunden hat. Ein indirekter Beweis für ihren damaligen Verzehr kommt von David Davis von der Brandeis University. Er untersuchte kleine Obsidiansplitter, die an Stellen entlang der Pazifikküste von Mittelamerika gefunden wurden und vielleicht Zähne in Raspeln gewesen sind, die man zum Mahlen von Maniokwurzeln zu einem Brei verwendete, ehe sie gekocht wurden. Er stellte eine Raspel her aus Splittern von einem Obsidian, die dann in ein Brett aus Balsaholz getrieben wurden. Nach vier Stunden intensiven Zerquetschens von Maniok untersuchte er die Splitter unter einem Mikroskop. Sie zeigten charakteristische »Löcher« an den Rändern, wo winzige Stückchen herausgebrochen waren, ein Abnutzungsmuster, das genau zu den Markierungen auf Splittern paßte, die an prähistorischen Wohnstätten gefunden wurden. Dies weist darauf hin, daß die Menschen Maniok gegessen haben könnten, wahrscheinlich domestizierte Pflanzen.

Die Menschen entwickelten sich in enger Verbindung mit vollständigen Konstellationen wilder Spezies und müssen mit ihnen häufig experimentiert haben, besonders in neuen Gebieten. Thayer Scudder vom California Institute of Technology liefert ein neueres und tragisches Beispiel dafür, was sich möglicherweise gelegentlich unter analogen Bedingungen in der Vergangenheit ereignet haben könnte. Im Jahre 1958 befiel eine häufig tödliche Krankheit die afrikanischen Bewohner eines Dorfes im Tal des Sambesi-Stroms, nicht lange nachdem sie die Vollendung eines großen Staudammes gezwungen hatte, in unbekanntes Land stromabwärts zu ziehen.

Die ersten Todesfälle traten Anfang September ein. Die Opfer klagten über starke Leibschmerzen, und der Tod, falls er eintrat, kam schnell, immer innerhalb etwa zweier Tage und oft sogar in wenigen Stunden. Die Ursache dieses Ausbruchs ist niemals identifiziert worden. Zu dieser Zeit herrschte allerdings eine Nahrungsmittelknappheit, und alle tödlichen Fälle waren Frauen und Kinder, die üblichen Pflanzensammler, ein Indizienbeweis, der ein Team von Ärzten zu der Schlußfolgerung veranlaßte: »Dieser Zustand wurde durch ein starkes Gift verursacht, wahrscheinlich in einer Pflanze enthalten, harmlos im Aussehen und nicht ungenießbar.«

In grauer Vorzeit müssen viele Menschen auf geheimnisvolle

Weise gestorben sein, ehe gefährliche Pflanzen als solche erkannt wurden; und dieses Lernen durch Schaden machte hier nicht halt. In ihrer Suche nach neuen Pflanzen und Nahrungsmitteln, vor allem im Falle drohender Hungersnot, haben die Menschen umfangreiche und zeitraubende Methoden des Mahlens, Einweichens und Kochens von Pflanzen entwickelt, um Giftstoffe und bitteren Geschmack zu entfernen. Die Giftstoffe selbst sind wahrscheinlich auf Pfeilspitzen und Wurfspeeren verwendet worden, um Fische zu lähmen, und in leichterer Zusammensetzung als Medizin und Drogen, einschließlich der Substanzen, die Traumzustände und Halluzinationen bewirken.

Das Bündnis des Menschen mit Tieren, besonders seinen Mitsäugetieren, ist so eng und alt gewesen wie seine Verbindung mit Pflanzen. Viele der heute gezähmten Spezies, einschließlich Schafe, Ziegen und Rindvieh, sind die Nachkommen von Kreaturen, die, wie die Menschen selbst, sich allmählich aus einem Leben unter Bäumen an ein Leben auf den Ebenen anpaßten in Zeiten schwindender Wälder und sich ausbreitender Savannen. Sie zogen vor mehr als 20 Millionen Jahren in das offene Land hinaus, etwas früher als die ersten Hominiden. Während sie sich selbst Plätze schufen als Weidetiere und Grasfresser, halfen sie bei der Wegbereitung für das spätere Auftreten von Menschen. Sie stellten eine bedeutsame Nahrungsquelle dar, lebendige Fleisch-Verlockungen, ein Hauptfaktor bei der Adaptation an die Savannen.

Der Mensch wurde zunehmend erfolgreicher als Räuber, besonders als Räuber großer Herdentiere. Unmengen von Knochen, die an Tötungs- und Schlachtplätzen ausgegraben wurden, liefern den Beweis für die Entstehung organisierten Jagens in »Massenproduktion«, oft hauptsächlich konzentriert auf eine einzige Spezies. Die Menschen scheuchten die Herden in morastige Gegenden, in Bergschluchten ohne Ausgang und Flußbetten mit steilen Ufern und lagen im Hinterhalt an strategisch günstigen Punkten der Wanderwege. In vielen Gegenden erreichte das kooperative Jagen einen Höhepunkt, als die Gletscher des letzten Eiszeitalters schmolzen und die Meere anstiegen, etwa 20 000 bis 12 000 Jahre vor unserer Zeit.

Es war eine großartige Periode für Jäger und Sammler im südwestlichen Frankreich, beispielsweise auf dem Land um Les Eyzies, ein goldenes Zeitalter. Als eine der reichsten Regionen für die archäologische Forschung enthält dieses Land eine große Anzahl bedeutsamer Wohnstellen und Höhlen mit Wandmalereien. Es war ein prähistorischer Scheideweg, der Wild im Überfluß lieferte für Zehntausende von Jahren. Rentierknochen stellen mehr als 90 Prozent der Tierüberreste dar, die man an manchen Stellen gefunden hat. Und trotz allem gab es Anzeichen für ein Überlebensproblem.

Einige der großartigsten Höhlenmalereien, mehrfarbige Darstellungen von Bullen, Pferden und Rotwild, wurden zu einer Zeit erstellt, als die Herden bereits zu schwinden begannen, und sind möglicherweise Teil geheimer Fruchtbarkeitsrituale gewesen, mit denen der vergangene Überfluß wiederhergestellt werden sollte. Die prähistorische Kunst blühte wie nie zuvor während der Hochzeiten dieser Region, besonders gegen Ende der Periode. Es war eine Zeit der stark anwachsenden Populationen, die sich in einem steilen Anstieg der Zahl der Wohnstellen wie auch in der Größe der einzelnen Wohnstellen widerspiegelt.

Die Menschen kamen schließlich so weit, daß sie sich weniger auf Großwild und mehr auf eine Vielzahl von anderen Spezies verließen. Fisch wurde in zunehmendem Maße genutzt; besonders Lachs wurde mit den steigenden Meeren in großer Menge verfügbar. Ehe die Gletscher zurückgingen und die Meere noch niedrig waren, stürzten sich schnelle, schäumende Flüsse brüllend und wirbelnd die nackten Hänge der Küstenebenen hinab in die Tiefe des Ozeans. Sogar der Lachs konnte nicht gegen eine derartige Strömung flußaufwärts schwimmen. Sie konnten es aber, als die Gletscher zu schmelzen begannen und die Wasser des Ozeans die Hänge bedeckten und die Flüsse langsamer wurden, während sie sich in die warmen, flachen Meere ergossen.

Lachs, Alse und andere Fischarten, die flußaufwärts wandern, um im Inland zu laichen, tauchten in vielen Flüssen und Strömen auf der ganzen Welt auf. Neue Spezies erschienen näher an den Küsten und auch im Inneren des Landes. Während nur wenige Spezies der Muscheln und anderer Weichtiere in schnellen Flüssen sich in Haufen an den Felsen festhalten mochten, gediehen Dutzende von Spezies in den relativ träge fließenden nacheiszeitlichen Gewässern, in Sümpfen und Lagunen sowie in den den Gezeiten unterworfenen salzigen Sumpflandschaften, die auch Fische beherbergten und den Vögeln als Rastplätze dienten. Die Gesamtheit der lebenden Dinge mag sich hundertfach vermehrt haben, einschließlich der Menschen, die heranzogen, um die Situation zu nützen.

Sie waren noch immer Jäger und Sammler, doch standen sie bereits an der Schwelle zum Ackerbau. Der Übergang begann schon etwa 9000 v. Chr. im Nahen Osten und erst um 500 n. Chr. in den östlichen Vereinigten Staaten und in Südafrika und schließt einige der frühesten Beweise für eine Domestizierung ein. Frühe Schritte in Richtung auf den Ackerbau wurden wahrscheinlich auf kleiner Familienbasis unternommen. In vielen Regionen schienen die ersten Bauern oder Protobauern Gärtner gewesen zu sein. Angesichts von Nahrungsknappheit oder drohender Knappheit wandten sich die Menschen mehr und mehr ihrem eigenen Garten »hinter dem Haus« zu. Sie schufen neue Fülle, neue Konzentrationen von Pflanzen, die wohl noch immer wild waren, aber doch nicht mehr ganz so wild wuchsen wie vorher, weil sie nunmehr in steigendem Maße vom Bedürfnis und den Vorlieben des Menschen abhingen.

Ein erster Schritt war es, die Wildnis ein wenig weiter zurückzudrängen, wahrscheinlich durch die Schlag-und-Brenn-Methode, wobei kleinere Bäume und das Unterholz abgeschlagen und das tote Holz dann angezündet wurde – ein einfacher Weg, die Umwelt mit recht komplizierter Wirkung zu verändern. In Zeiten der Enge wie der unseren sind Waldbrände Katastrophen. Während des größten Teils der Vergangenheit halfen sie jedoch, den Mutterboden zu verjüngen, indem sie tatsächlich als eine Art von Dünger dienten. Vom Blitz in Brand gesetzt oder von Menschen selbst, hinterließen sie aschige Überreste reich an Phosphor und anderen Mineralien sowie eine verbrannte Erde, die vorübergehend von Insekten und Unkraut befreit war. Da Feuer dazu neigt, die Erde aufzubrechen, hat es außerdem einen leichten »Pflug«-Effekt.

Nach dem Abkühlen der Erde brechen die Dinge in neuem Wachstum hervor. Viele Samen sind nicht nur feuerfest, sondern haben sich so vollkommen angepaßt, daß sie nur nach einer Periode intensiver Hitze sprießen. Als Ergebnis wachsen junge Triebe von Gräsern und Farnkräutern, Büschen und Bäumen und stellen Pflanzennahrung in ihrer zartesten und wohlschmeckendsten Form dar. Ursprünglich machten sich die Menschen diese Tatsache dadurch zunutze, daß sie offene abgebrannte Flecken schufen, um Rotwild und andere Wildarten anzulocken, eine alte Jagdstra-

Urbarmachen des Landes im Hochland von Neuguinea. *Oben:* Verbrennen der Baumtrümmer; *unten:* Tsembaga-Garten etwa sechs Monate später.
(Quelle: Roy A. Rappaport, University of Michigan)

tegie – und erst später, mit dem Aufkommen von Überlebensproblemen, schufen sie so Raum für Gärten.

Wiederum ging es darum, traditionelle Kenntnisse auf neue Gebiete anzuwenden, das Land um die Wohnstatt zu roden oder die bereits gerodeten Flächen auszuweiten. Es ist wohl möglich, daß es Gärten gab, lange ehe Nahrungsmittel jemals zu einem Problem wurden, Gärten, in denen zwar Obst- und Nußbäume und andere eßbare Spezies wuchsen, die aber doch in erster Linie Spezies vorbehalten waren, die für die Herstellung von Kleidung und Netzen, von Schönheitsmitteln, Ritualgegenständen, Drogen und anderen Erzeugnissen benötigt wurden. Wenn der Druck anstieg, verlegten sich die prähistorischen Gärtner mehr auf Nahrungspflanzen. Früher waren die Menschen, vornehmlich Frauen und Kinder, täglich hinausgegangen zu den Plätzen, wo derartige Pflanzen wuchsen, und mit ausgesuchten Dingen für einige der nächsten Mahlzeiten zurückgekehrt. Jetzt brachten sie auch Samen und Knollen sowie ganze Pflanzen für ihre Gärten mit, nicht nur für den sofortigen Verbrauch. All das brachte weitere Ansiedlung mit sich, weniger Zeitverbrauch für lange Märsche und mehr Zeit, die man für die Pflege der Pflanzen nahe bei der Wohnstelle aufwandte. Zu den »Hausarbeiten« gehörte das Gießen der Schößlinge, wenn der Regen knapp war, das Ausschneiden der toten Blätter und Zweige, Unkrautjäten und Einzäunen der Flächen, um Tiere auszuschließen.

Ausgegrabene Wohnstellen liefern keinen direkten Beweis für den Gärtnerursprung des Ackerbaus. Die frühen Gärten brachten nur geringe Eingriffe in die Landschaft mit sich; Terrassen, gepflügte Furchen und Bewässerungsgräben kamen erst später. Deshalb können Archäologen nur Möglichkeiten anbieten, die plausibel erscheinen. Wie es ein Forscher kürzlich ausdrückte, ist es jedoch an der Zeit, »über Argumente der Plausibilität« hinauszugehen und auf diese oder jene Weise nach Beweisen zu suchen. Vielleicht können Merkmale in den Wäldern gefunden werden, die heute einstmals bewohnte Stellen bedecken, in einzelnen Pflanzen oder in Pflanzengruppen, die nicht existieren würden, hätten Menschen nicht die Erde aufgebrochen und vor langer Zeit Dinge angebaut. Oder vielleicht haben verschwundene prähistorische Gärten Spuren im Boden zurückgelassen, Substanzen, die durch chemische Prüfungen entdeckt werden können.

Bis jedoch entsprechende archäologische Techniken entwickelt sind, liefert uns die Gegenwart die aufschlußreichsten Hinweise auf die Vergangenheit. In Afrika, Südamerika und Südostasien gibt es Gärten mit einer großen Vielfalt von Pflanzen, die in scheinbarer Unordnung wachsen, Miniaturausgaben oder Imitationen der tropischen Regenwälder, die sie umgeben; die Gärten sind diesen Wäldern so ähnlich, daß es nicht immer leicht ist, den Unterschied festzustellen. Vor einer Reihe von Jahren, während eines kurzen Besuchs in einem peruanischen Dorf im Amazonasbekken, ging ich ein ums andere Mal durch einen solchen Garten, ohne irgend etwas Besonderes zu bemerken. Da sah ich eines Tages einen Jungen, der vorsichtig Unkraut herauszog, und zwar auf einer Fläche, die mir vorkam, als wüchse dort nichts weiter als Unkraut; ich erkannte, daß jede einzelne der mehr als 30 verschiedenen Spezies, die man dort wachsen ließ, für einen sehr bestimmten Zweck da war – als Ausgangsprodukt für Farbe, Medizin, Gift, Parfum, Nahrung, Gewürz, Faser und so weiter.

Hausgärten haben möglicherweise als Experimentierstation für den prähistorischen Ackerbau gedient, als Orte, an denen Pflanzen für eine nahe gelegene genaue Beobachtung eingesetzt wurden, um schließlich je nach ihrem Wert für den Menschen ausgesondert oder gefördert zu werden. Da sich die Nachfrage nach Nahrung steigerte, wurden einige Pflanzen, die höchst produktive und nahrhafte Nahrungsquellen zu werden versprachen, ausgewählt und auf größeren abgebrannten Flächen angebaut; in manchen Fällen nicht nur für einzelne Familien, sondern für mehrere oder sogar für eine ganze Gemeinschaft. Eine weitere Auslese trat in beschleunigtem Maße auf frühem Ackerland ein, gewöhnlich unbewußt. Die Menschen erkannten nicht, daß sie »systematisch eingeteilte« Varietäten von Getreidepflanzen auswählten, Arten, die dazu neigten, etwa zur gleichen Zeit zu reifen. Und zwar ergab sich das aus der Tatsache, daß sie auf die Felder hinausgingen und nur die voll ausgereiften Pflanzen ernteten und sich nicht bemühten zurückzugehen, um die später reifenden einzuholen. Ähnliche Praktiken begünstigten weitere Veränderungen, die sich in den archäologischen Funden herausstellen mögen, wie beispielsweise größere Samen und Unterschiede in Samenformen und Halmen.

Die Beziehungen zwischen Menschen und Tieren änderten sich während dieser Übergangsperiode. Manche Menschen hatten wahrscheinlich ihre traditionellen Methoden des In-die-Flucht-Jagens, sich in den Hinterhalt zu legen und dann an die in Panik versetzten Herden heranzugehen und Tiere zu töten, modifiziert. In einem kürzlich veröffentlichten Bericht der Universität von Cambridge weist Derek Sturdy auf eine Art von Aktivität hin, die vielleicht einen Schritt hin zur vollständigen Domestizierung darstellen kann. Er beobachtete, wie Lappländer heute im westlichen Grönland Rentiere nach einem System nutzen, das häufigen Kontakt, aber geringe Störung der Herden erfordert, die gewöhnlich über Gebiete von mehr als 480 Quadratkilometer frei wandern können.

Der kritische Bereich ist ein Korridor von acht Quadratkilometern, eine schmale Landenge zwischen zwei Fjorden, durch die die Herden auf ihrem Weg zu den Sommerweiden ziehen müssen. Das Zusammentreiben funktioniert durch »Fernsteuerung«. Man läßt die Rentiere »an einer bestimmten Stelle einen Menschen sehen oder wittern, so daß sie in ... eine gewünschte Richtung wegziehen«, d. h. in einen Pferch zwischen hohen Klippen und einem Zaun. Dort werden eine Anzahl Tiere geschlachtet – in erster Linie die durch Alter geschwächten oder kranken, die Hauptbeute der meisten Räuber, und junge männliche Tiere. Danach ziehen die Herden für den Rest des Jahres wieder auf die offenen Weiden.

Nicht das Jagen und nicht die Domestizierung, wozu es gehört, Tiere in begrenzten Weidegründen zu halten und nach Zahmheit, hoher Milcherzeugung und anderen Merkmalen auszulesen, sondern diese umfassende Strategie bringt eine Art von Erntesaison mit nennenswerten Erträgen mit sich, da die Größe einer Herde allgemein beibehalten werden kann, auch wenn bis zu 25 oder 30 Prozent der Tiere jährlich getötet werden. Die Menschen haben möglicherweise in der Region Les Eyzies vor 10 000 bis 15 000 Jahren ein derartiges System angewandt, indem sie in einem Gebiet, dessen kleine Täler und Flüsse sowie die Kalksteinklippen viele natürliche Pferche bieten, die traditionellen Wanderwege der Rentiere geändert haben. Eine neuere, noch nicht veröffentlichte Arbeit weist darauf hin, daß ähnliche Techniken Jahrtausende früher in Nordafrika und Israel bereits entwickelt worden waren.

Von dieser Art der Herdenhaltung bis zur völligen Domestizierung, wobei ein Teil der Herde nahe bei der Wohnstatt gehalten und die Tiere mit Futter von den örtlichen Feldern versorgt und gemästet wurden, konnte es kaum noch ein außergewöhnlich großer Schritt gewesen sein. Innerhalb weniger Generationen brachte die Auslese physische Veränderungen hervor, die heute den Forschern dabei helfen können, wilde von gezähmten Spezies zu unterscheiden. Die Veränderungen in der Verhaltensweise sind weitaus dramatischer gewesen. Vor einigen Jahren sah ich im Iran zwei wilde Schafe, die sich einen steilen Berghang hinab im Spiel jagten, wobei sie in voller Geschwindigkeit mit bewundernswerter Sicherheit von einem Felsen zum anderen sprangen oder sie umgingen – und dann mußte ich an die stumpfsinnigen, trägen gezähmten Kreaturen denken, die auf den heutigen Farmen vor sich hinmampfen.

Die letzte Stufe in der Entwicklung des frühen Ackerbaus wird – zwischen etwa 6000 v. Chr. und 500 n. Chr. – von dem Auftauchen fester Bauerndörfer und einer starken Abhängigkeit von gezähmten Spezies gekennzeichnet. Es war im wesentlichen ein Stadium des Nicht-mehr-umkehren-Könnens für das Jagen und Sammeln, das Ende für Notbehelfe und die Lückenbüßerhaltung. Während früherer Perioden glaubten die Menschen kaum, sie würden etwas Radikales tun. In örtlichen Gemeinschaften auf der ganzen Welt trafen sie im Geiste der Kooperation Entscheidungen, hielten fest zusammen, bis die Krise überwunden war.

Die Billigung der Änderung kam so allmählich wie die Veränderungen selbst, als die jüngeren Generationen neue Lebensbedingungen als gegeben hinnahmen, die ihre Eltern nur als vorübergehend betrachtet hatten. Viele Faktoren wirkten gegen eine Rückkehr zum Jagen und Sammeln, und einer der wichtigsten scheint gerade das Seßhaftwerden gewesen zu sein. Nach Jahrmillionen des freien Wanderns von Tal zu Tal, da man das Leben in neuen Gebieten für die Nahrungssuche fortsetzte, sobald die alten weniger ergiebig oder übervölkert wurden, wurde auch das Wegziehen aus dem Heimattal zunehmend schwieriger. Die meisten Ortswechsel wurden nunmehr innerhalb des Tales vorgenommen, indem man die Nahrungszonen jahreszeitlich ausbeutete. Mit dem Aufkommen von Ansiedlungen verringerte sich das Umherziehen im Tal selbst.

Der Verlauf der folgenden Evolution wäre sicher viel langsamer vor sich gegangen, wäre dies schon die ganze Geschichte. Hätte sich die Bevölkerung weiter mit der durchschnittlichen Geschwindigkeit von 0,001 Promille vermehrt wie die gesamte vorangegangene Frühgeschichte, so wäre dies vielleicht noch immer eine Welt des Ackerbaus. Die verringerte Mobilität hatte eine unerwartete und unvorhersagbare Wirkung, womit ein weiteres Beispiel für die Tatsache geliefert wird, daß die Menschen niemals alle Konsequenzen ihres Verhaltens kennen. Die verringerte Mobilität, selbst ein Ergebnis der ansteigenden Bevölkerung, resultierte in weiterer und schnellerer Vermehrung. Wieder einmal haben die Menschen ungewollt das Problem, das zu lösen sie versuchten, verstärkt – das Überlebensproblem.

Das gleiche geschieht heute in einigen wenigen isolierten Gemeinschaften, in denen die letzten Jäger und Sammler seßhaft werden. Die Eskimosiedlung Anaktuvuk in der Brooks-Bergkette des nördlichen Zentralalaskas, etwa 240 Kilometer landeinwärts vom Eismeer, ist heute eine amtliche Siedlung mit Landebahn, Grundschule, Postamt und Postleitzahl. Bis 1950 jedoch waren ihre Begründer voll bewegliche Jäger (nicht Jäger-Sammler, da ihre Nahrung nahezu ausschließlich aus Karibufleisch bestand).

Die Feldforschung von Lewis Binford und seinen Mitarbeitern von der University of New Mexico zeigt, daß sich zwischen diesem Datum und 1964 die Geburtenraten fast verdoppelten und die Bevölkerung von 76 auf 128 Personen anstieg. David Harris vom University College in London berichtet von einer ähnlichen statistischen Untersuchung bei einer Gruppe von Ureinwohnern im nördlichen Australien. Zwischen 1910 und 1940 hatten die Mütter im Durchschnitt alle viereinhalb Jahre ein Baby. Nachdem sich aber die Menschen 1948 nahe einer Missionsstation angesiedelt hatten, fiel die durchschnittliche Geburtenzeitspanne auf 3,3 Jahre ab, und bis 1960 hatte sich die Bevölkerung um mehr als zehn Prozent vermehrt. Gleiche Veränderungen sind auch unter Buschmännern beobachtet worden. Nancy Howell von der University of Toronto weist darauf hin, daß Frauen in der Kalahari, die in Jäger- und Sammlerbanden leben, durchschnittlich alle drei Jahre ein Baby bekommen. Eine wachsende Anzahl dieser Frauen lebt jetzt in Siedlungsgemeinschaften, und bei ihnen liegen zwischen zwei Geburten durchschnittlich zweieinhalb Jahre.

Manche Forscher nehmen an, seßhafte Frauen hätten weniger Fehlgeburten als umherziehende oder mehr Schwangerschaften, da sie meistens ihre Kleinkinder nicht so lange stillen und die Milchproduktion eventuell die Ovulation, d. h. den Eisprung, unterdrückt. Einer anderen Annahme zufolge jagen die seßhaften Männer in kürzeren Zeiträumen und verbringen mehr Zeit zu Hause. Eine genaue Analyse zeigt auf, daß keine dieser Theorien die Auswirkungen voll belegen kann.

Howell stellte kürzlich eine verheißungsvollere Theorie auf. Sie basiert auf der Arbeit von Rose Frisch vom Harvard Center for Population Studies (Zentralinstitut für Bevölkerungsstudien), die entdeckt hat, daß zwischen Körpergewicht und Fruchtbarkeit ein Zusammenhang besteht. Der Zeitpunkt der geschlechtlichen Reife eines Mädchens hängt von seinem Körpergewicht und nicht vom Alter ab. Die Ovulation hängt davon ab, daß der Fettspiegel über einem bestimmten Minimum gehalten wird, und Howell ist der Ansicht, dies sei der springende Punkt bei der Erklärung für steile Populationsanstiege unter Gruppen, die vom Jagen und Sammeln zu einem seßhaften Leben übergehen. Eine Buschmann-Frau braucht zusätzlich 1000 Kalorien täglich, um ihr Kind stillen zu können, und nachdem es entwöhnt ist, muß sie Fettreserven aufbauen, ehe sie wieder Ova produzieren kann. Unter Bedingungen der Kalahari mag dies länger dauern, als es in seßhaften Gemeinschaften der Fall ist, wo die Nahrungsmittel in reichlicherem Maße vorhanden sind.

Diese Veränderung könnte leicht ausreichen, um die Bevölkerungsexplosionen zu erklären, die der Einrichtung fester Ansiedlungen folgten. Es wurden nicht nur mehr Babys geboren, sondern es starben wahrscheinlich auch weniger von ihnen nach der Geburt, hauptsächlich wegen der geringeren Zahl von Kindestötungen und der besseren Ernährung durch das Aufkommen des Akkerbaus. Andere Faktoren, wie beispielsweise ein vermuteter Anstieg der epidemischen Erkrankungen, halfen bei der Reduzierung der Durchschnittsrate des Bevölkerungsanstiegs. Die Nettoauswirkung waren jedoch mehr Probleme, mehr Menschen und ein fortdauernder Druck auf das Land. Der Mensch sah sich in einer Falle gefangen, einer Existenzfalle, die sich aus seiner eigenen Fähigkeit zur Anpassung und Erfindung neuer Mittel ergab, mit Notlagen fertig zu werden.

Er hatte neue Versorgungstechniken entwickelt, mit denen Populationen unterhalten werden konnten, die vierzigmal oder mehr größer waren als die alten. Er hatte, wie man es auch sehen mag, einen neuen Überfluß errungen. Mehr Menschen waren am Leben als jemals zuvor. Bei einer Rückkehr zum Leben der Jäger und Sammler wären wohl die meisten von ihnen verhungert. Die Menschen waren in einer neuen Lebensweise gefangen – und daraus gab es und gibt es keinen Weg zurück.

IV
KONFLIKT UND KONTROLLE, DAS ENTSTEHEN VON ELITEN

Das Aufkommen von Eliten/
Arithmetik der Gewalt/
Die Rolle des Handels
bei der Verringerung von Konflikten/
Rituelle Kriegführung/
Archäologie des Häuptlingswesens/
Kampf um Sicherheit/
Das Auftauchen göttlicher Könige

Eine Schotterstraße abseits der Hauptautostraße im nördlichen Arm des Tales von Oaxaca in Mexiko führt zu einer Kirchenruine und einem uralten Friedhof und zu einer noch älteren Stelle in der Nähe, einem kleinen von Menschen aufgeworfenen Hügel, etwa acht Meter hoch, der über drei Terrassen und einem Fluß aufragt. Heute ist auf der Spitze des Hügels nichts mehr zu sehen. Einstmals stand aber ein einzelnes Haus da oben, über den Menschen, die auf den Feldern arbeiteten, und über deren Häusern. Es war die Residenz eines örtlichen Aufsehers.

Susan Lees vom Hunter College in New York nahm mich vor einigen Sommern zu dieser Stelle mit; es war Teil einer nachmittäglichen Einführung in die Archäologie der Macht. Unser nächster Halt war eine größere Stelle auf einem Hügel, weniger als zweieinhalb Kilometer weg. Wir erklommen den Hügel, vorbei an den Überresten von Plätzen und einem Dutzend kleiner Erdhügel, bis zur Spitze und an den Rand eines 100 Meter hohen Felsens. Als wir hinabsahen, konnten wir jedes Dorf und jede Farm in diesem Teil des Tales sehen, einschließlich des Platzes mit dem niedrigen Hügel und der Kirchenruine.

Unser letzter Halt, der Höhepunkt des Nachmittags, führte uns zu dem geographischen Mittelpunkt des Tales – und zum zentralen Bereich der höchsten und größten Stelle, Monte Alban, einer der großartigen Städte des prähistorischen Mittelamerika. Wir fuhren eine sich lang dahinwindende Straße hinaus, die in der Nähe des Herzens der Stadt endet, einer 17 Morgen großen Hauptplaza mit

Sitz der Macht: Monte Alban im Tal von Oaxaca, Zentralmexiko
(Quelle: Richard Blanton, Purdue University)

Hofräumen, angemalten Grabstätten und zeremoniellen Gebäuden sowie Steinpyramiden. Von der Höhe der Treppe der höchsten Pyramide, mehr als 500 Meter über der umgebenden Landschaft, hatten wir einen Panoramablick über das ganze Tal, auf die östlichen, westlichen und nördlichen Ausläufer, Flüsse, Hügelketten und die das Tal abschließenden Berge in weiter Ferne.

Diese Orte, die sie immer wieder besuchte, von den niedrigsten und kleinsten bis hin zu den höchsten und größten, stellen in groben Umrissen eine Geschichte dar, die in Einzelheiten zu beschreiben Lees und andere Forscher versuchen wollen. Vor mehr als zwei Jahrtausenden, nach wenigstens 10 000 Jahren menschlicher

Okkupation – zuerst durch Jäger und Sammler und dann durch Bauern –, änderte sich das Leben im Tal von Oaxaca radikal und schnell. Innerhalb von ein oder zwei Jahrhunderten tauchten Häuser auf, wo vorher niemals welche gestanden hatten, an Orten, die aus dem gleichen Grund gewählt wurden, den ein König für die strategische Lage seines Thrones gelten läßt – über seinen Untertanen. Die Lage auf den Spitzen der Hügel entsprach dem etablierten Ritual von Höhe als Symbol für Beherrschung, und das Aufsteigen und Aufblicken als Symbol für Ehrerbietung. Die gewaltigsten Orte, von dicken Mauern umgeben, dienten gleichzeitig als Festungen, die in Zeiten von Streitereien verteidigt werden konnten.

Hierarchien von Orten, die Hierarchien von Pflichten und Status anzeigten, folgten der Einführung des Ackerbaus. Im Nahen Osten erschienen sie früher als im Tal von Oaxaca (etwa 4000 v. Chr.), auch in Indien, China, Südostasien und Europa (2500 bis 1500 v. Chr.) und in Westafrika und im Hochland von Peru (etwa 2500 bis 2000 v. Chr.). Ungefähr in dieser gleichen Periode tauchten sie in anderen Regionen Mittelamerikas (von 1200 v. Chr. bis 100 n. Chr.) und ziemlich später in einigen Teilen der Vereinigten Staaten auf.

Und hinter den Mauern, sicher und geschützt in den großartigsten Räumen und den höchsten Orten, wie Bienenköniginnen in einem Bienenstock, lebte eine neue Art von menschlichem Wesen, fast eine neue Spezies, eine Klasse von Eliten, die weit über dem gemeinen Durchschnitt der Menschheit rangierte. Keine Veränderung in der Frühgeschichte ist schwieriger zu verstehen oder bedeutsamer als diese Explosion der Unterschiede, die so eng mit dem Aufkommen komplexer Gesellschaften verbunden war. Jetzt, da die Menschen dichter zusammen lebten, als sie jemals zuvor gelebt hatten, war etwas erschienen, was sie wieder trennte und einen riesigen, sich weiter ausdehnenden Abstand zwischen den auserwählten wenigen und ihren zahlreichen Untergebenen schuf. Es war ein uraltes Thema, sogar damals schon. Spannungen, Individuen, die zueinandergezogen und wieder auseinandergerissen wurden, existierten sogar in den einfacheren Zeiten der Jäger und Sammler, sogar schon vor Jahrmillionen in der Zeit der Hominiden und Prähominiden. Konflikt lauert auf dem Grund aller Dinge und erklärt zum Teil die Entstehung der Macht.

Die Banden der Jäger und Sammler haben viele bewundernswerte Eigenschaften. Sie sind einander und ihrem Land eng verbunden, in einer Weise, die niemand jemals wieder erreichen wird. Sie teilen miteinander und leben zusammen als Gleichgestellte in einem stärkeren Maße als die meisten Menschen, und sie erfreuen sich eines beneidenswerten Grades von Muße. Sie waren aber niemals edle Wilde. Daß unsere Vorfahren vor dem Aufkommen der Zivilisation großartig und frei waren und daß alles danach, wir eingeschlossen, ein Abstieg gewesen ist, das behandelt die Jäger und Sammler gönnerhaft und erniedrigt sie. Es ist eine respektablere Form von Rassismus als Haß und Verachtung, aber trotzdem Rassismus und unnötigerweise komplizierend. Es gibt keine edlen Menschen oder sparsame oder harmlose oder böse oder wilde Menschen – nur Menschen, menschliche Wesen, und das allein ist schon Problem genug.

Die Buschmänner haben ihren Anteil an Gewalttätigkeit, sogar trotz einer höchst geduldigen Erziehung während des Säuglingsalters und der Kindheit und auch trotz ihrer Bemühung, klein an Zahl zu bleiben. Die Menschen leben so eng zusammen im Lager, der menschliche Druck ist so stark, daß Streitereien unter den Kindern niemals die Möglichkeit erhalten, ernsthaft zu werden; und Kinder, die kurz vor einem Kampf stehen, werden freundlich getrennt und ohne viel Aufhebens. Wenn sie aber erwachsen werden, tauchen Spannungen auf, die durch Trennung nicht völlig abgebaut werden können. Auch nicht durch Rituale, die überzeugendsten und am weitesten verbreiteten sozialen Friedensstifter.

Die Ureinwohner von Zentralaustralien verfügen über eine Reihe von Ritualen, die entsprechend der Schwere des Übelstandes abgestuft sind. Nicolas Peterson von der Australian National University, der eine recht lange Zeit bei ihnen gelebt hat, beschreibt, wie zwei Männer einen Streit um die Aufteilung von Nahrung beilegten: »Sie standen etwa 100 Meter voneinander getrennt und begannen, sich gegenseitig anzuschreien, sie warfen sich Schimpfwörter an den Kopf und forderten sich zum Kampf auf. Dann warf jeder einen Bumerang auf den anderen, wohl hart und dicht, aber doch ohne Absicht zu treffen und so, daß man ohne Schwierigkeit ausweichen konnte. Endlich stürmten sie aufeinander zu, als wollten sie auf Tod und Leben kämpfen. Statt dessen umarmten sie sich aber, drückten sich und weinten.« Ein ernsterer Konflikt, vielleicht wegen des Diebstahls einer Frau, kann auf die gleiche Weise beginnen. Er kann jedoch damit enden, daß die beiden Männer dicht beieinander knien und der Missetäter einen Hieb mit dem Messer erhält, gerade tief genug, um zu bluten, als Zeichen der Blutrache.

Das Seßhaftwerden ist ein Ansporn, verstärkt und intensiviert unvermeidbar Spannung, weil es mehr Menschen beteiligt und weniger Chancen läßt, von all dem wegzukommen. Robert Carneiro vom American Museum of Natural History (Museum für Naturgeschichte) bietet einige einfache Berechnungen an als Grundlage für die Abschätzung, wie sich ein Konflikt unter solchen Bedingungen steigern kann. Er weist darauf hin – da zu einem Streit zwei gehören –, daß eine Erhöhung der Streitfälle mit der wachsenden Anzahl von möglichen Zweipersonenkombinationen erwartet werden kann, die sich wiederum fast im Quadrat zur Bevölkerungszahl vermehren.

In einer Horde von 25 Personen sind beispielsweise 300 verschiedene Paare von potentiell uneinigen Individuen möglich, fast 20 000 Paare in einem Dorf mit 200 Einwohnern und etwa 50 000 000 Paare in einer Stadt mit 10 000 Menschen. Diese Zahlen können natürlich nicht zu wörtlich genommen werden, sie bieten jedoch einen groben Index dafür, wie steil der Konfliktpegel ansteigen kann mit wachsenden Zahlen und wie wichtig es ist, mehr Überwachung, mehr Regeln und strengere Kontrollen zu haben. Man könnte glauben, Familienbande, Verwandtschaftsbindungen würden dabei helfen, die Zahl der Konflikte zu verringern. Es hat sich aber niemals in dieser Richtung ausgewirkt. Gewalttätigkeit ist zum Beispiel unter Verwandten weitaus üblicher als unter Nichtverwandten.

Carneiros Theorie wirkt sich in der Praxis aus. Patricia Draper von der University of New Mexico hat etwa 50 Buschmänner studiert, die erst kürzlich vom Jagen und Sammeln zum Ackerbau übergingen und hauptsächlich von Getreide, Hirse, Kürbis, Schafen, Ziegen und anderen domestizierten Spezies leben. Eine wachsende Konfliktbereitschaft zeigt sich schon im frühen Alter:

Bei den Horden von Jägern und Sammlern beschränken die Kinder ihr Spiel auf den unmittelbaren Lagerbereich, und Erwachsene sind immer in der Nähe, um aufkommende Kämpfe im Keim zu ersticken. Die Kinder von Buschmann-Bauern haben jedoch

Oben: Sich ändernde Zeiten in der Kalahari: Jäger und Sammler, wie sie Tausende von Jahren gelebt haben; *unten:* mit festen Dörfern, Haustieren, Zäunen und westlicher Kleidung.
(Quelle oben: Richard Lee / Anthrop-Photo; unten: Marijorie Shostak)

noch andere Plätze, wo sie hingehen können. Sie können andere Dörfer besuchen und Tiere auf die Weide treiben, wo sie nicht beaufsichtigt werden, und Kämpfe neigen dazu, an Intensität zuzunehmen. Ganz allgemein sieht man mehr aggressiven Unfug, Herumstoßen und Anwendung von Schimpfwörtern und auch mehr Geschrei.

Es gibt auch mehr regelrechte Kämpfe unter Erwachsenen. Emotionen stiegen bis zum Gefahrenpunkt während eines heftigen Disputs um die Frage, ob die Frau eines Mannes an nicht verwandte Personen Lebensmittel verteilt hatte oder nicht, und Draper zog sich in ihren Landrover zurück, falls vergiftete Pfeile herumfliegen sollten. Ehe jedoch die Dinge überhandnahmen, ließ der Disput nach. Solche Vorfälle sind aber unter Dorfbewohnern mehr üblich, gewöhnlich unter den männlichen Dörflern, als unter den weniger werdenden Menschen, die noch immer vom Jagen und Sammeln leben (wahrscheinlich etwa 2000 Personen).

Der Wechsel hat auch weitere Veränderungen des Lebensstils mit sich gebracht, einschließlich einer brandneuen Siedlungsgeometrie und einer brandneuen »Architektur«. Man erinnere sich des Lagers der Jäger und Sammler draußen im Busch mit dem Kreis von Grashütten, in denen nicht gelebt, sondern Werkzeuge und Häute gelagert wurden, und wo alle Menschen außerhalb schwatzten und gemeinsam arbeiteten. Dieses Muster hat in den Bauerndörfern der Buschmänner keinen Platz. Rundhäuser mit strohgedeckten Dächern und viel Platz zum Essen und Schlafen zusätzlich zum Lagerraum haben viele Grashütten ersetzt. Darüber hinaus sind die Häuser meistens in Reihen gebaut, und jedes einzelne Haus ist von einem Zaun aus Baumstämmen, eineinhalb bis zwei Meter hoch, umgeben.

Die Zäune, ursprünglich gebaut, um Haustiere draußen zu halten, besonders die Ziegen, halten aber auch Menschen ab und schaffen daher private Bereiche, die es vorher niemals gab, weil sie im offenen Buschland nicht benötigt wurden. Und hinter den Zäunen und den Wänden sind auch mehr Besitztümer. Seßhafte Buschmänner besitzen mehr Dinge als ihre nomadisierenden Brüder, die ja mit leichtem Gepäck wandern müssen. Die einen Dorfbewohner besitzen mehr als die anderen – mehr Decken, bessere Kleidung und Schmuck, Truhen mit Schlössern und so weiter – ein weiterer scharfer und bedeutsamer Bruch mit den alten Traditionen des Gleichseins. Es ist das Ende der Verbindungsnetze für das Weiterreichen von Geschenken.

Das Aufkommen von Besitzenden und Nicht-Besitzenden liefert eine weitere Quelle der Spannung zu den bereits gespannten Situationen, die nach neuen und wirksameren Kontrollen verlangen. Die Evolution von zunehmend komplizierteren Kontrollen de-

Rituelle Aggression unter den Yanomamö in den Urwäldern des südlichen Venezuela und im Norden Brasiliens. *Oben:* Eine Reihe von Kriegern mit Speeren; *unten:* Ein »Duell«, bei dem man sich gegenseitig auf die Seiten des Oberkörpers schlägt; *rechts:* Bogenschütze.
(Quelle: Napoleon Chagnon, Anthrop-Photo)

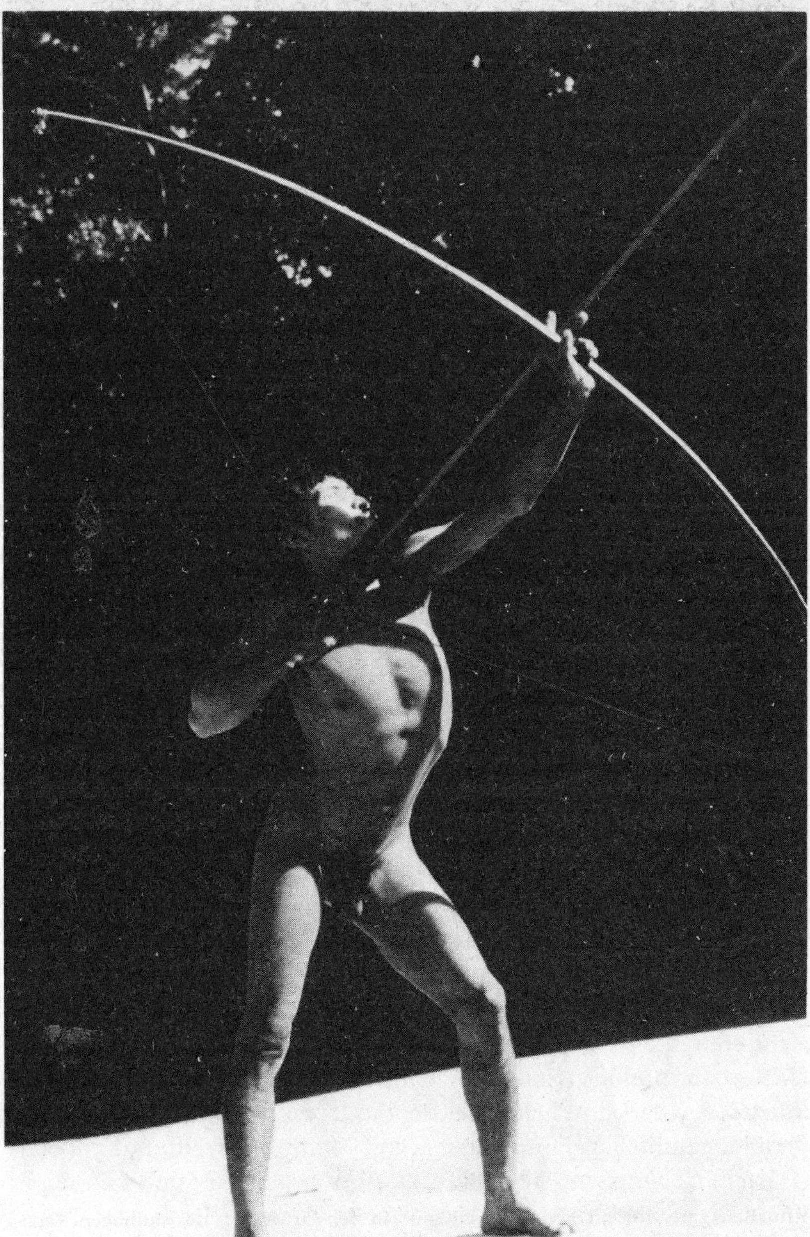

monstriert, wie schwierig das Zusammenleben für Menschen ist und wieviel Energie, wieviel Anstrengung erforderlich ist, um ein soziales Gleichgewicht zu erhalten. Unter den lachsfischenden Indianern der Nordwestküste Amerikas veranstalteten die Häuptlinge von Zeit zu Zeit Feste oder »potlatches«, Gelegenheiten, bei denen alles mögliche weggeschenkt wurde, von Lebensmitteln, Decken, Kleidung und Körben bis zu Kupferschmuck und Kanus. Der Brauch entstand wahrscheinlich als Methode der Gleichmachung aller Menschen, als Ausgleich-Einrichtung, aber er entwickelte auch höchst aggressive und konkurrierende Aspekte. Die Menschen ergingen sich in Orgien des ostentativen Schenkens, um jeden Preis entschlossen, ihre Rivalen zu übertrumpfen und zu beschämen.

Die mexikanischen Indios hatten ähnliche Bräuche des Reichtumteilens, gelegentlich auch ähnlich korrumpierte. Das System hatte wirksam in einem Oaxaca-Dorf funktioniert, wo der reichste Mann jährliche Fiestas und andere religiöse Zeremonien veranstaltete. Dann, gegen Ende des vorigen Jahrhunderts, schloß ein Señor Lopez, ein wohlhabender Farmer, einen Handel mit örtlichen Priestern ab, um einen Farmer auszuwählen, der sich die Ehre zwar nicht leisten, sie aber auch nicht zurückweisen konnte und deshalb sein Land als Sicherheit für eine Anleihe einbringen mußte – natürlich bei Señor Lopez. Schließlich besaßen wenige Familien, meistens mit Namen Lopez, mehr als 90 Prozent des Akkerlandes rings um das Dorf, ein Zustand, der erst in der mexikanischen Revolution rückgängig gemacht wurde.

Gruppen der Gegenwart praktizieren andere Antikonfliktbräuche. Napoleon Chagnon von der Pennsylvania State University hat etwa vier Jahre bei den Yanomamö-Indios im südlichen Venezuela und nördlichen Brasilien zugebracht, die eine Gruppe repräsentieren, die soeben den Übergang vom Jagen und Sammeln zum Ackerbau in einer tropischen Umwelt vollzogen hat und noch an dessen Kinderkrankheiten leidet. Sie leben hauptsächlich von der bananenähnlichen Pisangfrucht, von Maniokwurzeln und anderen Gartenerzeugnissen; sie sind in Dörfern organisiert und können es nicht vermeiden, in einem chronischen Zustand der Kriegführung zu leben. Aber wie wir alle versuchen sie mit großer Mühe, den Frieden zu erhalten.

Diese Leute haben eine ungewöhnliche Art von Handelsbeziehungen eingeführt. Ein Dorf spezialisiert sich darauf, Hängematten aus Kletterpflanzen zu knüpfen, ein anderes produziert halluzinogene Drogen, noch ein anderes stellt Tontöpfe oder Pfeilspitzen aus Bambus her und so weiter. Kein Dorf spezialisiert sich aber, weil es gegenüber dem anderen einen Vorteil hätte oder weil es Zugang zu natürlichen Rohstoffen besitzt, die an anderen Stellen nicht vorkommen. Diese Rohstoffe sind allen Dörfern zugängig. Sie bedienen sich nur eines künstlichen Systems mit dem einzigen Ziel, Dinge zum Handeln herzustellen, einen gemeinsamen Bedarf zu wecken und enge Bindungen zu schaffen. Ähnliche Systeme sind bei den Inselbewohnern des Pazifik und vielen anderen Völkern entstanden.

Das Leben ist für die Yanomamö eine Folge von Konflikten. Es schließt alles ein, von relativ harmlosen Duellen mit Schlägen auf die Brust und auf die Seiten, die vielleicht helfen, Dampf abzulassen – aber nur für kurze Zeit –, bis zu immer blutiger werdendem Verhalten wie beispielsweise Kämpfe mit Keulen und Speeren, verräterische Festessen mit Hinterhalten und totale Kriegführung. Bündnisse werden fortgesetzt geschlossen und gebrochen. Die Kämpfe sind besonders ernsthaft in den zentralen Teilen des Landes der Yanomamö. Wenn sich Spannungen aufbauen, können die am Rande lebenden Menschen immer Schwierigkeiten aus dem Weg gehen, indem sie in entferntere Urwaldgebiete ziehen. Die Menschen in der Mitte aber, auf allen Seiten eingeengt durch Siedlungen, können nicht so weit weggehen und müssen immer heftiger kämpfen.

Die Yanomamö sehen sich einem Problem gegenüber, das den meisten Zeitgenossen in anderen Ländern auch wohlvertraut ist: ihre Bevölkerungszahl steigt schneller als ihre Fähigkeit, sich zu organisieren. Anscheinend können der örtliche Führer und Verwandtschaftsbande die Dinge zusammenhalten, solange die Gruppe nur 80 bis 85 Personen zählt, doch darüber hinaus wächst die Wahrscheinlichkeit sehr schnell, daß sich eine Dorfgemeinschaft in zwei Gruppen teilt, wobei die meisten Teilungen im Bereich von 100 bis 125 eintreten. Eine Region, wo vor 150 Jahren nur ein Dorf existierte, weist heute 15 Dörfer auf.

Eine Ackerbaugesellschaft nördlich von den Yanomamö hat etwas mehr Zeit für die Entwicklung gehabt. Die Warao-Leute, die ursprünglich in einer Sumpflagune im Flußdelta des Orinoco in

Venezuela lebten, sind von Johannes Wilbert von der University of California in Los Angeles sehr genau erforscht worden. Im Jahre 1926 ist eine Gruppe dieser Leute durch eine größere Flut und einen nachfolgenden Stau von Salzwasser, der die Fische in ihrem Heimatgebiet auslöschte, vertrieben worden. Einige versuchten, in einem Flüchtlingsdorf weiter stromaufwärts mit der neuen Lage fertig zu werden.

Diese neue Lage erforderte eine Periode der Einrichtung, das Einbringen neuer Pflanzen und neuer Techniken. Die Warao-Siedler ruderten in einem Einbaumkanu zu einem Dorf, etwa 50 Meilen entfernt, wo sie eine Last von mehr als 90 Kilo Ocumo, einer hoch stärkehaltigen Pflanzenwurzel, einluden, wovon sie allerdings das meiste während ihrer Rückkehr nach Hause aufaßen. Sie pflanzten aber einige der Ableger gleich außerhalb ihres Hauses, ohne sich sogar die Mühe des Landrodens zu machen. Später brachten sie noch etwas Zuckerrohr und zwei Fruchtbäume – einer davon war ein Kalebassenbaum – heran, ein besonders wichtiger Zusatz, da seine Frucht für heilige Rasseln verwendet wird, mit denen man mit der Geisterwelt kommuniziert. Sie machten sich auch Harpunen und anderes Gerät zu eigen, mit dem sie große Tiefwasserfische im Strom fingen.

Die Gruppe gedieh. Seit der Flut haben eine bessere und variablere Ernährung und der Wegzug aus der ursprünglichen malariaverseuchten Umwelt der Sumpflagune eine örtliche Bevölkerungsexplosion von etwa 50 Personen Anfang der vierziger Jahre auf nahezu 200 um 1953 bewirkt, als Wilbert zum erstenmal als graduierter Student dort eintraf. Wie bei den Buschmännern und anderen Gruppen wuchsen Aggressivität, Gewalttätigkeit und Feindschaft. Mit Hilfe eines Kampfrituals wird der Frieden erhalten. Etwa alle vier oder fünf Monate steigt die Spannung auf einen Punkt, an dem etwas unternommen werden muß, etwas wie die Übereinstimmung durch Schimpfen, wie es Rappaport in Neuguinea beobachtete. Ein Mann, der offizielle »Beleidiger«, löst das Ereignis aus, indem er eine Holzschnitzerei, die einen Phallus und eine Vagina darstellt, auf einem Pfad vom Dorf zu einem der benachbarten Dörfer aufstellt. Die Aufregung steigt sehr rasch an. »Ich war mitten in einem solchen Kampf«, berichtet Wilbert, »und ich fragte mich, ob ich nicht besser wegginge, ehe er richtig ausbrach. Ich blieb aber doch während der ganzen Zeit da.«

Es war ein unglaubliches Spektakel. Die Männer beider Parteien stellten sich einander gegenüber auf, blickten grimmig drein und schwenkten rechteckige Schilde. Sie begannen, aufeinander loszugehen, drohend, dichter und dichter und mit viel Geschrei. Ich glaubte, der Kampf würde ernsthaft ausbrechen. Doch dann berührten die opponierenden Reihen kaum gegenseitig die Schilde und gingen in ihre Ausgangsposition zurück.

In diesem Stadium war die Gewalttätigkeit auf den Beleidiger und den für die Konfrontation auserwählten Gegner beschränkt. Die beiden Männer fochten ein ernsthaftes, aber nicht tödliches Duell aus. Der einzige wirkliche körperliche Kontakt fand unter den Frauen beider Dörfer statt, die ihren eigenen Kampf mit Ziehen an den Haaren und Kratzen austrugen. Nach ungefähr zwei Stunden zogen die beleidigten Dorfbewohner wieder freundschaftlich gestimmt davon.

Durch rituelle Kriegführung oder unter Berufung auf das einzig Wahre sind die Menschen versucht, oft hoffnungslos, Konflikte zu eliminieren oder zu reduzieren. Zumindest in einem belegten Fall ist ein Außenseiter aufgefordert worden, im Interesse des Friedens über sie zu herrschen. Vor mehr als einem halben Jahrhundert baten die Angehörigen eines ostafrikanischen Stammes einen benachbarten Stamm um einen Mann, der als ihr Häuptling fungieren und ihnen helfen sollte, dem Kampf untereinander ein Ende zu setzen.

Die archäologischen Funde weisen darauf hin, daß die Menschen sich ähnlichen Problemen in vergangenen Zeiten gegenübersahen und ähnliche Lösungen versuchten. Sie sind natürlich weniger genau als die Berichte von lebenden Gesellschaften, behandeln aber längere Perioden und liefern den einzigen Beweis für Ursprünge und frühe Entwicklungen. Die Evolution von Kontrollmaßnahmen und -institutionen, der Wechsel von vorübergehenden lokalen Führern mit begrenzter Autorität über höchstens wenige hundert Individuen zu Königen mit absoluter Macht über Zehntausende, scheint ein ganz plötzlich aufgetretenes Phänomen gewesen zu sein. Dieser Prozeß schritt zunächst langsam voran und wurde auf einmal schneller.

Den »Großen Mann« und den »Häuptling« sowie Zusammenschlüsse von Häuptlingen gab es hier und da bereits zu Zeiten der Jäger und Sammler, zum Beispiel vor 15 000 Jahren bei den

Rentierjägern und Höhlenmalern im südlichen Frankreich und im Norden Rußlands, wo man Personen hohen Standes in Gräbern mit vielen Schmuckstücken gefunden hat. Doch erst mit dem Aufkommen von Leben in Siedlungen und Ackerbau wurden sie zur Institution.

Im Süden Jordaniens fand man eine Siedlungsschicht von 7000 v. Chr. ausschließlich aus kleinen Häusern, die durchschnittlich etwa 12 Quadratmeter groß sind, also die Größe eines kleinen Schlafzimmers des 20. Jahrhunderts aufweisen. In der unmittelbar darüber liegenden Schicht erscheint ein anderes Muster, das die gleiche Siedlung nur wenige Generationen später darstellt, und zwar die Anfänge einer hierarchischen Reihe von Hausgrößen. Dieses Dorf bestand nunmehr zumeist aus kleinen Häusern, die um einen geringfügig erhöhten Zentralbereich verteilt waren, einen Abschnitt, der Häusern vorbehalten war, die drei- bis viermal größer als der Rest waren, mit großen Herdstellen, mit verputzten Wänden und Fußböden. Diese besonderen Häuser haben vielleicht Leuten gehört, denen es besser ging als ihren Nachbarn. Andere Fundstellen zeigen direktere Spuren von wohlhabenden Familien, weitaus bessere Wohnungen mit dickeren und besser gebauten Wänden, mit mehr Räumen, besonders feinen Töpferwaren und einer Vielfalt von Luxusgegenständen. Die übergroßen Häuser können jedoch auch der Gemeinschaft gehört haben und nicht Einzelpersonen und dienten so als öffentliche Gebäude, wo die Menschen zusammenkamen, Entscheidungen trafen und an Ritualen teilnahmen.

Eine intensivere Forschung, eine Kombination von Methoden sind erforderlich, um durch Ausgrabungen das Auftauchen des Häuptlingswesens zu dokumentieren. Der unmittelbarste und spektakulärste Beweis ist das Vorhandensein von großen Steinmonumenten. Stonehenge auf der Salisbury-Ebene in England stellt sicherlich eine Massierung von Macht dar. Macht war erforderlich, um es überhaupt zu erbauen, ausreichende Macht, um mehr als 30 000 000 Arbeitsstunden zu mobilisieren. Stonehenge repräsentiert aber noch viel mehr. Der dringende Bedarf für ein neues Monument, größer als alles bisher in der Region errichtete, implizierte einen hochorganisierten Prozeß der Ausweitung, eine entschlossene Erweiterung von Kontrollen; die Erschaffung eines größeren und eindrucksvolleren zeremoniellen Zentrums, bestimmt dazu,

30 000 000 Arbeitsstunden: Stonehenge, England.
(Quelle: British Tourist Authority)

mehr Menschen aus größeren Entfernungen anzuziehen als jemals zuvor; die Errichtung eines Systems von Anschauungen, um zukünftige Pläne zu sanktionieren. Kurz gesagt, der Bau von Stonehenge und aller dieser Monumente implizierte den Drang nach noch mehr Macht.

Stonehenge implizierte auch die Entstehung neuer Gefolgschaften oder besser: die Möglichkeit neuer Gefolgschaften. Zunehmend komplexere Gesellschaften wurden durch Bemühungen gekennzeichnet, die Tendenz der Familie, mehr und mehr Menschen zu umfassen, auszuweiten. Sippen und andere Formen von Verwandtschaftsgruppen entstanden, und mit ihnen Stammesbewußtsein, das ein gewisses Maß von gesteigerter Solidarität unter hochangesehenen Mitgliedern mit sich brachte und gleichzeitig häufig ein erhöhtes Mißtrauen gegenüber ähnlich organisierten Außenseitern weckte. Die früheste Monumentalarchitektur wie auch ausgedehnte Bewässerungssysteme und andere öffentliche Projekte großen Maßstabs vereinigten Spezialisten von beiden Enden der sozialen Skala, Eliten und geschickte Arbeiter, in der Bildung breiterer Loyalitäten, die über die von Familie und Sippe hinausgingen.

Die »Archäologie des Häuptlingswesens« erfordert auch eine Erforschung der Art und Weise, in der die Menschen ihre Toten begruben, besonders ihre vornehmen Toten. Christopher Peebles von der University of Michigan führte eine genaue Untersuchung von Begräbnispraktiken an einem der größten prähistorischen rituellen Zentren im Osten der Vereinigten Staaten durch, einem 300 Morgen großen Komplex von 20 Hügeln, die rings um einen zentralen Platz angeordnet sind. Er ist sehr treffend als Moundville (Hügelstadt) bekannt und auf einer steilen Uferstelle des Black-Warrier-Stroms, etwa 15 Meilen südlich von Tuscaloosa in Alabama gelegen. Peebles machte mit Hilfe eines Computers eine Untersuchung von 719 Gräbern, in denen 157 verschiedene Arten von Grabbeigaben, von Töpferwaren und Objekten aus Kupfer bis zu Spechtschnäbeln, Fischmäulern, Steinpfeifen und Muscheln gefunden wurden. Es war das Ziel, herauszufinden, welche Gegenstände gewöhnlich zusammen vorkamen und was die Verbindungen über den Status der Menschen, die mit ihnen begraben worden waren, aussagten.

Rekonstruktion von Moundville: ein prähistorisches amerikanisches Zentrum in der Nähe von Tuscaloosa, Alabama, wie es vor einem halben Jahrtausend aussah. *(Quelle: Richard Krause, University of Alabama)*

Diese Analyse ergab zwei deutlich ausgeprägte Arten von Begräbnisformen: Prestigeobjekte (Kleidung und Amt) wie Symbolabzeichen aus Kupfer, Muschelketten und rituelle Steinäxte – Gegenstände aus im allgemeinen seltenen, eingeführten Werkstoffen, die für ihre Herstellung beträchtliche Zeit und viel Geschick erfordern – schienen mit Individuen aller Altersgruppen begraben worden zu sein und ließen auf einen ererbten Stand schließen, einen Stand, der durch Geburt erworben und daher automatisch auf alle Familienmitglieder übertragen wurde. Der Rückschluß auf einen ererbten Stand wird durch die Tatsache bestärkt, daß manche Kleinkinder und Kinder, Individuen also, die offensichtlich noch zu jung waren, um große Taten vollbracht und sich dadurch einen Namen gemacht zu haben, ebenfalls in vornehmer Weise begraben wurden.

Andere Gruppen von Grabbeigaben, weniger aufwendig, stellen die zweite Begräbnisform dar. »Obwohl einige der prähistorischen Kunsterzeugnisse bemerkenswerte Geschicklichkeit bei der Herstellung zeigen«, bemerkt Peebles, »ist die für sie aufgewendete Zeit nicht mit der Zeit zu vergleichen, die in die künstlerischen Kleidungs- und Amtsgegenstände investiert wurde.« Glatte und verzierte Wasserflaschen, Knochenahlen, Projektilspitzen aus Feuerstein und einfache Steinpfeifen sind gefunden worden, gewöhnlich aus lokalen Materialien hergestellt. Sie scheinen soziale Positionen widerzuspiegeln, die nicht geerbt werden und daher nicht für Menschen aller Altersstufen zugängig sind, Kunsterzeugnisse von Individuen, die aus eigener Kraft hochgekommen sind und ihre Position selbst errangen.

Ein Wachstum der Macht ist überall zu beobachten, regional und örtlich, auf dem Lande rings um die Hauptzentren wie auch in den Zentren selbst. Die Frühgeschichte von Moundville beispielsweise wird niemals auf der Grundlage der Ausgrabungen in Moundville allein zu rekonstruieren sein. Es war die größte von 17 Fundstellen im Black-Warrior-Tal, einschließlich der Weiler, die nur den Bruchteil eines Morgens groß sind, Dörfer mit und ohne Hügel, und vier kleineren Subzentren innerhalb eines Radius von drei Kilometern. Das Tal enthielt also eine Hierarchie von Orten, und das – zusammen mit den Zeugnissen aus den Gräbern und großen öffentlichen Bauwerken – impliziert eine Hierarchie von Pflichten und sozialen Positionen.

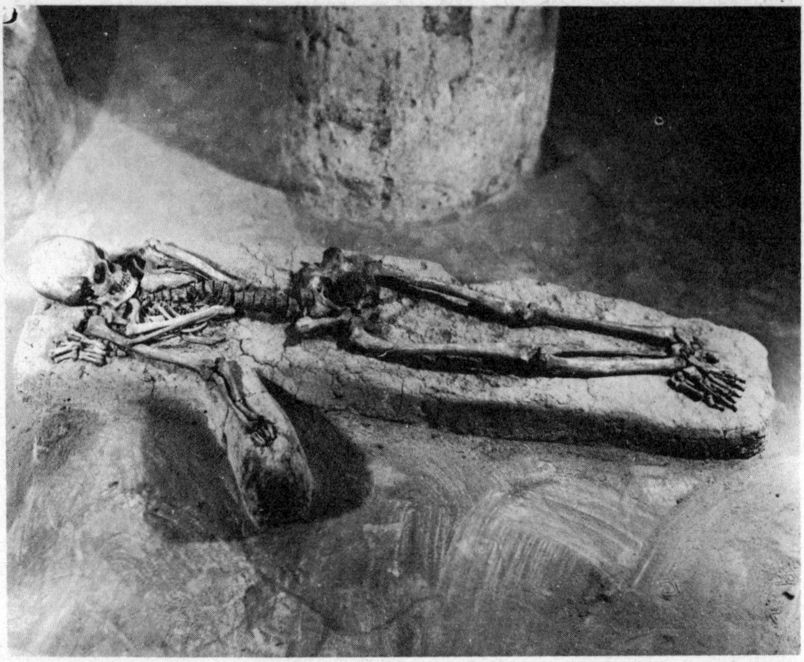

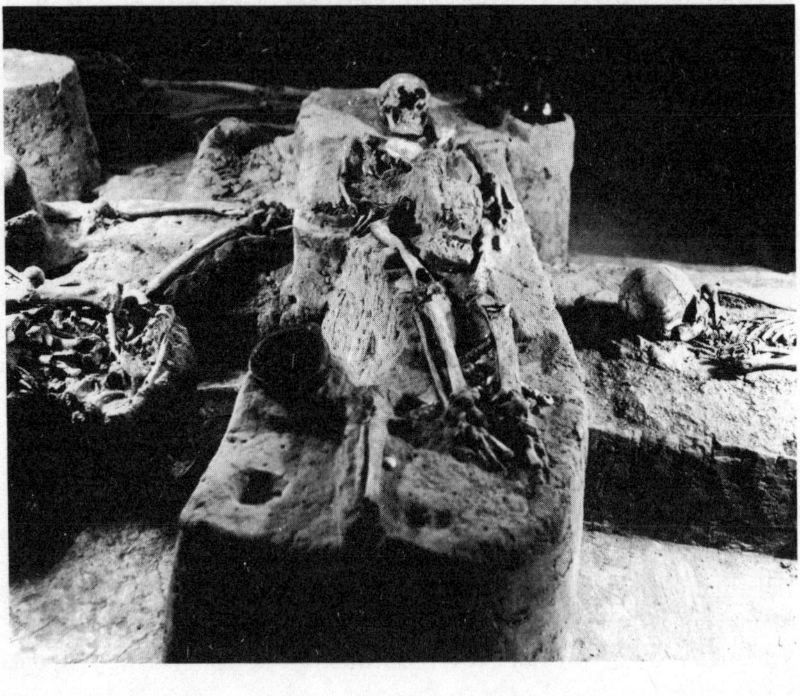

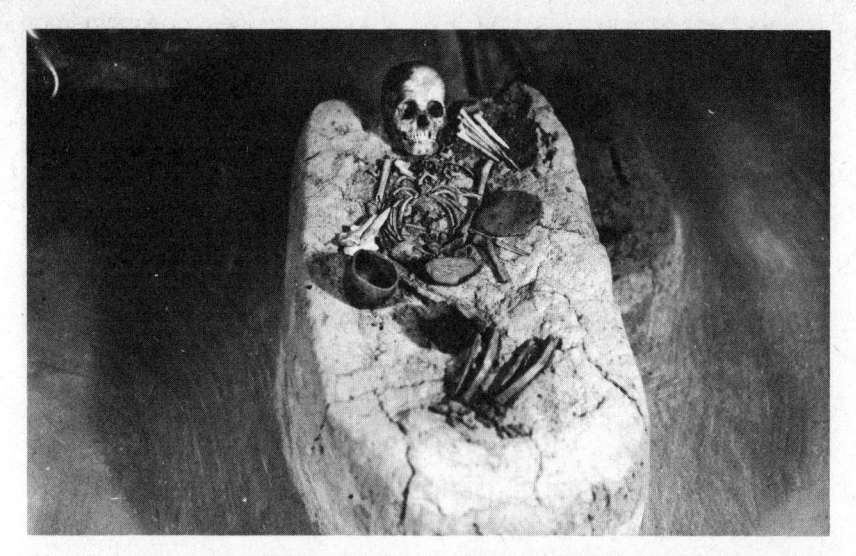

Oben links: Status, wie er durch Gräber in Moundville offenbar wurde: niedriger Stand oder Armut, eine Frau, die ohne Grabbeigaben beerdigt wurde; *unten links:* mäßige Wohlhabenheit, ein Mann mit Beigaben, wahrscheinlich selbst erworbener Status; *oben:* großer Reichtum, Kind mit Beigaben beerdigt, wahrscheinlich ererbter Status.
(Quelle: Richard Krause, University of Alabama)

Moundville lieferte offenbar anderen Siedlungen wichtige Dienstleistungen, während sein eigenes Überleben wiederum von diesen abhing. Auf jeden Fall benötigte das Zentrum weitaus mehr Nahrungsmittel, als die eigenen Bauern und Jäger liefern konnten. Fruchtbares Ackerland und Wälder mit reichem Wildbestand, hauptsächlich Weißschwanzhirsche und Truthühner, waren nahe gelegen, reichten aber nicht aus, um eine geschätzte Anzahl von 2000 bis 3000 Personen zu ernähren. Außenliegende Weiler und Dörfer lieferten ohne Zweifel zusätzliche Nahrungsmittel, die vielleicht durch Mittelsleute der Subzentren verteilt wurden. Als Gegenleistung lieferte Moundville rituelle Einrichtungen, eine Zuflucht im Falle von feindlichen Überfällen und einen Ausgangspunkt für eigene Überfälle.

Systeme vom Typ Moundville tauchten auf der ganzen Welt auf, trotz interner und externer Konflikte. Sie waren vorübergehende Lösungen für Überlebensprobleme, alte und fortdauernde Probleme wie Nahrungsknappheit und drohender Nahrungsmangel. Von Anfang an war der Ackerbau niemals so zuverlässig wie das

Jagen und Sammeln, d. h. das Jagen und Sammeln, ehe die Bevölkerung zu groß wurde. Landwirtschaft stellte schon immer ein Spiel mit hohem Einsatz dar. Sie erhöhte die bevölkerungstragende Leistungsfähigkeit des Landes ebenso wie die Gefahr einer ausgedehnten Hungersnot. Insektenplagen, Krankheit und die Launen des Wetters führten wahrscheinlich etwa zwei- bis viermal in einem Jahrzehnt zu Ernteausfällen.

Das Dorfleben war oft einem Tanz auf dem Seil ähnlich, wobei man dauernd mit dem Absturz rechnen mußte. Niemals zuvor existierten Menschen unter solch unsicheren Bedingungen. Für Eltern und Kinder muß es gewesen sein, als lebten sie in einem der dauernd von Überschwemmung bedrohten Gebiete am Mississippi, wissend, daß früher oder später der Strom wieder über die Dämme steigen und das Tal überfluten würde. Man wird nicht dauernd in Furcht leben, tagein, tagaus. Doch das Gefühl einer drohenden Katastrophe, eines drohenden Chaos, ist immer da.

Die prähistorische Gegenmaßnahme bestand im wesentlichen darin, angesichts schwankender und unvoraussagbarer örtlicher Bedingungen eine ausreichende und vorausschauende Nahrungsmittelversorgung sicherzustellen – eine gewaltige Aufgabe. Das bedeutete in erster Linie, ausreichende Reserven zu schaffen; und was genauso wichtig war – da gelagerter Überschuß unvermeidbar schwindet und schlecht werden kann –, es bedeutete auch, Waren wann immer möglich an der Hand zu haben, die im Notfall bei Menschen in anderen Gemeinschaften gegen Nahrungsmittel eingetauscht werden konnten. Herden stellten lebende Lagerhäuser dar, Geld auf der Bank. Fleisch auf dem Huf brachte einen höheren Tauschwert ein in Form von Getreide und anderer Pflanzennahrung. Die Erzeugnisse von Handwerkern, wie Töpferwaren, Schmuck und rituelle Gegenstände, konnten gegebenenfalls auch in Nahrungsmittel umgewandelt werden.

Der Kern des Problems war die Verringerung der Unsicherheit. Menschen mußten Dinge aufgeben und Dinge weggeben, sie mußten lange Stunden und regelmäßig für andere Leute und für sich selbst arbeiten, sie mußten heute arbeiten, um vor Notfällen, die morgen vielleicht eintreten konnten, geschützt zu sein. Das setzte damals wie heute ein breitangelegtes Ordnungssystem voraus. Das Teilen war nicht so schlimm, da dies Teil einer Tradition war, die schon während der weniger bevölkerten Zeit der Jäger und Sammler etabliert war. Das lange und harte sowie regelmäßige Arbeiten war aber etwas anderes. Es war dieser Tradition geradezu entgegengesetzt, und das Arbeiten für die Zukunft war noch weniger zusagend, bedenkt man die alten Zeiten, da die Wildnis soviel Nahrung wie nötig anbot, und das zu jeder Zeit.

Den Jäger-und-Sammler-Bräuchen folgend und noch durchdrungen von der alten Jäger-und-Sammler-Psychologie arbeiteten die Menschen am Anfang auf ihren Feldern nur soviel, wie sie Nahrungsmittel für ihren Bedarf brauchten, und nicht mehr. Sahlins betont, daß sie tatsächlich häufig eher weniger als genug erzeugten. Unterproduktion mag vielleicht die Regel gewesen sein, da eine nicht unbedeutende Anzahl von Dorfbewohnern es sich zu eigen gemacht hatte, bei Freunden und Verwandten zu schnorren und sich dafür mit unzureichenden Mahlzeiten begnügten.

Es mußten Wege entwickelt werden, die traditionelle Trägheit zu überwinden, zunächst örtlich und dann auf regionaler Basis. Es muß Rufe nach Freiwilligen in Dörfern, die weit auseinanderlagen, gegeben haben, Aufforderungen, für das Gemeinwohl zu arbeiten. Es muß auch noch andere organisatorische Möglichkeiten gegeben haben, wenn es nur wenige Freiwillige gab, förmliche Regeln, die Arbeit zu erzwingen – Maßnahmen, die vielleicht eine nach der anderen in einer Reihenfolge steigender Dringlichkeit angewandt wurden oder alle auf einmal. In gewisser Weise müssen diese Maßnahmen denen der heutigen Armee-Rekrutierungsstellen geglichen haben. Ältere Leute, die schon viele Nahrungsmittelknappheiten erlebt hatten und wußten, wieviel auf dem Spiele stand, waren wahrscheinlich die, die am besten zu überzeugen vermochten.

Es war schon etwas mehr als bloßes Zureden und bloßer Druck erforderlich: Leistungsanreize – materielle und andere. Vielleicht sind die Vorläufer von Jahrmärkten in einem solchen Zusammenhang mit Tieren und Feldfrüchten als Ausstellungsobjekte und einer Preisverteilung entstanden. Das Ziel muß es gewesen sein, einen größeren Respekt vor harter Arbeit zu erwecken, eine Ethik der Versorgung und der Vorsorge zu schaffen: Wenn du zu einem Überfluß für die Zukunft beiträgst, wirst du belohnt. Deine Kinder werden ein langes und gesundes Leben führen, die bösen Geister werden deiner Tür fernbleiben, und deine Ahnen sowie die Götter werden auf dich mit Wohlgefallen blicken.

War all dies bewußt geplant? Wußten die Menschen, was sie taten? Auf einer Ebene zumindest wußten sie es zweifellos. Sie müssen nach gebührender Beratung zu vielen wichtigen Entscheidungen gekommen sein, beispielsweise wenn es um die Rekrutierung und Belohnung der Arbeiter auf dem Land ging. Beinahe mit Sicherheit sind sie aber nicht zusammengekommen, um durch allgemeinen Konsens eine neue Ethik einzuführen. Das wurde wahrscheinlich jenen Individuen überlassen, die die Implikationen dessen, was geschah, spürten und es aussprachen und das Verhalten auf subtilere Weise beeinflußten. In diesem Sinne, in dem Sinne, daß die meisten Auswirkungen der weitestreichenden Neuerungen nicht vorausgesehen werden können, wissen die Menschen nie, was sie tun.

Die Menschen organisierten sich und handelten. Besondere Häuser erschienen in prähistorischen Dörfern, Häuser, größer als die anderen, nicht zum Bewohnen, sondern für Zusammenkünfte – Orte für Entscheidungsfindung. Die Gelegenheiten für Zusammenarbeit mehrten sich. So aber auch die Gelegenheiten für Konflikte. Wie Carneiro aufgezeigt hat, eine Verdoppelung der Größe einer Gemeinschaft erfordert mehr als eine Verdoppelung des Zwangs zur Organisation, zur Vorausschau und zum Planen. Aktivitäten, die einstmals relativ zweitrangig gewesen waren für die Durchführung einer Sache, Beiwerk für das Hauptereignis, nahmen mehr und mehr Bedeutung um ihrer selbst willen an.

Betrachten wir die praktische Seite eines größeren Festes, sagen wir, wochenlange Zeremonien zu Ehren eines Regengottes in einem großen Dorf oder einer Stadt. Es war kein großes Problem, die vom Lande hereinkommenden Leute zu versorgen. Vermutlich übernachteten sie bei Verwandten. In einem späteren Stadium muß aber die Versorgung mit Nahrungsmitteln und Unterkünften und auch anderen Dienstleistungen genauere Vorbereitungen in größerem Maßstab erfordert haben. Stark ansteigender und vorübergehender Bedarf während religiöser Feiertage mag wohl eine Planung nötig gemacht haben, die zumindest so schwierig ist wie jene, die für eine Befriedigung des Bedarfs der ortsansässigen Bevölkerung erforderlich ist. Innerhalb kurzer Zeit mußten Besucher mit Unterkunft und Verpflegung, mit Gaben, Andenken und Relikten versehen werden.

Moderne Gelegenheiten wie Fußballspiele, Rockfestivals, große

	Bande	Stamm	Häuptlingsbereich	Staat	Gesellschaftstypen
Autonomie der einzelnen Gruppen					
Statusgleichheit					
Informelles Führertum					
Nicht rituelles Ad-hoc-Ritual					
Tauschhandel					
	Abstammungsgruppen ohne Rangordnung				
	Stammübergreifende Assoziationen, basierend auf Gleichrangigkeit				Institutionen in der Reihenfolge ihres Auftauchens
	Kalendarisch festgelegte Rituale				
		Abstammungsgruppen mit Rangordnung			
		Zentrale Lager- und Wiederverteilungswirtschaft			
		Erbliches Fürstentum			
			Endogamie der Elite		
			Vollzeitige Handwerksspezialisierung		
				Schichtung	
				Königstum	
				Gesetzgebung	
				Bürokratie	
				Militärdienstpflicht	
				Besteuerung	
Kalahari-Buschmänner Südafrika	Hochländer Neuguinea	Hawaii	Frankreich		Beispiele aus Gegenwart und jüngerer Vergangenheit
Australische Ureinwohner	Südwestliche Pueblos, USA	Tlingit-Indianer	England		
Eskimos, Shoshonen USA		Pazifische Nordwestküste	Indien		
Hadza Ostafrika			USA		
Frühe Indianer in den USA und Mexiko	Tal von Oaxaca Mexiko	Olmec-Golfküste (Mexiko) (1000 v. Chr.)	Klassisches Mittelamerika		Archäologische Beispiele
(10000–6000 v. Chr.)	(1500–1000 v. Chr.)	Naher Osten (5300 v. Chr.)	Sumer		
Naher Osten (10000 v. Chr.)	Naher Osten (8000–6000 v. Chr.)	Mississippi-Mensch des Mittelwestens USA (1200 n. Chr.)	Shang-Dynastie (China)		
			Römisches Imperium		

Wachsende Komplexität: Stadien der sozialen Evolution.
(Quelle: Mona Marks)

Opern, Hochämter, Revival Meetings, Weihnachtsfeiern stellen verwandte Probleme. Alle solche Ereignisse verlangen den spontanen Enthusiasmus und die Überzeugung von Darstellern, Teilnehmern und Zuhörern. Aber der Überbau von kleinen Dingen, die zu großen Dingen werden, droht manchmal völlig die Oberhand zu gewinnen – Parkvorrechte, Konzessionen und Publizität, die berechnet ist, mehr Teilnehmer anzulocken. Das Studium heutiger Institutionen kann Hinweise auf die Ausbildung prähistorischer Institutionen liefern.

Jede Institution, jede Sammlung von Regeln, dazu bestimmt, Ordnung zu schaffen und aufrechtzuerhalten, steigerte das Risiko für Unordnung. So bauten Menschen Zentren auf Hügelspitzen, die Panoramablicke auf die Landschaft boten, und sie bauten starke Außenwälle und Gräben als Verteidigung gegen Feinde aus benachbarten Regionen. Es gab auch Zentren innerhalb von Zentren, rituelle und administrative Bezirke, umgeben von inneren Wällen mit schmalen, leicht zu verteidigenden Eingängen, die in manchen Fällen vielleicht errichtet wurden, um die darin residierende Elite eher vor internen Revolten als vor einer Invasion von draußen zu schützen.

Sicherlich hatte der Prozeß, mehr und mehr Arbeit aus immer mehr Menschen herauszubringen, seine Grenzen. Das Bedürfnis nach Dingen wie Verteidigungswälle und Bewässerungsnetze mag wohl offensichtlich gewesen sein. Aber ausgedehnte Arsenale, Paläste, Tempel und Grabmäler verlangten in steigendem Maße ausführliche Rechtfertigungen. Eine bedeutsame Rolle der Religion war es, etwas zu liefern, was Paul Wheatley von der University of Chicago die »Bestätigungsfunktion« für die ehrgeizigeren Pläne der Autoritätsinhaber nannte.

Hierarchien entwickelten sich, Hierarchien der Kontrolle. Entsprechend einer Definition von Henry Wright von der University of Michigan ist der Staat ein System mit mindestens drei administrativen Ebenen. Die Verwalter mit dem niedrigsten Rang sind die Aufseher und Vorarbeiter, die die Arbeit von Bauern und Arbeitern, also der Mehrzahl der Menschen, beaufsichtigen. Auf der nächsthöheren Ebene stehen Individuen mit dem Auftrag, die Aufseher zu beaufsichtigen. Gewöhnlich in öffentlichen Büros abseits vom Ort der Aktivität arbeitend, sorgen sie für die Einhaltung der Pläne. Sie dienen den »Politikern« an der Spitze der sozialen Pyramide. Dies ist ein Minimal- oder »Atom«-System, deren einfachstes man nach Wrights Definition einen Staat nennen kann. Ein Zeichen für sein Erscheinen in prähistorischen Zeiten war die Vervielfältigung von Mittelsmännern, wobei der erhabenste Mittelsmann der oberste Häuptling oder König war, der als Vermittler zwischen seinem Volk und den Göttern diente. Beträchtliche Anstrengungen galten der Legitimation des absoluten Herrschers. Die Menschen mußten an die Existenz eines solchen Wesens glauben; auch der Herrscher mußte das glauben.

Das dringende Bedürfnis nach Glauben muß stark gewesen sein. Es war das Bedürfnis nach einem lebenden Symbol für Dauerhaftigkeit. Menschen zögern vielleicht nicht, einen Unterhäuptling oder einen »großen« Mann zu stürzen oder umzubringen. Er ist einer der ihren. Sie denken aber vielleicht zweimal, ehe sie einen Mann von Rang aus dem Wege räumen. Je höher sein Status, je eindrucksvoller seine Rangabzeichen, desto sicherer ist er. Wenn Prestige auf diese Weise einen selektiven Wert als Form von Lebensversicherung annimmt, dann sollte die Stellung eines Gottes oder Fastgottes die sicherste Position von allen darstellen. Aber auch die Göttlichkeit garantiert nicht hundertprozentigen Schutz; unter Druck haben Menschen es fertiggebracht, Götter auf Erden loszuwerden. Der absolute Führer war jedoch ein Schritt in die richtige Richtung. In einem bestimmten Stadium der menschlichen Evolution war sein Kommen Teil des für Stabilität gezahlten Preises.

V
NEUE WEGE ZUR ENTDECKUNG VON WANDEL IN VERGANGENEN ZEITEN

*Neue Techniken zur Rekonstruktion
prähistorischer Gesellschaften/
Oberflächenfunde als Hinweise auf das,
was unter der Erde liegt/
Verräterische Knochen/
Die »Sprache« der Töpferwaren/
Die geheimnisvollen Straßen im Chaco Cañon/
Sechseckige Siedlungsmuster/
Computer vor Ort*

Archäologen stehen einander notorisch kritisch gegenüber, zumindest eine Größenordnung mehr als Wissenschaftler anderer Disziplinen, und manchmal mit gutem Grund. Es ist leicht, wichtige Hinweise zu übersehen, Informationen zu verlieren, die niemals wieder beschafft werden können. Eine ausgegrabene Fundstelle ist eine zerstörte Fundstelle. Im Gedanken an all das, was im Nahen Osten verlorengegangen ist, nannte ihn Mortimer Wheeler von der British Academy »das Land der archäologischen Sünde«. Worauf Flannery von der University of Michigan erwiderte: »Eine derartige Feststellung konnte nur von einem Mann getroffen werden, der niemals in Mittelamerika gearbeitet hat.«

Fehler werden überall gemacht. Sie sind aber weniger üblich, als sie es in den alten Tagen der »Museums«-Archäologie waren, als die Forscher, tatsächlich Plünderer mit einem Doktorgrad, mehr am Auffinden von Kunstobjekten interessiert waren als an der Rekonstruktion vergangenen Lebens. Sorgfältige Ausgraber arbeiten langsam. Oft sind die einzigen Spuren prähistorischer Häuser die Löcher von Pfosten, Orte, an denen hölzerne Träger für Wände und Dächer in den Boden getrieben waren. Die Pfosten selbst sind längst zu Staub verrottet. Die einzigen Überreste sind Erdsäulen, geringfügig lockerer und etwas dunkler als der umgebende Boden. Manchmal sind die Zeichen unsichtbar. Farbdifferenzen sind nicht vorhanden, und der Ausgräber muß nach Gefühl vorgehen, muß die Lockerheit durch sanftes Kratzen mit der Kellenspitze erfühlen.

Ein Experte in der Identifizierung von Pflanzenresten verbringt Stunden über einem Mikroskop mit der Betrachtung von einzelnen Samenkörnern oder Teilchen von Wurzeln, Stengeln und Hülsen, die vielleicht nicht größer als Nadelköpfe sind, und sucht nach unterscheidenden Formen und Texturen, identifiziert die Spezies, wann immer es möglich ist, und zeichnet die Ergebnisse für eine spätere genauere Analyse auf. Wenn er starke Augen hat, vermag er etwa zwei Gramm Pflanzenmaterial pro Tag zu untersuchen, einen winzigen Bruchteil der Sammlung eines Tages.

Einige 90 000 Stücke von Tierknochen, 45 000 Samen und andere Pflanzenteile, etwa 30 000 Feuerstein- und Obsidianwerkzeuge und mehrere hunderttausend Splitter, 25 000 Scherben oder Töpferwarenfragmente und eine ganze Reihe von Schmuckstücken, Spindelwirtel, Figurinen, Grabstätten, Eindrücke von Matten und Körben auf Asphaltstücken, Lehmziegelwände, Vorratsbehälter und Bauschutt – all dies haben Frank Hole von der Rice University, Flannery, James Neely von der University of Texas, ihre Frauen und andere Mitarbeiter während einer dreimonatigen Grabungsperiode an einer als Ali Kosh bekannten Fundstelle auf einer einsamen Sandebene im westlichen Iran ausgegraben.

So häuft sich fortdauernd von Hunderten von Fundstellen auf der ganzen Welt Saison um Saison Material an, und in der Heimat häuft sich die Arbeit in Hunderten von archäologischen Laboratorien ohne Pause. Es gibt genügend, um die Leute jahrzehntelang beschäftigt zu halten. Die Arbeit im Laboratorium wächst schneller an, als sich Material ansammelt. Es sind mindestens sechs Monate Forschungsarbeit erforderlich, um die während eines einzigen Grabungsmonats aus der Erde geholten Gegenstände zu analysieren, und das »wenigstens« heißt, daß es häufig beträchtlich länger dauert.

Untersuchungen in großem Maßstab, das Studium von Karten und Luftaufnahmen umfassen ausgedehnte Regionen und Landstriche. Die analysierten Elemente sind nicht einzelne Gegenstände prähistorischer Kulturen, sondern Fundstellen, oder besser: Komplexe von Fundstellen, die in der Größe von ein bis zwei Morgen bis zu mehreren hundert Morgen variieren. Das Hauptaugenmerk ist auf allgemeine Beziehungen, auf Siedlungsmuster gerichtet. Der Forscher befaßt sich mit Dingen wie den Entfernungen zwischen Fundstellen und ihrer Verteilung über die Landschaft, Faktoren, die vielleicht einen Hinweis geben auf die Struktur prähistorischer Gesellschaften.

In allen Fällen, bei Ansichten unter dem Mikroskop oder aus der Vogelperspektive, richtet sich die Suche auf bleibende Muster aus vergangenen Zeiten. Einige dieser Muster sind relativ leicht zu entdecken; andere sind sehr viel feiner und können nur mit Hilfe spezieller statistischer Techniken entdeckt werden. Die Muster bestehen im Grunde aus Veränderungen im Erdboden, in Pflanzen- und Tierspezies, in Räumen und Gebäuden, in Siedlungen und den Pfaden, die die Siedlungen verbinden, in praktisch allem, was prähistorische Menschen berührten. Wo auch immer sie sich in einem Gebiet bewegten, sie hinterließen Zeichen, die sagen: »Wir waren hier.«

Mit dem steigenden Bedarf an Land sind Fundstellen häufig hinter den Spuren von Bulldozern gefunden worden, die für neue Häuser oder industrielle Entwicklung Erde bewegten. Während Gesetze für Bauverzögerungen sorgen, arbeiten Archäologen in aller Eile an sogenannten Bergungsprojekten, um festzustellen, was sie tun können, ehe die Bulldozer wieder zu rollen beginnen. Da eine Fundstelle viele Morgen groß sein kann, zwingen begrenzte Mittel wie auch die Bauarbeiter, die ungeduldig darauf warten, weitermachen zu können, dazu, nur die am meisten versprechenden Gebiete für die Ausgrabung auszuwählen.

Vor mehr als einem Jahrzehnt arbeitete Binford als erster eine Strategie aus, wie man mit solchen Problemen fertig werden kann und wie man den besten Überblick bekommt. In Hatchery West, einer Flußterrassen-Fundstelle im südlichen Illinois, unterteilten er und seine Mitarbeiter nach leichtem Pflügen die Felder in 416 Quadrate von je 6 × 6 Meter und gingen über das Gelände, um alle prähistorischen Gegenstände und andere Überreste – Tonscherben, Feuersteinwerkzeuge, Mahlsteine, Muschelschalen, Gesteinssplitter und so weiter –, insgesamt nahezu 8000 Gegenstände, aufzulesen. Unter anderem fanden sie heraus, daß eine geringe Scherbendichte (1 bis 5 je Quadrat) häufig vergrabene Häuser markierten, während eine hohe Dichte (16 bis 20 je Quadrat) auf Abfallgruben hinwiesen.

Die Ausgrabung ließ einen Haustyp erkennen, der vorher im Mittelwesten unbekannt war. Vor 1000 bis 15 000 Jahren gebaut, hatten diese Häuser die Form von Schlüssellöchern, runde halbversenkte Räume, wahrscheinlich Winterunterkünfte mit langen und schmalen Anbauten, die vielleicht als Speicherraum dienten. Das am meisten Irritierende an dieser Ausgrabung und an anderen, die an weiteren Stellen nach der gleichen Methode durchgeführt wurden, ist die Beständigkeit von archäologischen Mustern. Die Felder von Hatchery West, jahrelang gepflügt, hatten lange Zeit als Jagdgründe für Sammler von prähistorischen Gegenständen gedient, und immer noch lieferten Gegenstände auf der Oberfläche Hinweise auf das, was darunter begraben lag.

Tierknochen sind eine wachsende Informationsquelle, sie erfordern aber lange und häufig zeitraubende Sortierarbeit im Feldlabor, gewöhnlich ein Zelt oder einen Schuppen. Die meisten Stücke, mehr als 77 000 von den 90 000 in Ali Kosh gefunden, sind zu stark zertrümmert, als daß sie noch sehr nützlich wären. Der Rest wird numeriert und so genau wie möglich identifiziert – nach Lage der Fundstelle (Schicht und Quadratnummer), nach Spezies, Knochenart, Zustand der Knochen (verbrannt, erkrankt, abgearbeitet), Alter, Geschlecht und so weiter. Mit diesen Grunddaten können die Forscher zu einer detaillierteren Analyse übergehen. Sie können Schlüsse ziehen auf die Natur der prähistorischen Umwelt, wie es Eitan Tschernow von der Hebräischen Universität von Jerusalem aufgrund von Vogelknochen getan hat, die auf einer Fundstelle im Jordantal entdeckt wurden. In einer Bodenschicht waren 56,5 Prozent der Vögel Bewohner von Wiesen und Grasland, 31,8 Prozent Felsbewohner, 7,5 Prozent lebten in Bäumen, und 4,2 Prozent lebten auf dem Wasser und im Sumpf, womit ein grober Hinweis auf die Art der Landschaft und die relativen Proportionen gegeben wurde. Offensichtlich verstärkte sich später der niedergehende Regen, denn der Prozentsatz von Wasser- und Sumpfvögeln vermehrte sich auf mehr als das Doppelte in der unmittelbar darüberliegenden Schicht.

Die derzeitige Forschung weist schon auf zukünftige Entwicklungen in ähnlicher Richtung hin, zum Beispiel der breitere Gebrauch von Nagetierüberresten als Landschaftsmarkierungen. Eine der auf der Welt am weitesten verbreiteten Art ist die Feldmaus, die in einer Vielfalt von Spezies und Subspezies existiert, die sich an offene Wiesen, Waldgebiete, felsige Hänge, buschige Feldraine und andere Landformen angepaßt haben. Richard Redding von der University of Michigan sucht nach charakteristischen Skelettveränderungen, die mit den unterschiedlichen Adaptationen einhergehen, Veränderungen in Größe und Form der Knochen, die vielleicht an archäologischen Fundstellen entdeckt werden.

Er behauptet, die Überreste eines weniger bekannten Nagetiers, der indischen Springmaus, liefern ein fast sicheres Zeichen der frühgeschichtlichen Bewässerung in bestimmten Regionen des Nahen Ostens. Diese Spezies lebt von Schößlingen und Grassamen. Sie braucht während des ganzen Jahres ausreichende Nahrung, die nicht in jenem Teil der Welt wächst, wo für viele Gebiete eine sechsmonatige Wachstumssaison typisch ist. Die häufigsten Orte mit immerwährender Vegetatiom sind die Ufer von Bewässerungskanälen. Dort findet man auch heute noch Springmäuse, und Springmausknochen sind auch am häufigsten vertreten unter den 90 000 Fundstücken von Ali Kosh, wo auch noch andere Zeugnisse die Möglichkeit einer ehemaligen Bewässerung stützen.

Knochenuntersuchungen liefern Hinweise auf die Domestizierung. Techniken zur Entdeckung der Veränderungen, die mit der Zähmung wilder Tiere einhergehen, sind entwickelt worden. Oft ist eine Verringerung der Größe festzustellen, wahrscheinlich weil kleinere Tiere weniger Nahrung benötigen und so eine größere Chance zum Überleben und zur Vermehrung trotz des begrenzten verfügbaren Futters in den frühen Ackerbaudörfern hatten. Die Fuß- und Beinknochen gezähmter Rinder und Schweine können bis zu weniger als halb so groß sein wie die entsprechenden Knochen ihrer wilden Verwandten, wenn auch der Unterschied nicht immer so deutlich zu erkennen ist. An manchen Fundstellen kann die Veränderung in verschiedenen Stadien beobachtet werden, indem man Exemplare früher Schichten mit solchen aus neueren vergleicht.

Charles Reed von der University of Illinois hat eine noch präsisere Veränderung bei der Ziege festgestellt. Die Hörner bestimmter wilder Ziegen sind ähnlich geformt wie orientalische Krummsäbel, sie krümmen sich nach hinten und bilden zwei spitze Gabelzinken. Während der Anfangsstadien der Domestizierung neigen die Hörner zu einer Abflachung, wobei der Querschnitt sich von einem grob vierkantigen Muster in ein ovales oder linsenförmiges wandelt. Später wird der Querschnitt noch flacher, und noch später beginnen die Hörner, eine Korkenzieherdrehung zu zeigen, die immer ausgeprägter wird. Diese Veränderungen sind in ausgegrabenen Hornkernen zu erkennen, den Hornknochen, die nach der Zersetzung der äußeren Hülle übrigbleiben. Niemand weiß, warum der Zähmungsprozeß derartige Wirkungen zeitigen sollte. Es wäre ideal, wenn Forscher gleichermaßen deutliche Kennzeichen für alle Spezies finden würden, doch dieses Ziel muß erst noch erreicht werden.

Wenn ausreichend viele Knochen in gutem Zustand vorhanden sind, kann der Anteil der in unterschiedlichen Altersstufen getöteten Tiere durch Untersuchung des Zahndurchbruchs und der Zahnabnutzung sowie auch der »Fusionslinien«, der Stellen, wo Verknorpelung kalzifiziert und verhärtet ist, nachdem das Wachstum der Knochen aufgehört hat, geschätzt werden. Wenn ein großer Anteil von jungen Tieren und voll ausgewachsenen Tieren getötet wurde, liegt die Vermutung nahe, daß die Menschen sie aus den gezähmten Herden ausgesucht hatten.

Die Suche nach weiteren Wegen zur Entdeckung der Domestizierung geht weiter. Die meisten Prüfungen hängen von der Untersuchung des Aussehens von Knochen, von äußeren Merkmalen und Veränderungen in Größe und Form ab. Einige Forscher glauben, sie hätten innere Veränderungen gefunden, die mit dem bloßen Auge nicht gesehen werden könnten. Im Jahre 1968 teilten Isabella Drew, Dexter Perkins und Patricia Daly von der Columbia University mit, daß sie durch Untersuchung dünner Knochenschliffe unter einem lichtpolarisierenden Mikroskop, das bei unterschiedlicher Kristallstruktur unterschiedliche Farbmuster erzeugt, wilde von gezähmten Tieren unterscheiden könnten.

Die Muster waren vorherrschend rot bei Schnitten von Knochen wilder Spezies, stark blaue und gelbe Farben waren dagegen bei Proben von gezähmten Tieren festzustellen. Die Muster zeigten sich am deutlichsten bei dünnen Schnitten aus den Gelenkbereichen bei gewichttragenden Knochen. Die Forscher berichteten, der Unterschied könnte mit der Tatsache zusammenhängen, daß die Knochen zahmer Spezies weniger widerstandsfähig sind als die wilder Spezies, weil die mit den Menschen zusammenlebenden Tiere nicht so gut fressen und auch weniger Bewegung haben.

Vorbereitende Untersuchungen wiesen auf ähnliche Veränderungen in Menschenknochen hin; sie sind anscheinend geeignet, die Auffassung zu stützen, daß der Mensch, als er seßhaft wurde und andere Spezies zähmte, sich auch selbst domestizierte oder doch zumindest einen bescheidenen Schritt in dieser Richtung tat. Dünnschliffe vom Fußknochen eines Neandertalers, der etwa vor 50 000 Jahren lebte, zeigten die für ungezähmte Spezies im allgemeinen typischen roten Farbtöne, während die blauen und gelben Farben in Schnitten von Knochen eines neuzeitlichen Menschen erschienen, der offensichtlich ein weichlicheres Leben führt. Diese Feststellungen haben einige Debatten ausgelöst. In einer neueren Untersuchung war Melinda Zeder von der University of Michigan nicht in der Lage, die Columbia-Ergebnisse zu wiederholen, so daß dieses Problem weiter in der Luft hängt und weitere Forschung nötig ist. Die Aussichten sind aber trotzdem vielversprechend, daß die chemische Analyse im Zusammenhang mit der kristallinen Mikrostruktur von Knochen bedeutsame Informationen über den Gebrauch von Tieren in prähistorischer Zeit liefern kann.

Knochen können sogar als Gradmesser für Streß dienen, als empfindlicher Indikator, wenn Forscher vermuten, daß Menschen nicht so gut gegessen haben, wie sie es sollten. Della Cook von der University of Indiana hat die Röhrenknochen der Kinder von zwei prähistorischen Populationen gemessen, die aus Grabhügeln an Steilufern des Mississippi und des Illinois-Flußes ausgegraben wurden. Eine Population stammt etwa von 100 bis 250 n. Chr., als Indianer im Mittelwesten in erster Linie vom Jagen, Sammeln und Fischen lebten; die andere Population lebte um 800 bis 900 n. Chr., als die Menschen gerade begannen, Mais als Hauptnahrungsmittel zu gebrauchen.

Nach der Länge von Arm- und Beinknochen in unterschiedlichem Alter von der Geburt bis zu fünf Jahren zu urteilen, hatten die Kinder der Jäger und Sammler besser ausgeglichene Nahrung. Die Einführung von Getreide, das wohl viele Kalorien, aber nicht genug Protein lieferte, war durch eine geringere Wachstumsrate gekennzeichnet; so mußte also für die Ernährung größerer Anzahlen von Menschen ein Preis bezahlt werden. In der letztgenannten Gruppe war auch die Zahnkaries häufiger, was auf den hohen Kohlehydratgehalt der Nahrung hinweist.

Das ist nur eine von einer Serie von Knochenuntersuchungen, die Cook und andere Forscher durchführen und dabei das Hauptaugenmerk auf Populationen und Bevölkerungstrends richten. Ihre Methode ermöglicht es, die eine Erkrankung aus zwei Dutzend oder mehr Krankheiten zu identifizieren, die mit größter

Wahrscheinlichkeit bestimmte Knochenschäden hervorgerufen hat, und auch zu einem genaueren Bild darüber zu gelangen, wie Gesundheitsmuster und die Krankheiten selbst sich mit der veränderten Ernährungsweise verändert haben. Es wird bereits noch viel mehr getan, wobei für alles genaue Untersuchungen von Knochenproben erforderlich sind. Bestimmt werden zum Beispiel Fragen wie Langlebigkeit, mögliche Ursachen für Frakturen, das Ausmaß von physischem Streß, die Art prähistorischer Speisen.

Eine weitere reiche und umfangreiche Quelle für Informationen über prähistorisches Leben und Tradition ist das Studium von Tongeräten. Die Herstellung von Töpferwaren hatte, wie die Domestizierung selbst, ihre Wurzeln in der fernen Vergangenheit. Sie wurde in zunehmendem Maße wichtig mit dem Seßhaftwerden und dem Aufkommen des Ackerbaus, doch einige der grundlegenden Methoden waren bereits wenigstens 10 000 Jahre davor bekannt. Der erste künstliche Werkstoff des Menschen bestand aus Ton, vermischt mit gemahlenen Knochen und anderen Zusatzsubstanzen, um die Bearbeitungsfähigkeit zu verbessern, der dann durch Brennen gehärtet wurde. Die Jäger und Sammler in Südrußland und anderswo benutzten ihn in erster Linie, um sogenannte Venus-Figurinen, Miniaturstatuen von Frauen, herzustellen, die häufig in besonderen Gruben unter Hausböden gefunden wurden und wahrscheinlich als Fruchtbarkeitssymbole dienten. Als Behälter haben die Menschen möglicherweise Flaschenkürbisse und Schalen aus Stein und Holz verwendet. (Spuren von hölzernen Schalen, die mehr als 400 000 Jahre alt sind, wurden von einer Grabungsstelle an der französischen Riviera berichtet.)

In einigen Gebieten wurde die Töpferei lange vor den Anfängen des Ackerbaus entwickelt. Sie erschien aber in immer größerem Umfang als Reaktion auf neue Erfordernisse und für Zwecke, die mit der Landwirtschaft zusammenhingen. Da gab es Bedarf für ein Material, das nicht in der Natur gefunden wurde, ein zusammengesetztes wärmebehandeltes Material, das von Hand in bestimmte vorgegebene Formen modelliert werden konnte. Untersuchungen des Materials und der Erzeugnisse helfen bei der Lösung unmittelbarer Grabungsprobleme und, wenn die Grabung abgeschlossen ist, von Langzeitproblemen bezüglich des Alltagslebens prähistorischer Menschen.

Eine repräsentative Ausgrabung kann möglicherweise

30 000 Scherben zutage fördern, obwohl die Zahl von mehreren hundert bis zu mehreren Millionen reicht, je nach Ergiebigkeit der Fundstelle und der für das Graben aufgebrachten Zeit. Aus der Masse von Trümmern versucht der Archäologe eine Bestandsaufnahme von Gefäßen zu machen, die in jeder Okkupationsschicht gebraucht wurden. Es ist ähnlich, wie wenn man versucht, ein vollständiges Porzellanservice aus einem sieben Meter hohen Haufen von sorgfältig verstreuten und vermischten Porzellanstücken zusammenzusetzen, die aus Hunderten von Häusern über eine Zeitspanne von mehreren Generationen zusammengetragen wurden. Hat der Archäologe Glück, so hat er einige Gefäße unzerbrochen oder nahezu unzerbrochen ausgegraben und auch eine Reihe von so zerbrochenen Gefäßen, daß man sie wieder zusammensetzen kann, weil die Stücke zufällig dicht beieinanderlagen. Er kann vielleicht einige Stücke zu einem halben Gefäß oder, was üblicher ist, nur zu einem kleinen Teilstück zusammensetzen, eine Aufgabe, die stundenlange Arbeit mit Stücken erfordert, die auf einem Tisch ausgebreitet liegen, und die ein besonderes Talent verlangt für Puzzlespiele, die mehrere Größenordnungen komplizierter sind als die schwierigsten in Geschäften erhältlichen Puzzles.

Erfahrung hilft dabei auch. Donald Lathrap von der University of Illinois sagte einmal: »Ich sehe niemals eine Scherbe vor mir. Ich sehe ein ganzes Gefäß.« Das kommt von der Untersuchung von Hunderttausenden von Scherben und Hunderten von Gefäßen. Sein archäologischer Bereich ist einer der schwierigsten der Welt, das Amazonasbecken in Zentralperu, nahe der östlichen Hänge der Anden. In einem derart dicht überwachsenen Territorium Fundstellen aufzuspüren erfordert meilenweite Fußmärsche durch Urwald und die Kooperation von indianischen Bauern, die die Plätze vieler Scherbenkonzentrationen kennen.

Im Verlauf des Studiums der Frühgeschichte dieser Region während mehr als einem Jahrzehnt hat Lathrap mehr als 44 000 Scherben aus acht großen Siedlungsperioden von etwa 2000 v. Chr. bis 500 n. Chr. ausgegraben und dabei jede einzelne Scherbe mindestens fünfmal untersucht, oft bis zu zehn Minuten und unter dem Mikroskop. »Diagnostische« Scherben, die nützlichsten Stücke für die Identifizierung und Rekonstruktion von Gefäßen (hauptsächlich Randscherben wie auch Bodenscherben und dekorierte Zonen, von denen alle zusammen etwa ein Fünftel der Gesamtkollek-

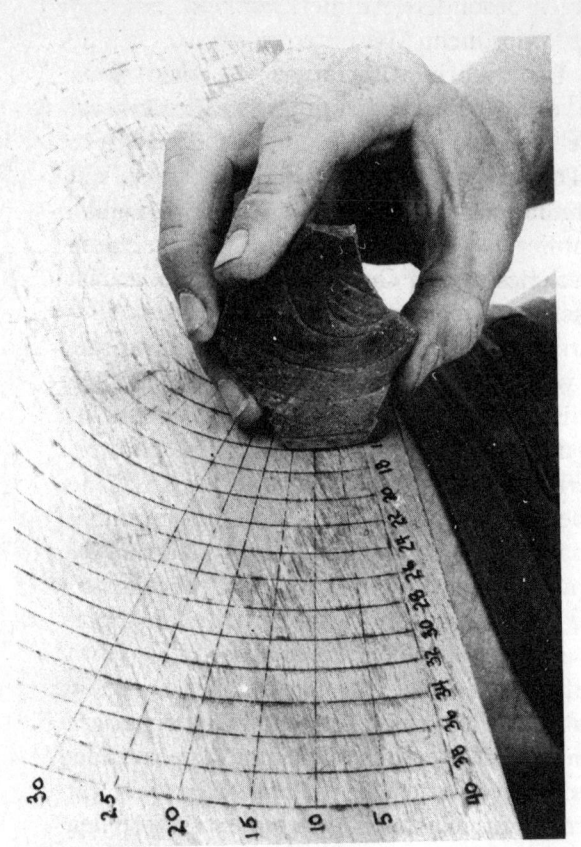

Links: Vermessen der Originalmaße mit Hilfe kleiner Bruchstücke der Tongefäße: Scherbe aus einer Trabanten-Siedlung von Cahokia auf einer Durchmessertafel, mit deren Hilfe die ursprüngliche Größe einer Schüssel gemessen wird.
(Quelle: David Minor, University of Ilinois, Urbana)

Unten: Tongefäße aus »diagnostischen« Scherben rekonstruiert: typische Randscherben aus dem frühen Amazonasbecken.
(Quelle: Donald W. Lathrap)

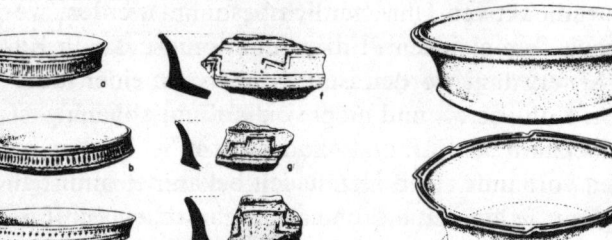

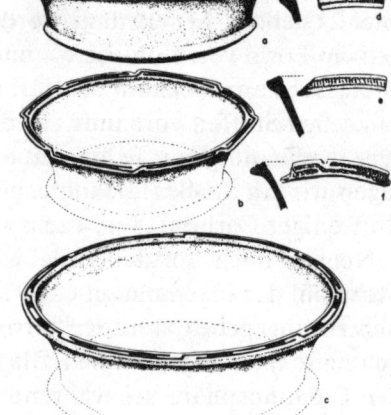

tion ausmachen), verlangen besondere Aufmerksamkeit. Jede einzelne von ihnen hat er 20 oder mehr Mal untersucht.

Sein erster Schritt im Laboratorium ist ein grobes Vorsortieren in acht Scherbenhaufen, einen für jedes Zeitintervall. Er versucht zu entscheiden, wie viele Arten von Gefäßen in jedem der Haufen enthalten sein mögen. Danach beginnt die wirkliche Arbeit, mit dem Ziel, genaue Zeichnungen von jeder Gefäßart herzustellen. Entsprechend seiner etablierten Praxis schließt die Untersuchung die Berechnung der Durchmesser von Gefäßöffnungen ein, indem die Bögen aller Randscherben gemessen und die Winkel aller Scherben mit einer starken Veränderung der Krümmung aufgezeichnet werden; dann werden mit einer Steinsäge, die eigentlich für die Bearbeitung von Edelsteinen gedacht ist, Randscherben angeschnitten, um scharf ausgeprägte Profile als weiteren Hinweis auf die Gefäßform zu erhalten.

Auch dann ist die Arbeit noch nicht beendet. Jede Untersuchung ist nur eine vorläufige, da neue Ergebnisse die Interpretationen abwandeln oder sogar radikal verändern können. Ein Beispiel: Nachdem Lathrap seine Sammlung von 44 000 Scherben durchgesehen hatte, verfeinerte er die Analyse beträchtlich, indem er etwa 40 000 zusätzliche Scherben untersuchte, die er und seine Studenten bei späteren Ausgrabungen aus der Erde geholt hatten, sowie 25 000 bis 30 000 verwandte Scherben aus den Sammlungen anderer Archäologen. Eine derartige Arbeit hilft dabei, Zeittafeln für prähistorische Ereignisse aufzustellen. Häufig können Fundstellen mit Hilfe einer »radioaktiven Uhr« zeitlich bestimmt werden, wobei die »Uhr« nach dem gleichen Prinzip funktioniert, das in Kapitel 2 (siehe S. 57) erwähnt worden ist, hier aber von einer radioaktiven Form von Kohlenstoff und nicht von Kalium abhängig ist. Diese Substanz, bekannt als Carbon 14 (oder C 14), ist in allen organischen Stoffen vorhanden und zerfällt mit bekannter und stetiger Geschwindigkeit. Je älter eine Probe aus organischem Stoff ist, sagen wir ein Stück Holzkohle, eine Muschelschale oder Holz, desto weniger Carbon 14 ist darin enthalten.

Neuere noch fortdauernde Untersuchungen zeigen, daß die Mehrzahl der sogenannten C-14-Daten, die in archäologischen Berichten angegeben werden, korrigiert werden müssen. Ursprünglich hatte man angenommen, die Konzentration von Carbon 14 in der Erdatmosphäre sei während der Vergangenheit konstant geblieben. Nun stellt sich heraus, daß es nicht der Fall war. Berechnete Daten für die Zeitspanne von 4000 v. Chr. bis 5000 v. Chr. können bis zu 1000 Jahre zu niedrig, zu jung sein, während kleinere, aber doch noch wichtige Unstimmigkeiten für die noch neuere Zeit vorhanden sind. Das Ausmaß der Diskrepanzen für frühere Zeiten wird gegenwärtig untersucht. (Da die relative Aufeinanderfolge jedoch im allgemeinen davon nicht betroffen ist, benutzt die Mehrzahl der Archäologen die nicht korrigierten Daten, eine Verfahrensweise, die auch in diesem Buch verfolgt wird.)

Sobald ein Forscher eine C-14-Sequenz festgelegt hat, die für Fundstellen in seinem Territorium gültig ist, und er die charakteristischen Typen von Töpferwaren identifiziert hat, die zu den einzelnen Siedlungsschichten gehören, kann er allein mit den Scherben neue Fundstellen datieren. Das ist eine wichtige Alternative, falls die Fundstellen keine geeigneten organischen Proben für eine Carbondatierung hergeben. Eine hochglänzende schwarze Politur, Teil einer Rhombus- oder Zickzackverzierung kurz unterhalb des Randes, eine polierte Oberfläche mit roten oder grauen Flecken, Spuren einer roten Beschichtung, eines »Überzuges«, oder Spuren von feinem Ton, der vor dem Brennen aufgebracht wurde, ein Stück eines gedrungenen, rundlichen Ausgusses – solche bruchstückhaften Hinweise können ausreichen, um grob anzuzeigen, wann eine Fundstelle bewohnt gewesen war. Häufig liefern Scherben präzisere Daten als radioaktive Uhren. Wenn klar definierte Keramikunterschiede in aufeinanderfolgenden Besiedelungsschichten vorhanden sind, mag es möglich sein, eine durch Radiocarbon-Daten definierte Periode in eine Reihe von Subperioden aufzuteilen. Die Arbeit kann man in etwa vergleichen mit dem Gebrauch einer Kamera oder eines Mikroskops mit höherer Präzision, um schärfere und detailliertere Abbildungen zu erhalten.

Töpferware kann auf der Grundlage vieler unterschiedlicher Merkmale – Art des Tons, Härtung des Materials, Wanddicke, Farbe, Form, Brennmethode, Größe, Oberflächenbeschaffenheit, Bodenform, Halsform, angesetzte Teile wie Henkel und Griffe, Verzierungstechniken, Ort der Verzierung, Motive der Zeichnungen und so weiter – klassifiziert werden. Es gibt 40 bis 50 derartige Hauptmerkmale oder Attribute und viele Typen jedes einzelnen. Die Vielfalt der Verzierungen, der Stilelemente und Themen sowie der Variationen von Themen ist praktisch unbegrenzt.

Das Auffinden bestimmter Merkmale oder Merkmalsreihen, die die Töpferwaren verschiedener Subperioden unterscheiden, stellt einen Höhepunkt in der Suche nach Mustern dar. Ein Merkmal kann jede Einzelheit sein, die – ganz gleich wie klein oder aus welchem Grund auch immer – im Zeitablauf deutlich genug variiert, um als Kennzeichen für Veränderungen zu dienen. Eine Expertin in der Kunst der Tonwarenanalyse, Dorothy Menzel von der University of California, bemerkt Dinge wie die geringer werdende Breite weißer, schwarz begrenzter Bänder, zunehmend abstrakter werdende Darstellungen von katzenartigen Köpfen und Veränderungen in der Ausführung von Henkeln oder Handgriffen, um Subperioden innerhalb einer fünfhundertjährigen Zeitspanne der peruanischen Frühgeschichte zu definieren. Diese Subperioden können 30 bis 50 Jahre lang sein, ein Grad der Präzision, der über den im allgemeinen möglichen mit Hilfe der C-14-Technik hinausgeht. Das ist aber auch etwa die Grenze des Möglichen. In jenen Tagen waren anscheinend eine oder zwei Generationen erforderlich, bis eine neue Stilart oder Manier etabliert war, um »anzukommen« und als Trend in der Überlieferung sichtbar zu werden.

Scherben können auch Informationen über Veränderungen in der Lebensweise, über die Art, wie sich Menschen organisieren, liefern. Das Auftauchen in einer Region von Gefäßen, die für eine andere Region typisch sind, impliziert irgendeine Form von Kontakt. Die Art des Kontakts, beispielsweise vom gewöhnlichen Handel bis zu einer regelrechten Eroberung, kann abgeschätzt werden, indem man feststellt, ob die neuen Gefäße plötzlich oder allmählich in den Funden auftauchen und ob es nur einer von vielen Typen oder der vorherrschende Typ ist.

Der Drang geht fortgesetzt nach mehr detaillierten, präziseren Informationen. Töpferwaren können durch chemische Analyse auf einen Ort zurückverfolgt werden oder durch mikroskopische Untersuchungen dünner Scherbenschliffe wie jene, die für die Unterscheidung zwischen den Knochen von wilden und gezähmten Tieren präpariert werden. Die derzeitige Forschung umschließt Bemühungen, die Arbeit einzelner Töpfer zu identifizieren, was eine sehr große Hilfe dabei wäre, die Bewegungen von Waren und Menschen von Gemeinschaft zu Gemeinschaft zu bestimmen. James Hill und seine Mitarbeiter an der University of California in Los Angeles gingen nach Mexiko, kauften 75 Töpfe von fünf verschiedenen Handwerkern, zerschlugen die Töpfe in etwa 2500 Stücke, mischten die Stücke zusammen und demonstrierten, daß Scherben, die Individuen repräsentieren, mit einer Genauigkeit von 85 bis 90 Prozent identifiziert werden können.

Nachdem sie mehr als ein Jahr in einem mexikanischen Dorf gelebt hat, wo Töpfer mehrere Generationen hindurch charakteristische dünnwandige, grünglasierte Gefäße hergestellt haben, kann Margaret Hardin von der Loyola University in Chicago die Erzeugnisse von Handwerkern nach Dicke und Abstand gemalter Linien, nach der Größe der Entwurfelemente, nach der Art, wie die Mittelpunkte bestimmter Blüten gezeichnet sind, und anhand anderer Einzelheiten identifizieren. Sie kann sagen, welche Töpfer am intensivsten miteinander kommunizieren. Die gleichen Prinzipien könnten auf die Untersuchungen prähistorischer Gefäße angewendet werden. Trotz aller bereits unternommenen Forschungsarbeit haben wir kaum begonnen zu lernen, was von den Stücken gehärteten Tons alles gelernt werden kann. Sie sind Quellen für Hinweise auf Familiengröße, auf Populationsveränderungen und Wanderung, auf das Entstehen von Eliten, die Einrichtung von Massenproduktionssystemen, auf die Festigung politischer Kontrollen und die relative Macht von Priestern und Soldaten.

»Wir versuchen, die Geschichte zu rekonstruieren trotz fehlender Aufzeichnungen«, betont Menzel. »Die Menschen drückten politische Meinungen und andere Ideen ästhetisch in ihren Keramiken aus. Jeder Topf ist ein Kommentar, ein Aufsatz, in dem Entwurfelemente und Darstellungen dem Zweck von Redewendungen und Sätzen dienen. Das Studium eines Keramikstils ist wie das Studium einer Sprache, mit Dialekten und Ausdrücken der Umgangssprache sowie ihren Mundarten. Wir können das Lesen dieser Sprache erlernen, aber nur, wenn wir eine vollständige Analyse ihrer Grammatik, ihres Vokabulars und der Syntax durchführen.«

Andere Forscher sind weniger befaßt mit solchen Einzelfunden als mit vollständigen Fundstellen. Sie sind mit einer Form von Analyse im Großen befaßt. Einige dieser Studien verwenden grafische Darstellungssysteme der Mathematik, zum Beispiel um regionale Kommunikationsnetze und die relative Zugängigkeit verschiedener Zentren sichtbar zu machen.

Norman Hammond von der Universität Cambridge in England unternahm vor mehreren Jahren eine Pionieranalyse. Er legte eine

Karte von 16 größeren rituellen Arten und Wohn-Plazas einer Maya-Fundstelle in Britisch-Honduras an und übersetzte sie in eine abstrakte Grafik, in ein Netzdiagramm. Die Punkte stellten Plazas dar, und die Linien waren die Pfade dazwischen. Dann berechnete er einen besonderen »zentralen Zugängigkeits«-Index, um die relative Abgeschlossenheit jeder Plaza zu messen, wobei er ein Bild davon erhielt, wie das Gebiet in öffentliche und private Abschnitte eingeteilt war.

Eine immer raffiniertere Anwendung der Luftfotografie und fortschrittlicher elektronischer Ausrüstung zeigt uns breitere Verbindungen und Beziehungen. Die vergangenen 75 Jahre haben einen bemerkenswerten Fortschritt in der »Luftarchäologie« gebracht, Forschungen aus großer Höhe, dazu bestimmt, vom Menschen geschaffene Muster vor dem Hintergrund der Landschaft zu unterscheiden. Kameras und Infrarotsensoren in Flugzeugen haben Merkmale entdeckt, die auf der Erde nicht festgestellt werden können – Anzeichen in der Erdoberfläche, die auf vergrabene Straßen, Senkungen, Gräben und Häuser –, ganze Dörfer, wie jene, die man kürzlich im tiefen Wasser des Sees von Neuchâtel in der Schweiz entdeckt hat, sowie altertümliche Städte und ihre Umgebung.

Die außergewöhnlichen prähistorischen Straßen von Chaco Cañon im Nordwesten von Neumexiko sind unter Anwendung solcher Techniken erforscht worden. 20 Meilen lang und bis zu einer dreiviertel Meile breit ist der Cañon heute erodiert und öde, er war jedoch ein blühendes Gebiet vor 1000 Jahren, als 10 000 bis 20 000 Menschen dort in einem Dutzend Pueblo-Zentren mit Adobe-Häusern, drei oder vier Stockwerke hoch, und in einer großen Zahl kleinerer Gemeinschaften lebten.

Schon eine ganze Zeit hatten Archäologen und andere gewußt, daß es in dem Cañon Straßen aus alter Zeit gab. Niemand vermutete die Ausdehnung des Systems, weil es praktisch unmöglich ist, auf ebener Erde überhaupt etwas zu erkennen. In vielen Fällen sind die einzigen Spuren ganz schwache Schattenlinien, die nur sichtbar werden, wenn das Licht entsprechend ist und in einem flachen Winkel auftrifft, wenn die Sonne niedrig am Horizont steht, entweder am frühen Morgen oder am Ende des Tages; und sogar dann ist es noch wahrscheinlich, daß man die Linien ohne die Hilfe eines erfahrenen Beobachters völlig übersieht. Alles in allem

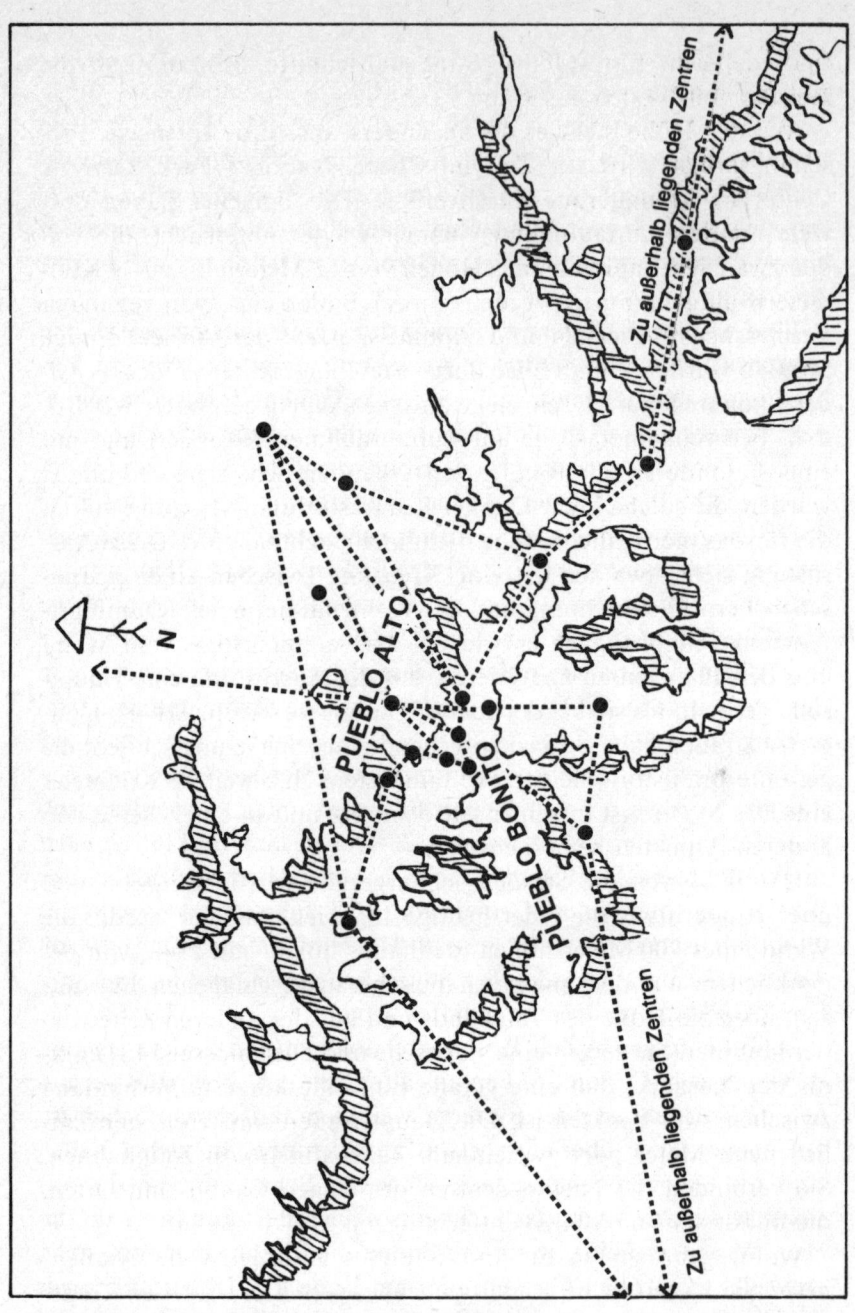

Diagramm des prähistorischen Straßensystems im Chaco Cañon, New Mexico.
(Quelle: Mona Marks)

sind vielleicht fünf Meilen Straßenabschnitte sichtbar, und die meisten vom Boden aus kaum.

Aus der Höhe sieht es schon anders aus. Eine intensive Forschungsarbeit wird zur Zeit im Chaco National Park Service's Center in Albuquerque durchgeführt. Die Forscher haben dort viele hundert Luftaufnahmen immer wieder untersucht, die von den zwanziger Jahren an aus Höhen von 12 Metern bis zu 14 Kilometern aufgenommen wurden – vom Ballon aus, von regulären Vermessungsflugzeugen und Antimissile-Jets der Armee. Einige Straßen wurden unmittelbar durch Stereobetrachter entdeckt. Andere konnten nur durch elektronische Augen gefunden werden, d. h. Fernsehkameras, die auf Luftaufnahmen fokussiert und mit einer besonderen, die Ränder verstärkenden Schaltung verbunden wurden, die solche Licht-Dunkel-Kontraste aufspürt und verstärkt, die für das menschliche Auge nicht mehr sichtbar sind. Diese Ausrüstung sieht etwa aus wie eine Kreuzung zwischen einer gigantischen Fernseheinrichtung und der Kontrolltafel eines Raumfahrtzentrums. Ursprünglich entwickelt, um Satellitenfotos vom Mond und den Planeten zu analysieren, hat die Ausrüstung eine Hauptrolle gespielt, als sie bei der Identifizierung von mehr als 480 Kilometer Straßen half. Und entsprechend einer Schätzung schließt die gesamte prähistorische Strecke mindestens 320 weitere Kilometer ein. Das System ist in seiner Ausdehnung und in einer Reihe von anderen Aspekten bemerkenswert.

Häufig führen die Straßen schnurgerade in Richtung auf und über Hindernisse, die jeder heutige Ingenieur meiden würde: die Wand eines 200 Meter hohen Steilhangs hinauf mit Hilfe von bedenklichen, aus dem massiven Fels herausgeschlagenen Fußstützen, über die Höhe des Tafellands und auf der anderen Seite wieder hinunter. Sie zeigen eine störrische und entschlossene Erkenntnis der Tatsache, daß eine gerade Linie die kürzeste Verbindung zwischen zwei Punkten ist. Die Hauptstraßen sind breit, gewöhnlich neun Meter oder zweieinhalb Fahrbahnen von Autobahnen. Sie verbinden die Pueblo-Zentren des Chaco Cañons mit Orten, die mindestens 65 Meilen entfernt liegen.

Wofür gebrauchten die Indios dieses eindrucksvolle Straßennetz? Sie hatten keine Räderfahrzeuge oder Tiere für den Transport. In dem Bemühen, der Situation einen Sinn zu geben, wandten James Ebert und Robert Hitchcock von der University of New

Mexico dieselbe mathematische Methode an wie Hammond bei seiner Untersuchung der Lage von Maya Plazas. Sie übersetzten eine Karte mit den Hauptstraßen des Chaco Cañons in ein abstraktes Netzdiagramm, in dem sie die Schnittpunkte und die Entfernungen zwischen ihnen angaben; sie analysierten das Muster mathematisch und verglichen es mit Mustern moderner Straßen, die für unterschiedliche Zwecke gebaut waren. Ihr vorläufiges Ergebnis sagt, das Chaco-Cañon-System spiegele das Vorhandensein von Handelsbeziehungen wider, die auf privater Monopolbasis beruhten.

Eine solche Arbeit ist wie das Dechiffrieren eines Codes. Sie hängt von der Entdeckung einer Vielfalt von Mustern ab, die dann interpretiert oder »gelesen« werden, um Informationen über schwer erfaßbare Pläne und Aktivitäten zu erhalten. Sie hängt von der Tatsache ab, daß – wie weit sich auch der heutige Mensch von seinen fernen Vorfahren unterscheiden mag, und diese Unterschiede sind beträchtlich – Ähnlichkeiten vorhanden sind, stark genug, daß das zeitgenössische Verhalten gültige Einsichten in prähistorisches Verhalten liefern kann.

Wenn sie die Wahl haben, werden die Menschen heute wie damals so weit und nicht weiter für Dinge reisen, die sie haben möchten. Ein Lieferant von Werkzeugen für die Landwirtschaft findet die meisten seiner Kunden innerhalb eines bestimmten Radius oder Marktkreises, und die meisten der in größerer Entfernung lebenden Kunden wenden sich an andere Lieferanten. Eine Region, in der Menschen, gutes Ackerland und Rohstoffe gleichmäßig verteilt sind, wird mit Marktkreisen gefüllt sein, die sich gerade berühren. Wenn alle Kunden bedient werden, tritt der sogenannte »packing effect« ein, und die zusammengedrückten Kreise werden zu Sechsecken wie in einer Bienenwabe. Unter idealen Bedingungen neigen konkurrierende Lieferanten dazu, sich in einem sechseckigen Gitter oder Netzwerk auszubreiten.

Dieses allgemeine Prinzip trifft auch zu für die räumliche Vertei-

Zentralort-Theorie, Tsetschuan, China, mit grundlegend sechseckiger Struktur: Karte von Marktstädten mit Straßen, die die normalen Orte mit den größeren Marktstädten verbinden; Abstraktion dieser Karte.
(Quelle: The Association for Asian Studies Inc.)

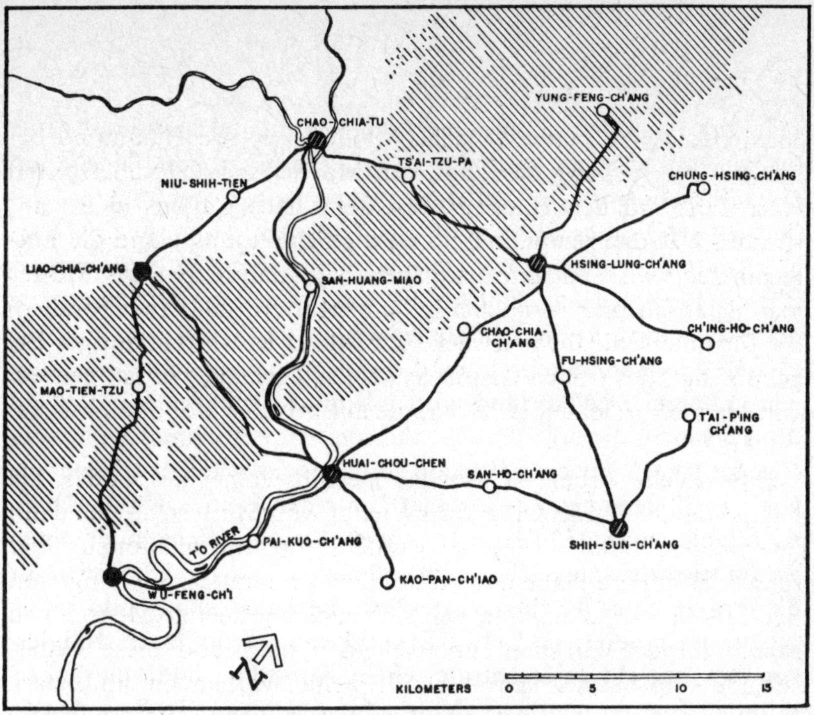
CHAO-CHIA-TU
TS'AI-TZU-PA
YUNG-FENG-CH'ANG
CHUNG-HSING-CH'ANG
NIU-SHIH-TIEN
LIAO-CHIA-CH'ANG
HSING-LUNG-CH'ANG
SAN-HUANG-MIAO
CHAO-CHIA-CH'ANG
CH'ING-HO-CH'ANG
FU-HSING-CH'ANG
MAO-TIEN-TZU
T'AI-P'ING CH'ANG
HUAI-CHOU-CHEN
SAN-HO-CH'ANG
SHIH-SUN-CH'ANG
T'O RIVER
PAI-KUO-CH'ANG
KAO-PAN-CH'IAO
WU-FENG-CH'I
N
KILOMETERS 0 5 10 15

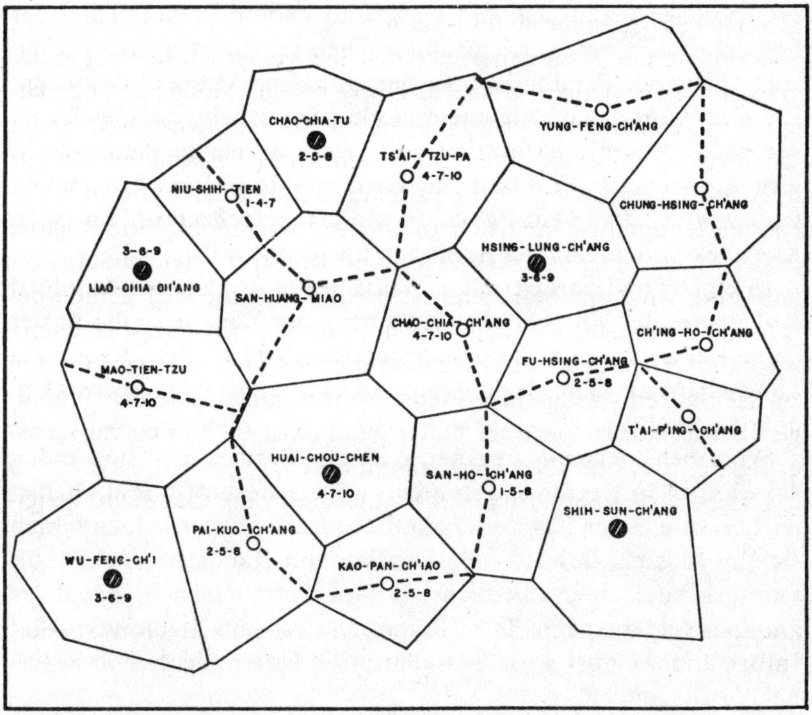
CHAO-CHIA-TU 2-5-8
TS'AI-TZU-PA 4-7-10
YUNG-FENG-CH'ANG
NIU-SHIH-TIEN 1-4-7
CHUNG-HSING-CH'ANG
3-6-9 LIAO-CHIA-CH'ANG
HSING-LUNG-CH'ANG 3-6-9
SAN-HUANG-MIAO
CHAO-CHIA-CH'ANG 4-7-10
CH'ING-HO-CH'ANG
FU-HSING-CH'ANG 2-5-8
MAO-TIEN-TZU 4-7-10
T'AI-P'ING-CH'ANG
HUAI-CHOU-CHEN 4-7-10
SAN-HO-CH'ANG 1-5-8
SHIH-SUN-CH'ANG
PAI-KUO-CH'ANG 2-5-8
WU-FENG-CH'I 3-6-9
KAO-PAN-CH'IAO 2-5-8

lung von Bäumen und anderen Pflanzen, die um Licht und guten Boden konkurrieren, oder für Vögel in kleinen Scharen, die um Futtergebiete streiten. Vor fast einem halben Jahrhundert gebrauchte es Walter Christaller, ein deutscher Geograph, als Ausgangspunkt für eine Studie von Marktverteilung in einer modernen urbanen Siedlung, eine Studie, die zunehmend Anwendung in der Archäologie findet. Christaller weitete das Konzept so aus, daß es viele Lieferanten einschloß, die viele Waren und Dienstleistungen anboten. Der Abstand wird beeinflußt von der Mindestzahl der Personen, die erforderlich sind, um ein bestimmtes Unternehmen zu tragen. In einer Region Südkanadas war eine Gemeinde von nur 20 Personen ausreichend, um einen kleinen Krämerladen zu tragen; etwa 350 Personen waren für eine Bank oder einen Schönheitssalon ausreichend; zwischen 900 und 1000 Personen für die Praxis eines Rechtsanwalts, ein Bestattungshaus und einen Neuwagenhändler, und etwa 21000 Personen für einen Klavierstimmer, ein Hörgerätzentrum, einen Kürschner und eine Tageszeitung (eine wöchentliche Zeitung benötigt etwa 900 Personen).

Christaller berücksichtigte diese und andere Faktoren bei der Formulierung seiner »Zentralort«-Theorie, die das Auftauchen von Gemeindehierarchien mit hexagonalem Muster voraussagt. Ein Dorf wird danach an einem Punkt gelegen sein, der gleich weit von sechs Weilern entfernt ist, eine Stadt an einem Punkt gleich weit von sechs Dörfern und eine Großstadt in gleicher Entfernung von sechs Städten – das gesamte Marktregionmuster bildet einen Komplex von aneinanderliegenden Sechsecken.

In einer Pionierarbeit zeigte William Skinner von der Stanford University, der von 1949 bis 1950 bei einer Bauernfamilie in der chinesischen Provinz Tsetschuan lebte, daß zumindest diese reale Landschaft mit dem Modell von aneinanderliegenden Sechsecken übereinstimmt.

Wir leben nicht nur in einer Welt von Sechsecken. Sie werden gewöhnlich in Regionen gefunden, wo die Rohstoffe und Dienstleistungen gleichmäßig verteilt sind. Lineare Muster jedoch bilden sich an Flüssen, Bewässerungskanälen und Handelsstraßen; Haufenmuster der unterschiedlichsten Typen erscheinen wieder unter anderen Bedingungen. Die Hauptsache ist, daß Siedlungsmuster Informationen über soziale Organisation liefern, heute und in ferner Vergangenheit.

Prähistorische Studien erfordern beträchtliche Anstrengungen und die Koordinierung einer Reihe von Suchmethoden. Zunächst einmal muß man die Fundstellen aufspüren. Das heißt, Landkarten und Luftaufnahmen müssen gründlich studiert werden, weite Gebiete müssen zu Fuß durchstreift werden, Sack um Sack müssen Scherben gesammelt werden, um die Größe von Fundstellen abzuschätzen, und diese müssen dann alle auf neuen Karten eingetragen werden – mehr als 450 Fundstellen für die Durchforschung eines Gebiets von 2600 Quadratkilometer im südöstlichen Irak, etwa 2000 Fundstellen für ein Gebiet etwa der gleichen Ausdehnung im Tal von Mexiko und so weiter.

Die Ausschau nach bedeutungsvollen Verteilungen kommt als nächstes. Bestimmte Muster werden aus der Karte der Fundstellen deutlich sichtbar; andere können erst nach einer sorgfältigen Überprüfung erkannt werden. Noch andere, die mit dem bloßen Auge nicht mehr zu sehen sind, müssen durch Analyse extrahiert werden. Sie tauchen vielleicht erst auf, nachdem die Entfernungen zwischen den Fundstellen und andere Variabeln gemessen und die Region einer mathematischen Untersuchung unterzogen wurde. Muster in Verbindung mit Informationen von Ausgrabungen können als Nachweis für Bündnisse, Verwandtschaftsgruppierungen, Handelsverbindungen, Lage von Bodenschätzen, Vorherrschaft oder Eroberung interpretiert werden.

Zukünftige Untersuchungen evolutionärer Sozialmuster werden von den kombinierten Talenten von Forschern in vielen Wissenschaftszweigen abhängen, wie schon vor mehr als einer Generation in Jarmo praktiziert, einer 8500 Jahre alten Fundstelle auf der Höhe eines steilen Felsens in den Zagros-Bergen im nördlichen Irak. Jarmo ist keine großartige museale Fundstelle, kein Ort für Plünderung; es lebten nicht mehr als 150 Menschen dort in Häusern aus Lehm. Robert Braidwood von der University of Chicago wählte sie aus einer Liste von potentiellen Fundstellen aus, die dem Antiquity Service (Behörde für Altertümer) der irakischen Regierung bekannt waren, Fundstellen, bei denen man erwartete, sie würden Informationen über die Ursprünge des Ackerbaus liefern. Jarmo ergab eine Fülle von Material, Knochen und verkohlte Pflanzenreste sowie auch Steingeräte, die Hinweise gaben auf eine der frühesten Gemeinschaften von ganzzeitig oder doch fast ganzzeitig arbeitenden Bauern auf der Welt. Und was noch bedeutsa-

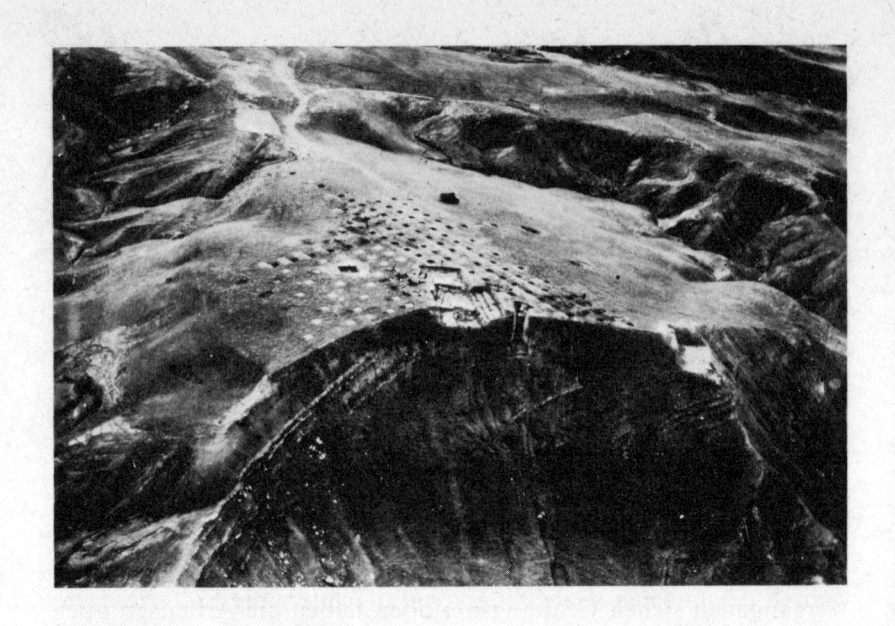

Jarmo, Irak. *Oben:* Fundstelle am Rande eines erodierten Hügels; *unten:* Nahaufnahme einer Hausausgrabung.
(Quelle: Robert J. Braidwood, Oriental Institute, University of Chicago)

mer ist: Was man von Jarmo weiß, entsprang der gemeinsamen Arbeit von Archäologen, Geologen, Zoologen, Botanikern und anderen Spezialisten.

Diese sogenannte multidisziplinäre Methode von Anfang 1900 ist inzwischen im Mittelwesten Amerikas weiter ausgebaut worden. Im Tal des unteren Illinois Rivers, etwa 72 Kilometer von St. Louis entfernt, liegt Kampsville, eine Stadt, die fast völlig von Frühgeschichtlern übernommen wurde. Stuart Struever von der Northwestern University leitet das Vorhaben, zu dem ein kleines Museum, ein Wohnheim für Studenten und Forscher, eine Behelfsschule, eine Kantine, Vorlesungsräume und ein Dutzend Laboratorien gehören.

Die Ausgrabungstätigkeit hat sich auf die nahe gelegene Koster-Fundstelle konzentriert, eine reiche Quelle für indianische Überreste, die sich über zwölf Meter tief erstrecken und eine Zeitspanne von etwa 7000 v. Chr. bis 1200 n. Chr. einschließen. Während der vergangenen sieben Grabungsperioden haben die Arbeitsgruppen über 600 Quadratmeter Gelände in Quadraten mit einer Seitenlänge von etwa zwei Metern ausgegraben, wobei sie in aufeinanderfolgenden »Scheiben« oder Einheiten von etwa acht Zentimeter Dicke in die Tiefe gingen und alles, was sichtbar wurde, sammelten, zuzüglich der Bodenproben mit Pollen und anderen Stoffen, die eine mikroskopische Analyse erfordern.

Einzelheiten über den Inhalt jedes Quadrates – jeweils etwa zwei Millionen Worte – werden in die Speicher eines großen Computers eingegeben, der mehr als 1100 Kilometer entfernt in Maryland stationiert ist – und mit einem Schreibmaschinenterminal in einem der Laboratorien in Kampsville verbunden ist. Das Terminal ermöglicht eine Kommunikation mit dem Computer in beiden Richtungen. Informationen über irgendeine der 60 000 Ausgrabungseinheiten können in Maschinenschrift innerhalb von ungefähr einer Minute abgefragt und neue Informationen können täglich eingegeben werden.

Computer werden in zunehmendem Maße benötigt werden, um bei der Ordnung der Massen von Einzelheiten zu helfen, und geordnete Details sind schließlich die Quellen all unserer Einsicht. Aus allem ergibt sich ein Prozeß der Übersetzung von Botschaften oder Fragmenten von Botschaften aus der Vergangenheit. Eine Bedeutung kann in allem, von einzelnen Scherben bis zu ganzen Tälern, durch direkte Überprüfung oder unter dem Mikroskop sowie mit Hilfe mathematischer Formeln und Gleichungen gefunden werden, immer basierend auf wachsender Erfahrung, Vertrautheit mit dem Material und dem Gelände – und, darüber hinaus, Intuition und einem Gefühl für die Vergangenheit.

VI
DIE ENTSTEHUNG DES ACKERBAUS IM NAHEN OSTEN

Der fruchtbare Halbmond/
Die Bedeutung von Mikrolithen, Mahlsteinen und Sichelglanz/
Gazellenherden in Israel/
Ein Experiment mit einer Ernte
im prähistorischen Stil/
Die Gebäude an der Fundstelle »Schatzinsel«/
Architektur als Zeichen sozialen Wandels/
Die frühesten Bewässerungskanäle

Die frühesten bekannten Bauernhöfe, Städte und Staaten tauchten im Nahen Osten auf. Mit über 14 300 000 Quadratkilometern Land und Meer war er bereits lange Zeit eine bedeutende Kreuzungsstelle. Drei Kontinente treffen hier zusammen, drei Welten – Europa, Afrika und Asien – und drei Klimazonen, die westliche mit ihren Tiefdrucksystemen im Norden, trockenen tropischen und subtropischen Bedingungen in der Mitte und weit in den Süden hinein, und ganz im Süden Monsune und heftige Sommerregen. Menschen gingen diesen Weg zum erstenmal vor ungefähr zwei Millionen Jahren, als Horden, Pionieren gleich, von der afrikanischen Mittelmeerküste wegzogen, durch den Irak und Iran und südlich des Himalaja nach Südostasien hinein – und später quer durch die Türkei über die Dardanellen nach Bulgarien, Griechenland und das übrige Europa.

Die Frage danach, wer was zuerst tat, scheint nicht mehr ganz so dringend oder relevant zu sein, wie es in imperialen Zeiten der Fall war, wo man die Abkehr vom Jagen und Sammeln als Beweis für rassische Überlegenheit und nicht als evolutionäre Notwendigkeit ansah. Außerdem gibt es noch an anderen Stellen Hinweise auf frühe Entwicklungen. Trotzdem ist der Nahe Osten das klassische Erprobungsfeld, wo Archäologen neue Techniken und Ideen testen.

Unsere Vorstellungen vom Entstehen des Ackerbaus basieren auf der Ansammlung von Informationen, von denen viele erst aus dem vergangenen Jahrzehnt stammen. Etwa 200 Fundstellen, die vielleicht ein Zehntel aller bekannten Stellen darstellen, sind mit unterschiedlicher Sorgfältigkeit ausgegraben worden – von wenigen Wochen relativ zufälligen Grabens bis zu Anstrengungen im großen Maßstab, die Jahre dauerten. Viele der Fundstellen sind in einem großen sichelförmigen Landbogen, etwa 80 bis 280 Kilometer breit, gelegen, der sich vom südlichen Israel und Jordanien entlang der Ostküste des Mittelmeers, in einem Bogen genau östlich durch die Türkei und wieder nach einer Krümmung südlich entlang der Zagros-Berge am Persischen Golf vorbei erstreckt. Als »fruchtbarer Halbmond« bekannt, war dieses Gebiet einmal reich an wilden Tieren, einschließlich wilder Schafe, Ziegen, Rinder und Schweine sowie wildwachsender Gräser wie Weizen und Gerste. Es spielte eine zentrale Rolle in der Entwicklung des Ackerbaus. In einem Stadium drohender Verknappung von etwa 15 000 v. Chr. bis 9000 v. Chr. nutzten die Menschen, noch immer Jäger und Sammler, wilde Spezies intensiver aus. Von 9000 bis 6000 v. Chr. stammen die frühesten zuverlässigen Zeugnisse für Domestizie-

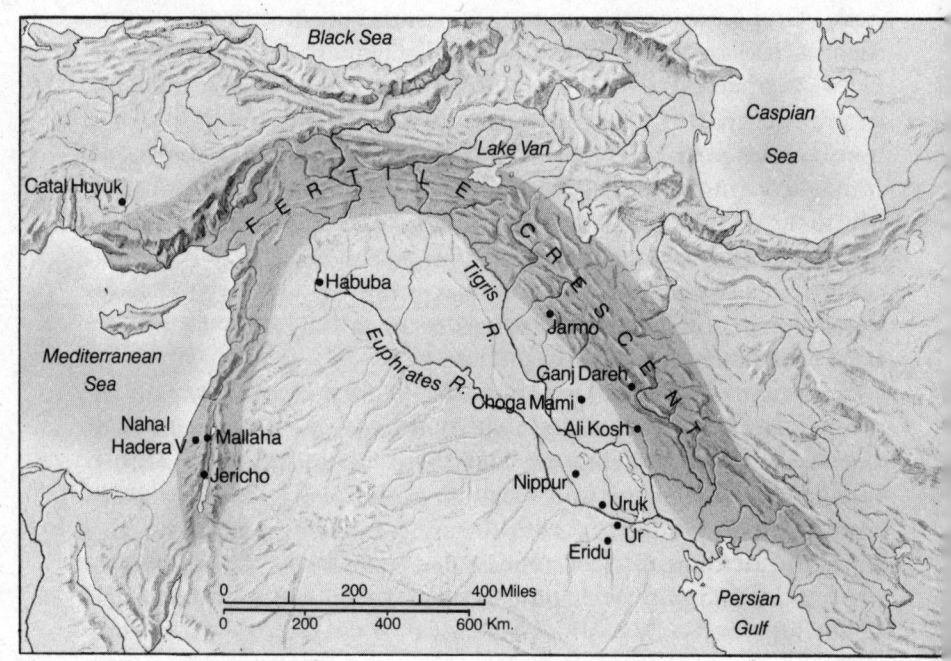

Die Anfänge im Nahen Osten: Der fruchtbare Halbmond, Schauplatz der ersten Herdenhaltung und erster Ackerbaudörfer.
(Quelle: George Buctel)

rung. Die Landwirtschaft wurde von 6000 bis 5000 v. Chr. etabliert, als die domestizierten Spezies von der Zusatznahrung zur primären Nahrungsquelle wurden.

Einer der besten Jagdgründe in dieser Region war die Küstenebene von Israel und Libanon und im Landesinneren die grünen bewaldeten Täler, die in die Ausläufer der parallel zur Küste verlaufenden Berge führten. Ofer Bar-Yosef von der Hebräischen Universität von Jerusalem stellte fest, daß die in diesem Gebiet lebenden Menschen Spezialwerkzeuge zum Töten und Schlachten von Herdentieren erfanden, wobei die große Anzahl von winzigen Steingeräten oder »Mikrolithen« besonders auffiel. Ihre charakteristischsten Erzeugnisse waren sorgfältig gearbeitete Feuersteinklingen, nur einen halben bis zu einem Zoll lang, von denen ganze Reihen in gerillte Schäfte und Handgriffe eingesetzt wurden und auf diese Weise lange Messer, Speere und Pfeilspitzen sowie andere zusammengesetzte Werkzeuge bildeten.

Etwa um 10000 v. Chr. oder noch früher schlugen eine Reihe von Familien Basislager weiter im Inland auf, wobei sie den Tälern nach Osten in offenes Waldland folgten, das wohl ausreichenden Unterhalt bot, wenn auch nicht in dem Maße wie ihr Heimatland, mit weniger Regen und vermutlich weniger Wild. Sie aßen weniger Fleisch, da der Anteil an Mikrolithen und Jagdwerkzeugen um etwa 15 Prozent kleiner wurde. Mahlwerkzeuge, hauptsächlich Mörser und Stößel, stiegen um das Vierfache an. Einige der Mahlwerkzeuge zeigen Spuren von rotem Ocker, was darauf schließen läßt, daß sie zum Pulverisieren des natürlichen Farbstoffs dienten, der ja eine lange Vorgeschichte des Gebrauchs als Bestandteil von Farbe zur Verzierung des Körpers und rituller Gegenstände aufweist. Die Mehrzahl der Mahlwerkzeuge sind jedoch ockerfrei und weitaus mehr abgenützt, als sie es durch die Verarbeitung solch weichen Materials sein könnten. Ohne Zweifel wurden sie zum Mahlen von Samen der Gräser gebraucht, die in dem offenen Waldland gediehen.

Es wurden Klingen gefunden mit »Sichelglanz«, einer glatten und glänzenden Form von Abnützung, die häufig durch das Schneiden von silikathaltigen Halmen von Weizen und anderen Getreidegräsern hervorgerufen wird. Fundstellen, auf denen diese Werkzeuge gefunden werden, können auch glockenförmige Gruben aufweisen, bei denen der Durchmesser des Bodens größer als der Durchmesser der Öffnung ist und die identisch sind mit den Gruben, die heute noch in Dörfern des Nahen Ostens zur Lagerung von Getreide verwendet werden. Einige der Gruben waren mit Mörtel beworfen, wahrscheinlich zum Schutz gegen Insekten und Feuchtigkeit.

Die Menschen aßen offensichtlich mehr Getreideerzeugnisse als vorher. Da ihre Werkzeugausrüstung noch immer überwiegend eine Ausrüstung für Jäger und Sammler darstellte, wäre es jedoch übertrieben, sie schon als Bauern zu bezeichnen. Es gibt keinen endgültigen Nachweis dafür, daß Gräser oder irgendeine andere Pflanzenart domestiziert worden waren. Prähistorische Weizensamen, die in der Nähe eines Ofens oder Herdes durch Verkohlen konserviert wurden, zeigen gewöhnlich das runzelige Aussehen, das für heutige wildwachsende Weizenkörner charakteristisch ist.

Eric Higgs von der Universität Cambridge hat eine »catchment-analysis« entwickelt, eine besondere Untersuchungsmethode, um mehr über die Wege der frühgeschichtlichen Menschen zu erfahren. Er folgt ihrem Beispiel, indem er durch das Gebiet um ihre Wohnstätten herumläuft und die Geländetypen vermerkt. Er spricht mit Arbeitern, zieht Erosion und klimatische Veränderungen in Betracht und versucht herauszufinden, was das Land in vergangener Zeit wohl zu bieten hatte. Diese Methode war für Higgs vielleicht recht natürlich, der aus Gewohnheit sehr landverbunden lebt, mit einem notorisch niedrigen Budget arbeitet und Geld spart, indem er an der Fundstelle in einem Zelt oder einer günstigen Höhle lebt.

Die Technik besteht darin, an der Fundstelle zu beginnen und ein halbes Dutzend Märsche in die gleiche Anzahl unterschiedlicher Richtungen zu unternehmen. Jeder Marsch dauert in einer Richtung etwa zwei Stunden und erstreckt sich über ungefähr zehn Kilometer in ebenem Gelände bei einer Wohnstelle, von der er annimmt, sie sei von Jägern und Sammlern bewohnt gewesen, und eine Stunde bei einer Ackerbausiedlung. Entsprechend den Untersuchungen bei noch existierenden Gemeinden sind dies die ungefähren Grenzen für normale Unternehmen auf der Suche nach Nahrung und Rohstoffen. Higgs fertigt dann eine Einzugskarte von dem Land an mit Hinweisen auf vergangene Versorgungsmuster. Zum Vergleich sind ähnliche Untersuchungen bei heutigen Dörfern und Hirten angestellt worden.

Bei einer Untersuchung gingen Higgs und seine Mitarbeiter über Gebiete, die frühe Wohnstätten in Israel umgeben und wo Getreidekörner gefunden wurden, Gebiete mit Flächen von 16 000 bis über 26 000 Morgen. Sumpfland und rauhes Weideland, die Landform, die für wildlebende Spezies am besten geeignet ist, machte 75 bis 85 Prozent des Geländes aus. Geeignetes Land für Ackerbau war rar und häufig an den äußeren Grenzen des genutzten Gebiets gelegen. Derartige Beobachtungen in Verbindung mit dem Fehlen einwandfreier Beweise für die Domestizierung von Pflanzen lassen auf eine Wirtschaftsform von Jägern und Sammlern schließen, unter Nutzung einiger wilder Getreidesorten.

Tiere, besonders Gazellen, deren Überreste an vielen frühen Wohnstätten reichlich zu finden sind, hätten schon gezähmt sein können. »Es wäre leicht, Gazellen zu zähmen«, sagt Heinrich Mendelssohn von der Universität Tel Aviv, der sie in seinem Wildlife Research Center (Wildforschungszentrum) und auch andernorts genau beobachtet hat, »doch nicht, wenn man mit ausgewachsenen Tieren beginnt – und nicht mit männlichen. Man müßte mit jungen weiblichen Tieren anfangen und sie von Geburt an mit der Hand großziehen, und zwar so früh wie möglich nach der Geburt. Wenn sie auf diese Weise großgezogen würden, hätten sie eine lebenslange Anhänglichkeit nicht nur zu den ihnen bekannten Menschen, sondern zu menschlichen Wesen allgemein.«

»Männchen bilden eine ähnliche Anhänglichkeit aus, doch diese hält nicht an«, fährt Mendelssohn fort. »Wenn sie im Alter von ungefähr einundhalb Jahren erwachsen werden, können sie plötzlich aggressiv werden und Menschen angreifen, besonders jene, die sie gut kennen. Die männliche Gazelle ist jetzt bereit für die Paarung. Sie betrachtet diese Leute, männlich oder weiblich, wie rivalisierende Männchen, und der Kampfdrang richtet sich gegen sie. Man muß also wilde männliche Tiere sich mit zahmen Weibchen paaren lassen.«

Mendelssohn hat eine Reihe solcher Angriffe beobachtet, und er spricht aus eigener Erfahrung. Sein Bein wurde einmal vom Horn einer männlichen Gazelle durchbohrt, die bis zum Tag vor diesem Vorfall zahm war. Gazellen vermeiden es übrigens, dicht beieinander zu bleiben, und würden wahrscheinlich heftig kämpfen, hielte man sie in Pferchen wie Schafe, Ziegen und andere »Kontakt«-Tiere. Domestiziert müßten geprägte Gazellen trotzdem die Möglichkeit haben, auf weiten parkähnlichen Weidegründen herumzuziehen.

In einer bisher noch nicht veröffentlichten Studie behauptet Earl Saxon, ein früherer Schüler von Higgs, in Cambridge und jetzt an der Universität von Durham tätig, daß im prähistorischen Israel ein ähnliches System praktiziert wurde. Er verbrachte sechs Wochen entlang eines 50 Kilometer langen Küstenstreifens zwischen Tel Aviv und Haifa, wo er etwa 70 Wohnstätten von Jägern und Sammlern untersuchte, die auf 16 000 bis 13 000 v. Chr. zurückgehen. Einzugsvermessungen eines Beispiels von 28 dieser Fundstellen ergeben, daß alle in strategisch günstigen Positionen gelegen waren, um Herden auf der Küstenebene zu nutzen, beispielsweise auf Hügelrücken, die guten Ausblick gewährleisteten, und auf Pässen, durch die die Tiere wanderten.

Die Menschen hatten sich deutlich auf Gazellen konzentriert. Eine der Fundstellen, die Saxon während seiner Untersuchung entdeckte, liegt in der Nähe einer zerfallenen römischen Brücke und der Überreste eines »neueren Reiches«, einer verlassenen britischen Militärbasis aus dem Zweiten Weltkrieg. Diese Fundstelle, bekannt als Nahal Hadera V, erbrachte nahezu 1300 identifizierbare Tierknochen, wovon etwa 960 Knochen von Gazellen stammten, und davon wiederum waren ungefähr ein Drittel von zweijährigen oder jüngeren Tieren. Offensichtlich hielten die alten Israeli Gazellenherden sehr ähnlich, wie die heutigen Grönländer ihre Rentierherden halten, indem sie diese freiziehenden Tiere auf eigenem Weideland grasen lassen und sie selektiv und je nach Jahreszeit schlachten. Darüber hinaus ist Saxon der Auffassung, daß die Herdenhaltung bereits sehr lange geübt wurde, mindestens schon vor 30 000 Jahren und wahrscheinlich noch viel früher.

Der große Anstoß zur Domestizierung kam erst später. Saxon berichtet, daß alle seine Fundstellen auf der Küstenebene etwa vor 15 000 Jahren verlassen wurden, und das aus einem guten Grund. Die Küstenebenen waren fast verschwunden. Das abfließende Wasser von den schmelzenden Polargletschern hob weltweit den Spiegel der Meere an und verringerte die Breite der Ebenen in einigen vorher bewohnten Gebieten von etwa 16 Kilometer auf weniger als anderthalb Kilometer. Von diesem Zeitpunkt an wuchs der Druck zur Nutzung anderer Tiere und zur steigenden Konzentration auf Pflanzen, besonders im Inland zwischen den Hügeln, wo es reichlichen Bestand an wildem Weizen und wilder Gerste gab.

Tier- und Pflanzenüberreste in Ländern, die an das östliche Mittelmeer angrenzen, zeigen, daß das Land weitaus umfangreicher als je zuvor genutzt wurde. Die in mehreren Generationen gewonnenen Kenntnisse wurden angewandt, um Nahrungsquellen zu mobilisieren, indem praktisch alles Eßbare, großes und kleines Wild, Eicheln und Pistaziennüsse, Samen, Früchte, Linsen und andere Gemüse, Fisch und Wassergeflügel genutzt wurden. Dies alles war Teil eines wachsenden Prozesses der Seßhaftwerdung. Mehr und mehr Menschen hatten nunmehr Nahrung für alle Jahreszeiten und nahe zur Hand. Wanderfische und Vögel erschienen im Frühjahr, wenn die Herden von Antilopen und anderen Tieren sich zerstreut hatten, um die Jungen aufzuziehen. Ein Zeichen der Zeit ist das nahe im Inland gelegene Dorf Mallaha, etwa 40 Kilometer von der Küste des Mittelmeers entfernt, nicht weit vom See Genezareth, wo Jean Perrot von der Französischen Archäologischen Mission etwa einen halben Morgen der Fundstelle ausgegraben hat, die er »ein Paradies für prähistorische Siedler« nennt.

Wie die meisten guten Fundstellen war es ein reiches und verschiedenartiges Gebiet, wo eine Anzahl von Umwelttypen zusammenkamen – Sumpfland, ein See, Berge und Täler. Menschen kamen hier um 10000 v. Chr. mit Werkzeugausrüstungen an, die Mikrolithe, Mahlsteine und kleine Klingen mit Sichelglanz einschlossen. Sie bereiteten sich darauf vor hierzubleiben. Sie bauten Rundhäuser auf Steinfundamenten, die größten der bisher freigelegten etwa acht Meter im Durchmesser, und hoben später mit Mörtel ausgekleidete Vorratsgruben aus. Sie gründeten eine Gemeinschaft von 100 bis 200 Individuen und blieben hier mindestens 1000 Jahre oder mehr, also 40 bis 80 Generationen.

Die Menschen wurden nicht nur in Israel und dem umliegenden Land seßhaft, sondern in zunehmendem Maße im ganzen Nahen Osten. Es war das Vorspiel zu dem Auftauchen des Ackerbaus um 9000 v. Chr. Die Domestizierung brachte eine neue Richtung in die Beziehung des Menschen zu den anderen Spezies, eine Art von Herumbasteln mit der Evolution, das wahrscheinlich eine unbewußte Innovation war. Einfach durch die Übernahme neuer Alltagsbeschäftigungen wurde der Mensch zur unbewußten Ursache der natürlichen Auslese.

Das Sammeln wilder Grassamen muß relativ uneffizient gewesen sein. Ein Feld wilden Weizens besteht überwiegend aus Pflanzen mit Samenkörnern, die sich leicht verstreuen, wenn man dagegenkommt oder wenn der Wind weht, weil sie durch spröde Stiele am Halm befestigt sind. Die Pflanze sät also auf diese Weise den Samen selbst aus. Es gibt auch weniger taugliche Weizensorten, genetische Abarten oder Mutanten mit Stengeln, die so fest sind, daß nur relativ wenige Körner abfallen. Der Mensch erntete eine unverhältnismäßig große Anzahl von Körnern von hartstieligen Pflanzen und verstreute viele Körner der anderen Pflanzen; er half so der Natur bei der Aussonderung der untauglichen Selbstsäer – d. h. solange er alles, was er sammelte, auch aß.

All das veränderte sich aber mit dem Säen. Daniel Zohary von der Hebräischen Universität weist darauf hin, daß die Menschen zwar zum eigenen Nutzen, aber gegen die Natur zu arbeiten begannen, als sie sich entschieden, die gesamte Ernte nicht zu verbrauchen, sondern einen Teil davon später wieder der Erde anzuvertrauen. Die Körner, die sie für das Säen aufhoben, schlossen ei-

Ein Jäger- und Sammlerdorf, Mallaha, Israel; runde Mauer und Mörser.
(Quelle: Jean Perrot, Mission Archéologique Française en Iran)

nen besonders großen Teil der hartstieligen Mutanten ein, und diese Pflanzen dominierten schließlich über die natürliche, selbstsäende Sorte innerhalb eines Jahrzehnts unter guten Bedingungen, und sonst innerhalb von ein bis zwei Jahrhunderten. Diese frühen Bauern sammelten nunmehr vielleicht zweimal so viel Körner in der gleichen Zeit und mit gleicher Anstrengung ein. Sie schufen völlig abhängige »unnatürliche« Spezies, Mutanten wie Hybridgetreide und andere heutige Feldfrüchte, die, zum Selbstsäen untauglich, wahrscheinlich ohne die jahreszeitliche Hilfe des Menschen sehr schnell verschwunden wären.

Die Rätselfrage ist, warum die Menschen überhaupt begannen, Samen auszusäen. Wilde Getreidegräser wuchsen in derart enormen Beständen nahezu im ganzen Nahen Osten und sind in einigen Gebieten noch immer reichlich vorhanden, daß niemand sich die Mühe hätte machen müssen, überhaupt zu säen. Jack Harlan von der University of Illinois beschloß vor einigen Jahren, natürlich reichliches Vorhandensein zu testen. Er sah »riesige Meere von primitivem wilden Weizen« die Hänge eines Berges in der südöstlichen Türkei bedecken und machte sich daran, so viel Getreide zu sammeln, wie er mit seinen bloßen Händen greifen konnte. In fünf Versuchen brachte er durchschnittlich zwei Kilo je Stunde zusammen, fand es aber etwas hart für seine weichen »verstädterten« Hände. Bei Gebrauch einer »prähistorischen« Sichel mit einer Feuersteinklinge erhöhte er seine stündliche Ernte um fast ein halbes Kilo. Seine Schlußfolgerung: »Eine Familiengruppe ... die langsam mit fortschreitender Jahreszeit hangaufwärts arbeitet, konnte leicht drei Wochen lang oder mehr wildes Getreide ernten; sie konnte sogar, ohne hart zu arbeiten, mehr Getreide sammeln, als die Familie in einem Jahr verbrauchen konnte.« Seine Schätzung beruht auf dem jährlichen Bedarf einer vierköpfigen Familie.

Menschen, die in üppigen Gebieten lebten wie jenen, die in der Türkei oder im offenen Waldland von Israel und Libanon gefunden wurden, hätten sich kaum der Mühe des Aussäens von Körnern unterzogen, wenn es bereits dichten Bestand von Weizen und Gerste gegeben hätte. Säen wäre wohl weit eher angebracht gewesen, wenn der Versorgungsdruck einige Familien gezwungen hätte, in weniger günstige Randgebiete abzuwandern. Sie könnten sehr wohl wildes Saatkorn mitgebracht und den Prozeß des bewußten

Anpflanzens begonnen haben. Hartstielige Pflanzen, größere Saatkörner und andere begrüßenswerte Besonderheiten waren das Ergebnis.

Etwas Ähnliches geschah offensichtlich in Ali Kosh, der in dem vorangegangenen Abschnitt erwähnten iranischen Fundstelle. Forscher schütteten Körbe voll Erde in das Wasser, schöpften die leichten Stoffe, die an die Oberfläche kamen, ab und reichten sie einem Kollegen weiter, Hans Helbaek vom Dänischen Nationalmuseum. Von den 45 000 Samen und verschiedenen Pflanzenfragmenten, die er in mühevoller Arbeit aus Millionen Teilchen unter dem Mikroskop aussonderte, kamen über 31 000 aus den untersten und ältesten Ablagerungen, die in die Periode von 7500 bis 6750 v. Chr. gehörten, und davon waren 1100 domestizierte Spezies.

Angebauter Weizen wurde durch die angekohlten Körner identifiziert, die plumper und kürzer sind als die Samen von wildem Weizen, und durch kleine Ähren mit kürzeren und fester angewachsenen Stielen. Der Weizen war früher und an anderer Stelle angebaut worden, nicht im Flachland von Ali Kosh, sondern in einem Hochlandgebiet nicht weit von einem grasreichen Bergtal, vielleicht von Menschen, die nach Helbaek »nur eine schwach entwickelte Einstellung zum Ackerbau, doch eine lange Tradition des Pflanzensammelns« besaßen. Es war möglicherweise ihr zweiter Umzug innerhalb einer relativ kurzen Zeitspanne. Sie hatten vielleicht wilden Weizen an einen weniger reichen Ort außerhalb des Tales gebracht, die Körner einige Jahre lang ausgesät und waren dann aus den Bergen in die Ebenen gezogen. Die Siedler verfügten über eine abwechslungsreiche Nahrung. Außer dem Weizen aßen sie eine Gerstenart, die entweder angebaut oder wild war, und auch wilde Pflanzen wie Hafer, Kapern und Alfalfa. Es gibt Spuren von hochproteinhaltigen Gemüsen – Linsen, Erbsen und andere Pflanzen, deren Samen in Schoten wachsen und die im Nahen Osten etwa zur gleichen Zeit wie die Getreidegräser domestiziert wurden.

Ein Dutzend typisch abgeflachter Hornkörper zeigt, daß diese Bauern dort heimische wilde Ziegen zähmten, die heute noch in den Bergen im Norden zu finden sind. Sie zähmten Schafe, die von irgendwo herangebracht worden waren, wie aus dem hornlosen Schädel eines weiblichen Schafes, der in einem kleinen Raum gefunden wurde, hervorgeht. (Weibliche Schafe verlieren gewöhn-

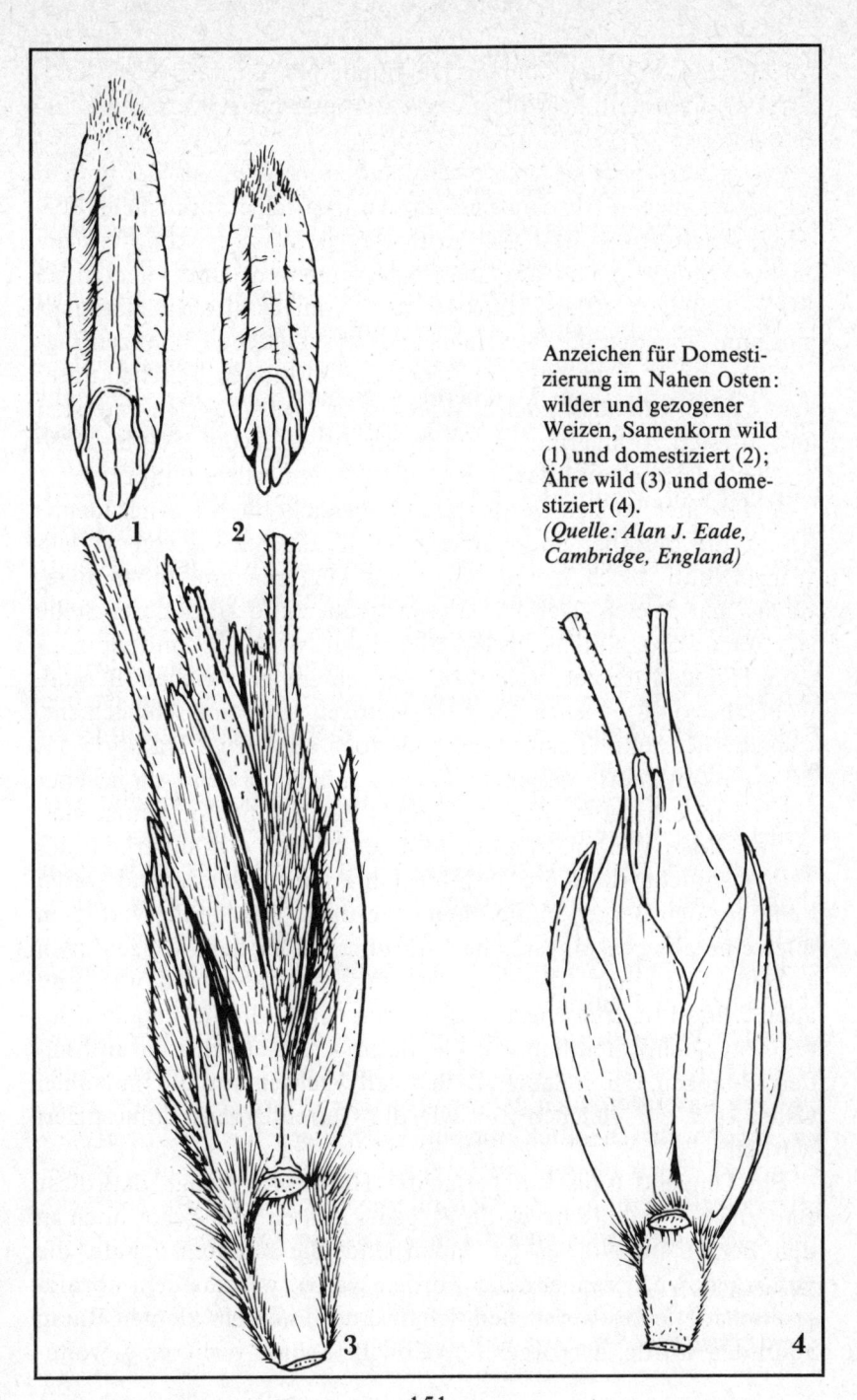

Anzeichen für Domestizierung im Nahen Osten: wilder und gezogener Weizen, Samenkorn wild (1) und domestiziert (2); Ähre wild (3) und domestiziert (4).
(Quelle: Alan J. Eade, Cambridge, England)

lich ihre Hörner in Gefangenschaft.) Überreste von Tieren, von denen man allgemein annimmt, sie wären am frühesten gezähmt worden, kommen aus dem Nahen Osten, aus Höhlen im nördlichen Irak, wobei der Hund auf 12000 v. Chr. und die Schafe auf 9000 v. Chr. zurückgehen. Schweine scheinen auch zuerst im Nahen Osten domestiziert worden zu sein, vielleicht einige Jahrhunderte nach 7000 v. Chr., wenn man nach der reduzierten Größe von Knochen und Backenzähnen urteilt, die in einem prähistorischen Dorf im Osten der Türkei ausgegraben wurden.

Eine weitere bedeutsame Fundstelle, ein kleiner konischer Hügel, bekannt als Ganj Dareh oder »Schatzinsel«, liegt ungefähr 160 Kilometer nördlich von Ali Kosh und etwa 1200 Meter höher in einem kleinen Tal des Zagros-Gebirges. Philip Smith von der University of Montreal· entdeckte sie zufällig an einem Sommernachmittag im Jahre 1965, als sein Wagen einen Platten hatte. Nach dem Wechsel des Reifens betrachtete er sich die Landschaft durch das Fernglas, wie es jeder gute Archäologe tun würde, auf der Suche nach Höhlen und Hügeln – und fand Ganj Dareh eine halbe Meile abseits der Straße. Als er einige Wochen später zurückkehrte, um es genauer zu untersuchen, fand er Feuersteine, Knochen, Holzkohle und Spuren von Ziegelmauern, die Interessantes versprachen.

Vier Ausgrabungsperioden haben seine Eindrücke bestätigt. Der Hügel barg geringe Mengen von einfachen, aber eindeutigen Töpferwaren, von großen Vorratskrügen, fast einen Meter hoch, bis zu kleinen, fünf Zentimeter großen Gefäßen, möglicherweise Spielzeug. Es gab viele Tier- und Menschenfigurinen aus Ton, allgemein als rituelle Gegenstände angesehen. Einige davon können aber auch Spielzeug gewesen sein, wenn man sie nach ähnlichen Objekten beurteilt, die in heutigen Dörfern von Kindern hergestellt werden und die oft weibliche Statuetten einschließen. Unter anderen Besonderheiten gab es auch seltene zweigeschossige Häuser, jedes wahrscheinlich mit einem »Keller« für die Vorratshaltung und einem oberen Stockwerk (ursprünglich einmal als zwei getrennte Besiedlungsschichten interpretiert), sowie Hufabdrücke von Ziegen oder Schafen auf Tonziegeln, ein Kennzeichen für Do-

Gefunden in einem frühen Bauerndorf, Ganj Dareh, Iran. *Oben:* Schädel von wilden Schafen in der Nische eines möglichen Heiligtums; *unten:* unterirdische Zellen. *(Quelle: Philip E. L. Smith, University of Montreal)*

153

mestizierung, da wilde Tiere kaum in einem Dorf oder in seiner Nähe umherziehen.

Das spektakulärste an Ganj Dareh ist aber das, was es uns über prähistorische Baumethoden mitteilt. Da seine Architektur bis auf etwa 7300 v. Chr. zurückgeht, ist es eine der frühesten Siedlungen auf der Welt mit Gebäuden und Domestizierung. Und trotzdem sind eine Reihe seiner Baubesonderheiten weder grob noch primitiv, was allerdings nur ein erfahrener Ausgräber voll würdigen kann. Die Merkmale beinhalten Generationen des Lernens und der Tradition, Kenntnisse, die von Mund zu Mund weitergegeben, und Beispiele, die von Meistern den Lehrlingen gezeigt wurden. »Die Leute zeigten eine bemerkenswerte Erfahrenheit in ihrem Umgang mit Ton«, berichtet Smith. »Sie verwendeten genormte, mit Stroh gehärtete Ziegelsteine, manchmal fast einen Meter lang; geschlitzten Zapfen- und Nutverbund um dicht schließende Fugen zwischen den Ziegeln in hochbeanspruchten Teilen der Wände zu erreichen; vorgefertigte Tonplatten, die fast 15 Millimeter dick und einen Quadratmeter groß waren, mit abgeschrägten Kanten; eine einmalige Wandbautechnik, bei der abwechselnde Schichten von Schlamm und feinem Mörtel in Streifen aufgebaut wurden, ähnlich wie die heutigen Schlackeblöcke; runde oder ovale ›Luken‹ in den Wänden einiger Räume oder Speicherplätze und Tondeckel mit Griffen, um sie zu verschließen; und schließlich war da ein Gebilde, das ich mir nicht erklären kann – eine große, dicke Tonsäule, etwa einen Meter im Durchmesser, mit einer Kappe aus Kieselsteinen.«

Viele Baumerkmale, die an frühen Fundstellen ausgegraben wurden, sind noch immer in Gebrauch. Ein besonders überraschendes Beispiel kommt aus dem Dorf Jarmo, das von 6750 bis 6500 v. Chr. bewohnt wurde. Als erste prähistorische Fundstelle, ganz gezielt ausgewählt, um Licht auf den Ursprung des Ackerbaus zu werfen, war sie ein klassischer Fall für die Entscheidung, was man wo suchen sollte, und dann hinzugehen und es zu finden. Seiner momentanen Eingebung folgend, daß größere Entwicklungen von Bergdörfern ausgingen, die an den fruchtbaren Halbmond angrenzten, wählte Braidwood den Ort Jarmo im Jahre 1948 und grub dort in drei Grabungsperioden.

Unter den Zehntausenden von frühgeschichtlichen Gegenständen, die er und seine Mitarbeiter entdeckten – Sichelklingen, Mörser und Stößel, Häuser, die Überreste domestizierter Pflanzen und Tiere –, sind bestimmte sauber geschliffene Steine mit konischen Löchern in der Oberseite, die sich als Sockel für Türflügel herausstellten. Fast identische Vorrichtungen findet man heute, neun Jahrtausende später, in ländlichen Siedlungen des Nahen Ostens.

Es ist etwas erstaunlich Beständiges um bauliche Einzelheiten, zumindest in Dörfern. Wenn die Leute einmal gelernt haben, wie man etwas wirksam herstellt, eine Ziegelart oder Wand, eine Vorratsgrube oder ein ganzes Haus, so kann sich dieses Muster Jahrhundert um Jahrhundert halten, als eines der letzten überkommenen Dinge aus dem noch dauerhafteren Konservatismus noch entfernterer prähistorischer Zeiten. Solche Muster sind eingefrorene Gewohnheiten.

Trotz allem Konservatismus wird sich Architektur jedoch unter dem Einfluß genügend starker Kräfte wandeln. Flannery, einer der Forscher in Ali Kosh, bemerkt eine Neigung bei den frühen Siedlern des Nahen Ostens, in Haufen kleiner Hütten mit ungefähr zwei bis drei Quadratmeter Bodenfläche zu leben, ausreichend nur für eine Person oder vielleicht für eine Mutter mit Kind. Das ist die in Mallaha gefundene Anordnung. In anderen Dörfern besteht die Wohneinheit aus rechteckigen Häusern mit 10 bis 15 Quadratmetern Bodenfläche, im allgemeinen groß genug für Familien von wenigstens drei bis fünf Personen. Unterschiedliche Anordnungen können in verschiedenen Siedlungsschichten der gleichen Fundstelle vorkommen, mit einem Wechsel von kleinen zu großen Wohnungen. Der Übergang ist von einer Fundstelle in Syrien zwischen 8000 und 7500 v. Chr. und etwas später von einer Wohnstätte in Jordanien berichtet worden.

Flannery nimmt an, das Kleinhüttenmuster könnte eine Situation repräsentieren, wo mehrere Männer zusammenlebten, jeder mit mehreren Frauen. Die Frauen bewohnten wahrscheinlich die kleinen Hütten (gewöhnlich rund), während das Männervolk getrennt in einem großen gemeinsamen »Langhaus« (gewöhnlich rechteckig) lebte, ein Muster, das vielleicht die Bedeutung von reinen Männergruppen widerspiegelt, die sich zur Ausführung der Jagd organisiert hatten. Dieses Muster existiert in vielen afrikanischen Dörfern heute noch und in vielen alten Siedlungen von Jägern und Sammlern des Nahen Ostens, die dabei sind, Bauern zu werden. Größere Wohnungen mögen in zunehmender Anzahl mit der wachsenden Bedeutung des Ackerbaus aufgetaucht sein, wobei sie auf einen Wechsel von der Vielweiberei zur Einzelfrau hinweisen, auf eine weit geringere Bedeutung des Jagens und die Gründung von Familieneinheiten, von denen jede ihr eigenes Land und ihre Vorratshaltung besitzt.

Um 7750 v. Chr. siedelten Menschen bei Jericho in der Nähe des Toten Meeres, einer zehn Morgen großen Oase im Wüstenland mit einer noch immer sprudelnden Quelle, deren Wasser heute in einer Rohrleitung quer durch die Wüste zur Bewässerung von Feldern geleitet wird. Sie bauten kleine runde Wohnungen, was auf ein System von einem Mann mit vielen Frauen hinweist, und einer Einfriedungsmauer von fast sechs Meter Höhe (der ursprüngliche Vorfahre jener Mauern, die nach einem Bericht in der Bibel mehr als 6000 Jahre später auf ein Kommando von Josua zusammenstürzte). Innerhalb eines Jahrtausends schützte eine noch massivere Mauer die Siedlung, die nunmehr aus großen rechteckigen Häusern bestand, was darauf hinweist, daß die Erfordernisse der Verteidigung die Organisation nach Familien- und Eigentumslinien beschleunigt haben mag, in einer Welt, die in zunehmendem Maße vom Ackerbau abhängig war. Die Form eines Hauses impliziert demnach die Rolle von Status und Konflikt in der sozialen Evolution.

Vor nicht langer Zeit zweifelten einige Forscher die Genauigkeit der Datierung von Jericho an, die nach der C-14-Methode festgelegt worden war. Sie bezweifelten, daß derartig beeindruckende Architektur so früh schon existiert haben sollte. Die Datierung scheint aber korrekt zu sein, und die Siedlung war vielleicht eines der frühesten Handelszentren der Welt. Eine weitere bemerkenswerte Siedlung, Catal Hüyük in den Bergen der südlichen Türkei, blühte im Jahr 6000 v. Chr. oder früher. Auch hier glaubt man, daß es ein Handelszentrum war, vielleicht spezialisiert auf Obsidian aus den Fundorten in nahe gelegenen Bergen; die Siedlung umfaßte schließlich mehr als 30 Morgen. Man fand rituelle Gebäude, wunderbar gearbeitete Feuersteindolche, Statuetten aus Ton und Kalkstein und Wandmalereien mit Darstellungen von Jägern.

Es gibt keine Möglichkeit zu erfahren, wann die Menschen im Nahen Osten aufhörten, die Bodenbebauung als eine vorübergehende Maßnahme, als Notbehelf anzusehen, und damit begannen, sie als die Grundlage für ihre Nahrungsversorgung hinzunehmen.

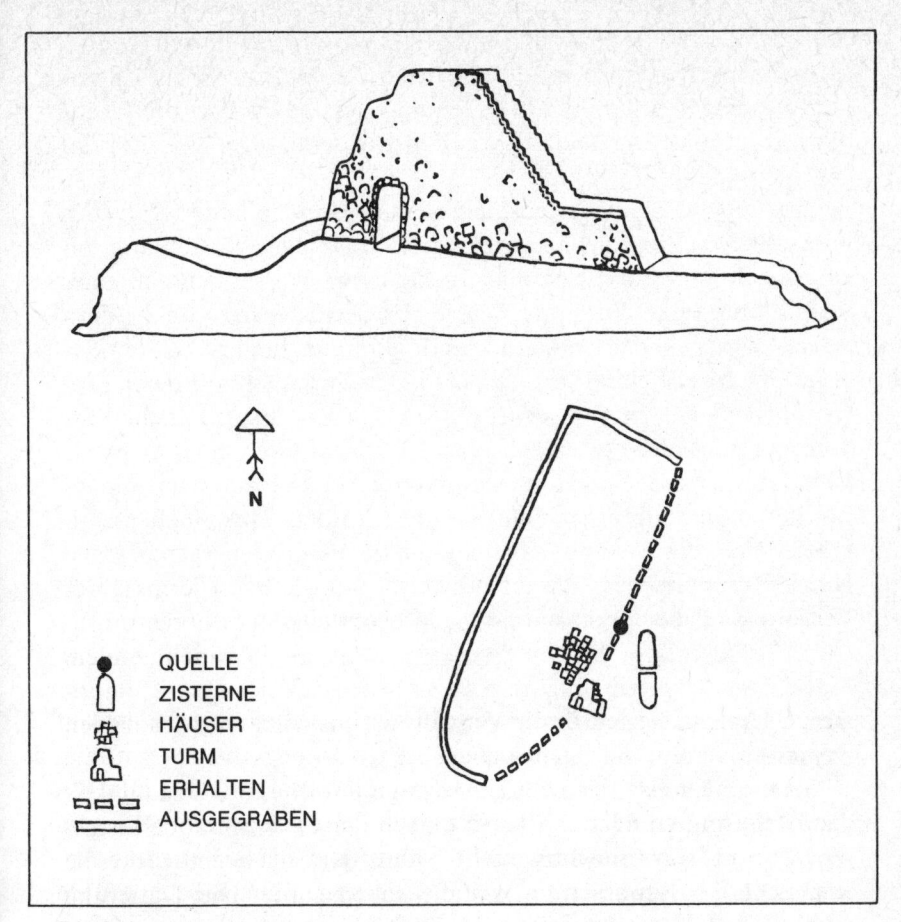

Die frühen Mauern von Jericho
(Quelle: Mona Marks)

Doch an bestimmten Orten scheint der Punkt, da man nicht mehr umkehren konnte, zwischen 6000 und 5000 v. Chr. erreicht gewesen zu sein, das Stadium eines etablierten Ackerbaus. Zu jener Zeit war es nicht mehr eine Frage des Aussäens von Körnern in einigen wenigen Gärten, des Haltens weniger Tiere, während man sich hauptsächlich weiter von wilden Spezies ernährte. Mit wachsender Domestizierung brachte diese auch den nicht mehr aufhörenden Zwang zu immer größerer Produktion.

Eine Hauptursache dieses Zwanges war die Übervölkerung. In manchen Gebieten zog es die Bergbewohner in die Ebenen, oft

Heiligtum der Bullen: Rekonstruktion in Catal Hüyük, Türkei.
(Quelle: 1964 Scientific American Inc.)

junge Leute, die sich ihren Verwandten anschlossen oder darauf versessen waren, ihr eigenes neues Leben zu beginnen, wenn man die Art und Weise der heutigen Umsiedler als Kriterium ansehen kann. Sie kamen nach Ali Kosh und in nahe gelegene Siedlungen. Die Zuwanderer brauchten mehr Nahrung, die erste bekannte Anwendung der Bewässerung war das Ergebnis. Die Siedler griffen auf alte Erfahrungen zurück. Es bedarf keines Genies oder einer plötzlichen Einsicht, um zu wissen, daß Wasser zum besseren Wachstum der Pflanzen beitragen kann, oder um Gräben zu ziehen und das von den Bergen herabfließende Wasser anzuzapfen. Bewässerung ist eine einfache Praxis, die nicht unbedingt eine regelrechte Landwirtschaft erfordert. Pajute-Indianer bewässerten als Jäger und Sammler wilden Reis im Owens Valley in Kalifornien vor nicht einmal einem Jahrhundert.

Die Menschen im Gebiet von Ali Kosh begannen ihre Feldfrucht einige Zeit nach 5000 v. Chr. zu bewässern. Nach Helbaek markiert ein ganzer Pflanzenkomplex die Veränderung. Gerste tauchte auf mit sechsreihigen Ähren anstelle der zweireihigen bei den wilden Sorten. Das neue Getreide benötigte zusätzliches Was-

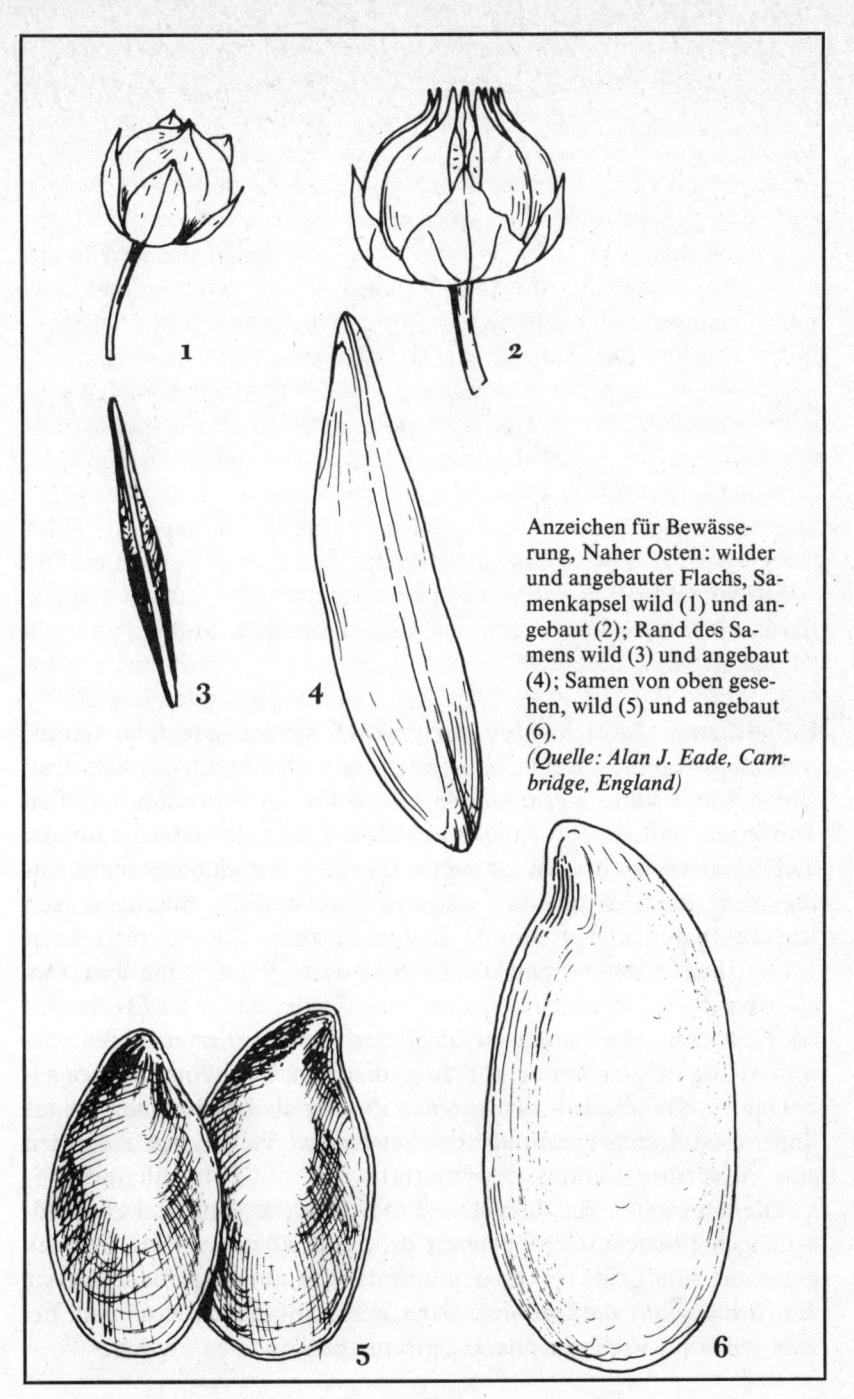

Anzeichen für Bewässerung, Naher Osten: wilder und angebauter Flachs, Samenkapsel wild (1) und angebaut (2); Rand des Samens wild (3) und angebaut (4); Samen von oben gesehen, wild (5) und angebaut (6).
(Quelle: Alan J. Eade, Cambridge, England)

ser. Flachs oder Leinsamen produzieren, wenn sie mit normalem Regenfall aufwachsen, Samen mit einer maximalen Länge von nur drei bis vier Millimeter, wogegen die größten Samen der bewässerten Pflanzen beständige Größen von fünf bis sechs Millimeter aufweisen. Ein einziges Flachssamenkorn kann so als solider Beweis für Bewässerung angesehen werden.

Schlick neigt dazu, sich entlang kleiner Flüsse anzusammeln, die in der Regenzeit über die Ufer treten, wodurch das Flußbett über das der umgebenden Ebene angehoben wird und erhöhte Ufer gebildet werden. Die frühe Praxis des Durchstechens dieser natürlichen Dämme und der Ableitung des Wassers auf die Felder steigerte zwar den Ernteertrag, aber doch nicht in einem spektakulären Maße. Es ist sehr wahrscheinlich, daß die Menschen Bewässerung zunächst so betrachteten, wie sie einmal den Ackerbau selbst angesehen hatten, als zeitweise Ergänzung des Anbaus mit Hilfe des Regens, als etwas, das nur vorübergehend getan werden mußte.

Ein Hügel in Irak, mehr als 200 Kilometer nordwestlich von Ali Kosh, auf der anderen Seite des Zagros-Gebirges und bekannt als Choga Mami, brachte nicht nur sechsreihige Gerste und andere angebaute Pflanzen zutage, sondern auch die frühesten bekannten Kanäle. Joan Oates von der Universität Cambridge legte in mehreren Schichten eine Reihe von Tonablagerungen frei, die sich über einige Entfernung entlang der Seite des Hügels erstreckten. Der Ton zeigt, daß die Ablagerungen Wasserwege darstellen, fast mit Sicherheit künstliche Wasserwege, da sie einen charakteristischen regelmäßigen U-förmigen Querschnitt aufweisen; außerdem laufen die jüngeren über dem Niveau der Ebene.

Der jüngste der ausgegrabenen Kanäle war relativ modern; der älteste geht auf etwa 5500 v. Chr. zurück. Der ganze Landstrich ist für Bewässerung ideal. Eine Reihe niedriger erodierter Hügel sind wahrscheinlich Überreste von aufgehäuftem Sand vom Graben eines alten Kanals. Ein heute noch in Betrieb befindlicher Kanal führt Wasser aus einem nahe gelegenen Fluß zu der neuzeitlichen, etwa anderthalb Kilometer entfernten und mit Palmenhainen bestandenen Stadt Mandali. Die prähistorische Bewässerung versorgte eine beachtliche Gemeinde, die sich über mehr als 13 Morgen ausdehnte. Häuser wurden unmittelbar auf und manchmal in die Wände von darunterliegenden Häusern gebaut, vielleicht ein Hinweis auf »fortdauernde Eigentumsrechte«.

Choga Mami stellt eine entscheidende Wende dar. Wenn auch erst ein Fünfzigstel der Fundstelle ausgegraben worden ist, ist dies doch bereits ausreichend, um Entwicklungen aufzuzeigen, die die Siedler in die Ebene hinaus zwangen. Bezüglich der Wasserkontrolle gab es hier nichts Zufälliges oder Behelfsmäßiges. Es muß geplant worden sein, und, wie Oates betont, die Leute, die das Planen ausführten, »gehörten zu den ersten, die bewußt die Techniken der Bewässerung anwandten, ohne die ihre klimatischen Randgebiete nicht wirksam hätten besiedelt werden können und die für eine ausgedehnte Bebauung von Wüstenland grundlegend waren«.

Während des Entfaltungsprozesses von 15000 bis 5000 v. Chr. gingen die Jäger und Sammler zunächst zum Ackerbau mit natürlicher Bewässerung (Regen) über, um ihre Lebensweise des Jagens und Sammelns zu retten, und dann zur künstlichen Bewässerung, um den Regenackerbau zu erhalten. Die Landschaft verwandelte sich aus der Wildnis mit einer großen Vielzahl von Nahrungsmitteln in weniger fruchtbare Regionen, wo einige domestizierte Spezies gelegentlich als Nahrungszusatz gebraucht wurden, und schließlich in ein halbtrockenes Land mit einer sehr schnell wachsenden Abhängigkeit vom Ackerbau.

Viele Beobachtungen deuten auf Überlebensprobleme, auf eine langsam ansteigende Bevölkerung, die wegen der schmelzenden Gletscher und ansteigenden Meere mit weniger Land auskommen mußte. Steigende Meeresspiegel, die mehr als die Hälfte der Küstenebenen Israels und Libanons überfluteten, mögen erklären, warum Menschen in die weniger reichen Gebiete weiter im Inland abwanderten. Der Gebrauch einer größeren Vielzahl wilder Spezies in solchen Gebieten schuf neue Möglichkeiten des Lebens während des ganzen Jahres an einem Ort. Schließlich scheint dem Seßhaftwerden eine starke Bevölkerungsvermehrung und der Bedarf von mehr Nahrung gefolgt zu sein, der wiederum nur durch Domestizierung und mehr Umsiedlungen zu befriedigen war.

Es ist eine seltsame Geschichte, angefüllt mit Paradoxa. Die Menschen waren auf eine neue Art in Bewegung, nicht als Nomaden, als Jäger und Sammler, die großen Herden folgen oder die einzelnen Regionen zu verschiedenen Zeiten des Jahres ausnützen. Jetzt waren seßhafte Menschen in Bewegung, rissen sich von ihrem Boden los und suchten neue Plätze, um sich niederzulassen. Ihre Zahl wuchs zum großen Teil einmal als Ergebnis des Seßhaftwerdens, eine Veränderung, die sich, wie schon gesagt, in besserer Ernährung, in höherem Fettspiegel und einer gesteigerten Fruchtbarkeit auswirkte. Sie breiteten sich aus von fruchtbarem Land in immer weniger fruchtbares und fuhren dann fort, durch Bewässerung und andere Formen harter Arbeit zweit-, dritt- und viertbeste Gebiete bei weitem fruchtbarer zu machen als die besten Jagd- und Sammelgründe.

Das ist eine Theorie über den Verlauf der Ereignisse im Nahen Osten. Sie wird sicherlich modifiziert und vielleicht radikal geändert werden durch Untersuchungen, die bereits im Gange oder geplant sind. Smith und sein kanadischer Landsmann Cuyler Young vom Royal Ontario Museum weisen auf einige bedeutsame Richtungen für zukünftige Forschungsarbeit hin. Sie beginnen ihre Analyse der prähistorischen landwirtschaftlichen Trends mit einem Bezug auf die Arbeit von Ester Boserup, einer dänischen Volkswirtschaftlerin, die sich hauptsächlich mit der Landwirtschaft unserer heutigen Zeit und mit den Beziehungen zwischen Land, Arbeit und Produktivität befaßt.

Boserup ist interessiert daran, was geschieht, wenn die Bevölkerung wächst. Am Anfang ist reichlich Land vorhanden, genug für alle. Die Menschen können sich frei von einem zum anderen Ort bewegen und kommen gelegentlich zur ursprünglichen Stelle zurück, alles innerhalb ihres Heimatterritoriums. Sie roden einen Teil des Waldes, indem sie die Vegetation abbrennen, bebauen das Land ein bis acht Jahre lang, bis die Ernteerträge nachlassen und lassen es dann sechs bis zwanzig Jahre lang brachliegen. Während dieser Periode hat die Natur Zeit, sich wieder zu regenerieren. Das gerodete Land kehrt allmählich zu seinem früheren Zustand zurück. Dichtes, zähes Gras wächst heran, dann Büsche und kleine Bäume und schließlich große Bäume. Das Land wird wieder zum dichten Wald.

Diese Form der Landwirtschaft, oder doch etwas Ähnliches, hielt in Schweden bis nach dem Ersten Weltkrieg an. Sie existiert in Finnland zum Teil heute noch und ernährt etwa 200 000 000 Menschen in Afrika, Lateinamerika und Asien. Sie geht zurück, wenn die örtliche Bevölkerung sprunghaft ansteigt und die Menschen es sich nicht leisten können, Land ungenutzt liegen zu lassen. Die Brachperioden werden immer kürzer, bis es in extremen Fällen gar kein Brachland mehr gibt und das Land eine oder mehrere Ernten im Jahr hervorbringt. Je knapper das Land wird, desto arbeitsintensiver wird die Landwirtschaft und desto härter arbeiten die Menschen. Diese Veränderungen können Änderungen in der Technologie verlangen. Ein Grabstock zum geringfügigen Aufreißen des Bodens ist ein ausreichendes Gerät bei Landwirtschaftsbetrieb mit langen Brachzeiten. Bedingungen mit kurzen Brachzeiten erfordern gewöhnlich Hacken oder andere Geräte, um die grasbedeckten Schollen aufzubrechen. Pflüge zum Umdrehen des Bodens kamen in der alten Welt später, und noch später kamen unterschiedliche Landmaschinen und Düngemittel sowie Unkraut- und Insektenvertilgungsmittel.

Können wir solche Veränderungen auch in prähistorischer Zeit entdecken? Smith und Young glauben, daß eine auf die Beantwortung dieser Frage gerichtete Forschung die Theorie des Versorgungsdrucks einer Prüfung unterziehen und zu besseren Erklärungen für die landwirtschaftlichen Entwicklungen führen würde. Als Hinweis auf das, was man finden könnte, erwähnen sie das Vorhandensein von Hacken in Jarmo, möglicherweise zum Aufbrechen des schweren Bodens der Kurzbrachzeit, und »polierte Äxte« im Gebiet von Ali Kosh, die vielleicht zum gleichen Zweck verwendet wurden oder zum Graben von Kanälen, da die Werkzeuge erst mit der Bewässerung auftauchten.

Weitere Aufschlüsse kann man durch genauere Untersuchungen von Pflanzen und Tieren erwarten, wie beispielsweise Springmäusen in Verbindung mit altertümlichen Kanälen (siehe Kapitel 5). Bestimmte Spezies von Frischwassermuscheln leben im relativ schnell fließenden Kanalwasser; andere ziehen langsameres Wasser vor; die gewöhnliche Landschnecke ist an schmale Kanäle adaptiert, wo auf den Uferhängen Vegetation vorhanden ist. Der Boden selbst kann Hinweise geben; Konzentrationen von Phosphaten und anderen Stoffen lassen darauf schließen, wie das Land genutzt wurde. Alle Theorien, wie großartig sie auch sein mögen, beruhen letztlich auf genauen Beobachtungen, die vielfach multipliziert und einer intensiven Analyse unterzogen werden.

Die Bemühung, mehr aus dem Land herauszubekommen, setzt sich mit der Nutzung neuer Techniken fort, doch aus den gleichen alten Gründen. Die Forscher im Nahen Osten und andernorts, die auf der Erkenntnis aus alten Zeiten aufbauen, entwickeln immer raffiniertere Methoden der Bewässerung. Sie bereiten sich auf das

21. Jahrhundert vor, auf eine Welt, die wenigstens zweimal so viele Menschen wie die heutige enthalten wird und 800mal mehr Menschen als die verschwundene Welt der Jäger und Sammler von 10 000 v. Chr.

VII
DAS AUFKOMMEN VON STÄDTEN UND KÖNIGEN

*Die Straße nach Uruk/
Landvermessung in der Wüste/
Eine der ersten Städte der Welt/
Ein Tempellabyrinth/Hierarchien von Menschen und Orten/
Frühe Städteplanung/Die Todesgrube bei Ur/
Neue Ausgrabungen an einem alten Zentrum in Syrien/
Die Gefahren des Königtums*

Der Weg zu den Ruinen von Uruk liegt südlich von Bagdad im Irak, auf der völlig flachen Überflutungsebene zwischen den Flüssen Euphrat und Tigris, einstmals der blühendste Teil des frühgeschichtlichen Mesopotamiens. Ich machte diese Fahrt vor nicht langer Zeit, über 160 Kilometer auf einer Hauptstraße und weitere 110 Kilometer auf unbefestigter Straße. Die Landschaft wurde immer leerer, je weiter ich fuhr.

Zunächst kam ich durch kleine Städte und Dörfer, und danach, auf einer schmalen Straße, die höher lag als die Ebene – wie ein Eisenbahndamm –, gab es nur noch staubgraue Lehmsteinhütten in Haufen, Herden von Schafen und Ziegen, gelegentlich Kamele, Frauen in Schwarz mit ihren Kindern, schwärzlich-braune Zelte. Die letzten 25 Kilometer waren die einsamsten. Ich fuhr über den Wüstenboden allein, ohne irgend etwas, wonach ich mich hätte richten können, außer einer schwachen Radspur, die vor mir auf dem Sand dahinführte und manchmal sogar völlig verschwand. Dann auf einmal hatte ich einen Orientierungspunkt. Die Ruinen tauchten niedrig am Horizont zu meiner Rechten auf, eine Reihe dunkler Hügel wie eine Bergkette in weiter Ferne. Bald danach war ich auf der Spitze des höchsten Hügels und hatte einen Anblick, der die Wüste noch leerer und einsamer erscheinen ließ als zuvor – knochentrockenes Land, zerfallene Mauern, herabgestürzte Ziegel und Säulen und ein großer Erdhaufen, wo vielleicht einmal eine Stufenpyramide stand. »Von allen trostlosen Bildern, die ich jemals in Erinnerung behielt«, schrieb ein Reisender des

Frühgeschichtliche Stadt in Mesopotamien.
(Quelle: Mona Marks)

19. Jahrhunderts, »übertrifft das von Uruk in unvergleichlicher Weise alle.«

Vor 5000 Jahren war die Wüste hier blühend. Der Euphrat, heute 16 Kilometer nach Südwest verlagert, strömte an der Stadt vorbei, und das Delta-Sumpfland, wo er in den Persischen Golf eintrat, war nicht weit entfernt. Grünes Land erstreckte sich meilenweit in alle Richtungen, Getreidefelder und Gärten mit Dattelpalmen und Blumen, Marschland mit Wildschweinen und hohem Schilfrohr, Pappeln und Tamariskenbäume. Es gab künstliche Seen, Reservoirs und ein Kanalsystem, in dem Wasser vom Strom herbeigeführt wurde.

Eine Mauer aus sonnengetrockneten Ziegeln, zehn Kilometer lang und sechs Meter hoch, mit Hunderten von Wachtürmen und

Rechts: Ruinen des Tempelbezirks von Uruk, Irak.
(Quelle: Directorate General of Antiquities, Bagdad, Iraq)

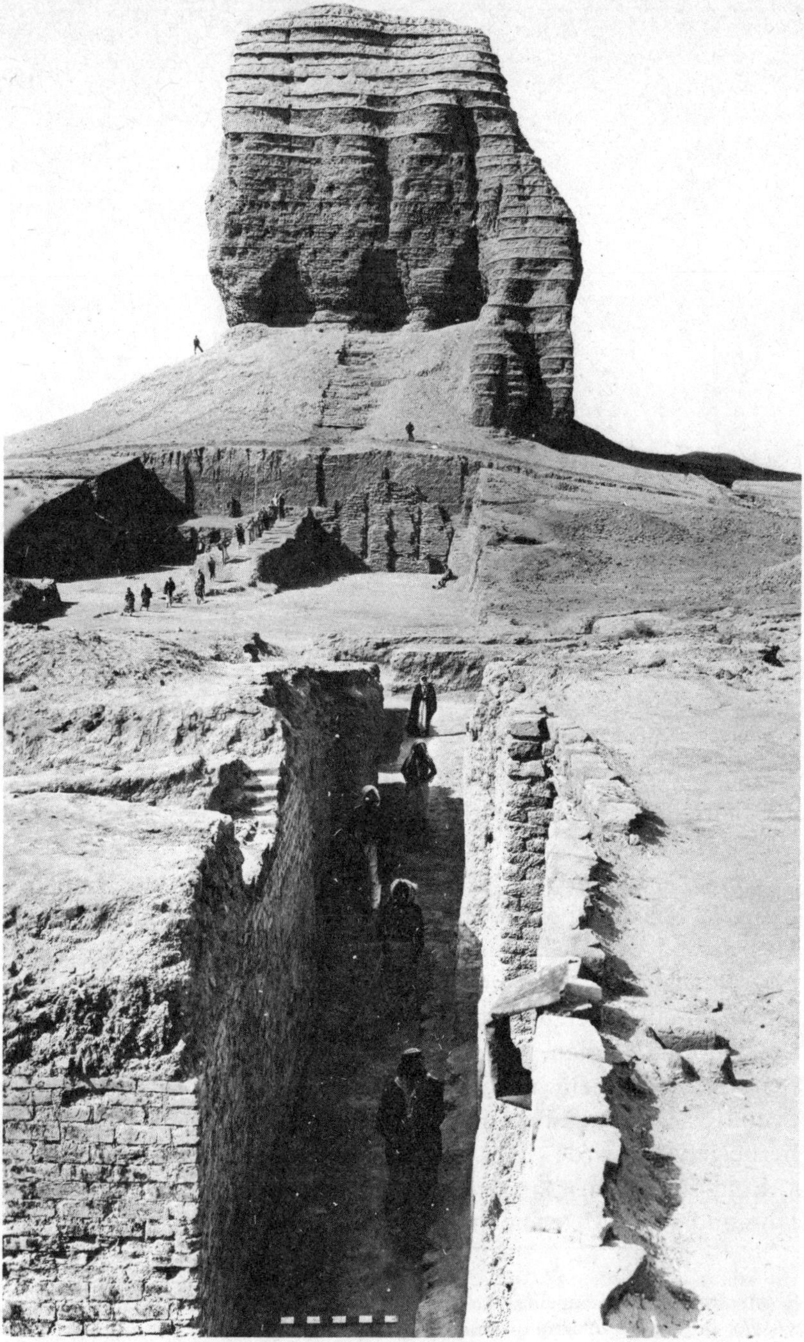

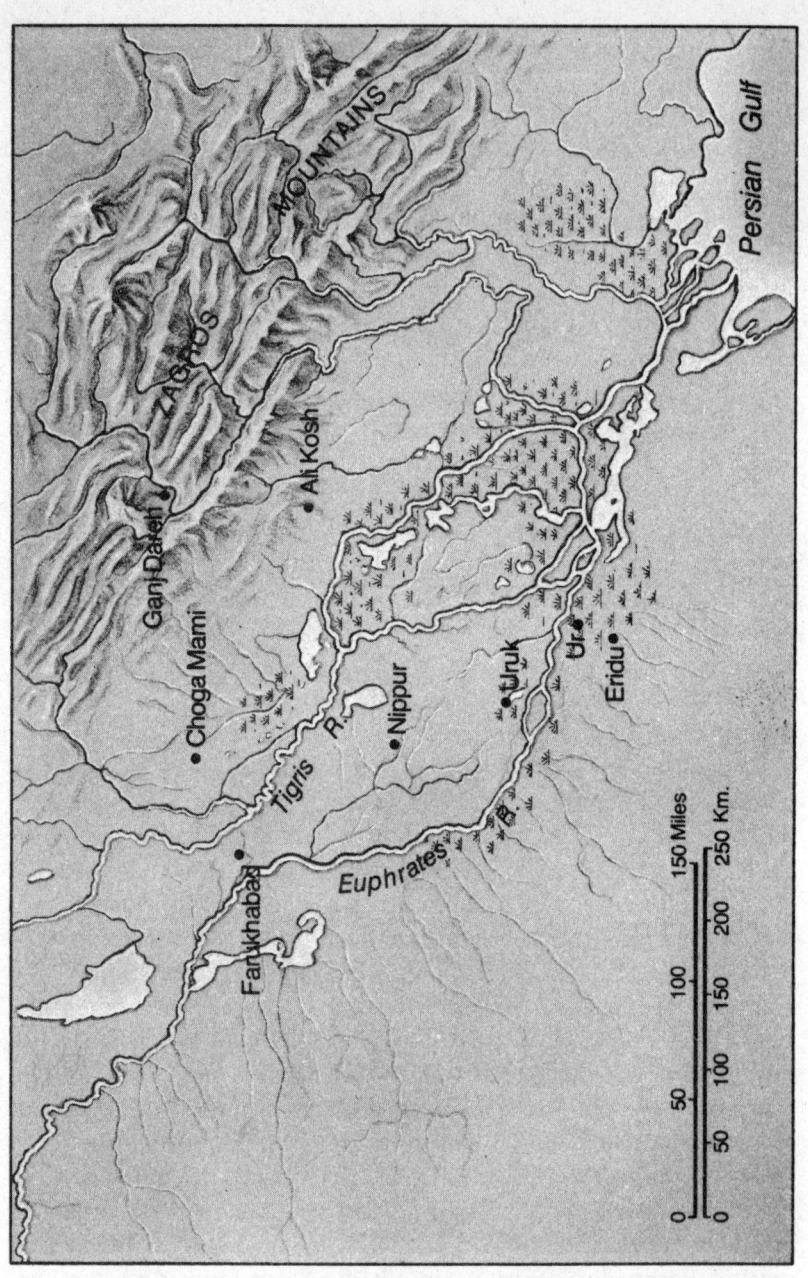

Die Blütezeit der Eliten: die frühesten Städte der Welt, die vor 5000 bis 6000 Jahren in Sumer, dem südlichsten Teil von Mesopotamien, auftauchten; gleichfalls Szene der ersten Bevölkerungsexplosion.
(Quelle: George Buctel)

Toren nach Norden und Süden, umschloß Wohnstätten, Felder, Gärten und Weideland. Alle Straßen innerhalb der Mauer führten zu dem rituellen Bezirk in der Mitte, ein Komplex von Plattformen und riesigen Säulen, mit roten, schwarzen und weißen Keramikkegeln verziert, die im Mosaikmuster angeordnet waren. Es gab einen heiligen Hof oder innerstes Heiligtum, geschlossen für die Öffentlichkeit, und einen Haupttempel, der sich hoch und massiv sechs Stockwerke über dem Straßenniveau türmte. Entsprechend einer Schätzung beherbergte die Stadt über 20 000 Menschen auf einem Gebiet von etwa 5,2 Quadratkilometern.

Uruk war das größte von einem halben Dutzend Hauptzentren, die vor ungefähr 5500 Jahren innerhalb einer begrenzten Periode und eines begrenzten Gebietes des Irak auftauchten – dem altertümlichen Land der Sumerer, im südlichsten Mesopotamien, zwischen den Strömen Euphrat und Tigris gelegen. Die meisten Zentren sind heute Wüstenorte, hoch und trocken zurückgelassen wie havarierte Schiffe, wenn die Ebbe da ist. Wir müssen aus Ruinen herleiten, was wir können, weil die Gewässer verschwunden sind. Der Euphrat hat sich viele Male verlagert, und nach neuesten Hinweisen hat sich der Golf selbst möglicherweise 240 Kilometer nach Südosten zurückgezogen.

Sumer war etwas Neues unter der Sonne. Es stellt einen Bruch mit der Vergangenheit dar, eine Umkehr der alten Tendenz, klein und verstreut zu siedeln. Niemals zuvor war soviel in einem Gebiet zusammengekommen, so viele Menschen, so viele Kenntnisse und Fachwissen und soviel Macht. Die Massierung von Menschen in immer dichter werdenden Gemeinden oder Populationskernen markiert das Entstehen der Stadt als lokalisiertes Phänomen mit Tempeln und Werkstätten und dichtgepackten Wohnungen.

Als Wegbereiter in der Erforschung der Evolution urbaner Gesellschaften verlangt Robert Mc. Adams von der University of Chicago regionale Vermessungen und das Studium von Luftaufnahmen zusätzlich zu den Ausgrabungen. Allein und mit Kollegen ist er Tausende von Kilometern durch Wüsten, die einmal Mesopotamien waren, gelaufen und gefahren. Seine allerneueste veröffentlichte Vermessung, die er mit Hans Nissen von der Freien Universität Berlin durchführte, umfaßt die Stadt Uruk und das Umland von Uruk, ein etwa 2600 Quadratkilometer großes Gebiet der Sumer.

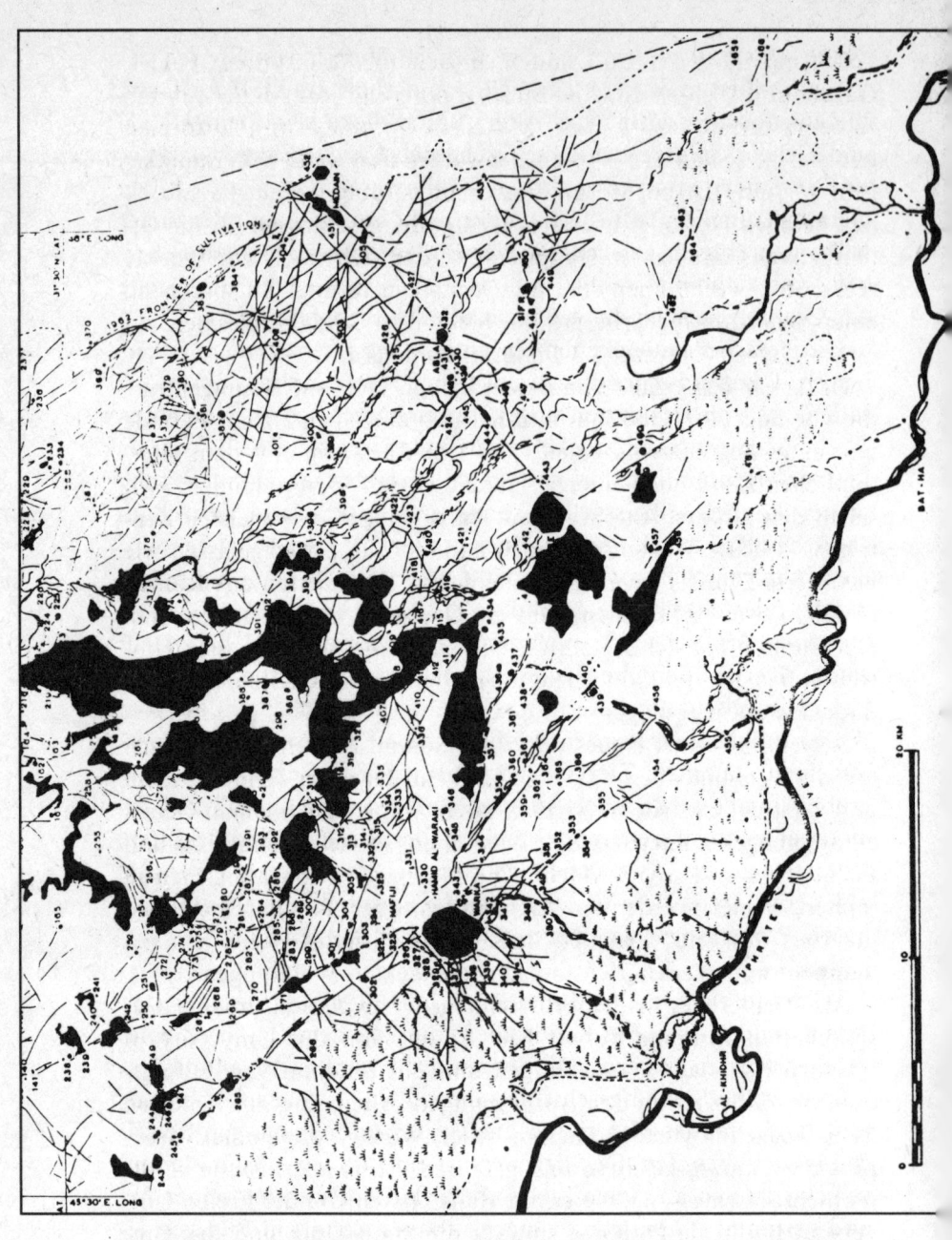

466 Fundstellen im Umland von Uruk, Irak; Teil der Vermessungskarte von Adams, die die Entdeckung und kartographische Erfassung von Fundstellen zeigt.
(Quelle: University of Chicago Press)

Die Wüste in diesem Teil der Welt ist übersät von Spuren der Vergangenheit. Verstreut über die Landschaft sind Münzen und Metallstückchen, grün vom Alter, Bruchstücke von Steingefäßen und Ziegeln, Steingewichte für Fischernetze, Sichelklingen und unzählige Stücke von zerbrochenen Töpferwaren. Die Orte mit den meisten Trümmern, oft – wenn auch nicht immer – auf oder in der Nähe von Hügeln gelegen, wo der Boden angefüllt ist mit Scherben, sind Grabungsstätten. Adams und Nissen legten die Größe der Grabungen nach der Konzentration der Scherben fest.

Die Forscher entwickelten ein gutes Auge für besondere Scherben. Auf Entfernungen bis zu etwa fünf Meter und aus einer Ansammlung von Hunderten ungekennzeichneter Scherben konnten sie die diagnostischen Stücke herausfinden, die für eine bestimmte Periode eigentümlich sind und so als zuverlässige Zeitmarkierung dienen können – beispielsweise ein stark gebranntes, porzellanähnliches Randstück, das zu einer großen offenen Schale gehört, die wahrscheinlich zwischen 5500 und 4500 v. Chr. hergestellt wurde, oder ein grobes, gelbliches Stück einer schmalen Flasche, die etwa 3500 v. Chr., plusminus ein Jahrhundert, hergestellt wurde. Der auf der Oberfläche einer Ausgrabung entdeckte Schutt kann Hinweise dafür liefern, was darunterliegt. Scherben, die vom Boden aufgehoben werden, können aus tiefliegenden Siedlungsschichten stammen. Der Grund: Die prähistorischen Menschen gruben immer wieder nach früheren Ablagerungen, um sie als Baumaterial zu benutzen, und brachten bei diesem Vorgang ältere Überreste an die Oberfläche. Scherben haben also die Neigung zu »klettern«, so daß die von der Oberfläche aufgesammelten Stücke häufig Proben sogar von den untersten oder ältesten Schichten enthalten.

Während viereinhalb Monaten im Jahre 1967 kartographierten Adams und Nissen 466 Fundstellen, die von dem Bruchteil eines Morgens bis zu nahezu 600 Morgen groß waren und mindestens 1500 einzelne Siedlungsschichten darstellten. Es dauerte mehr als fünf Jahre, um das Material zu analysieren und für die Veröffentlichung vorzubereiten. Das Ergebnis ist ein Bild, unvollständig und verschwommen an vielen Stellen, aber eines der ersten seiner Art und bestimmt etwas, worauf man aufbauen kann, ein Bild von einigen jener Elemente, die in die Formung einer bedeutenden prähistorischen Stadt eingingen.

Es ist ein Bericht des Wachstums, langsam zuerst und dann schneller werdend. Eine der frühesten bekannten Fundstellen der Region, ein Dorf, im Vermessungskatalog mit der Nummer 298 gekennzeichnet und aus ungefähr 50 Personen bestehend, tauchte etwas nach 5000 v. Chr. auf. Eine Reihe von Generationen später tauchte ein weiteres Dorf 13 Kilomter nordöstlich auf, vielleicht von Nachkommen der ursprünglichen Siedler begründet, und noch ein anderes, ungefähr in gleicher Entfernung nach Südwesten, – die drei Fundstellen bilden ein kompaktes Dreieck mit gleichlangen Seiten. Die Vermessung zeigt eine zweite nördliche Gruppe von Dörfern etwa vier oder fünf Jahrhunderte später, und um 4000 v. Chr. waren es schon insgesamt etwa ein Dutzend Siedlungen mit 4000 bis 5000 Personen.

Die Region erlebte einen entschiedenen Anstieg der Bevölkerung, eine übliche Folgeerscheinung des Seßhaftwerdens. Etwas anderes lag in der Luft, etwas noch viel Komplizierteres als die ansteigende Bevölkerung. Mehr Menschen waren unterwegs, sicher; doch wenigstens theoretisch hätte dies eine relativ gleichmäßige Verteilung von Örtlichkeiten ergeben müssen, alle in der gleichen Größenordnung, einfach eine Multiplikation von Dörfern. Genügend Raum war für viele derartige Siedlungen vorhanden.

Was tatsächlich eintrat, war etwas ganz anderes – ein Massierungs- oder Zentralisierungseffekt, die Zusammenziehung von Menschen in immer dichteren Kernen. Warum diese Zentren entstanden und warum gerade dort, wo sie es taten, ist ein ungelöstes Problem. Vorteile sind niemals vollkommen gleichmäßig verteilt. Die Siedlungen in einem Haufen sind niemals von genau gleicher Größe oder in genau gleichen Gebieten gelegen. In Abhängigkeit von den örtlichen Bedingungen werden einige Siedlungen bedeutend, und eine wird allen anderen gegenüber irgendeinen Vorteil erringen.

Uruk, der südlichste Ort in der ursprünglichen Dreieckballung, hatte einen solchen Vorteil. Es war vielleicht an einer besonders anziehenden Stelle nahe einem reichen Marschland gelegen und wurde auf diese Weise ein natürlicher Ort für frühe Versionen von Markttagen und örtlichen Basaren, religiösen Zeremonien und anderen besonderen Ereignissen, die Besucher aus benachbarten Dörfern anlockte, von denen manche sich möglicherweise entschlossen, bei Freunden und Verwandten zu bleiben. Auf geschätzten 25 Morgen schloß es etwa ein Fünftel aller Menschen in der Region ein und war einer der beiden besonders großen Orte.

Uruk scheint zu einem frühen Zeitpunkt schon eine besondere »Doppel«-Qualität gehabt zu haben. Als einzelne Siedlung von nicht mehr als einem Morgen, oder zwei am Anfang, ließ sie eine zweite Siedlung, etwa einen halben Kilometer entfernt, wahrscheinlich auf dem gegenüber liegenden Ufer des Euphrat entstehen. Dieses Muster war nicht selten und wird heute noch unter den in Marschgebieten lebenden Arabern angetroffen. Eine Gruppe von Dorfbewohnern zieht jahreszeitlich bedingt vom Westufer eines Kanals im Winter zu Sommerquartieren auf dem Ostufer, das zwar nur wenig höher ist, aber doch hoch genug, um kühlere Abende und weniger Insekten zu bieten. Das Paar prähistorischer Siedlungen in Uruk mag wohl auf ähnliche Weise entstanden sein oder aufgrund einer Rivalität zwischen zwei Familien oder Geschlechtern. Später hatten die beiden Zwillingsorte zu beiden Seiten des Flusses vielleicht einen praktischen Zweck. Sie haben möglicherweise einer »Zollhaus«-Funktion gedient, indem sie den Verkehrsstrom kontrolliert und von den vorbeifahrenden Booten Zoll erhoben haben.

Während des nächsten Jahrtausends, von 4000 bis 3000 v. Chr., setzten sich der Anstieg der Bevölkerung und die Zentralisierung fort. Die Siedlungen vermehrten sich von einem Dutzend auf etwa 100, die Bevölkerung von 5000 auf ungefähr 20 000 und große, dichtbesiedelte »Städte« von zwei auf fünf. Uruk, die größte von allen, behielt seine Eigenschaft als Zwillingsort bei, aber nunmehr hatte es zwei prominente rituelle Bezirke, einen dem Himmelsgott Anu gewidmet und den anderen Eanna, der Göttin der Liebe. Während dieser Periode vergrößerte sich das Gebiet von etwa 25 auf über 175 Morgen und überschritt so die willkürliche Grenze von 125 Morgen oder mehr, die als grober Index für ein urbanes Zentrum angesehen werden kann.

Mitglieder des Deutschen Archäologischen Instituts in Bagdad und eine kleine Armee von örtlichen Arbeitern haben hier seit 1913 an Grabungen gearbeitet. (Nach Ansicht eines Forschers würde die Vollendung der Arbeit weitere 100 Jahre in Anspruch nehmen.) Läßt man die Zeit für die Weltkriege aus, so ergibt sich eine Gesamtzahl von über 30 Grabungsperioden, eine Art von Rekord für Dauergrabungen in einer Region. Die eindrucksvollste

Verschachtelter Tempel in Uruk, Irak: Eingang zur Unterwelt?
(Quelle: Deutsches Archäologisches Institut, Bagdad)

der neuesten Entdeckungen ist ein massiver Tempel, unter der ältesten bekannten Stufenpyramide, dem »Ziggurat«, im Anu-Bezirk gelegen und um 3500 v. Chr. erbaut. Nur zwei Wochen vor meinem Besuch freigelegt, zählt er zu den kompliziertesten Bauwerken auf einer Fundstelle, die für komplizierte Bauwerke bekannt ist. Er ist das einzige Gebäude in Uruk, das hauptsächlich aus Stein erbaut ist, aus Kalkstein, der aus einem Steinbruch, etwa 60 Kilometer entfernt, herbeigeschafft wurde; das vorherrschende Baumaterial bei allen anderen Gebäuden sind die traditionellen Schlammziegel.

Der Tempel wies eine ungewöhnliche, ineinander verschachtelte Bauweise auf, mit drei dickwandigen Kammern, eine in der anderen, wodurch das Bauwerk wie ein Labyrinth aussah. In der innersten Kammer, die man nach Durchschreiten einer Reihe von Torbögen erreichte, befand sich eine rituelle Grube, wo möglicherweise einstmals ein Feueraltar stand. Die Innenmauer dieser Kammer ist grob verputzt, in deutlichem Gegensatz zu den glattverputzten Außenmauern, und war vielleicht mit Stoff bedeckt. Jürgen Schmidt, der Leiter der Ausgrabungen in Uruk, nimmt an, daß der unterirdische Tempel den Tod und die Welt der Toten symbolisiert. Die verschachtelte Bauweise mit den Torbögen, die zu einer zentral gelegenen Grube führen, stellen vielleicht den gewundenen Pfad in die Unterwelt dar, wie er in einem aus einer späteren Periode überlieferten Mythos beschrieben wird. Was immer auch sein Zweck gewesen sein mag, der Tempel hatte eine seltsame Geschichte. Innerhalb eines Jahres, oder sogar innerhalb weniger Monate, wurde er rätselhafterweise mit Erde abgedeckt, um zu einem späteren Zeitpunkt einfach wieder freigelegt zu werden – und dann wurde er prompt wieder zugeschüttet, diesmal endgültig.

Das Streben nach Nahrung zog die Menschen in mehr und mehr begrenzte Gebiete der Region. Die frühen Siedler lebten wahrscheinlich in der Hauptsache vom Jagen und Sammeln, wie auch die heutigen Araber noch immer in bestimmten Marschland-Dörfern des Euphrat- und Tigrisdeltas im Südosten leben. Sie betrieben wohl etwas Bodenbestellung, lebten jedoch von Fisch und Wild, von Wildgeflügel und Wildpflanzen. Mit ansteigender Bevölkerung wandten sie sich mehr dem auf Bewässerung beruhenden Ackerbau zu.

Vermessungskarten zeigen eine Veränderung des Besiedlungsmusters von der Frühzeit bis in spätere Zeiten, eine Verschiebung von Örtlichkeiten mit unregelmäßigem Abstand voneinander zu Orten, die in gerader Linie angeordnet sind, was auf eine entsprechende Verschiebung von den natürlichen gewundenen Wasserwegen zu künstlich begradigten Kanälen hinweist. Ein Ergebnis davon war eine wachsende Konzentration der Bevölkerung. Für Mesopotamien stehen keine Schätzungen zur Verfügung, doch im benachbarten Iran waren vielleicht bis zu zwei Drittel des Landes gutes Territorium für das Jagen und Sammeln, überwiegend grasbewachsene Ebenen und Bergtäler.

Gutes Ackerland war ein beträchtlich kleinerer Teil des Gebiets. Als die Menschen es für notwendig hielten, sich dem Ackerbau zuzuwenden, hatten sie einen weitaus kleineren Spielraum für ihre Wahl. Flannery schätzt, daß etwa ein Zehntel des Landes im Iran, Land mit einem hohen Grundwasserpegel und sumpfige Gebiete, die besten Aussichten für die frühgeschichtlichen Bauern boten – und nur ungefähr ein Zehntel dieses Zehntels war zur Bewässerung geeignet. Im Gebiet von Uruk, wie auch im Iran, wurden immer größere Mengen von Nahrung erzeugt und lebten größere Anzahlen von Menschen auf immer weniger Land.

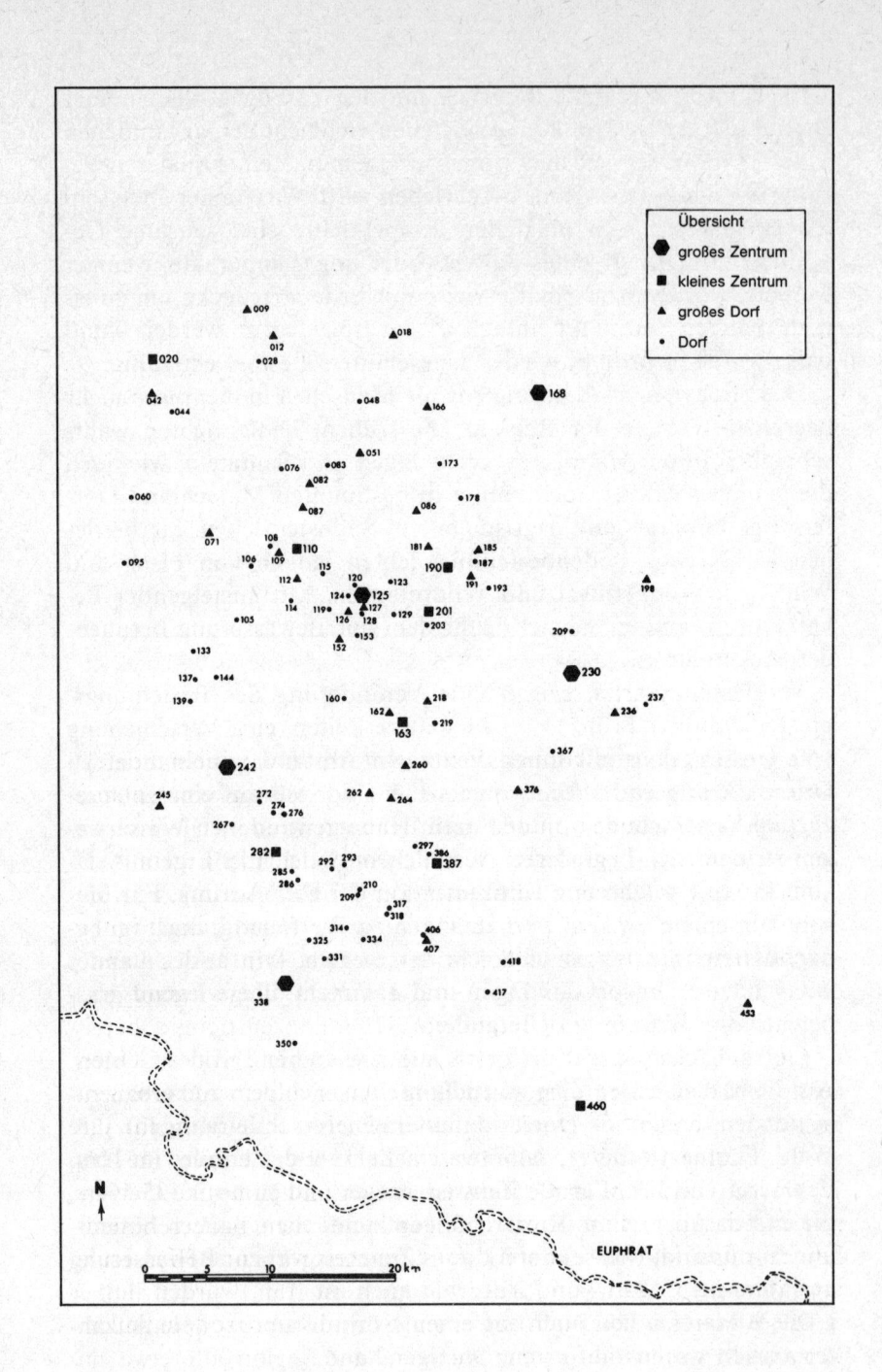

Übersicht
● großes Zentrum
■ kleines Zentrum
▲ großes Dorf
• Dorf

EUPHRAT

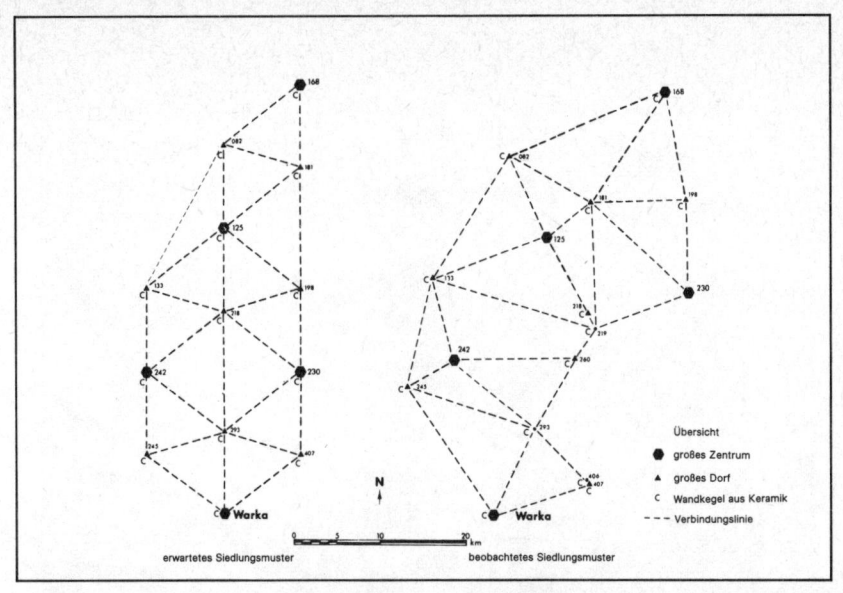

Umland von Uruk, Zentralort-Theorie: Vermessungskarte (links) und Abstraktion der Karte (oben).
(Quelle: Gregory L. Johnson, Hunter College)

Vermessungskarten können weitere Informationen über Zentralisierungskräfte enthalten, wobei sie die Vorstellung von Städten als Teile von Systemen unterstützen, Hauptzentren in Hierarchien von geringeren Orten, deren Auftauchen vielleicht mit dem Auftauchen von Staaten eng verbunden ist. Wrights Auffassung vom Staat als einem System von drei oder mehr Verwaltungsebenen mag sich in Siedlungsmustern widerspiegeln, wie aus Untersuchungen von Gregory Johnson vom Hunter College hervorgeht. Sich auf die Situation im Umland von Uruk konzentrierend, bereitete er zunächst eine Karte vor, die die Gebiete von 95 Orten zeigte, bei denen sich eine Aufteilung in vier allgemeine Größenordnungen ergab: 54 Dörfer (einviertel bis sechs Morgen), 28 große Dörfer (6 bis 15 Morgen), acht kleine Zentren (15 bis 25 Morgen) und fünf große Zentren, einschließlich Uruk (25 Morgen und darüber). Eine Hierarchie von zunehmend größeren Siedlungen entstand, was sehr stark auf eine entsprechende Hierarchie von Menschen, Status und Autorität hinweist.

Die Hierarchie läßt auch auf einen Evolutionsprozeß schließen. Vermutlich waren die ersten Dörfer in der Region alle etwa im

Keramikkegel in einer Mauer in Uruk, eine Kennzeichnung öffentlicher Gebäude.
(Quelle: Deutsches Archäologisches Institut, Bagdad)

gleichen Stadium der Größe und des Status, da die Menschen erzeugten, was sie benötigten, und nicht mehr. Später begannen einige Dörfer rituelle und andere Dienstleistungen für andere Dörfer zu liefern und wurden größer, und noch später tauchten weitere Dörfer, größere Dörfer und kleine Zentren auf und schließlich das Muster der vier Ebenen. Solche Veränderungen stellen einen Trend in menschlichen Handlungen dar, eine merkliche Steigerung in sozialer Komplexität – mit Arbeitern und Aufsehern, mit Leuten, die über den Aufsehern stehen und Eliten darüber –, die das Entstehen eines Staates mit sich bringt.

Johnson ging dann über zu einer weiteren Analyse, die sich mit den Abständen zwischen den Siedlungen befaßte. Für jede Größenordnung vermaß er die Entfernung zwischen der kartographierten Fundstelle und ihrem nächsten Nachbarn. Größere Orte waren weiter voneinander entfernt als kleinere. Die fünf großen Zentren liegen durchschnittlich 18 Kilometer auseinander; die entsprechenden Entfernungen für kleine Zentren, große Dörfer und Dörfer sind jeweils 11,5, 4,5 und 2,8 Kilometer. Eine besondere Beziehung besteht zwischen großen Zentren und bestimmten relativ kleinen Orten, die möglicherweise als Verteilungs- oder Kontrollstationen gedient haben, nach der Tatsache geurteilt, daß sie Keramikkegel hergestellt haben, die Mosaikelemente, die zur Ausschmückung der Tempel und anderer öffentlicher Gebäude verwendet wurden. Jedes große Zentrum ist mit zwei Kegel-Fundstellen assoziiert, im Durchschnitt zehn Kilometer entfernt.

Die Entfernungen folgen tatsächlich Regeln, die ein Ortsmuster beschreiben, eine Art »Siedlungsgitter« mit einer deutlichen sechseckigen Struktur. Das Muster ist idealisiert, vereinfacht, da es auf durchschnittlichen oder »ausgeglichenen« Entfernungen basiert und das Vorhandensein von Flüssen, Kanälen, Sümpfen und anderen Besonderheiten, die die Lage von Örtlichkeiten beeinflussen, nicht berücksichtigt. Zieht man solche Unterschiede in Betracht, so deckt es sich mit dem tatsächlichen Muster von großen Zentren und Kegelfundstellen, wie sie auf einer Karte von Gebiet um Uruk erscheinen.

Das ist eine vertraute Geometrie. Sechsecke erscheinen auch in Christallers Zentralort-Theorie, die sich mit Verteilungen und Hierarchien von Siedlungen befaßt (siehe Kapitel 5). Sie neigen dazu, unter besonderen Bedingungen aufzutauchen – in dichtbesiedelten Teilen der Welt von heute und in Regionen, wo Dörfer, Städte und Großstädte nach der Struktur von Marktnetzen gebaut werden, die die Verteilung von Gütern und Dienstleistungen regeln. Das Erscheinen von Sechsecken in der Untersuchung von Uruk impliziert, daß ein ähnliches System auch hier existierte, natürlich in einem viel kleineren Maßstab, aber doch mit vergleichbaren Funktionen.

Bestätigt die Archäologie wirklich, was die Zentralort-Theorie behauptet? Bis zu einem gewissen Grad ja. Johnson glaubte, wenn kleine Orte mit Keramikkegeln tatsächlich Verteilungsstellen waren, Orte an örtlichen Handelswegen, die die Hauptzentren und andere Siedlungen in dem ganzen Gebiet verbanden, so müßten sie mehr seltene oder ungewöhnliche frühgeschichtliche Gegenstände hervorbringen als kleine Orte, die in weniger strategischen Positionen lagen. Zur Überprüfung dieses Arguments stellte er Inventarverzeichnisse von tönernen Spindelwirteln oder Schwungrädern auf, wie man sie beim Weben verwendet, um die Spindel am Drehen zu halten, von Streitkolbenköpfen, Fischnetzgewichten, Steingefäßen, Hacken und Metallobjekten für 52 kleine Orte. Er fand heraus, daß etwa 50 Prozent mehr solcher Gegenstände an Kegelorten gefunden wurden als an Orten ohne Kegel, was auf eine bedeutend größere Vielfalt von seltenen Objekten hinweist.

Die Geometrie deutet also – und sie deutet nur – auf eine Verbindung hin zwischen Vergangenheit und Gegenwart, auf die Möglichkeit, daß Kräfte, die noch im 20. Jahrhundert am Werk sind, auch das Verhalten von Menschen bei der Entscheidungsfindung im frühgeschichtlichen Sumer beeinträchtigten. Es wird sicherlich noch weiterer Forschung bedürfen, um die Existenz eines höchstorganisierten Handelsnetzes in der Uruk-Region zu beweisen und um festzustellen, ob das System unter der Kontrolle eines hochorganisierten politischen Systems arbeitete. Genug ist getan worden, um auf das Potenial von Kartographie, von Vermessen und Analysieren ausgegrabenen Materials hinzuweisen.

Die Stadt veränderte sich dramatisch während des Jahrhunderts oder auch der zwei Jahrhunderte nach 3100 v. Chr. Zunächst stiegen auch weiterhin sowohl die Anzahl der Siedlungen als auch die Größe von Uruk an, von etwa 100 auf 150 Orte beziehungsweise von ungefähr 175 auf 250 Morgen. Aber dann wurden die Dinge schwieriger, aller Wahrscheinlichkeit nach innerhalb weniger Generationen. Eine außerordentliche »Implosion« oder Explosion nach innen markiert das letzte Stadium im Anstieg von Uruk. Das Zentrum dehnte sich weiter aus, schneller als jemals zuvor. Nun wuchs es aber auf Kosten des Umlands. Ungefähr die Hälfte der Siedlungen in den Außengebieten wurden aufgegeben, und Adams zeigt auf, daß in den nahe bei der Stadt liegenden Gebieten »die Städte wie auch die Dörfer buchstäblich verschwanden... wobei alle früheren Einwohner fast mit Sicherheit Wohnung innerhalb der Stadtmauer von Uruk nahmen«. Die Stadt wuchs auf etwa 1000 Morgen an. Ihre Bevölkerung mag sich von 10 000 auf 20 000 verdoppelt haben; wahrscheinlich nahm sie ungefähr zwei Drittel aller in der Region lebenden Menschen auf.

Eine Stadt oder eher ein Stadtstaat war geboren in einer Welt, die ohne Städte gewesen war. Zu dieser Zeit hatte die Region von Uruk wahrscheinlich fünf Ebenen von Siedlungsgrößen, mit Uruk selbst jetzt mit seiner 1000-Morgen-Ausdehnung an der Spitze. Eine Klasse von Verwaltern, hauptsächlich mit der Verwaltung der Angelegenheiten von geringeren Verwaltern befaßt, lebte wahrscheinlich hier. Nach dem Prinzip, daß Erklärungen einfach sein sollten, bis und wenn nicht begründeter Beweis etwas anderes diktiert, nehmen wir an, daß es weitgehend als Ergebnis von örtlichen Kräften wuchs, den Aktivitäten von Jägern und Sammlern, die in der Region geboren waren und deren Nachkommen – und vielleicht geschah es auch wirklich so. Das Umland von Uruk, wie Uruk selbst, war aber niemals gegen die Einwirkung von Ereignissen von außen abgeschirmt.

Einwanderer haben möglicherweise von Anfang an eine Rolle gespielt. Vielleicht gehörten zu ihnen die frühesten bekannten Siedler in der Fundstelle Nr. 298. Man fand dort Keramiken, die in Form und Verzierung manchen Töpferwaren ähneln, die Oates an der frühgeschichtlichen Bewässerungsstelle Choga Mami etwa 320 Kilometer nordwärts fand. Über ein Jahrtausend später sind vielleicht Zuwanderer aus Saudi-Arabien und Qatar gekommen, wo Siedlungen offensichtlich einige Zeit nach 4000 v. Chr. plötzlich verschwanden. McGuire Gibson von der University of Chicago glaubt, daß noch später, als sich die Stadt ihrem Höhepunkt näherte, noch mehr Leute aus dem Nordwesten hereingeströmt sind, Flüchtlinge, die durch eine mögliche Verlagerung des sich windenden Euphrat heimatlos wurden.

Oben: Ziggurat in Ur, Irak, ausgegraben; *unten:* rekonstruiert.
(Quelle: Directorate General of Antiquities, Bagdad)

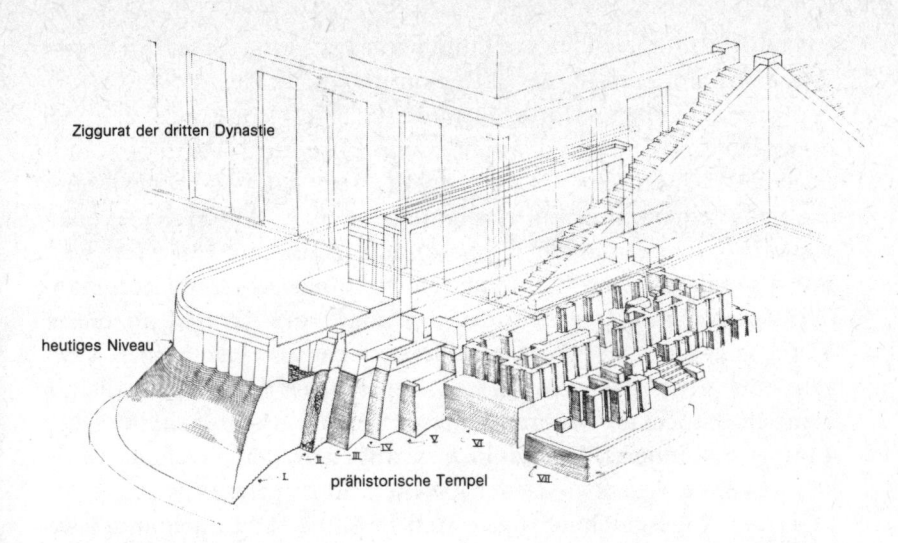

Tempelebenen in Eridu, Irak: ein Jahrtausend von aufeinander gebauten Gebäuden.
(Quelle: Directorate General of Antiquities, Bagdad)

Es gab noch andere größere Zentren in Sumer, und eines von ihnen war das Ergebnis eines frühen Unternehmens von Stadtplanung. Ein neuer Haufen von Siedlungen nahm plötzlich um 3000 v. Chr. Form an, und zwar etwa 40 Kilometer nordwestlich von Uruk. Ein Kanal, etwa 16 Kilomter lang, wurde in einem Gebiet gebaut, das vorher kaum, wenn überhaupt, besiedelt war, und die Orte, die sich an seinen Ufern aufreihten, waren keine sich entwickelnden Dörfer, sondern richtige »auf Bestellung gebaute« Städte, vermutlich gebaut, um die Bevölkerungsspitzen von anderswo aufzunehmen. Später wurden diese kleinen Städte en masse aufgegeben, und eine neue Großstadt entstand in diesem Gebiet.

Ein anderer Stadtstaat, Nippur, wurde etwa 50 Meilen nordwestlich von Uruk gegründet. Dieses Zentrum, wo Gibson der letzte in einer langen Reihe von Ausgräbern ist, erlebte eine Bevölkerungsimplosion wie jene in Uruk. Ihr zugrunde lag wohl ein »heiliger Ort«, ein Grundstück, das ursprünlich aus unbekannten Gründen geheiligt wurde und Jahrhundert um Jahrhundert als Standort für Tempel diente, die einer nach dem anderen auf den Trümmern früherer Tempel gebaut wurden. Zu einem Zeitpunkt vielleicht um 3500 v. Chr. existierte nur ein Dorf dort, wo Nippur entstehen sollte, ein kleiner Haufen von Häusern, die sich in keiner Weise von anderen in dieser Region unterschieden.

Einige Zeit später wurde eines dieser Häuser oder vielleicht ein freier Platz, wo niemand wohnte, zum geweihten Ort, zum Standort eines kleinen Tempels, etwa zwölf Meter lang und sechs Meter breit mit einem inneren Heiligtum, einer 3 × 3 Meter großen Kammer, die vermutlich für besondere Anbetung reserviert war. Von da an, 500 Jahre lang, bauten die Menschen zehn aufeinanderfolgende, immer größere und großartigere Tempel an dieser Stelle, von denen der größte und letzte mehr als einen halben Morgen oder etwa das achtzigfache der Fläche des ursprünglichen Tempels bedeckte. Während dieser ganzen Periode hatte jeder Tempel ein inneres Heiligtum von ungefähr der gleichen Größe wie das erste, das etwa an der gleichen Stelle gelegen war.

Jedes frühgeschichtliche Zentrum in Sumer und auch anderswo hatte wahrscheinlich einen heiligen Ort. Der unterirdische Tempel in Uruk markierte wahrscheinlich ein solches heiliges Gelände, genau wie ein Bauwerk in einer im Süden entstehenden Stadt. In nur wenigen Jahrhunderten wurde sie zur Großstadt Ur, die Paläste und Objekte aus Gold und auch königliche Grabmäler hatte, einschließlich einer Todesgrube, die 64 geopferte »Damen des Hofes« bewahrte, in ordentlichen Reihen niedergelegt, mit goldenen Bändern im Haar – eine Großstadt also, die auch in ihrer höchsten Blütezeit nicht einmal nahe an die Größe von Uruk herankam.

Ein weiteres frühgeschichtliches Zentrum in Sumer, Eridu, schloß ein achtzehnschichtiges System von aufeinandergebauten Tempeln ein, mit einem winzigen Altar am heiligen Ort in der Basis, wie ein Samenkorn, aus dem alles andere erwuchs. Das Wachstum dieser Zentren beeinflußte die Gestaltung von Uruk, besonders seine Implosionsperioden, die etwa 3100 v. Chr. begannen. Das Tempo dieses »Verdichtens« oder dieser Kernbildung weist auf einen entsprechenden Sprung in der Konzentration von Macht hin, ein Sprung, der vom neuen Gefahren von außen bewirkt wurde. Auch wenn man die Verlockung der Großstadtmassen und der Großstadtaktivität in Betracht zieht, so kommen die Leute normalerweise nur zu Besuch, nicht um zu bleiben; sie verlassen ihre Heimat nicht ohne Grund plötzlich und in ganzen Scharen.

All dies läßt vermuten, daß sie gehen mußten, unter doppeltem Druck. Sie wurden wahrscheinlich nach Uruk durch eine örtliche

Miliz oder ein Äquivalent gezwungen, eingezogen, um Steuern zu zahlen und Mannschaften für eine wachsende Armee und den Bau einer neuen zehn Kilometer langen Mauer zu liefern. Und gleichzeitig »drängten« sie in die Stadt, auf der Suche nach Schutz vor den Armeen und den Plünderern konkurrierender Zentren. Es gibt noch ein weiteres Anzeichen für Konsolidierung, vielleicht auch unter Zwang, eine neue Beziehung zwischen den Menschen und ihren Göttern. Die Anu- und Eanna-Bezirke vereinigten sich endlich in einem einzigen religiösen Komplex und zeigten dadurch ein institutionalisiertes Ende auf, möglicherweise das Ende eines alten Konfliktes, den sich die Stadt nicht länger leisten konnte.

Adams arbeitete in Richtung auf eine breitere Synthese, die auf einigen seiner früheren und neueren Vermessungen basiert; sie ergäbe das Siedlungsmuster einer Region, die sich nach Nordwesten bis Bagdad und darüber hinaus erstreckt. Uruk und das Umland von Uruk stellen weniger als ein Viertel dieser Region dar, die auch interessante Probleme stellt. Zum Beispiel finden sich auf großen Teilen der Ebenen keine Spuren von Besiedlung, sie wurden offensichtlich niemals benutzt. Sie waren vielleicht dürre Wüsten oder Sümpfe oder möglicherweise ausgedehnte Weidegründe. Auf jeden Fall können die Bevölkerungsdichten in den Gebieten, die besiedelt waren, beträchtlich größer gewesen sein, als anfangs vermutet wurde.

Es gibt noch weitere Regionen zu erforschen, nicht nur in Saudi-Arabien und in Ländern im Süden, sondern auch westlich nach Syrien hinein. Tatsächlich graben deutsche Forscher eine Großstadt so groß und so alt wie Uruk am oberen Euphrat aus, etwa 100 Kilometer von der heutigen Stadt Aleppo entfernt, eine Autofahrt von vier bis fünf Stunden über schlechte Straßen. Sie arbeiten mit Hochdruck, weil ein Damm in dem Gebiet gebaut wird und die Fundstelle innerhalb der nächsten fünf Jahre überflutet wird. Bekannt als Habuba, schließt sie einen großen Wall mit Bastionen ein, ein System von Kanälen und gepflasterten Straßen sowie einen zentralen Komplex von Gebäuden, die an die ersten Tempel von Uruk erinnern.

Die Beziehungen dieses Zentrums zu den Zentren in Sumer und anderswo müssen noch herausgefunden werden. Es ergibt sich aber ein allgemeines Bild. Die Menschen waren eingeschlossen in sich ausdehnende soziale Netzwerke, in Staatensysteme auf unterschiedlichen Ebenen. Immer auf der untersten, der Ebene der Versorgungsbasis, waren die Bauern und ihre Familien, die viele Stunden arbeiten mußten, um mehr Nahrungsmittel zu erzeugen, als sie selbst brauchten. Sie trugen das zuviel Erzeugte zu Zwischenzentren, wo eine Vielzahl von Unterbeamten darauf achtete, daß ein vorschriftsmäßiger Anteil der Nahrung zu den größten Zentren gelangte, einschließlich eines besonders großen Anteils der besten Nahrungsmittel für die Leute, die etwas zu sagen hatten. Die Dinge flossen abwärts genauso gut wie aufwärts in dieser Hierarchie. Die Menschen auf den unteren Ebenen haben vielleicht in Massen erzeugte Töpferwaren, Textilien und andere Waren erhalten, zusammen mit speziellen Dienstleistungen wie Schutz vor Feinden und umfangreiche religiöse Zeremonien.

Die frühen Großstädte und das Stadtleben sind Zeichen neuer sozialer Kontrollprinzipien, größerer Entwicklungen in der Technologie des Organisierens von Menschen für das allgemeine Wohl. Viele Dinge geschahen alle auf einmal, Veränderungen, die neue und erstaunliche Komplikationen brachten und doch zur gleichen Zeit konstruktive Wirkungen zeitigten, indem sie gegen starke Gegenkräfte zur Einigung diverser Gruppen führten. Offensichtlich hatte nichts, oder zumindest nichts von Bedeutung, einfache Konsequenzen. Sozialer Status, das Aufkommen von Besitzenden und Habenichtsen und ererbte Rechte sowie Verwaltungsebenen trieben die Leute auseinander und gaben Veranlassung für neue Konflikte, Korruption und Tyrannei. Es brachte aber auch die Menschen enger zusammen, da sie sich häufiger als jemals zuvor trafen als Spezialistenkollegen, Töpferkollegen, Schreiber und Krieger und nicht nur als Blutsverwandte.

Wenn man bedenkt, daß die meisten menschlichen Gewalttaten in allen Gesellschaften, von den Jäger-und-Sammler-Banden bis zu den Großstädten des 20. Jahrhunderts, unter Blutsverwandten vorkommen, muß dieser Trend einen gewissen nützlichen Erfolg gehabt haben. Eine Politik der Förderung von Loyalität über die traditionelle Loyalität gegenüber Verwandten hinaus half bei der Begründung einer Reihe von Dynastien im Nahen Osten und anderswo, die oft bis in die historische Zeit andauerten. Henry Rosenfeld von der Hebräischen Universität von Jerusalem beschreibt die Taktik von Ibn Rashid, einem Scheich im Arabien des 19. Jahrhunderts, der ein Königreich aus rivalisierenden Stämmen aufbaute, indem er bewußt eine Spezialistenklasse von Söldnersoldaten, Sklaven und nicht verwandten Stammesangehörigen schuf, die niemand gegenüber Treue schuldeten als ihm allein – und indem er bewußt seine eigenen Verwandten aus Machtpositionen heraushielt.

Ein anderer Scheich rief mit Hilfe der Briten und anderer interessierter Parteien eine islamische Sekte ins Leben, deren Angehörige Krieger waren, die dem nationalen Interesse ergeben waren. Offensichtlich erwies sich die Kombination von fanatischen Kreuzzügen und kämpferischer Verwegenheit als zu explosiv, da die eifrigen Anhänger außer Kontrolle gerieten. Rosenfeld beschließt seinen Bericht von dieser Episode mit der knappen Anmerkung: »Diese militärisch-religiösen Fanatiker... begannen unabhängig zu operieren, und ihre Organisation mußte liquidiert werden.«

Ähnliche Abweichungen mögen in der fernen Vergangenheit von Zeit zu Zeit vorgekommen sein. Aber meistens diente die höhere und umfassendere Loyalität mehr dazu, den Konflikt zu reduzieren als ihn zu verstärken. Das Ritual begann, frühgeschichtliche Gegenstände einzubeziehen, die kunstvoller und eindrucksvoller als nur Dorfaltäre und kleine Figurinen waren, wie sie nahe dem Herd in den Wohnstätten aufbewahrt wurden, und auch Funktionäre, die im Rang erhabener waren als jene, die die Altäre zu warten hatten. Häufige Zeremonien im großen Maßstab auf den weiten Plazas, die von massiven Gebäuden umgeben waren, brachten die Menschen Schulter an Schulter zusammen, sie daran erinnernd, daß sie den gleichen Glauben und die gleichen Ängste teilten.

Trotz aller Beruhigung durch Pomp und äußere Umstände war das Leben in den frühen Großstädten von schwacher Qualität. Sumer war zufällig in mancher Hinsicht ein sehr schlechter Ort für den Ackerbau. Idealerweise wird im Oktober ziemlich viel Wasser benötigt, um dem frischgesäten Samen einen guten Beginn zu ermöglichen; danach ist eine recht beständige Versorgung von Oktober bis März erforderlich und schließlich ein allmähliches Nachlassen, um der Feldfrucht eine Chance zu geben, fest und frei von Fäulnis zu wachsen. Unglücklicherweise liefert der Euphrat, von den Regenfällen in den Bergen der Türkei, Hunderte von Kilometern entfernt, genährt, Mangel und Überfülle, und beides genau zur falschen Zeit. Er ist gewöhnlich im Oktober am niedrigsten, steigt sehr langsam bis etwa Februar an und bietet die Möglichkeit von Überschwemmungen im Mai, wenn Wasser am wenigsten benötigt wird. Nach Gibson »sahen sich die Bauern alljährlich damit konfrontiert, daß die vorher wasserlosen Pflanzen von unkontrollierbaren Wasserfluten hinweggespült wurden«.

Hätte man ihnen nur die freie Entscheidung angeboten und Land, das spürbar weniger Anstrengungen zur Bearbeitung erforderte, wären sie schon längst woanders hingezogen. Sie blieben, weil sie bleiben mußten, und sie machten tatsächlich das Beste daraus, indem sie gegen die Natur arbeiteten. Es war sicherlich nichts Natürliches um ihre Kanalsysteme, Reservoirs, Dämme und andere Wasserkontrolleinrichtungen. Sie erreichten einen Grad der Sicherheit, wenn sie auch niemals an vollkommene Sicherheit herankamen, indem sie sich einfach darauf einigten, die Erträge zusammenzulegen und die Risiken zu verteilen. Das bedeutete eine Teilung sowohl der Notfälle als auch der verfügbaren Nahrungsvorräte, wenn es Schwierigkeiten gab und, was noch schwerer war, ein Teilen mit Fremden aus Gemeinwesen, die zwei oder drei Tagesmärsche entfernt waren – und vielleicht das Schwierigste und »Unnatürlichste« von allem: Teilen mit Führern, die, weil sie wichtiger waren als ihre Mitmenschen, das Beste von allem erwarteten und gewöhnlich auch erhielten.

Das Überleben in jenen Tagen brachte zwangsläufig das Ende der Gleichheit. Ein Universum, ein Superkunstwerk entstand, in dem alles, was getan werden mußte, richtig und notwendig schien. Planung und versuchsweise Entwicklung von Hierarchien waren Teil des Prozesses. Das war auch die Religion, nicht geplant im konventionellen Sinne, sondern eine Mythologie und eine damit verbundene Ethik, die das Tägliche erklärte und rechtfertigte.

Im Kosmos der Sumerer existierte der Mensch, der auf einem Binsenfloß in einem von Bergen eingekreisten Ozean trieb, um den Göttern zu dienen. Die Könige waren da, um die Ausführung göttlicher Befehle zu überwachen, zu denen Arbeit und Opfer gehörten, Tier- und Menschenopfer. Manchmal müssen die Befehle unvernünftig und willkürlich erschienen sein, besonders in Streßzeiten, wenn das Leben komplizierter wurde, wenn die Zahl der Verwaltungsebenen und der Abstand zwischen den Menschen und ihren Führern wuchsen.

Der Status der königlichen Abkunft stieg entsprechend und mit ihm die Wirkung der königlichen Erlasse. Die Autorität entwickelte sich vom König als Held, einem außergewöhnlichen Individuum, doch immer noch einem menschlichen Wesen, zum König, der etwas mehr als nur ein Mensch war, ein glorifizierter Mittler zwischen den Göttern und der übrigen Menschheit. Die endgültige Beförderung wird auf Keilschrifttäfelchen dokumentiert, wo der Name des Königs mit dem Symbol der Göttlichkeit davor erscheint, einem Zeichen, das ursprünglich sternförmig war und kundtat, daß er zu einem richtigen Gott geworden war.

Das Zeichen der Göttlichkeit, frühgeschichtliches Sumer, Irak: Entwicklung der Symbole, die, vor dem Namen der Könige plaziert, ihren göttlichen Status verkündeten.
(Quelle: L. Leo Oppenheim, University of Chicago)

VIII
KAUFLEUTE UND HANDELSROUTEN, QUER DURCH DIE IRANISCHE HOCHEBENE

*Die Obsidian-Straßen/Das Handelszentrum Susa/
Lapislazuli, »der Diamant der Sumerer«/
Massenproduktion und Rationalisierung/
Steinschalen für die Eliten/
Der Ursprung der Schrift/Die ersten Schulen/
Eine Nomadenwohnstätte/Die Grenzen der Kontrolle*

Grenzen nahmen mit dem Aufkommen von Königen und Königreichen eine neue Bedeutung an. Sie waren selten besuchte Orte – an Flüssen entlang und an Bergpässen, anziehend und drohend. Sie forderten die Jungen heraus, wie es der Weltraum heute tut und Berge wie der Mt. Everest und Polargebiete und Amazonas-Urwälder. Jenseits des Horizonts lag das Abenteuer, über Pässe hinweg in das nächste Tal und die Täler dahinter, und dann Heimkehr mit Geschichten, prahlerisch und vielleicht auch ganz anders. Grenzen stellten auch Gefahr dar. Menschen, in der Ferne gesehen, die den Strom herabkamen oder von den Berghängen herunter, waren nicht immer die heimkehrenden Jungen. Manchmal waren es Fremde, und das Mißtrauen gegen Fremde war tief verwurzelt. Es war ein Erbe aus den fernsten Jäger-und-Sammler-Zeiten, als die Welt noch leerer und ein Zusammentreffen selten war und Schockcharakter hatte.

Nunmehr wurden die Zusammenkünfte Teil der neuen Ordnung aller Dinge. Menschen überquerten Grenzen, ihre eigenen und die der anderen, nicht wegen des Neuen und wegen der Überraschung, sondern um die Überraschung zu verringern und, wenn möglich, auszulöschen – zu erkennen und bekannt zu werden, neue Länder zu beurteilen und neue Möglichkeiten. Das Überqueren von Grenzen war Teil einer Suche nach Sicherheit.

Als die Bevölkerung sich zu Hause ausweitete und die Probleme der Versorgung und Kontrolle sich vervielfältigten, erlangte das, was jenseits der Grenzen lag, hohen praktischen Nutzwert. Fremde benötigten die Güter und den guten Willen anderer Fremder. Sie brachten Gaben, Botschaften von anderen Königen, Aufforderungen zum Handel und vielleicht eine unausgesprochene Hoffnung auf Unterstützung im Fall schwerer Zeiten.

Sumer war, von nahem betrachtet, ein Hauptzentrum wachsender Städte und Staaten. Aus der kontinentalen Perspektive gesehen, war es ein Stückchen, ein winziger Flecken Land am Rande der iranischen Hochebene – 2,6 Millionen Quadratkilometer Hochland, das sich quer durch die Hälfte Asiens erstreckt, vom Tigris bis zum Indus. Im Verlauf der Zeit zogen seine Menschen, da ihnen immer mehr Dinge fehlten, die sie brauchten und wünschten, immer weiter in diese Landmasse hinein.

Ungefähr 220 Kilometer nordwestlich von Uruk, in einem unwirtlichen Teil des Iran, liegt ein hoher Hügel, bekannt als Farukhabad, den Wright ausgegraben und beschrieben hat, nicht ohne ein gewisses Maß von Zuneigung: »Bei Sonnenuntergang ist dieser Ausgrabungsort, von den Rufen des Schakals und dem Gelächter der Hyänen einmal abgesehen, beeindruckend verlassen.« Die Fundstelle lag an einer Handelsroute, die weiter ins Innere führte. In der Nähe gab es eine Quelle, aus der nicht sprudelndes Wasser, sondern das erste kommerziell bedeutsame Erzeugnis der mittelöstlichen Ölfelder, Bitumen oder natürlicher Asphalt, mit einer Geschwindigkeit von etwa zehn Litern pro Stunde aus unterirdischen Reservoirs heraussickerte. 8000 Jahre lang oder mehr war es weitgehend zur Befestigung von Feuersteinklingen an Handgriffen und unter anderem zum Abdichten von Körben, Dächern und Leitungen gebraucht worden. Jerichos bemerkenswertes Wachstum als frühgeschichtliche Stadt mag zum Teil auf seine Lage nahe bei Bitumenquellen des Toten Meeres zurückzuführen gewesen sein.

Um einen groben Index für die Menge von Bitumen zu erhalten, die in die Stadt Farukhabad hineingebracht und für den Export aufbereitet worden war, siebte Wright Massen von Erde durch und hob jedes Stückchen des teerartigen Materials auf. Aus Ablagerungen, die auf das Jahr 3150 v. Chr. zurückgingen, entnahm er etwa ein halbes Kilo Bitumen aus jeder Tonne gesiebter Erde. Aus Ablagerungen ungefähr ein Jahrhundert später hatte sich diese Zahl auf das Achtfache erhöht, und es ist nur logisch, daraus zu folgern, daß einer der Hauptgründe die Bevölkerungsexplosion und die allgemeine Blüteperiode in Uruk zu jener Zeit war. Wenn auch vermutlich mehr Menschen mehr Klingen mit Griffen versahen und mehr Dächer und Körbe wasserdicht machten, so konnte das allerdings nur einen Teil des Anstiegs erklären. Ein beachtlicher Teil des Bitumens ging ohne Zweifel woandershin, zum Bootsbau und zum Abdichten der Fugen in den Schiffskörpern.

Fluß- und Seeverkehr haben im Nahen Osten uralte Wurzeln. Der Handel mit Obsidian kam zumindest so früh wie der Handel mit Bitumen. Obsidian ist ein hartes natürliches Glas, das beim schnellen Abkühlen geschmolzener Lava entsteht und zu rasierklingenscharfen Messern und anderen Werkzeugen verarbeitet werden kann. Obsidiansplitter sind in Ali Kosh in Siedlungsschichten von etwa 7000 v. Chr. gefunden worden. Die Forschung von Colin Renfrew von der englischen Universität Southampton und seiner Mitarbeiter hat Beweise für die Herkunft der Splitter geliefert.

Obsidian aus unterschiedlichen Quellen unterscheidet sich in der Zusammensetzung. Wird eine Probe bis zur Weißglut erhitzt,

Lapis lazuli, »der Diamant der Sumerer«, wurde aus dem Hindu-Kush-Gebirge im Osten über eine südliche »Tälerstraße« durch Shahr-i Sokhta und vielleicht Malyan und weiter nach Sumer – und über eine »Höhenstraße« durch Zentren im Altingebiet und Godin transportiert.
(Quelle: George Buctel)

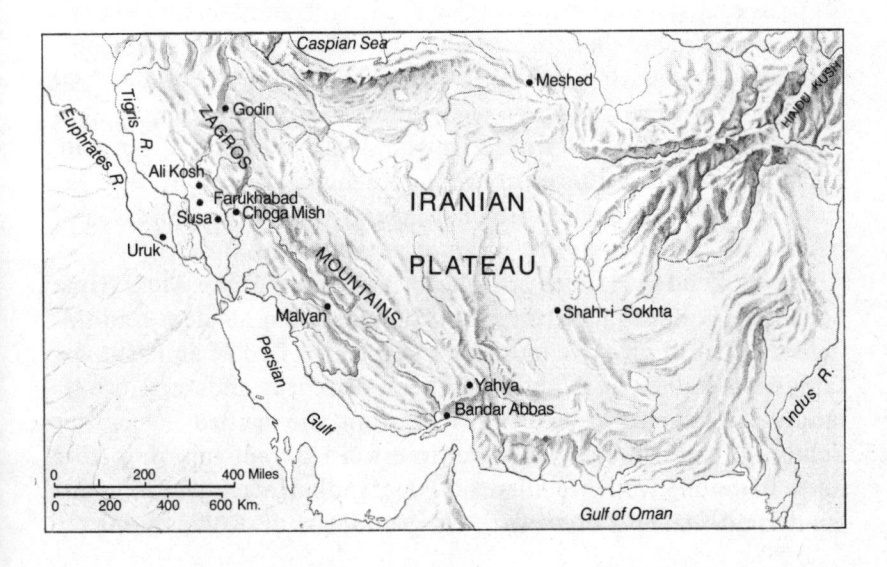

so emittiert jedes chemische Element eine charakteristische Wellenlänge oder Farbe. Zwei für die Identifizierung von Quellen höchst brauchbare Elemente, Zirkon und Barium, emittieren ultraviolette bzw. blaue Strahlen, die mit einem Lichtanalysierungsinstrument, bekannt als Spektrograph, gemessen werden können. Die Splitter aus Ali Kosh bestanden aus 1000-1-Obsidian, d. h., Obsidian, der 1000 Teile/Mio. Zirkon und ein Teil oder weniger Barium enthält.

Die 1000-1-Sorte kommt aus Brüchen 960 Kilometer entfernt in der Nähe des 1000 Meter hoch gelegenen Van-Sees in den Bergen der östlichen Türkei. Sie wurde wahrscheinlich den größten Teil des Weges auf dem Tigris transportiert, dessen Quellgebiet nicht weit von dem See gelegen ist. (Der Strom floß 65 Kilometer entfernt an Ali Kosh vorbei.) Längst eingerichtete Flußwege transportierten später nicht nur Obsidian, sondern auch Kupfer, Silber und andere Metalle, die ebenfalls in der Nähe des Quellgebiets des Tigris gefunden wurden.

Handel entwickelte sich. Theodore Wertime vom Smithsonian Institution stellt einen Fortschritt in der Metallurgie fest, die auf der praktischen Kenntnis vom Gebrauch der Wärme basierte, einer Kenntnis, die in der Töpferei erworben wurde, wo man ja »tatsächlich Ton in Stein zurückverwandelt, indem man ihn dehydriert und auf eine genügend hohe Temperatur erhitzt«. Die frühesten Kupfergegenstände, beispielsweise Anhänger und andere Objekte, kann man 10 000 Jahre zurückdatieren. Verbesserte Techniken entwickelten sich rasch während der Periode von etwa 5000 bis 3000 v. Chr. mit der Entwicklung von Schmelzöfen und den Experimenten der Legierung von Kupfer mit anderen Elementen, um eine härtere und dauerhaftere Bronze zu erzeugen – zuerst Arsen, das zunächst als natürliche Unreinheit angetroffen wurde und später bewußt hinzugefügt wurde, und noch später Zinn.

Ein blühender Handel erforderte Boote und Holz. Mehr Holz bedeutete Wälder fällen, eine Abkehr vom Stein als dem traditionellen Material für Äxte und einen steigenden Bedarf an leistungsfähigen Metalläxten. Metallurgischer Fortschritt andererseits verlangte zusätzliche Vorräte an Holz, um die heißen Feuer der Schmelzöfen zu beschicken. Wertime weist darauf hin, daß trotz aller Betonung von Metallen und Keramik Holz »der unbesungene Held« jener Zeiten war, das grundlegende Rohmaterial für

Brennstoff und zum Bauen. Das Bauholz, und nicht nur das, kam aus einer Region etwa 280 Kilometer östlich, in der Nähe der Ausläufer und der Hochtäler des Zagros-Gebirges, aus der 2860 Quadratkilometer großen Susiana-Ebene im Iran. Ungefähr 10 Jahre lang hat Wright dieser halbwüsten Region, die mit dem Wachstum von Sumer wuchs, seine Aufmerksamkeit gewidmet. Er hat mit Adams, seinem früheren Lehrer, und Johnson, seinem früheren Schüler, dort Vermessungen durchgeführt. Ihre Feststellungen und die von Perrot und seinen Kollegen von der Französischen Archäologischen Mission, von Helene Kantor von der University of Chicago und Pinhas Delougaz von der University of California in Los Angeles ergänzen die Erkenntnisse aus dem Umland von Uruk.

Während die ersten Orte auf der Susiana-Ebene wahrscheinlich vor mehr als 8000 Jahren entstanden, entwickelten sich komplexe Gesellschaften hauptsächlich in den 1000 Jahren nach 4000 v. Chr. Die Siedlungsmuster änderten sich so, wie sie es in der Region von Uruk getan hatten. Zu Beginn dieser Periode lebten die Menschen in einer relativ einfachen Welt, einer zweischichtigen Welt von 18 Dörfern mit jeweils drei Morgen Bodenfläche und zwei kleinen Zentren von je 15 Morgen. Die Orte waren aufgereiht in einer Linie, als wären sie an künstlichen oder natürlichen Wasserwegen gelegen. Gruppiert in drei oder vier getrennte Haufen, schienen sie unabhängige Gemeinwesen oder Subregionen gewesen zu sein.

Vermessungskarten zeigen einen merklichen Unterschied um 3500 v. Chr. Jetzt waren es 20000 Personen, 50 Orte und drei Ebenen von Siedlungsgrößen – 46 Dörfer, drei kleine Zentren und ein einzelnes, 30 Morgen großes Zentrum an einer Stromkrümmung in der Mitte der Ebene, die zukünftige Großstadt Susa, wo die Franzosen schon länger graben, als die Deutschen in Uruk gegraben haben. In diesem Stadium tauchten die ersten Anzeichen der vertrauten sechseckigen Struktur auf. Eine vierte Ebene erschien zwei Jahrhunderte später mit ungefähr 25000 Personen, 54 Siedlungen und vier kleinen sowie drei großen Zentren. Susa war das größte Zentrum mit über 60 Morgen. Es gab zwei Dorfgrößen anstatt einer, 34 kleine Dörfer und 13 große, mit durchschnittlich 2,3 bzw. 5,7 Morgen.

Die Zentralort-Theorie ergibt ein etwas genaueres Bild des schon in der Region von Uruk beobachteten Prozesses. Eine Hierarchie von Siedlungsgrößen hatte sich entwickelt, und wieder, wie in der Untersuchung von Uruk, unterstützen Archäologie und Architektur, was die Siedlungsmuster implizieren. Eine Anzahl kleiner Orte mit Mosaikkegeln aus Keramik, vermutete Verteilungspunkte für örtliche Tauschsysteme, entstanden an strategischen Orten im Siedlungsnetzwerk. Eine große Siedlung tauchte östlich von Susa auf während des vierebenen Stadiums, an einem Ort, wo vorher keine Siedlung bestanden hatte. Dieser Ort von 30 Morgen, bekannt als Choga Mish, ist wahrscheinlich ein weiteres Beispiel für prähistorische Planung. Er scheint in relativ kurzer Zeit erbaut worden zu sein, und zwar als ein größeres Verwaltungszentrum, um den Tauschhandel und andere Aktivitäten im östlichen Teil der Ebene von Susiana zu koordinieren.

Das Verständnis für diese Dinge kommt aus Untersuchungen einer besonderen Art von Töpferwaren. Offene Schalen mit abgeschrägten Rändern begannen mit dem Aufkommen des dreiebenen Stadiums zu erscheinen; viele Millionen Scherben sind allein in Choga Mish ausgegraben worden. Da die Schalen oft in oder in der Nähe von großen Gebäuden gefunden werden, von denen man annimmt, sie seien Tempel gewesen, wurden sie einmal als rituelle Gegenstände angesehen, bestimmt für die Aufnahme von Opfergaben für die Götter; doch die neuere Forschung weist auf mehr profane Zwecke hin. Nissen, der unter anderem bemerkte, daß Schalen mit abgeschrägtem Rand aus grobem, billigem Material hergestellt sind, behauptete, sie wären zur Ausgabe von Essen an Arbeiter verwendet worden. Er mischte sich selbst Ton und lernte, eine solche Schale zu formen, und zwar in einer in die Erde gegrabenen Form in seinem Hof; er benötigte ungefähr eine Minute.

Johnson machte sich an die beträchtliche Arbeit, die Winkel des Bodens, die Durchmesser der Ränder, die Seitenhöhe, Wandstärken und ein halbes Dutzend weitere Merkmale von 278 rekonstruierten Schalen zu vermessen. Er schätzte das Volumen der Schalen und fand heraus, daß es drei unterschiedliche Größen gab, für etwa einen Liter, zwei Drittel Liter und einen halben Liter. Die Litergröße kann soviel Gerste aufnehmen, um daraus ungefähr 1960 Kalorien Brot zu backen, nahezu genausoviel, wie der durchschnittliche Dörfler in dieser Region heute täglich verbraucht. Solche Beobachtungen können als indirekter Beweis für eine Art von Fronarbeitssystem angesehen werden, mit Rationen für gedungene Arbeiter, die von Leuten mit Autorität verpflegt wurden.

Es muß auch militärische Rationierung gegeben haben. Ein lokaler Konflikt brach aus während der Periode von 3300 bis 3100 v. Chr., wobei Susa geschlagen wurde – es verringerte sich von 60 auf etwa 22 Morgen, während Choga Mish, ursprünglich als zweitrangiges Zentrum gedacht, von 25 auf 45 Morgen anwuchs. Eine vorher besiedelte Zone zwischen den beiden Zentren, über zwölf Kilometer breit, wurde zum Niemandsland mit Geisterstädten und Dörfern. Ungefähr ein Drittel der Einwohner verließen ihre Heimstätten, die meisten von ihnen suchten vielleicht ruhigere Plätze im Westen, wo Uruk im Werden begriffen war. Das war die Aufstiegsperiode von Uruk, als es auf 250 Morgen und später auf 1000 Morgen anwuchs.

Die Beziehungen zwischen den beiden Regionen, beide Handels- und Verwaltungssysteme, waren sehr eng geworden, eine Entwicklung, die sich in ihren Töpferwaren widerspiegelt. Wenige Jahrhunderte früher gab es deutliche Unterschiede, hauptsächlich Unterschiede in der Form. Jetzt waren die Formen praktisch identisch, so daß man nach Johnson, »Susa-Scherben in eine Sammlung von Scherben, die in Uruk aufgelesen wurden, werfen konnte und sie niemals auseinanderhalten würde.« Vieles von dem, was die Leute von Sumer brauchten, kam über die Ebene von Susiana, von Orten im Süden und Osten. Holz und Steine und andere übliche Massengüter sowie seltene und exotische Dinge kamen an, wobei die seltensten und exotischsten aus den größten Fernen kamen. Shahr-i Sokhta, ein wichtiger Ort am östlichen Rand des Iran, etwa 1300 Kilometer entfernt, gibt Informationen über diese Art von Handel.

Wie die meisten seiner frühgeschichtlichen Zeitgenossen ist dieser Ort heute nur noch Wüste, eine starke Konzentration von Scherben im Sand. Zwischen 3000 und 2500 v. Chr. aber war er eine Großstadt von über 175 Morgen und beherrschte ein Flußdelta mit einem höchst ungewöhnlichen Siedlungsmuster. Auf der Susiana-Ebene wie im Umland von Uruk und in anderen Regionen gab es eine rangmäßige Struktur von mindestens vier Ebenen – drei große Zentren, vier kleine Zentren, 13 große Dörfer und 34 kleine Dörfer. Shahr-i Sokhta andererseits war das einzige große Zentrum. Alle zweitrangigen Siedlungen, mehr als 30, waren kleine Dörfer, keines größer als fünf Morgen.

Die gleiche Art von zweischichtigem Muster ist auch in Anordnungen des 20. Jahrhunderts festgestellt worden. Es existiert heute beispielsweise im westlichen Guatemala. Nach Carol Smith von der Duke University kommt ein einzelnes großes Zentrum, das über viele sehr kleine Siedlungen dominiert, unter besonderen wirtschaftlichen Bedingungen vor – typischerweise bei Export eines einzelnen Primärerzeugnisses oder einiger Primärerzeugnisse und einer Kontrolle des Devisensystems durch eine Oberschicht. In Guatemala bestehen die Exporte aus Baumwolle, Kaffee und Zucker, die auf Plantagen im Flachland von Arbeitern angebaut werden, denen die Produktionsmittel nicht gehören und die keine wesentliche Rolle bei der Vermarktung der Erzeugnisse spielen. Viele Arbeiter sind Maya-Indianer aus dem Hochland, die jahreszeitlich auf den Plantagen arbeiten. Die Plantagenbesitzer und Vermittler auf dem Markt sind auf allen Ebenen Ladinos, Nichtindianer, die die spanische Herkunft für sich reklamieren. Sie bilden in der Region eine Minderheit und sind politisch führend. (Andernorts in Guatemala kommen unter anderen wirtschaftlichen Bedingungen andere Typen von Siedlungssystemen vor, einige davon regelmäßig.)

Die Leute von Shahr-i Sokhta exportierten ihre Erzeugnisse auch über große Entfernungen. Sie konzentrierten sich auch auf wenige Erzeugnisse, hauptsächlich auf Lapislazuli, »den Diamanten der Sumerer«, der aus Bergwerken im Hindukusch-Gebirge, einem westlichen Ausläufer des Himalajas, über hohe Pässe und flußabwärts herbeigebracht wurde. Noch vor nur einer Generation lieferten dieselben Bergwerke 90 Prozent des Weltbedarfs an den tiefblauen Halbedelsteinen. Die Natur der Arbeitsbeziehungen im Iran von drei bis vier Jahrtausenden muß aber noch aufgehellt werden.

Maurizio Tosi vom italienischen Institut des Mittleren und Fernen Ostens in Rom hat in Shahr-i Sokhta eine große Lapis verarbeitende Werkstatt entdeckt. Unter dem Sand, den Scherben und Steinen fand er Lapisabfälle, Lapisperlen und Bruchstücke von Perlen sowie einige bemerkenswerte Miniatur-Kunstgegenstände, die man vielleicht völlig übersehen hätte, wäre nicht eine spezielle »Ausschwemmtechnik« angewandt worden. Die Forscher schütteten Proben der ausgegrabenen Erde durch ein feines Sieb in ein Becken mit Wasser und schöpften das an der Oberfläche schwimmende leichte Material ab, um es später zu untersuchen (nach

Fragmenten von Knochen und Pflanzen). Unter den Teilchen, die auf dem Sieb zurückblieben, fanden sie Hunderte von winzigen Spänen und Splitter von Feuerstein, viele von der halben Größe eines kleinen Fingernagels. Untersuchungen unter dem Mikroskop ergaben, daß es sich um Mikrolithe handelte, winzige Bohrer mit sorgfältig gearbeiteten Rändern und Spitzen, die zum Bohren von Löchern in Lapisperlen verwendet wurden. Reste von pulverisiertem Lapis hafteten noch immer an den Werkzeugen.

Das meiste des wertvollen Minerals kam aus den Gruben, noch eingebettet in Kalksteinstücke. Der Kalkstein mußte vorsichtig abgeschlagen werden und gab relativ saubere Kristalle frei, die zu Handwerkern in anderen Zentren gebracht wurden zur endgültigen Bearbeitung in Schmuck und besondere Einlegearbeiten. Kamele übernahmen wahrscheinlich den Transport. An der Fundstelle wurden Kameldung und Knochen sowie Fragmente von Kamelhaar, verwoben mit Flachs, gefunden. Es scheint dort eine Art südlicher Überlandroute gegeben zu haben, die sich von Shahr-i Sokhta nach Westen und dann nach Norden zwischen dem Zagros-Gebirge und dem Persischen Golf erstreckte oder an der Golfküste entlang nach Susa und Sumer. Eine Höhenstraße, eine

Yahya-Hügel, Iran, 20 Meter hoch, während der Ausgrabungen.
(Quelle: C. C. Lamberg-Karlovsky, Harvard University).

nördliche Route, die zu den gleichen Zielorten führte, führte aus den Bergwerken im Hindukusch durch eine frühe urbane Region in Zentralasien und weiter zu einem Zentrum mit einer Lapiswerkstatt etwa 80 Kilometer nordöstlich vom Kaspischen Meer.

Viele andere Luxusartikel kamen auf diesen und anderen Routen nach Mesopotamien. Einer der wertvollsten stammte aus einer Siedlung an der südlichen Route, die im Spätsommer 1967 entdeckt wurde, etwa 480 Kilometer von Shahr-i Sokhta entfernt und 120 Kilometer landeinwärts von der heutigen Großstadt Bandar Abbas am Persischen Golf gelegen. Nach elf Wochen und 12 800 Kilometer höchst frustrierender Suche hatte eine amerikanische Expedition immer noch keine Fundstelle entdeckt, die alt genug, groß genug und ausreichend erhalten war, um Hinweise für den frühgeschichtlichen Handel quer über die iranische Hochebene zu liefern.

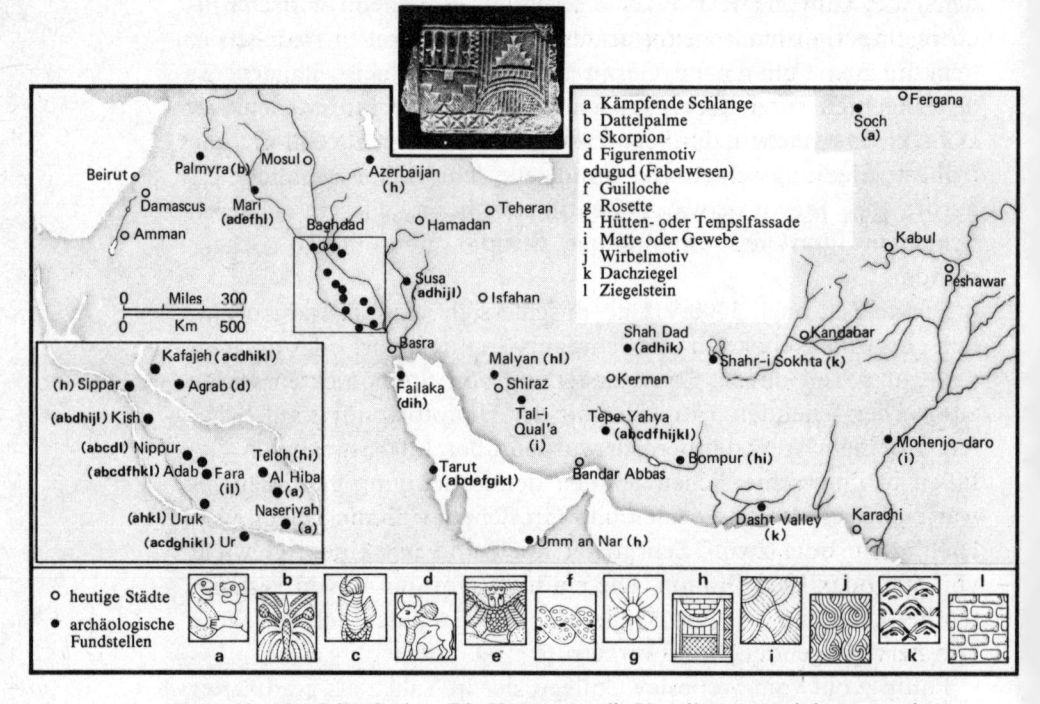

Internationaler Stil-»Code«: Die Karte zeigt die Verteilung von einigen von einem Dutzend Haupt-Motiven auf Steinschalen, hergestellt in Yahya und anderen Zentren und ausgegraben an Fundstellen vom östlichen Mittelmeer bis zum Indus-Tal; die eingemeißelten Dessins stellen ein »Vokabular« dar, Symbole der Elite.
(Quelle: Vantage Art Inc.)

Die erfolgreiche Expedition – die letzte einer langen Reihe –, die auf dem Bericht eines örtlichen Bergbauingenieurs basierte, startete um vier Uhr an einem Augustmorgen. Sie dauerte 13 Stunden, die ersten rund sieben Stunden zu Fuß, auf die Höhe eines Bergpasses im Zagros und hinab in ein Tal, und den Rest des Weges im Landrover. Die Reise führte zu einem intakten, 20 Meter hohen Hügel mit Namen Yahya. Carl Lamberg-Karlovsky aus Harvard, Leiter der Expedition, war von dem Fund überwältigt: »Auf dem Hügel und in der umgebenden Ebene bis zu anderthalb Kilometer entfernt aufgelesene Scherben sowie eine vorläufige Probegrabung zeigten, daß es sich um eine frühe und sehr wichtige Fundstelle handelte. Ich glaube, es wären etwa drei oder vier Grabungsperioden erforderlich, um ihr gerecht zu werden.«

Yahya gerecht zu werden erforderte acht Grabungsperioden, die im Jahre 1975 abgeschlossen wurden. Unerwartete Spuren von dem, was Lamberg-Karlovsky »eine frühe Form von wirtschaftlichem Imperialismus« nennt, traten zutage. Menschen siedelten in dem Tal zuerst um 4500 v. Chr., errichteten ein kleines Bauerndorf und machten guten Gebrauch von dem am Ort gefundenen Gestein, einem weichen, dunkelgrünen Stein, bekannt als Chlorit. Die früheste Siedlungsschicht der Fundstelle schloß eine weibliche Figurine aus Steatit, etwa 30 Zentimeter hoch, ein; in späteren Schichten fand man Steinperlen, Schalen und andere Gegenstände.

Einige Zeit nach 3000 v. Chr. mischte sich jemand, wahrscheinlich ein Außenseiter, ein und reorganisierte das Dorf oder doch einen guten Teil davon. Die Herstellung von Steinobjekten wurde zur vorherrschenden Tätigkeit, mit der Hauptbetonung auf Schalen. In einem Werkstattbereich wurden über 1200 Stücke von Gefäßen in unterschiedlichen Stadien der Vollendung gefunden; es war eine Vielfalt von Formen und Größen, gewöhnlich klein, vielleicht zehn oder zwölf Zentimeter hoch und mit einem Gewicht von 500 oder 1000 Gramm. Die eindrucksvollsten davon verlangten beträchtliche Zeit und Mühe und sind ganz deutlich das Werk von hervorragenden Handwerkern.

Philip Kohl vom Wellesley College, der in Yahya als graduierter Student arbeitete, fand heraus, daß ähnliche Schalen heute noch für Pilger etwa 950 Kilometer entfernt in einem modernen Laden im Bazaar von Meshed, der heiligen Moslemstadt im nördlichen

Iran, hergestellt werden. Örtliche Arbeiter erklärten ihm ihre eigenen Methoden, die in gewisser Weise den Methoden vergangener Zeiten ähnelten. Das Aushöhlen der vorbereiteten Rohlinge beispielsweise wird noch immer mit Metallwerkzeugen vorgenommen, obwohl zum Glätten eine grobe, von Hand betätigte Drehbank anstelle des altertümlichen Reibwerkzeugs – das ein nasser Flußkiesel gewesen sein könnte – verwendet wird.

Die Produktion ist auch schneller geworden. Drei Arbeiter in Meshed können mindestens 100 Schalen täglich herstellen, während Kohl nach grober Schätzung behauptet, drei Arbeiter in Yahya hätten vielleicht nur ein halbes Dutzend erzeugt, obwohl sie Stunden damit verbracht haben, feine genormte Dessins auf der Außenseite ihrer Schalen einzumeißeln. In ihrem »Vokabular«, ihrem Repertoire von Grundmustern, gab es zwölf Haupt- und vierzehn Nebenmotive oder Themen. Sieben der Hauptthemen stellen lebende Dinge dar: Dattelpalme, Skorpion, Blumenrosette, ein Paar kämpfender Schlangen, eine einzelne kämpfende Schlange, ein gehörntes Tier und ein Fabelwesen mit Schwingen. Der Rest ist abstrakter und stilisiert: vielleicht eine Hütten- oder Tempelfassade, Matten oder Gewebe, Wirbel, abgeschrägte Rechtecke (eine Mauer?), überlappende abgerundete Formen (dekorative Dachziegel?).

Hier handelt es sich um Kommunikation, einen Code, und seine Entzifferung würde uns mehr über die Menschen jener Zeiten erzählen, besonders über die Elite. Niemand weiß, was die Schalen enthielten, vielleicht Weihrauch, seltene Öle oder Parfum. Was auch immer der Inhalt war, er war unbedeutend im Vergleich zu den eingemeißelten Mustern auf der Außenseite. Die Motive übermitteln Informationen, die vielleicht vergleichbar sind mit den heutigen Emblemen von Rolls-Royce, Etiketten von Tiffany, päpstlichen und Malteserkreuzen, Flaggen von Jachten, den Sternen von Generalen und den Streifen von Admiralen. Sie bedeuten gewisse Bruderschaften, Mitgliedschaften in exklusiven Kreisen.

Auf der Grundlage von Brechungstests mit Röntgenstrahlen, mit denen die Steinproben nach ihrer Kristallstruktur wie durch »Fingerabdrücke« identifiziert werden, behauptet Kohl, daß mindestens vier Werkstätten außer der in Yahya auf die Erzeugung von ähnlich verzierten Gefäßen spezialisiert waren.

Diese Schalen werden in erster Linie in Gebäuden gefunden, die als Paläste und Tempel identifiziert sind, und auch in Gräbern hochgestellter Personen. Sie scheinen sehr weit verbreitet gewesen zu sein. Schalen »Made in Yahya« sind in Fundstellen ausgegraben worden, die so weit westlich wie Syrien gelegen sind, und Schalen mit den gleichen Grundsymbolen werden so weit östlich wie das Indus-Tal gefunden, eine Gesamtentfernung von über 2400 Kilometern.

Die Ereignisse in Yahya gestatten nur einen flüchtigen Einblick, geben nur einen schwachen Hinweis auf das, was östlich von Sumer los gewesen sein muß. Als kleines Zentrum von etwa zehn Morgen war es wahrscheinlich nicht der einzige Ort, der sich auf die Herstellung von Steinschalen für die Eliten spezialisiert hatte. Es läßt aber umfassende Folgerungen auf die Natur der frühen Herrschaft zu. Lamberg-Karlovsky hebt das Fehlen eines entscheidenden Stückes Information, die Bedeutung von etwas, das nach acht Grabungsperioden an der Fundstelle nicht entdeckt wurde, hervor – es wurde kein Bezirk für die Oberschicht gefunden, kein Gebiet mit großen und kunstvollen Residenzen. Anscheinend wurde keine örtliche Persönlichkeit reich durch die hochwertigen und einen hohen Status aufzeigenden Erzeugnisse von Yahya. Die Gewinne scheinen an abwesende Mittelsleute gegangen zu sein. Und doch müssen ortsansässige Leute etwas für ihre Mühen erhalten haben, da es keine Anzeichen für die Erhebung von Tribut gibt, keine Spuren von militärischen Außenposten oder Festungen. Es gibt keine Zeugnisse dafür, was Sumer für die importierten Schalen gegeben hat oder für all das Gold, Silber, Edelsteine und die anderen Wertsachen, die aus anderen Werkstätten kamen. Vermutlich bestand sein Export fast ausschließlich aus verderblichen Waren wie Getreide, Trockenfisch und Textilien.

Handel mit Luxusgütern über große Entfernungen ist ein signifikantes Resultat einer weiterentwickelten Technologie und Kunst, Menschen im Sinne des Gemeinwohls unter Kontrolle zu halten. Ein seltener exotischer Gegenstand hat die fast hypnotische Wirkung einer Zauberkugel. Wird er in einer öffentlichen Zeremonie oder an der Person eines Führers gesehen, ist er vor allem ein Symbol der Macht, der die Aufmerksamkeit auf sich zieht und den Betrachter darauf vorbereitet, beeindruckt und beeinflußt zu werden. Solche Gegenstände sind für die Organisation der Gesellschaft und für die Beibehaltung der sozialen Organisation genauso wichtig wie ein Tempel, ein Denkmal, eine Armee und deren Marschmusik und Polizeikräfte.

Die Erforschung der frühgeschichtlichen Handelsrouten und Handelsnetze auf der iranischen Hochebene verlangt eine Kooperation der internationalen Wissenschaft, die gang und gäbe ist. Neue Erkenntnisse kommen sicherlich von der Arbeit in Malyan, einer Stadt an der südlichen Handelsroute, etwa auf halbem Wege zwischen Yahya und Susa. William Sumner von der Ohio State University entdeckte es im Jahre 1968 während der Vermessung eines Flußtales, während dreier Monate »des Abfahrens aller Pfade, so weit es ging, und der Märsche zu allen gesichteten Hügeln«. Malyan, ein niedriger flacher Hügel, über 1600 Meter lang, ist die größte von etwa 350 frühgeschichtlichen Fundstellen in dem Tal und übrigens eine der größten im Nahen Osten, mit einem Gebiet von mindestens 150 Morgen um 3000 v. Chr.

Sumner hat dort bereits vier Grabungsperioden gearbeitet, erwartet aber weitere drei Grabungsperioden, um die ersten Stadien einer einleitenden Studie abzuschließen: »Danach werden wir genug wissen, um mit den wirklichen Ausgrabungen zu beginnen.« Mit anderen Worten: Malyan wird wahrscheinlich wie Susa und Uruk zu einem Langzeitprojekt werden, das ein oder zwei weitere Lebensalter intensiver Grabungen erfordert. In einer reichen, gutbewässerten Ebene gelegen, besaß es eine Reihe von großen Gebäuden während der Zeitspanne von 3200 bis 2800 v. Chr., und einige beherbergten fast mit Sicherheit Verwalter, die mit Handelsaufzeichnungen befaßt waren.

Die neuere Forschung vermutet ähnliche Aktivitäten während derselben Zeitspanne entlang der nördlichen Route. Die Untersuchungen von Harvey Weiß von Yale und Cuyler Young vermuten die Gegenwart von Leuten aus Susa in dem Ort Godin, etwa 440 Kilometer entfernt, möglicherweise ein Fremdenquartier für Kaufleute aus Susa, die auf der Höhe des Zentralhügels oder der »Akropolis« von Godin lebten. Solche Feststellungen deuten auf ein gut kontrolliertes Handelsnetz hin, das auch ein politisches Netzwerk war, mit Befehlslinien und Verwaltungshierarchien, die für das Entstehen von Staaten charakteristisch sind.

Der wachsende Handel, örtlich wie auch über große Entfernungen, führte eine spektakuläre Steigerung herbei in der Anzahl von Transaktionen, die mehr und mehr Mittelsmänner erforderten –

und den Bedarf für neue Methoden der Aufzeichnungen. Neueste Untersuchungen behaupten, daß einige der Zeichen, aufgemalt oder eingraviert auf Kieselsteinen, Elfenbein, Knochen und Höhlenwänden vor über 20000 Jahren, Zahlen und Zählsysteme darstellen könnten. Besondere Bedeutungen wurden fast sicherlich den Tieren und unerklärten Symbolen beigegeben, die in der frühgeschichtlichen Höhlenkunst dargestellt wurden.

Erfahrung mit Aufzeichnungen und genormten Zeichen war zu dem Zeitpunkt, da man die ersten Schritte zur Schrift im Nahen Osten verfolgen konnte, schon lange angehäuft worden. Die Anfänge des Prozesses vor etwa 7000 oder mehr Jahren kann man in genormten Verzierungsmotiven auf frühgeschichtlicher Keramik sehen. Es gab auch winzige Bilder, die in knopfförmige und halbkugelige Steine geschnitten waren, Siegel von »Firmennamen«, die man verwendete, um Muster auf Krüge und andere Gefäße zu drücken, womit der Absender und der Empfänger identifiziert wurden. Die Bilder auf den Siegeln waren keine Schrift, die erst mehrere Jahrtausende später aufkam. Sie reflektieren aber en miniature weitverbreitete soziale Veränderungen, die den Zwang zu einer Schrift schufen.

Einige der frühen Siegel, die man an Fundstellen auf der Ebene von Susiana entdeckte, stammen beispielsweise aus der Zeit, da die Region nur wenige Haufen von Dörfern und zwei kleine Zentren enthielt. Wright und Johnson weisen darauf hin, daß Bilder auf Siegeln aus Susa ebenfalls einfach sind, daß sie Kreuze, stilisierte Menschen- und Tierfiguren und überwiegend parallele Linien, Dreiecke und andere geometrische Formen einschließen. Die Schlußfolgerung ist, es wurde keine größere Vielfalt benötigt, da der Nachschub unmittelbar aus einer kleinen Anzahl von Dörfern im Hinterland hereinkam, und daß es relativ wenig Käufer und Verkäufer und wahrscheinlich keine Mittelsmänner zu identifizieren gab.

Kompliziertere Abbildungen erschienen in späteren Perioden, als sich die Bevölkerung der Ebene von Susiana vervierfachte und die Zahl der Kategorien von Siedlungsgrößen von zwei auf vier anstieg. Außer der Verzierung mit eingedrückten Siegeln einfacher Muster gab es ausgearbeitete Szenen von Herden und Leuten in Werkstätten und auf Booten. Zylindersiegel tauchten in großen Mengen auf. Sie waren so beschaffen, daß sie über Tonflächen gerollt wurden und sich wiederholende Szenen und Muster hinterließen – einschließlich, während der Konfliktzeiten zwischen Choga Mish und Susa, der ersten Darstellungen von bewaffneten Männern, Schlachtfeldern und Gefangenen.

Diese Entwicklungen ergeben einen Sinn, wenn man bedenkt, daß dies Zeiten der Mittelsmänner waren. Güter gingen durch mehr und mehr Hände, und immer mehr Individuen und Institutionen mußten identifiziert werden. Sie ergeben auch einen Sinn aus einem anderen Grund, da gerade die Existenz von Aufzeichnungen das Verfälschen von Aufzeichnungen ermutigt. Die Versuchung, Siegel zu fälschen, wuchs mit den sich mehrenden Gelegenheiten für Korruption jeder Art. Je komplizierter ein Siegel ist, desto schwieriger ist es, dieses getreu zu kopieren.

Das Betrügen konnte weiter entmutigt werden durch die sogenannte »bulla«, aus dem lateinischen Wort für »Blase«. (»Bulle«, wie in der »päpstlichen Bulle«, stammt aus derselben Wurzel.) Die bulla war ein hohle Tonkugel, etwa von der Größe eines Golfballes, mit ausreichendem Platz im Inneren, um eine Anzahl von winzigen Würfeln, Kegeln, Kugeln und anderen geometrischen Tonobjekten aufzunehmen. Die bullae dienten wahrscheinlich als

Rechnungen, als Beweis für Aufträge. Ein Schreiber im Lagerhaus zählte die Behälter mit Gerste in einer Lieferung oder die Schafe in einer Herde, brach die begleitende bulla auf und prüfte die Gesamtzahl mit den Zählern im Inneren. Stimmten die Zahlen überein, wurde die Tatsache ordentlich vermerkt; war es nicht der Fall, gab es möglicherweise Schwierigkeiten.

Dies sind einige der Vorläufer von Schrift, von Dokumenten und Verträgen sowie Verpachtungen und letztlich vom Rechtssystemen. Die früheste bekannte Schrift erscheint auf Tontäfelchen, die in der Region von Uruk, genauer gesagt im Eanna-Bezirk der Stadt selbst, ausgegraben wurden. Die Täfelchen gehen auf etwa 3500 v. Chr. zurück, aber zu dieser Zeit bestand die Schrift bereits aus ungefähr 2000 verschiedenen Zeichen, einschließlich von Piktogrammen wie den nachfolgenden, die einige Ähnlichkeit mit den Objekten, auf die sie sich beziehen, aufweisen und so auch dabei helfen, sich an sie zu erinnern.

Zylindersiegel vom Typ Susa, auf Täfelchen in Godin, im mittleren Westen des Iran gefunden; rückwärtsschauende Löwen mit gekrümmten Schwänzen.
(Quelle: T. Cuyler Young, Royal Ontario Museum Toronto, Canada)

Bulle   Hand   Gerste   Stern, Himmel

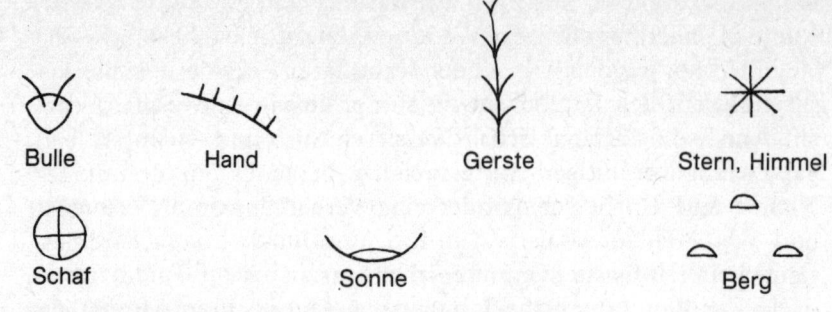

Schaf   Sonne   Berg

Es gab auch abstrakte Zeichen, die keine derartige offensichtliche Assoziation aufweisen, zumindest nicht für uns.

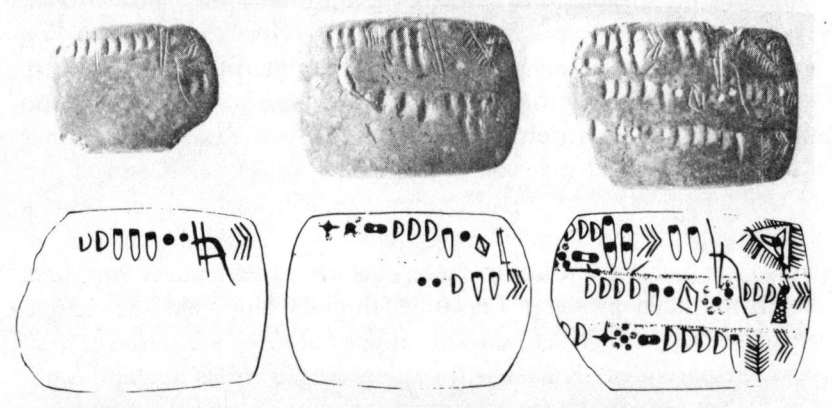

Oben: Die ersten Schriften vom Typ Susa, gefunden in Yahya, Iran. *Unten:* die beschrifteten Täfelchen jeweils mit einer Zeichnung, die Einzelheiten erkennen läßt. *(Quelle: C. C. Lamberg-Karlovsky; Zeichnungen von Mona Marks)*

Zu Normung der Zeichen wurde Zeit benötigt. Personen, die wußten, wie das neue Schreibsystem anzuwenden war, wahrscheinlich nicht mehr als ein oder zwei Dutzend von einer Bevölkerung von 10 000, hatten die gleichen Objekte auf unterschiedliche Weise dargestellt. Sie gebrauchten 31 Versionen des Schaf-Zeichens. Doch innerhalb von vier Jahrhunderten ging diese Zahl auf zwei zurück, und die Gesamtzahl aller Zeichen verringerte sich von 2000 auf 800.

Die Leute von Susa entwickelten ein Schriftsystem, das auf Piktogrammen basierte, etwa zur gleichen Zeit wie die Menschen in Uruk. Ihre Täfelchen tauchen an der nördlichen und der südlichen Handelsstraße auf, einschließlich der Funde in Malyan, Godin,

Shahr-i Sokhta und Yahya. In Yahya fand man ein »Büro«, einen Raum in einem großen Gebäude, das zwischen 3400 und 3000 v. Chr. erbaut worden war. In der Nähe einer Ecke des Raumes lagen 90 Tontäfelchen, jedes etwa von der Größe eines Streichholzheftchens, sechs zeigten Schrift vom Typ Susa und 84 waren leer. Nach einer vorläufigen Untersuchung bedeutet ein dreieckiges Zeichen eine Körperschaft oder eine Verwaltungsstelle, die während der Pflanzungssaison für die Verteilung eines Getreides, wahrscheinlich Gerste, verantwortlich war.

Die Erfindung der Schrift im Nahen Osten war offensichtlich das Werk von Leuten, die in starkem Maße mit der Planung der Nahrungsversorgung und anderen Rohstoffen aus auswärtigen Gebieten zu tun hatten. Wir nehmen an – obwohl es noch bewiesen werden muß –, daß in einem kritischen Stadium die Zahl und auch die Aufeinanderfolge von Transaktionen so überhandnahm, daß es nur mit der Hilfe von Siegeln, bullae und anderen Arten der Aufzeichnung nicht mehr zu bewältigen war. Vielleicht waren die ersten Schulen Orte, die zum Lehren des Gebrauchs dieser frühgeschichtlichen Vorrichtungen eingerichtet wurden. Vielleicht kamen einige der Lehrer und ihre klügsten Schüler, beeindruckt von dem Bedürfnis nach größerer Leistungsfähigkeit angesichts der rasch ansteigenden Arbeitslast, darauf, einen Satz Zeichen als eine Art von zeitsparender »Kurzschrift« zu entwerfen. Alles deutet darauf hin, daß es ein Ende der Bemühungen gab, mit der Kompliziertheit der Verwaltung fertig zu werden, einen Punkt, an dem die Aufzeichnungen zusammengebrochen wären, wäre nicht die Schrift erfunden worden. In unserer Zeit ist die Erfindung von Hochgeschwindigkeits-Computern mit ihren Vielfachspeichern von ähnlicher Bedeutung.

Das Schreiben war Teil desselben Prozesses, der zum Handel mit Luxusgütern über große Entfernungen, zu Siedlungshierarchien, zur rituellen Architektur und zum Entstehen der Städte selbst führte. Während sie diese und andere Entwicklungen berücksichtigen, neigen die Forscher dazu, die Beiträge seßhafter Menschen, der Städter und Bauern hervorzuheben. Weniger Aufmerksamkeit ist den Menschen gewidmet worden, die sich nicht niedergelassen haben. Im Nahen Osten lebten vor fünf Jahrtausenden vielleicht ein bis zwei Millionen Menschen von einer geschätzten Weltbevölkerung von 100 000 000, und vielleicht über ein Drittel davon waren Nomaden, Menschen in Zelten, immer in Bewegung im Niemandsland zwischen urbanen Regionen.

Nach Kinofilmen und vielen Geschichtsbüchern hatten die Nomaden mit dem ernsthaften Geschäft der Schaffung einer brauchbaren Lebensweise nichts zu tun. Von ihnen nimmt man an, sie hätten in dem Melodrama die Rolle von Schurken gespielt, eine Bedrohung für den Fortschritt jeder Art. Populäre Geschichten stellen die Nomaden häufig als immerwährend wilde Leute dar, als Barbaren, die weder Könige noch Götter fürchteten und die periodisch von rauhen Bergfesten herabkamen, um Städte und Großstädte zu plündern und um von Zeit zu Zeit Zivilisationen über den Haufen zu werfen.

Raubzüge, häufig in großem Maßstab, sind lange Zeit ein Teil der Lebensart von Nomaden gewesen – und, wie es vor gar nicht langer Zeit ein wütender turkmenischer Nomade im heutigen Iran ausdrückte, sie könnten wie die Siedler jederzeit das Gesetz in ihre eigene Hand nehmen, wenn sie nur entsprechend gereizt würden: »Ich besitze keine Mühle mit Weidenbäumen. Ich habe ein Pferd und eine Peitsche. Ich würde sie töten und weiterziehen.« Da ist auch etwas dran an der Vorstellung, daß Nomaden und seßhafte Menschen enge Bindungen hatten und voneinander abhingen und daß die angebliche Kluft zwischen ihnen eigentlich ein Mythos ist. Nomaden wie die in den Städten lebenden Arbeiter oder einige der Stadtväter selbst mögen wohl versucht haben, das System anzugreifen und das Establishment zu erschüttern, trotzdem blieben sie Teil des Systems. Wirkliche »Außenseiter« sind selten.

Die Wahrheit herauszufinden ist schwierig, besonders wenn es um das Verständnis der Rolle von Nomaden in der Entwicklung komplexer Gesellschaften geht. Auf jeden Fall haben Stadtleute alle Bücher geschrieben, einschließlich der auf den Täfelchen eingeprägten Aufzeichnungen und altertümlicher Texte. Man kann kaum von Schreibern, die der Elite und höchsten Verwaltern dienten, erwarten, freundlich auf höchst bewegliche Leute zu schauen, die schwer zu kontrollieren und vor allem schwer zu besteuern waren. Außerdem neigen die Nomaden der Vergangenheit dazu, archäologisch gesprochen, unsichtbar zu sein; ihre Wohnstätten zumindest sind weitaus schwerer erfaßbar als die Wohnstätten jener, die in festen Häusern lebten.

Die erste und bis heute einzige Nomadenwohnstätte, die unwiderruflich im Tiefland des Nahen Ostens identifiziert wurde, ist bekannt als Tula'i und wurde auf der Susiana-Ebene im Jahre 1973 entdeckt. Frank Hole grub sie im Frühjahr aus, ganz bestimmt nicht die Jahreszeit für Archäologie in diesem Teil des Iran, da die Temperaturen sich um 46 bis 48 und mehr Grad Celsius bewegen und der Boden so trocken ist, daß man mit jedem Schritt Staubwolken aufwirbelt. Er hatte aber keine andere Wahl. Bulldozer, die den Boden für ein bewässertes Weizenfeld ebneten, hatten soeben die Fundstelle freigelegt, und sie wäre sonst bald durch Pflügen und andere Aktivitäten zerstört worden. Unter solchen Bedingungen ist die Zeit zum Graben immer »jetzt«.

Das Projekt war von besonderer Bedeutung für die 15 Iraner, die Hole zum Graben angeheuert hatte. Selbst ehemals Nomaden, kannten sie das Land gut. Vor 20 Jahren kamen sie und ihre Familien regelmäßig mit den Herden in das gleiche Gebiet, auch aus denselben Gründen, die ihre entfernten Vorfahren hierhergeführt

Nomadenwohnstätte Tula'i, Iran; mit rechteckiger Steinplattform als Unterlage für den Zeltboden.
(Quelle: Frank Hole, Rice University)

hatten. Hier war vertrautes Weideland, und ihre Winterzelte, sehr wahrscheinlich wie die Winterzelte vergangener Zeiten, hatten Oberteile aus gewebtem Ziegenhaar und waren mit dem Eingang nach Süden gerichtet, weg von dem vorherrschenden Wind. Jetzt, da sie kein eigenes Land mehr hatten und ohne Arbeit in Dörfern auf regierungseigenem Land lebten, kamen sie hierher, um zehn Tage mit einer Bergungsarbeit zu verbringen, die einen Teil der Geschichte ihres Stammes offenlegen sollte.

Die Männer halfen dabei, einige der von ihnen ausgegrabenen Dinge zu interpretieren. Sie erkannten das Merkmal, das mehr als alle anderen die Fundstelle als Nomadenwohnstätte identifizierte – rechteckige Steinplattformen, die den Zeltboden vor feuchtem Erdreich schützen sollten. Tatsächlich hatten sie ähnliche Strukturen früher viele Male selbst gebaut. An einer teilweise ausgegrabenen Stelle hatte die Grabung eine solche Plattform freigelegt. Hole fragte einen der Arbeiter, wo man die Feuerstelle finden würde. Prompt maß dieser zwei Schritte nach Süden ab, begann zu schaufeln und deckte bald die Asche auf.

Zu weiteren Spuren des Nomadenlebens gehörten Reihen von Steinen, die die Ränder von Zelten markierten, sowie Knochen von gezähmten Schafen und Ziegen. Das Fehlen bestimmter Dinge diente auch als Hinweis; keine Sichelklingen oder Mahlsteine, die an Bauernwohnstätten in reichem Maße gefunden werden, sowie Wände oder andere Zeichen für Häuser. »Es war ein Lagerplatz«, berichtete Hole. »Die Leute errichteten dort zum erstenmal eine Reihe von Zelten etwa um 6000 v. Chr., vielleicht ein halbes Dutzend Familien mit 30 oder 40 Personen und zweimal soviel Tieren. Wie die heutigen Nomaden kamen sie wahrscheinlich Saison nach Saison rund 200 Jahre lang in das gleiche Gebiet zurück.«

Die Dinge änderten sich sicherlich mit dem Aufkommen von Bewässerung und von mehr und größeren festen Siedlungen auf der Ebene. Vielleicht schlossen sich die Nomaden den Siedlern an und wurden Bauern, Arbeiter und Verwalter. Falls es so war, entstanden wahrscheinlich neue Spannungen, wie Lees und ihr Kollege vom Hunter College, Daniel Bates, behaupten, der recht lange Zeit bei Nomaden in der südöstlichen Türkei gelebt hat. Sie glauben, daß die Bewässerung sehr viel damit zu tun hatte, Herdenhaltung nicht mehr als Teilzeitbeschäftigung, sondern als Haupterwerb zu betreiben.

Ehe die Bewässerung ausgedehnt wurde, waren die meisten Arbeiter keine Spezialisten. Je nach dem derzeitigen Bedarf verbrachten sie ihre Zeit mit Hüten, mit dem Bau und der Unterhaltung von Kanälen, mit Landbestellung und so weiter. Als sich aber die Bewässerung ausbreitete und die Kanäle länger wurden, wurden Siedlungen weiter in die Ebene hinaus verlegt, weiter von den Bergen entfernt. Daraus ergab sich, daß mehr Zeit und mehr Energie erforderlich wurden, die Herden zu den Sommerweiden und wieder zurück zu bringen, und manche Arbeiter paßten sich dem an, indem sie hauptberufliche Hüter wurden. Mit der zunehmenden Bewässerung erschien vermutlich eine weitere Spezialisierung in derselben Periode, nämlich die des hauptberuflichen Kanalarbeiters.

Um die Theorien von Lees, Bates und anderen zu prüfen, sind Forscher auf der Suche nach Nomadenwohnstätten. Die Fundstelle von Hole lag unter meterhohen, vom Fluß herbeigebrachten Ablagerungen und wäre vielleicht vergraben geblieben, hätte es nicht die Bulldozer gegeben. So geht also die Suche weiter, wo immer Bautätigkeit aufgenommen wird, wo immer Steine in Reihen und Steinplattformen sowie Herdstellen entdeckt werden mögen. Sie können in Hochlandregionen oder im Flachland und in Höhlen gefunden werden, wo Schichten von Schafsdung Lagerplätze von Nomaden anzeigen. Vorläufigen Studien gemäß lebten während der Periode um 3500 v. Chr., zu einer Zeit, da die Kompliziertheit der Verwaltung und die Größe der Siedlungen in der Ebene wuchsen, mehr Menschen in Höhlen als zuvor.

Die Nomaden waren nicht nur ein Produkt der sich ändernden Zeiten, sie halfen dabei, die Zeiten zu verändern. Fast mit Sicherheit organisierten sie sich in immer größerem Maße, Gruppen von Hunderten von Personen auf der Wanderschaft und mit anderen Gruppen verbunden durch Verwandtschaft und Stammesbindungen – und sie hatten in den Prozeß eine mächtige Wirkung auf den Ort der Organisation in seßhaften Gemeinschaften. Tatsächlich nimmt Wright an, daß sie möglicherweise eine bedeutende Rolle in der urbanen Evolution gespielt haben.

Nomaden schufen einen Bedarf an neuer und flexiblerer Organisation und fanden einen besonderen Platz in den sich ausdehnenden Handelsnetzwerken. Gelegentlich unternahmen sie Raubzüge, doch in diesem Stadium hatten große Zentren von anderen großen Zentren wahrscheinlich mehr zu fürchten. Meistens kamen Nomaden zum Handeln, indem sie Fleisch, Wolle, Teppiche und Decken zum Tausch gegen Getreide, Töpferwaren und Metallgeräte anboten. Da die Nomaden in großer Zahl erschienen, häufig unvorhersagbar, wurde von der Planung verlangt, Vorräte aufzubewahren; große Werkstätten wurden benötigt, um die Nachfrage zu befriedigen. Bates weist darauf hin, daß die frühgeschichtlichen Nomaden vielleicht einen noch größeren Dienst geleistet haben, indem sie Feldfrüchte und andere Güter zu fernen Märkten gebracht haben, wie es ihre modernen Nachfahren vor dem Zweiten Weltkrieg in der Türkei noch taten.

Ein Nomade mußte nicht Nomade bleiben oder ein Bauer ein Bauer. Die Rollen konnten vertauscht werden. Owen Lattimore von der John Hopkins University wies darauf hin, daß dies in China in historischer Zeit geschah, besonders an den fernen Grenzen des Kaiserreichs, wo »der arme Bauer ein wohlhabender Nomade werden konnte, indem er seinen unterprivilegierten Anteil an der Zivilisation verließ und sich in die Steppe aufmachte«, ein Kurs, der äußerst leicht zu verfolgen war, wenn die zentrale Autorität im Schwinden war: »Die chinesischen Dynastien wurden normalerweise an den Grenzen erst dann schwach, wenn der Kern verrottet war.« Als sich die Autoritäten wieder festigten, kehrten natürlich viele Chinesen wieder zum Ackerbau zurück, oft auch gegen ihren Willen. Adams glaubt, indem er Lattimore zitiert, daß ähnliche Veränderungen auch im Nahen Osten stattgefunden haben mit dem Anstieg und Fall konkurrierender Stadtstaaten.

So kommen also die Nomaden als ein mehr grundlegendes Element ins Bild, das in dem Bericht über entstehende Sozialsysteme in Betracht gezogen werden muß. Die Berichte vervielfachen sich, und die Analyse wird immer gewaltiger. Es ist wie die Arbeit an einem Puzzlespiel, das eine Region darstellt, wobei die einzelnen Stücke Fundstellen darstellen. Man geht völlig in der Arbeit auf und hat gerade erfolgreich eine Anzahl Stücke zusammengelegt, nur um zu entdecken, daß viele andere Leute sich genauso intensiv auf andere Puzzlespiele konzentrieren und daß alle Puzzles lediglich Teile eines einzigen Superpuzzles sind. Das Problem liegt darin, die großen Muster unter den Regionen genauso gut zu verstehen wie die kleineren Muster der Siedlungen innerhalb von Regionen.

IX
GEPLANTE STÄDTE, DIE ENTWICK-
LUNG IN INDIEN

*Domestizierung des Menschen/
Kontinente in Kollision/
Westliches und östliches Werkzeug/
Die ersten Städte im Tal des Indus/
Pollen-Funde/
Ein Schatz in Zentralasien/
Die Ausbreitung von Handelsnetzen/
Bilder auf Steinsiegeln/
»Meilen der Monotonie«/Die Fortdauer von Tradition*

Die Evolution in Indien hatte ihre eigene Richtung, einen eigenen Rhythmus. In gewisser Hinsicht geschahen dort alle Dinge langsamer als im Nahen Osten. Der Ackerbau wurde erst um etwa 4000 bis 3500 v. Chr. eingeführt, als Uruk bereits ein blühendes urbanes Zentrum war. Nachdem aber das seßhafte Leben sich durchgesetzt hatte, nahm die Geschwindigkeit der Veränderung in Indien zu. Der Übergang von Dörfern zu Städten erforderte ungefähr ein Jahrtausend; in Sumer hatte es zweimal so lange gedauert.

Indiens erste Städte sind eindrucksvolle Beispiele für die Auflagen, die eine Planung Landschaften und Menschen aufbürdet. Es waren gitterförmig angelegte Orte mit klarem Grundriß, mit geraden Straßen und rechtwinklig kreuzenden Querstraßen, mit einer Geometrie der Kontrolle und Sicherheit, einer Geometrie der Starrheit. Die menschliche Gesellschaft hatte sich von den Zufälligkeiten des Jagens und Sammelns und den frühen Tagen des Gartenbaus abgewandt. Die Planung hatte das Kommando übernommen. In dem Versuch zu überleben, hatten die Menschen einiges von ihrer Individualität geopfert. Sie domestizierten oder zähmten sich selbst zusammen mit ihren domestizierten Pflanzen und Tieren. Sie erbauten Systeme und bauten sich selbst in diese Systeme hinein.

Von Anfang an, in den frühen Jäger-und-Sammler-Zeiten und sogar noch früher, hat Indien eine besondere Eigenart besessen, die auch besonders schwer faßbar zu sein scheint, betrachtet man sie mit den Augen des Westens. Walter Fairservis vom Vassar College, eine Archäologe, der sich mit dem Problem über eine Generation lang herumgeschlagen hat, drückt es so aus: »Unzählbar wie die Kristalle des im Himalaja fallenden Schnees ... sind die fundamentalen Stücke ... die wesentlichen Dinge der indischen Umwelt. Tatsächlich ist diese Umwelt vom Verständnis des Amerikaners so weit entfernt, daß die meisten von uns in ihrer Gegenwart lediglich Touristen gewesen sind, die sehen, ohne zu verstehen.«

Die Geschichte beginnt etwa vor 200 000 000 Jahren mit einigen außerordentlichen geologischen Ereignissen. Damals existierten keine Kontinente, sondern nur ein einziger Superkontinent mit Namen Pangea in einem einzigen Ozean, eine riesige Insel, die bereits begonnen hatte, in einer Reihe von Erdbeben und Vulkanausbrüchen auseinanderzubrechen. Das heutige Indien war eines der Stücke. Eine Landscholle, 40 Meilen dick, war soeben von der Antarktis losgebrochen und trieb nach Norden wie ein riesiges Wasserlilienblatt aus geschmolzenem Fels – auf einem Kollisionskurs mit Asien.

Diese Kollision trat vor 50 000 000 Jahren ein und ist noch nicht abgeschlossen. Indien ist noch immer dabei, sich in Asien hineinzumahlen. Über 100 Bergspitzen im Himalaja und damit zusammenhängende Bergzüge markieren die Berührungslinien, Plätze, wo das Land sich aufwirft und eine natürliche Schranke bildet, die Indien als Subkontinent vom Rest Asiens abtrennt. Einer der größten Ströme der Welt, der Indus, trägt das ablaufende Wasser des schmelzenden Schnees und der Monsunregen 1600 Kilometer von den Bergen entfernt in das Arabische Meer. Die ersten Städte Indiens entstanden in seinem Tal.

Eine ungewöhnlich vielfältige Sammlung von Spezies kam hier zusammen, lange ehe der Mensch auf der Erde erschien. Es gab wilde Gerste und andere Getreidegräser, Löwen, Gazellen und viele Vogelarten, wie sie für Halbwüsten und Savannen im Westen, im Nahen Osten und in Nordafrika charakteristisch sind. Es gab auch hier heimische Spezies, wie sie für die feuchten Tropenwälder Südostasiens typisch sind: wilden Reis, indische Elefanten, Tiger, Kobras, Mungos, Rhinozerosse, Krokodile und andere Reptilien. Zwei Welten überschnitten sich im Indus-Tal und formten so eine Übergangszone, einen Treffpunkt von Ost und West.

Ost und West begegneten sich viel später noch in anderer Weise, und dieses Phänomen bleibt ein archäologisches Rätsel. Die frühe-

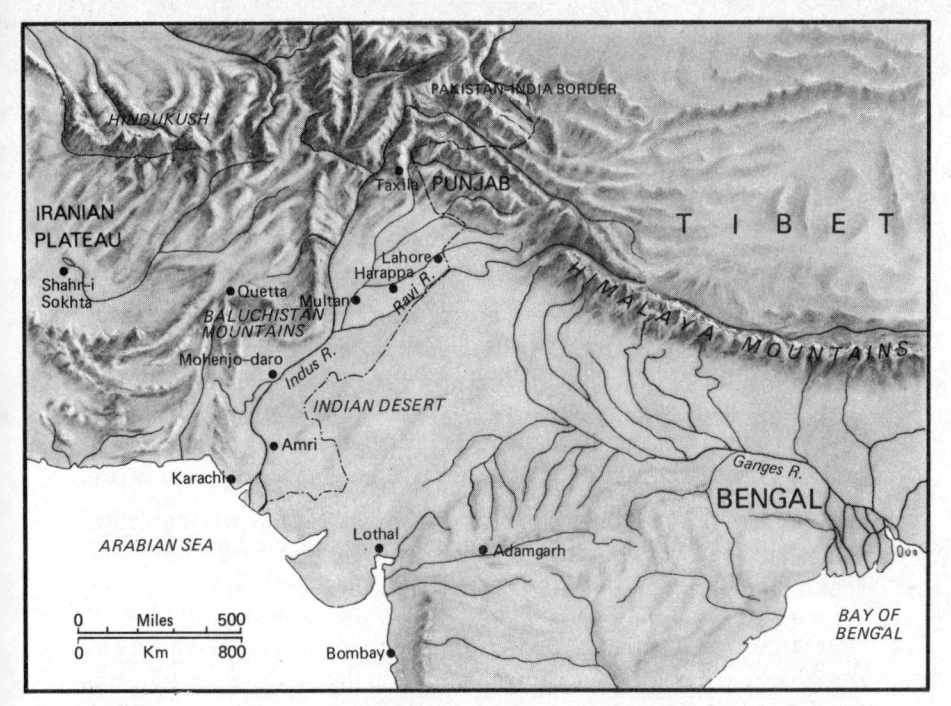

Indus-Tal, Urbanismus und hoher Status dehnen sich nach Osten aus: Fundstellen der frühesten bekannten Städte außerhalb der Region der Ebene von Sumer und Susiana vor etwa 4500 Jahren – frühe Zentren mit Wohnblöcken, rechteckigen Gittern aus langen Hauptstraßen mit Querstraßen, die sich zwischen hohen Mauern erstreckten.
(Quelle: Vantage Art Inc.)

sten Spuren des Menschen auf dem indischen Subkontinent sind über 300 000 Jahre alt und schließen zwei deutlich unterschiedliche Werkzeugausstattungen ein, die beide noch früher in Afrika ihren Ursprung hatten und dort weitgehend vor 50 000 Jahren verschwunden waren. Eine Ausstattung findet sich in afrikanischen, nahöstlichen und europäischen Grabungsstätten. Sie besteht hauptsächlich aus keilförmigen Hackbeilen und sogenannten Handäxten, ovalen oder tropfenförmigen Geräten, an einem Ende spitz und mit Schneidkanten an beiden Seiten. Die andere Ausstattung, typisch für Fundstellen in Burma, China und Südostasien, weist Hackwerkzeuge mit rauhen Schlag- oder Schneidkanten auf, die durch Abschlagen von Splittern von den Seiten aus Kieselstein geformt wurden.

Das Rätsel ist nun, was diese Ausstattungen bedeuten. Sind sie Zeichen für zwei weitverbreitete Traditionen oder Kulturen? Haben sie irgend etwas zu tun mit der Tatsache, daß es im Westen mehr offenen Raum gab, Grasland und Savannen mit riesigen Herden von Großtieren, während im Osten tropische Wälder vorherrschten, Überreste der Wälder früherer Zeiten, wo Tiere allein oder in kleinen Gruppen umherzogen? Um diese und andere Fragen beantworten zu können, müssen wir mehr darüber wissen, wie diese Werkzeuge gebraucht wurden. Auf jeden Fall spiegeln die Ausstattungen getrennte Lebensweisen wider, die in Nordwest-Indien und der Region des Indus-Tales nebeneinander existierten.

Ein anderer Unterschied zwischen Ost und West betrifft die Wahl der Orte, wo man lebte. In Europa und im Nahen Osten lagerten die Jäger und Sammler normalerweise in Höhlen und Felsunterkünften. Die Höhle von Combe Grenal im Südwesten Frankreichs hatte etwa 60 Schichten aus geologischen und archäologischen Ablagerungen, aus denen Perioden der Bewohnung und des Nichtbewohnens über eine Zeitspanne von über 80 000 Jahren hervorgehen. Solche ununterbrochenen Zeugnisse fehlen in Indien, wo sich die Menschen wahrscheinlich eines milderen Klimas erfreuten und es vorzogen, an Flußufern im Freien zu lagern. Jagen und Sammeln hat auf dem Subkontinent überlebt, wenn auch in einer abgewandelten Form. Viele Jäger und Sammler leben noch immer in indischen Wäldern, nicht in dem unabhängigen Stil ihrer prähistorischen Vorfahren oder einiger Ureinwohner von heute, sondern indem sie Rotwild- und Affenfleisch, Honig, geflochtene Güter, Körbe und andere Walderzeugnisse gegen Reis und Eisenwerkzeuge in nahegelegenen Dörfern eintauschen.

Hinweise auf Kräfte, die daran wirken, das traditionelle Muster des Jagens und Sammelns zu verändern, und Anzeichen für mögliche Schritte in Richtung auf Ackerbau erscheinen in Sedimenten, die aus drei Seen der Indischen Wüste östlich des Indus-Tales gewonnen wurden. Gurdip Singh von der Australian National University in Canberra bohrte den Seegrund an; in den an die Oberfläche gezogenen »Kernen« oder zylindrischen Säulen aus festgepacktem Schlamm und Tonablagerungen der vergangenen 10 000 Jahre entdeckte er Überreste von ehemaligen Pflanzen, fossilen Pollenkörnern mit äußeren Schichten, die so zäh sind, daß sie ihre Formen bewahrt haben und identifiziert werden können, wodurch ein Rekonstruktion vergangener Klimabedingungen und Pflanzentypen möglich ist.

Eine Reihe von Veränderungen fanden demnach wohl um 7500 v. Chr. statt, von denen keine allein besonders überzeugend war, die aber zusammengefaßt eine gute Beweisführung für den Ackerbau ergeben. Der Regenniederschlag verringerte sich geringfügig, wie aus einer leichten Abnahme der Pollen von Riedgras, Weidenkätzchen und anderen Sumpflandspezies hervorging. Zur gleichen Zeit gab es einen Anstieg der Pollen der Chenopodium (Gänsefußgewächse) und Amarante, Pflanzen, die in »gestörtem« Boden blühen, wie er um Lagerplätze herum gefunden wurde, Pflanzen mit nahrhaften Samen und Blättern, sehr wohl Kandidaten für frühe Experimente mit Pflanzenanbau. Die Pollenbestimmung zeigt auch eine Vermehrung der Getreidegräser.

Natürlich hätten all diese Pflanzen auch wild wachsen können. Die Sedimente aus der Zeit um 7500 v. Chr. enthalten jedoch Holzkohleteilchen, und zwar etwa fünfzehnmal mehr Holzkohle als frühere Sedimente. Der starke Anstieg tritt in allen drei Seebereichen auf und setzt sich durch die Schlamm-Ton-Kerne für Sedimentschichten fort, die um die 5000 Jahre repräsentieren. Singh interpretiert seine kombinierten Pollen- und Holzkohlefunde als Anzeichen für eine bewußte Verbrennung, um niedere Bäume, Büsche und Sträucher zu beseitigen und Platz zu machen für Feldfrüchte, obwohl Jäger und Sammler natürlich auch ihr Land abbrennen können. Auf jeden Fall macht die Bestätigung der Theorie eine Suche nach Fundstellen erforderlich, die Gegenstände wie Mahlsteine, Sichelklingen und die Überreste von domestizierten Pflanzen freigeben.

Die Jäger und Sammler in Indien hatte wie ihre Brüder in anderen Ländern zweifellos beträchtliche Kenntnisse über Pflanzen und gebrauchten diese Kenntnisse, um etwas Ackerbau zu treiben, lange ehe die Domestizierung als solche in den archäologischen Zeugnissen auftaucht. Sie haben anscheinend nicht unter irgendeinem besonderen Druck gestanden, um seßhaft zu werden, zumindest nicht bis in relativ junge Zeit. Wie bestimmte Gruppen von Nomaden des 20. Jahrhunderts im Iran, in Marokko und anderswo haben sie vielleicht Körner im frühen Herbst ausgesät, sind mit ihren Herden auf entferntes Weideland gezogen und ein Jahr später zurückgekehrt, um ihre Feldfrüchte zu ernten.

Der früheste nicht in Frage gestellte Beweis für Domestizierung betrifft eher Tiere als Pflanzen und geht auf etwa 5500 v. Chr. zurück. Das ist die C-14-Zahl, die aus Ablagerungen in dem Felsenobdach von Adamgarh, einem niedrigen einsamen Hügel in Zentralindien, über 640 Kilometer nordöstlich von Bombay, gewonnen wurde. Die Ablagerungen enthalten eine Fülle von Überresten von Hunden, Schafen, Ziegen, Höckerrinder und Schweinen, alle offensichtlich gezähmt. Die Menschen gingen aber noch immer jagen; die Reste von Rotwild und anderen Wildspezies sind gleichermaßen reichlich vorhanden. Außerdem zeigen Adamgarh und andere ähnliche Fundstellen Domestizierung ohne irgendwelche Spuren von festen Siedlungen, Häusern oder Mauern, ein interessanter Gegensatz zum Nahen Osten, wo an Orten wie Mallaha in der Nähe des Sees Genezareth wiederum feste Siedlungen ohne Domestizierung gefunden wurden.

Die ersten Ackerbausiedlungen tauchten in einer Grenzlandregion auf, die genau gesagt außerhalb liegt, aber gerade nur kurz außerhalb des indischen Subkontinents, am östlichen Rand des Hochlands des Iran. Fairservis hat einen Teil der Region vermessen, das Bergtal, das die heutige Stadt Quetta einschließt in dem Teil, der heute Westpakistan heißt. Er kartographierte ungefähr drei Dutzend Fundstellen innerhalb eines Radius von 160 Kilometern um die Stadt und grub eine der frühesten aus, einen kleinen Hügel, der strategisch nahe der Höhe eines der größeren Pässe liegt. Der Paß führt hinab in die breite Schwemmlandschaft des Indus.

Dieser Hügel, bekannt als Kile Gul Mohammad oder kurz KGM, enthielt in den tiefsten Schichten Hinweise auf frühgeschichtliche Bauerndörfer – Mauern aus Schlammziegeln oder Ton, der in Formen gestampft war, Ziegen-, Schafs- und Rinderknochen, Steine, die zum Mahlen verwendet wurden, einfache Töpferwaren, ein oder zwei Sichelklingen. Das genaue Alter der Fundstelle ist nicht bekannt. Holzkohle vom einem Herd in einer der tiefsten Schichten ergab eine C-14-Zeit von 3600 v. Chr., doch die ersten Siedler kamen wahrscheinlich mindestens vier oder fünf Jahrhunderte früher.

KGM war eine in einer Ballung von fünf frühgeschichtlichen Fundstellen, alle nur einige Kilometer voneinander entfernt. Während der nächsten 15 Jahrhunderte stieg die Bevölkerung stetig an, vermutlich als Ergebnis des Seßhaftwerdens, nicht nur im Quetta-Tal, wo sich die Zahl der Orte von fünf auf über 20 erhöhte, sondern auch in anderen Gebirgsgegenden im Osten, Norden und Süden. Immer mehr Menschen kamen in das Flachland herab, wie andere Leute von anderen Gebirgen herabgekommen waren, etwa 1900 Kilometer entfernt und vier oder fünf Jahrtausende früher vom westlichen oder mesopotamischen Rand des Hochlands des Iran.

Wegbereiter vom östlichen Rand hinterließen ihre Kennzeichen an einer Reihe von Orten, hauptsächlich in Form von Töpferwaren. In Amri, auf dem rechten Ufer des Indus, ungefähr 160 Kilometer nordöstlich von Karachi, waren einige Gefäße im selben rot-schwarzen Stil angemalt wie der im Quetta-Gebiet und in benachbarten Hochländern übliche. Außerdem teilen Hochland- und Tieflandscherben viele gleiche Grundmuster, die in erstaunlich ähnlicher Manier ausgeführt sind, zum Beispiel Schachbrettmuster, Winkel, Zickzack- und Kreuzmuster.

Von diesem Zeitpunkt an vollzog sich der Wandel schnell. In einer der neuesten Untersuchungen des Prozesses konzentriert sich Rafique Mughul von der Abteilung für Archäologie der pakistanischen Regierung in Karachi auf seine jüngsten und am wenigsten erforschten Phasen. Nach seinem noch unveröffentlichten Bericht wurden Amri und andere Dörfer etwa um 3200 v. Chr. gegründet; und der Indus-Staat, beherrscht von den Städten Mohenjo-daro und Harappa – unter anderen – nahm innerhalb der 1000 Jahre danach Form an.

Mohenjo-daro ist heute bei weitem die eindrucksvollste der beiden Städte, obwohl es sehr wahrscheinlich ist, daß es einmal wenig zwischen den beiden zu wählen gab. 160 Kilometer flußaufwärts von Amri gelegen, bedecken seine Ruinen ein Gesamtgebiet von ungefähr 240 Morgen. Der Ort ist möglicherweise von Zeit zu Zeit überschwemmt gewesen. Fairservis sagt, daß wegen der vielen Windungen des Indus und der periodischen Wechsel von Monsunregen in den Bergen im Norden die Menschen alle zwei oder drei Jahrhunderte aus ihren Siedlungen im Tal durch die Fluten vertrieben wurden und in nahe gelegene Gebiete auswichen. In den Lagunen nicht weit von Mohenjo-daro kann man unter Wasser Ruinen sehen: Mauern und gebrannte Ziegel.

Schätzungen für die Bevölkerung der uralten Stadt reichen von

Mohenjo-daro im Indus-Tal. *Links und rechts:* frühgeschichtliche Stadt mit Häuserblöcken, Straßen, Gassen und Steingebäuden mit Müllrutschen in die Straßen (siehe Öffnungen in den Mauern, rechts unten).
(Quelle: Gregory L. Possehl, University of Pennsylvania)

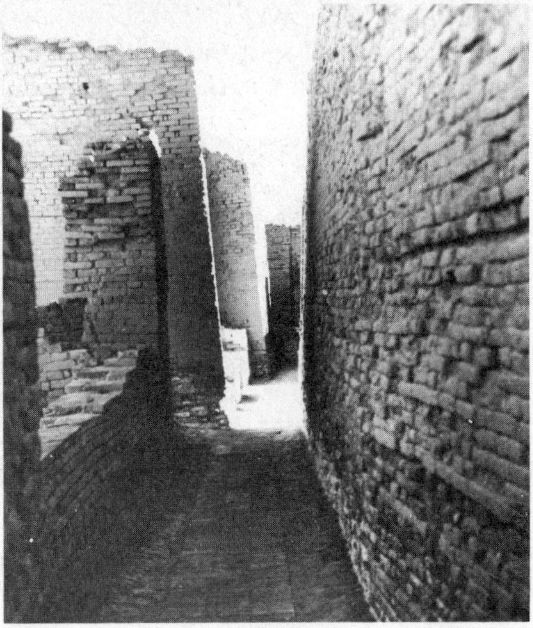

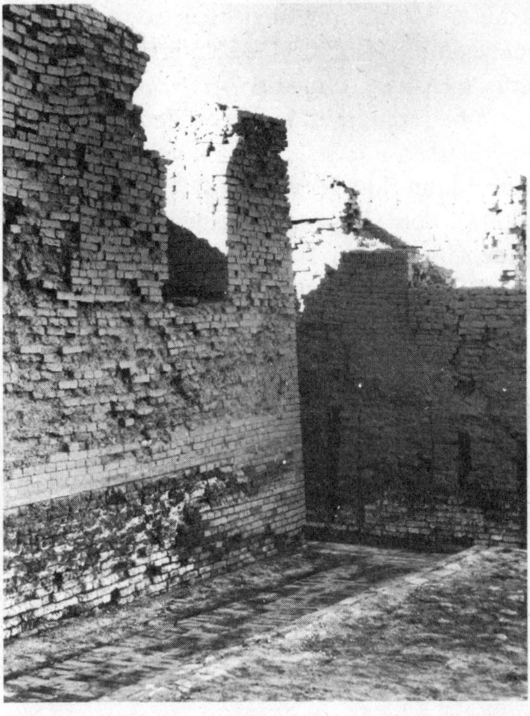

15 000 bis 40 000, obwohl die Zahl 30 000 als ein vernünftiger Kompromiß angesehen werden kann. Nach den ersten Ausgrabungen durch den britischen Archäologen John Marshall ist sie seitdem von einer Reihe von Forschern untersucht worden, von denen Mortimer Wheeler und George Dales von der University of California in Berkeley zwei der letzten sind. Wie in Uruk, Susa und vielen anderen frühgeschichtlichen Städten der Alten Welt ist der Strom verschwunden. Der Indus hat sich verlagert. Sein nächster Arm fließt fünf Kilometer östlich vorbei. Das Umland ist flach und offen. Die meisten anderen frühgeschichtlichen Städte sind zerfallen. Heute sind sie nur noch Sand und formlose Hügel und Mauerreste. Mohenjo-daro wurde aus dauerhafterem Material gebaut – aus gebrannten, nicht aus sonnengebackenen Ziegeln.

Die Stadt ist präsent, man kann hindurchlaufen. Die Hauptstraßen sind schnurgerade und breit (neun Meter, was einer Breite von zweieinhalb Fahrbahnen einer modernen Autostraße entspricht), sie führen von Ost nach West und von Nord nach Süd, bilden Häuserblöcke und rechteckige Gitter. Parallel zu den Straßen verlaufen lange Gassen mit hochaufragenden monotonen Mauern auf beiden Seiten. Aber in dieser Monotonie liegt auch etwas Verwirrendes. Die hohen Mauern sind »blind«, glatte Oberflächen ohne Türen und nur mit wenig Fenstern. Um die Orte, wo Menschen wohnten und arbeiteten, zu betreten, muß man von den Hauptstraßen abbiegen, durch enge Gassen mit Seitenarmen gehen, wo »die gefängnisähnlichen Häuser dann ihre verstohlenen Türen öffnen«. Es gibt Erker und Winkel in den Häusern, Treppen zum Hinaufsteigen, plötzlich endende Gänge und Höfe, auf die hinaus sich Räume öffnen. Man konnte sich in diesen Bereichen verlaufen; alles hat den Charakter von einem Labyrinth.

Der herausragendste Teil von Mohenjo-daro ist ein grob rechteckiger, von Menschen aufgeschütteter Hügel, der meilenweit zu sehen ist und dessen Längsachse in Nord-Süd-Richtung liegt. Hier haben die Forscher die meisten Grabungsarbeiten durchgeführt. Sie haben einen großen Teil monumentaler Architektur freigelegt, vieles davon in gut erhaltenem Zustand, Türme bis zu zehn Meter

Mohenjo-daro: Lageplan der Zitadelle (Höhenangaben in Fuß über Meereshöhe).
(Quelle: Cambridge University Press 1968)

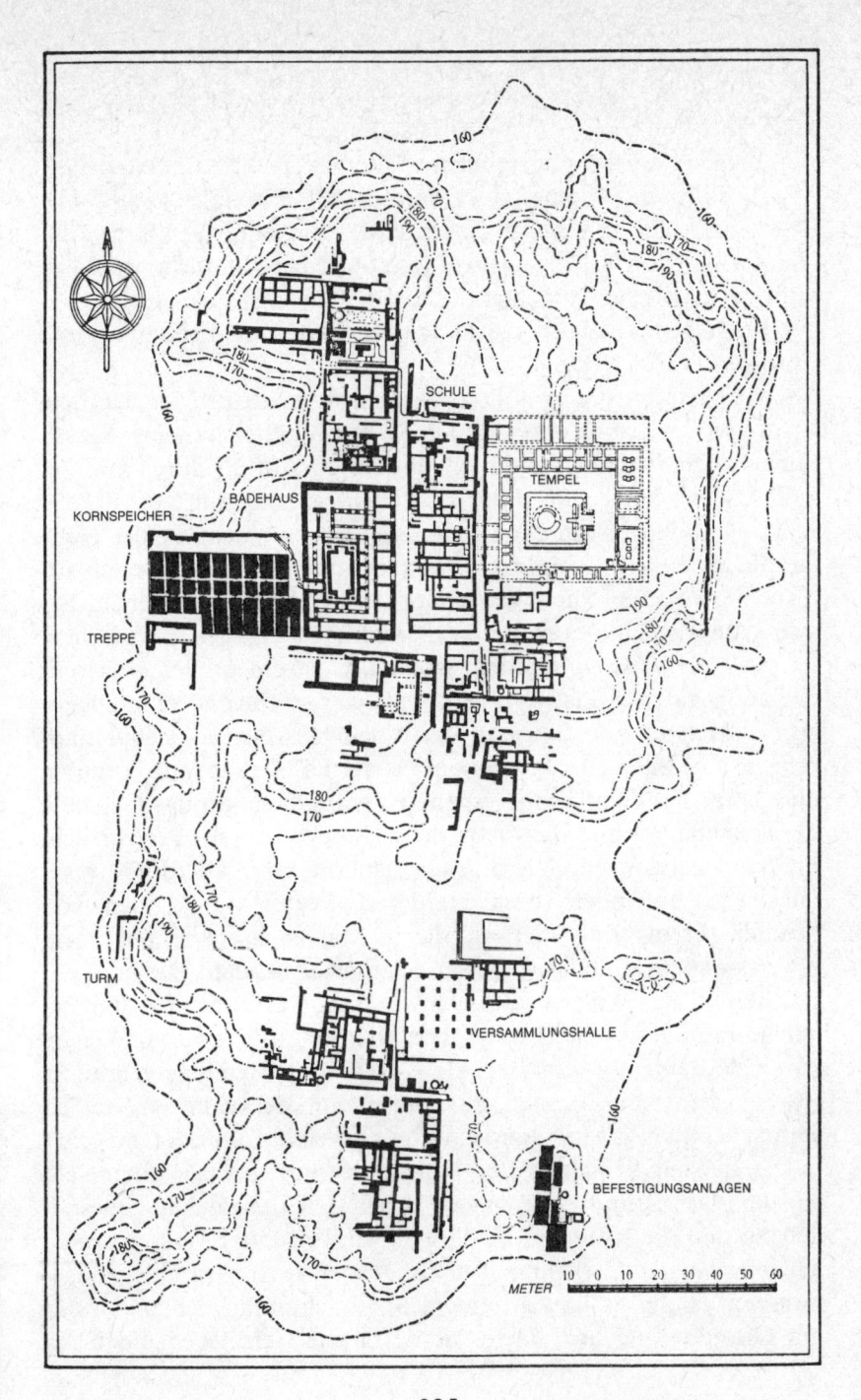

KORNSPEICHER
BADEHAUS
SCHULE
TEMPEL
TREPPE
TURM
VERSAMMLUNGSHALLE
BEFESTIGUNGSANLAGEN

METER   10 0 10 20 30 40 50 60

hoch, massive Wände, 1,80 bis 2,20 Meter dick, Säulen, Veranden und Torhallen. Unglücklicherweise sind die Überreste solider als viele Theorien über das, was sie darstellen.

Wheeler nennt diesen ganzen Teil der Stadt »die Zitadelle«, aber der Beweis für eine schwerbefestigte Wehranlage, die das Gebiet beherrscht, ist weit davon entfernt, zwingend zu sein. Ein Archäologe, der sich selbst als »verärgert« beschreibt und es vorzieht, anonym zu bleiben, erachtet die Zitadellenversion als ein Produkt der britischen Tendenz, die Dinge im Sinne von Eroberung und Empire zu sehen.

Ein Gebäude ist einwandfrei als Badehaus identifiziert worden. Etwa von der Größe eines großen Swimmingpools weist es mit Bitumen abgedichtete Wände auf und einen Abfluß durch ein Gewölbe, groß genug, um darin zu stehen; es mag ein Ort der Waschungen oder der rituellen Reinigung gewesen sein. In der Nähe des Bades ist ein komplexes Bauwerk, das aus einer Ziegelplattform besteht, die einen Viertelmorgen bedeckt, sowie einem System von Ziegelblöcken mit rechtwinkligen Gängen dazwischen. Es sind Hinweise vorhanden, wonach einst ein großes hölzernes Gebäude auf der Plattform errichtet war, vielleicht zum Lagern großer Mengen von Getreide, das möglicherweise als Tribut empfangen und Sklaven zugemessen wurde. Falls es so war, könnten die Gänge als Ventilationssystem gedient haben, um das Gebäude trockenzuhalten und das Getreide im Stockwerk darüber vor dem Faulen zu schützen. Diese Interpretation muß allerdings noch durch das Auffinden von Getreideresten oder Mahlgeräten, von Schalen für die Rationierung, die in Massen hergestellt wurden, oder irgendeines anderen Beweises erhärtet werden. Die einzigen Zeichen für das Wiegen sind rechtwinklige, würfelförmige Steingewichte in abgestuften Größen. Die kleinsten müssen zum Wiegen von Edelsteinen, wertvollen Gewürzen und Metallen gebraucht worden sein; die längsten, zu schwer, um sie zu heben, maßen wahrscheinlich ganze Ladungen von Getreide, Heu oder Ziegeln.

Die tiefsten Schichten der Fundstelle sind niemals untersucht worden. Der Grundwasserspiegel ist seit den alten Zeiten angestiegen, so daß die frühesten Siedlungen zu weit unter Wasser liegen. Wheeler versuchte es einmal doch. Mit Hilfe von Hochleistungspumpen gelang es ihm an einem Spätnachmittag, Ablagerungen am Grunde einer acht Meter tiefen Grube freizulegen, doch am nächsten Morgen waren die Ablagerungen wieder im Wasser verschwunden. Während einer späteren Grabungsperiode benützte Dales eine Bohrausrüstung, um Schlamm- und Tonproben herauszuholen. Er stellte fest, daß sich die Siedlungsschichten bis zu einer Tiefe von zwölf Metern erstrecken, außer Reichweite für die Archäologen.

Harappa, die andere große ausgegrabene Stadt, lag am Ravi-Strom, einem Nebenfluß des Indus. Es ist ein Ort, der zweimal in Trümmer fiel, ein Opfer vom Plünderern wie auch der Zeit. Ingenieuren des 19. Jahrhunderts gelang es, in einem Jahrzehnt mehr Schaden dort anzurichten, als Verfall in über drei Jahrtausenden zuwege brachte, indem sie Millionen von Ziegeln raubten, um damit Dämme für den Abschnitt Lahore-Multan der »Western Railway« zu bauen. Anscheinend wurde Harappa ähnlich wie Mohenjo-daro angelegt, mit einer »Zitadelle«, die aus einer riesigen Plattform bestand, umgeben von hohen, sich verjüngenden Mauern mit einer Basisdicke von 15 Metern und auch in Nord-Süd-Richtung orientiert. Alles, was in dieser Zone nach der Plünderung übrig blieb, waren 40 große Urnen in einer Reihe, ein Brunnen, ein langer gedeckter Abflußgraben sowie Mauerbruchstücke von Gebäuden, die für eine Rekonstruktion zu stark zerfallen sind.

Ausgräber fanden außerhalb der Mauern Bauwerke, die in einem etwas besseren Zustand sind: die Überreste eines Dutzends Getreidespeicher oder Lagerhäuser mit einer Speicherkapazität, die zusammengenommen der von Mohenjo-daros einzelnem Speicher entsprach, liegen an den Ufern des ausgetrockneten Flußbettes, das einstmals der Hauptweg für die Verteilung von Nahrungsmitteln war. 16 birnenförmige Öfen stellen die einzige bekannte Werkstatt der Fundstelle dar, wahrscheinlich eine Bronzeschmelze. Viehdung und Holzkohle wurden als Brennstoff verwendet, um Temperaturen von über 1100 Grad Celsius zu erzeugen, wie man anhand der Tatsache, daß Ziegel der Auskleidung der Öfen geschmolzen waren, beurteilen kann.

Man hatte einmal geglaubt, Harappa und Mohenjo-daro, im Herzen der Indus-Region etwa 560 Kilometer voneinander entfernt, seien Zwillingsstädte gewesen, die zusammen die Kontrolle über den ersten Staat des indischen Subkontinents ausgeübt hätten – eine Situation, die es in Ägypten gegeben zu haben scheint (siehe

Kapitel 11). Doch soweit es das Indus-Tal betrifft, sprechen neue Erkenntnisse gegen diese Vorstellung. Nach Dale zeigen Luftaufnahmen die Existenz von mindestens zwei weiteren Städten, die so groß wie Harappa und Mohenjo-daro und vielleicht noch größer waren. Eine ist in den Ausläufern des Belutschistan-Gebirges, etwa 240 Kilometer südwestlich von Harappa, gelegen; die andere liegt im Süden, in der Wüste nahe der indisch-pakistanischen Grenze. Dies alles impliziert ein komplizierteres Kontrollnetz, als es sich in der Zwillingsstadt-Theorie abzeichnet.

Das Siedlungsmuster ist in keiner der Einzelheiten bekannt, wie sie für das Umland von Uruk oder die Susiana-Ebene verfügbar waren, aber es gibt Hinweise auf eine entstehende Hierachie, die ihren Höhepunkt in einem System von vier oder mehr Schichten fand. Zu der Zeit, als der Staat seinen Höhepunkt um 2000 v. Chr. erreichte, bestand er aus vier bis sechs größeren Zentren, von denen jedes mehrere Male größer als die nächstkleineren Siedlungen war, aus etwa 20 kleineren Zentren sowie 200 großen und kleinen Dörfern. Er hatte eine Ausdehnung von über 1 040 000 Quadratkilometern, mehrere Male größer also als die größten Staaten in Mesopotamien, und hatte doch eine viel kleinere Bevölkerung von vielleicht 200 000 bis 250 000 Personen.

Und wieder, wie im Falle von Mesopotamien, verrät der Handel mit Luxusgütern über große Entfernungen, daß höhere Schichten existiert haben können, Beziehungen zwischen Regionen wie auch innerhalb und zwischen den Oberschichten unterschiedlicher Regionen. Karawanenstraßen erstreckten sich nach Westen, vereinigten sich mit anderen Routen und anderen Netzen. Vor mehr als einem Jahrzehnt fanden sowjetische Forscher, die Grabungen bei Altin, einer Fundstelle in Zentralasien, durchführten, einen Schatz von Elfenbeinobjekten, die im Indus-Tal, etwa 1120 Kilometer entfernt, angefertigt worden waren. Der Schatz schloß quadratische und ovale Stücke ein, die versuchsweise als Spielmarken identifiziert wurden, und kleine vierkantige Stäbchen mit Verzierungen, die an jene erinnern, die in altertümlichen indischen Texten be-

Oben: Lothal im Indus-Tal: »Dock« und Kai.
(Quelle: Gregory L. Possehl, University of Pennsylvania)
Unten: Plan der rekonstruierten Fundstelle mit Lagerhaus.
(Quelle: S. R. Rao, »Lothal and the Indus Civilisation«, New York 1971)

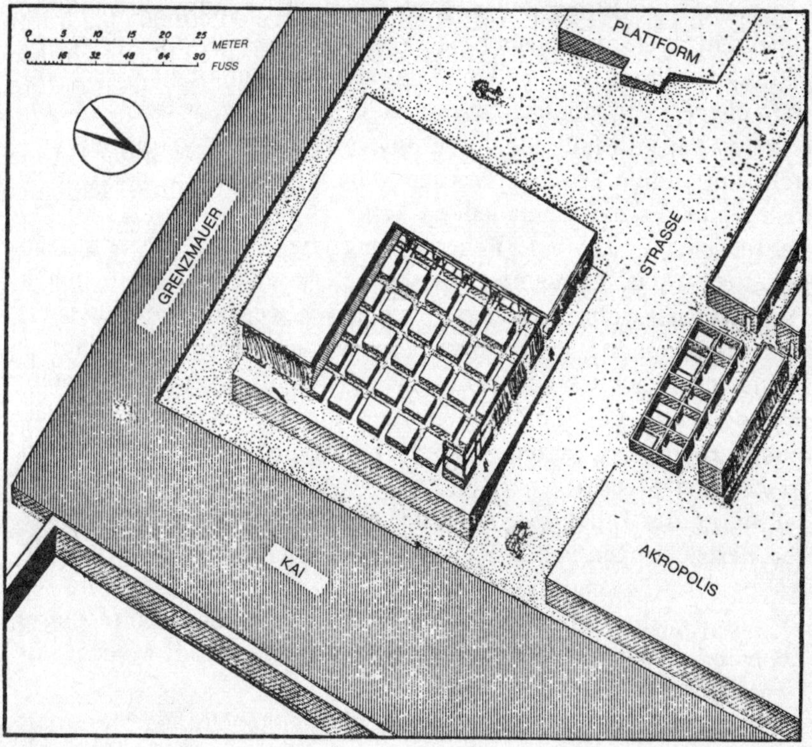
0 5 10 15 20 25 METER
0 16 32 48 64 80 FUSS
PLATTFORM
GRENZMAUER
STRASSE
KAI
AKROPOLIS

schrieben und beim Wahrsagen verwendet wurden. Ähnliche Objekte sind in Mohenjo-daro ausgegraben worden.

Güter aus dem Westen werden in Grabungen am Indus gefunden – Türkis und vielleicht Kupfer aus den Berggebieten des Iran, nicht weit von Yahya; 15 bis 20 Steinschalen mit eingravierten Motiven vom Typ Yahya; Lapisperlen, möglicherweise in Shahr'i Sokhta hergestellt; Jade aus Fundstellen in Zentralasien. Über Mittelsleute und ihre Außenposten wurde sogar Handel mit Orten getrieben, die so weit im Westen lagen wie Sumer. Irgendeine in Indien erzeugte Fracht kam anscheinend in einer Stadt an, die weniger als 30 Meilen von Uruk entfernt lag. Sie muß verderblich gewesen sein, denn sie ist ohne eine Spur zu hinterlassen verschwunden, doch eine Aufzeichnung in Form eines Tonstücks, mit einem Siegel vom Indus, hat überdauert.

Der Handel zwischen den beiden Regionen scheint jedoch weitgehend eine Sache in einer Richtung gewesen zu sein. Forscher haben niemals im Indus-Gebiet Tonsiegel oder irgendwelche andere, allgemein anerkannte Überreste von in Sumer erzeugten Gütern gefunden. Wären die beiden Regionen benachbart gewesen, anstatt über 1900 Kilometer auseinander zu liegen, wäre es möglicherweise als ein Fall von Tribut interpretiert worden, der mit Gewalt von Indien erhoben worden war, wobei Sumer nahm, aber nichts gab. Es existieren jedoch keine Hinweise darauf, daß die Politik jener Zeiten eine Beherrschung über solche Entfernungen gestattete. Das Geheimnis dieses seltsamen unausgeglichenen Handels wird wohl fortdauern, bis neuer Beweis erscheint oder bis es neue Erkenntnisse über bereits angesammelte Zeugnisse gibt.

Die Händler blickten sowohl nach Osten als auch nach Westen, in andere Teile des Subkontinents und darüber hinaus. Sie besaßen einen größeren Seehafen, bekannt als Lothal, in einer Bucht des Arabischen Meeres, eine Reise von etwa 560 Kilometern von der Mündung des Indus aus, nahe der heutigen Stadt Cambay. Nach den Feststellungen von S. R. Rao vom Archeological Survey of India (Archäologisches Vermessungsamt) zu urteilen, der dort vor 15 Jahren sieben Grabungsperioden durchführte, vereinte dieses Zentrum sehr viel Aktivität in einem Gebiet von weniger als 20 Morgen.

Die Stadt hatte viele Wesenszüge, die weitgehend als Merkmale von Zentren am Indus anerkannt werden – den »Indus Touch«, wenn auch in kleinerem Maßstab. Straßen mit Nord-Süd- und Ost-West-Orientierung, die ein Gitter bilden, sorgfältig ausgeführte Abflußkanäle und Bäder, Getreidespeicher oder Lagerhäuser und eine erhöhte Plattform, die an Plattformen in den »Zitadellen« von Mohenjo-daro und Harappa erinnert. Es gab auch ein Bauwerk, das bisher noch von keiner Siedlung am Indus berichtet worden war: ein Teich so breit wie ein Fußballfeld und länger als zwei Fußballfelder, umgeben von einer fünf Meter hohen Ziegelmauer, mit einem Überlauf und einem Schleusentor an einem Ende. Lehrbücher bezeichnen dieses Bauwerk als Dock, und obwohl nur wenige Experten diese Interpretation anerkennen, ist noch keiner mit einer besseren Idee gekommen.

Die Fundstelle liefert Beweise für etwas, was ein weitreichendes landwirtschaftliches Experiment gewesen sein könnte. Der Indus-Staat hatte sich gerade so weit ausgedehnt, wie die Wachstumsbedingungen für Weizen und Gerste gestatteten, bis zu den Grenzen der gemäßigten Zonen des Subkontinents. Eine weitere Ausdehnung in tropische Zonen hing von der Entwicklung neuer Feldfrüchte ab, und Bauern, vielleicht unter dem Druck einer drohenden Nahrungsknappheit arbeitend, hatten anscheinend Schritte in dieser Richtung unternommen. Eingebettet in Bruchstücken von Schlammputz eines getreidespeicherähnlichen Bauwerks in Lothal sind Reishülsen vorhanden, und Abdrücke von Hülsen sind überall auf Keramiken und Ziegeln gefunden worden. Da Reis im Speiseplan am frühgeschichtlichen Indus niemals eine gewichtige Rolle spielte, ist zu vermuten, daß die Hülsen eine Bemühung aufzeigen, die nicht erfolgreich war, wenigstens nicht für jene Leute in jener Zeit. Sie mag sich aber für spätere Generationen bezahlt gemacht haben, die aus solchen Experimenten lernten und Reis als Haupterzeugnis des Landes entwickelten und in anderen Teilen Indiens Städte gründeten und Staaten, besondern in den Ebenen des Ganges.

Lothal diente als einer der Hauptaußenposten des Staates, als eines der größten Verschiffungs-, Manufaktur- und Handelszentren. Seine hervorragendste Industrie war die Perlenherstellung. Eine Perlenfabrik, mehrere kleine Räume um einen Mittelhof, schloß einen Ofen für die Erhitzung von Chalcedon (was die natürliche rote Farbe des Minerals intensiver macht), Bohrer und Meißel sowie Hunderte von fertigen und unfertigen Perlen aus Achat, Jaspis,

Opal und anderen Halbedelsteinen und auch Chalcedon ein. Funde in anderen Werkstattbereichen umfassen Ambosse, Bronzebohrer, Tiegel, Stücke von Seemuschelschalen, Kupferkokillen sowie zersägte und ganze Elefantenzähne.

Gregory Possehl von der University of Pennsylvania bezeichnet Lothal als »Tor«, als Siedlung an der Grenze zwischen dem Indus-Staat und den Hinterlandterritorien im Norden, Süden und Osten, vielleicht durch den Persischen Golf nach Sumer, »am Mittelpunkt dessen gelegen, was ein komplexes und kontinuierliches Tauschnetz« gewesen sein muß. Es handelte mit den Menschen im Hinterland, Jägern und Sammlern, bekannt durch mehrere hundert Fundstellen in dem Gebiet. Wie ihre entfernten Nachkommen, die Jäger und Sammler von heute, lebten sie vom Handel mit Erzeugnissen des Waldes gegen die Erzeugnisse seßhafter Gemeinschaften. Im Austausch gegen Güter wie Getreide und Bronzewerkzeug lieferten sie Kupfer, Achat, Elfenbein und andere Rohstoffe, die von den Menschen in Städten aller Größen benötigt wurden.

Andere Tore öffneten sich anderen Regionen, Tore, durch die viele Arten von Menschen mit einer Vielzahl von Gütern und Ideen in das Indus-Tal hinein- und aus ihm herausgingen. Der Staat war offen für eine ungewöhnlich große Vielfalt von Einflüssen und ist infolgedessen als etwas Sekundäres angesehen worden, eine Art von zweitklassigem System, das wenig Eigenes zu geben hatte und sehr viel von anderen aufnahm, besonders von Sumer. Vor ein oder zwei Generationen war die extreme Version dieses Standpunktes populärer als heute, ein Punkt, der in Kapitel 1 hervorgehoben wurde. Sie stellte Sumer als die Quelle aller guten Dinge hin, einen Ort, der von besonders begabten Leuten bewohnt wurde. Nachdem sie einmal die Zivilisation ins Leben gerufen hatten, breiteten sie sich auf andere Gebiete aus, wo aufgeklärte Einheimische fortfuhren, ihre eigenen Zivilisationen zu entwickeln. Man war der Annahme, die Zivilisation bot so vieles von solch überwältigendem Wert an, daß jene, die zur Annahme fähig waren, dies auch so schnell wie möglich taten; und man glaubte, Zivilisation könne durch Dekret angenommen werden.

Nur wenige Forscher unterschreiben diese Vorstellungen noch heute. Sogar ohne das glänzende Beispiel Sumers wären Staaten im Tal des Indus und auch in anderen Regionen entstanden. Veränderungen waren in mehreren Teilen der iranischen Hochebene im Gange, zum Beispiel in Zentralasien, östlich vom Kaspischen Meer und etwa in gleicher Entfernung von Uruk und Mohenjo-daro. Masson beschreibt Altin, die Fundstelle, an der ein Schatz von Elfenbeinobjekten entdeckt wurde, als eine »beginnende urbane Gemeinschaft«. Sie erstreckte sich über mehr als 100 Morgen und besaß einen sechs Morgen großen Töpfereibereich, einen großen zentral gelegenen Platz und eine »Zikkurat« (Stufenturm). Darüber hinaus lag der 200 Morgen große Ort Namazga nur 80 Kilometer entfernt, was darauf schließen läßt, daß ein neuer Stadtstaatenkomplex im Entstehen war.

Die Bedingungen, die solche Systeme begünstigten, sind anscheinend um 2000 v. Chr. weit gestreut gewesen. Und trotzdem mag das Geschehen in Sumer die Schnelligkeit der Veränderung beeinflußt haben. Wenn sich Leute mit ihren neuen Problemen herumzuschlagen haben, ist es eine Hilfe, andere Leute in der Nähe zu haben, die sich einmal mit ähnlichen Problemen beschäftigten und die dies oder das aus vergangenen Fehlern gelernt haben. Die für die Organisation des Indus-Staates verantwortliche Elite ist vielleicht mit anderen Personen von Rang und ihren Vertretern vom westlichen Ende der iranischen Hochebene zusammengekommen, sie haben Gedanken ausgetauscht und aus diesen Zusammenkünften Nutzen gezogen. Trotzdem entwickelten sie ihre eigenen Traditionen und Institutionen.

Steinsiegel, gewöhnlich quadratisch oder rechteckig und etwa von der Größe von Briefmarken, greifen unterschiedliche Aspekte des Lebens in Indien heraus. Die Gravierungen stellen Tiere dar, die in Indien zum erstenmal von ungefähr 2700 bis 2000 v. Chr. gezähmt wurden: Höckerrinder, verwandt mit den *gaur* oder Wildochsen von Südostasien und Malaya, Wasserbüffel und Elefanten. (Das Huhn oder ein hühnerähnlicher Vogel, ein weiteres ursprünglich in Indien domestiziertes Tier, wird auf Siegeln nicht gezeigt; seine Spuren bestehen hauptsächlich aus Knochen, die in Mohenjo-daro gefunden wurden.) Da sind Männer auf der Jagd, die Rotwild und andere wildlebenden Tiere mit Speeren sowie Pfeil und Bogen verfolgen; zwei kleine Tiere springen nach Vögeln, und Frauen sind in der Nähe bei der Arbeit; ein Flußboot mit hohem Bug, einer Mittelkabine und doppeltem Steuerruder.

Eine ganze Menagerie von Phantasietieren erscheint auf den Siegeln – einhörnige Tiere und Kreaturen, halb Mensch, halb Tiger, dreiköpfige Antilopen und ein Bulle mit einem Elefantenzahn. Ein indischer Herkules mit fest auf dem Boden stehenden Füßen würgt zwei Tiger, mit jeder Hand einen. Da sind Menschen in Prozessionen, Banner vor sich hertragend, ein Mann mit einem Kopfschmuck mit Hörnern und eine Frau, die vor einem bewaffneten Mann sitzt und anscheinend gerade geopfert werden soll. Dies sind Themen aus Mythos und Ritual.

Vignetten in Stein, diese Szenen geben losgelöste Einblicke in eine fremde und fernliegende Lebensweise. Sie werfen viele Fragen auf, und, soweit wir wissen, mögen einige Antworten auf den Siegeln selbst eingraviert sein, weil die meisten »Titel« aufweisen, Inschriften in der offiziellen Schrift des Indus-Staates. Wenn auch die Schriften noch nicht übersetzt werden können, ist doch schon ein guter Anfang gemacht worden, und zwar von vier finnischen Forschern, die mit dem Skandinavischen Institut für Asiatische Angelegenheiten assoziiert sind, Asko Parpola, sein Bruder Simo, Seppo Koskenniemi und Penti Aalto – jeweils Spezialisten für sakrale Hindu-Schriften, assyrische Geschichte, Computerwissenschaft und Linguistik. Sie analysierten die Inschriften auf nahezu 2000 Siegeln, insgesamt über 9000 Vorkommen von etwa 300 unterschiedlichen Zeichen, von denen einige von Töpferzeichen geliehen waren, einfachen »Signaturen«, die die Arbeiten der einzelnen Handwerker identifizieren. Diese groben Fakten wurden in einen Computer eingegeben, und innerhalb von Stunden kamen eine Unmenge detaillierter und höchst geordneter Informationen heraus.

Der Computer machte eine Aufstellung, wie häufig jedes Zeichen auftauchte, wie oft es am Beginn und am Ende der Inschriften erschien, von der Frequenz von Zeichenpaaren, vom häufigsten bis zum seltensten, und eine Tabelle mit den vollständigen Texten aller Inschriften, in denen ein bestimmtes Zeichen erscheint. Zu den Schlußfolgerungen aus diesen Daten gehörte die Identifizierung des Genitiv- oder besitzanzeigenden Zeichens, das wahrscheinlich, wenn es am Ende eine Inschrift auftritt, mit dem Namen und der Beschreibung des Individuums assoziiert ist, dem das Siegel und die mit diesem Siegel gezeichneten Güter gehören.

Die finnischen Forscher kamen dann zu der entscheidenden Annahme, daß sich die frühgeschichtlichen Inder einer Version der sogenannten dravidischen Sprachen bedienten, die heute in Südin-

Steinsiegel und Töpferzeichen aus dem Tal des Indus: Siegel mit Szenen der Anbetung, mit Opfern und Vorgängern einer Hindu-Gottheit; frühgeschichtliche »Signaturen« von Handwerkern. *(Quelle: Walter A. Fairservis Jr.)*

dien, Nordceylon und in einem kleinen Berggebiet nicht weit westlich des Indus-Tales gebraucht wird. Sie kamen auch zu dem Schluß, daß jedes Zeichen eher für ein Wort als nur für eine Silbe steht. Auf dieser Basis zogen sie weitere Schlüsse: ein häufig vorkommendes Fisch-Zeichen bezieht sich beispielsweise wahrscheinlich auf astrale Gottheiten, da das Wort »min« im Dravidischen sowohl Fisch wie auch Stern bedeutet. Weitere vorläufige Übersetzungen sind:

| Weib | Mann | Händler | Priester |

Das Symbol für Weib könnte übrigens einen Kamm darstellen.

Der britische Linguist John Chadwick von der Universität Cambridge hat diese Arbeit kritisiert, er endet aber mit einer sehr positiven Bemerkung: »Was wir noch brauchen, ist ... die klarste mögliche Demonstration, daß diese Bedeutungen und nur diese Bedeutungen richtig sind ... Wir dürfen nicht dazu verleitet werden, ein Kartenhaus zu bewundern, das, so elegant es auch scheinen mag, zusammenfällt, wenn nur ein Pfeiler weggezogen wird ... Der Fall selbst erscheint jedoch extrem vielversprechend.« Fortschritte bei den andauernden Studien werden wohl die Deutungen der Figuren und Szenen auf den Siegeln bereichern.

Ein anderes Merkmal des Indus-Staates sind die »Meilen der Monotonie«, die Wheeler so entsetzten. Wie bereits gesagt, diese Monotonie trifft hauptsächlich auf die Hauptstraßen zu; die Dinge waren nicht so ordentlich angelegt in den Wohngebieten abseits der Hauptstraßen. Und doch scheint wirklich eine grundlegende Gleichheit unter den Zentren am Indus vorhanden gewesen zu sein, was auf die Existenz eines Generalplans oder einer »Blaupause« hinweist, eine einzige Art und Weise der Ausführung, auf die man sich geeinigt hatte, entworfen und ausgeführt von geschickten Architekten und Baumeistern.

Wie Fairservis betont, impliziert es noch sehr viel mehr: »Man muß einfach von der urbanen Ordnung, dem modularen Planen, der Gleichförmigkeit der großen ... Orte beeindruckt sein. Da gibt es wenige Hinweise auf die verschlungenen und chaotischen Gassen der traditionellen östlichen Stadt mit ihrer Konfusion von Nebenwegen und Durchgängen. Es ist eher so, als hätte jede Gruppe der Bevölkerung genau gewußt, daß es nur einen Weg zu einem Zusammenleben gab – durch Übereinstimmung mit einem altehrwürdigen Plan, dem von den Vorvätern seine Gültigkeit verliehen wurde.«

Eine andere These ist die Vermutung, daß die für das 20. Jahrhundert einmalige Sozialstruktur Indiens ihren Ursprung im ersten Staatswesen dieses Subkontinents hat. Die frühe Anstrengung, unter vielen unterschiedlichen Arten von Menschen in einem Übergangsgebiet zwischen Ost und West Ordnung zu schaffen und aufrechtzuerhalten, mag ein Kastensystem geschaffen haben, das spätere Generationen verfeinerten und ausbauten. Dieses System gedeiht noch immer.

Einige der Religionen, die hinter dieser Institution stehen, haben ebenfalls überdauert. Eines der in Mohenjo-daro ausgegrabenen 1200 Siegel zeigt eine Figur, die mit Fußringen, Armbändern und einem großen Kopfschmuck mit Büffelhörnern geschmückt ist. Sie sitzt mit unter dem Körper gekreuzten Beinen da, Ferse an Ferse, Zehen abwärts gerichtet, Arme ausgestreckt und Hände mit dem Daumen nach außen weisend – eine typische Yoga-Pose. Die Figur sieht den zeitgenössischen Gottheiten sehr ähnlich, ein Prototyp oder Vorläufer von Shiva dem Zerstörer, einem der drei Hauptgottheiten, die von den heutigen Hindus verehrt werden (die anderen beiden sind Vishnu der Bewahrer und Brahma der Schöpfer), vielleicht das bemerkenswerteste Beispiel für die Dauerhaftigkeit der Tradition des Indus.

X
RITUAL UND KONTROLLE IM FERNEN OSTEN

*»Brennpunkt« China/Die älteste bekannte Töpferei/
Inschriften auf Orakelknochen/
Die gute Erde und die Verehrung männlicher Vorfahren/
Menschliche Massenopfer/Die Gärten Südostasiens/
Der Beweis für Reisanbau/Die frühesten Bronzen/
Die Stadt im Mekong-Delta/Bildnishügel/
Die kunstvollste Pyramide*

Forscher haben zur Zeit rechte Schwierigkeiten bei der Ausgrabung eines Hügels im nördlichen Thailand. Auf diesem Hügel liegt ein geschäftiges modernes Dorf mit über 1000 Einwohnern; Häuser stehen auf den meisten Plätzen, unter denen man altertümliche Gräber oder öffentliche Gebäude vermutet. Falls die Erlaubnis zu erlangen ist, muß die Arbeit an zweitbesten und drittbesten Plätzen zwischen den Häusern oder in Hinterhöfen durchgeführt werden. Wenn auch solche Probleme überall auf der Welt auftreten können, so scheinen sie doch häufiger im Fernen Osten vorzukommen, und das war offensichtlich schon der Fall lange vor den derzeitigen Bevölkerungsexplosionen. Archäologisch gesprochen ist ein »permanentes« Dorf gewöhnlich schon eines, das einige Generationen lang oder einige Jahrhunderte bewohnt gewesen ist. Viele Orte im Fernen Osten, dazu gehört auch der Hügel in Thailand, sind ununterbrochen seit 5000 oder mehr Jahren bewohnt gewesen.

Darin liegt ein Geheimnis und eine Herausforderung. Dieser Teil der Welt ist eigentlich nie so recht friedlich gewesen. Er hat sein Teil an Aufruhr, Überfällen, Plünderungen und regelrechten Kriegen gehabt; seine Städte und Großstädte sind zerstört und wiederaufgebaut und nochmals zerstört worden. Aber durch all dies haben die Menschen in manchen Gebieten eine verblüffende Beharrlichkeit in bezug auf ihren Wohnort entwickelt. Die Geschichte der Anfänge ist im Fernen Osten so schwer faßbar wie anderswo, vielleicht sogar noch etwas mehr. Eine Unmenge von Forschungsarbeit muß in diesem riesigen Gebiet von etwa 26 Millionen Quadratkilometern noch geleistet werden. Die allgemeinen

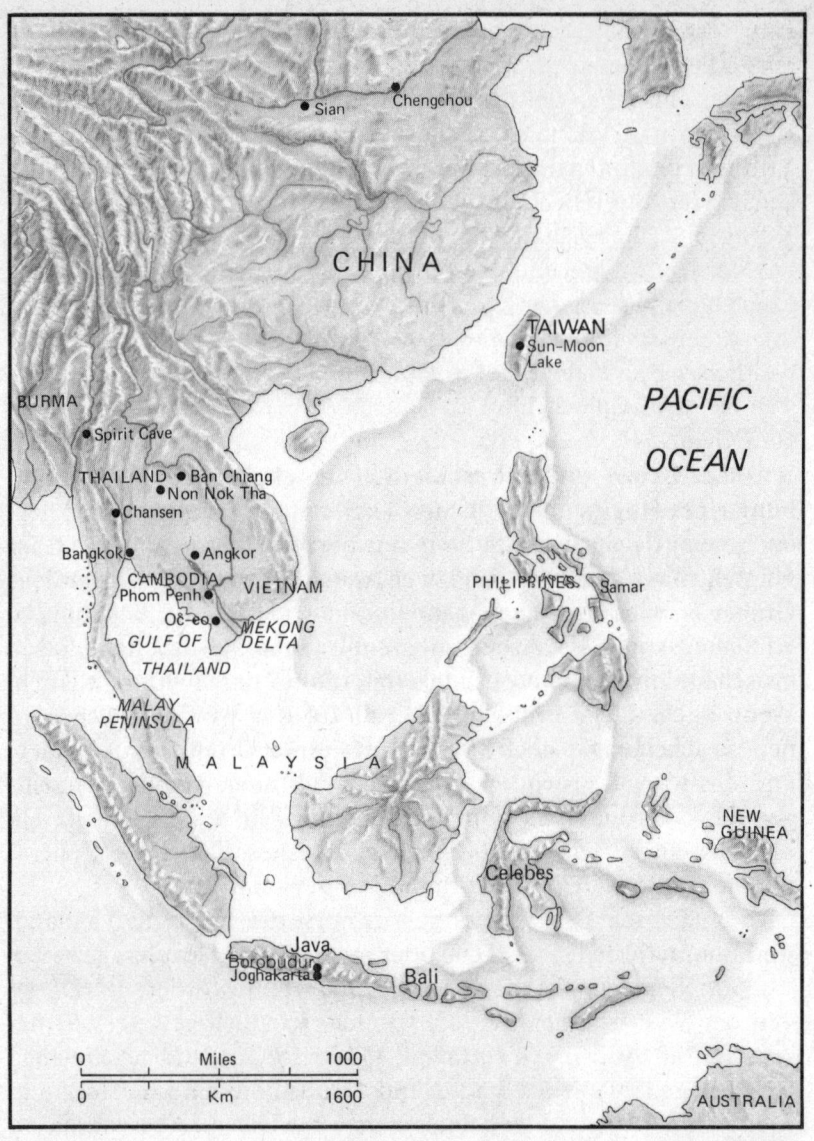

Oben: Der Ferne Osten, ein 26 000 000 Quadratkilometer großes Suchgebiet: Region einiger der reichsten und meistversprechenden archäologischen Funde.
(Quelle: Vantage Art Inc.)
Rechts: Ein evolutionärer »Brennpunkt«: der große Bogen im Gelben Fluß, Chinas Kerngebiet, wo menschliche Wesen schon seit 750 000 Jahren oder mehr leben, gleichfalls Region der frühesten bekannten Bauerndörfer und Städte des Fernen Ostens; ein blühendes Industriezentrum heute.
(Quelle: Vantage Art Inc.)

Umrisse von mindestens zwei unterschiedlichen Prozessen sind bereits erkennbar; einer im nördlichen China und der andere in Südostasien einschließlich des südlichen Chinas, Burmas, Thailands, Kambodschas, Vietnams, Malaysias und der Philippinen.

Ein Gebiet intensiver chinesischer Entwicklung war ein bemerkenswerter Streifen Land oder ein Korridor, ein sogenanntes Kerngebiet, eingesäumt von Bergen und hoch gelegenen Ebenen im Norden, Süden und Westen und sich öffnend in weite flache Ebenen im Osten. Der Wei-Strom ergießt sich in den Korridor durch einen schmalen Kanal, fast eine Schlucht, 290 Kilometer westlich der heutigen Stadt Sian, und fließt gerade nach Osten, um sich mit dem Gelben Fluß an seinem großen Bogen auf dem Weg zum Gelben Meer zu vereinen.

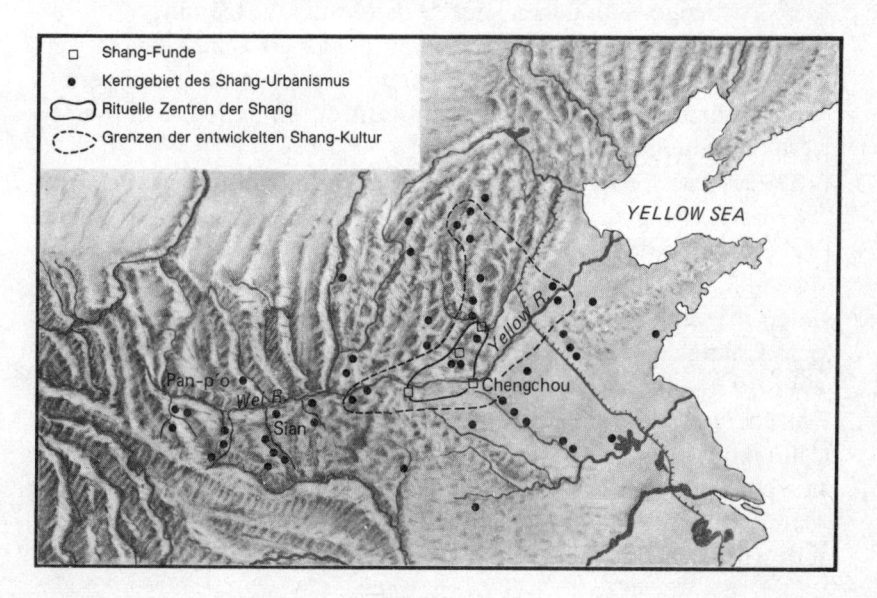

Dieses Gebiet war, und ist noch heute, ein evolutionärer Brennpunkt. Fossile Spuren zeigen, daß die ersten menschlichen Wesen im Fernen Osten, *prä-homo sapiens*, Jäger und Sammler, durch die Hügel, Wälder und Ebenen rings um Sian vor mehr als 750000 Jahren streiften – und ihre Nachkommen, Bauern und Künstler, Aristokraten und Industrielle, sind dort seither ununterbrochen aktiv gewesen. Chinas erster Kaiser, Shih Huang ti, der von 221 bis 210 v. Chr. herrschte und die große Mauer erbaute, hatte seine Hauptstadt nicht weit von dieser Stadt. Archäologen, die in einem anderen Teil des Gebiets graben, legten vor kurzem Überreste einer Dynastie frei, die einige tausend Jahre später blühte: einen Schatz von goldenen und silbernen Gefäßen, Jadegegenständen und Edelsteinen. Heute geht das Leben in diesem Landstrich intensiver weiter denn je. Er ist jetzt ein Hauptindustriezentrum, und zu ihm gehört eines der größten Kernkraftwerke der Nation. Es kann keine leichte Antwort auf die Frage geben, warum in diesem Tal und im Umland so lange Zeit so viel geschehen ist. Am Anfang war es zum Teil eine Kombination von günstig gelegenen Wohnstätten und Wasser im Überfluß, das Pflanzen nährte und Menschen wie auch ihre Beutetiere anzog. Später waren es die Fische im Wasser, die eine zusätzliche Nahrungsquelle boten und es den Menschen gestattete, während des ganzen Jahres an einem Ort zu bleiben. Noch später, mit dem Aufkommen des Ackerbaus, war es die gute Erde.

Ping-ti Ho von der University of Chicago weist auf die dauerhafte, sich selbst erhaltende Qualität des blaßgelben, vom Wind abgelagerten Bodens hin, der gar nicht besser hätte sein können, wäre er für die landwirtschaftliche Nutzung besonders entwickelt worden. Dieser Löß ist reich an organischen Stoffen, den Überresten von Generationen von Grashalmen und Wurzeln. Außerdem hinterlassen die Halme und Wurzeln, wenn sie verfaulen, »Löcher«, winzige Kanälchen, durch die Mineralsalze aufgrund von Kapillarwirkung nach dem Regen an die Oberfläche gesogen werden. Der Boden ist auch locker, kann leicht für die Kultivierung umgegraben werden und wird konstant durch neuen, von Westen herangewehten Staub aufgefüllt.

Dieses Land ernährte die Leute von Pan-po, einem großen prähistorischen Dorf, in der Nähe von Sian gelegen, am Ufer eines Nebenflusses des Wei-Stromes. Ein zwölf Morgen großes Oval, dessen Längsachse in Nord-Süd-Richtung orientiert war, schloß einen Friedhof ein, ein halbes Dutzend Töpfereiöfen, einen Wohnbezirk, umgeben von einem Graben, fast sechs Meter tief und auch etwa so breit. Über 500 Personen lebten hier. Die Pflanzen- und Tierüberreste, die hier gefunden wurden, waren angebaute Hirse, Chinakohl und eine Fülle von Schweine- und Hundeknochen, alle mit einer besonderen Bedeutung im Licht einer Reihe von C-14-Daten, die kürzlich vom Institut für Archäologie in Peking mitgeteilt wurden. Die Gemeinde blühte vor über 6000 Jahren, wodurch

PAN-P'O VILLAGE

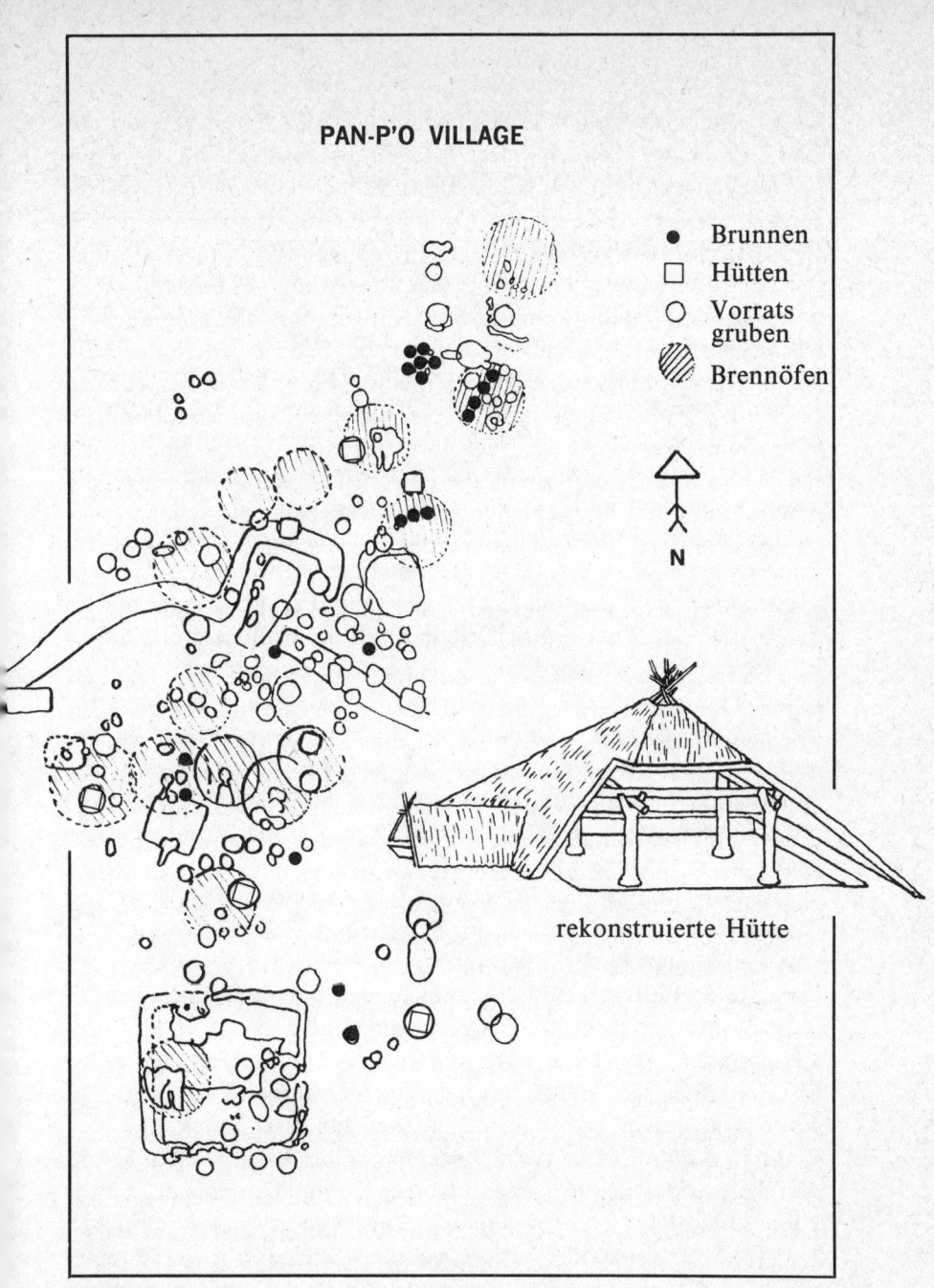

- Brunnen
- Hütten
- Vorratsgruben
- Brennöfen

N

rekonstruierte Hütte

Frühestes chinesisches Dorf von Ackerbauern: Pan-pro im nördlichen Hunan, China.
(Quelle: Mona Marks)

sie das älteste, weitgehend ausgegrabene Ackerbaudorf im gesamten Fernen Osten ist.

Pan-po, was »am halben Hang gelegen« heißt, war einer von etwa 400 Orten, die in Haufen oberhalb des Tales des Wei-Stromes, in engen Seitentälern an Nebenflüssen des Wei liegen. Die Orte kommen häufig in Paaren vor, 800 bis 1600 Meter voneinander entfernt an gegenüberliegenden Ufern, ein Muster, das etwa zur gleichen Zeit im Umland von Uruk, 5600 Kilometer entfernt, existierte. Es ist sehr wahrscheinlich, daß sich Hierarchien in China wie in Sumer entwickelten. Pan-po, der größte Ort in seinem Haufen, lag nahe der Sohle des Wei-Tales und mag wohl als Zentrum in einem örtlichen Tauschsystem gedient haben, das den Strom unten als Hauptverkehrsader benutzte.

Dies waren wohl frühe Siedlungen, doch nicht die frühesten. Bauern arbeiteten in dem Gebiet und anderswo lange vor 4100 v. Chr., dem ältesten C-14-Datum von Pan-po. Der Grundriß des Dorfes mit Wohnbezirk, Friedhof und Brennofenzentrum wird in anderen Dörfern wiederholt, also scheint eine Art von traditioneller Planung vorzuliegen. Obwohl die Menschen noch immer wildes Getreide und Gemüsepflanzen sammelten und Rotwild und andere Wildarten jagten, weist darüber hinaus alles auf eine starke Abhängigkeit von domestizierten Spezies hin, eine Abhängigkeit, die auf vorangegangene, über eine lange Zeitspanne hinweg gesammelte Erfahrung basiert haben mußte.

Die Forschungsarbeit in Taiwan durch Kwang-chih Chang von der Yale University und seinen Mitarbeitern läßt die Möglichkeit von weit älteren Ursprüngen vermuten. Sie arbeiten in einem wunderschönen Flußtal nicht weit vom sogenannten Sonne-Mond-See in der Mitte der Insel, wo Hügel, Bäume und Schluchten den stilisierten Szenen auf chinesischen Drucken ähneln. Der See selbst hat Zeugnisse von möglichen frühgeschichtlichen Ursprüngen in Form von einem Pollenkern geliefert, der dem ähnelt, der von Singh in der indischen Wüste unter ähnlichen Bedingungen gefunden wurde. Das Zeugnis zeigt wärmere Klimabedingungen, die vor über 10 000 Jahren begannen, ein Zurückgehen der urzeitlichen Hemlock-Tannenwälder, eine allmähliche Steigerung an Getreidepollen und eine plötzliche Erhöhung der Reste von verbranntem Holz, die als Spuren von Feuern gelten können, die von Ackerbauern zum Zwecke der Brandrodung gelegt wurden.

Sonne-Mond-See, Zentral-Taiwan: Quelle für Pollenproben, die die Veränderungen des Klimas und der Landnutzung dokumentieren.
(Quelle: K. C. Chang, Yale University)

Weitere Hinweise kommen von einem Keramikornament, das kürzlich in der Nähe des Sonne-Mond-Sees wie auch an vielen anderen Orten in Taiwan und anderswo gefunden wurde. Das Ornament besteht aus in weichen Ton gepreßten parallelen Linien und Kreuzmustern sowie rautenförmigen Maschen; doch die Muster sind bei weitem nicht so interessant wie das zu ihrer Formung verwendete Material. Dieses Material war eine Schnur, wahrscheinlich aus Rinde oder Hanf hergestellt, und in vielen Fällen kann man genau sehen, wie geschickt sie hergestellt wurde. Der Ton zeigt feine Linien, die die unterschiedlichen Arten des Verdrillens vieler Fäden in ein starkes, fest verwobenes Endprodukt erkennen lassen.

Die Schnur wurde nicht nur einfach zum Verzieren der Keramik hergestellt. Sie fand verbreiteten Gebrauch in Angelschnüren und Netzen, und Chang vermutet, daß das Fischen ein Anzeichen für den Prozeß des Seßhaftwerdens war wie im Nahen Osten. Im Osten wie im Westen haben sich die Menschen wohl bis zu einem Punkt vermehrt, da keine unbewohnten Täler mehr zu finden waren. Falls dies wirklich so war, wandten sie sich in steigendem Maße neuen und greifbaren Nahrungsquellen zu und besonders der einstmals nur von sekundärer Bedeutung gewesenenen, aber in Fülle vorhandenen und proteinreichen Nahrung aus dem Wasser. Carl Sauer von der University of California in Berkeley entwikkelte diese Theorie vor mehr als fünfzig Jahren. Er behauptete auch, die ersten domestizierten Pflanzen wären auch vielleicht nicht Pflanzen für die Ernährung gewesen, sondern Hanf und andere für die Herstellung von Fischfangausrüstung brauchbare Spezies.

Schnurkeramik wurde nicht nur auf Taiwan und dem chinesischen Festland hergestellt, sondern im gesamten Fernen Osten von Sibirien bis Indonesien (und wird noch immer an vielen Orten erzeugt). Wenn zukünftige Ausgrabungen die Auffassung bestätigen, daß sie ein indirektes Zeichen für seßhafte Lebensweise ist, für Dörfer und Heimstätten und Fischerei in großem Maßstab, dann mag der Ackerbau in diesem Teil der Welt wirklich sehr frühe Anfänge gehabt haben. Die ältesten bekannten Töpferwaren sind in zwei Höhlen gefunden worden, eine im westlichen Japan und die andere im zentralen Yangtze-Flußtal Chinas gelegen, in Siedlungsschichten, die über 10000 Jahre alt sind; und diese Töpferwaren weisen Schnurornamente auf.

Eine lange und kaum erkennbare Vergangenheit ging der Anhäufung von Dörfern entlang den Nebenarmen des Wei-Flusses voraus. Und einige Zeit später, vielleicht um 3000 v. Chr., begann ein Teilungs- oder Entfaltungsprozeß. Gruppen von Bauern verließen ihre Freunde und Verwandten und zogen die angestammten Seitentalhänge zum letztenmal hinab, vorbei am Bogen des Gelben Flusses und hinaus in die nicht vertrauten, dürftig besiedelten Niederungen. Anscheinend war es ein weiteres »Überlaufen« der überzähligen Bevölkerung, das gleiche Phänomen, das in Mesopotamien und Indien zu verzeichnen war. Chang nennt es »eine sehr schnelle, fast explosive Expansion«.

Zwei Hauptstoßrichtungen der Wanderung gingen genau nach Osten und Süden in die weiten Ebenen, die sich von der Lößlandschaft zur Meeresküste erstreckten. Wenn sie die Wahl haben, ziehen die Menschen in China und auch anderswo anscheinend Heimstätten mit dem Blick in offene Räume, aber doch mit etwas im Rücken, einem Berghang, einem Felsen oder einem Wald, einem exponierten Leben in der Mitte des Geschehens vor. Die Siedlungen neigten dazu, größer zu sein als vorher auf dem flachen Grasland, mit einer Reihe neuer Merkmale, darunter polierte sichelförmige Messer, zweizinkige Grabstöcke, gezähmte Hühner zusätzlich zu Schweinen und Hunden sowie besondere Keramik, einschließlich Schnurkeramik.

Die frühesten Spuren von angebautem Reis in China, Abdrücke von Körnern auf einer Tonscherbe, gehen auch auf 4000 bis 3000 v. Chr. zurück. Im Verlauf ihrer Bewegung vom Hochland in die Niederungen, in ein regenreiches Gebiet mit sumpfigen Landstrichen an langsamfließenden Strömen mit vielen Windungen, hatten die Bauern das natürliche Reisland betreten. Wie in Kapitel 3 bereits aufgezeigt, ist dies die Art von Gelände, aus der die wilden Vorfahren aller Reissorten kamen. Stebbins behauptet, Reis und andere an nassen Boden angepaßte Gräser seien vor mehreren zehn Millionen Jahren aus Samen entstanden, die von Berghängen in Zentralasien herabgeweht worden waren.

Eine zunehmend intensivere Ballung trat auf den nördlichen Ebenen ein, und die ersten chinesischen Städte begannen um 2000 v. Chr. Formen anzunehmen. Was *auf* dem Erdboden überdauert hat, ist nicht spektakulär. Die Menschen bauten aus Erde und Holz und vielleicht bei besonderen Bauten aus dem vielseitigsten und am wenigsten grasähnlichen aller Gräser, aus Bambus. Deshalb ist ihr Dahinschwinden von keinen Hügeln, Zitadellen oder Türmen markiert. Die eindruckvollsten Merkmale sind verborgen, Bauwerke aus Erde in der Erde vergraben. Die Mauer, die eine der ältesten bekannten Städte, Tschengtschou, umgab, eine Stadt, ungefähr um 1600 v. Chr. am Zusammenfluß des Gelben Flusses mit zwei seiner wichtigsten Nebenarme gelegen, war auf Erdplattformen errichtet, die durch Stampfen verdichtet wurden und eine maximale Höhe von über zehn Metern und eine maximale Breite an der Basis von etwa 36 Metern besaßen.

Es gibt weniger massive Symbole der Macht und der Gefahr. Außerhalb der Stadtmauer, in Entfernungen von wenigen hundert Metern bis zu einigen Kilometern, gab es Trabantenwerkstätten und Siedlungen, die die Elite in der Stadt versorgten. Zu dem Komplex gehörten zwei Bronzegießereien, die zu den frühesten in China entdeckten gehören, mit Spezialformen für das Gießen von Pfeilspitzen, von Axtschneiden mit Augen für den Stiel und von verzierten Gefäßen; eine Werkstatt für die Herstellung von Pfeilspitzen und Haarnadeln aus Knochen, davon die Hälfte Tierknochen (Schwein, Rind, Rotwild) und die andere Hälfte Menschenknochen; mehrere Orte für die Herstellung von Keramik sowie eine Konzentration von großen Krügen, vielleicht aus einer altertümlichen Weinkellerei.

Was den Sitz der Macht und die innerhalb der Mauern lebenden Menschen angeht, so hat Tschengtschou uns wenig zu erzählen. Praktisch sein gesamtes von Mauern umgebenes Gebiet liegt unter einer geschäftigen modernen Stadt gleichen Namens. Eine andere Stadt, etwa 160 Kilometer nordwestlich am Huan-Fluß gelegen und vielleicht zwei Jahrhunderte später gegründet, hilft die Lücke zu füllen. An dem alten Zentrum Anyang war nichts offensichtlich städtisch. Es war von Wäldern umgeben. Auf den Lichtungen zwischen den Wäldern und den Flußufern lagen Gebäude aus Holz mit strohgedeckten Dächern; Langhäuser und reckeckige umzäunte Grundstücke schlossen Plätze, Felder und Haufen kleiner, kegelförmiger Hütten ein. Man könnte es leicht zunächst für ein

Frühgeschichtliche chinesische Zahlen: (a) Pan-po-Scherben; (b) Anyang-Keramik; (c) Inschriften auf Orakelknochen in Anyang; (d) moderne Version.
(Quelle: Mona Marks)

afrikanisches Dorf halten, doch dieser Eindruck ändert sich, wenn man den Maßstab der Dinge beobachtet. Das »Dorf« nahm beide Ufer des Flusses ein, erstreckte sich über mehr als fünf Kilometer und war wie Tschengtschou von einem System von Trabantengemeinden umgeben.

Fortdauernde Ausgrabungen, begonnen im Jahre 1928 und mehr als ein Jahrzehnt durch die japanische Invasion im Zweiten Weltkrieg unterbrochen, weisen darauf hin, daß Anyang die letzte Hauptstadt der ersten durch archäologische Funde erhärteten Dynastie war, der Shang-Dynastie. Sie schließt einen Wohnbezirk für die Oberschicht ein, 15 Häuser, die auf Plattformen aus festgestampfter Erde errichtet waren, eines davon – wahrscheinlich ein Königspalast und dementsprechend ausgeschmückt – ungefähr 60 Meter lang und mehr als zweimal größer als das nächstgrößte. Diener, Arbeiter und andere Leute von geringerem Stand hatten ihren Platz drei Meter unter der Erde, in runden Grubenhäusern

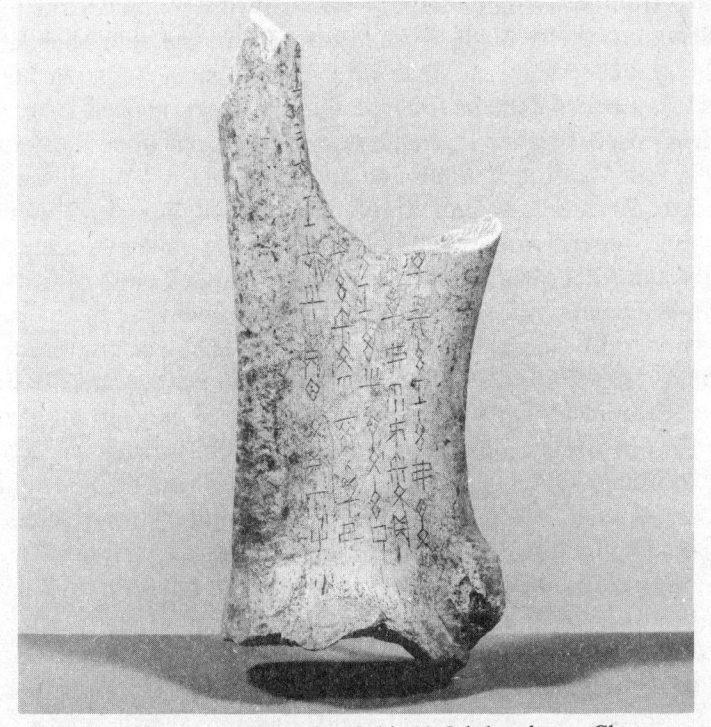

Orakelknochen, Shang-Dynastie, 13. bis 11. Jahrhundert v. Chr.
(Quelle: Metropolitan Museum of Art)

mit einem Durchmesser von etwa fünf Metern. Viele noch kleinere Gruben dienten als Werkstätten und Vorratsbehälter.

Die Fundstelle hat die frühesten bekannten Proben einer entwickelten chinesischen Schrift zutage gefördert, die auf Schulterblattknochen von Tieren, hauptsächlich von Ochsen, und auf Schildkrötenschalen eingeritzt waren. Die Anfänge des Schreibens, sei es in China oder anderswo, liegen viel weiter zurück als das Auftauchen von Schrift in weiterentwickelter Form. Etwa vor 6000 Jahren kratzten die Töpfer von Pan-po 22 verschiedene Markierungen auf den äußeren Rand bestimmter vielseitig gebrauchter Schalen, und nach Ho stellen fünf dieser Markierungen Zahlen dar (1, 2, 5, 7 und 8), drei könnten die das Gefäß besitzende Familie oder Person identifizieren, und die übrigen bleiben noch unentziffert.

Spätere Techniken sind nur aus Hinweisen in Geschichtsbüchern bekannt. Die Schreiber benützten Federn und Pinsel, wie man sie zuerst zur Verzierung von Keramik gebrauchte; sie schrieben auf Holz- oder Bambusspäne oder auf Streifen aus Seide, und banden die »Seiten« wie Bücher zusammen. Sie schrieben über wichtige Staatsereignisse, doch ihre Archive sind längst zu Staub zerfallen. Ebenso fehlen, falls sie überhaupt existierten (aber sie müssen existiert haben), genaue Aufzeichnungen über die Bewegungen von Nahrungsmitteln und anderen Gütern, ähnlich wie die Aufträge, Rechnungen und Empfangsbestätigungen auf Tontäfelchen aus Sumer, wo die Schrift in erster Linie entstanden zu sein scheint, um solche Vorgänge festzuhalten. Von den entsprechenden Shang-Aufzeichnungen haben keine Spuren überdauert.

Was aber doch erhalten blieb, was als wichtig genug erachtet wurde, auf beständigem Material registriert zu werden, betrifft Status, Ritual und religiöse Anschauungen. Die in Anyang ausgegrabenen beschrifteten Gegenstände, etwa 30 000, wurden als Kommunikationen mit einer anderen Welt angesehen, dem Wohnort verehrter Ahnen. Als »Orakelknochen« bekannt, waren sie Teil eines umständlichen Rituals zur Befragung der Geister der Toten, eine Zeremonie, die heute noch in manchen Dörfern praktiziert wird.

Die Mittelsleute bei diesem Vorgang, Wahrsager oder sozusagen Medien, arbeiteten mit ausgesuchten Fragmenten von Knochen und Muscheln. Sie brachten sorgfältig plazierte Vertiefungen und Rillen an und erhitzten dann die richtige Stelle, indem sie einen brennenden, in Fett getränkten Docht oder eine rotglühende Bronzespitze verwendeten. Die Hitze brachte den toten Knochen zum »Leben«. Feine Risse erschienen an der Oberfläche und zeigten damit an, daß ein Tor zur Geisterwelt geöffnet worden war. Die Aufgabe des Wahrsagers war es nun, aus dem Muster der Risse die Antworten der Vorfahren auf die Fragen der Lebenden herauszulesen.

Die Forscher können nur etwa ein Drittel der 3000 verschiedenen Zeichen in den Inschriften übersetzen, doch das ist ausreichend, um einige Einsichten in die alltäglichen Belange der Elite von Anyang, hauptsächlich Könige, zu gewinnen. Sie wollten ihre Zukunft vorausgesagt bekommen: Ist mein Traum ein schlechtes oder gutes Omen? Werde ich in der Schlacht erfolgreich sein? Auf der Jagd? Wird das Wetter günstig sein? Wird mein Kind ein Junge oder Mädchen? Und, was am wichtigsten war, werden die Götter mir helfen? Manchmal stellten sie keine Fragen, sondern informierten ihre Vorfahren lediglich über neuere Familienereignisse.

Die Befragung von Orakelknochen war keine zufällige, gelegentliche Sache. Es war eine tägliche Routine und, zusammen mit Opfern und anderen Praktiken, eine der wichtigsten Methoden, um in Kontakt zu bleiben, enge und dauerhafte Bindungen zu unterhalten mit Wesen, die nicht mehr sichtbar, aber doch sehr gegenwärtig sind. »Der Kern der alten chinesischen Religion ist der Ahnenkult«, schreibt Ho, »und der Ahnenkult hat Wesentliches zur außerordentlich dauerhaften Qualität der chinesischen Zivilisation beigetragen.«

Der Ahnenkult hatte tiefe Wurzeln. Er hing mit den Tagen des Ackerbaus zusammen und dem Ort, wo man geboren wurde, und vor allem mit der fruchtbaren, sich selbst erneuernden gelben Erde, in der Dinge in so reichlichem Maße und so lange Zeit wuchsen. Er besaß die Intensität von Generation nach Generation, Jahrhundert um Jahrhundert des Lebens an einem Ort, wo jedes Merkmal, jeder Hügel, Strom und Hain so vertraut war wie die Familie selbst. Er hilft, die ununterbrochene Bewohnung vieler chinesischer Orte zu erklären, die manchmal 6000 oder mehr Jahre währte. Die Welt der Shang hatte fünf Hauptrichtungen: Nord, Süd, Ost, West und den Ort, wo der König und seine Vorfahren lebten. Gebäude und Grabmäler in Anyang waren in Nord-Süd-Richtung ausgerichtet.

All dies ist ein Teil dessen, was die früheste bekannte Religion Chinas so einmalig chinesisch machte. Eines jedoch war nicht einmalig – die Rolle, die die Religion schließlich in der Shang-Dynastie und in späteren Dynastien spielte. Eine Auffassung vom Leben und vom Leben danach mit vielen deutlichen lokalen Varianten wurde an Probleme angepaßt, denen sich alle Menschen, in Sumer, im Indus-Tal und anderswo, genauso wie in China gegenüber sahen. Glaube wurde ein Teil des Machtapparates. Am Anfang, in der Zeit der Weiler und Kleindörfer, war der Ahnenkult vermutlich ein unmittelbares persönliches Erlebnis, eine intime Angelegenheit zwischen einer Familie und einem geliebten, kürzlich verstorbenen und noch immer vermißten Elternteil oder Großelternteil. Das Ereignis wurde durch das Opfer eines Schafes oder eines Schweines gefeiert, das in einer kleinen Grube auf dem Grundstück begraben wurde, vielleicht um dem Geist des Verschiedenen als Nahrung zu dienen.

Zur Zeit der Shangs hatte sich der Maßstab des Rituals verändert. Menschen, die dicht beieinander in den Städten und außerhalb lebten, mußten verwaltet werden, und nach dem »Li-chi« oder der Aufzeichnung von Riten, einem Text aus dem zweiten Jahrhundert, »verhüten Riten Unordnung, wie Deiche Überschwemmungen verhindern«. Das bedeutete eine völlig neue Reihe von umständlichen und formellen Beziehungen zwischen den Lebenden und den Toten, als die Führer öffentlich und eindrucksvoll ihre eigenen Vorfahren als Führungs- und Bewertungsmaßstab reklamierten. Sie riefen Vorfahren an, die nicht mehr so bekannt, nicht mehr deutlich in Erinnerung waren (und zu Geschlechtern gehörten, die bis zu einem halben Jahrtausend früher lebten), die mächtiger und gefährlicher und ziemlich unersättlich waren. Begräbnisse, der Bau von Tempeln und Palästen, Feiertage und andere Gelegenheiten verlangten häufigere Opfer mit größeren Gruben und größerer Zahl von Tieren, bis zu mehreren hundert auf einmal.

Die Natur der Opfer änderte sich. Unter den Tieren waren in steigender Zahl auch menschliche Opfer, vielleicht das dramatischste Zeichen für die völlige Kontrolle über das Leben von Menschen. Der königliche Friedhof von Anyang wies eine kreuzförmige Supergrube auf, über neun Meter tief, die berühmte Grabstätte Nr. 1001, vollständig ausgestattet mit Gerätschaften aus

Bronze und Jade, einschließlich eines Paars bronzener Eßstäbchen und mindestens 164 zerstückelte Männer. Über 600 Personen wurden zur Weihe eines einzigen Tempels getötet.

Kriegszüge und Opfer spielten beim Ahnenkult im Stil der Shangs eine herausragende Rolle. Alles war Teil der damaligen Kontrolltechnik. Die Armeen der Shangs kämpften nicht für Eroberung oder um Land, sondern um Menschen. Unter Anwendung der neuesten Ausrüstung, besonders von Pferden gezogene Kampfwagen westlichen Stils, entwickelten sie gegen ihre Feinde eine Taktik der schnellen Einkreisung mit dem Ziel, Gefangene zu machen und sie lebend zurückzubringen. So marschierten Gefangene zu Tausenden durch die Hauptstraßen von Anyang, alle Menschen zu ermahnen, um die absolute Macht des Königs sichtbar werden und bewundern zu lassen; die Gefangenen sollten als Sklavenarbeiter dienen, und ihre endgültige Funktion war es, feierlich als Gabe für die königlichen Vorfahren enthauptet zu werden. Übrigens, das für die Beschreibung der meisten Gefangenen gebrauchte Wort ist »Ch'iang«, eine Kombination des bildhaften Symbols für Schafe und Menschen, das sich auf Menschen bezieht, die im Nordwesten leben und vermuten läßt, daß es nomadisierende Hirten waren.

Die Schrift liefert einen Hinweis auf eine weitere Eigenart der Weltanschauung der Shang. Nach Ho bezieht sich bei Orakelknochen-Inschriften, die sich mit der Voraussage des Geschlechts von königlichen Babys befassen, das Wort »gut« auf Knaben und »nicht gut« auf Mädchen, eines der vielen Anzeichen dafür, daß sich Frauen bestenfalls eines sekundären Status erfreuten. Die einzigen wirklich zählenden Vorfahren waren männliche Vorfahren, und der Ahnenkult war in erster Linie die Verehrung von Männern und von Männlichkeit. Das Zeichen für Vorfahren war ein Phallussymbol.

Auf den Ebenen des nördlichen Chinas entwickelten die Menschen, die sich Problemen von Gesetz und Ordnung gegenübersahen, die den in westlichen Ländern entstandenen ähnlich waren, also Institutionen und Traditionen, die deutlich ihnen allein eigen waren; sie schufen ihre eigene Art von Ahnenkult, Bindung an das Land, Wahrsagung und Beschriftung von Orakelknochen und so weiter. Es gab auch universelle Reaktionen – Zeremonien in gro-

Grabstätte in Anyang, Hauptstadt der Shang-Dynastie um 1350 v. Chr., nördliches Hunan, China.
(Quelle: K. C. Chang, Yale University)

ßem Stil, Kunst, die für die Herstellung von Luxus- und Prestigegegenständen mobilisiert wurde, Kriegszüge und Menschenopfer und ein starkes Element männlichen Chauvinismus –, alles Teil des wunderlichen Prozesses, der manchmal frei mit Zivilisation bezeichnet wird.

Südostasien andererseits ist bisher als prähistorisches Land des Stillstands angesehen worden, das im Steinzeitalter steckengeblieben ist. Forscher, vorwiegend solche aus dem Westen, haben irgendwie niemals erwartet, es könnten interessante oder bedeutende Dinge in einer tropischen Umwelt eintreten. Indem sie alte Einstellungen aus der Kolonialzeit widerspiegeln, betrachten sie Südostasien als eine Last des weißen Mannes: Kipling-Territorium, das kräftige Anleihen bei dem Rest der Welt aufgenommen und sehr wenig dafür zurückgegeben hat. Mit der schneller voranschreitenden Forschung wird es jedoch recht klar, daß die Veränderung hier genauso früh eintrat wie anderswo.

Die Menschen, die auf die gleichen Kräfte reagierten, die in Sumer, im Indus-Tal und in Nordchina wirksam waren, entwickelten andere Überlebensmuster. Vor 10000 bis 15000 Jahren nutzten sie ihr Land intensiv, sich manchmal auf nur wenige Nahrungsspezies konzentrierend und dann wieder auf eine große Vielfalt. Ansteigende Bevölkerungsdichte und steigende Meeresspiegel setzten sie unter Druck. Die von den schmelzenden Gletschern in die Ozeane zurückfließenden Wasser bedeckten die sanft geneigten Kontinentalsockel und nahmen den Menschen große Streifen wertvollen Territoriums. Obwohl die Wasser auf der ganzen Welt anstiegen, war die Überflutung in Südostasien doch weit ausgedehnter. Etwa die Hälfte des gesamten Landgebietes wurde überspült.

Diese Region zeigte eine Lebensweise, die allem im Westen unähnlich war, eine Lebensweise, gekennzeichnet durch Gartenanbau und Mannigfaltigkeit. Die Menschen entwickelten ihre eigene Form des Ackerbaus nach Feuerrodung. Sie rodeten Waldgebiete durch Schlagen und Brennen, bauten einige Jahre viele Pflanzen an und zogen dann, wenn die Fruchtbarkeit nachließ, zu einem anderen Waldgebiet, gewöhnlich nicht weit entfernt.

Wahrscheinlich gab es überall kleine Gärten, nicht unähnlich dem, den ich im Amazonas-Becken sah (siehe Kapitel 3), Nahrungsquellen und »landwirtschaftliche Versuchsstationen«, wo die Menschen Erfahrungen über neue Pflanzen und Anbaumethoden sammelten. Das System des Gartenbaus ist »eine listige Imitation der Natur« genannt worden. Es mag unordentlich und zufällig aussehen, das tut aber die Natur auch. Die Stärke liegt in der Bewahrung der großen Vielseitigkeit der Dinge. Harold Conklin von der Yale University beschreibt eine höchstentwickelte Version des Systems, wie sie gegen Ende der Reisanbausaison noch heute von den Bauern auf den Philippinen praktiziert wird:

»Auf den Seiten und an den Zäunen des Gartens findet man eine Reihe niedriger, kletternder oder wuchernder Gemüse (Wachsbohnen, Perlbohnen, Feuerbohnen, Fadenbohnen und Saubohnen). Die Mitte des Gartens ist ein Teil, der von reifendem Getreide beherrscht wird, aber auch von Wurzelgemüse, Strauchgemüse und Baumfrüchten. An Stangen kletternde Yam-Ranken, herzförmige Taroblätter, am Boden Süßkartoffelranken und strauchähnliche Maniokstengel sind die einzigen Zeichen für den großen Vorrat an Stärkenahrung, der sich unter der Erde aufbaut, während die Getreidefrucht etwa einen Meter über dem Gartenboden reift, ehe sie den breiter ausladenden und weniger schnell reifenden Baumfrüchten Platz macht.«

In einer Hochlandhöhle fast 1500 Meter hoch in der Wand eines steilen Kalksteinfelsens im nördlichen Thailand, nahe der Grenze zu Burma, wurden Spuren einfacherer prähistorischer Gärten gefunden. Dazu gehören eine Feuerstelle; verkohlte Bambusstücke, fünf oder acht Zentimeter im Durchmesser; Knochenteile, Muscheln und Fischwirbel sowie eine Unmenge Überreste von Flaschenkürbis und auch eine Kastanienart, eine Gurke, Pfeffer, Mandel und ein bohnenähnlicher Samen. Chester Gorman von der University of Pennsylvania, der die sogenannte Geisterhöhle fand und ausgrub, beschreibt eine Mahlzeit, die hier vor mindestens 9000 Jahren gegessen wurde; die Höhlenbewohner zündeten Feuer an, zerschnitten Schweinefleisch, Wildbret und andere Fleischsorten in kleine Stücke, fügten ausgesuchte Gemüse und Gewürze hinzu, kochten die Zutaten in Bambus-»Töpfen«, wie es die Bauern heute noch im gleichen Gebiet tun, und bereiteten so schmackhafte Suppen und Eintopfgerichte.

Gorman ist der Auffassung, diese Art zu leben könnte eine Form eines Musters darstellen, das vor Jahrtausenden entstand, vielleicht in niedrig gelegenem Land. Die Gartenbauer waren keine eigentlichen Bauern. Sie waren Jäger und Sammler, die ihre Mahlzeiten ergänzten, indem sie örtlich gedeihende Pflanzen auf Landstücke in der Nähe ihrer Hütten brachten. Sie zogen Sorten von Taro und Yam, mit Knollen, die von zwei bis fünf Kilogramm im Durchschnitt wogen und manchmal auf das Zehnfache davon anschwollen. Reis mag auch vorhanden gewesen sein, doch wie es schien, noch nicht als eßbar erkannt.

Nach einer Theorie mag Reis – das Gras, das heute als Hauptnahrungsmittel für über die Hälfte der Weltbevölkerung dient und eine ländliche Siedlungsdichte von bis zu 5000 Personen auf 2,5 Quadratkilometer gestattet – einmal ein winterhartes und dauerhaftes Unkraut an den Rändern von Tarogärten gewesen sein. Später wurde er hereingebracht und als Mitglied des »Gartenclubs« anerkannt, aber nur als zweitklassiges Mitglied. Es gibt da einige abweichende Meinungen darüber, wann er zu einer wichtigen Frucht wurde. Gorman ist für ein frühes Datum auf der Grundlage der Spuren, die auf einem der »Wohnraumböden« in der Geisterhöhle gefunden wurden: Tongefäße, Krummäxte, die vielleicht zum Aufhacken des Bodens verwendet wurden, und kleine Schiefermesser wie jene, die heute bei der Ernte noch gebraucht werden.

Er ist überzeugt, daß diese Geräte mit der großangelegten Ausbeutung des Reises durch Bewohner des Flachlands zusammenhingen, und zwar des angebauten Reises, und daß Hochländer an der Geisterhöhle und anderswo diese Praxis entlehnten. Das impliziert einen Reisanbau vor 6800 v. Chr., dem Datum des Fußbodens in der Geisterhöhle, was den meisten Forschern reichlich zu früh erscheint. Die allgemeine Auffassung geht dahin, daß Reis zur Hauptfrucht erst dann wurde, als die überzählige Bevölkerung begann, aus dem Hochland in die Niederungen zu ziehen, was sie anscheinend zwischen 5000 und 4000 v. Chr. in Südostasien getan hat (im Vergleich zu etwa 7500 v. Chr. im Nahen Osten und 3000 v. Chr. im nördlichen China).

Unmittelbarer Beweis für Reis kommt aus einer Fundstelle in den Ausläufern eines »Ringberges«, einer kraterähnlichen Formation mit einem Durchmesser von 24 Kilometern, fast 480 Kilometer südöstlich der Geisterhöhle gelegen. Non Nok Tha, ein niedriger Hügel, der wie eine Insel in einem Meer von Reisfeldern liegt, ist von Donn Bayard und Hamilton Parker von der University of Otago in Dunedin, Neuseeland, ausgegraben worden. Sie berichten von Kornabdrücken auf Scherben und Reisspelzen als Härtematerial in Töpfereiton aus Schichten, die mindestens auf 3000 v. Chr. zurückgehen, wenn auch diese Spuren nicht absolut als Zeichen für domestizierten und nicht wilden Reis identifiziert werden können.

Obwohl die Fundstelle klein ist, wenig mehr als ein Morgen, war es auf keinen Fall ein einfaches Dorf. »Ich ging auf die Fundstelle zu, quer durch die Reisfelder«, erinnert sich Parker, »als ich sah, wie Donn auf- und absprang und mir zuwinkte. Er hatte etwas gefunden, was in einer frühen Besiedlungsschicht zu finden wir niemals erwartet hatten, etwas, das mindestens ein Jahrtausend ›verfrüht‹ war – ein Paar Sandsteinformen zum Gießen von Bronze-Axtklingen mit Augen (für den Stiel). Danach überraschte uns nichts mehr.« Die Formen zeigen an, daß fortgeschrittene Bronzebearbeitung in dem Gebiet um 3000 v. Chr. auftauchte, wenigstens ein Jahrtausend früher als in China.

Ban Chiang im Nordosten von Thailand: Dorf mit Pfahl-Häusern auf einem uralten Grab- und Wohnhügel; frühgeschichtliche Speerspitze aus Bronze und Keramik, etwa um 3600 v. Chr.
(Quelle: University Museum, University of Pennsylvania)

Noch frühere Daten könnten aus Ban Chiang kommen, einem Dorf, das über 160 Kilometer nordöstlich liegt und zusammen mit anderen Dörfern im Umland zu einem Zentrum für illegale wie auch legale Ausgrabungen geworden ist. Ban Chiang ist eine Gruppe von Pfahlhäusern, die auf einem uralten Begräbnishügel errichtet sind, der eine Ausdehnung von etwa 2,5 Quadratkilometern aufweist. Es wurde in den sechziger Jahren von Archäologen des Nationalmuseums in Bangkok ausgegraben und später von einer Reihe von Amateuren, die eine Vielzahl von Gegenständen, wunderschöne Töpfe, rot und weiß bemalt, aus der Erde holten.

Nachrichten von diesen Funden und Gerüchte über damit zusammenhängende Bronzewerkzeuge erzeugten in dem Dorf eine fieberhafte Aktivität. Ein Reporter einer New Yorker Zeitung: »Mit dieser außerordentlichen Datierung, 2000 Jahre früher als erwartet, brach der Ansturm los, und Sammler mit Lastwagenladungen von Töpfen, Bronzen und anderen Gegenständen fuhren bald Zehntausende von Stücken ab. Für 40 oder 50 Dollars pro Topf zerstörten die Dorfbewohner buchstäblich ihre Häuser (wobei 50 Dollar pro Topf in diesem ärmsten Teil Thailands ein halbes Jahreseinkommen darstellen), während die Sammler die Töpfe für Tausende wieder verkauften.«

Zieht man eine gewisse Übertreibung in Betracht, so ist dies eine recht gute Version dessen, was geschah. Die Fundstelle war jedoch zu groß und zu tief, um völlig zerstört zu werden. Als sie über sechs Meter tief gruben, fanden Gorman und Pisit Charoenwongsa vom Nationalmuseum in Bangkok unberührte Grabstätten mit Töpfen und Bronzewerkzeugen sowie Schmuck; möglicherweise waren diese Gegenstände bereits 3600 v. Chr. hergestellt worden.

Eine Analyse von Grabbeigaben aus über 100 Grabstätten in Non Nok Tha indiziert den Beginn vom Macht und eine Ausweitung der Kluft zwischen den Klassen zu einer Zeit, da diese Bronzearbeiten zum erstenmal in Gebrauch genommen wurden. Der Anteil der reichen Gräber, gemessen an der Menge und Vielfalt von Keramik, Perlen, Axtklingen und großen Bronzearmreifen, steigt zwischen etwa 3000 und 2000 v. Chr. an. Bayard unterscheidet drei Klassen nach ihren Grabstätten: Arme, Wohlhabende und sehr Reiche. Fast alle Bronzegegenstände werden in Grabstätten der Wohlhabenden und Reichen gefunden, ein Zeichen für die Bedeutung der Legierung als Statussymbol.

Der vielleicht wichtigste Punkt beim Aufkommen von hochentwickeltem Ackerbau, von Metallbearbeitung, Handelsnetzen und Hierachien in Südostasien ist etwas Negatives, etwas, das nicht eintrat. Während in Sumer, im Indus-Tal und in Nordchina solche Veränderungen von Massenbewegungen in Stadtzentren hinein und dem Entstehen einer zentralen politischen Autorität begleitet wurden, hat derartiges sich in Südostasien um 3000 oder 4000 Jahre verzögert. Nach Wheatley tauchten Stadtstaaten erst im frühchristlichen Zeitalter auf. Andere Forscher nehmen an, daß die ersten Stadtzentren der Region schon fast ein Jahrtausend früher entstanden sein könnten.

Die Forschung in Chansen im südlichen Teil von Zentralthailand illustriert die Schnelligkeit der Entwicklung. Hier handelt es sich in erster Linie um eine »Indikator«-Fundstelle in dem Sinne, daß ihre Hauptbedeutung darin liegt, was sie über Ereignisse in anderen Gebieten aussagt, in Orten, von denen viele noch nicht entdeckt wurden, die vielleicht für immer verloren sind. Bennet Bronson vom Field Museum für Naturgeschichte in Chicago und Dales berichten, daß die ersten Siedler kurz vor 500 v. Chr. hierherkamen; und sie fanden in immer höheren und neueren archäologischen Schichten Beweise für größere Veränderungen, die anderswo im Gange waren.

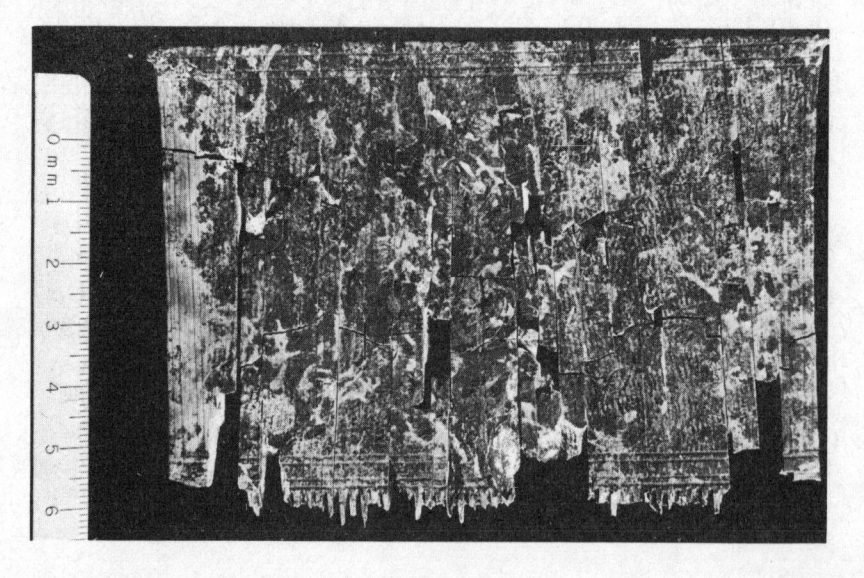

Chansen, Thailand, Elfenbeinkamm aus dem Nationalmuseum, Bangkok: möglicherweise der früheste hindu-buddhistische Gegenstand (etwa 50–200 n. Chr.), gefunden in Südostasien *(Foto links); oben:* rekonstruierte Zeichnungen von Vorder- und Rückseite.
(Quelle: Benet Bronson, Field Museum of Natural History, Chicago)

Ein erstes deutliches Zeichen für Veränderung erscheint in den Spuren eines halben Jahrtausends später. Die Töpferwaren kontrastieren scharf mit jenen, die in den frühesten Schichten gefunden wurden, mit ihren mehreren deutlich unterschiedlichen Typen von verzierten Schalen. Sie ähneln Töpferarbeiten, die in einer Reihe von Städten in Indien gefunden wurden, was einen Einfluß aus dem Westen erkennen läßt – einige tausend Kilometer entfernt – und dazu noch einen recht beherrschenden Einfluß, da Chansen abseits von den eingeführten Handelsrouten jener Zeit lag. Ein weiterer Fund weist in dieselbe Richtung, ein Elfenbeinkamm mit eingravierten Pferden, einer mit Federn geschmückten Gans und buddhistischen Emblemen, die charakteristisch sind für eine Stadt an der Ostküste Indiens; der Kamm wird auf das Jahr 50 n. Chr. datiert. Es mag der früheste indische Kunstgegenstand sein, der bisher in Südostasien gefunden wurde.

Zwei oder drei Jahrhunderte später reflektierte das Dorf Chansen weitere Veränderungen, diesmal aus dem Osten kommend. Zu diesen Zeichen gehören viele gedrehte Bänder und gegossene Ringe aus Zinn, Stempel aus Keramik, die vielleicht zum Drucken von Mustern auf Stoffen verwendet wurden, kleine Bronzeglöckchen mit spiralförmigen Verzierungen, Goldschmuck und Formen für dessen Herstellung – alles Kunstgegenstände, die sehr stark an solche erinnern, die am Sitz eines halb legendären Königreiches in einem von Kriegen verwüsteten Land, 720 Kilometer südöstlich gelegen, gefunden wurden.

Paul Wheatley von der University of Chicago beschreibt das Umland: »Hinter seinem breiten Saum von bläulichgrünen Mangroven stellte es einen riesigen Schwamm aus zusammenhängenden Schlamm und Pflanzenresten dar – wo ein Mantel aus Sumpfwald solche abwechslungsreiche Gestaltung wie parallel verlaufende Sandrücken verbarg ... Durch diese Sumpfwüste sickerten eher, als daß sie flossen, eine Unendlichkeit strangulierter Ströme, ein labyrinthähnliches Netzwerk von Wassern.«

Es handelt sich um das Mekong-Delta in Vietnam, die Mündung eines Stromes, der über 4000 Kilometer entfernt in den Bergen von China und Tibet entspringt. Eine Gruppe von einem halben Dutzend niedriger Hügel mit verstreuten Ziegeln wurde während des letzten Krieges häufig von amerikanischen Flugzeugen bombardiert, weil sie wie so viele archäologische Fundstellen aus der Luft wie eine militärische Anlage aussehen. Plünderer haben aber mehr Schaden angerichtet als Bomben. Diese Hügel sind alles, was von Oc-eo übriggeblieben ist, der frühesten bekannten Stadt Südostasiens, der wahrscheinlichen Quelle der ungewöhnlichen Kunstgegenstände, die in Chansen gefunden wurden, und der wahrscheinlichen Hauptstadt eines Königreiches, die von chinesischen Gesandten um 220 n. Chr. zum erstenmal besucht wurde.

Wheatley hat vor kurzem das 1100 Morgen große Zentrum und sein Umland rekonstruiert. Etwa 25 Kilometer landeinwärts vom Golf von Thailand breitete es sich vom Fuß eines Granithügels mit drei Spitzen, der vielleicht als heiliger Ort gedient hatte, aus. Die Quelle des Hügels lieferte Trinkwasser, wenn die örtlichen Quellen in trockenen Jahreszeiten ausfielen. Oc-eo war eine Stadt auf dem Wasser, ein Venedig in kleinem Maßstab. Der Verkehr bewegte sich auf einem System von Kanälen. Ein 95 Kilometer langer »Canale Grande« verband die Stadt mit Dörfern im Hinterland des Nordostens und mit dem Meer.

König und Hofstaat und Volk lebten innerhalb einer hölzernen Verteidigungsmauer oder Palisade in Häusern aus Holz, gedeckt mit Bambuswedeln und über dem Wasser auf hölzernen Pfählen errichtet. Nur die Götter hatten Anspruch auf Stein und Ziegel, und ihre Tempel überragten die Mitte der Stadt. Einige geplünderte Gegenstände, teuer zurückgekauft, sind im Museum von Saigon ausgestellt. Es sind mit Edelsteinen verzierte Schnallen, Nadeln und Ringe aus Gold, Ohrgehänge aus Kristall und Perlen, kleine Ringe mit Inschriften in Sanskrit, eine römische Goldmünze mit dem Datum 152 n. Chr. und eine lebensgroße Statue eines Gottes im Stil der Hindus.

Oc-eo entwickelte sich nicht in seiner Lage im Delta. Es war geplant aus dem Nichts erbaut. Es kam voll entwickelt aus einer Kultur, von der praktisch nichts bekannt ist. Von den Millionen Gebieten auf der Welt gibt es noch immer weite Landstriche, die zu erforschen sind; es gibt noch immer verlorene Welten. Notizen und Abhandlungen in obskuren Zeitschriften erwähnen große Erdwerke im Norden und Westen zur Grenze nach Burma. Einschließungen, die sich über mehrere Kilometer erstrecken, lange »Bildnis«-Hügel in Form von Kampfwagen, Speerspitzen und anderen Umrissen. Wir wissen nicht, was in den Einschließungen und Hügeln vergraben ist. Sie sind niemals ausgegraben worden,

Die kunstvollste Pyramide der Welt, mit einer Vielzahl von Steinterrassen: Borobudur, Tempel der Buddhisten, vollendet im Jahre 863 n. Chr., Java.
(Quelle: Indonesisches Generalkonsulat, New York)

Einzelheiten der Tempelfassade.
(Quelle: American Museum of Natural History)

Heilige Stadt Angkor Wat, Kambodscha: Turmfundamente.
(Quelle: American Museum of Natural History)

obwohl Museen und Privatsammler zweifellos Gegenstände besitzen, die Plünderer dort fanden und aus dem Land schmuggelten, um sie teuer zu verkaufen.

Angefangen bei Oc-eo ist die Geschichte Südostasiens eine Geschichte wachsender Konzentration von Macht und Menschen. Die großen Symbole der Macht, monumentale Architektur, Türme und Pyramiden, erschienen in Zentraljava zwischen 700 und 850 n. Chr. Es gab einen Komplex von 250 Heiligtümern, von denen das großartigste, der Borobudur, nicht weit von Jogjakarta, zur Zeit mit Hilfe von Geldern der Vereinten Nationen wiederhergestellt wird. Diese wahrscheinlich kunstvollste jemals erbaute Pyramide ist ein System von Steinterrassen, etwa 15 Stockwerke hoch auf den Hängen eines natürlichen Hügels, mit mehr als 4500 Meter langen, sich windenden Galerien. Nach Wheatley »symbolisierte der Verlauf von der Erdebene zur Spitze die aufeinanderfolgenden Phasen in der Erringung geistiger Erleuchtung«.

Die Verbindung von Stadt und Symbol erreichte ihren Höhepunkt um 1200 n. Chr. mit einer Vereinigung von Häuptlingen unter einem Oberhäuptling – und mit dem spektakulären Zentrum in Angkor in den Dschungeln des Flachlands von Kambodscha, ungefähr 160 Kilometer nördlich von Phnom Penh. Angkor wurde von einer massiven, 16 Kilometer langen Mauer umgeben und von einem äußeren Graben, der über 100 Meter breit war; Mauer und Graben stellten den Gebirgszug und den Ozean dar, von denen man annahm, sie umgäben das Universum. Der Königspalast »schwebte« über der Stadt auf riesigen Säulen, die mit geflügelten Figuren, halb Mensch, halb Vogel, verziert waren.

Göttliches Königstum mag sich aus den Einflüssen von Indien und China ergeben haben. Man stellte sich ein Land mit rivalisierenden Führern vor, Menschen, die unaufhörlich Bündnisse mit ihren Nachbarn schließen und brechen, aber niemals die Ressourcen haben, um auf einer dauerhaften Basis dominieren zu können. In diese Szene segeln Händler aus fernen Orten, Leute, die nach Metallen, Gewürzen, Edelsteinen und Holz suchen und eine Vielfalt von Dingen bei sich führen, um sie einzutauschen. Die Fremden landen in der Nähe von Wasser, an einer Küste oder landeinwärts am Ufer eines Flusses, und die gesamte Ordnung der Dinge beginnt sich zu verändern.

Die einheimischen Führer, die am nächsten an der Küste oder

am Flußufer leben, haben unmittelbare Vorteile gegenüber ihren Gegenspielern weiter landeinwärts. Depots werden eingerichtet, Sammel- und Neuverteilungszentren, wo die Güter aus dem Inland ankommen und gegen fremde Güter getauscht werden. Die Interessen der Führer an der Küste, die aufgrund ihrer geographischen Lage zu Mittelsmännern werden, verbinden sich immer enger mit den Interessen der Fremden. Die Fremden unterstützen sie natürlich, und so hat jeder seinen Nutzen, Zentren der Macht nehmen Formen an, und ein sich selbst verstärkender Prozeß nimmt an Schnelligkeit zu. Irgendwo in dieser Linie verändert sich der Maßstab der Dinge, und ein Mann und ein Gebiet werden überragend – und dieser Mann rechtfertigt seine hervorragende Stellung durch Beanspruchung von Göttlichkeit.

Das geschah während des 19. Jahrhunderts, als die Briten in Malaysia einzogen, und wahrscheinlich auch vor fast 2000 Jahren in Vietnam und Kambodscha sowie Thailand mit der Ankunft von Handelsunternehmern aus Indien und China. Die Säulen im Königspalast von Angkor waren aus Stein und nicht aus »sterblichem« Holz, ein deutliches Zeichen dafür, daß der König unsterblichen Status erreicht hatte. Diese Art von Entwicklung findet noch immer in einigen abgelegenen Gebieten statt, beispielsweise unter den Stämmen, die in den Bergen zwischen Burma und Bengalen leben.

So bringt also Zentralisierung weitere Zentralisierung hervor, und es gibt Zeitverzögerungen zwischen frühen und neueren Stadtstaaten. Die Ziele sind immer dieselben – Macht und Kontrolle. Bestimmte Elemente wie Zeremonie und Hierachie scheinen immer gegenwärtig zu sein. Doch die Dialekte, die Formen und Ausdrücke, die Stilrichtungen der Kunst und die menschlichen Beziehungen können von Grund auf verschieden sein. Um nur ein Beispiel zu zitieren: Südostasien entlieh sehr viel von Indien und China, aber niemals deren männlichen Chauvinismus. Aus Gründen, die noch bestimmt werden müssen, leben Männer und Frauen viel mehr als Gleichberechtigte zusammen in Südostasien als in irgendeinem anderen Teil der Welt.

Ein weiteres wichtiges Merkmal der »reisanbauenden Welt von Südostasien« ist das beobachtete Muster des Wandels in vergangenen Zeiten. Die Menschen paßten sich in unterschiedlichen Gebieten unterschiedlich an, häufig sogar in Gebieten, die recht dicht beieinanderlagen. Eine repräsentative Situation existierte auf den Philippinen vor etwa einem Jahrtausend auf der Insel Samar. Hier untersuchte Karl Hutterer von der University of Michigan ein Gebiet, in dem Jäger und Sammler, Gartenbauer mit Steinwerkzeugen und fortschrittlichere, Eisen verwendende Bauern alle innerhalb eines Radius von zehn Kilometern lebten.

Das ist nur ein Beispiel für ein weitverbreitetes »Mosaik«-Muster. Die Vielfalt von Adaptationen an sich ist schon eine Anpassung. Wie Hutterer hervorhebt, reflektiert tatsächlich die Verschiedenheit menschlicher Kulturen die Verschiedenheit lebender Dinge in den tropischen Wäldern von Südostasien. Die schwindenden Tieflandwälder der malaysischen Halbinsel mögen über 200 verschiedene Baumspezies auf einem Gebiet von etwa fünf Morgen enthalten, im Gegensatz zu nur etwa zwei Dutzend Spezies für ein gleich großes Gebiet in einem außergewöhnlich reichhaltigen Wald in gemäßigten Zonen. Ein ähnlicher Kontrast besteht bei Tieren.

Die Menschen nutzten an Nahrungsmitteln und Rohstoffen, was immer in beschränkten Gebieten verfügbar war, und wandten Akkerbautechniken der Jäger und Sammler an, wo es angebracht schien – und anstatt ihre Techniken zu ändern, wenn die Bevölkerung wuchs und Mangel drohte, glichen sie einfach das Fehlende durch Tausch von Gütern mit ihren Nachbarn aus. Derartige Lösungen waren in Südostasien üblich, sie können aber auch eine extreme Version eines noch weiter verbreiteten Phänomens darstellen. Sie existierten wahrscheinlich in Indien und China wie auch in Sumer, wo die Menschen sich in Dörfern und Städten ansiedelten und Handel mit nomadisierenden Jägern und Sammlern trieben.

Alles Gesagte dient als Erinnerung daran, daß die Stufen der Entwicklung Abstraktionen sind, Kunsterzeugnisse. Offensichtlich ging der allgemeine Trend weg vom Jagen und Sammeln in Richtung auf ein zunehmend intensiveres Land- und Stadtleben. Aus der Nähe betrachtet, erscheint nichts im Prozeß des Wandels dem einheitlich zu entsprechen. Das wirkliche Leben ist nachlässiger, einfallsreicher, recht viel komplizierter und sehr viel interessanter.

XI
AFRIKANISCHE URSPRÜNGE, AFRIKANISCHE MACHT

*»Die Stadt des Falken«, eine ägyptische Hauptstadt/
Eine prähistorische Fundstelle in der Wüste/
Yam-Anbau in Westafrika/
Handelsrouten quer durch die Sahara/
Die ersten Städte Westafrikas
und erste göttliche Könige/
Das Eisenzeitalter in Südafrika/
Geld in Form von Kupferkreuzen/
Die Entstehung eines Staates auf Madagaskar*

Die Vorgeschichte begann in Afrika. Unsere ersten, noch an Schimpansen erinnernden menschlichen Vorfahren zogen vor etwa 15 Millionen Jahren hier in Afrika aus den Wäldern in die Savannen. Die Spuren der ersten menschlichen Wesen wurden in Kenia und Äthiopien gefunden; ebenso ihre Werkzeuge, Eß- und Lagerplätze. In späteren Zeiten entwickelt sich eines der ersten und das spektakulärste Machtzentrum in einer grünen Oase an den fruchtbaren Ufern des Nils – in Ägypten. Und wieder später dokumentierte sich Macht auch im Süden der Sahara, in den Wäldern Westafrikas, in den Savannen Ostafrikas und im Süden des Kontinents, wo die Jäger-und-Sammler-Periode bis vor 1500 Jahren andauerte. In der Kalahari-Wüste gibt es ein ganzes Spektrum früher Gesellschaftsformen, von reinen Jägern und Sammlern über Jäger und Sammler, die nebenher etwas Ackerbau treiben, und andere, die schon dabei sind, seßhaft zu werden, bis zu reinen Ackerbauern, die noch vor 10 Jahren Jäger und Sammler waren. Auch auf Madagaskar entstand erst im Laufe des vorigen Jahrhunderts ein Staat aus Frühformen der Ackerbaugesellschaft. Hätten Archäologen keinen weiteren Kontinent, um da zu arbeiten, so könnten sie hier ansetzen und die wichtigsten Abschnitte der Menschheitsgeschichte ableiten – das Vergehen der Gleichheit, die Entstehung von Konflikt und Komplexität, das Erscheinen großer Leute, Häuptlinge, sterblicher Könige und göttlicher Könige.

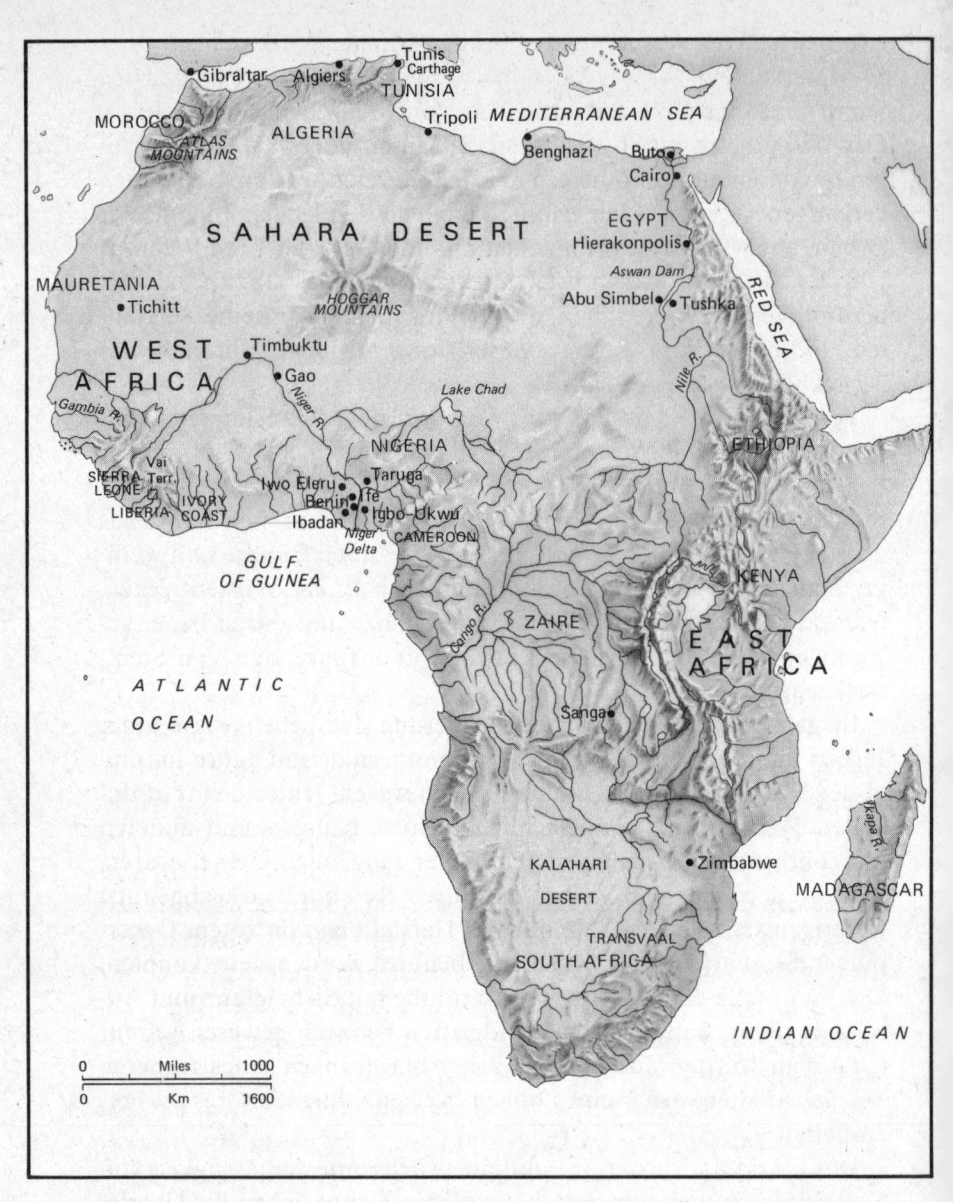

Afrika, Kontinent des sich ausbreitenden sozialen Wandels: Ägypten, Schauplatz früher Dörfer und Städte sowie des ersten Auftauchens göttlicher Könige; weitere Entwicklung südlich der Sahara in Westafrika und Ostafrika; noch später in Südafrika; und vor weniger als nur zwei Jahrhunderten auf Madagaskar, vielleicht der jüngste »urtümliche« oder unabhängig entwickelte Staat.
(Quelle: Vantage Art Inc.)

Ein wichtiger Abschnitt der Frühgeschichte Afrikas liegt unter 55 Meter tiefem Wasser begraben. Die Flut, die ihren höchsten Stand im Jahre 1971 erreichte, war von Menschen herbeigeführt. Der Nil, gestaut durch den Assuan-Damm, überschwemmte Tausende von Quadratkilometern Wüste, die reich war an Überresten vergangener Zeiten. »Ich erinnere mich an den letzten Tag unserer Arbeit, ehe wir uns davonmachen mußten«, erzählt Fred Wendorf von der Southern Methodist University in Dallas, Texas, »als wir herumliefen und Orte sahen, die zu untersuchen wir keine Zeit hatten, und überwältigt waren von der riesigen Menge Materials, das zurückblieb.«

Vor der Flut von Assuan ging Wendorf über 960 Kilometer südlich von Kairo am Westufer des Nils entlang, nicht weit von den Felsen von Abu Simbel, wo vor mehr als drei Jahrtausenden Ramses II. zwei Tempel und vier Kolossalstatuen von sich selbst aus dem Felsen hauen ließ. Wendorf fand eine noch frühere und weniger anziehende Stelle nahe der Stadt Tushka, ein Wüstenflecken, bedeckt mit den Trümmern alter Lagerplätze, mit durch Feuer gesprungenen Felsen, fossilen Knochen und Tausenden von Steinwerkzeugen.

Es gab auch Spuren von der Änderung der Lebensweise unter Jägern und Sammlern, die mehrere hunderttausend Jahre im und in der Nähe des Niltales umhergezogen waren. Unter den traditionellen Werkzeugen, hauptsächlich kleinen Klingen und anderen Mikrolithen, die etwa zwei Zentimeter lang oder kleiner waren, gab es auch über 100 Steine, die durch Reibung stark abgenützt waren, zu stark, als daß sie nur zur Herstellung von rotem Ockerpulver für Farben und Kosmetik benutzt worden sein konnten. Die Fundstelle enthielt ebenso Mikrolithe mit Sichelglanz und Anzeichen dafür, daß diese an Handgriffen befestigt gewesen waren; außerdem wurden aus den fossilen Ablagerungen eines früheren Teiches »Pollenkörner eines hohen, weizenähnlichen Grases« herausgeholt.

Diese Art von Muster, die auf eine wachsende Abhängigkeit von Getreidegrassamen hinweist, kann als ein Kennzeichen für Überlebensprobleme interpretiert werden. Das ungewöhnliche daran ist, daß es in Ägypten früher eingetreten ist als im Nahen Osten. Die Fundstelle Tushka geht auf eine Zeit vor mehr als 15 000 Jahren zurück oder ist ungefähr ein oder zwei Jahrtausende älter als ähnliche Fundstellen in den Ausläufern der Berge von Israel und im Libanon. Die Entdeckung weiterer Fundstellen im Norden läßt vermuten, daß die Menschen unter diesem Druck im ganzen Tal des Nils Gräser ernteten. Es gibt einen weiteren Hinweis auf Streß, vielleicht, wenn auch nicht unbedingt, ein Zeichen für Kämpfe wegen des Versorgungsdrucks – ein Friedhof mit sechs Skeletten, bei denen scharfe Steinspitzen in den Knochen stecken, der früheste unmittelbare Beweis für Gruppenkriegführung.

Die Gräser sind vielleicht domestiziert gewesen oder auch nicht. Obwohl weder für das eine noch das andere schlüssiger Beweis vorhanden ist, stellen solche Entwicklungen im allgemeinen das frühe Stadium eines Prozesses dar, der zum vollständigen Ackerbau führt. Ägypten hatte gewissermaßen einen Fehlstart. Die Dinge kamen zu einem Halt, oder genauer: sie gingen wieder rückwärts. Anstatt Bauern zu werden, blieben die Menschen Jäger und Sammler und lebten immer weniger von Getreidegräsern. Weniger Mahlwerkzeuge und Sichelklingen sind in späteren Schichten gefunden worden. Anscheinend lösten sie ihre Probleme auf andere Weise, zum großen Teil durch eine intensivere Nutzung von Fisch.

Der Druck schwand, doch nur vorübergehend. Die Frühgeschichte und die Geschichte des Menschen scheinen ein langer Prozeß der Hinausschiebung von Nahrungskrisen gewesen zu sein. In diesem Stadium war es im frühgeschichtlichen Ägypten ein langes Hinausschieben. Das Problem erreichte keine größeren Ausmaße mehr über einen Zeitraum von über 5000 Jahren. Vollkommener Ackerbau wurde zwischen 5000 und 4000 v. Chr. eingeführt, und zwar mit einer Reihe domestizierter Spezies: Schafe, Ziegen, Rinder, Schweine, Weizen, Gerste und damit zusammenhängender Feldfrucht.

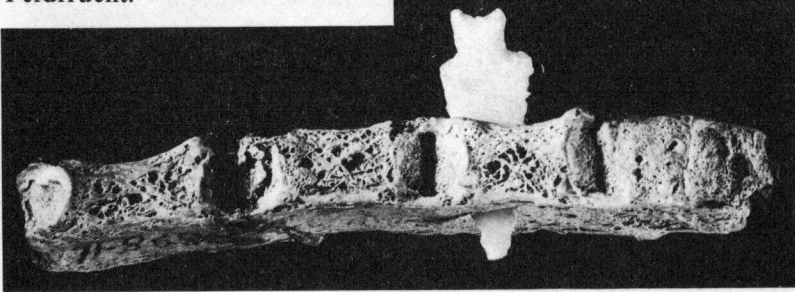

Pfeilspitze aus Feuerstein in einem menschlichen Brustbein.
(Quelle: Guido Majno, Museé de l'Homme, University of Massachusetts)

Frühgeschichtliches Grab im Süden Ägyptens: Markierungsstäbe weisen auf Steingeschosse hin, die in Knochen eingedrungen sind.
(Quelle: Fred Wendorf, Southern Methodist University)

Jagen und Hüten von Gazellen auf einem frühgeschichtlichen ägyptischen Fries.

Eine lange Periode von Experimenten, die sich mit den dringenden Ernährungsproblemen befaßten, gingen diesen Veränderungen wahrscheinlich voraus. Saxon hat Hinweise darauf geliefert, was geschah. Nach seinen Studien zur frühgeschichtlichen Herdenhaltung von Gazellen in Israel verbrachte er fast drei Monate mit einer ähnlichen Forschung in Nordafrika, entlang eines ungefähr 320 Kilometer langen Küstenstreifens in Algerien, nahe der Grenze zu Tunesien. Er untersuchte etwa 80 Orte, einschließlich solcher, die strategisch so gelegen waren, daß Herden auf den Küstenebenen genutzt werden konnten. Einige Orte liegen beispielsweise an schmalen Pässen auf Wanderrouten, die Ein- oder Ausgänge von Talbecken mit hohen umgebenden Hügeln sind.

Die Erforschung einer einzigen Spezies war in Algerien sogar noch intensiver als in Israel, nur daß es sich hier um das große schwerbehornte Berberschaf und nicht um die Gazelle handelte. Diese Spezies diente als Hauptnahrungsquelle, was durch die über 90 Prozent der Knochen belegt ist, die an einer typischen Fundstelle ausgegraben wurden und von denen mehr als die Hälfte von Jungtieren stammten. Das spricht sicherlich für eine Herdenwirtschaft. Was noch bedeutsamer ist, es spricht für eine besonders enge Form der Wirtschaft. Von allen wildlebenden Tieren ist das Berberschaf eines der am schwersten faßbaren, schnellsten und am besten getarnten – und, um mit den Worten eines Beobachters aus dem 19. Jahrhundert zu sprechen, »so gut in der Lage, in der Landschaft zu verschwinden, daß es praktisch allen Räubern ausweichen kann«. Außerdem ist es schnell dabei, aus einer regelmäßig bejagten Region wegzuziehen.

Saxon betont, daß eine »erfolgreiche wirtschaftliche Nutzung solcher Tiere von einer Strategie abhängt, die sie dazu bringt, in den produktivsten Weidegebieten zu bleiben«. In anderen Worten, vor 15000 und mehr Jahren praktizierten die Menschen in Nordafrika eine recht hoch entwickelte Form der Herdenwirtschaft, bis die ansteigenden Meere und die damit verschwindenden Küstenebenen und der Versorgungsdruck eine Änderung der Taktik erforderlich machten. Weniger Weideland für Herden bedeutete weniger Nahrung für Menschen und führte letztlich zur Nutzung früher nicht genutzter Ressourcen.

Nach späteren Zeugnissen haben Domestizierung und die Zeit vorher eine lange Vorgeschichte. Gravierungen und Malereien an den Wänden von Grabmälern zeigen, daß die frühen Ägypter, wie viele Menschen vorher und seither, eingefleischte Experimentierer waren. Wie diese Gravierungen und Malereien vermuten lassen, versuchten sie, eine ganze Menagerie von Tieren zu zähmen, praktisch alle Spezies im Tal und in der Nachbarschaft, von Gazellen,

Steinböcken, Wildrindern und Hyänen bis zu Gänsen, Straußen und Kranichen. Desmond Clark von der University of California in Berkeley glaubt, solche Praktiken gingen auf sehr frühe Zeiten zurück. Er betont die bemerkenswerte Kontinuität zwischen der fernen Vergangenheit und der Gegenwart. Szenen, die vor Tausenden von Jahren gemalt wurden, zeigen in deutlichen Einzelheiten Fallen, Lassos und andere Vorrichtungen, die noch heute von den in der Sahara lebenden Nomaden gebraucht werden.

Die Landstriche am Nil füllten sich. Neuere Untersuchungen in einer Region von 375 Quadratkilometern, mehr als 320 Kilometer nördlich von der Tushka-Fundstelle, zeigen, daß nach 4000 v. Chr. die Dörfer größer und zahlreicher waren und auch dichter beieinanderlagen. Die Menschen lebten nicht nur am Strom, sondern auch bis zu drei Kilometer landeinwärts, dort, wo sich heute die westliche Wüste erstreckt und wo damals ein Gebiet lag, in dem kaum genügend Regen – vielleicht nur wenig mehr als 50 Millimeter pro Jahr – fiel, um wildlebenden Tieren und Feldfrüchten ein Gedeihen zu ermöglichen.

Daß sich die Verteilung der Siedlungen dramatisch und plötzlich innerhalb von zwei bis drei Jahrhunderten veränderte, beginnend etwa 3200 v. Chr., und die Menschen zurückzuströmen begannen in die Hochwasserebene, ist ein Phänomen, das nach Michael A. Hoffman von der University of Virginia »eine der faszinierendsten und lebenswichtigen Fragen in der späteren ägyptischen Frühgeschichte aufwirft – eine Frage, deren Beantwortung wohl als Grundlage für das Verständnis des Beginns der Zivilisation im Niltal dienen kann«. Er weist darauf hin, daß der Rückströmungsprozeß jener Bevölkerungsimplosion sehr ähnlich war, die am Euphrat etwa zur gleichen Zeit stattfand, als Uruk sich von 250 auf 1000 Morgen ausweitete.

Auch am Nil entstand ein Zentrum – Hierakonpolis, »die Stadt des Falken«, eine traditionelle Hauptstadt im südlichen Ägypten, als das Land zum erstenmal vereinigt wurde. Sie schloß eine erhöhte Fläche ein, den Kom el Ahmar oder Roten Hügel (so genannt, weil die Erde dort eine rötliche Farbe hatte, wahrscheinlich wegen der Anhäufung bemalter Scherben), die lange Zeit ein heiliger Ort war, vielleicht ein Jahrtausend oder länger. Unter einem frühgeschichtlichen Tempel sind die Überreste eines weiteren öffentlichen Tempels begraben. Ein hoher Grundwasserspiegel verhindert jede weitere Forschung nach noch tiefer liegenden Bauwerken.

Eine Mauer aus Schlammziegeln umgab anscheinend das Gebiet des Roten Hügels. Sie hatte einen Torweg, von dem John Wilson von der University of Chicago annimmt, er könnte an einem Ende einer breiten Prachtstraße für Prozessionen gelegen haben. Nach seiner Schätzung lebten 5000 bis 10000 Personen in Häusern außerhalb der Mauer, und die gesamte Stadt hatte eine Ausdehnung von etwa 40 Morgen; hinzu kam ein großer Friedhof oder eine Nekropolis am westlichen Rand in der Wüste. Dieses Muster, das ägyptische Muster, spiegelte sich später in Städten wider, wo Menschen in fruchtbaren Hochwasserebenen, nahe von »Friedhöfen« mit massiven Grabmälern auf ödem Sandboden, lebten.

Die Schrift kam um 3000 v. Chr. oder vielleicht einige Jahrhunderte früher auf, hauptsächlich in Form von Titeln und Beinamen für die Leute von Stand. Eine der frühesten Schriftproben besteht aus vier Hieroglyphen auf einem kleinen Goldband, wahrscheinlich Teil eines Armreifens, der in einem Grabmal über 320 Kilometer nördlich von Hierakonpolis gefunden wurde. Sie lautet »Der Kämpfer«, was ein Beiname für Menes, Ägyptens ersten König, war. Die Ägypter führten zweifellos Buch über Geschäftsvorgänge wie die Inder und Chinesen, doch müssen sie vergängliches Material verwendet haben, da keine Aufzeichnungen entdeckt worden sind. Übrigens hat das Goldband eine unglückliche Geschichte: Vor dem Ersten Weltkrieg stahl es ein professioneller Dieb aus einem Schaukasten im Orientalischen Institut in Chicago, hämmerte die Hieroglyphen heraus und verkaufte es an einen Pfandleiher. Nicht lange danach wurde er geschnappt und wurde nach Zahlung einer Strafe von 20 Dollars – dem Preis des Goldes in jenen Tagen – wieder freigelassen.

So erschienen also Inschriften, Monumente und Zeremonien im großen Stil in Ägypten, wie sie es anderswo auch taten. Die Menschen, im Prozeß der Übernahme von Macht, lernten von anderen Eliten im Osten, machten auch Gebrauch von Zylindersiegeln, Kunstmotiven und Architektur im Stil der Sumerer. Der Torweg in Hierakonpolis schloß eine Wand ein mit Nischen und zurückgesetzten Ziegelfassaden wie jenen in Uruk.

Hierakonpolis war die traditionelle Hauptstadt im südlichen Ägypten. Eine nördliche Hauptstadt, Buto, existierte im Nildelta, obwohl über ihre Anfänge wenig bekannt ist, weil die untersten Schichten, die alles enthalten, was vor etwa 500 v. Chr. liegt, sich unter Wasser befinden. Die Zwillingszentren, errichtet vor den Pyramiden, blieben fast 3000 Jahre lang heilige Städte.

Das übrige Afrika kann man von seiner nordöstlichsten Ecke aus als Panorama betrachten, vom Aussichtspunkt seines ersten und dauerhaftesten Königreiches. Neue Lebensweisen entwickelten sich außerhalb wie auch innerhalb des Landes Ägypten zwischen 5000 und 3000 v. Chr. – beispielsweise genau westlich in der Sahara.

In den frühen Tagen Ägyptens war die Sahara wohl ein etwas gastfreundlicherer Ort als heute. Dünen und ausgedehnte knochtrockene Gebiete beherrschten die Landschaft. Um 7500 v. Chr. jedoch, nach einer langen Trockenperiode, stieg der Regenniederschlag in bestimmten Regionen an, besonders um das Zentralgebirge herum. Die abfließenden Wasser nährten den Bestand an offenen Wäldern im Hochland, Landstriche von grasbewachsenen Savannen, grüne Bänder von Bäumen entlang den Strömen, die sich in Inlandbecken ergossen, Seen und Sümpfe und vorübergehende Teiche zwischen den Dünen und Herden von Elefanten, Giraffen, Riesenbüffeln und Antilopen. Der Tschad-See bedeckte etwa 300 000 Quadratkilometer. Heute sind es nur noch 21 000 Quadratkilometer.

Und die Menschen nutzten das Umland. Zunächst lebten sie hauptsächlich als Jäger und Sammler, später, etwa um 5000 v. Chr., als die Bevölkerung vermutlich bis zu dem Punkt anwuchs, da wildlebende Spezies nicht mehr ausreichend Nahrung für alle liefern konnten, als Ernteeinbringer und Hirten. In manchen Gebieten tauchten erstaunlich große Siedlungen auf, in denen man offenbar großteils von Getreidegräsern lebte, möglicherweise von domestizierten. Die Hirten zogen von Weide zu Weide mit Schafen, Ziegen und Rindern. Ihr Protein nahmen sie sich in Form von Blut statt Fleisch. Turkana-Hirten in den Wüstenregionen von Kenia gewinnen heute drei bis vier Millionen Liter Blut pro Jahr aus etwa einer halben Million Tiere, hauptsächlich Schafen und Ziegen.

Das Leben in der Sahara wurde nach 2500 v. Chr. mehr und mehr zu einem Problem. Es ist seit einiger Zeit bekannt gewesen, daß ein Überweiden sogar gutbewässertes Gelände ruinieren kann, wenn der Regen auf nackte Flächen fällt und tonnenweise die fruchtbare Ackerkrume abwäscht. Neuere Untersuchungen durch Jule Charney und Peter Stone vom Institut für Technologie in Massachusetts lassen auf eine noch grundlegendere Wirkung einer unkontrollierten Futterbeschaffung schließen. Nackter Boden reflektiert die Sonneneinstrahlung beträchtlich stärker als der mit Pflanzen bedeckte Boden, wodurch größere Veränderungen in der Atmosphäre hervorgerufen werden – ein Abkühlen und Sinken großer Luftmassen, eine verringerte Bildung von Kumuluswolken und bis zu 40 Prozent weniger Regen. Weniger Regen bedeutet natürlich weniger Pflanzenwuchs, so daß der Prozeß sich selbst steigert. Das mag wohl dazu beigetragen haben, zunehmend schlimmere prähistorische Dürreperioden zu verursachen.

Ein lebendiger Bericht von Menschen, die unter solchen Bedingungen leben, und von der Fähigkeit, sich einzugraben und zu adaptieren, wenn es nötig wurde, kommt von Fundstellen in der Nähe ehemaliger Seen am Fuße eines 200 Meter hohen Felsens in der südwestlichen Sahara, nicht weit von der Stadt Titschitt in Zentralmauretanien. Dieser Bericht, rekonstruiert von Patrick Munson von der University of Indiana, beginnt in Zeiten des Überflusses vor etwa 4000 bis 5000 Jahren. Es gab Regenfälle, große Seen, Spuren von Jägern und Sammlern, kleine Mahlsteine und Steingeschoßspitzen sowie Gravierungen von Giraffen, wilden Rindern und Antilopen an den Wänden örtlicher Felsenbehausungen.

Extreme Dürre setzte um 2000 v. Chr. ein als Teil einer allgemeinen Austrocknung der ganzen Sahara. Die Wüste breitete sich aus, und die Menschen zogen nach Süden, weg von den näher kommenden Sanddünen, um etwa 400 bis 500 Jahre später zurückzuziehen, als der Regen wiederkam. Sie kehrten mit gezähmten Ziegen und Rindern zurück, was darauf hinweist, daß die Region vielleicht nicht mehr genügend Wild für alle besaß; sie erfreuten sich guter Zeiten bis um 1100 v. Chr., als die Wüste sich wieder ausbreitete und die Seen schrumpften. Diesmal zogen sie aber nicht wieder weg, höchstwahrscheinlich weil die Savannen im Süden zu dicht besiedelt waren.

Die wachsende Pression liefert ein Modell dessen, was geschehen mag, wenn Land sich verschlechtert und Menschen bleiben müssen, wo sie sind. Die ersten Steinhäuser erschienen, und die wachsende Bevölkerung drängte sich in zwei großen Dörfern in der Nähe der Seen zusammen, in jedem etwa 500 bis 1000 Personen. Munson berichtet von einem steilen Anstieg in Anzahl und Vielfalt der Pflanzennahrung. Spreu ist gefunden worden und Abdrücke von Samenkörnern auf Töpferwaren, einschließlich einer wilden Hirseart und anderer einheimischer Gräser, die vielleicht angebaut waren, sowie Mahlsteine, manche mit einem Gewicht bis zu 50 Kilogramm, mit tiefen Mulden oder Becken.

Die Regenmenge nahm vielleicht von 375 auf 175 bis 150 Millimeter pro Jahr ab; die Bevölkerung vermehrte sich ungefähr auf das Vierfache. Die Menschen kehrten zum völligen Ackerbau zurück – all dies in zwei Jahrhunderten oder weniger. 60 Prozent der Getreidekornabdrücke auf Tongeräten stammten von angebauter Hirse, erkannt an den charakteristischen konischen Samenkörnern. Die Feldfrucht muß in aller Eile angebaut und geerntet worden sein. Der meiste Regen des Jahres fiel innerhalb von drei oder vier Monaten und bildete vorübergehende Seen am Fuße des Felsens. Wenn die Seen schrumpften, folgten die Bauern wahrscheinlich dem zurückgehenden Wasser und pflanzten Samen in die freigelegten fetten Ablagerungen, eine Praxis, die von den heutigen Bauern im Tal des Niger noch angewandt wird.

Es war eine Zeit der Konflikte, eine Zeit der Kämpfe um Nahrung und Land. Aus den Niederungen in der Nähe der Seen zogen die Menschen auf die Höhe des Felsens, wo sie acht große Dörfer errichteten und diese mit dicken Mauern umgaben, vermutlich um Getreidevorräte vor Angreifern zu schützen. Die Mauern schützten aber nicht die Bauern bei ihrer Arbeit auf den Feldern. Dafür hätte es bewaffneter Verteidiger bedurft. Überfälle und Gegenüberfälle mögen üblich gewesen sein, besonders während der Ernten.

Was sich wahrscheinlich entwickelte, war eine Art von zentraler Autorität. Obwohl der Bericht in Einzelheiten nicht ganz deutlich ist, hatte sich die Bevölkerung um 700 v. Chr. auf etwa 10 000 Personen in ungefähr 20 Dörfern vermehrt. Es gab keine Mauern mehr. Ein System von Gesetz und Ordnung war anscheinend organisiert worden, mit ausreichender Macht, um Mauern unnötig zu machen. Möglicherweise hatte sich ein Oberhäuptling erhoben.

Senegal: Megalithische Grabmäler, Steinringe und Grabhügel.
(Quelle: Jouvenne, Université de Dakar. J.F.A.N.)

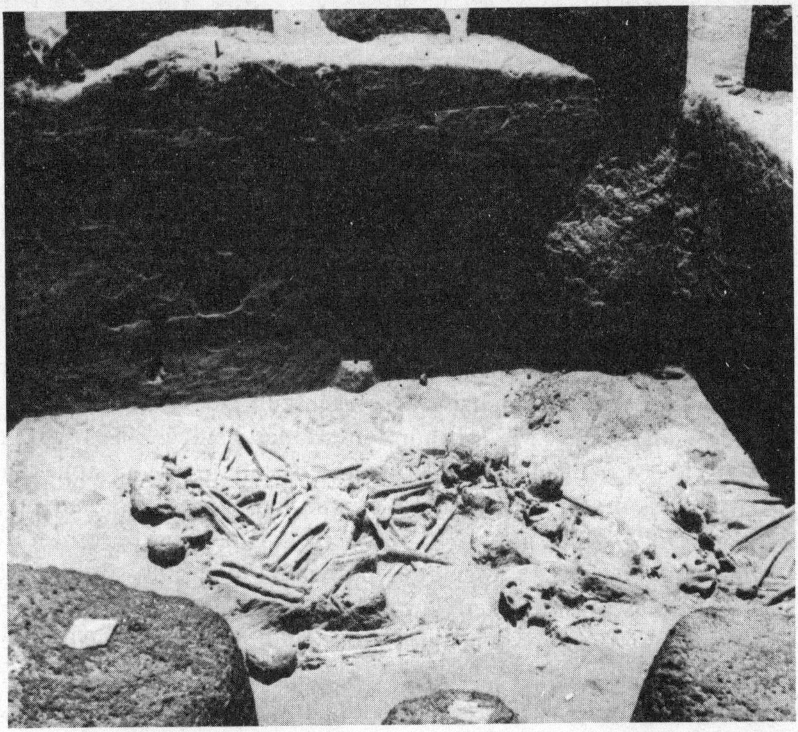

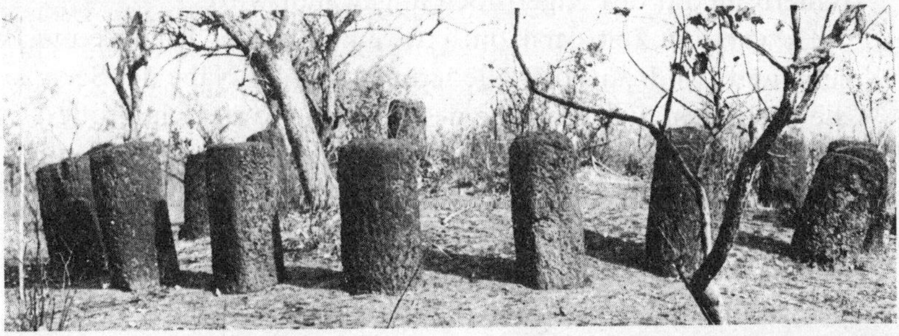

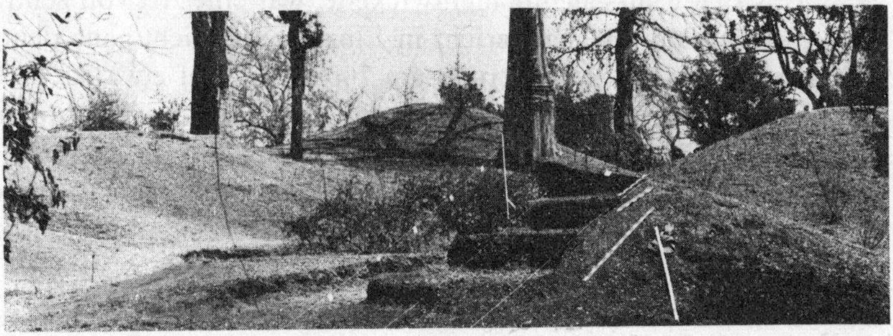

Nur weitere Grabungen können die Ausdehnung des Systems erkennen lassen. Munsons Forschungsgebiet umfaßte nur jene 40 Kilometer entlang dem Felsen nahe bei Titschitt, und die Gesamtlänge der Felsen beträgt über 480 Kilometer. Erkundungsflüge zeigen viele mögliche Fundstellen auf der Höhe und ausgetrocknete Seebecken am Fuße, was auf ein sich wiederholendes Muster und eine Reihe von verwandten Häuptlingsreichen schließen läßt. Handelsleute brachten Statussymbole in das Gebiet von Titschitt, darunter Meermuscheln von der Atlantikküste und grüne Amazonit-Mineralien aus Bergen, die über 1100 Kilometer entfernt in der Zentralsahara liegen.

Alles verfiel während der nächsten 300 Jahre. Auflösung und Furcht werden in der Archäologie widergespiegelt. Es gibt keine großen Orte mehr auf der Felsenhöhe, nur kleine Haufen von drei bis 20 Häusern, eine letzte Zuflucht, die in einzelne Familiengruppen auseinanderfällt, die tatsächlich nur kleinste Überlebenseinheiten darstellen. Die Haufen, verborgen unter einem Gewirr von Fels- und Geröllbrocken, sind nur unter extremen Schwierigkeiten zu erreichen. Einer ist so gut versteckt, daß er von der Erde aus niemals gefunden wurde. Munson machte ihn aus der Luft aus, markierte ihn auf einer Karte und erkletterte den Felsen. Nach mehreren Stunden vergeblichen Suchens gab er auf. Die Häuser sind vielleicht in einer Felsspaltenformation erbaut worden, mit Eingängen, in die man kriechen mußte. Sie bleiben bekannt, sind aber noch immer nicht erfaßbar.

Der Zusammenbruch ergab sich zum Teil aus dem Aufkommen von noch trockeneren Zeiten. Die Knochen der an die Wüste angepaßten Nagetiere und anderer Spezies zeigen einen Niederschlag von weniger als 150 Millimetern und vielleicht sogar nur 100 Millimetern, einer Menge, die heute in Ödland fällt. Doch das war nicht allein die Ursache. Die Menschen wären vielleicht mit den sich verändernden klimatischen Bedingungen fertig geworden. Womit sie aber nicht fertig wurden oder, nach der neuesten Analyse, wovor sie sich nicht verbergen konnten, waren Außenseiter auf dem Kriegspfad, räuberische Berber aus Nordafrika, ausgerüstet mit Pferden, Metallspeeren und Schilden.

Kompliziertere und dauerhaftere Systeme entstanden weiter südlich in den Savannen und immergrünen tropischen Wäldern von

Westafrika. Sie kamen erst später ins Spiel, um 500n. Chr. und noch später, zu einer Zeit, da die letzten Dynastien Ägyptens über ein Jahrtausend vergangen waren und Griechenland und Rom aufgestiegen und wieder gefallen waren. Die Überreste sind aber nicht weniger eindrucksvoll – Megalithe, Steine in Reihen und Kreisen angeordnet, sowie 4000 Begräbnishügel am Nordufer des Gambia-Flusses; Mauern, Erdwerke und Straßen, begraben unter Wurzeln und Schlingpflanzen im Busch; Eisen-, Zinn-, Kupfer- und Goldminen; feine Bronzen und Figurinen; Handelsrouten, die sich quer durch die Sahara vom Gao, Timbuktu und Walata bis Gibraltar, Tripolis, Karthago und Kairo erstreckten.

Der früheste Ackerbau mag hier wohl wie in Südostasien eher mit Knollen als mit Körnern zu tun gehabt haben, vor allem mit Yams, den stärkehaltigen Wurzeln bestimmter kletternder Schlingpflanzen. Die Kletterpflanzen welken in der trockenen Jahreszeit, und ihre Wurzeln quellen in knollige, kartoffelähnliche Speicherorgane auf, die im Yam-Gürtel, einer Waldzone von 1900 Kilometer Länge von der Elfenbeinküste bis Kamerun, noch immer als Hauptnahrungsmittel dienen. Jäger und Sammler begannen wahrscheinlich damit, den wilden Yam zu gebrauchen, als sie vor 60000 Jahren in die Wälder zogen. Sie verwendeten Spezialwerkzeuge, wie beispielsweise spitze Hacken, möglicherweise zum Herausgraben der Wurzeln aus dem Boden. Der Yam breitete sich natürlich um die Lagerplätze herum aus, da sich neue Pflanzen aus weggeworfenen Stücken entwickeln können, indem sie Wurzeln ziehen und auf der Stelle sprießen. Es mag nicht lange gedauert haben, bis der Mensch anfing, an der Evolution herumzupfuschen, indem er die Knollen modifizierte, wie er die Getreidegräser modifiziert hatte, ohne zu erkennen, was er eigentlich tat.

Bis in die neuere Zeit war das »Neue-Yam-Festival« das große Ereignis des Jahres in Dörfern des ganzen Yam-Gürtels. Es fiel kurz vor die Erntezeit und kündete eine Periode der Fülle und den Beginn des neuen Jahres an. Ausgraben von Yamwurzeln vor der festgesetzten Zeit war strafbar und brachte Verbannung oder Tod. Nach Pat Coursey vom Tropical Products Institute in London (Institut für tropische Produkte) entwickelten sich die Festivals wahrscheinlich aus Zeremonien, die vor 10000, möglicherweise bereits vor 30000 Jahren entstanden. Der Akt der Schaffung von Tabus stellte eine Art von unbewußter Domestizierung dar. Im Laufe der langen Zeit haben Yamwurzeln verschiedene Eigenschaften entwickelt, die Nahrungssucher, nichtmenschliche wie auch menschliche, entmutigen. Die Knollen können mehrere Fuß tief unter der Erde liegen und bittere Giftstoffe enthalten; die Kletterpflanzen können scharfe Stacheln und Dornen besitzen. Die Pflanzen durch Rituale zu schützen oder sie einfach in der Nähe der Lagerplätze wachsen zu lassen, wo Tiere aus Furcht nicht hinkamen, hätte eine natürliche Abwehr unnötig gemacht und die Wahl von Formen mit zugängigeren, wohlschmeckenderen Knollen gestattet. Vollständiger Yam-Anbau ist vielleicht viel später, zwischen 3000 und 2000 v. Chr., gekommen, als die Dürrezeiten die Menschen aus der Sahara in feuchtere Regionen trieben.

Es war nicht möglich, diese und andere Spekulationen archäologisch nachzuprüfen. Da Wurzelfrüchte keine sichtbaren Überreste hinterlassen und westafrikanische Grabungen noch keine Werkzeuge für die Yam-Bearbeitung zutage gefördert haben, sind neue Techniken wie Bodenuntersuchungen möglicherweise erforderlich, um chemisch Spuren von wildwachsenden und angebauten Knollen zu identifizieren.

Vor etwa einem Jahrzehnt, nach Monaten der Suche und nach einem Marsch von über zwölf Kilometern durch die wuchernden Regenwälder von Westnigeria, fand Thurstan Shaw von der Universität Ibadan eine riesige Felsunterkunft, die den örtlichen Leuten des Yoruba-Stammes als Iwo Eleru, »Felsen der Asche«, bekannt ist. Sie enthielt frühgeschichtliche Gegenstände ähnlich jenen, die an Fundstellen in Indien, Ägypten, China und dem Nahen Osten ausgegraben wurden – winzige Klingen mit Sichelglanz, wie man sie vielleicht zum Schneiden von wilden oder angebauten Gräsern herstellen würde.

Die Mikrolithe erscheinen an der Fundstelle erst in Schichten, die auf die Zeit von etwa 9000 v. Chr. zurückgehen, das früheste Datum für solche Werkzeuge in Westafrika. Um 3000 v. Chr. werden sie begleitet von den ältesten bekannten Keramiken dieser Region – und von Steinäxten, die zum Behauen von Baumstämmen und zum Roden von Wäldern, vielleicht für Gärten, gebraucht wurden; die Yoruba glauben, es seien »Donnerkeile«, meteorähnliche Objekte, die beim Niedergehen von Blitzen vom Himmel gefallen sind. Dieser Aberglaube verdient eine Untersuchung, weil die Europäer des 19. Jahrhunderts genau dasselbe von den sogenannten Handäxten und anderen prähistorischen Werkzeugen glaubten.

Weitere Veränderungen spiegeln sich in veränderten Gerätschaften wider. Nach den Mikrolithen tauchen an anderen Fundstellen und in jüngeren Schichten andere vertraute Gegenstände auf, Mahlsteine, verkohlte Samenkörner und Knochen von domestizierten Spezies, Wände und Vorratsgruben und Öfen. Der allgemeine Trend ist klar. Auch Westafrika erlebte eine Verschiebung vom Jagen und Sammeln zum Ackerbau, von Banden, die jahreszeitlich bedingt in Bewegung waren, zu Siedlern in Dörfern und später in Kleinstädten und Städten. Große Lücken sind in den Zeugnissen vorhanden, teilweise weil soviel aus Lehm und Holz gebaut wurde und in den Regenwäldern verlorenging, und zum andern, weil es so wenige Archäologen gibt, die das, was übrigblieb, finden und untersuchen.

Viele Fundstellen, wahrscheinlich der weitaus größte Teil, sind so tief begraben, daß man an der Oberfläche überhaupt nichts sehen kann. Zeugnisse, die sonst unentdeckt geblieben wären, wer-

Handelsrouten in der Sahara: auf zwei Routen der frühen Händler wurden Edelmetalle, Elfenbein, Baumstämme und andere Güter quer durch die Wüste in die Städte Europas und Asiens transportiert.
(Quelle: Vantage Art Inc.)

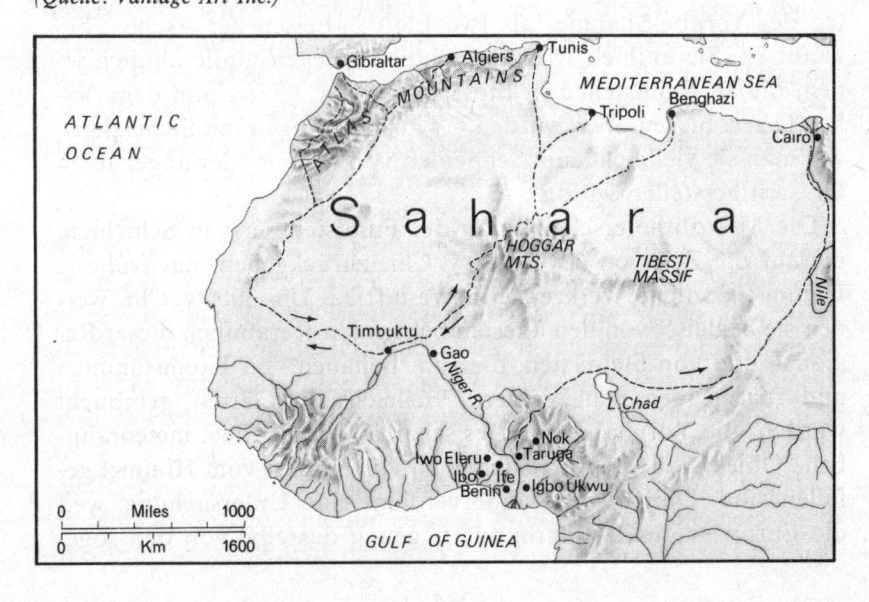

den regelmäßig in Regionen der Hochebenen im Norden von Zentralnigeria zutage gefördert, in einem Gebiet von über 26 000 Quadratkilometern, wo jährlich zwischen 20 und 30 Millionen Tonnen Erde in einer unaufhörlichen Suche ausgegraben werden, einer Suche nicht nach Spuren aus vergangenen Zeiten, sondern nach Zinn und anderen Metallen, die gebraucht werden, um die Räder der Gesellschaften des 20. Jahrhunderts sich weiterdrehen zu lassen.

Über drei Jahrzehnte lang haben Prospektoren und Grubenarbeiter frühgeschichtliche Gegenstände aus den Erzen, Tonerden, dem Kies und der aufgewühlten Erde herausgelesen – besonders wunderbar geformte Terrakotta-Figurinen, die Leute mit Kopfputz, Kleidung und Schmuck darstellen und auf mögliche Unterschiede im Status hinweisen. In Taruga, einer Fundstelle in einer Region, die isoliert zwischen niedrigen Hügeln im Waldland der Savanne liegt, hat Bernard Fagg von der Universität Oxford ähnliche Figurinen gefunden, auch verzierte Reibeisen aus Ton, die vielleicht zum Verarbeiten von Knollen gebraucht wurden, und Mengen von Eisenschlacke. Mit Hilfe eines Magnetometers, einem elektronischen Instrument zur Aufspürung von Verzerrungen im Magnetfeld der Erde, die von vergrabenen Metallen hervorgerufen werden, ortete er zehn Schmelzöfen für Eisen.

Die Zeugnisse sind noch bruchstückhaft. Taruga hat keine Wohnungen irgendwelcher Art freigegeben, keine kunstvollen Grabstätten besonderer Leute, keine Anzeichen für seine Beziehungen zu anderen Fundstellen in der Region oder darüber hinaus. Wir erfahren nur, daß zunehmend Zeit und Energie in der Kunst und der Technologie eingesetzt wurden, und nur ein ganz schwacher Hinweis auf etwas mehr wird angeboten – Stücke einer Statue, fast einen Meter hoch, die eine stehende Figur darstellt, die einen nicht identifizierbaren Gegenstand in der rechten Hand hält. Die männliche oder weibliche Statue liefert keine Antworten. Sie wirft aber einige interessante Fragen auf: Für wen wurde sie geschaffen und zu welchem Zweck? War sie für den lokalen Gebrauch bestimmt oder für den Export? Sollte sie in einem Heiligtum oder Tempel aufgestellt werden oder im Haus eines Führers oder Häuptlings?

Diese Entwicklungen traten etwa nach 500 v. Chr. ein. Innerhalb etwa eines Jahrtausends danach sind andere Gegenstände datiert, die eine Ausweitung von Kontakten zwischen weit voneinander getrennt lebenden Menschen anzeigen. Hunderte von Malereien und Gravierungen von Kampfwagen, von Pferden gezogen, entdeckt an den Wänden von Höhlen und Felsunterkünften in der Sahara, dienen gewissermaßen als »Wegweiser«. Ihre Lage, auf einer Karte eingezeichnet, markiert mögliche Handelsrouten und läßt auf den Beginn eines Handelsnetzes schließen, das immer weiter ausgedehnt werden sollte.

Eine Route führte nach Westen von Timbuktu weg, machte einen Bogen nach Nordosten durch Mauretanien und das Atlas-Gebirge von Marokko nach Gibraltar und Algier. Eine andere Route, ebenfalls von Timbuktu ausgehend, führte durch das Hoggar-Gebirge in Algerien und weist Abzweigungen auf zu den heutigen Städten Tunis, Tripolis und Benghasi. Und noch eine Route, nicht markiert durch Malereien, kann sich vom Gebiet von Taruga nordöstlich am Tschad-See vorbei bis zum Tal des Nils erstreckt haben. Alle Routen waren mit Seefahrtswegen im Mittelmeer und mit Märkten in Europa, im Nahen Osten und in Asien verbunden.

Die ersten Städte Westafrikas entstanden vor 1000 bis 1500 Jahren, und viele von ihnen waren Waldstädte. In gewisser Weise ähnelten sie den frühgeschichtlichen chinesischen Städten wie Anyang, ausgedehnten Siedlungen in gerodeten Gebieten mit Lehm- und Holzbauwerken. Sie unterschieden sich wenig von Waldstädten in geschichtlicher Zeit, die manchen europäischen Reisenden als recht zweitklassig erschienen, da sie in erster Linie daran interessiert waren, Heiden zu bekehren und Elfenbein, Gold und Sklaven einzuhandeln. Ein britischer Missionar des 19. Jahrhunderts sagte einmal: »Afrikanische Städte haben keine öffentlichen Gebäude außer schäbigen kleinen Tempeln und ... Häusern, die so primitiv aussehen, daß sie keine Aufmerksamkeit erregen. Architektur, Monumente ... sind unbekannt. Das Haus der Könige unterscheidet sich von den anderen nur durch die Größe und hohe, spitze Giebel ... gedeckt mit einem Grasdach.«

So erscheint Macht in unterschiedlichen Formen, und Menschen mit unterschiedlicher Vorbildung werden von unterschiedlichen Dingen beeindruckt. Die frühgeschichtliche Yoruba-Fundstelle von Ife, am Rande des nigerianischen Regenwaldes etwa 40 Meilen östlich von Ibadan, war fast mit Sicherheit entsprechend westafrikanischer Tradition erbaut worden, wie sie aus späteren Zeiten bekannt ist, und auch entsprechend den Traditionen in an-

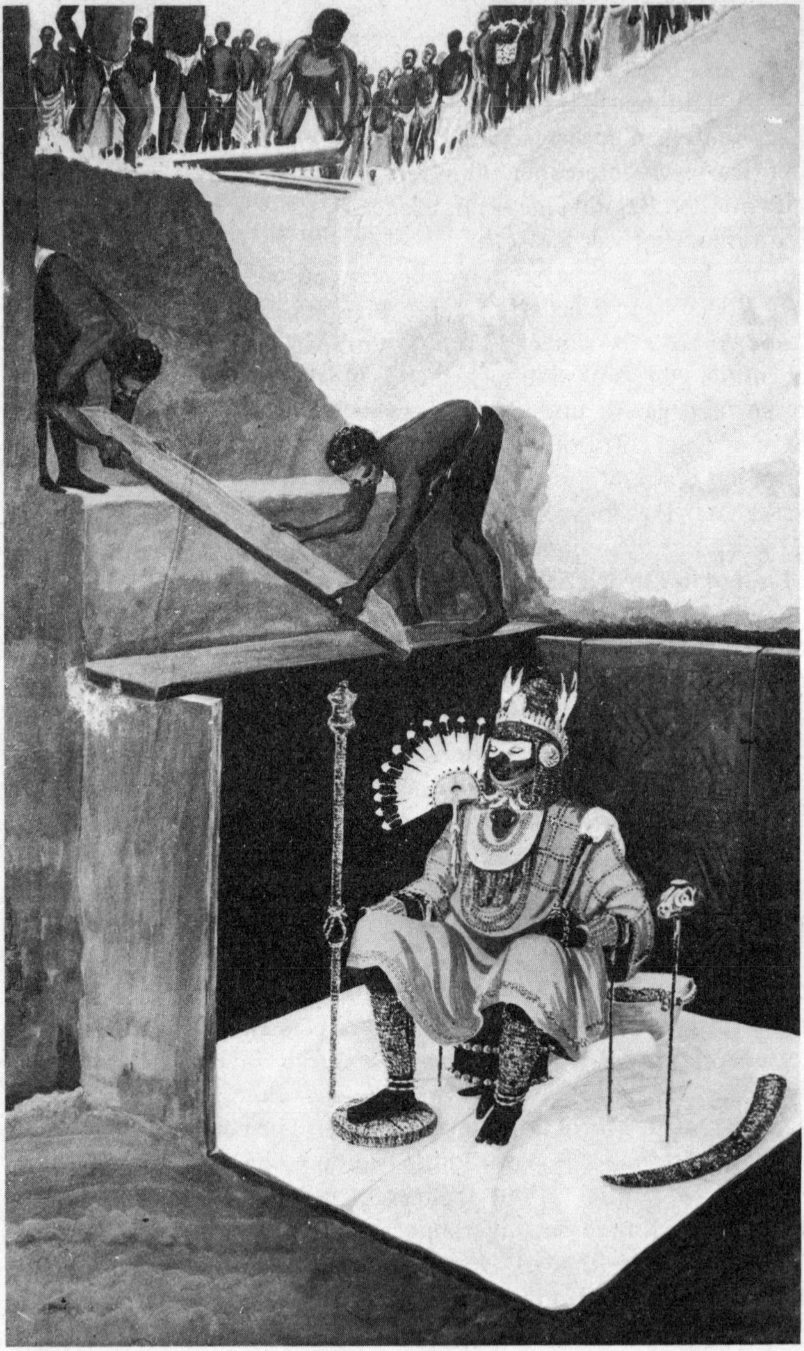

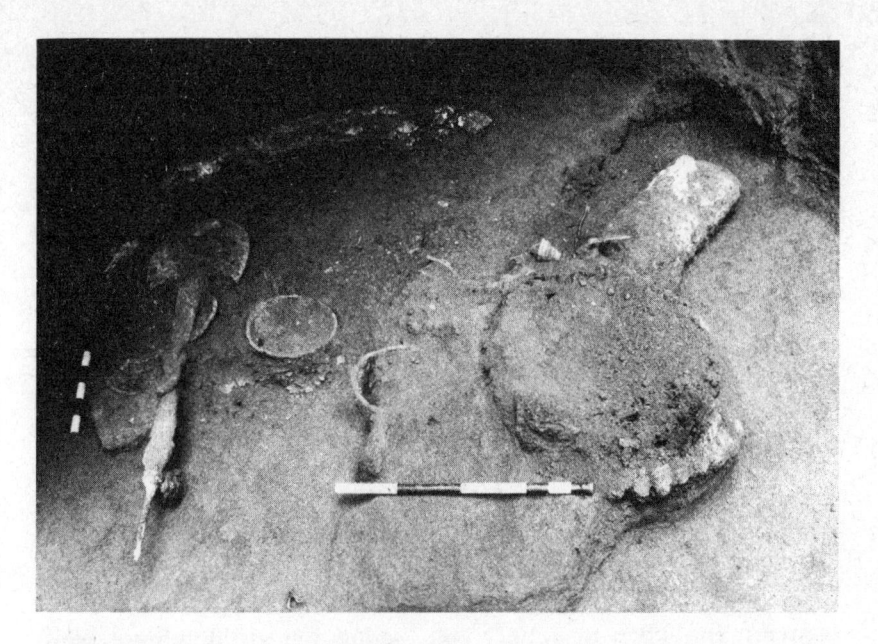

Oben: Grab mit Überresten des mit Kupfer beschlagenen Stuhls eines Königs, eines kupfernen Fächergriffes und eines Elfenbeinzahns; *unten:* Meßstab-Umfang in der Mitte 30,5 cm; Bronzemuschel 30,5 Zentimeter lang.
(Quelle: Thurston Shaw, Cambridge, England)
Links: Igbo-Ukwu in der Nähe des Niger-Deltas: Rekonstruktion eines königlichen Begräbnisses.
(Quelle: R. A. Osoba, Fotographie eines Gemäldes von Caroline Sassons)

deren Teilen der Welt. Es gab einen inneren Bezirk für König, Tempel und Edle sowie etwa ein halbes Dutzend Straßen, die sternförmig in eine Region von Dörfern und Weilern führten, die die Stadt versorgten. Der lange Arm der Tradition wird in Terrakotta-Figurinen sichtbar und in Bronzen, die an der Fundstelle entdeckt wurden. Sie sind in einem Stil ausgeführt, der mindestens 1000 Jahre früher entstand, der gleiche Stil wie die Figurinen von Taruga und des Bergbaugebiets auf dem Hochland, was nicht unbedingt eine definitive Verbindung bedeutet, aber doch – wie einige Forscher sagen – in diese Richtung weist.

Ife und andere frühe Yoruba-Zentren hatten gewisse Merkmale, die nicht mit westlichen Vorstellungen von Städten übereinstimmen. Vor allem gab es keine pompösen öffentlichen Projekte zum Gedenken des Ruhmes von Königen, keine Monumente, Zitadellen oder königliche Grabmäler, die eine große Zahl von Arbeitern, Rationierungssystemen und Aufsehern benötigten. Ackerbau scheint die allgemein vorherrschende Beschäftigung gewesen zu sein. Sogar im Jahr 1952 waren noch etwa zwei Drittel der erwachsenen männlichen Bewohner von Ibadan, der größten Stadt Westafrikas mit einer Bevölkerung von 318 000 hauptberuflichen Bauern – was Michael Horowitz von der State University of New York in Binghamton zu der Frage veranlaßt: »Sind die Yoruba irgendwie außergewöhnlich, daß sie trotz der Behauptung, die beiden Dinge seien unvereinbar, wirksam Bauernhof und Stadt kombinieren?«

Eine weitere Frage betrifft die entscheidende Beziehung zwischen Sippe und König. Die Kontrolle der Menschen, sie zusammenzuhalten, wird immer schwieriger, je mehr die Bevölkerung wächst, und ein kritisches Stadium kann bei Populationen von über 10 000 bis 15 000 Personen erreicht werden. Wenn eine Gruppe über diese Zahl hinaus zu wachsen beginnt, muß ihr Führer seine Unterstützungsbasis ausweiten, indem er sich immer weniger auf die Loyalität seiner Familie und seines Geschlechts verläßt und dafür mehr und mehr auf Loyalität, die auch Familienbindungen durchschneidet.

In dem Sinne, daß solche Bindungen vorherrschend gewesen zu sein scheinen, waren die frühen Stadtsysteme der Yoruba Volkssysteme. Sie konkurrierten untereinander, schlossen und brachen Bündnisse und entwickelten sich vielleicht in Richtung auf breitere

Einheiten. Der soziale Hintergrund war so, daß zentralisiertere politische Institutionen erst mit dem Erscheinen von Europäern im und nach dem 16. Jahrhundert aufkamen. Es war ein dramatisches Beispiel der gleichen »Bring-mich-zu-deinem-Führer«-Wirkung, die in Verbindung mit der urbanen Evolution in Südostasien zu bemerken war. Neuankömmlinge auf der Suche nach einem Führer können einen solchen schaffen.

Europäische Kapitäne, die im 15. Jahrhundert die afrikanische Küste hinuntersegelten, warfen vor kleinen Küstendörfern Anker, um Handel zu treiben oder auch um Überfälle durchzuführen und zu plündern; sie stellten bald fest, daß diese arglos – und unreschützt – erscheinenden Orte nicht das waren, was sie zu sein schienen, sondern daß sie Außenposten von mächtigen Zentren waren, die tief im Inland lagen. Aber die Geschäfte an der Peripherie führten zu massiven Veränderungen im traditionellen Gleichgewicht der Mächte. Als die Nachfrage nach Gold, Sklaven und Elfenbein mächtig anstieg, waren jene Zentren mit dem besten Zugang zur Küste sehr stark im Vorteil, wenn es darum ging, als Mittelsleute oder Agenten zu fungieren und Handelsgüter für ausländische Märkte zu sammeln und wieder zu verteilen.

Stadtstaaten hatten im Inneren bis zu 300 oder mehr Jahre vor der Ankunft der Europäer existiert, und nicht nur bei den Yoruba. Ihre nigerianischen Nachbarn im Südosten errichteten einen Staat mit der Hauptstadt Benin, etwa 75 Kilometer von der Küste entfernt, wo Ausgrabungen von Graham Connah von der Universität Ibadan, Verteidigungsanlagen freigelegt haben, die aus einem inneren Bezirk, umgeben von hohen Erdwällen, und äußeren Brustwehren bestanden. Eine weitere Grabung, von Shaw in der Stadt Igbo-Ukwu nahe dem Niger-Delta durchgeführt, brachte Bronzen, Perlen- und Elfenbeinschmuck ans Tageslicht – und das mit Holz ausgekleidete Grabmal eines Königs, der aufrecht auf seinem Thron sitzend, begraben wurde und einen Stab in der Hand gehalten hatte, dessen Knauf aus einem bronzenen Leopardenschädel bestand.

Was anscheinend nach der Ankunft der Europäer entstand, war das »Establishment«, d. h. vollständige Zentralisierung mit übernatürlicher Sanktion. Paul Wheatley spricht von einem »Wechsel der Autoritätsquelle vom Konsens zum Charisma«. Unter anderem entwickelten die Yoruba, die sich als Folge der Fremden und eines ausgeweiteten Handels komplexeren Problemen gegenübersahen, die göttliche Legitimation des Königs, wie es andere Leute anderswo unter gleichen Umständen auch getan hatten.

In den Ländern Afrikas südlich des Äquators tauchten Städte und Staaten etwas später auf – sie erschienen nach einer Reihe von dramatischen und schnellen Veränderungen. Vor ungefähr 500 v. Chr. lebten die Menschen dieser Region in erster Linie vom Jagen und Sammeln. Nach 1000 n. Chr. kam vom Kongo bis Kapstadt ihre meiste Nahrung von domestizierten Spezies; Keramik war weit verbreitet, und in der großen Mehrzahl der Fälle ersetzten Eisenwerkzeuge die Steingeräte. Die umfangreichsten und schnellsten Veränderungen waren auf eine noch kürzere Periode konzentriert, von etwa 100 bis 400 n. Chr.

Zuwanderer erschienen auf der Bildfläche. Untersuchungen von Skelettüberresten zeigen, daß eine wachsende Anzahl von afrikanischen Negern in Territorien zogen, die bis dahin fast ausschließlich von Buschmännern und Hottentotten bewohnt waren; linguistische und andere Untersuchungen lassen vermuten, wo sie herkamen. Heute sprechen fast alle Neger von Südafrika (d. h. südlich von einer Linie, die etwa vom Niger-Delta zur Küste von Kenia verläuft) Zulu oder eine andere von etwa 300 Bantu-Sprachen, die in Grammatik und Vokabular so eng miteinander verwandt sind, daß sie wahrscheinlich von einer einzigen Ursprache abstammen. Die am engsten verwandten Sprachen häufen sich im Osten von Zentralnigeria und einem Teil von Kamerun, und die Forscher glauben auch, daß die Ursprache vor zwei bis drei Jahrtausenden dort entstand.

Die Neuen zogen vielleicht auf der Suche nach mehr Lebensraum aus Westafrika fort. Über Jahrhunderte hinweg war die Nahrungssuche in ihrem Heimatland immer schwieriger geworden. Eine Zeitlang genügten Jagen, Sammeln und Fischen, hauptsächlich unterstützt durch Yamwurzeln, die nahe beim Haus wuchsen. Später lebten sie mehr von angebauten Yams und noch später von Yam und domestizierten Tieren und Gräsern, mit Eisenwerkzeug ausgestattet, um breite Waldstriche zu roden und anzubauen. Schließlich gab es für manche keine andere Wahl, sie mußten wegziehen. Kleine Gruppen von Vorläufern, gefolgt von anderen, fanden ihren Weg an Flüssen enlang durch dichte Kongo-Wälder in das weite Savannenland des Südens.

Der Prozeß ist mit dem verglichen worden, was geschah, als die Europäer die beiden Amerikas entdeckten. Ohne Zweifel gab es Konflikte. Die Orte gingen allmählich von Stein- zu Eisenwerkzeugen über und von wilden zu domestizierten Spezies. Einige Jäger und Sammler hatten sich an das Leben mit Ackerbau angepaßt; andere Banden trieben wahrscheinlich Handel mit Bauerngemeinschaften, wie sie es noch heute in Teilen von Indien tun; und noch andere gingen ihre eigenen Wege und taten ihre Arbeit wie bisher.

Ausgrabungen dokumentieren die Entstehung komplexer Systeme südlich des Äquators. Ein riesiger Friedhof aus dem 9. Jahrhundert, bekannt als Sanga, liegt an den Ufern eines Sees im Südosten von Zaire, im Kernland des Bantu sprechenden Afrikas, wo eine Reihe von Staaten auf der Höhe der Macht standen, als in den 1890er Jahren Europäer ankamen. Die Gräber enthielten eine Vielfalt von Statussymbolen wie feine Keramik, Elfenbeinarmreifen und Ritualmesser aus Eisen und Kupfer, alles die Existenz einer etablierten und vielleicht erblichen Elite bezeugend. Eine Reihe von ungewöhnlichen Gegenständen hat möglicherweise kommerziellen wie auch Prestigezwecken gedient: 600 kleine Kreuze, H-förmig und aus gegossenem Kupfer hergestellt. In einer neueren Untersuchung vermaß Michael Bisson von der McGill University of Montreal diese Gegenstände und berichtet, daß sie anscheinend vier Größenordnungen zuzuordnen sind.

Die Tatsache, daß die Kreuze aus einem wertvollen Metall hergestellt wurden, daß sie standardisierte Größen aufweisen und in einigen Fällen in Bündeln von fünf Stück zusammengebunden waren, läßt vermuten, sie seien eine Art von Geld gewesen. Historische Aufzeichnungen unterstützen diese Vermutung, da noch vor nur weniger als einem Jahrhundert ähnliche Gegenstände allgemein in Gebrauch waren. Unter den Stämmen, die im Nordwesten von Sambia leben, kostete eine Flinte 24 Kreuze, ein Elfenbeinzahn 100 Kreuze und eine Sklavin 150 Kreuze. Bisson nimmt an, daß die Sanga-Kreuze ein Übergangszahlungsmittel darstellen, das Zahlungsmittel von Leuten, die dabei sind, vom Geld für besondere Zwecke – Kaurimuscheln, Schweine oder Perlenschnüre –, mit dem man nur bestimmte Dinge kaufen konnte, zu einem Allzweckgeld überzugehen, mit dem man praktisch alles und überall kaufen konnte. Dieser Übergang würde wiederum auf weitere grundlegende Änderungen hinweisen, wie beispielsweise regelmä-

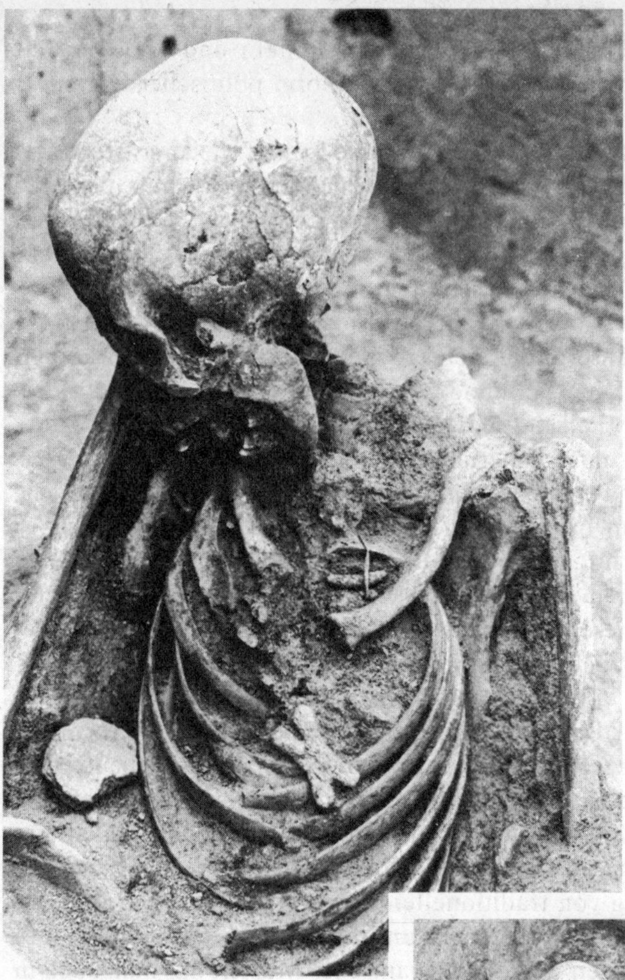

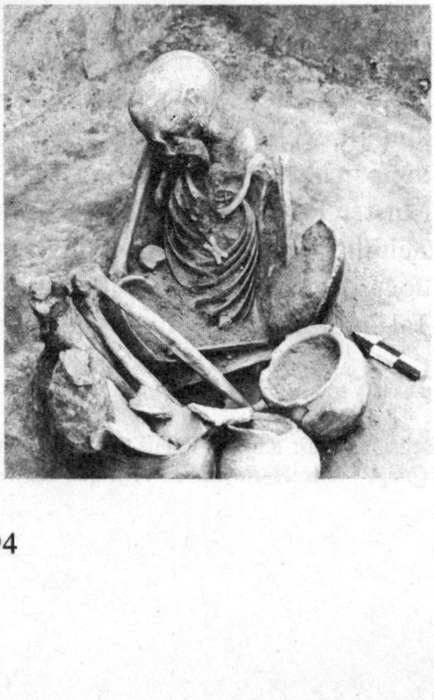

ßig erzeugte Überschüsse an Nahrungsmitteln und anderen Gütern, Märkte und eine fortgeschrittene Form politischer Organisation.

Die meisten afrikanischen Städte, die frühen wie auch die späteren, waren im wesentlichen übergroße Dörfer. Sie waren nicht nur dem Aussehen nach Superdörfer – große Ballungen von einfachen Holz-Lehm-und-Grasdach-Häusern –, sondern auch dem Charakter nach. Die Menschen lebten nicht in Einzelhäusern, die an Straßenzügen gebaut waren, sondern in umzäunten Grundstücken, in Haufen von Häusern, die mehrere Generationen von Verwandten beherbergten. Die Wohnung des Königs oder Oberhäuptlings selbst war der »Palast«, lediglich eine geringfügig größere Hütte als die Hütten seiner Untertanen.

Eine Zeitlang lebten die Herrscher des alten Königreichs Kongo, eines im 15. Jahrhundert gegründeten Staates, der sich einer Hauptstadt mit etwa 50000 Einwohnern brüstete, tatsächlich in einem besonderen zweistöckigen Holzhaus. Den Umzug hatten ihnen die Portugiesen eingeredet. Spätere Könige, sich eines Besseren besinnend, zogen wieder in die Hütten zurück. Die Ruinen von Zimbabwe, das vor etwa 600 bis 1000 Jahren in offenem Waldland am Rande einer Bergkante im östlichen Rhodesien erbaut worden war, sind überragend wegen ihrer monumentalen Steinbauten. In der Mitte stand ein Granittempel mit einer großen im Bogen herumgezogenen Granitmauer, zehn Meter hoch und fast sechs Meter dick. Doch trotz all ihrer Großartigkeit umschloß die Mauer nur eine Anhäufung von traditionellen Hütten.

In der Evolution von Städten und Bauwerken der Macht gibt es einen afrikanischen Stil, ein afrikanisches Muster, das man auch in Gesellschaften von heute noch erkennen kann. Weil die Menschen überall, wenn sie mit den gleichen Bedingungen konfrontiert werden, sich auch in ähnlicher Weise anpassen, läßt das afrikanische Muster Rückschlüsse auf Adaptationen anderswo und in anderen Zeitaltern zu. Robert Netting von der University of Arizona lebte über zwei Jahre bei den Kofyars in einem von Hügeln umgebenen Tal mit nur einem Ausgang in Zentralnigeria, auf demselben

Begräbnis mit Kupfer-Kreuz-Zahlungsmittel in Sanga, Zaire.
(Quelle: Museée Royale de l'Afrique centrale – Tervuren, Belgien)

Kofyar-Hütten auf einem Hügel in Nigeria: ein im Werden begriffener Stadtstaat?
(Quelle: Robert Netting, Hell Farmers of Nigeria, Seattle 1968)

Hochplateau, wo Bergarbeiter und Archäologen uralte Terrakotta-Figurinen finden.

Die Kofyar sind bisher als rauhe Individualisten ausgekommen, ohne starke Männer oder Verwaltungshierarchien, verteilt auf Haufen von drei dis 80 Wohnstätten. Ihr System hängt von einem intensiven und ausgeklügelten Ackerbau ab und liefert genügend Nahrungsmittel, um über 55 000 Personen auf etwa 520 Quadratkilometern Ebene und einem »Wirrwarr felsiger Hügel« zu ernähren. Die Situation ist allerdings heute prekär, weil die Bevölkerung noch immer wächst. Niemand weiß, was geschehen wird. Aber vor über 5000 Jahren haben möglicherweise die Ägypter in Hierakonpolis und die Sumerer im Umland von Uruk vor ähnlichen Problemen gestanden: Das Ergebnis war anscheinend eine Massenbewegung in konzentrierte Siedlungen, in höchstkonzentrierte politische Kontrolle und in die ersten Stadtstaaten.

Einer der jüngsten, aus dem Nichts entstandenen Staaten der Welt tauchte auf Madagaskar auf. Nach einer von vielen Theorien wurde die Insel zum erstenmal etwas nach 1000 n. Chr. von Menschen besiedelt, die aus dem Osten kamen (wahrscheinlich von Borneo) und zu denen sich später Menschen vom afrikanischen Festland gesellten. Es scheint ein Ort chronischer Kriegszüge zwischen konkurrierenden Häuptlingen geworden zu sein. Bei der Vermessung einer Regiom im zentralen Hochland fanden Wright und Susan Kus von der University of Michigan etwa 140 Fundstellen. Zusammen mit 130 weiteren aus früheren Untersuchungen ergeben sie ein vorläufiges Bild frühgeschichtlicher Entwicklung.

Einige der frühesten Siedlungen im Flachland liegen in ungeschützten Positionen und kommen meistens in Paaren vor, wie in Uruk und Nordchina. Spätere liegen auf Hügeln, und wieder später gibt es größere Zentren mit einem inneren Ring von kleinen abhängigen Siedlungen und einem äußeren Ring von großen Grenzsiedlungen. Der Trend ging – durch historische Aufzeichnungen bestätigt – in Richtung auf eine stärkere Zentralisierung und auf mehr Kämpfe. Im frühen 18. Jahrhundert war praktisch jede Bergspitze im zentralen Madagaskar ein befestigtes Zentrum, wo Häuptlinge isoliert über den Dorfbewohnern im Tal lebten und Reis und andere Nahrungsmittel erhielten, die jene erzeugten.

Maurice Bloch von der London School of Economics spricht von den Häuptlingen und ihren Anhängern als »Banden von Briganten«, die von den Dorfbewohnern »immer wiederkehrende Gaben« verlangten, »besonders regelmäßige Geschenke, die aus dem Rumpf aller in dem Gebiet getöteten Tiere« bestanden, sowie aus Reis, der auf den an Hängen angelegten Terrassen angebaut wurde. Schließlich begannen einige Häuptlinge – anstatt allein von den Dörflern abhängig zu sein – ihren eigenen Reis anzubauen; sie zogen von den Bergen herab und nutzten bis dahin nicht genutztes Marschland auf dem Talboden. Wenn auch das Marschland beträchtlich produktiver war als die Berghänge, erforderte es doch große Deiche und ausgedehnte Entwässerungssysteme.

Diesen Entwicklungen folgten radikale Veränderungen. Die Mehrzahl der Dorfbewohner wurden Soldaten und nicht Bauern, und ihre Hauptbeschäftigung bestand darin, ihre Nachbarn zu überfallen und mit Sklaven zurückzukommen, die das Marschland bearbeiten mußten. Es gab einen wachsenden Bedarf an immer mehr Reis, immer mehr Sklaven und größeren Armeen, um die

Sklaven zu fangen, vielleicht wegen der wachsenden Bevölkerung und dem Zwang, eine sich vermehrende Klasse der Elite und ihre Verwalter zu ernähren. Das führte zu einer Situation des Sich-ausdehnen-Müssens, um nicht zu zerfallen, was dann tatsächlich zu Ausdehnung und Zerfall führte. Früher oder später vereinigten sich benachbarte Häuptlinge gegen einen aufsteigenden Häuptling, der im allgemeinen besiegt und gezwungen wurde, in sein altes Lager auf dem Berg zurückzukehren, während seine Entwässerungssysteme verfielen.

Eine stabilere Gesellschaft, ein »Ausgangsstaat«, entwickelte sich im späten 18. Jahrhundert. Eine von mehreren konkurrierenden Gruppen, die in der Nähe der Quellwasser des Ikopa-Flusses im zentralen Madagaskar lebte, begann Kämpfe zu gewinnen und die Kontrolle über immer mehr Menschen und Land zu erringen. Die Gruppe hätte schließlich auch wieder auseinanderfallen können, doch traf ihr Aufstieg zufällig mit der Gründung neuer europäischer Handelszentren an der Ostküste der Insel zusammen. Da sie Flinten und Kanonen im Austausch gegen Sklaven erhielten, errangen sie die militärische Überlegenheit über ihre Nachbarn und beherrschten um 1895 etwa zwei Drittel der Insel.

Diese Leute liefern ein mögliches Modell für eine Art der Staatenbildung, eine Souveränität, die mit Hilfe von außen errungen wird. Als Ergebnis ihrer eigenen internen Evolution hatten sie vielleicht ein entscheidendes Stadium erreicht, in dem eine weitere Expansion von einer neuen Technologie abhing, einer Kontrolltechnik, die unter anderem fortschrittliche Feuerwaffen erforderte. Sie waren bereit, von Außenstehenden zu lernen, die vorher ähnliche Probleme erfahren hatten – ein Muster, das sich anscheinend in anderen Teilen Afrikas und anderswo wiederholt hat.

XII
EUROPA, DIE KLEINE HALBINSEL

*Das Modell der Ausbreitungswelle/
Ackerbauspuren in einer Höhle am Meer/
Tempel und Häuptlingswesen auf Malta/
Europas erste Stadt/
Das Auftauchen von Megalithen,
»Grabmäler für die Lebenden«/
Sonnenaufgänge in Stonehenge/
Aufstieg und Fall der Kelten*

An einem Herbsttag vor etwa 9000 Jahren verließen drei oder vier Familien die übervölkerte Stadt Jericho, um einen neuen Platz zum Leben zu finden. Sie wanderten nicht weit, nicht weiter als nötig, nicht mehr als etwa zehn Kilometer in die Umgebung, wo sie auf ungenutztem Land Feldfrucht anbauen konnten. Eine weitere Gruppe von ungefähr gleicher Stärke verließ die Stadt im folgenden Jahr, noch eine andere im Jahr darauf, und so weiter Jahr um Jahr.

All dies geschah auf lokaler Ebene als Ergebnis von Entscheidungen, die innerhalb der Familien und untereinander getroffen wurden. Die Menschen zogen immer so weit, daß sie noch so dicht wie möglich bei Freunden und Verwandten bleiben konnten, und siedelten sich acht bis 16 Kilometer von der nächsten Gemeinschaft entfernt an. Es gab keinen Plan und keine Wanderung in großem Maßstab. Es gab aber einen allgemeinen Trend, eine Tendenz, den Zug nach Osten zu vermeiden, wo die Populationszentren lagen, und dafür in nordwestliche Richtung zu ziehen. Innerhalb eines Jahrtausends, 40 Generationen später, richteten sich Bauern auf einer Mittelmeerinsel, 1500 Kilometer von Jericho entfernt, ein. Siedler hatten das griechische Festland und Bulgarien vor 7500 Jahren erreicht, Jugoslawien und Süditalien vor 7000 Jahren und die nördlichen Regionen Europas einschließlich Britannien und Teile von Skandinavien etwa vor 5000 bis 6000 Jahren.

Dieser Bericht von der Ausbreitung des Ackerbaus vom Nahen Osten bis nach Europa, jene »kleine Halbinsel, die sich von den westlichen Sumpfländern Asiens ausstreckt«, ist teils Faktum, teils

Macht und Eliten im Westen: nach der Entstehung der frühesten Städte, der Handelsnetze, der Eliten an den Küsten und auf den Inseln der Ägäis und des Mittelmeers entwickelte sich die Gesellschaft in Zentral- und Nordwest-Europa nur langsam.
(Quelle: Vantage Art Inc.)

Fiktion. Albert Ammerman und Luigi Cavalli-Sforza von der Stanford University stellten eine Liste von 73 europäischen Fundstellen zusammen, mit relativ zuverlässigen Daten und guten Zeugnissen für domestizierten Weizen und Gerste. Sie stellten eine zeit-

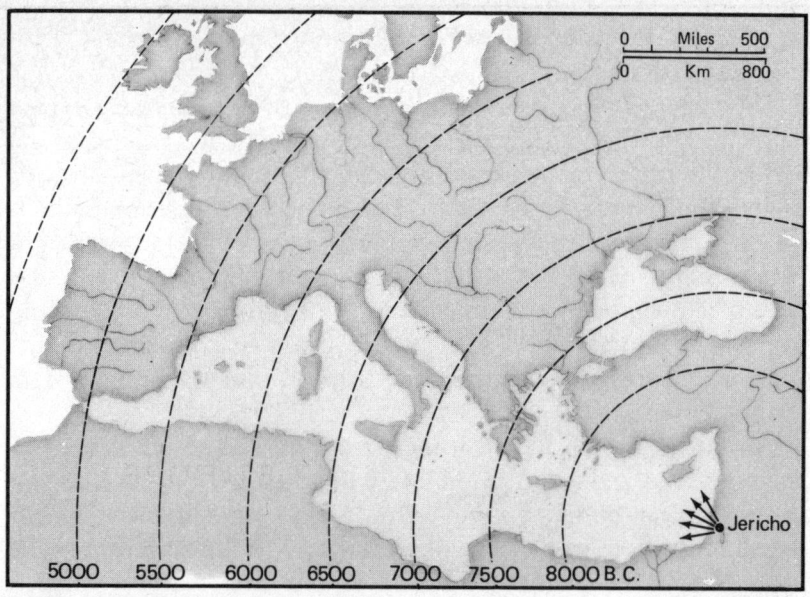

Modell der Ausbreitungswelle: die Ausbreitung des Ackerbaus über Europa, ausgehend wahrscheinlich von Zentren im Nahen Osten, mit einer Durchschnittsgeschwindigkeit von etwa einem Kilometer pro Jahr. Basierend auf einer Untersuchung der Stanford-University.
(Quelle: Vantage Art Inc.)

lich regelmäßige Beziehung zwischen den Daten einer Fundstelle und ihrer Entfernung von den frühesten nahöstlichen Bauerngemeinschaften fest, wobei die am nächsten liegenden die ältesten und die entferntesten die jüngsten waren. Sie stellten auch fest, unter Berücksichtigung örtlicher Abweichungen, daß die Gesamtgeschwindigkeit der Ausbreitung bemerkenswert konstant war, im Durchschnitt etwa ein Kilometer pro Jahr.

Soviel über die Fakten. Die Hypothese, die wissenschaftliche Fiktion oder Theorie, ist ein Versuch, die Fakten zu erklären. Weder die Forscher aus Kalifornien noch sonst jemand sind der Meinung, daß die Frühgeschichte jemals so reibungslos verlief. Der Ackerbau breitete sich nicht von Jericho, Ali Kosh oder irgendeinem anderen einzigen Zentrum aus, und er wurde nicht immer von Außenseitern in neue Gebiete eingeführt. Wie in dem Fall der Ausbreitung des Ackerbaus von Westafrika in das südliche Afrika erkannten wahrscheinlich lokale Banden von Jägern und Sammlern die Vorteile des Ackerbaus und stellten sich häufig innerhalb weniger Generationen um.

Das sogenannte Modell der Ausbreitungswelle von Ammerman und Cavalli-Sforza liefert einfach eine Arbeitshypothese dafür, wie die Ausbreitung vor sich gegangen sein könnte, einen Leitfaden für weitere Forschung. Es ist ein Schritt in Richtung auf eine breitangelegte Theorie der Verbreitung, wie sich Dinge ausbreiten – Krankheiten, Gerüchte und Erbmerkmale wie auch Ideen und Techniken. Ein Hauptfaktor im frühesten europäischen Übergang vom Jagen und Sammeln zum Ackerbau war eine allmähliche, örtlich begrenzte Bewegung kleiner Gruppen von Bauern aus dem Nahen Osten.

Anzeichen für ein Bevölkerungswachstum finden sich in der Zunahme der Anzahl und Größe von Fundstellen. Eine Reihe von Ausgrabungen bestätigen die Ankunft von Fremden, die sich über Jahrhunderte hinweg nach dem Prinzip der Ausbreitungswelle vom Nahen Osten durch die Türkei und über die Dardanellen nach Griechenland und Bulgarien bewegten. Einer ihrer Zwischenaufenthalte kann im südlichen Griechenland gelegen haben, in der Franchthi-Höhle über dem Golf von Argolis; es war ein beliebter Ort nicht nur für prähistorische Menschen, sondern auch für Leute der Gegenwart, die dort Picknick machten, allerdings nur bis Thomas Jacobsen von der University of Indiana im Jahre 1967 dort zu graben begann. Es handelt sich um eine große Küstenhöhle, die zu erforschen sich lohnt, nicht nur im Namen der Wissenschaft, sondern allein schon wegen des Abenteuers. Über 40 Meter breit und neun Meter hoch am Eingang, erstreckt sie sich mindestens 150 Meter in das Innere der Wand einer Kalksteinklippe – mindestens, weil niemand weiß, was hinter einem tiefen und eiskalten Teich am Ende der Galerien liegt, einer riesigen versunkenen Kammer, die Taucher kurz untersucht haben und die anscheinend bei Griechen und Römern als geheimes Heiligtum galt.

Die archäologischen Zeugnisse beginnen etwa vor 20000 Jahren, während der Eiszeit, mit ausgedehnten Gletschern und niedrigen Meeresspiegeln. Eine breite Ebene trennte die frühesten bekannten Bewohner der Franchthi-Höhle vom Meer, und das Land versorgte sie mit Nahrung, die aus Rotwild, wilden Ziegen, wilden Eseln, kleinen Fischen, Schnecken und einer Vielfalt wildwachsender Pflanzen bestand. In der Zwischenzeit begannen die Gletscher zu

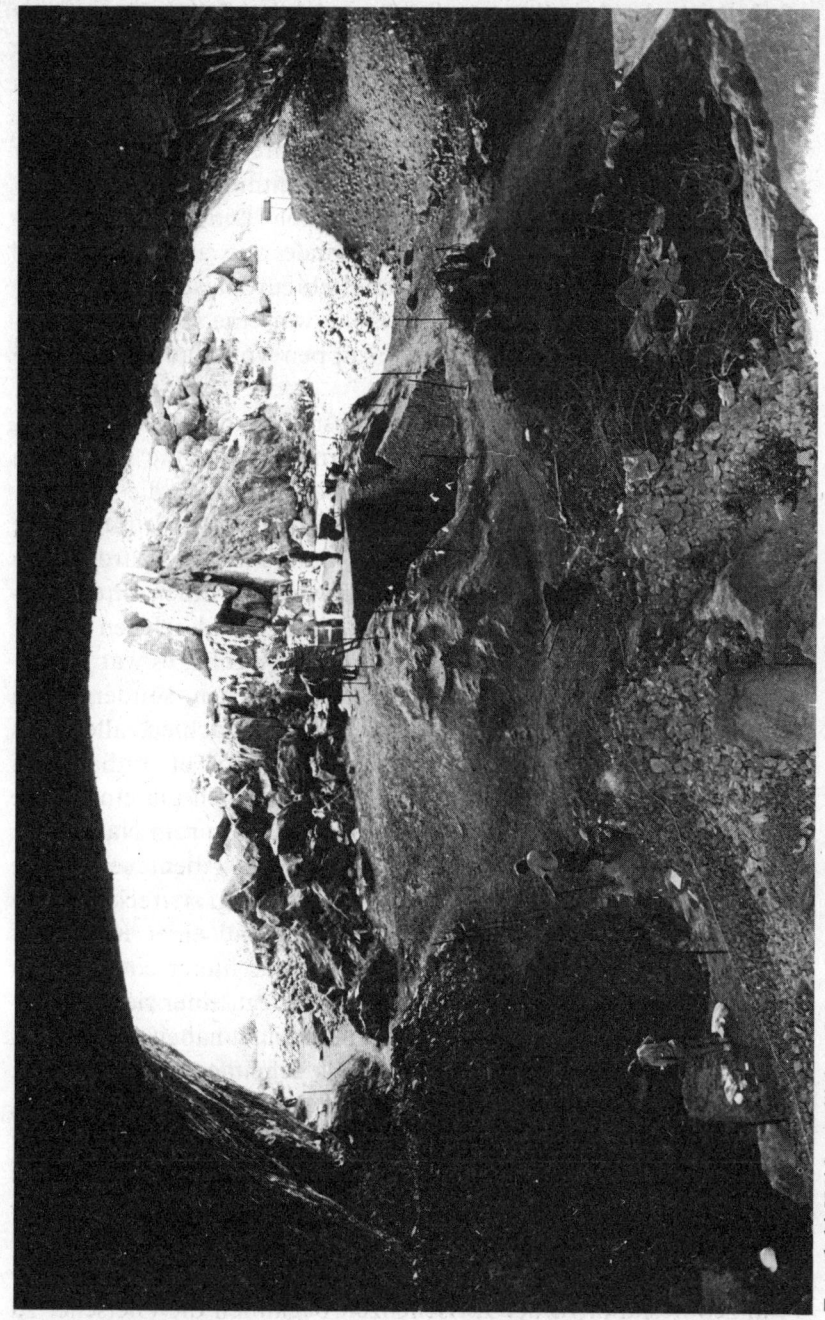

Franchthi-Höhle, südliches Griechenland: Inneres der Höhle mit Blick zum Eingang. (Quelle: Thomas Jacobsen, University of Indiana)

schmelzen, und das Meer kam näher und näher. Um 7500 bis 7000 v. Chr. brachen sich die Wellen näher an der Höhle. Die örtlichen Jäger und Sammler waren zu gelegentlichen Seeleuten geworden. Sie bauten Boote, vielleicht die gleiche Art von Schilfrohrbooten, die die griechischen Hummerfischer bis noch vor einer Generation benutzten. Sie kehrten mit Thunfisch und anderen großen Tiefseefischen zurück. Sie verschafften sich auch Obsidian, der entsprechend einer chemischen Analyse aus Brüchen auf der ehemaligen Vulkaninsel Melos, fast 160 Kilometer südöstlich gelegen, kam.

Diese Lebensweise scheint etwa ein Jahrtausend später abrupt beendet worden zu sein. Diesmal war es keine allmähliche Entwicklung. Der Wechsel von charakteristischen Mikrolithen, Knochen wilder Tiere sowie Feuerstein- und Knochenspitzen, alles typische Jäger-Sammler-Utensilien, zu denen einer Bauernbevölkerung – von Keramik, Sichelklingen, Mörsern, Stößeln, Figurinen zu den Knochen von gezähmten Ziegen und Schafen – kam ganz plötzlich. Die einfachste Erklärung wäre, daß eine Gruppe von Menschen wegzog und eine andere ankam. Obwohl es keine Hinweise auf einen Konflikt gibt, wäre es überraschend, wenn örtliche Jäger und Sammler aus ihrem angestammten Wohnsitz verdrängt worden wären, ohne sich zu wehren.

Zukünftige Forscher mögen vielleicht mit Hilfe von tauchenden Archäologen etwas über ihr Dorf erfahren. Wenn auch einige Mauern an den Hängen unterhalb der Höhle ausgegraben wurden, liegt möglicherweise der Hauptteil des Gemeinwesens kurz vor der Küste unter Wasser. Es unterscheidet sich sicherlich nicht sehr stark von anderen frühgeschichtlichen Bauerndörfern in Griechenland oder, wenn man so will, in Bulgarien und dem Nahen Osten. Nach anderen Ausgrabungen zu urteilen, hatten die meisten damaligen Siedlungen 100 bis 300 Einwohner, die in rechteckigen Häusern mit einem Raum lebten; die Häuser waren manchmal entlang den Straßen errichtet oder in einem Halbkreis angeordnet und mit Herdstellen, Öfen und Vorratsgruben ausgestattet.

Das Leben war noch nicht komplex genug, um große Statusunterschiede oder Zeremonien in großem Stil zu verlangen. Figurinen aus Ton oder Stein, gewöhnlich weiblich, sind an vielen Fundstellen entdeckt worden; darunter sind auch die Franchthi-Höhle und Dörfer im Nahen Osten wie Ganj Dareh, Ali Kosh und Jarmo. An gleiche Objekte erinnernd, die schon vor 20 000 bis

30 000 Jahren in den Häusern von Jägern und Sammlern hergestellt wurden, werden sie oft als Beweis für die Existenz von Fruchtbarkeitskulten und Fruchtbarkeitsgöttinnen angeführt. Ein im nördlichen Griechenland ausgegrabenes besonders großes Bauwerk aus Lehm ist als Heiligtum interpretiert worden, weil es in der Siedlung einen zentralen Platz einnahm und fünf Tonfigurinen und auch Tierköpfe aus Ton und ein Paar feinpolierte Grünsteinäxte enthielt. Etwa 320 Kilometer nordwestlich, an einer fischreichen Fundstelle an der Donau, fanden Forscher Skulpturen, die an einen »Fischgott« denken lassen: rohe Sandsteinköpfe mit offenen Mündern und Glotzaugen.

Tempel, monumentale Orte der Anbetung, der Bestattung und der Opfer, kamen später – und einige der ältesten und bemerkenswertesten tauchten auf Mittelmeerinseln auf. Die frühgeschichtlichen Erbauer waren besonders auf Malta aktiv. Eine Reihe von unterirdischen Kammern, von Gewölben mit Torwegen, Säulen und runden Decken, alles aus massivem Fels herausgehauen, dienten als Grabmäler für über 6000 Personen. Nicht weit davon entfernt sind die Ruinen eines Tempels, eines von 16 – eine hohe Steinmauer, große Kalksteinblöcke, Verzierungen mit Spiralmotiv, Tierfriese und die zertrümmerte, fast zwei Meter hohe Statue einer sitzenden Frau. Der größte Tempel auf Malta, im Mittelalter als »Turm der Riesen« bekannt, besaß mehrere Höfe und eine breite Terrasse, von einer Stützmauer getragen, die einmal über 15 Meter hoch gewesen sein muß. Sie erforderte nach Schätzungen für ihre Errichtung eine Million Arbeitsstunden. Um 3000 v. Chr. war der Bau wahrscheinlich im Gange, als Hierakonpolis am Nil und Uruk am Euphrat im Aufsteigen begriffen waren.

Die Verteilung der Tempel ist bedeutsam. Trägt man sie auf einer Karte ein, so erhält man sechs Ballungen von zwei bis vier Tempeln, und jeder dieser Komplexe ist strategisch in einem Hauptgebiet guten Ackerbodens gelegen. Colin Renfrew ist der Meinung, daß die sechs Gebiete, jedes mit seinem Tempelkomplex, Stammesterritorien darstellen, die von derselben Anzahl von prähistorischen Gesellschaften kontrolliert wurden, von denen jede 500 bis 2000 Personen umfaßte und von einem Häuptling geführt wurde, der genügend Autorität besaß, um Arbeiter zu mobilisieren und sie mit Nahrung zu versorgen. Das Verblüffende dabei ist, daß derart eindrucksvolle Projekte geplant und mit Techniken und unter politischen Systemen ausgeführt werden können, die selbst nicht besonders eindrucksvoll sind.

Mit Ausnahme der Tempel und unterirdischen Gewölbe gibt es auf Malta archäologisch nichts Besonderes – keine Residenzen einer Elite, keine Prachtstraßen oder Städte mit zentral gelegenen Plätzen, keine Schatzkammern, keine Schrift. Arbeiter formten und verzierten große Steinblöcke und Steinplatten mit Steinwerkzeug. Die gesamte Zurschaustellung von Macht und Priesterschaft war so ziemlich das gleiche, was uns in Zimbabwe in Südafrika begegnete, wo eine hohe und massive Mauer aus Granit lediglich bescheidene strohgedeckte Hütten einschloß. Sind genügend Steine vorhanden und genügend Menschen, die Befehle empfangen, so ist eine monumentale Architektur immer möglich. Die Entwicklung von Hierachien und urbanen Zentren verlangt schon etwas mehr.

In Europa fand dieser Prozeß zuerst östlich von Malta, auf einer griechischen Insel, etwa 29 Kilometer vor der Küste unterhalb der Franchthi-Höhle, statt. Auswanderer, wahrscheinlich aus der westlichen Türkei, landeten an der Küste von Kreta etwa um 6000 v. Chr., ungefähr zu dem Zeitpunkt, da der Höhlenort seinen Wechsel vom Jagen und Sammeln zum Ackerbau erlebte. Sie kamen schon als vollkommene Bauern an, mit Bootsladungen von Schafen und Ziegen, Schweinen, Rindern, Weizen, Gerste und Linsensamen, und gründeten ein Dorf, das, als Knossos bekannt, auf einem Hügel liegt, von wo aus man eine fruchtbare Ebene wenige Meilen landeinwärts von der Nordküste überblicken kann.

Nach John Evans vom Institute of Archeology in London, der die frühgeschichtlichen Entwicklungen an der Fundstelle untersucht hat, war die Zahl der ursprünglichen Siedler 50 bis 100, und sie besetzten etwa einen halben Morgen Land auf dem Hügel. Während der nächsten drei Jahrtausende scheint sich die Gemeinschaft eines beständigen Wachstums erfreut zu haben, ähnlich dem an anderen damaligen Orten, indem sie sich auf ein Dutzend Morgen ausweitete und eine Bevölkerungszahl von 2000 erreichte. Und gerade an diesem entscheidenden Punkt, dem Ausgangspunkt für zukünftige spektakuläre Veränderungen, gibt es in den Zeugnissen eine quälende Lücke. Prähistorische Arbeitsgruppen räumten damals schon die meisten Zeugnisse beiseite, Mauern und Keramik sowie andere Gegenstände, als sie das Land für großangelegte Bauprojekte vorbereiteten und einebneten.

Außerhalb von Knossos existieren aber auch noch Belege für größere Veränderungen nach 3000 v. Chr. Sie zeigen das gleiche grundlegende Phänomen, das auf der ganzen Welt in vielen Regionen eintrat: eine deutliche und allmählich intensiver werdende Konzentration der Bevölkerung, eine Zusammenballung, die nicht einfach nur mit der Tatsache erklärt werden kann, daß sich die Bevölkerung vermehrte. Ein weiterer Fundort auf einer Hügelkuppe auf Kreta schließt einen großen Komplex von etwa zwei Dutzend Räumen ein, der als herrschaftliches Wohnhaus bezeichnet worden ist, aber wahrscheinlich ein vollständiges Dorf oder dessen größter Teil war, wo die Menschen sehr eng beieinanderlebten. Die Zusammenballung gab es auch an der Westküste der Türkei bei der befestigten Stadt Troja, einer frühgeschichtlichen Version jener Stadt, die durch Homer und das Trojanische Pferd Berühmtheit erlangte – die dann 13 Jahrhunderte später die Griechen zerstören sollten.

Die Menschen kamen aus dem Bedürfnis nach Organisation zusammen. Renfrew hat den Prozeß für die Region der Ägäis analysiert und ist der Auffassung, daß Wein und Oliven viel damit zu tun hatten. Die Menschen verwendeten wilde Trauben, die sie vermutlich zur Gärung brachten, um 4500 v. Chr., wenn nicht sogar schon früher. Charakteristische runde Samen mit sehr kurzen Stielen sind an einer Fundstelle im nördlichen Griechenland entdeckt worden. Die frühesten bekannten Samen von domestizierten Trauben, birnenförmig mit langen Stielen, tauchen 2000 Jahre später auf. Oliven, eine kalorienhaltige Nahrung wie auch eine Quelle für Speiseöl und Öl für Lampen, wurden auch etwa zur selben Zeit angebaut.

Der Anbau solcher Früchte impliziert einen gewissen Grad von sozialer Stabilität, eine Vielfalt von Eigentumsrechten mit Langzeitinvestitionen und verzögertem Ertrag, ein besonderes Vertrauen darin, daß das Land auch weiterhin persönliches Eigentum und das der Kinder bleibt. Obstgärten und Weinberge erfordern mehr Pflege als Getreidefrucht und brauchen fünf bis 20 Jahre, bis sie Spitzenerträge bringen. Neue Fachkenntnisse und Spezialisierungen waren erforderlich, neue hochwertige Produkte mußten mit Gewinn verteilt werden, zunächst auf örtlicher oder regionaler Basis und später auf sehr viel breiterer Grundlage.

Wo es Gewinn gibt, ergeben sich bald Status und Statussymbole. Gelegenheiten für die Anhäufung von Reichtum verlangten kontrollierte Landarbeit und Planung sowie wirkungsvollere Wege zur Beeindruckung der weniger Wohlhabenden – »Beeindruckung« in ihrem Doppelsinn des Respekt- und Ehrfurchtheischens, um so andere zu zwingen, Arbeitskraft zur Verfügung zu stellen. Unter solchen Bedingungen kam die Metallurgie in der Ägäisregion zu ihrem Recht. Bereits seit mehreren tausend Jahren bekannt, war die Kunst anderswo schon hoch entwickelt. Renfrew behauptet jedoch, daß die Nachfrage in diesem Teil der Welt von diesem Zeitpunkt an in die Höhe schnellte: »Plötzlich fanden es die Leute an der Macht vorteilhaft, die Möglichkeiten von Werkstoffen auszunutzen, die aus unmittelbarer und praktischer Sicht sofort brauchbar waren und auch Neid herausforderten, wodurch sie das Prestige hoben. Man stelle sich die Wirkung von Bronze, Silber und Gold auf Menschen vor, die nur Holz und Keramik gesehen haben, und seien es auch die allerschönsten Töpfereien.«

Warwick Bray vom Institute of Archeology in London stimmt dem nicht zu. Er glaubt, diese Erklärungen »wichen der Frage aus, warum eine gesteigerte Produktivität Klassenunterschiede hervorrufen sollte«, und weist darauf hin, daß kleine, im Besitz von Einzelpersonen befindliche Bauernhöfe, auch ohne die Unterstützung von Bürokratie und herrschender Klasse, ausreichende Mengen von Trauben und Oliven liefern können und es auch häufig tun und daß schon etwas mehr erforderlich sei, um den Aufstieg von Eliten und ihren Institutionen mit allem, was damit zusammenhing, zu erklären. Das ist eine scharfe Kritik. Sie lenkt die Aufmerksamkeit auf die Tatsache, daß wir wohl genug wissen, um gewisse Aspekte des Aufstiegs prähistorischer Machtstrukturen zu beschreiben, aber nicht genug, um sie zu erklären. Ein Teil der Antwort mag den Drang in früher Zeit nach »einer Ethik der Versorgung und der Vorsorge« enthalten, wie sie Kapitel 4 erwähnt.

Knossos entstand inmitten solcher Entwicklungen. Der englische Archäologe Arthur Evans von der Universität Oxford (kein Verwandter von John Evans) begann dort im Jahre 1899 zu graben und fand über den frühgeschichtlichen Bauerndörfern neuere Schichten, Zeugnisse für das, was er eine »minoische« Zivilisation nannte, so bezeichnet nach dem mythischen König Minos, der ein Labyrinth für den Minotaurus – halb Mensch, halb Stier – erbauen ließ, der dann von Theseus erschlagen wurde. Diese Kultur hatte ihre Blütezeit während der Periode höchster urbaner Entwicklung im Indus-Tal und in Nordchina – von etwa 2000 bis 1700 v. Chr. Sie verfiel jedoch plötzlich. Es gibt dort zertrümmerte Gebäude und Anzeichen für ausgedehnte Brände, von denen man einmal annahm, sie seien das Werk von Eindringlingen gewesen. Heute sieht es so aus, als sei das Ende nicht von Menschen herbeigeführt worden. Es kam wohl mit einem Knall um 1500 v. Chr., als auf einer Insel 80 Meilen entfernt ein Vulkan ausbrach. Nach einer neuesten Theorie verursachte dieser Ausbruch Erdbeben und Flutwellen, die Knossos und andere Zentren auf Kreta zerstörten. (Vulkanasche, die auf den Ausbruch hinweisen, ist in den Ruinen gefunden worden.)

Knossos ist die erste Stadt Europas genannt worden, trotz der milden Einwände einiger Forscher, die behaupten, Arthur Evans habe wohl die Bedeutung seiner Arbeit etwas übertrieben, eine ganz übliche Tendenz in der Archäologie wie auch in anderen akademischen Professionen. Auch wenn man eine übertriebene Verherrlichung in Betracht zieht, so muß es doch trotzdem noch ein zauberhafter Ort gewesen sein. Zur Zeit seiner Blüte kontrollierte Knossos 1560 Quadratkilometer Umland, etwa ein Fünftel der Insel, und eine geschätzte Bevölkerung von 50 000 Personen. Vielleicht 10 000 Personen waren auf einem Gebiet von 60 Morgen konzentriert, davon die Hälfte innerhalb eines von Mauern umgebenen inneren Stadtbezirks von zehn Morgen. Vier Paläste in der Mitte, Stein- und Ziegelkomplexe von Treppen, Kolonnaden und Luftschächten sowie Balkonen mit Säulen erhoben sich drei oder mehr Stockwerke hoch und bedeckten insgesamt etwa drei Morgen. Ein Palast beherbergte den Sitz der Macht, den Raum des Königs mit einem Thron aus Alabaster.

Die Paläste sind als Orte beschrieben worden, »die Wohlhabenden zu beherbergen und dem Luxus eines menschlichen Königs zu dienen sowie einem vergnügungssüchtigen Hof«. Sicherlich waren sie das und sogar noch mehr. Es gab Lagerhäuser im Keller, von denen die größten Hunderte von Vorratskisten enthielten und über 400 hohe verzierte Krüge, groß genug, um 16 000 Liter Wein oder Olivenöl aufzunehmen. Diese Vorräte sowie auch Getreide und andere Produkte waren nicht nur für die Elite im Palast bestimmt, sondern auch für Handwerker und Arbeiter, für Überseemärkte und für Schreiber und Verwalter, die für die Organisation und die Buchführung des Güterstroms verantwortlich waren.

Knossos: die Ruinen.
(Quelle: Greek National Tourist Office)

Vorratseinrichtungen
(Quelle: Greek National Tourist Office)

Palast mit Fresken von Vasenträgern.
(Quelle: Greek National Tourist Office)

Die Menschen in Knossos und anderen Siedlungen auf Kreta besaßen eine entwickelte Form von Bild- oder Hieroglyphenschrift, die als »Linear A« bekannt ist und von der einige Spezialisten annehmen, sie repräsentiere ein Stadium auf dem Weg zur Silbenschrift, wo die Symbole Laute darstellen und nicht mehr Ideen oder Objekte. »Linear B«, einwandfrei eine Form von Silbenschrift, die Michael Ventris, ein Architekt und Amateurkryptograph vor einer Generation entzifferte, wurde auf dem Festland wie auch auf Kreta zum Schreiben einer archaischen Version des Griechischen gebraucht. Die Schriften haben nur einen begrenzten Umfang an Informationen geliefert. »Es ist, als hätten wir den Inhalt von einigen Papierkörben gerettet«, berichtet John Chadwick. »Es sind anscheinend vorübergehende Aufzeichnungen, für den baldigen Gebrauch geschrieben und nur bis zum Ende des laufenden Jahres aufbewahrt.«
Wären nicht die Feuer gewesen, die durch frühgeschichtliche Verwaltungsbüros tosten, hätten die Belege wohl niemals überlebt.

Bewahrte Proben der kretischen Schrift waren ursprünglich auf wegzuwerfenden »Notizblättern« aufgezeichnet, auf abgeflachten Stücken aus weichem Ton, die dann in feste Tontäfelchen gebrannt wurden. Chadwick weist darauf hin, daß »durch feine Ironie« dieselben zufälligen Feuer wahrscheinlich Aufzeichnungen verbrannten, die dauerhaft sein sollten, Eintragungen mit Feder und Tinte auf den Seiten besonderer Palastfolianten.

Die Strichschriften wurden, wie die frühesten vor etwa 2000 Jahren in Sumer erfundenen Schriften, in erster Linie für alltägliche Geschäftstransaktionen gebraucht – für Güter, die als Tribut empfangen wurden, Güter, die als Rationen und Spenden verteilt wurden, und für Inventuren. Derartige Details sind kaum aufregend. Und doch stellen sie die Spitze eines Systems dar, das auf regionaler Basis mit Gruppen von Dörfern und Städten begann, mit Siedlungen in der Ebene und auf Hügeln und Bergen, organisiert, um örtliche Güter untereinander auszutauschen. Es war eine Art von Einleitung für das Hauptereignis, den Handel über große Entfernungen, der die Lage Kretas als große Insel in der Mündung des Ägäischen Meeres mit Zugang zu Griechenland, zur Türkei, zu Israel, Ägypten, Nordafrika und seinem Transsahara-Netz von Handelsrouten und zu anderen Ländern am Mittelmeer ausnützte.

Das ist die Welt von Südosteuropa, die Welt, die dem Nahen Osten am nächsten liegt, kulturell wie geographisch. Sie gab den Anstoß zu dem nostalgischen Zeitalter des Westens, den klassischen Zivilisationen von Griechenland und Rom, die so hervorragend in den Geschichtsbüchern des Westens geschildert werden. Das übrige prähistorische Europa ist sehr viel schlechter dabei weggekommen, häufig als dunkles Hinterland beschrieben, als zurückgebliebene Region, bewohnt von Wilden und wiederholt überrannt von Horden aus Asien.

Das restliche Europa war wirklich eine andere Welt, doch die obige Beschreibung läßt ihm keine Gerechtigkeit widerfahren. Es hatte sein Goldenes Zeitalter lange vor dem Aufkommen des Akkerbaus von etwa 15 000 bis 10 000 v. Chr., als Künstler besondere Stellen in den tiefen Galerien von Höhlen in Frankreich und Spanien auswählten und die Wände mit Malereien und Gravierungen bedeckten. Diese Zeiten erlebten auch eine wachsende Bevölkerung, große Siedlungen in Felsunterkünften und im Freien und

Beispiele für frühe griechische Schrift: zerbrochenes Tontäfelchen, das eine Rechnung zeigt, gefunden in Knossos; die Symbole oben bedeuten »Pferde«, die darunter »Esel«.
(Quelle: John Chadwick, Cambridge, England)

wahrscheinlich Stammesbündnisse und große jährliche Zusammenkünfte, um Feste zu feiern und Zeremonien abzuhalten.

Diese Lebensweise ging vorüber, vor allem weil das Klima anders wurde. Die guten Zeiten waren von den Eiszeitbedingungen abhängig gewesen, von nahe gelegenen Gletschern und langen, harten Wintern und baumlosen Tundren, die ein ideales Territorium für riesige Herden von wandernden Rentieren und anderen Großwildarten boten – und für Großwildjäger. Alles schwand dahin mit dem wärmer werdenden Wetter nach dem Ende der Eiszeit, mit den milderen Wintern und sanften Regenfällen. Schmelzende Gletscher zogen sich zum Norden zurück. Die Herden folgten. Dichter Bestand von Bäumen bedeckte, was einstmals weit offene Ebenen gewesen waren; flüchtige einzelne Spezies wie Wildschweine und Rotwild ersetzten die Herden.

Es gab weniger Fleisch, und es war viel schwerer zu beschaffen. Die Jäger und Sammler teilten sich in kleine Gruppen auf, stellten immer größere Mengen von winzigen Feuersteinklingen her, Mikrolithe, die in Harpunen und anderen Spezialwaffen befestigt wurden, und wandten sich in steigendem Maße Pflanzen und Kleinwild zu. Sie paßten sich den neuen und weniger reichhaltigen Waldbedingungen an, doch um welchen Preis. Nach einer Schätzung mag sich die Bevölkerung Europas während der zwei oder drei Jahrtausende nach der letzten Eiszeit von 500 000 auf 250 000 verringert haben.

Das war der Stand der Dinge, dem sich die Wegbereiter des Akkerbaus in Zentral- und Nordwesteuropa um 5500 bis 4500 v. Chr.

gegenübersahen. In einer der gründlichsten Untersuchungen eines Bauerndorfes, dessen Existenz bekannt war, haben Bohumil Soudsky vom Tschechoslowakischen Institut für Archäologie und seine Mitarbeiter eine Fundstelle, bekannt als Bylany, 75 Kilometer östlich von Prag ausgegraben. In etwa 20 Grabungsperioden haben sie ungefähr 20 Morgen freigelegt, und sie haben, unter Ausnutzung einer genialen arithmetischen Argumentation, eine komplizierte Reihe von aufeinanderfolgenden und sich überlappenden Besiedlungsssschichten berechnet.

Von Bylanys 500 Morgen Grundfläche wurden nicht alle zur gleichen Zeit besiedelt. Die ersten Siedler, etwa 125 Personen, bauten Häuser mit Wänden aus Flechtwerk mit Lehmbewurf, groß genug, um jeweils bis zu vier Familien aufzunehmen. Zu dem Dorf gehörte auch ein besonders großes »Klubhaus«, etwa halb so lang wie ein Fußballfeld, mit einem geräumigen Platz davor, der vermutlich Zusammenkünften und Zeremonien diente.

Die Siedler mußten ihre Höfe von Zeit zu Zeit verlegen. Sie benutzten die traditionelle Feuerrodung, um etwa 60 Morgen zu roden, die dann ausreichende Nahrung für drei bis fünf Jahre produzierten. Zu diesem Zeitpunkt hatte die Ackerkrume soviel Stickstoff und andere, die Pflanzen nährenden Elemente verloren, daß der Ertrag stark abfiel und das Land aufgegeben werden mußte. So wurde also das nächste Gebiet von 60 Morgen gerodet und für weitere drei bis fünf Jahre genutzt. Wenn die Erträge zurückgingen, kamen die Siedler zu ihrem ursprünglichen Land zurück, das in der Zwischenzeit brachgelegen hatte. Nach Wiedergewinnung eines großen Teils seiner Fruchtbarkeit war das Land bereit für eine dritte Anbauperiode von drei bis fünf Jahren.

Das war das Ende eines Zyklus. Nach zehn bis 15 Jahren war die Fruchtbarkeit der gesamten Region anscheinend so stark abgefallen, daß der Boden Zeit für seine Regenerierung brauchte. Die Bewohner verließen ihre Dörfer, bauten ein neues auf an einem neuen Ort, etwa 500 Meter entfernt, und blieben dort während eines weiteren Zyklus von zehn bis 15 Jahren. In der Frühgeschichte der Region gab es einen Komplex von Feld- und Wohnstättenrotationen mit mehreren solcher Zyklen und der Rückkehr zum allgemeinen Gebiet des ersten Dorfes und einer gesamten Besiedlungsdauer von mindestens 700 Jahren, ungefähr von 4500 bis 3800 v. Chr.

Die regionale Bevölkerung wuchs wahrscheinlich während dieser Zeitspanne, doch nicht die von Bylany. Das Dorf behielt seine Größe, was auf einen kontinuierlichen Abspaltungsprozeß nach Art des Modells der Ausbreitungswelle schließen läßt. Solange die Bauern es sich leisten konnten, sich auf die Feuerrodungs-Methode zu verlassen, solange es tiefe Wälder gab, die man über die Raine der örtlichen Felder hinaus roden konnte, war es der leichteste und unmittelbarste Weg zur Linderung des Versorgungsdruckes. Sie breiteten sich allmählich von Zentraleuropa aus, schufen neue Striche offenen Landes und gründeten neue Dörfer im Norden und Westen.

Ein neues archäologisches Merkmal zieht in Westeuropa ein. Die Menschen bauten ganz eigenartig klobige Monumente, die ihre Wohnstätten überdauert haben, gewissermaßen künstliche Höhlen: Zehntausende megalithischer Grabmäler in allen Formen und Größen. Nach Andrew Fleming von der Universität Sheffield in England mögen diese Bauwerke wohl »die frühesten rituellen Monumente auf der Welt sein«. Beispiele für den einfachsten und frühesten Typ, ein gerader Gang, der zu einer in einem runden Hügel vergrabenen Steinkammer führt, finden sich in Nordwestfrankreich auf der bretonischen Halbinsel zwischen dem Ärmelkanal und dem Golf von Biskaya. Sie gehen auf 4500 v. Chr. oder noch weiter zurück, sind also ein halbes Jahrtausend älter als die ältesten bekannten Grabmäler in den Bergen des Iran und über ein Jahrtausend vor den ältesten ägyptischen Grabmälern in Hierakonpolis entstanden, den Vorläufern der Pyramiden.

Die Bauwerke mit Steinkammern werfen einige interessante Fragen auf. Sie erforderten etwa 5000 bis 10000 Arbeitsstunden, sieben bis 14 Wochen lang einen zehnstündigen Arbeitstag für zehn Mann, also eine größere Anstrengung, wenn man bedenkt, daß sie von kleinen Gemeinschaften erbaut wurden, von Weilern, die im Durchschnitt weniger als 50 Einwohner aufwiesen, und daß die Erbauer keine hauptberuflichen Spezialisten, sondern Bauern waren, die sich die Zeit von ihrem täglichen Arbeitspensum abzweigten. Der Grund für all diese Aktivität ist jedoch noch lange nicht klar. Die Grabmäler existierten nicht, um an bedeutende Individuen zu erinnern. Sie schlossen eine große Anzahl von Bestattungen ein und enthielten im allgemeinen bescheidene Grabbeigaben

Megalithisches Steinmonument auf den Orkney-Inseln mit Nebenkammer.
(Quelle: Colin Renfrew, University of Southampton)

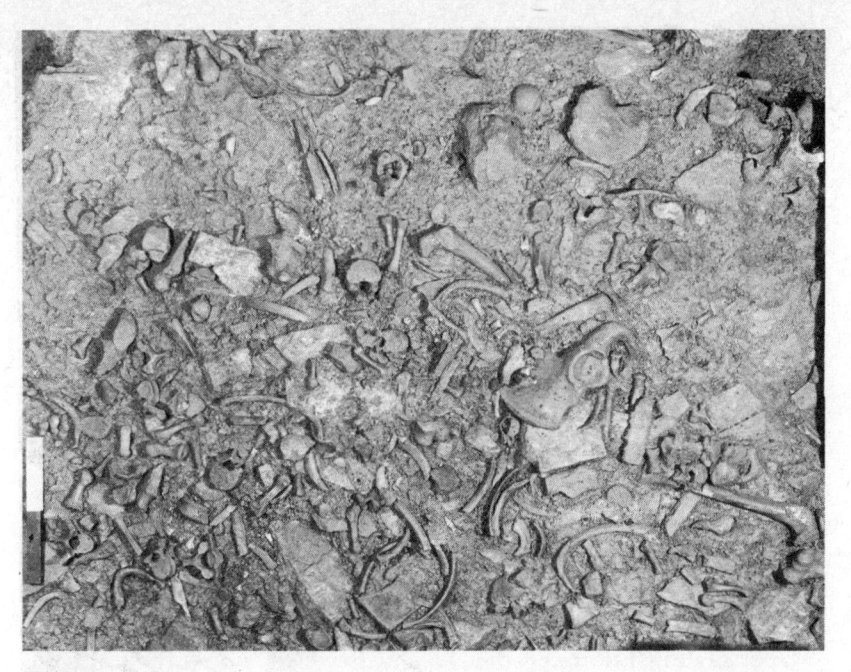

Verstreute Knochen auf dem Boden der Nebenkammer.
(Quelle: Nick Bradford)

wie Feuersteinklingen und einfache Keramik, beides keine hohen Statussymbole.

Neuere Untersuchungen lassen vermuten, daß sie den Lebenden wie den Toten dienten. Tatsächlich nennt Fleming sie »Grabmäler für die Lebenden«, was in der endgültigen Analyse bedeutet, sie waren in erster Linie überhaupt keine Grabmäler, sondern Orte der Zusammenkünfte für viele Zwecke. Ein Grabmal und der es umgebende Bereich waren vielleicht so etwas wie der »Ilo« oder Gemeindeplatz der heutigen Ibo-Dörfer in Westafrika. Es ist ein Friedhof, unter anderem, einschließlich einer heiligen Hütte, dem Heim der Ahnengeister, die sich in der unterirdischen Welt bewegen und angerufen werden, wenn wichtige Entscheidungen zu treffen sind. Nicht weit von dieser Hütte leben zukünftige Generationen, die Geister von noch nicht geborenen Kindern. Die Menschen versammeln sich auf dem Gemeindeplatz, um neue Yam-Feste zu feiern, um dem Klang der Trommeln zu folgen und ausgelassen zu sein, Palmwein zu trinken und den Ringern zuzuschauen und um Streitfragen schlichten zu lassen von Maskierten, die ihre Vorfahren darstellen sollen.

Die Grabmäler mit Steinkammern spielten in den Weilern und Dörfern des prähistorischen Europas sehr wahrscheinlich eine gleiche Rolle. Die Verteilung der Grabmäler ist jedoch ein Rätsel. Die große Mehrzahl ist in Westeuropa gefunden worden, von Gibraltar bis zu den Torfmooren von Irland und den Inseln vor dem nördlichsten Punkt Schottlands; viele sind in den Regionen entlang den Küsten des Atlantischen Ozeans und der Nordsee konzentriert. Dieses Muster mag etwas zu tun haben mit den letzten Stadien des Prozesses der Ausbreitungswelle. Renfrew behauptet, daß es für die Menschen, als sie sich den Küsten näherten, dem Ende der Welt, keinen Ort mehr gab, wohin sie gehen konnten. Bauern auf der Suche nach neuen Gebieten und örtliche Jäger und Sammler sowie Fischersleute mußten nahe beieinanderleben und versuchen, auf neuen Wegen Probleme zu lösen, die sie früher gelöst oder besser: aufgeschoben hatten, indem sie wegzogen. Ein Friedhof, wo man seine Ahnen begraben hat, stellt eine Art von »Übertragungsurkunde« dar, legaler Beweis für erworbene Eigentumsrechte, und in Zeiten sich steigernden Wettbewerbs um Land könnten Hügel und große Steinmale dabei geholfen haben, solche Ansprüche auf eine solidere und deutlich sichtbare Grundlage zu stellen.

Die Erbauer entwarfen zunehmend auffallendere Strukturen während der 2000 oder 3000 Jahre, die auf die frühesten Grabmäler folgten. Es war Teil der fortschreitenden Kunst der Massenhypnose, der theatralischen, sich in Szene setzenden Art von Massenhypnose, die nötig war, um die Aufmerksamkeit von Zuschauern einzufangen, zu halten und auf einen Punkt zu richten, damit sie bereit sind, automatisch und im Einklang zu handeln. Ähnliche Entwicklungen fanden mit unterschiedlichen Graden an Raffinesse in Sumer, auf Malta, in Ägypten und im Fernen Osten statt, in allen Regionen also, wo Individuen sich inmitten der Bildung dichter Bevölkerungsballungen befanden.

In Westeuropa wie auch später in Afrika und sogar heute noch in Teilen von Südostasien wurden Architektur und Landschaftsgestaltung angewandt, um die Wirkung von megalithischen Grabmälern zu verstärken. Lange Reihen von riesigen aufrechtstehenden Steinplatten kennzeichneten die Zugangswege, und Kreise aus

Steinen umgaben die Hügel und Kammern. Die Gesellschaft wurde in immer größerem Maßstab organisiert, als die Menschen in größeren Gruppen zusammenkamen und Häuptlinge sich um Einfluß bewarben. Monumente aller Art wurden größer wie auch die Begräbnisplätze. Für den Bau eines frühgeschichtlichen bretonischen Grabmals wurden 5000 Arbeitsstunden benötigt und, wie in Kapitel 4 angegeben, über 30 000 000 Arbeitsstunden, um Stonehenge zu bauen. Die Differenz ist ein guter Index für die im Ansteigen begriffene Macht.

Stonehenge und seine Anlage waren wohl berechnet, Ehrfurcht hervorzurufen. Wenn während der Mittsommerdämmerungen ein Bogen der Sonnenscheibe sich gerade über den Horizont erhob, genau zwischen zwei aufrechten Steinen und durch einen Markierungsstein genau in der Mitte geteilt, als würde er durch ein riesiges Visier betrachtet, dann muß ein Raunen, begleitet von Aufschreien unter den Menschen, die hier versammelt waren, entstanden sein. Es war kein natürliches Ereignis, sondern ein Akt der Magie und eine Demonstration der Macht. Die Sonne war nach Plan erschienen und exakt da, wo sie erscheinen sollte, und die Schlußfolgerung war klar – sie gehorchte dem Willen der Priester und ihrer Götter. Finsternisse und andere Ereignisse, vorausgesagt mit Hilfe des großartigen Observatoriumsmonuments, implizierte eine noch erstaunlichere Kontrolle des Himmels.

Die Blütezeit von Stonehenge, 2000 bis 1500 v. Chr., fiel mit der Entstehung von Palastzentren auf dem fernen Kreta und auf dem griechischen Festland zusammen. Es war auch eine Blütezeit für das übrige Europa, eine Zeit des sich ausdehnenden Handels mit seltenen Rohstoffen gegen Luxuswaren. Es gab Kupfer und Zinn und Gold in den Hügeln von Irland, Wales und Cornwall wie auch in der Bretagne sowie in Zentral- und Osteuropa. Gräber in Griechenland enthielten Perlen aus fossilem Harz – Bernstein – von den Küsten Dänemarks. Schätze, in »fürstlichen Grabstätten gefunden, wie die Megalithe selbst, bestätigen die wachsende Konzentration von Wohlhabenheit und Macht – aus Rumänien der Teil eines Dolches aus massivem Gold im Gewicht von 1500 Gramm; aus Südrußland ein Hort von Amtsstäben mit Alabasterköpfen, Streitäxte aus Jade und Silberspeere mit Goldeinlagen«.

Handelsnetze schufen, was man einen frühgeschichtlichen »ge-

Oben: Megalithe in Irland: Poulnabrone Dolmen, Grafschaft Clare.
Unten: Steinkreis, Drumbeg, Grafschaft Cork.
(Quelle: Irish Tourist Board)

meinsamen europäischen Markt« genannt hat. Und trotz aller Gruben- und Steinbrucharbeit, aller geschickten Handwerkskunst und aller Mittelsleute und allen Planens ging das Leben anscheinend weiter ohne den Gewinn großer Bevölkerungskonzentrationen in großen Städten oder Palastkomplexen und städtischen Zentren. In dieser Hinsicht ähnelte Westeuropa Südostasien, einer weiteren Waldregion, wo die Menschen an ähnlichen hochentwickelten Aktivitäten in erster Linie auf dörflicher Ebene teilnahmen. Viele hochgestellte Personen wurden beispielsweise im Gebiet von Stonehenge begraben, es sind aber keinerlei Spuren davon gefunden worden, wo sie lebten. Renfrew weist auf eine Hierarchie von Menschen und Orten in Südengland hin, auf einen evolutionären Prozeß, der mit einer Reihe von unabhängigen Stammesführern beginnt, von denen jeder ein kleines Territorium kontrolliert – vergleichbar mit der Situation, die er für die Insel Malta beschrieb–, und mit einer Gruppe endete, die einem Oberhäuptling Tribut zahlte, dessen rituelles Zentrum Stonehenge war.

Städte, oder besser die Vorläufer von Städten, kamen etwas später. Die Bevölkerung wuchs im Stil von Bylany über die Kapazität des damaligen Ackerbaus an. Die Landbestellung wurde intensiver, das Leben der Bauern wurde härter und komplizierter. Gezwungen, die Brachlandperioden immer kürzer werden zu lassen, hingen sie in zunehmendem Maße vom Düngen und Pflügen ab, um die Erde ertragreicher zu machen. Sie zogen in weniger bevölkerte Gebiete, in dichtbewaldetes Flachland, häufig vollgesogen mit Wasser, Land, das in den Worten des britischen Archäologen Cyril Fox »aus schwerem Boden« bestand, »unglaublich klebrig im Winter und in eisenharte Schollen im Sommer gebacken ... ein unendlicher Baldachin aus Eichen mit einem verwachsenen Unterholz aus Haselnuß, Stechapfel, Stechpalme und Brombeeren«.

Solch schwerer Boden kann sehr ertragreich sein, produktiver als leichter, schnell austrocknender Boden, der nicht so wirksam Wasser und Mineralstoffe hält. Die Bebauung dieses Bodens ist aber etwas anderes. Sie verlangt entsprechend härtere Arbeit und schwerere Pflüge. Im ersten Jahrtausend v. Chr. gab es in Westeuropa eine wachsende Nachfrage nach mehr und stabileren Geräten aller Art. Eisen, ursprünglich ein Luxusmaterial, das hauptsächlich zur Verzierung gebraucht wurde, wurde zum ausgesuchten Werkstoff für Waffen, Sicheln, Hacken und Pflüge. Ralph Rowlett von der University of Missouri stellt eine deutliche Verschiebung in der Eisentechnologie um 500 v. Chr. fest: »Einige Handwerkzeuge wie Sägen für Waldarbeiter, Meißel, Feilen und Beitel nehmen dasselbe Aussehen an, das sie noch immer in modernen Werkzeugläden haben.«

Das war der Höhepunkt der Kelten, des herrschenden Volkes von Westeuropa über 500 Jahre lang. Bei ihnen markieren wie bei anderen Gruppen kunstvolle Begräbnisstätten das Auftauchen von Häuptlingen und Oberhäuptlingen. Eine der kunstvollsten Begräbnisstätten, in der Nähe des Dorfes Vix in Zentralfrankreich, etwa 190 Kilometer südöstlich von Paris gelegen und auf etwa 500 v. Chr. zurückgehend, enthielt eine junge Frau von Rang, die ein Diadem aus Gold trug mit zwei winzigen goldenen geflügelten Pferden. Zu ihrer Rechten stand ein Weingefäß, fast einen Meter im Durchmesser, und zu ihrer Linken ein vierrädriges Fahrzeug, was man in moderner Ausdrucksweise vielleicht ein Begräbnis mit dem Lieblingssportwagen nennen würde.

Die Kelten waren Teilnehmer an einem kontinentalen Handelsnetz (das Vix-Diadem und das Weinfaß kamen aus Griechenland), das, nach den orientalischen Motiven zu urteilen, die auf einigen ihrer überraschendsten Kunstwerke erscheinen, bis in die Steppen Asiens reichte. Keltische Armeen zogen früh nach Griechenland und Italien, und im Jahre 390 v. Chr. waren sie die ersten Menschen, die Rom eroberten, etwas, das die Römer niemals vergaßen. Sie erbauten Europas erste Städte, unter ihnen Bibracte, die größte Fundstelle in einer Region, die zur Zeit von Carole Crumley von der University of Missouri und ihren Mitarbeitern untersucht wird.

Hoch auf einem Granitberg in Ostfrankreich, nicht weit von der Loire entfernt errichtet, stellte die Stadt eine größere Konzentration von Menschen und Macht dar. Ihr 60 Morgen großer innerer Bezirk wurde von einer Mauer aus Stein und eisenbeschlagenen Baumstämmen sowie von einem sechs Meter tiefen Graben umgeben. Die Stadt besaß ein System von Straßen und besondere Viertel, einen Geschäftsbezirk, einen Marktplatz, ein Eisenbearbeitungszentrum, einen religiösen Bereich und den Residenzbereich der Elite. Auf ihren 330 Morgen wohnten geschätzte 40 000 Personen.

Als Hauptstadt eines geplanten keltischen Staates diente Bibracte als Siedlungszentrum einer Region von vielleicht 2000 bis

2600 Quadratkilometern, eine Region, die heute noch, inmitten der westlichen Zivilisation, an einige Traditionen vergangener Zeit erinnert. Ländliche Märkte im Frühling werden hier noch an denselben Marktplätzen abgehalten, wo heidnische Feste zur Begrüßung des Frühlings vor etwa 2500 Jahren stattfanden. An jedem 23. Juni feiert dort ein Dorf noch immer die Mittsommernacht, in der Hexen auf Teufelsorgien tanzen sollen, indem ein Bündel aus Korbruten, gekrönt von einem hölzernen Vogel auf einem Stab, verbrannt wird. »Heute, wenn Stab und Vogel in einem Funkenregen niederfallen«, bemerkt Crumley, »fahren die Zuschauer in Renaults und Citroens nach Hause.«

Crumley untersucht das Siedlungssystem mit Bibracte als zentralem Ort, der zentralen befestigten Stadt – und eine Hierarchie von etwa einem Dutzend befestigter Städte und einer unbestimmten Anzahl von Weilern und Dörfern sowie besonderen Zufluchtorten zum Schutz vor Eindringlingen. In einer neueren Grabung identifizierte sie Mont Dardon, eine Fundstelle auf einem 600 Meter hohen Hügel ungefähr 22 Kilometer südlich von Bibracte mit einem dreifachen Ring von Graben-und-Wall-Befestigungen, als wehrhafte Stadt.

Bibracte war mehr als nur eine Stadt. Als Hauptstadt einer mächtigen keltischen Gruppe nahm sie einen wichtigen Platz ein in dem Netz von Zentren, das den entstehenden gallischen Staat darstellte. Vergangene Untersuchungen weisen auf die Existenz von drei Verwaltungsebenen wie in Uruk und Susa hin und wie in anderen frühgeschichtlichen Stadtstaaten. Sicherlich gab es in ihrer sozialen Hierarchie mindestens drei Ebenen: Priester und Aristokraten an der Spitze, Verwalter und Kaufleute und Handwerker bildeten eine auf breiter Basis ruhende Mittelklasse, und Bauern und Gelegenheitsarbeiter nahmen die unterste Position ein.

Hätte sie etwas mehr Zeit gehabt, vielleicht nur ein Jahrhundert oder noch weniger, so hätte die Stadt wohl einen neuen und deutlich erkennbaren Stil der Kunst und der monumentalen Architektur entwickelt. Sie wäre vielleicht eines der Schlüsselzentren eines weitaus mächtigeren und ausgedehnteren Staates geworden, eines Staates, mächtig genug, um nicht nur Eroberer zurückzuschlagen, sondern auch um eigene erfolgreiche Invasionen durchzuführen. Westeuropa hätte vielleicht ein frühgeschichtliches Erbe hinterlassen, so strahlend wie das des südlichen Subkontinents. Diese Aussicht wurde niemals Wirklichkeit. Römische Legionen eroberten das Gebiet 52 bis 51 v. Chr.; Caesar schlug sein Winterquartier in Bibracte auf. Es war das Ende des gallischen Unabhängigkeitskrieges.

XIII
DIE SEEFAHRER, PIONIERE IM PAZIFIK

Die Besiedlung Australiens/
Ein Subkontinent ohne Bauern/
Zeugnisse für Gartenbau in Neuguinea/
Erforschung Ozeaniens/
Segeln nach Sternen und Wellen/
Unterwasserblitze/
Das Häuptlingswesen Polynesiens/
Plätze und Pyramiden/
Die Maori-Festungen von Neuseeland/
Göttliche Herrscher auf Hawaii/
Die Grenzen der »primitiven« Gesellschaft

Die Reise selbst war nicht so weit, nur etwa 80 Kilometer von einer kleinen Insel aus, irgendwo vor der Küste von Südostasien, hinaus auf die offene See, an Landmarkierungen vorbei und dann auf einen langen Klecks von Küstenlinie zu, der am Horizont sichtbar wurde. Trotzdem erforderte es einen gewissen Grad an Geschicklichkeit und Mut, um das Fahrzeug zu manövrieren, ein Rindenkanu oder vielleicht ein Floß – besonders wenn man die Zeit bedenkt, vor 40 000 oder mehr Jahren. Diese Pioniere landeten auf einer riesigen Insel, wo kein Mensch jemals zuvor gewesen war, ein Inselkontinent, größer als die Vereinigten Staaten.

Danach folgten noch viele Reisen. Einige Menschen verteilten sich auf ihrem neuen Kontinent entlang den Flüssen und Küsten, über weite Ebenen und Bergpässe hinauf in Täler, die auf ihre Nutzung warteten. Andere wieder breiteten sich über das Wasser aus, segelten Hunderte von Meilen über das Meer, geleitet von Sternen und Vögeln und von dem Verhalten der See selbst. Ihnen gehörte eines der letzten Grenzgebiete, eine der letzten bewohnbaren Regionen auf der Erde, die noch zu besiedeln war. Fünf Jahrhunderte vor Columbus hatten sie die Erforschung der riesigen und zerstreuten Welt von Ozeanien abgeschlossen, zu der Neuguinea und die ungefähr 7000 anderen Inseln des nach Osten offenen Pazifik zählen (und die geschätzten 15 000 Inseln im Westen nicht einschließt, von denen ungefähr eine Hälfte zu den Philippinen und die andere zu Indonesien gehören).

Zur Zeit jener frühgeschichtlichen Reise und Landung war der Inselkontinent größer als heute. Die Menschen kamen dort während der letzten Eiszeit an, als die Gletscher so viel Wasser gefesselt hielten, daß die Meeresspiegel 90 bis 120 Meter niedriger waren, als sie heute sind. Neuguinea und Australien waren Teile einer Landmasse. Man konnte von einem Teil zum anderen laufen, und zwar über eine breite wüstenähnliche Savanne – über 1200 Kilometer breit –, die das nördliche Australien von Arnhem-Land bis zur Halbinsel Cape York mit dem südlichen Neuguinea verband.

Eine einzige Landmasse: Inselkontinent vor etwa 40 000 Jahren, als die Meeresspiegel bis zu über hundert Meter niedriger waren und Australien und Neuguinea zusammen einen Kontinent bildeten, der von Menschen erreicht wurde, die von Insel zu Insel in primitiven Kanus übersetzten.
(Quelle: Vantage Art Inc.)

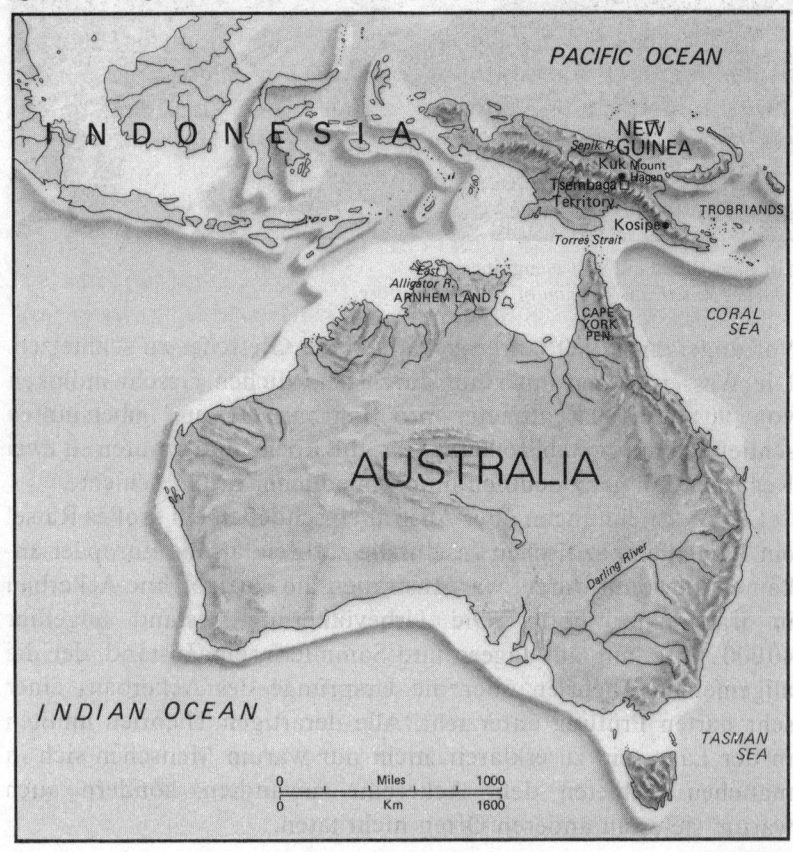

Auf dem Hochland von Neuguinea.
(Quelle: American Museum of Natural History)

Vor ungefähr 20 000 Jahren begannen die Gletscher zu schmelzen. Die Wasser stiegen mit einer durchschnittlichen Geschwindigkeit von 90 bis 120 Zentimeter pro Jahrhundert und überspülten schließlich um 5000 bis 6000 v. Chr. die Ebene und schufen so zwei Regionen mit ganz deutlich unterschiedlicher Frühgeschichte.

Die Aufzeichnungen über Australien schließen ein großes Rätsel ein. Von allen pazifischen Inseln, die zur Zeit, als die Europäer ankamen, bewohnt waren, war Australien die einzige ohne Ackerbau in irgendeiner Form. Die Urbevölkerung bestand ungefähr 40 000 Jahre lang aus Jägern und Sammlern, ein Zustand, der die allgemeinen Theorien über die Ursprünge des Ackerbaus einer sehr harten Prüfung unterzieht. Alle derartigen Theorien müßten in der Lage sein zu erklären, nicht nur warum Menschen sich in manchen Gebieten dem Ackerbau zuwandten, sondern auch warum sie es an anderen Orten nicht taten.

Die Australier der Frühgeschichte wußten genug, um zumindest so früh wie Menschen in anderen Teilen der Welt Bauern zu werden. Im tropischen Nordterritorium waren sie wohl ausgerüstet, um die Wälder wirksam zu roden, hätten sie es nur gewollt. Etwa vor einem Jahrzehnt fand Carmel Schrire von der Rutgers University vollständig bearbeitete Steinäxte mit geschliffenen Klingen an einer Fundstelle in einer Felsunterkunft in der Nähe des Ost-Alligator-Flusses in Arnhem-Land. C-14-Untersuchungen mit winzigen Holzkohlestückchen, die man in mühevoller Arbeit durch Sieben aus einer halben Tonne Sand herausholte, zeigen an, daß die Werkzeuge mit Herdstellen zusammenhingen, die vor 20000 bis 25000 Jahren brannten.

Dieses Datum war für viele Forscher eine Überraschung. Die Äxte waren die ältesten, die man jemals irgendwo entdeckt hat, und liefern den Beweis für einen höheren Grad an Kunstfertigkeit bei der Herstellung von Werkzeug, als man ihn von frühgeschichtlichen Menschen erwartet hatte. Derartige Äxte tauchten auch früh in Japan auf. Sie erschienen erst Tausende von Jahren später im Nahen Osten, in Europa oder in den meisten anderen Gebieten; und obwohl auch neuzeitliche Jäger und Sammler in Australien sie gebrauchten, wurden sie im allgemeinen mit Sichelklingen, Töpfereiarbeiten und Mahlsteinen als Gegenstände angesehen, die mit dem Bauernleben zusammenhängen. In Australien wurden sie wahrscheinlich dazu gebraucht, Zweige für Speere, Speerwerfer und Unterkünfte abzuschlagen und um an honigreiche Bienenwaben in hohlen Bäumen heranzukommen.

Ureinwohner, die am Darling-Fluß in Südostaustralien lebten, wären wie ihre Jäger-und-Sammler-Genossen anderswo beinahe zum Ackerbau gekommen. Harry Allen von der University of Auckland sagt, ihre Probleme hätten mit der weltweiten Erwärmung begonnen, die die letzte Eiszeit beendete und viele örtliche Seen und Nebenflüsse austrocknete. Vorher reichlich vorhandene Nahrung wie Fisch, Schalentiere und Wassergeflügel ging zurück. Es gab eine Steigerung im Verbrauch von Körnern, was durch das Auftauchen von Mahlsteinen vor etwa 12000 Jahren gekennzeichnet ist.

Gezwungen, für ihre Ernährung härter zu arbeiten, zogen diese Ureinwohner wahrscheinlich je nach Jahreszeit in das wüstenähnliche Hinterland, weg von den Flußufern, wie es ihre jüngsten

Nachkommen noch vor nur 50 Jahren taten (und die Ägypter im Gebiet von Hierakonpolis, als sie um 4000 v. Chr. vom Nil wegzogen). Das Hinterland bot ihnen Känguruhs, Wallabys (eine kleine Känguruhart), Knollen und einen reichen Bestand an wildwachsenden Körnerpflanzen, einschließlich der einheimischen Hirse.

Zur Erntezeit in diesem Teil von Australien wurden die Pflanzen mit den Wurzeln herausgezogen, solange sie noch grün waren und ehe die Körner so reif waren, daß sie abfielen und verstreut wurden. Die Pflanzen wurden in Schobern aufgestellt, um von außen in der Sonne zu trocknen, und dann verbrannt, wobei die Körner auf dem Boden zurückblieben und eingesammelt werden konnten. Ein Reisender des 19. Jahrhundert berichtete, die Schober hätten sich meilenweit erstreckt: »Das Gras unter den Haufen war wunderbar grün und voller Körner.« Die Menschen bewahrten die Körner in Säcken aus Känguruh-Häuten und in Behältern aus mit Lehm beschichtetem Gras auf. Sie beobachteten auch, daß die besten Körnerpflanzen auf Ebenen wuchsen, die im Sommer von schweren Regenfällen unter Wasser gesetzt wurden, und sie bauten behelfsmäßige Dämme aus Steinen und Erde quer über Wasserläufe, um das Wasser weiträumiger zu verteilen, eine Technik, die auch von Pajute-Indianern in Kalifornien angewandt wurde (siehe Kapitel 6).

In der Region der Torres-Straße, wo Australien und Neuguinea nur etwa 160 Kilometer auseinanderliegen, fand David Harris vom University College in London vor kurzem ein Nord-Süd-Spektrum von Überlebensstilen. Eine Kombination von Gartenbau und Jagen und Sammeln war die Regel im Küstengebiet von Neuguinea und auf den nördlichen Inseln der Torres-Straße – und eine fast hundertprozentige Abhängigkeit von wilden Spezies auf den südlichen Inseln und der australischen Halbinsel Cape York. Das »fast« ist bedeutsam, weil die Feststellungen von Harris die Vorstellung unterstützen, daß die australischen Ureinwohner Ackerbau hätten entwickeln können, wenn nur der Druck ausreichend stark gewesen wäre.

Die im südöstlichen Teil des Kaps lebenden Menschen nutzten beispielsweise eine zykaden- oder palmenähnliche Pflanze, die ihnen als Hauptnahrungsmittel diente, da sie große Mengen von hochkalorienhaltigen Körnern hervorbrachte; sie ist noch immer in bestimmten Regionen ein bedeutendes Nahrungsmittel. Harris glaubt, diese Pflanze sei wahrscheinlich in dem Sinne »manipuliert« worden, daß ihre Produktivität durch die absichtliche Anwendung von Feuer gesteigert wurde, in dem die »konkurrierende« Vegetation beseitigt und die Ernte der Körner damit leichter gemacht wurde. In solchen Fällen ist es schwierig, zwischen Nahrungssuche und Gartenbau eine scharfe Trennungslinie zu ziehen. Sicherlich brachte der Gebrauch von Pflanzen mehr mit sich als bloßes Sammeln. Die Ureinwohner bauten Pflanzen sogar eine Zeitlang an, manchmal nur, um den Missionaren und Anthropologen zu gefallen, die unbedingt helfen wollten.

Sie wurden niemals Bauern, doch es gab Anzeichen für einen steigenden Druck im Jahre 1788, als die ersten Europäer kamen, um hierzubleiben. Etwa 200 000 von den 300 000 Eingeborenen des Kontinents lebten in den reichsten Regionen konzentriert, wie zum Beispiel an der tropischen Küste von Arnhem-Land und in den Fluß- und Küstengebieten im Südosten. Die übrigen lebten in weniger begünstigten Territorien mit einigen der grausamsten Wüsten der Welt im Westen. Ackerbau wäre vielleicht unter solche Bedingungen aufgetaucht, wären ihnen noch weitere wenige Jahrhunderte ununterbrochener Evolution vergönnt gewesen.

Das nahe gelegene Neuguinea, nur um eine versunkene Ebene entfernt, bietet ein völlig kontrastierendes Zeugnis. Im Vergleich zu Australien, das irgendwie außer Aktion gewesen zu sein scheint, war es angefüllt mit Ereignissen, zumindest während der letzten 5000 bis 10 000 Jahre. Viele Wanderungen begannen an seinen Küsten: Reisen ins Innere wie auch über das Meer zu anderen Gestaden. Das Hochlandherz der Insel war eine Gegend mit Bergtälern, mit tiefen Schluchten und hohen erodierten Bergrücken, von denen sich die höchsten in den Wolken verlieren – und über allem, in die Schluchten hinabstürzend und die Berghänge hinaufkletternd, eine Decke aus tropischen Regenwäldern, unterbrochen lediglich von den Narben neuerer Erdrutsche und von weißen Flecken massiver Kalksteinklippen, die durch das Grün sichtbar sind.

Die Menschen zogen schon früh in dieses wilde bergige Land. Sie ertrugen Regengüsse, die in Strömen »so dick wie Bleistifte« fielen, und bauten schmale, an Lianen aufgehängte Stege, die sich über reißende Ströme tief unten in den Schluchten schwingen. Die älteste bekannte Fundstelle, Kosipe, geht etwa 25 000 Jahre zurück.

Ungefähr 80 Meilen nördlich von Port Moresby liegt sie günstig auf der flachen Kuppe eines Bergrückens über 1500 Meter hoch über dem Meeresspiegel, mit Wasser ganz in der Nähe und einem Ausblick auf das umgebene Land. Im Jahre 1960 begannen katholische Missionare, die die gleiche Stelle aus den gleichen Gründen gewählt hatten, die Fundamente für eine neue Kirche auszuheben und stießen auf Steinäxte und Klingen, die Überreste ihrer prähistorischen Vorgänger.

Peter White von der University of Sydney, der später hierherkam, um die offiziellen archäologischen Ausgrabungen zu leiten, weist darauf hin, daß Kosipe nicht geeignet gewesen sein konnte für bequeme Lager über lange Zeiträume und für Nahrungsuche. Damals war Eiszeit, und die Temperaturen in dieser Höhe waren im Durchschnitt spürbar einige Grade niedriger als heute. Und trotzdem sind keine Anzeichen für Unterkünfte vorhanden. Die Werkzeuge sind über ein großes Gebiet verstreut, was auf wechselnde Besetzungen hinweist, vielleicht immer nur jeweils einige Wochen, und das über eine Periode von vielen Jahrhunderten. White nimmt an, daß die hier Lagernden an einem tiefer gelegenen und wärmeren Ort lebten und vielleicht den Bergrücken zu kurzen, jahreszeitlich bedingten Besuchen erkletterten, um hochproteinhaltige Nüsse von Pandabäumen einzusammeln, die in einem nahe gelegenen Sumpf wachsen.

Die Anfänge des Ackerbaus sind auf Neuguinea ebenso schwer aufzuspüren wie in Westafrika oder Südostasien, weil in einer Landschaft mit Tropenwäldern die Feuerrodungs-Methoden wenig Wirkung auf das urzeitliche Gleichgewicht der Dinge haben. Die Wälder wachsen so schnell, daß verlassene gerodete Gebiete bald wieder völlig bedeckt sind. Und trotzdem bietet die Ableitung der Natur frühgeschichtlicher Gärten kein besonderes Problem. Sie können sich von den Gärten, die über das ganze Hochland verteilt, noch vor nur wenigen Jahrzehnten wuchsen, und von denen, die heute noch in entfernten Bergdörfern wachsen, nicht sehr stark unterschieden haben. Einige Gärten liegen so dicht beieinander, daß sie in Rufweite sind – und doch sind sie wegen der Schluchten durch viele Stunden mühsamen Marschierens getrennt.

In gewisser Hinsicht dienen diese Flecken als ganz einfache Energiesparer. Sie konzentrieren auf einer Fläche Spezies, die im allgemeinen über ein großes Gebiet verstreut sind – auf diese

Weise ersparen sie Klettertouren und Sammeln in großer Entfernung. Ein repräsentativer Garten bringt etwa drei Jahre lang gute Erträge, bis die Nährstoffe im Boden erschöpft sind; danach muß er zehn bis 15 Jahre brachliegen. Er kann 30 oder mehr Arten von Nahrungspflanzen enthalten: Knollen wie Taro und Süßkartoffel, Bananen, Zuckerrohr, Brotfrucht (ein Blattgemüse, das etwa wie Spinat schmeckt und gut zu geröstetem Schwein paßt), eine oder mehr Arten von Bohnen und ein Mitglied der Karottenfamilie, das häufig ohne Einladung als Unkraut erscheint.

Die Gartenbauer sind gewöhnlich eingefleischte und auffassungsfähige Neuerer, immer Ausschau haltend nach neuen Spezies oder Varietäten. Jeder Gartenfleck enthält wahrscheinlich zwei oder drei Pflanzen, die als mögliche Nahrungsergänzung erprobt werden: ein Blatt, das vielleicht als Schweinemedizin brauchbar ist und, in einer Höhe von 2700 Metern wachsend, gefunden und in einen Garten zurückgebracht wird, der nur 1200 Meter hoch gelegen ist; oder eine neue Varietät von wildem Ingwer mit einem besonders kräftigen Geschmack. (Einige Gewürzpflanzen verlieren viel von ihrem Aroma, wenn sie zu lange in Gärten »gezähmt« werden.) Diese tiefverwurzelte Tradition kann bei der Erklärung eines Phänomens helfen, das einigen verbreiteten Auffassungen widerspricht. Menschen, die noch so leben, wie es ihre Vorväter viele Generationen hindurch getan haben, werden oft als Konservative betrachtet, die sich erbittert gegen alle Vorschläge zur Änderung ihrer alten Lebensweise wehren. Das trifft nicht zu für viele Hochländer auf Neuguinea. Sie sind bekannt für die Bereitschaft, fast über Nacht neue Lebensformen anzunehmen. Die schnelle Annahme von Neuerungen ist hier eher die Regel als eine Ausnahme gewesen.

Die Menschen verloren keine Zeit bei der Annahme von Stahläxten, Straßen und Schiedsgerichtshöfen. Richard Sorenson von der Stanford University berichtet über die Wirkung einer australischen Polizeistreife auf einen Hochlandstamm: »Die Kampftätig-

Oben rechts: Fundstelle bei Kuk, im Hochland von Neuguinea: Palimpsest (Fluoreszenzfoto) von Entwässerungsgräben. Das Dunkle sind die Spuren uralter Systeme.
(Quelle: J. K. Gollan, Australian National University)
Unten rechts: Stammesangehörige mit alten hölzernen Spaten, die im Sumpf konserviert wurden.
(Quelle: P. J. Hughes, Australian National University)

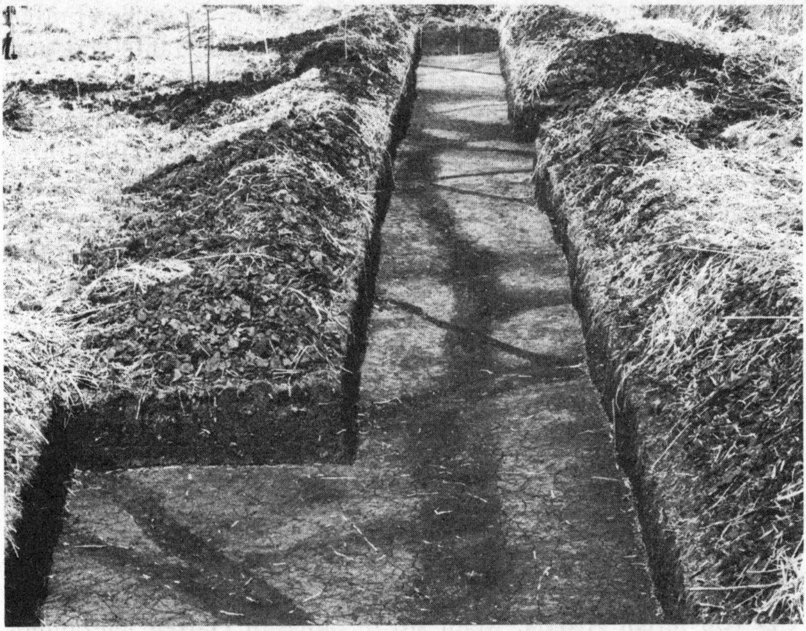

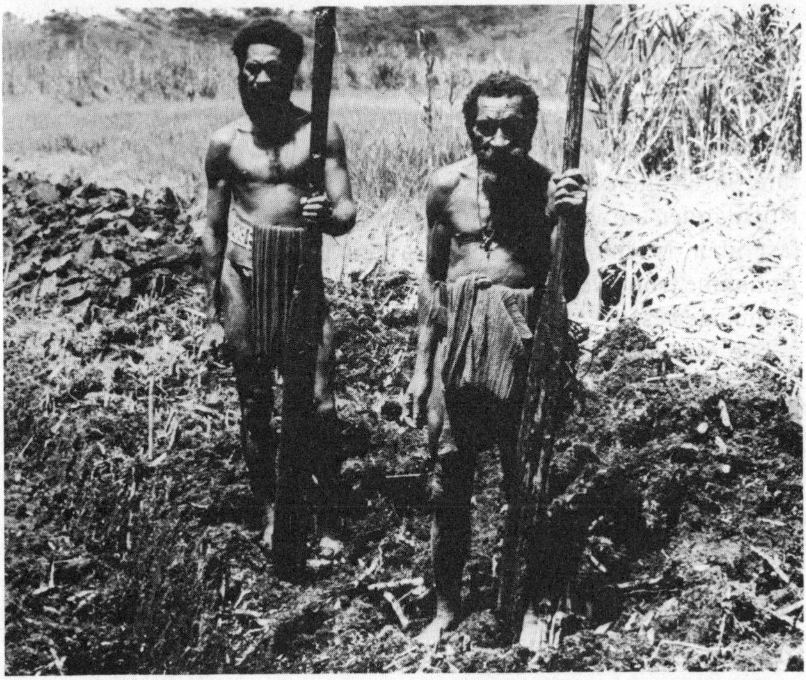

keit wurde fast spontan in dem ganzen Gebiet eingestellt. Die meisten ... Gruppen warteten die Aufforderung zur Kampfeinstellung nicht einmal ab, sondern hörten von selbst auf – fast so, als hätten sie auf einen Grund für die Aufgabe gewartet.« Es scheint überhaupt eine weitverbreitete Tendenz vorhanden zu sein, zu viel zu schnell aufzugeben. Einige Dörfler gaben ihre eigene Kunst schnell auf und fanden Blechbüchsen und Ölfässer schöner. Einige gaben ihre Religion auf, um Christen zu werden, obwohl nach den Worten eines Kommentators »sie arm blieben und auch nicht aufhörten zu sterben«.

Im prähistorischen Zusammenhang waren der Gartenbau und das Experimentieren mit neuen Pflanzen eine Sache der Bequemlichkeit, um die Arbeit der Nahrungsbeschaffung zu erleichtern. Sie wurden zunehmend bedeutungsvoller, als die Bevölkerung wuchs, zu einem großen Teil durch den Prozeß des Seßhaftwerdens selbst.

Es erfordert immer Energie, Energie zu sparen. Der Gartenbau auf Neuguinea ist ein immerwährender Kampf mit Unkraut und Schweinen. Unkraut drängt fortgesetzt nach Lebensraum – wie menschliche Wesen. Es draußen zu halten, ist eine größere Aufgabe. Zäune halten die Schweine draußen, doch müssen sie in gutem Zustand sein. Schweine »patrouillieren« dauernd abgesperrte Gebiete, probieren und schnüffeln herum, um verrottetes Holz oder eine Lücke in der Umzäunung zu entdecken. Gelangen sie erst hinein, verschlingen sie alles in kurzer Zeit.

Die ersten Gärten auf Neuguinea sind schon 6000 bis 7000 v. Chr. gewachsen, etwa zur Zeit der frühesten Landbestellung in Ägypten, China und dem Nahen Osten. Diese Vermutung basiert auf Zeugnissen, die von Fundstellen nahe der Grenzstadt Mount Hagen im Hochlandtal des sich windenden Wahgi-Flusses stammen, wo Jack Golson von der Australian National University in Canberra und seine Mitarbeiter eine der ehrgeizigsten Untersuchungen des Gartenackerbaus durchführen, die jemals begonnen wurden.

Das Projekt begann etwa vor zehn Jahren mit der Entdeckung hölzerner frühgeschichtlicher Gegenstände in einem Sumpf, der zum Anbau von Tee entwässert wurde. Begraben unter bis zu zwei Meter mächtigem feuchtem Torf lagen wohlerhaltene Grabstöcke, Zaunpfosten und ruderförmige Spaten; in einem der Dorfbewohner rührten sie Erinnerungen wach. Er wußte genau, was mit ihnen anzufangen war, und gab an Ort und Stelle eine Vorführung, indem er einen angespitzten Grabstock zum Herausheben tiefsitzender Wurzeln und einen Spaten zum Ziehen von Parzellenlinien, zum Torfstechen und Graben kleiner Löcher verwendete. Der Spaten ist identisch mit den Spaten, die er in seinem Tal vor 40 Jahren gebraucht hatte, ehe die Europäer kamen. Werkzeuge genau wie der Grabstock, der etwa 2300 Jahre alt ist, werden heute noch gebraucht.

Unter dem Torf erschienen Spuren von prähistorischen Gräben, manche vier Meter breit und vier Meter tief, die unter und über modernen Gräben verliefen und im Schwarzerdeprofil deutlich sichtbar waren. Dieses Entwässerungssystem und ein ähnliches Netz, das während der vergangenen wenigen Grabungsperioden auf der Kuk-Teeforschungsstation, einer 770 Morgen großen Plantage, zehn Kilometer entfernt aufgedeckt wurde, könnten Teile eines größeren integrierten Systems sein. Die ersten Gräben könnten vor 6000 Jahren gegraben worden sein, der allgemein anerkannten Zeit für die Begründung des Ackerbaus auf dem Hochland von Neuguinea.

Golson vertritt ein noch früheres Datum. Er nimmt an, daß die ersten Feuerrodungs-Ackerbauern an den Hängen der Hügel über den Kuk-Sümpfen die Büsche beseitigten, dabei den Mutterboden den unmittelbaren schweren Regenfällen aussetzten und so die Erosion steigerten. Ablagerungen von grauem Ton, die man in den Sümpfen fand, waren wahrscheinlich die Hügel hinuntergespült worden, nachdem diese gerodet waren, und begannen sich vor 9000 Jahren zu bilden. Noch frühere Spuren sind in Form von Höhlen vorhanden, die unter dem Ton entdeckt wurden, wahrscheinlich Orte, wo prähistorische Schweine suhlten. Einige der Höhlungen enthalten Tröge und Pfahllöcher, was darauf hinweist, daß die Tiere manchmal in ihren Suhlen festgebunden waren, um sie aus den Gärten herauszuhalten. Das Vorhandensein von Schweinen, unmittelbar nachgewiesen durch Überreste, die mindestens 6000 und vielleicht bis zu 10000 Jahre alt sind, ist eines der sichersten Anzeichen für Ackerbau in Neuguinea, da sie Festlandtiere sind und in Booten hereingebracht werden mußten.

Untersuchungen der heutigen Äcker in einem Tal, das über 480 Kilometer westlich gelegen ist, können Einsichten in die Art der Landbebauung geben, wie sie vor langer Zeit im Wahgi-Tal praktiziert wurde. Dort wird die Feldfrucht an den Hängen und in den Niederungen angebaut, und zwar mit Hilfe von Dämmen, Erde zurückhaltenden Steinwällen und anderen fortschrittlichen Wasserkontrollverfahren. Werden Anzeichen für ähnliche Techniken in den frühen Schichten von Kuk oder anderswo entdeckt, so wird das ein positiver Beweis dafür sein, daß die Hochländer von Neuguinea schon weit früher, als bisher vermutet wurde, sich mit fortgeschrittener Gemeinschaftsplanung befaßt hatten.

Die Zeugnisse weisen auch auf eine beträchtliche Aktivität entlang den Küsten hin. In der Frühgeschichte spielte Neuguinea eine Doppelrolle, nach innen und nach außen. Es war ein Ort, wo die Menschen der See den Rücken kehrten und tief in das Innere vorstießen, wo sie ein Leben auf Lichtungen am Rande finsterer Wälder erlernten. Es war aber auch ein Sprungbrett, ein Platz, den man für Reisen zu neuen und fernen Ländern zurückließ, einer der hauptsächlichen Ausgangspunkte für frühgeschichtliche Erforschungen des Pazifik.

Vor den Forschungsfahrten über große Entfernungen muß es beträchtliche Aktivitäten in den örtlichen Gewässern gegeben haben. Historische Aufzeichnungen beschreiben regionale Handelssysteme, die uralte Ursprünge haben, wie beispielsweise den berühmten »Kula-Ring«, die Ringkette, die die Trobriand-Inseln und benachbarte Archipele vor der östlichen Landspitze Neuguineas einschließt. Ein- oder zweimal im Jahr bringen die Menschen, die zu dem Ring gehören, ihre Kanus zu Wasser und segeln über bis zu 320 oder mehr Kilometer offener See zu anderen Inseln dieses Systems. Bei der Ankunft tragen sie Gaben für die Handelspartner, wobei die Art des Geschenks von der Richtung abhängt, aus der sie kommen. Leute, die im Uhrzeigersinn segeln, schenken Halsgehänge aus roten Muscheln von der Spondylus- oder Dornenauster, einer Spezies, die von Schwimmtauchern an den Korallenriffen gesammelt werden; Leute, die gegen den Uhrzeigersinn segeln, schenken Armbänder aus Weißmuscheln. Diese seltenen und hochgeschätzten Schmuckstücke dienen als Goodwill-Gaben, die eine Atmosphäre der Freundschaft schaffen. Carol und Melvin Ember vom Hunter College vergleichen diese Handlungsweise mit »dem zeremoniellen Austausch von Moschusochsen und Pandas ... zwischen den Vereinigten Staaten und China«. In beiden Fällen dient das Ritual als Einleitung zu hartem Feilschen und Handeln; denn die Kanus der Inselbewohner enthalten noch viel mehr außer den Muschelgeschenken. Sie sind randvoll mit Töpferarbeiten, Yam, Fisch, Taro, Schweinen und anderen praktischen Dingen. In frühgeschichtlicher Zeit folgten solchen örtlichen Fahrten wahrscheinlich weiter reichende Reisen. Von seiner Lage gerade unterhalb des Äquators blickt Neuguinea hinaus auf den größten Ozean der Welt, wo die spektakulärste Szenerie unter Wasser liegt. 320 Kilometer vor seiner nordöstlichsten Küste stürzt der Boden des Ozeans vom 30-Meter-Pegel des Kontinentalsockels hinab in einen Graben, einen Spalt in der Erde, der über achteinhalb Kilometer tief ist. In allen Richtungen ist der Boden mit Bergen übersät, von denen die überwiegende Mehrheit völlig untergetaucht ist, manche nur fünf bis zehn Meter unter der Wasseroberfläche liegen oder kaum überspült werden. Ein kleiner Teil der Bergspitzen durchbricht die Wasseroberfläche, und dies sind die 7000 Inseln Ozeaniens.

Die Menschen zogen von Insel zu Insel, wie ihre Vorfahren, die Landratten auf den Kontinenten, von Tal zu Tal gezogen waren, in einem Prozeß, der aus Abenteuerlust, Notwendigkeit und manchmal auch Verzweiflung geboren wurde. Da war immer die Erregung der zu erwartenden Risiken, der Nervenanspannung und des Aushaltens bis an die Grenze des Möglichen. Wettfahrten und »Herausforderungs«-Reisen bis jenseits des Horizonts – vielleicht auf der Ausschau nach neuen Inseln, von denen Segler erzählten, die vom Kurse abgetrieben worden waren und zurückkehrten – boten eine ideale Möglichkeit, etwas zu tun, was niemals zuvor getan worden war. Sie lieferten auch zahlreiche Gelegenheiten, neuentworfene Kanus und Segeltaktiken auszuprobieren.

Viele spielerisch erworbene Erfahrungen wurden in ernsthafte Bemühungen umgesetzt, besonders wenn der nötige Druck vorhanden war. Die Erfahrungen gingen in den Entwurf von Kanus ein, die bis zu 30 Meter lang waren, mit Auslegern und zwei oder mehr Rümpfen, für Kriege, Überfälle und Handel sowie für die Suche nach neuen Außenposten, wobei alles sehr geschickte Navigation erforderte. Und so war es auch mit Reisen in ein freiwilliges oder halbfreiwilliges Exil, die von Spannungen an den heimatlichen Küsten veranlaßt wurden. In Zeiten drohender Hungersnot, wenn Krankheit oder Wirbelstürme die Ernten ruinierten, mußten manche Leute ihre Inseln verlassen, oft vom Segen und der Ermutigung seitens der Priester begleitet, und einige dieser Reisen mögen erfolgreich beendet worden sein mit Landungen auf bewohnbaren Inseln.

Das meiste des Seefahrerwissens, das während der frühgeschichtlichen Zeit angesammelt wurde, ist verlorengegangen. Neuere Untersuchungen, weitgehend basierend auf Reisen und Interviews mit Seefahrern, versiert in der Kunst des Steuerns ohne Kompaß oder Seekarten, haben einen Teil dessen, was übrigblieb, wiederentdeckt, und das ist beeindruckend. Vertraute Orte existieren am Himmel, Sterne und Sternbilder, nach denen man steuern kann – und in dem Ozean Seemarkierungen wie Korallenriffe, die sich auf Bergspitzen aufgebaut haben, einige über zehn Meter unter Wasser und doch deutlich sichtbar in den klaren tropischen Gewässern. Sie werden mit einem Blick im Vorbeifahren erkannt, so wie ein Reisender auf dem Land die Konturen und Eigenarten vertrauter Hügel und Täler erkennt. Am Tage können die Riffe zwei oder drei Kilometer voraus durch die verräterischen Schaumkronen und einen Wechsel in der Farbe des Wassers von Blau nach Grün ausgemacht werden. In der Nacht verursachen die schaumgekrönten Wellen ein charakteristisches »Unbehagen« oder eine Rauhigkeit in der Bewegung des Kanus.

Das ist nur ein Beispiel für die hohe Kunst des Wellenlesens. Ein kleines Boot dient als empfindliches Instrument, eine Art von natürlichem Seismographen für jene, die »eingestimmt« sind auf die von ihm aufgenommenen Schwingungen. David Lewis, ein Forscher an der Australian National University und selbst ein erstklassiger Steuermann, hat sehr viel über »Wellenbotschaften« von alten eingeborenen Seefahrern gelernt, während sie seine 11,7 Meter lange Ketsch oder auch ihre eigenen Kanus führten.

Auf offener See können sie nach dem Rhythmus einer sanften Meeresdünung steuern, die von Südost heran- und unter dem Fahrzeug vorbeirollt. Sogar bei Stürmen, wenn wechselnde hohe Winde Querwellen aufwühlen, können sie auf Kurs bleiben, indem sie diesen Rhythmus als ständiges Signal spüren, das zwar schwach, aber doch noch deutlich durch die Unruhe ankommt. Unter Bedingungen geringer oder gar keiner Sicht gebrauchen sie einen anderen Rhythmus, um eine 30 oder mehr Kilometer entfernte Küstenlinie aufzuspüren. Wenn eine Dünung auf eine Insel aufläuft, erzeugt sie schnellere und kleinere reflektierte Wellen, die zurücklaufen an das Fahrzeug und somit das Vorhandensein und die Richtung einer nahe gelegenen Insel anzeigen.

Wellen, die durch ihre steilen scharfen Profile starke Strömungen anzeigen, Seeschwalben, die 30 bis 40 Kilometer von ihren Nestern auf Koralleninseln entfernt nach Fischen tauchen, Wolken, die dazu neigen, über Lagunen grünlich und über Küstenstrichen aus weißem Sand oder über Brandung ungewöhnlich hell oder weiß zu sein – dies alles sind einige der anderen Zeichen, von denen Lewis während seiner Reisen etwas gelernt hat. Eines Nachts zeigte man ihm flackernde Lichtstreifen und aufflammende Phosphoreszenz bis zu 20 Meter tief, ein »Unterwasser-Blitzen«, das weit draußen auf See in sich gabelnden Mustern erscheint, sich in Richtung auf Land bewegt und wieder verschwindet, wenn das Land gesichtet wird.

Seine Untersuchungen zeigen, wie erfahrene Seeleute durch ihre Beobachtungsgabe, ihre Überlegungen und ihr Gedächtnis Land in

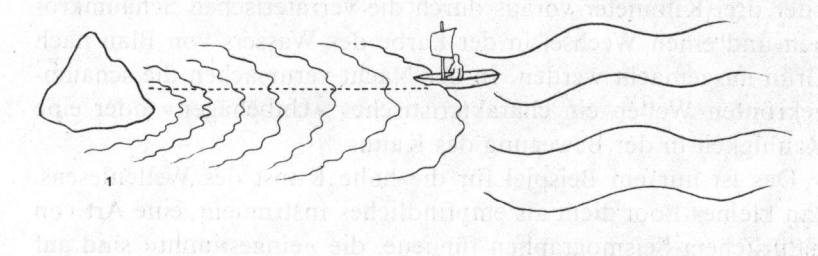

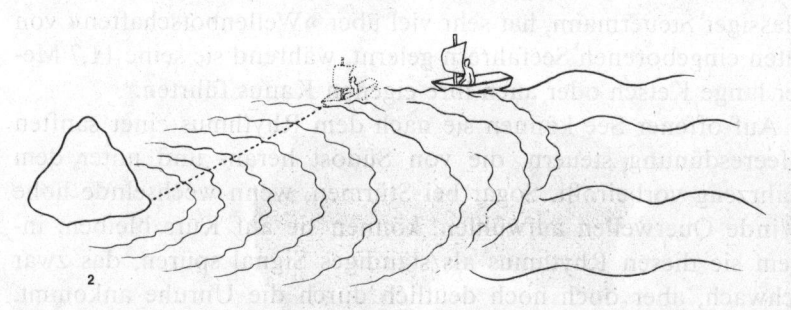

Steuern nach reflektierenden Wellen: (1) Wellen kommen von vorn, Kurs wird beibehalten; (2) Wellen schlagen an der Seite des Kanus an, Richtung wird entsprechend geändert.
(Quelle: Mona Marks)

ASIA
ALEUTIAN IS
KURILE IS
JAPAN
MARIANAS
PACIFIC
PHILIPPINE ISLANDS
MICRONESIA
CAROLINE ISLANDS
MARSHALL IS
Puluwat
Ponape
GILBERT IS
SUMATRA
BORNEO
JAVA
NEW IRELAND
NEW GUINEA
NEW BRITAIN
SOLOMON IS.
SANTA CRUZ ISLANDS
TROBRIANDS IS.
NEW HEBRIDES
FIJI IS.
NEW CALEDONIA
Lapita
MELANESIA
AUSTRALIA
Auckland
NEW ZEALAND
TASMANIA
SCALE
0
500
MILES

…iedelung des größten Ozeans der Welt: die Ausbreitung in den Pazifischen
…an von 3000 bis 1500 v. Chr., die ihren Höhepunkt auf den Hawaii-Inseln er-
…hte.
…elle: Vantage Art Inc.)

der offenen See auffinden. In Anbetracht der aus vergangenen Zeiten angehäuften Anhaltspunkte ist ein Experte fast sicher, eine Insel zu entdecken, wenn er nur innerhalb von 50 Kilometern an ihr vorbeifährt, was tatsächlich zu ihrem wirklichen Durchmesser zusätzliche 100 Kilometer hinzufügt. Jede Insel wird zu einem »erweiterten Ziel«, und da die aufspürbaren Entfernungen vieler Inseln sich überlappen, entsteht der Eindruck von massiven Landblöcken. In den 300 Fidschiinseln bilden die sich überlappenden Formen tatsächlich eine Superinsel von 315 000 Quadratkilometern, etwa das Gebiet des Staates New Mexico.

Wie ihre wenigen übriggebliebenen Ebenbilder hatten die prähistorischen Seefahrer das Wissen, um vertrauensvoll über den weiten Pazifik zu ziehen. Sich in unbekannte Gewässer vorwagend, steuerten sie nach Sternen und Wellen, behielten Inseln und Riffe in ihrem Gedächtnis und trugen sie auf Karten ein und mußten wegen der Verteilung von Inseln kaum jemals mehr als 450 bis 550 Kilometer ohne Landung fahren. Im Jahre 1976 wurden neue Anstrengungen unternommen, einige der Seefahrerkenntnisse, die mit ihrem Dahingehen verschwunden waren, wieder zu erlernen. Eine hawaiianische Crew mit ihrem Captain Kawika Kapelehua von der Polynesian Voyaging Society (Polynesische Reisegesellschaft) segelte erfolgreich mit einem besonders angefertigten 20 Meter langen Doppelrumpf-Kanu nach Tahiti und zurück.

Um 6000 v. Chr. gab es Menschen, vermutlich von Neuguinea, auf den benachbarten Inseln von Neu-Irland und vielleicht Neu-Britannien und den westlichsten Salomonen. Die große Ausbreitung in entferntere Regionen kam später, zwischen 3000 und 1500 v. Chr. beginnend, mit dem Bevölkerungsdruck, der näher am asiatischen Festland entstand. Immer wieder mußten Familien aus dem nordöstlichen Indonesien, von den Philippinen und von Taiwan wegziehen, wahrscheinlich wegen Überbevölkerung, und schifften sich nach Orten im Westen und Süden ein. Einige ihrer Nachkommen landeten an den Küsten von Inseln in der Region von Neuguinea; andere gingen auf den Neuen Hebriden und weiter östlich an Land. Sie brachten Nahrungsmittel mit, Spezies, die ursprünglich in Südostasien domestiziert worden waren, darunter Taro, Yam, Bananen, Kokosnüsse, Brotfrucht, Schweine, Hühner und Hunde.

Sie hinterließen Spuren ihrer Wanderung. Zu ihren Werkzeugen gehörten Krummäxte aus den Schalen von Riesen-Venusmuscheln, die an Äxte erinnern, wie sie über ein Jahrtausend früher auf den Philippinen gebraucht wurden; durchbohrte Haifischzähne, gelegentlich Walfischzähne, Feilen aus Stein und Korallen, Graviergeräte aus Eberhauern und Steinschleudern. Sie stellten Lapita-Keramik her, so genannt nach der Fundstelle an der Westküste von Neukaledonien und bekannt wegen ihrer kunstvollen Labyrinth-, Halbmond-, Bogen- und Dreieckmuster, die mit einem Stempelwerkzeug hergestellt wurden. Tätowierung wurde praktiziert, wie aus Tätowiernadeln und einem Stück Ton, das wahrscheinlich eine Figurine mit verzierten Gesäßbacken darstellte, hervorgeht. Wellenreiten, eine verbreitete Sportart in Ozeanien mit einem uralten Ursprung, kann populär gewesen sein.

Roger Green von der University of Auckland, Neuseeland, hat eine Reihe von Orten mit solchen Überresten gefunden. Es gibt Fundstellen auf Koralleninseln des Archipels von Santa Cruz östlich der Salomonen, wo sich die Dorfbewohner an eine »ausgebeutete Umwelt durch Importe über große Entfernungen« angepaßt haben. Etwa von 1300 v. Chr. an erhielten sie Obsidian und einen feuersteinähnlichen Stein sowie andere Werkstoffe, die von Inselgruppe zu Inselgruppe »weitergereicht« wurden und aus Quellen stammten, die bis zu 950, ja sogar 1900 Kilometer westwärts lagen.

Nach Aufzeichnungen des 19. Jahrhunderts entwickelte sich der Handel auch innerhalb eines Archipels. Örtliche Seefahrer unternahmen häufige Reisen von 160 oder weniger Kilometern, um Kanus, Nahrungsmittel, Frauen, Muschelschmuck und Textilien zu tauschen. Oft bezahlten sie die Güter mit roten Federn von Vögeln von einer der südlichsten Inseln. Übrigens war es auch in den Gewässern von Santa Cruz, wo Lewis zu erstenmal das Phänomen von Unterwasser-Phosphoreszenz erblickte.

Die Ausbreitung über Ozeanien dauerte an. »Lapita«-Menschen, die Leute, die die deutlich erkennbare verzierte Keramik und zugehörige Gegenstände gebrauchten, zogen auf weiter östlich gelegene Archipele. Green stellt fest, daß viele ihrer Orte auf Halbinseln oder auf kleinen Inseln vor den Küsten von größeren gefunden werden, auf jenen Plätzen also, von denen man annimmt, sie wurden von Seefahrern gewählt. Spätestens um 1200 v. Chr. hatten sie bereits die Fidschiinseln erreicht – und darüber hinaus die Tonga- und Samoainseln am westlichen Rand von Polynesien,

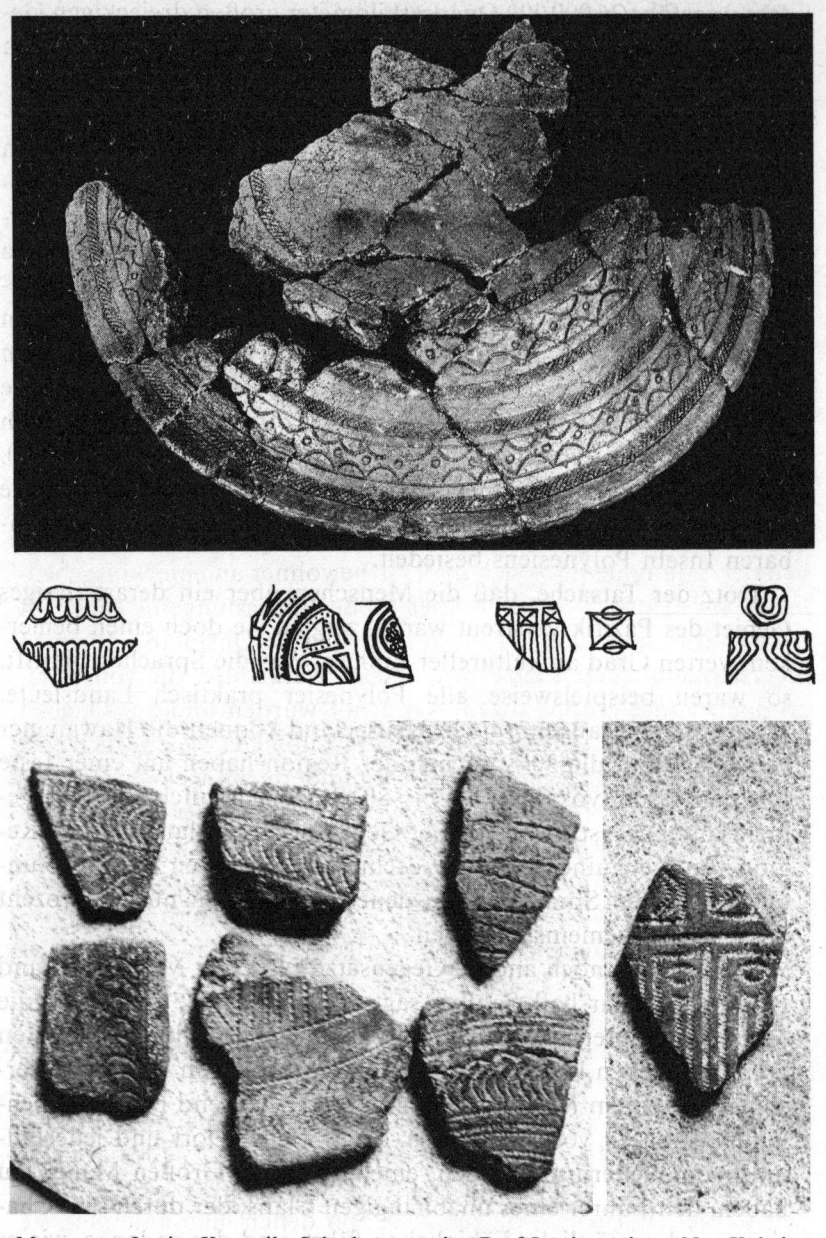

Muster von Lapita-Keramik: Scherben von den Reef-Inseln und aus Neu-Kaledonien.
(Quellen oben: Roger Green, University of Auckland, New Zealand; Mitte: Mona Marks; unten: Richard Shutler, Jr. University of Iowa)

dem ungefähr 26 000 000 Quadratkilometer großen dreieckigen Gebiet des Ozeans mit Hawaii, Neuseeland und die Osterinseln an den Ecken.

Ihre Nachkommen und andere Leute benötigten etwa zwei Jahrtausende, um den Rest von Polynesien zu erforschen, wobei sie in der Art einer Springprozession zunächst zu entfernteren Inseln zogen und dann rückwärts gehend zu näheren Inseln kamen. Sie erreichten die Marquesas fast 8000 Kilometer östlich von Neuguinea um das Jahr 300, brachten Töpferwaren mit, die mit Quarzsand gehärtet waren, der bis zu den Fidschiinseln zurückverfolgt worden ist. Landungen könnten zur gleichen Zeit auf Hawaii stattgefunden haben, ein Jahrhundert später auf den Osterinseln (wozu eine Reise von etwa 1750 Kilometern über das offene Meer erforderlich war), auf Neuseeland um 750 oder etwas später. Um das Jahr 1000, als Leif Ericson und seine Normannen irgendwo vor der Küste von Labrador oder Neuengland segelten, waren fast alle bewohnbaren Inseln Polynesiens besiedelt.

Trotz der Tatsache, daß die Menschen über ein derart riesiges Gebiet des Pazifik verstreut waren, zeigten sie doch einen bemerkenswerten Grad an kultureller Einheit. Was die Sprachen betrifft, so waren beispielsweise alle Polynesier praktisch Landsleute. Maori-Stammesangehörige in Neuseeland können die Hawaiianer verstehen, und die 30 Sprachen der Region haben auf einer Liste mit den Grundvokabeln 60 bis 80 Prozent ähnliche Wörter gemeinsam. Dies ist ein deutlicher Gegensatz zu Melanesien, der Region von Neuguinea zu den Fidschiinseln mit ihren über 1000 unterschiedlichen Sprachen, von denen die meisten nur 15 Prozent ihrer Wörter gemeinsam haben.

Es gibt auch noch andere Gegensätze zwischen Melanesien und Polynesien. Marshall Sahlins sagt, die allgemeine Regel für die Melanesier lautet: »klein, getrennt und gleichgestellt«. Die meisten von ihnen leben in selbstverwalteten Gruppen von 70 bis 300 Personen mit einem Maximum von mehreren tausend bei den Hochlandbewohnern von Neuguinea. Jedes kleine Dorf und jede Ballung von Weilern neigt dazu, einen eigenen »Großen Mann« zu haben, den Führer eines unabhängigen Clans, der durch sein Charisma und persönliche Fähigkeiten führt, und das so lange, wie er den Respekt seiner Mitmenschen fordern kann.

In Polynesien andererseits ist das Maß aller Dinge groß und ungleich. Verstreute Gemeinschaften von 2000 bis 3000 Personen sind üblich, und die größte kann 30000 oder noch mehr zählen. Die Kontrolle solcher Gruppen, das Verringern von Konflikten und die Lösung von Konflikten, wenn sie einmal entstehen, sowie die Organisation des Nahrungsflusses verlangen ein formelleres und institutionalisiertes Führertum. Polynesien ist eine Welt der Hierarchien, von Clans und Häuptlingen. Nach Sahlins wurden »die Führungsqualitäten, die in den Männern von Melanesien vorhanden sein mußten, die persönlich demonstriert werden mußten ... um loyale Gefolgsleute anzuziehen, in Polynesien gesellschaftlich dem Amt und dem Rang zugeordnet«. Diese Unterschiede hatten uralte Ursprünge. Die Geographie, die Art des Landes, war teilweise verantwortlich. Das melanesische Muster entwickelte sich auf großen Inseln wie Neuguinea, besonders in durch Schluchten getrennten Hochlanddörfern, wo eher die Tiefe als Entfernungen die Menschen getrennt hielt. In einem solchen Terrain ist eine wirkungsvolle tägliche Kommunikation schwierig genug, sogar heute noch. In prähistorischer Zeit war sie unmöglich, und die Melanesier neigten dazu, ihren uralten Lebensstil mit dem »Großen Mann« und den kleinen Gruppen beizubehalten, wo immer sie auch hinkamen.

Was zur polynesischen Lebensweise wurde, entstand ebenfalls in Melanesien, doch die Ausgangssituationen waren ganz anders als in Neuguinea. Sie entwickelte sich hauptsächlich auf kleinen Inseln wie jenen des Archipels von Santa Cruz und den östlichen Fidschis, die man ja das Heimatland der Proto-Polynesier genannt hat. Kleine Inseln bieten wenig Raum zum Verstecken. Die Dinge spielen sich zwangsläufig offen ab, das Land ist begrenzt, gutes Ackerland ist noch mehr beschränkt. Die Bevölkerung kann sich sehr schnell vermehren, teilweise weil die Inseln gesunde Orte sind, isoliert von den meisten Krankheiten der Welt, oder weil die langen Reisen in offenen Booten von den schwächeren Auswanderern nicht überlebt wurden.

Das Überleben hing von der Kontrolle der Landnutzung und der Nahrungsteilung ab. Es hing auch von den drastischen Maßnahmen ab, die zu ergreifen waren, wenn die Bevölkerung über die Kapazität des Landes, sie zu ernähren, hinauswuchs – erzwungene Reisen und manchmal Massaker, die gewöhnlich als der Wille der Götter sanktioniert wurden. Die Beschäftigung mit dem Versor-

Steinköpfe auf den Osterinseln.
(Quelle: American Museum of Natural History)

gungsdruck war einer der Faktoren, die beim Entstehen zentraler Autorität eine Rolle spielten. Peter Bellwood von der Australian National University behauptet, daß eine einzige Gesellschaft der frühgeschichtlichen Polynesier entsprechende Institutionen »irgendwo an der westlichen Peripherie Polynesiens« entwickelte und daß ihre Nachkommen »an diesem System mit bemerkenswerter Zähigkeit festhielten«.

Unter den Kennzeichen des Systems sind Überreste von Tausenden von offenen Höfen oder Plätzen, von heiligen rituellen Orten mit erhöhten Steinplattformen und aufrechtstehenden Steinplatten, recht ähnlich jenen Megalithen des prähistorischen Europa. Als eine Verfeinerung der Tradition der aufrechten Steine gelten die großen Steinstatuen auf einigen Inseln, einschließlich Pitcairn – berühmt durch die »Meuterei auf der Bounty« –, der Marquesas und der am meisten publizierten Osterinsel, die Renfrew mit Malta vergleicht, einem Ort, wo frühe Häuptlinge Menschen für den Bau beeindruckender Monumente mobilisierten. Zehn vor kurzem entdeckte Plätze sind auf einem Atoll nördlich von Tahiti ausgegraben worden, und zwar mit Hilfe von Geldern, die vom Besitzer des Atolls, Marlon Brando, zur Verfügung gestellt wurden. Eines der

Ponape, Karolinen-Inseln: Mauer aus prismaförmigen Basaltblöcken, anscheinend auf Flößen auf die Insel gebracht.
(Quelle: Clifford Evans und Betty J. Meggars, Smithsonian Institution)

spektakulärsten Bauwerke in Polynesien war auf Tahiti selbst gelegen, eine zehnstufige Steinplattform oder Pyramide, die etwa 80 Meter lang und fünf Stockwerke hoch ist und im 18. Jahrhundert erbaut wurde. (Nur um daran zu erinnern, daß monumentale Architektur nicht auf Polynesien beschränkt ist: Die Insel Ponape in den Karolinen, etwa 6400 Kilometer nordwestlich von Tahiti, weist einen 170 Morgen großen Bezirk mit Grabmälern und Plattformen auf, die aus prismaförmigen Basaltstücken erbaut sind.)

So viel ist neuerdings in Polynesien geschehen, daß historische Aufzeichnungen wie auch die Archäologie bedeutsame Einsichten in die Evolution von Komplexität gewähren. Das Tempo der Er-

Maori-Hügelfestungen, Neuseeland.
(Quelle: Richard Cassels, University of Auckland)

eignisse neigt allerdings dazu, das Bild etwas zu verwischen. Die gesamte Geschichte von Neuseeland ist in ein Jahrtausend oder noch weniger hineingepackt, beginnend zwischen 750 und 1000 n. Chr., als Reisende von tropischen Inseln im Nordosten ankamen, und endend im Jahre 1769, als Captain James Cook von der Royal British Navy in der Bay of Islands festmachte.

Die Ureinwohner Neuseelands, die Maoris, kamen mit Kenntnissen von Ackerbau hier an, mit Taro und anderen domestizierten Spezies. Wenn auch ihre ersten Bemühungen dahingegangen sein mußten, diese Pflanzen an die neue, kältere Umwelt anzupassen, ignorierten sie doch nicht wildgedeihende Nahrung – Vögel, besonders den straußenähnlichen Moa (der schließlich bis zum Aussterben gejagt wurde), Robben, Delphine, Aale, Wassergeflügel und über 70 wilde Pflanzen, besonders die dicken, stärkehaltigen unterirdischen Stengel eines Farnkrauts.

Um das 14. Jahrhundert war der natürliche Reichtum der Insel ernsthaft erschöpft. Ackerbau wurde immer wichtiger, als die Maori-Bevölkerung weiter auf 100 000 anstieg, die geschätzte Gesamtzahl zum Zeitpunkt des Kontaktes mit Europa. Die Süßkartoffel, eines von vielen Nahrungsmitteln, wurde zum Hauptnahrungsmittel. Die Menschen bereiteten ausgesuchte Felder besonders für die Feldfrucht vor, indem sie Sand und Kies sowie Holzkohle über den Boden streuten, um die Fruchtbarkeit, den Wärmerückhalt und die Entwässerung zu erhöhen. Etwa 5000 Morgen von diesem künstlichen »Maori-Boden« sind in einem Gebiet entlang eines Flusses südlich von Auckland gefunden worden.

Mit wachsender Bevölkerung und vermehrtem Ackerbau wurden auch die Kriege häufiger. Anzeichen für uralte Spannungen kann man noch in Auckland selbst von der Spitze des Mount Eden erkennen, einem in Terrassen aufsteigenden Vulkankegel über der Stadt. Mount Eden diente einstmals als Festung wie viele andere Hügel, die sich unvermittelt aus der umgebenden Ebene erheben. Die meisten der geschätzten 4000 Maori-Festungen waren auf Hügeln entlang der Küste gelegen. Sie besaßen Gruben für die Aufbewahrung von Süßkartoffeln, Verteidigungsanlagen aus Erdwällen, hölzerne Palisaden und Kampfplattformen sowie Häuser im Inneren, die sich um ein zentrales Areal gruppierten, das wahrscheinlich besonderen Zusammenkünften und Zeremonien diente.

Es gab Hierarchien von Festungen, Siedlungen und Häuptlingen. Die ersten Forschungsarbeiten von Bellwood, Richard Cassels von der University of Auckland, Wilfred Shawcross von der Australian National University und Kathleen Shawcross vom neuseeländischen Department of Internal Affairs (Ministerium des Inneren) in Wellington weisen darauf hin, daß kleine Gruppen mit Unterhäuptlingen nahe bei oder in relativ kleinen Festungen lebten und im Falle dringender Not sich zurückziehen konnten in größere Festungen, die von Häuptlingen mit höherem Rang aus größeren Dörfern unterhalten wurden. In Zeiten allgemeiner Kriege oder eines drohenden allgemeinen Krieges kamen ganze Stämme von 2000 bis 3000 Personen zusammen und blieben gelegentlich offensichtlich auch zusammen. In wenigstens einem Fall war ein größeres Fort umgeben von Haufen von Häusern und etwa 200 Morgen Feldern, von Steinwällen eingefaßt, auf diese Weise eine dauerhafte Konzentration von Menschen unter einem Oberhäuptling bildend.

Die prähistorischen Maoris kamen anscheinend niemals an ein allumfassendes Bündnis oder eine Superhierarchie aller Oberhäuptlinge heran, an ein System also, das das ganze Land unter einen einzigen Führer gebracht hätte. Diese Entwicklung, der Weg zur Souveränität, geschah anderswo: in Tonga und Tahiti, unter anderen – und in gewisser Hinsicht gediehen die Dinge am weitesten etwa 7400 Kilometer von Neuseeland entfernt, in der nördlichsten Ecke des großen polynesischen Dreiecks, im Archipel von Hawaii.

Wegbereitende Familien, wahrscheinlich von den Marquesas im Südosten ausgehend, mögen den Archipel etwa 300 n. Chr. erreicht haben, das früheste bisher belegte Datum. Sie siedelten in flachen Küstengebieten und in tief eingeschnittenen Tälern, die aus den Bergen im Inneren herauskamen. In einer neueren Analyse berichtet Ross Cordy von der Universität von Hawaii, daß sie gewöhnlich Plätze entlang den Küsten wählten, die den vorherrschenden Passatwinden aus Nordost ausgesetzt waren, regenschweren Winden, die die Talhänge bewässerten und einen leichten Feuerrodungs-Ackerbau ermöglichten. Sie zogen Schweine auf und fischten mit charakteristischen Perlmuschel-Haken, Schleppangeln und speziellen Krakenködern.

Von hier ab ist die Geschichte vertraut – einfache Anfänge und wachsende Komplexität mit einem Bevölkerungsanstieg als einer der treibenden Kräfte. Archäologisch beinhaltet die Veränderung mehr und mehr Fundstellen in Randgebieten, trockenere Orte, die das Anlegen von Terrassen erforderten und eine Bewässerung in großem Stil, um einen höheren Ertrag an Taro, Süßkartoffeln und anderer Feldfrucht zu erbringen. Zu den unmittelbaren Beweisen für das Aufkommen politischer Konzentration in großem Maßstab gehören das Auftauchen großer Tempel und Häuserkomplexe. Eine Reihe von geschnitzten Walzahngehängen zeigen hohen Rang an, so sicher wie fünfsternige Armee-Rangabzeichen, da nur Häuptlinge die Gehänge tragen durften.

Diese Art von Zeugnis geht auf das frühe 17. Jahrhundert zurück, doch eine fortgeschrittene Autorität irgendeiner Art muß mindestens ein oder zwei Jahrhunderte davor existiert haben, als die Bevölkerungszahl der Insel wahrscheinlich einen Höhepunkt von etwa 250000 Personen erreichte. Zu diesem Zeitpunkt hatte sich die Entfernung zwischen Häuptling und Volk von einer geringen Lücke zu einer enormen Kluft vergrößert. Marion Kelly vom Bishop Museum in Honolulu faßt zusammen, was geschah: »Der Hohe Häuptling spielte einmal eine führende Rolle beim Pflanzen, beim Bau von Bewässerungsgräben und Terrassen, beim Fischen und so weiter. Diese Rolle ging allmählich auf geringere Häuptlinge über, während die Hohen Häuptlinge sich in zunehmendem Maße mit Tempelriten befaßten – und sich zunehmend mit der Anbetung von Kukailimoku, dem Gott des Krieges, und der militärischen Eroberung, beschäftigten.«

Zur Zeit des Kontaktes mit Europa, gekennzeichnet durch die Ankunft des überall zu findenden Captain Cook im Jahre 1778, wurden die acht Hauptinseln Hawaiis von vier Oberhäuptlingen beherrscht, von denen jeder vielleicht 200 bis 300 Diener und Berater sowie 25000 bis 100000 Untertanen besaß. Auf der nächstniederen Ebene gab es 33 Verwaltungs-Unterhäuptlinge, die für die gleiche Zahl von Bezirken verantwortlich waren, zu denen bis zu einem Dutzend Täler gehörten, die die Form von Stücken eines Kuchens hatten, mit einer weitgeschwungenen Ozeanfront und einer Spitze, die mit den anderen im Inneren des Landes in den Bergen zusammenkam. Im Rang unter den Verwaltern waren die Bezirksbeamten oder Haushälter, die sich um die Angelegenheiten der einzelnen Täler, die kleinen Kuchenstücke, zu kümmern hatten – und natürlich bildeten die Händler und die Landarbeiter die unterste Ebene der sozialen Pyramide.

Die Oberhäuptlinge herrschten durch göttliches Recht. Tatsächlich waren ihre Rechte, nach dem von ihren Untertanen verlangten Verhalten, beträchtlich mehr göttlich als die der meisten Könige. Der Grad der Ehrfurcht und Demut, der einem Oberhäuptling zukam, stieg in Polynesien und anderswo häufig zu bemerkenswerten Proportionen an, scheint aber in Hawaii ein Extrem erreicht zu haben. Wenn er vorbeikam, warfen sich die Leute auf den Boden, die Gesichter im Staub. Sie taten dies auch bei Captain Cook, als er landete, weil sie ihn irrtümlich für einen Gott hielten (obwohl sie sich erhoben und ihm folgten, sobald er seinen Rücken kehrte). Ihr Schatten durfte nicht auf den Häuptling oder eines seiner Besitztümer fallen. Verstöße wurden durch Steinigung, Verbrennung oder Strangulierung geahndet.

Das Establishment – Südsee-Version – mag manchem frühen Besucher den Eindruck von Stabilität vermittelt haben, doch es hatte viele Konflikte in der Vergangenheit gegeben, und es sollten noch viele Konflikte kommen. Robert Hommon vom Bishop Museum zitiert Aufzeichnungen von elf Generationen von Königen auf der Insel Hawaii, die 500 Gemeinden, sechs Bezirke und sechs Oberhäuptlinge aufwies. Diese Zeitspanne von 275 Jahren erlebte die Position des Obersten zweiundzwanzigmal besetzt, sehr häufig als Ergebnis eines Kriegszuges. In nur acht Machtperioden war das gesamte Inselreich politisch vereinigt und in wenigstens drei Fällen durch einen Usurpator – d. h. durch jemand, der nicht der erste Sohn eines ersten Sohnes war, was der Tradition entsprach. Während der übrigen Zeit blieben einer oder mehr Häuptlinge aggressiv außerhalb der Koalition.

Ähnliche Situationen herrschten auf anderen Hawaii-Inseln. Eine chronische Instabilität war in das System eingebaut. In einer weitergehenden Untersuchung befaßt sich Sahlins mit den Gründen für solche Bedingungen, warum die Hawaiianer immer »an der Schwelle einer Spaltung« lebten. Vor allem war es ein gewaltiges Problem, Krieger zu ernähren und zu bewaffnen, die von ihrer »Heimatgarnison« entfernt waren. Das Hauptnahrungsmittel, Taro, ist sehr unhandlich, und ein Mann muß täglich über zweieinhalb Kilo davon essen, wodurch die Nachschublinien für die Unterstützung von Belagerungen durch Armeen von mehreren hundert oder tausend Kriegern ernsthaft überspannt wurden.

Hohe Häuptlinge ersetzten die niederen Häuptlinge, die mit den Menschen in den einzelnen Tälern verwandt waren, mit ihren eigenen Verwandten, ein berechneter Schachzug für die Zentralisierung der Kontrolle. Er zentralisierte aber auch den Konflikt. Wie schon bemerkt, ist kein Kampf bitterer als ein Kampf zwischen engen Sippengenossen, Blutsverwandten. Einzelheiten darüber, wie das System funktionierte, sind in Missionar-Aufzeichnungen vorhanden, in Staatsarchiven, Landurkunden und anderen Dokumenten, die zur Zeit von Sahlins und seinen Mitarbeitern studiert werden. Er führt aus, daß der Fall Hawaii breite Implikationen besitze, soweit das Verständnis für Bemühungen um die Erringung von Einheit betroffen ist: »Die Grenzen des Häuptlingswesens sind die Grenzen der primitiven Gesellschaft selbst. Wo ein Verwandter König ist, ist der König in letzter Analyse nur Verwandter und somit etwas weniger als königlich. Die gleichen Bande, die einen Häuptling mit der ihn tragenden Bevölkerung verbinden und ihm seine Autorität verleihen, binden am Ende seine Hände.« Hawaii wurde schließlich eine Zeitlang von einem Häuptling vereinigt, der europäische Waffen, Schiffe und politische Strategien gebrauchte. Später schwanden alle Häuptlinge und Stammesinstitutionen dahin.

XIV
DIE EVOLUTION DES RITUALS IN DER NEUEN WELT

Pioniere aus Sibirien/Die Debatte um Mais/
Heilige Plätze und Tempel/Der Aufstieg der Olmec/
Das rituelle Zentrum auf dem Tafelland/Kolossalköpfe/
Die Gegenwart der Olmec/
Die Sippen der Werjaguare und Feuerschlangen/
Handel mit Obsidian, Jade, Mantastacheln/
Die Verstümmelung von Monumenten

Die Menschen betraten die Neue Welt zum erstenmal während der Eiszeit, als die Meere bis zu über 100 Meter niedriger waren als heute. Sie kamen über eine sogenannte Landbrücke, tatsächlich eine über 1600 Kilometer breite Ebene, die in der Region der Beringstraße Sibirien mit Alaska verband. Niemand weiß, wann sie die Überquerung ausführten. Wie gewöhnlich bei fehlenden zwingenden Beweisen gibt es viele Schätzungen, alle von qualifizierten Forschern und alle ziemlich plausibel. Sie reichen von 15000 bis 100000 Jahre zurück.

Gerade jetzt ist eine Tendenz zu verzeichnen, das Ereignis in der Zeit zurückzuverlegen. In neueren Untersuchungen, die auf Analysen von Protein in fossilen Knochen basieren, kommt Jeffrey Bada vom Scripps Institution of Oceanography in La Jolla, Kalifornien, zu dem Schluß, »daß der Mensch in Nordamerika mindestens schon vor 50000 Jahren lebte«, und »vor 25000 Jahren«, einstmals als scharfe Schätzung angesehen, beginnt etwas konservativ zu wirken. Die Überquerungen konnten zu einem früheren Zeitpunkt bereits erfolgt sein, über Landrouten während der Eiszeiten oder sogar über Wasser. Die Beringstraße ist lediglich 80 Kilometer breit, mit zwei Inseln auf halbem Weg, und hätte mit dem Floß oder dem Kanu oder sogar einfach zu Fuß bewältigt werden können, da die Meerenge oft fest zufriert.

Pioniere aus Sibirien und ihre Nachkommen brachen schließlich auf aus Ländern mit Gletschern und Tundren im fernen Norden und breiteten sich über zwei jungfräuliche Kontinente aus. Innerhalb von vier oder fünf Jahrtausenden – nach den Modellen der

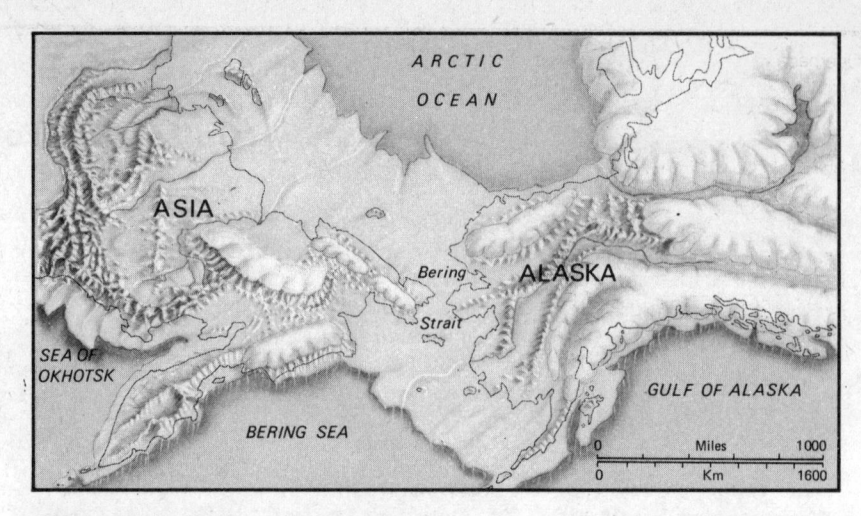

Hauptroute in die Neue Welt: Die Menschen betraten die beiden Amerikas in den vergangenen 20000 Jahren über die Bering-Landbrücke – und vielleicht 30000 oder mehr Jahre früher auf Flößen oder Kanus oder über das jahreszeitlich zugefrorene Wasser.
(Quelle: Vantage Art Inc.)

Ausbreitungswelle – waren sie über Prärien und Halbwüsten und über den langen Korridor, der sich von Mexiko über Panama nach Südamerika erstreckt, abwärts gezogen und erreichten dessen südlichste Spitze um 8000 v. Chr. Die Zeugnisse, die sie hinterließen, sind bemerkenswert, besonders wenn man sie mit dem Verlauf der Ereignisse in der Alten Welt vergleicht.

Die Menschen im Nahen Osten und in Mittelamerika, der Region, die den größten Teil des Korridors von Mexiko bis Guatemala einschließt, sowie in den Anden begannen während ungefähr der gleichen Zeit Spezies zu domestizieren. Wenn auch weitere Entwicklungen in etwas anderer Reihenfolge und mit unterschiedlichem Tempo eingetreten sein mögen, so beinhalteten sie doch dieselben Grundpressionen und Darstellungen von Macht – wachsende Populationen, die Zusammenballung von Menschen und Siedlungen und monumentale Werke, die von den Oberschichten zu ihrem eigenen Ruhm und dem Ruhm der Götter errichtet wurden. Es gab noch andere allgemeingültige, fast allgemeingültige gemeinsame Elemente in der Art und Weise, wie man das Universum betrachtete. Die Beschäftigung mit Ordnung, mit einem angemessenen Platz für alles, war in der Neuen Welt so in-

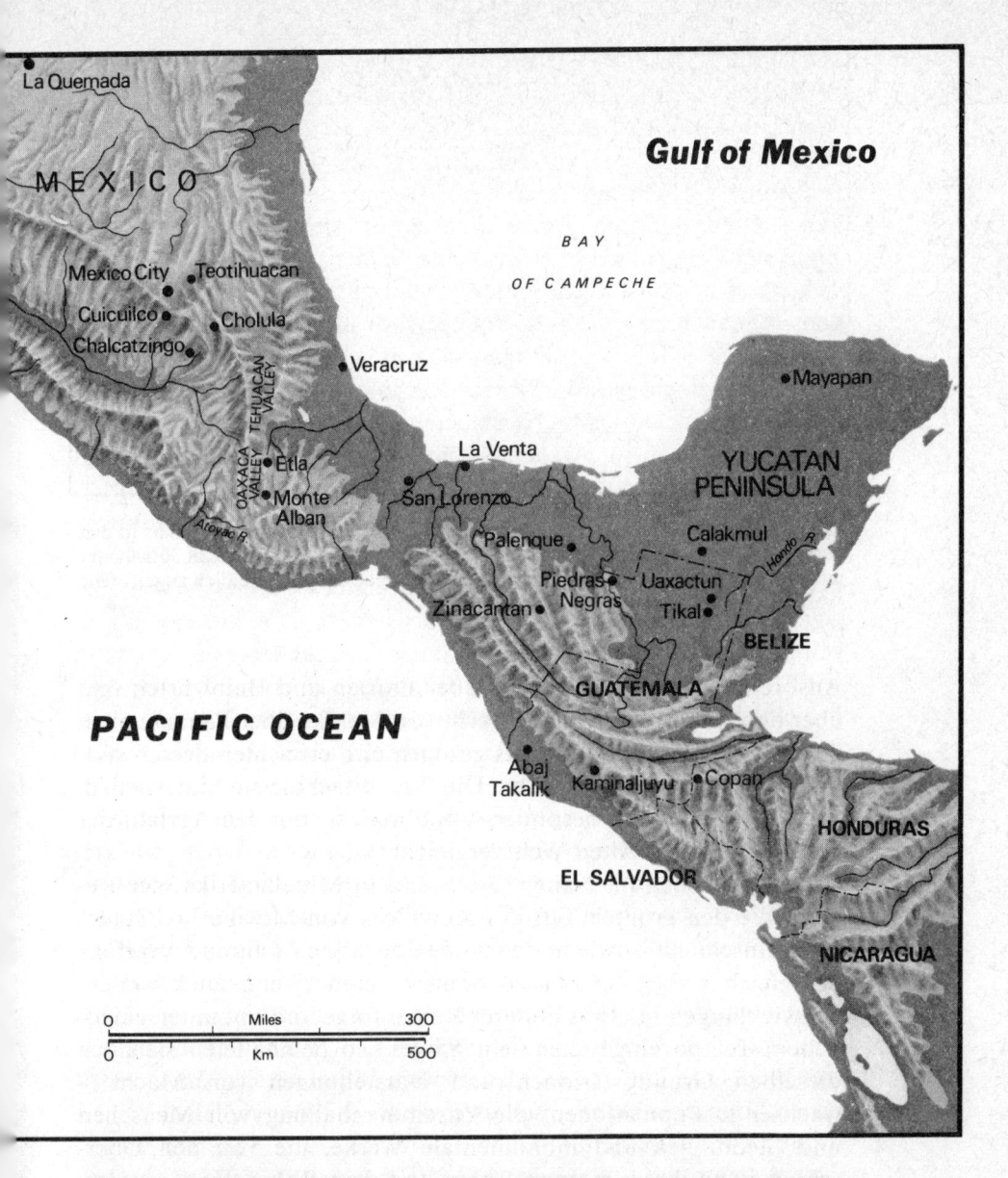

Macht in der Neuen Welt: Mittelamerika, mit den Tälern von Tehuacan und Oaxaca, wo die frühesten bekannten Dörfer und Kultbauwerke entdeckt worden sind; das Olmec-Gebiet entlang der Golfküste, wo frühgeschichtliche Kunst und Religion vor etwa 3000 bis 2500 Jahren einen Höhepunkt erreichten, bald gefolgt von dem Auftauchen der ersten Städte, einschließlich Teotihuacan, Monte Alban und Tikal. *(Quelle: Vantage Art. Inc.)*

tensiv wie andernorts. Auch hier wurden enorme Anstrengungen bei dem Studium des Himmels, der Jahreszeiten, der Teilungen des Jahres und des Kalenders, der wiederkehrenden astronomischen Phänomene aller Art unternommen – bei der Entdeckung und Schaffung von Harmonie und von Wegen, die Harmonie wiederherzustellen, wenn die Dinge außer Kontrolle gerieten.

Einer der Orte, an den die Menschen kamen, um dazubleiben und sich dann mit den wechselnden Zeiten zu verändern, ist das Tal von Tehuacan, etwa 240 Kilometer südöstlich von Mexico City. Dieser kleine Talkessel, eingeschlossen von einem Bergzug, fast 1500 Meter hoch, war der Schauplatz intensiver Forschungen, die von Scotty (Richard) MacNeish geleitet wurden, Direktor der Peabody Foundation for Archeology in Andover, Massachusetts.

Um die Vergangenheit wissenschaftlich zu rekonstruieren, orteten er und seine Mitarbeiter über 450 Fundstellen in dem Tal und wählten ein Dutzend für Grabungen in großem Stil aus. Es handelte sich um vielschichtige Stellen mit einer Gesamtzahl von 138 getrennten Wohnebenen, eine über der anderen, die die Besiedlungen in unterschiedlichen Perioden darstellen. Sie ergaben viele tausend frühgeschichtliche Objekte, Spindelwirtel, etwa 30 Arten von Projektilspitzen, Textil- und Flechtfragmente, geschnitzte hölzerne Zapfen (Zweck unbekannt), verbrannte Knochen und vieles mehr, wobei die Lage jedes einzelnen Objekts vermerkt wurde, um später auf Karteikarten übertragen und in Speicher eines Hochgeschwindigkeits-Rechners eingespeist zu werden. Unter anderem druckte der Rechner automatisch Karten aus, auf denen die Lage von Gegenständen gezeigt wurde, die man auf Wohnflächen gefunden hatte und die so Hinweise darauf lieferten, wo Menschen gearbeitet und was sie getan hatten. Die groben Fakten für frühe Entwicklungen wurden in fünf Grabungsperioden gesammelt, die 1965 beendet waren. Die Analyse ist noch im Gange. Die Feststellungen von MacNeish und seinen Mitarbeitern füllen bereits fünf Bände, ein sechster ist in Arbeit, und zwei weitere folgen vielleicht.

Die ersten Familien, etwa 25 bis 30 Jäger und Sammler insgesamt, kamen vor 12 000 oder mehr Jahren an. Sie fanden ein Tal mit offenem Grasland vor, das bereits Populationen von Gabelantilopen, Pferden, großen Hasen und anderen grasfressenden Tieren ernährte, und paßten ihre Bewegungen hauptsächlich denen der Antilopenherden an, indem sie von einem Hinterhalt zum anderen wechselten. MacNeish schätzt, daß sie etwa zwanzigmal im Jahr ein neues Lager errichteten. Am Anfang machte das Fleisch vielleicht bis zu 50 Prozent ihrer Nahrung aus, ein idealer Zustand für Jäger und Sammler. Es dauerte aber nicht lange. Mit dem Ende der letzten Eiszeit änderte sich das Klima im Hochland von Mexiko, wie es in anderen Teilen der Welt zur selben Zeit der Fall war, beispielsweise bei den rentierjagenden Höhlenmalern in Südwestfrankreich und Spanien. Die Zeiten wurden wärmer und etwas trockener. In Tehuacan wich das Grasland dem Halbwüstendorn und Kaktuswäldern, und kleine verstreute Gruppen von weißschwänzigem Rotwild ersetzten die Antilopenherden.

Domestizierung war eine Möglichkeit der Anpassung an die neuen Bedingungen, besonders während der Regenzeit. Gärten waren wahrscheinlich auf der Sohle der feuchten, oft von Quellen gespeisten steilen Schluchten und Cañons gelegen. Die Familien schufen sich geringen örtlichen Überfluß, Plätze, zu denen sie im Frühjahr nach der Nahrungssuche im Tal und dem Leben von wilden Spezies zurückkehren konnten, da das Jagen und Sammeln weiterhin bis auf einen Bruchteil von etwa fünf bis zehn Prozent ihre Nahrung lieferte. Die Gärten waren wie gewöhnlich in sehr schlechtem Zustand. In den Worten eines Forschers »war der Boden völlig überwuchert mit Vegetation, mit Mischmasch, aber mit strategischem Mischmasch«.

Agave, die rauhe und vielseitige Jahrhundertpflanze, die sogar im trockensten Abschnitt der Trockenzeit gedeiht und mit Setzlingen gezogen werden kann, mag wohl unter den frühesten angebauten Spezies gewesen sein. Nach ein- bis fünftägigem Rösten, um den bitteren Geschmack loszuwerden, lieferte sie ein nicht gerade reizendes, aber doch recht nahrhaftes Nahrungsmittel für harte Zeiten (und auch zähe Fasern und das noch heute beliebte gegorene Getränk, Pulque). Gründlich gekaute und ausgespieene Agavenprieme wurden auf den Wohnflächen von Tehuacan gefunden. Um etwa 5000 v. Chr. enthielten frühgeschichtliche Gärten auch Chilipfeffer, Bohnen und vielleicht Kürbis.

In dem Garten wuchs auch eine »Überraschung«, ein weniger wichtiges Getreide, das einmal zum Hauptnahrungsmittel von Mittelamerika und der gesamten Neuen Welt werden sollte: Mais, das am höchsten spezialisierte Gras der Welt. Er liefert ein schlagendes Beispiel für künstliche Auslese, für gelenkte Evolution, nicht immer bewußt, durch den Menschen – einen Prozeß, den Darwin als »einen Zauberstab« beschrieb, der es dem Pflanzenzüchter gestattet, »jedwede Form und Gestalt, die er wünscht, ins Leben zu rufen«. In diesem Fall war die Auslese die Umwandlung einer winzigen, mit einer »Quaste« verzierten Ähre, die nur weniger als ein Dutzend Körner aufwies, in den hybriden Giganten des 20. Jahrhunderts mit Hunderten von Körnern, von denen jedes soviel Energie liefern kann wie die gesamte Ähre der ursprünglichen Pflanze.

Der größere Teil dieser Umwandlung wurde in frühgeschichtlicher Zeit erreicht und stellt den bemerkenswertesten Beitrag der amerikanischen Indianer zur Kunst des Ackerbaus dar. Nach einer gängigen Theorie begannen sie mit einem Gras, das als Teosinte bekannt und, wie viele andere Gräser, dazu bestimmt ist, in aufgewühltem Boden zu gedeihen, einschließlich des aufgewühlten Bodens von Lagerplätzen des Menschen. Es kommt heute in massiven Beständen vor. Diese Pflanze hatte keinen Kolben. Tatsächlich ist die Schaffung des Kolbens ein spektakuläres Ergebnis der Domestizierung. Er ist eine lebhafte Erinnerung an die Tatsache, daß von allen bedeutenden Getreidegräsern Mais wahrscheinlich das formbarste ist, das sich am leichtesten in neue Formen und Rassen umwandeln läßt, weitgehend weil es das einzige mit getrennt entwickelten männlichen und weiblichen Blüten auf derselben Pflanze ist, was eine hohe Frequenz von Selbstbestäubung und genetische Wandelbarkeit mit sich bringt.

Die Theorie behauptet, daß – ehe der Mensch mit ihm zu experimentieren begann – Teosinte, wilder Mais, eine niedrige, buschige Pflanze mit vielen Halmen und Nebenhalmen war. Er hatte 50 bis 100 schlanke Ähren, jede etwa 7,5 Zentimeter lang mit acht bis zehn Samenkörnern. Jedes Korn war in einer harten, hölzernen Kapsel, einem Samengehäuse, fest verschlossen, das sich in Millionen von Jahren so entwickelte, daß es durch den Verdauungstrakt eines Tieres unversehrt und bereit zum Sprießen passieren konnte. Die Samenkapseln waren durch spröde Verbindungen aneinander befestigt. Wenn der Wind blies, brachen die Kapseln auf und verstreuten ihre eingeschlossenen Körner auf dem Boden in einer Art von Selbstaussaat.

Dieser Mechanismus diente den Zwecken der Natur in bewundernswerter Weise, aber nicht denen des Menschen. Ein wirkungsvolles Sammeln hing vor allem von zähen, nicht zerspringenden Ähren ab, auf Pflanzen, deren Samenkapseln nicht gleich bei starkem Wind abbrachen, sondern eher entgegenkommenderweise an ihrem Platz blieben, bereit für die Ernte. Auf Feldern mit wildem Mais folgte ein kleiner Anteil von »Mißbildungen« oder Mutanten genau dieser Spezifikation. Die Auswahl solcher Varietäten war der erste Schritt zur Domestizierung von Mais wie bei der Domestizierung von Weizen und Hirse im Nahen Osten. Und in beiden Regionen waren Pflanzen das Ergebnis, die sich nicht selbst aussäen konnten und in ihrer Vermehrung vom Menschen abhängig waren.

Nach dieser Theorie begannen die Menschen mit der Auslese der Maispflanzen mit günstigeren Erbanlagen vor 10 000 bis 15 000 Jahren. Wahrscheinlich wußten sie nicht einmal, was sie taten. Sie kamen von den Feldern zurück mit einem besonders großen Anteil von zähen Ähren, einfach weil diese leichter zu sammeln waren – und Körner, die später zufällig herabfielen oder Jahr um Jahr bewußt ausgesät wurden, erbrachten immer größere Anteile von Pflanzen mit zähen Ähren. Außerdem neigten die Ähren dazu, etwas kürzer und dichter zusammenstehend zu werden, mit enger gepackten Körnern, ein Merkmal, das im Wildwuchs begünstigt worden sein mag, weil die Vögel so nur mit größerer Mühe an die Samen herankonnten.

Um 7000 v. Chr. war eine neue Pflanze im Werden. Sie hatte kürzere Ähren, vielleicht nur fünf Zentimeter lang, aber die Körner waren dichter gepackt, und es gab mehr, sagen wir um die 20. Ihre Gehäuse waren weicher, weich genug, um sie mit den Fingernägeln aufzubrechen. Der Prozeß des Dichter-Zusammenwachsens setzte sich in Varietäten fort, die in den folgenden zwei Jahrtausenden entwickelt wurden. Die von MacNeish in Tehuacan gefundenen Ähren waren nur noch etwa zweieinhalb Zentimeter lang, aber viele davon besaßen acht Reihen mit insgesamt 26 bis 72 Körnern von der Größe grober Schrotkugeln, eingebettet in eine ganz neue Struktur, einen Kolben, der aus verdichtetem Gewebe der Samengehäuse bestand und sich ursprünglich zum Schutz der Körner entwickelt hatte. Spätere Pflanzen hatten weniger Halme und Nebenhalme, die aber auch weniger und immer größere Ähren trugen.

Dies ist die Version eines Forschers, wie der Mais domestiziert worden ist, eine Theorie, die von Walton Galinat von der Experi-

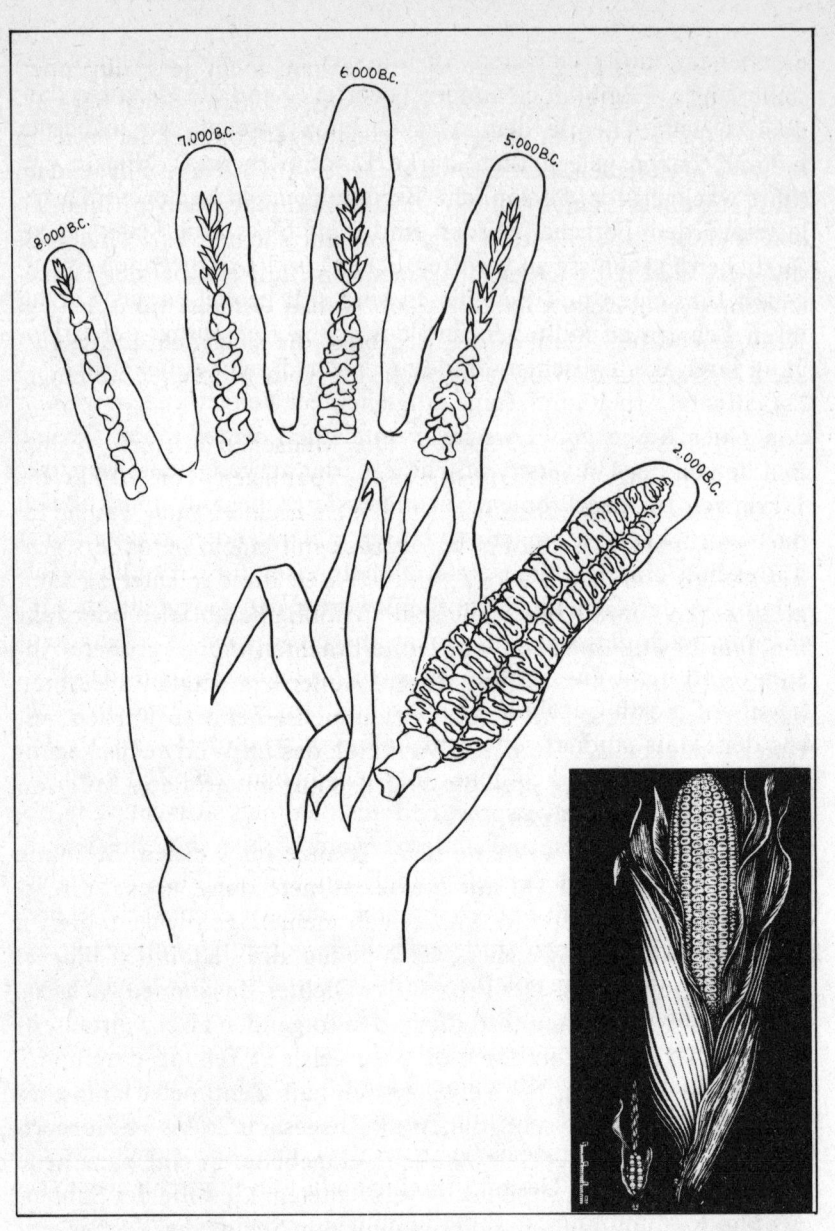

Schematische Wiedergabe von Galinats Theorie der Maiskolben-Evolution: aufeinander folgende Stadien der Maisdomestizierung, aus wildwachsendem Gras (Teosinte) zur Ähre der Neuzeit (der Zeigefinger gibt winzige Ähren wieder, die Scotty MacNeish in Tehuacan gefunden hat).
Mais heute und damals (rechts): 7000 Jahre alte Zwergähre aus dem Tehuacan-Tal, Mexiko, und heutiger Riese.
(Quelle: Galinat, Annual Reviews, Inc.)

mentierstation der University of Massachusetts in Waltham aufgestellt wurde. Es gibt noch andere Theorien – und die Debatten darüber, welche Theorie dem, was wirklich geschah, am nächsten komme, haben gelegentlich starke Emotionen und verletzte Gefühle wachgerufen. Persönliche Beziehungen sind gelegentlich belastet worden, Forscher wurden eindringlich gewarnt, keine gegensätzlichen Ergebnisse zu veröffentlichen; und Doktoranden mit eigenen Einsichten und Zeugnissen sind still geblieben aus Furcht, ihren Lehrern zu mißfallen und das schwierige Ritual der Erlangung ihrer akademischen Grade noch schwieriger zu machen.

Galinats Arbeit und seine allgemeinen Vorstellungen werden von einer Reihe von Forschern unterstützt, unter ihnen George Beadle von der University of Chicago, der ausgangs der zwanziger Jahre sich für das Problem zu interessieren begann und kürzlich dazu zurückkehrte, »nach 40 Jahren ablenkender akademischer Tätigkeit«, einschließlich eines Nobelpreises für Grundlagenforschung in der Genetik. Hauptbefürworter der gegenteiligen Auffassung, nach der Mais aus einem ausgestorbenen Vorfahren entstand und nicht aus Teosinte, ist Paul Mangelsdorf von der University of North Carolina. Er hat schon länger als irgendein anderer den Mais studiert, über ein halbes Jahrhundert lang, so daß seine Ansichten beträchtliches Gewicht haben. Zur Zeit sieht die Teosinte-Theorie vielversprechend aus. Galinats Forschung impliziert, daß die Kolben und anderes Material, das in Tehuacan gefunden wurde, nicht den ursprünglichen wilden Mais darstellen, wie Mangelsdorf und andere meinen, sondern domestizierte Formen, die sich aus noch früheren wilden Vorfahren entwickelt haben. Die Entdeckung solcher Formen würde sicherlich seine Auffassung unterstützen.

Mit ihrer kombinierten Mais-Bohnen-Nahrung erreichten die frühgeschichtlichen Mittelamerikaner, was die Forschung des 20. Jahrhunderts als eine höchst wirksame Ernährungsausgeglichenheit erkannt hat. Mais besitzt einen hohen Kaloriengehalt, hat aber einen geringen Gesamtproteingehalt, und ihm fehlen zwei sogenannte Aminosäuren, Proteineinheiten oder Bausteine, die für das Leben erforderlich sind. Bohnen sind nicht nur reich an Proteinen, sondern enthalten zufällig auch hohe Anteile der beiden im Mais fehlenden Aminosäuren. Mais und Bohnen unterstützen einander auch beim Wachsen. In den Gärten von heute liefern feste

Maishalme natürliche »Stangen« für die Kletterranken der Bohnenpflanzen, eine für beide Pflanzen günstige Einrichtung, die ohne Zweifel in frühgeschichtlichen Gärten bereits existierte.

Die Tehuacaner lebten auch weiterhin überwiegend von wilden Pflanzen und Niederwild. Während des größten Teils des Jahres führten sie ein Familienleben. Ein Mann, eine Frau, ihre Kinder und vielleicht ein Großelternteil oder beide verbrachten die meiste Zeit in Bewegung, innerhalb ihres Territoriums von einem Gebiet zum anderen ziehend, und fanden sich hauptsächlich im Sommer zusammen, wenn reichlich Nahrung vorhanden war. Die Bevölkerung wuchs nur langsam. MacNeish schätzt, daß sie um 3500 v. Chr. die Zahl 400 erreichte, was nach seiner Meinung gerade das Maximum war, das in diesem Tal von nomadisierenden Jägern und Sammlern ernährt werden konnte, die ihre Mahlzeiten mit einer geringen Menge von Gartenerzeugnissen aufbesserten. Die Bevölkerung wuchs während des nächsten Jahrtausends auf etwa 800 Personen an, und die ersten Bauerndörfer tauchten einige Zeit danach auf.

Das war das typische mittelamerikanische Muster, das sich anscheinend etwas von dem in einigen anderen Teilen der Welt beobachteten Muster unterscheidet. Im Nahen Osten begünstigten große Herden ein gemeinsames Jagen, das Zusammenkommen einer Reihe von Familien zur Bildung permanenter Gruppen und einen starken Anstieg der Bevölkerungszahl. Als eines der Ergebnisse tauchten Bauerndörfer um 7500 v. Chr. auf, nur 1500 oder weniger Jahre nach dem frühesten Anbau von Weizen und Hirse. Nach dem Klimawechsel gab es in Mittelamerika keine solche Herden mehr und bis zur Entwicklung von zunehmend produktiveren Sorten von Mais auch keine Versorgungsgrundlage für ein seßhaftes kommunales Leben. Die Familien zogen weiter von einem Gebiet zum anderen; die Populationen wuchsen nur langsam. Darüber hinaus – als schließlich doch Siedlungen auftauchten, etwa 5000 Jahre nach dem frühesten angebauten Mais – betrieb jede Familie ihren eigenen Garten und hielt ihre eigene Vorratsgrube gefüllt.

Unterschiedliche Lebensweisen können sich architektonisch widerspiegeln. Wie Kent Flannery in Kapitel 6 behauptet, enthielten die frühgeschichtlichen Dörfer im Nahen Osten häufig kleine runde Hütten, die auf eine Trennung der Geschlechter hinweisen könnten. Sie könnten die Frauen und Kinder der Männer beherbergt haben, die zusammen in einem großen Gemeinschaftshaus lebten und sich da für die Jagd organisierten. Rechteckige Häuser mit genügend Raum für ganze Familien kamen später mit der wachsenden Abhängigkeit vom Ackerbau und von domestizierten Spezies. Mittelamerikanische Dörfer andererseits besaßen keine Herden und keine Nur-Jäger. Die Familien hatten bereits lange als Einheiten zusammengearbeitet, und große Häuser wurden von Anfang an gebaut.

Mit der Entstehung von Dörfern in der Neuen Welt waren die Menschen nicht mehr gleich – obwohl Traditionen der Gleichheit weiterlebten und tatsächlich noch weitgehender und lauter verkündet werden sollten. Wenn auch die Jäger und Sammler des frühgeschichtlichen Mittelamerikas, wie die Buschmänner der Kalahari und andere Jäger und Sammler der Neuzeit, die Anhäufung von Reichtum und Status abschreckte und sie besonderen Wert darauf legten, den möglichen »Großen Mann« zu verhindern, so bröckelte diese Taktik doch bald nach ihrer Seßhaftwerdung ab.

Unter nomadisierenden Horden auf der Suche nach ihrem Lebensunterhalt in der Wildnis konnten Individuen, die ruhelos, unglücklich oder wütend waren, all dem davonlaufen und sich anderen Horden, anderen Sippen anschließen. Ein Entkommen aber, ein Szenenwechsel, war sehr viel schwieriger für Männer und Frauen, die dem seßhaften Leben verbunden waren. Den Spannungen von Menschen, die eng mit anderen Menschen zusammenleben, mußte man sich stellen und sie auf der Stelle kontrollieren, und anscheinend funktionierte die Gleichheit unter solchen Bedingungen nicht. Anpassung an die Zeiten und die Lebensweise verlangte neue Gewohnheiten, neue Einstellungen, neue Zeremonien – und, was am wichtigsten war, eine Abstufung in der Ordnung aller Dinge auf der ganzen Linie.

Zeugnisse von dem, was kommen sollte, sind im Tal von Oaxaca entdeckt worden, dem derzeitigen archäologischen Bezirk von Flannery und seinen Mitarbeitern. Zwei Arten von öffentlichem Raum tauchten auf, zwei Arten von Höfen, einer für die gemeinsamen Tätigkeiten von Familiengruppen innerhalb der Gemeinschaft und einer für die gesamte Gemeinschaft. Sogar auf der Ebene der frühen Weiler und kleinen Dörfer standen die Häuser in Gruppen von drei oder vier zusammen um einen zentralen Hof, wo Mitglieder von eng verwandten Familien die Nahrung zum Kochen vorbereiteten, Töpferei betrieben und so weiter.

Ausgrabungen haben andere Räume freigelegt, die anscheinend der Benutzung durch die ganze Gemeinschaft dienten. Ein großer Feigenbaum wächst heute in dem Dorf San José Mogote, wo um 1600 v. Chr. örtliche Zapotec-Indios, vielleicht ein halbes Dutzend Familien, Flechtwerkhäuser mit Lehmbewurf auf einem niedrigen Rücken oberhalb des Atoyac-Flusses bauten. Sie schufen auch einen freien Platz, über sechs Meter breit, und trennten ihn von der übrigen Siedlung mit einer Doppelreihe von Pfählen ab.

Solche Einfriedungen, die von Plätzen, wo Menschen lebten, abgetrennt waren, waren nicht neu. Etwa um 4000 v. Chr. hatten Jäger und Sammler in einem Sommerlager im selben Tal eine ähnliche Einfriedung gebaut, indem sie einen offenen Raum säuberten, etwa in gleicher Breite, und ihn mit zwei Reihen von Felsbrocken markierten. Die Einfriedung war deshalb ungewöhnlich, weil ihre Längsachse nach Norden ausgerichtet war, wenn auch mit einer leichten Abweichung nach Westen. Es ist der früheste Nachweis eines Musters in der Neuen Welt, das in späteren Zeiten noch wiederholt werden sollte. (Wie in Kapitel 9 ausgeführt, waren um 2000 v. Chr. oder früher die sogenannen Zitadellenflächen in den Städten des Indus-Tales, Harappa und Mohenjo-daro, ebenfalls grob in Nord-Süd-Richtung orientiert.)

Diese Art von öffentlichem Platz markierte den Beginn eines evolutionären Prozesses, der in Oaxaca aufgespürt wurde und wahrscheinlich ebenfalls anderswo stattfand. Ihm folgten öffentliche Gebäude für allgemeine Zwecke, Orte, wo die Menschen viele verschiedene Dinge gemeinsam taten, für Zusammenkünfte, Ankündigungen, festliche Zeremonien. Später erst erhielt jede Aktivität gewöhnlich ihren eigenen, getrennten Raum. Gebäude für besondere Zwecke tauchten auf, Tempel, Paläste und Werkstätten, die neue Teilungen der Arbeit und neue soziale Vielfalt darstellten.

Die ersten Gebäude der Zapotec gehen auf etwa 1350 v. Chr. zurück. Die Leute von San José Mogote, zu jener Zeit ein zwei Morgen großer Weiler mit 15 oder mehr Familien, trieben Kiefernpfosten in den Boden, zogen eine Plattform aus Ton, Kalk, Sand und zerkleinertem Vulkangestein hoch und errichteten ein rechteckiges Bauwerk, etwa fünfeinhalb Meter lang und viereinhalb Meter breit. Genau in der Mitte der Südwand errichteten sie einen niedrigen Altar aus Lehmsteinen, und genau nördlich vom Altar legten sie eine Vorratsgrube an. Das Gebäude wurde von Zeit zu Zeit repariert und erneuert und hielt wahrscheinlich drei bis vier Jahrzehnte stand. Danach wurde ein neues Gebäude auf den Fundamenten des alten gebaut und noch später ein drittes.

Der erste Tempel tauchte noch später auf. Er kann archäologisch durch einen großen oberen Bereich identifiziert werden, der die Überreste von kleinen Mörtelbecken und Spuren von Verbrennung auf dem Boden einschließt, sowie eine kurze Treppe, die in einen unteren Bereich hinabführt. Wir haben eine recht gute Vorstellung davon, was sich an solchen Orten abspielte. Beschreibungen von Tempeln in Zapotec mit genau den gleichen Grundrissen finden sich in spanischen Dokumenten. Priester lebten in den oberen Teilen der Tempel, und die Becken und Brandstellen weisen auf eine Vielfalt von Opfern hin, zu denen Hunde und Truthühner, kleine Kinder und Gefangene zählten.

Gruppe von Figurinen, die unter dem Fußboden eines Schuppens in San José Mogote, im Tal von Oaxaca, Mexiko, gefunden wurde.
(Quelle: Kent V. Flannery und Joyce Marcus, University of Michigan)

Der Tempel wurde wahrscheinlich auf geheiligtem Boden erbaut wie die frühesten Tempel in Eridu, Nippur und Uruk im Nahen Osten. Die Tradition des heiligen Ortes kann auf eine Zeit vor 25 000 oder mehr Jahren zurückgehen, auf besondere rituelle Galerien und Grotten in Höhlen, und hat sich bis in unsere heutige Zeit gehalten. Eva Hunt von der Boston University weist darauf hin, daß praktisch jedes Dorf in Mexiko noch immer einen heiligen Ort besitzt. Häufig ein Wasserloch oder ein kleiner Hügel, wo in der prähistorischen Vergangenheit eine Pyramide stand; dieser Ort markiert den Mittelpunkt oder »Nabel« der Welt, den Punkt, wo sich alle Achsen schneiden und von wo aus die Lage aller Dinge ermessen werden kann.

Ein anderes Thema, eine weitere Tradition, die in die Zeit der frühen Jäger und Sammler zurückverfolgt werden kann, tritt stark mit den frühen Tempeln in Erscheinung – das Auftauchen Tausender von Tonfigurinen. Wie die Figurinen, die in der Franchthi-Höhle in Griechenland zutage kamen, wird die große Mehrheit im Haushaltschutt gefunden. Nach Flannery und anderen könnten sie Vorfahren darstellen, da die Zapotecs glauben, die Geister der verschiedenen Vorfahren nähmen noch immer Teil am dörflichen Leben, als Mittler zwischen den Lebenden und den Mächten der Natur. Eine Gruppe von Figurinen, die unter dem Fußboden eines Schuppens an einem Haus in San José Mogote entdeckt wurde, besteht aus drei Erwachsenen mit vor der Brust gekreuzten Armen in Begräbnisposition und einem vierten, kleineren Erwachsenen, der in Jogahaltung vor ihnen sitzt.

Viele der Figurinen scheinen maskiert zu sein, was auf Tanzrituale schließen läßt und in das Bild von sich entwickelnden Zeremonien und der zentralen Bedeutung von Rhythmus und Tanz einzufügen ist. Flannery vergleicht den von Felsbrocken begrenzten Platz in seinem Tal mit den »Tanzplätzen« der Shoshonen-Indianer im Westen der Vereinigten Staaten, wo Fandango-Feste die Frühlingsblüte der Wüste und die Ernte der Piñon-Nüsse im Herbst feierten. Tänze, die in der Frühgeschichte wurzeln, werden in Oaxaca City noch immer ausgeführt, hauptsächlich im Sommer und zur Unterhaltung der Touristen.

Zeremonien lieferten Zeit und Ort für gemeinsame Pläne, Hoffnungen und Zuneigungen wie auch für Nahrungsmittel und andere materielle Güter. Sie waren Teil eines stärker werdenden Ringens um die Vereinigung – um des Überlebens willen – von Individuen, die ein Auskommen miteinander über eine längere Zeitspanne hinweg schwierig finden. Rituale, in regelmäßigen Abständen wiederholt – Wort für Wort, Geste um Geste und Zeichen um Zeichen –, hatten eine »einprägsame« Wirkung, indem sie den Begriff Familie und das Gefühl dafür auf eine Reihe von verwandten Familien oder Sippen und letztlich auf den ganzen Stamm oder Staat übertrugen. Dem Prozeß war die Schaffung eigener Spannungen eigen. Die Rituale bauten sich auf, als die Menschen sich in immer größeren Gruppen zusammenballten, und trennten wieder gerade durch den Vorgang des Zusammenbringens. Es gab ein Verlangen nach immer komplizierteren Symbolen, nach größeren und kunstvolleren Tempeln, für besondere Männer und Frauen, die höher und höher über das gemeine Volk hinaus erhoben wurden.

Der Aufbau geschah im Tal von Oaxaca zur gegebenen Zeit. Er erreichte einen frühen Höhepunkt im tropischen Flachland des Nordens, entlang der Küste des Golfs von Mexiko. Hier gediehen die sogenannten Olmec-Menschen in einer Treibhausatmosphäre. Von allen Plätzen der Welt, wo archäologische Ausgrabungen durchgeführt werden, sind die Niederungen am wenigsten anziehend. Das Graben muß in der feuchten stickigen Hitze des Sommers, in sumpfigem Gelände vorgenommen werden; Mosquitos, Zecken, Riesenwespen und giftige Schlangen verstärken noch die allgemeinen Unbequemlichkeiten.

Die Region bietet aber überreichlich Wild, Fisch und Wassergeflügel sowie fruchtbaren, durch Überschwemmungen abgelagerten Mutterboden, der jährlich erneuert wird, so daß keine Brachperioden erforderlich sind. Dieser Boden erbringt fast zweimal soviel Mais wie die Felder im höher gelegenen, weniger feuchten Land. Diese und andere Ressourcen ernährten in vergangener Zeit einige bemerkenswerte Siedlungen. Michael Coe von der Yale University leitete Grabungen an einer der bemerkenswertesten Fundstellen von allen, San Lorenzo, auf der Höhe des 50 Meter hohen Tafellandes, von wo aus man über den Urwald und das feuchte Grasland des östlichen Veracruz blicken kann, etwa 55 Kilometer von der Golfküste entfernt.

Auf diesem Tafelland, der Mesa, gibt es keine großartigen Ruinen. Beim Räumen des Landes wurden etwa 200 »unbedeutende

Kolossalstatuen aus der Zeit von 1200 bis 1900 v. Chr., ausgegraben in San Lorenzo, Mexiko.
(Quelle: Michael Coe, Yale University)

Typische Olmec-Gravierung in Chalcatzingo im zentralen Hochland von Mexiko: »Regengott« in einer Höhle sitzend, darüber Regenwolken und Regentropfen. (Quelle: Daniel C. Grove, University of Illinois, Urbana)

kleine Höcker« freigelegt, niedrige Hügel, auf denen einst Flechtwerkhütten standen, von denen sich oft zwei oder drei einen Familienhof teilten. Die Häuser selbst verschwanden vor langer Zeit. Nur der Abfall überlebte, Asche von alten Herden und *metates* zum Mais mahlen sowie verkohlte und zertrümmerte Knochen, die drei Fleischarten aus dem Speiseplan der Olmec verraten: Hund, einen barschähnlichen Fisch, bekannt als Nasenfisch oder *robalo*, und Mensch. Ritueller Kannibalismus war eine übliche Praxis.

Die 600 bis 700 Einwohner von San Lorenzo gebrauchten ihr dauerhaftestes Baumaterial, Basalt, nicht für Wohnhäuser und Tempel, sondern für eine Reihe von außergewöhnlichen Monumenten, viele von ihnen mit eingravierten Bildnissen versehen. Einer der ersten und aufregendsten Funde von Coe begann mit dem einfachsten Routineproblem, nämlich wie man an die Seite einer großen, aufrechtstehenden Basaltplatte oder Stele herankam, die man bereits teilweise ausgegraben hatte. Erneuter Grabungsbeginn an einer anderen Stelle, etwa ein oder zwei Meter nördlich, war erforderlich, wodurch man in ein neues Quadrat im Gittersystem der Fundstelle gelangte; Coe nennt dies »das Glücklichste, was ich jemals getan habe«. Die Arbeiter legten bald eine kopf- und armlose überlebensgroße Statue frei, die eine kieende Figur darstellt. Nach den Abzeichen und dem Schutzgürtel zu urteilen handelt es sich wahrscheinlich um einen Athleten, der für eine frühe Version eines notorisch rauhen rituellen Spiels gerüstet ist, zu dem ein großer Gummiball, bis zu elf Männer auf jeder Seite und vielleicht Enthauptungen nach dem Spiel gehörten.

In dem Gedanken, daß vielleicht weitere Monumente in einer Nord-Süd-Linie liegen könnten, grub Coe weiter, und seine Vermutung zahlte sich aus. Entlang dieser Linie holte er einen kopflosen kriechenden Jaguar, Teil eines großen Blocks, der ein Altar hätte gewesen sein können, eine Säule mit einem eingravierten Werjaguar (teils Mensch, teils Raubtier) und ein kleines, geschnitztes spinnenähnliches Wesen aus der Erde. Etwa 150 Meter südlich von dieser Aufreihung von Objekten lag ein weiterer Werjaguar mit gefletschtem Maul und gespaltenem Schädel, der Regengott der Olmec. Er war passenderweise in der Nähe eines ausgedehnten Drainagesystems aus Stein begraben und wurde mit einem Magnetometer entdeckt, einem Instrument, wie es bereits zur Ortung vergrabener Objekte an der nigerianischen Fundstelle bei Taruga verwendet wurde und in Kapitel 11 beschrieben ist.

Die Fundstelle hat auch sieben jener Monumente erbracht, die eng mit den Olmec assoziiert worden sind. Tatsächlich kommen sie einem Olmec-Warenzeichen gleich – kolossale, grimmig dreinschauende Steinköpfe, die sich bis zu drei Meter Höhe auftürmen, durchschnittlich 18 Tonnen wiegen und wegen ihres starren und knorrigen Stils noch größer und massiver aussehen, als sie sind.

Als das komplizierteste und erstaunlichste Objekt könnte man die Mesa, das Tafelland selbst, bezeichnen. Es weist viele Buckel und Blasen in der Erde auf, wo das Land von sich ausdehnenden Salzdomen, die tief im Inneren der Erde liegen, nach oben gedrückt wird, geologische Formationen, reich an Öl, die ergiebige Bohrtürme, Rotlichtbezirke und andere neue Entwicklungen für das Olmec-Territorium mit sich gebracht haben. Prähistorische Arbeiter formten die Mesa nach einem Generalplan neu. Sie häuften bis zu fünf Meter hoch Füllmaterial auf bestimmten Flächen an und schufen eine Reihe von Graten und Furchen, die Coe zunächst fälschlicherweise für natürliche Erosionsrillen gehalten hatte. Jetzt behauptet er, die Olmec wären möglicherweise dabei gewesen, und hätten es nie beendet, ein riesiges Abbild zu schaffen, vielleicht einen Vogelgott mit einer Schwingenspanne von etwa 1500 Metern, der nach Osten »flog«.

All dies, die Monumente und das Abbild, scheinen ziemlich grandios für ein nur etwas übergroßes Dorf gewesen zu sein. Ein Teil der Erklärung mag in einer weiteren Nord-Süd-Ausrichtung zu finden sein, die aus einem Hügel zwischen zwei langen Höfen besteht. Der Hügel, einst eine abgestufte Plattform oder Pyramide, trug wahrscheinlich einen Tempel mit Grasdach, etwa so groß wie das erste öffentliche Gebäude von San José Mogote, an sich kaum ein anziehendes Bauwerk. Doch seine Lage war höchst bedeutsam. Genau in der Mitte des Dorfes gelegen, stellte es einen heiligen Ort dar, das Zentrum der Olmec-Welt jener Tage.

Diese Welt erstreckte sich über die hohe Mesa hinaus in die umliegenden Gebiete. San Lorenzo war ein rituelles Zentrum, ein ländliches Mekka *en miniature,* und diente den Menschen aus Dutzenden von Dörfern und Weilern im Umkreis von vielleicht 45 Kilometern. Sie kamen zu »Samstagabend«-Spektakeln, angezogen vom Gefühl der Ehrfurcht, von der Aufregung und den Zeremonien. Sie kamen aber auch zur Arbeit. Der Basalt für die Kolossalköpfe und andere Monumente ist zu Steinbrüchen in den Bergen, 80 Kilometer entfernt, zurückverfolgt worden, und es mag der Arbeitskraft – vielleicht erzwungen – von über 1000 Männern bedurft haben, die Steinblöcke mit einem Gewicht von vielen Tonnen zu brechen und zu behauen, sie auf Flößen zum Gebiet der Mesa zu bringen, sie die Hänge hinaufzuziehen und am Ort aufzustellen.

Solche Projekte verlangten Macht, Zielsetzung, religiöses Empfinden und sicherlich auch die Existenz von Planern und Leuten mit Status. Aber noch nicht die höchstentwickelte Form von Status. Man wird an die in frühen afrikanischen Siedlungen entwickelte Kunst erinnert und an den Missionar, der da kam, sah und über die »schäbigen kleinen Tempel« der Leute schimpfte und über des Königs »Haus... mit Schindeln verkleidet und einem Grasdach«. Die Gemeinschaft hatte noch nicht das Stadium erreicht, da die Führer in Pracht lebten, isoliert von der übrigen Bevölkerung.

Ähnliche Gemeinschaften entstanden jenseits des Umlandes von San Lorenzo. Das Olmec-Kernland, eine halbmondförmige Region längs des Golfes, umschloß möglicherweise ein halbes Dutzend oder mehr ritueller Zentren, einige für immer in den Urwäldern verloren, andere vielleicht noch von den Ölsuchern zu entdecken. Eines dieser Zentren, La Venta, nahe der Küste etwa 100 Kilometer nordöstlich von San Lorenzo, war auf einer Insel in einem Sumpf gelegen. Dort wurden kunstvoll gravierte Stelen, Miniaturfiguren aus Jade, Serpentin und Granit sowie ein großes Mosaik, das eine Werjaguar-Maske darstellt, entdeckt. In der Mitte der Fundstelle erhob sich ein 30 Meter hoher Erdhügel und gegenüber, jenseits eines langen Platzes, eine Stufenpyramide; der ganze Komplex war mit einer westlichen Abweichung von etwa acht Grad nach Norden orientiert.

Da war es also, deutlich und klar erkennbar, monumentaler Beweis dafür, daß sich im gesamten Olmec-Gebiet etwas herauskristallisierte: Kleine Gruppen von Männern und Frauen dachten in höchst systematischer und disziplinierter Weise; sie tauschten ihre Meinungen aus, stellten eine Menge sich anhäufender Fakten über sich wiederholende Phänomene zusammen, über jahreszeitliche Zyklen und Langzeitzyklen in den Bewegungen von Planeten und Sternen. Während des Suchens und Herausfindens einer Ordnung, der periodischen Wiederholungen, entwickelten sie die erste Religion und den ersten Kunststil in Mittelamerika.

Zumindest sieht es so aus der Perspektive des 20. Jahrhunderts aus. Die Begriffe »Religion« und »Kunststil« kommen geradewegs aus der Geschichte, aus der Neuzeit und einer modernen Welt, in der Kunst und Religion zwei getrennte und gegensätzliche Dinge sein können. Das war undenkbar für die Olmec, wie es ebenso undenkbar für uns ist, die Dinge wieder zusammenzufügen und Kunst und Religion und noch die Wissenschaft in eine einzige Art der Betrachtung des Weltalls zu verschmelzen. Von ihrem Standpunkt aus war alles eins.

Coe glaubt, sie könnten bereits Kalender und Sternenkarten besessen haben, um die Zyklen und das Vergehen von Zeit zu verfolgen, und besondere Zeremonien, einige davon in einem Abstand von einem halben Jahrhundert oder mehr wiederholt. Sie besaßen wahrscheinlich ein Zahlensystem und könnten den Kompaß ein Jahrtausend oder mehr vor den Chinesen entdeckt haben. Neuere

Untersuchungen weisen darauf hin, daß ein hochpolierter Stab aus stark eisenhaltigem Hämatit, der in San Lorenzo gefunden und auf eine Zeit vor 1000 v. Chr. datiert wurde, vielleicht als Kompaßnadel benutzt wurde. (Obwohl ein Skeptiker fragt: »Warum ging eine derart fundamentale Entdeckung für die gesamte übrige mittelamerikanische Geschichte wieder verloren?«)

Warum orientierten die Olmec häufig ihre öffentlichen Gebäude und Plätze auf einer Linie nach Norden mit einer westlichen Abweichung, die wahrscheinlich auf einen Stern oder eine Konstellation wies? Auf einer Ebene zeigt dies die Bedeutung von präziser und passender Anordnung in einem sorgfältig ausgearbeiteten Schema aller Dinge. Auf einer tieferen Ebene ist es Teil der uralten Vorstellung, die Sicherheit und Voraussagbarkeit in der Verbindung menschlicher Angelegenheiten mit regelmäßigen Bewegungen von Himmelskörpern sieht.

Merkmale einer mittelamerikanischen Weltanschauung, einer mittelamerikanischen Kosmologie, die vielleicht in frühgeschichtlichem Denken der Olmec verwurzelt ist, sind jenseits des Kernlandes längs des Golfs gefunden worden, in einer Region, die sich über 1280 Kilometer lang von Osten nach Westen erstreckt. Am Fuße von drei zerklüfteten Basalthügeln, die sich unvermittelt aus einer vulkanischen Ebene in der Nähe des westlichsten Endes der Region erheben, liegt Chalcatzingo, ein noch wachsendes Zentrum, als San Lorenzo auf seinem Höhepunkt war, von 1200 bis 900 v. Chr. Nur etwa 200 Menschen lebten an dem Ort selbst, aber David Grove von der University of Illinois hat einen rituellen Bezirk ausgegraben, eine fünf Meter hohe Plattform mit einem Hof für Ballspiele, mit Pyramiden und nicht weit davon entfernt einem Friedhof und einem Altar für Menschenopfer. Er diente Siedlungen in einem großen umliegenden Gebiet.

Der künstlerische Schauplatz der Fundstelle liegt am Hang eines der Hügel am Fuße eines Felsens. Ein gewundener Pfad steigt zu einer komplizierten Szene hinauf, die im Relief auf einem großen Felsbrocken eingraviert ist: drei Regenwolken über einer Nische oder Höhle, aus der Rauch oder Weihrauch in Spiralen aufsteigt, und im Inneren eine sitzende beherrschende Figur mit einem hohen und seltsamen Kopfschmuck – alles im unverkennbaren Olmec-Stil ausgeführt. Acht andere ähnliche Reliefs und typische Olmec-Figurinen sowie Keramik wurden in Chalcatzingo entdeckt.

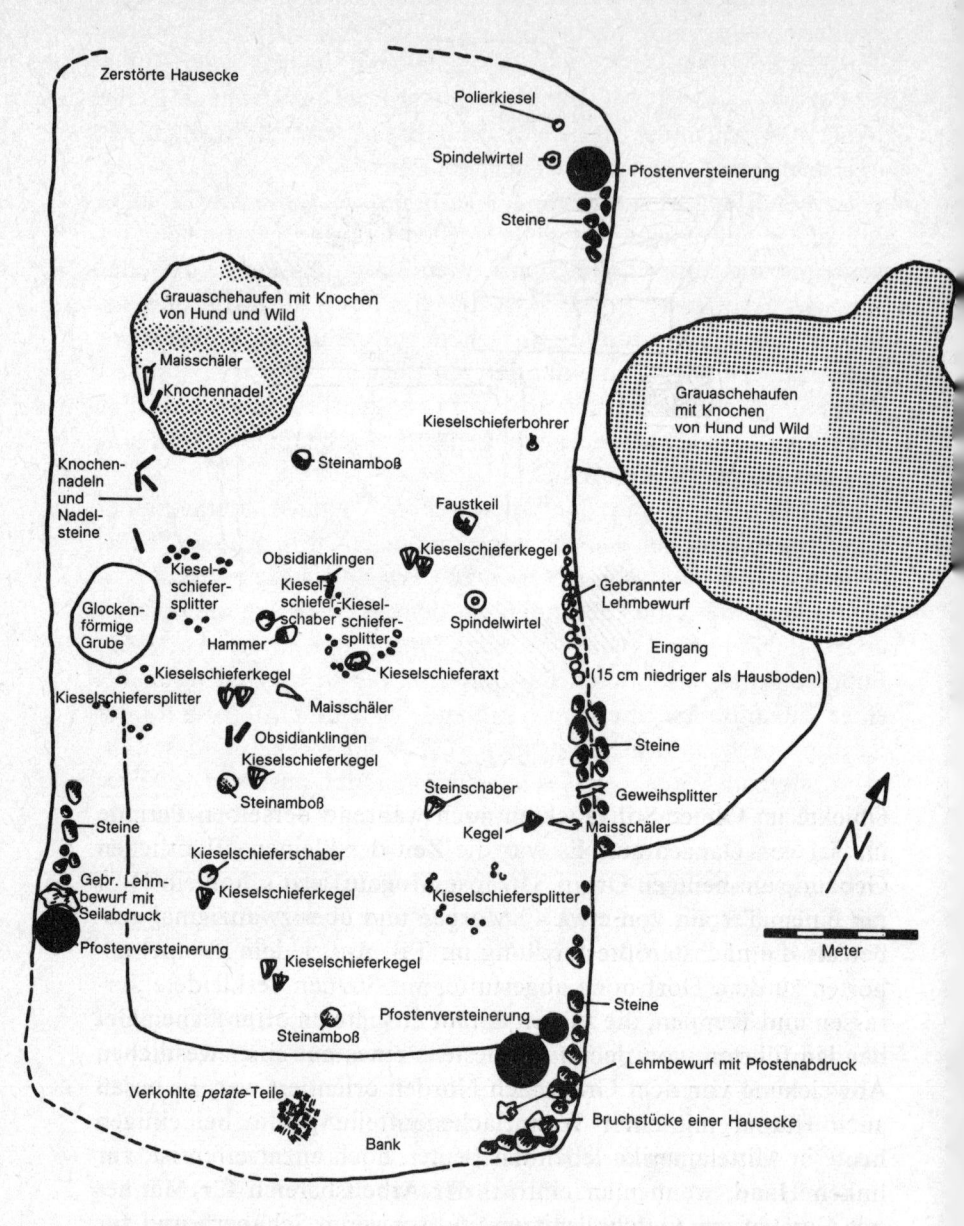

Frühgeschichtliches mittelamerikanisches Haus: Grundriß des Hauses (oben) im Tal von Oaxaca, 900 v. Chr.; *rechts:* Arbeitsbereiche der Männer und Frauen. *(Quelle oben: V. Kent v. Flannery; rechts: Marcus C. Winter)*

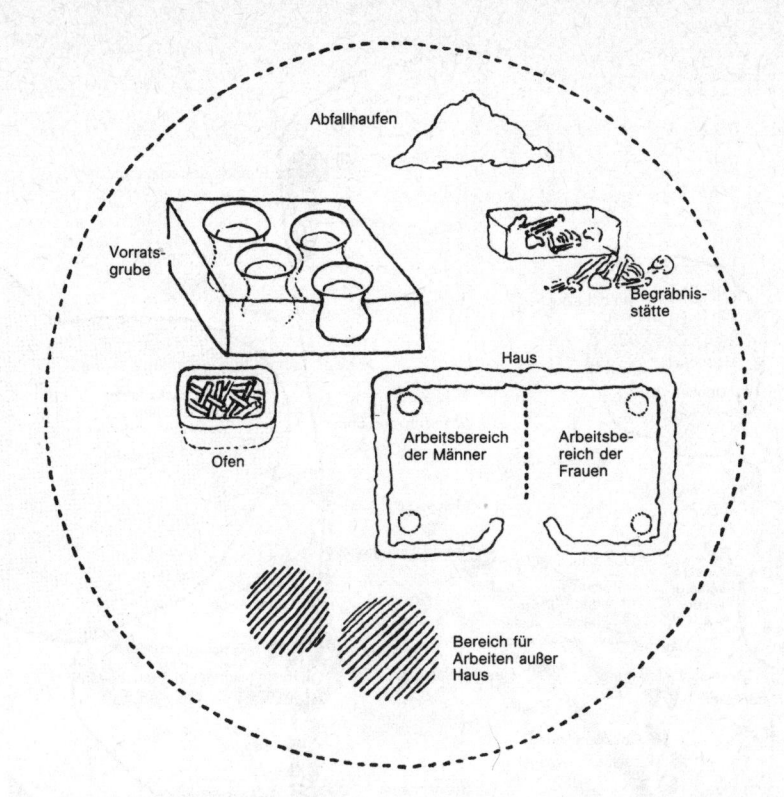

Objekte im Olmec-Stil tauchten auch während derselben Periode im Tal von Oaxaca auf. Es war die Zeit der kleinen öffentlichen Gebäude am heiligen Ort in San José Mogote, jetzt schon ein Dorf mit einem Terrain von etwa 40 Morgen und über zwanzigmal größer als die nächstgrößte Siedlung im Tal. Außer dem Tempel gehörten zu dem Dorf noch abgestufte, mit Steinen verkleidete Terrassen und Treppen, die zu den darauf errichteten öffentlichen Gebäuden führten, von denen mindestens eines mit einer westlichen Abweichung von acht Grad nach Norden orientiert war. Es besaß auch Häuser mit einer Wohnflächenaufteilung, die bei einigen heute in Mittelamerika lebenden Leuten noch anzutreffen ist: zur linken Hand, wenn man eintritt, der Arbeitsbereich für Männer mit Geräten wie Geschoßspitzen und schweren Schabern und zur Rechten ein Arbeitsbereich für Frauen (Mahlgeräte, Nadeln, Spindelwirtel, Kochgeräte).

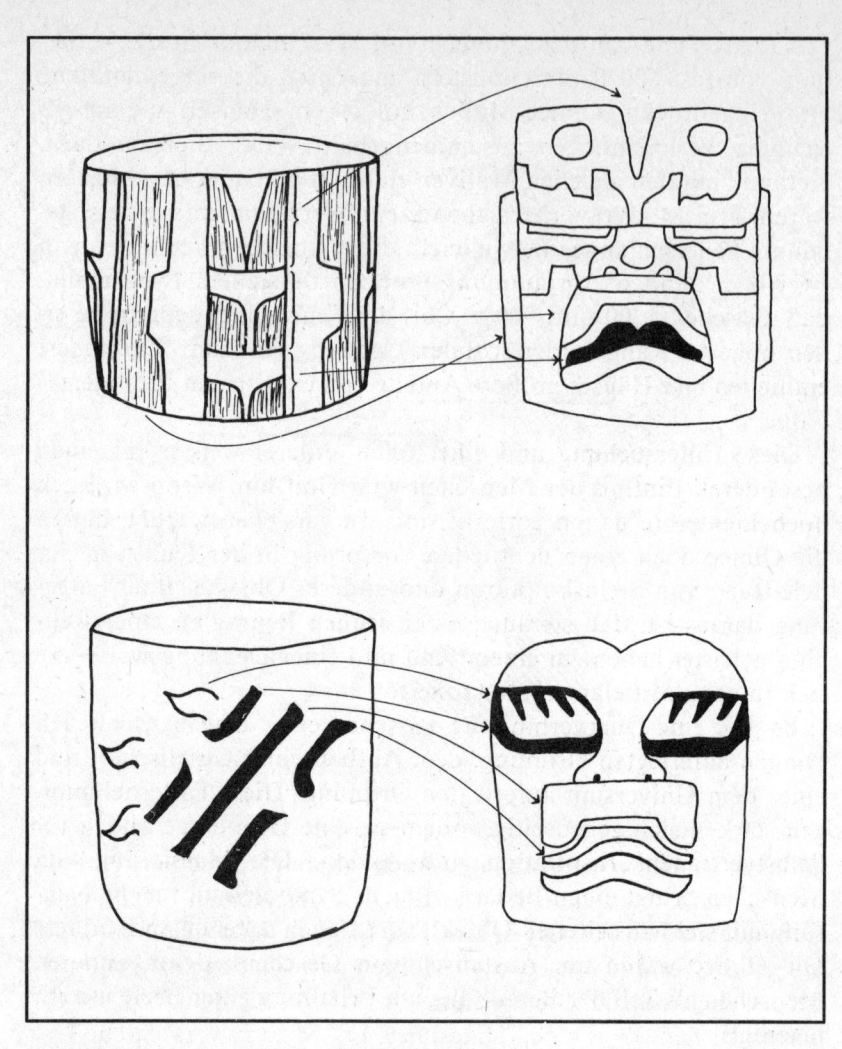

Olmec-Motive auf Keramik in Oaxaca (rechts), mit symbolhafter Darstellung von Feuerschlangen- und Werjaguar-Gottheiten (links); Nanette Pyne sagt, »wahrscheinlich das grobe Äquivalent zu christlichen Malern, die einfach das Kreuz anstelle der ganzen Kreuzigungsszene darstellen«.
(Quelle: Nanette Pyne, University of Washington)

Nanette Pyne von der University of Washington hat die Verteilung von fast 600 Töpfereimustern analysiert, die eingeschnittene und eingedruckte Olmec-Motive aufweisen. Häuser, die in getrennten Wohneinheiten zusammengeballt waren, neigten dazu, Keramik mit den gleichen Motiven zu besitzen. Unter den Mustern waren zwei Motive vorherrschend, ein Werjaguar und eine sogenannte Feuerschlange, die vielleicht die mythischen Vorfahren von zwei bedeutenden Abstammungsgruppen darstellen. Pyne meint, daß zwischen 1200 und 900 v. Chr. die Feuerschlangengruppe einen höheren Rang in der sozialen Ordnung einnahm. Zumindest enthielten ihre Häuser größere Anteile von exotischem Prestigematerial.

Diese Untersuchung und eine Reihe anderer weisen auf einen besonderen Einfluß der Menschen vom Golf hin. Wenn wir auch noch Lichtjahre davon entfernt sind, zu verstehen warum, hatten die Olmec doch einen deutlichen Vorsprung in der Kunst, in der Schaffung von Steinskulpturen und anderer Objekte. Eine Folgerung daraus ist, daß sie auch einen frühen Beitrag zu einer Religion geleistet haben, zu einem Kult und einer Denkungsweise, die sich in ganz Mittelamerika etablierte.

Es gibt eine Querverbindung zwischen einer den menschlichen Dingen auferlegten Ordnung, dem Aufbau einer Gesellschaft und einer dem Universum auferlegten Ordnung. Diese Unternehmungen stärken sich gegenseitig, indem sie eine Grundlage bilden für Selbstvertrauen, Inspiration und Aktion. Die Massierung von Menschen bringt einen Bedarf an mehr Symbolen und mehr Nahrung mit sich, an seltenen Objekten und auch seltenen Individuen. Die Olmec waren am Austausch von Geschenken mit anderen Menschen als Teil der Bemühung um Erhaltung guter Beziehungen beteiligt.

Der Fund eines der Geschenke, die sie aus San José Mogote erhielten, ist das Resultat einer systematischen Untersuchung des Erdbodens – indem man über das Gelände der Fundstelle ging und alles, von Scherben bis zu Steinsplittern, aufhob und festhielt, welche Stücke wo konzentriert vorhanden waren. »Wir fanden ein interessantes Gebiet von etwa fünf Morgen in der Nähe des Ostrandes der Fundstelle«, bemerkt Flannery, »mit einer unverhältnismäßig starken Konzentration von Glimmer, grünem Quarz, Muschelschalen von der Küste, Perlenaustern, Magnetit und verwandten Eisenerzen. Die Erzstücke lagen besonders dicht in einem Maisfeld, aus dem wir über 600 Stücke herausholten.«

Grabungen in dem Feld legten Flächen frei, wo Zapotec-Arbeiter, Teilzeitbauern und Teilzeithandwerker, gelebt und sich auf das Schleifen und Polieren von Eisenmineralien spezialisiert hatten. Sie hatten zum Beispiel daumennagelgroße reflektierende Elemente oder »Spiegel« gefertigt, so etwas wie künstliche Edelsteine, die wahrscheinlich an Gehängen getragen und in Masken und Figurinen eingelegt wurden. Eine Studie mittelamerikanischer Tauschnetze durch Jane Wheeler Pires-Ferreira von der George Washington University weist darauf hin, daß einige der Spiegel für die Olmec hergestellt wurden. Diese Möglichkeit basiert auf chemischen Analysen, die zeigen, daß Erze aus lokalen Oaxaca-Ablagerungen in Dörfer gelangten, die bis zu 320 Kilometer entfernt waren, und sie basiert auf dem Fund von Spiegeln in San Lorenzo, die jenen in San José Mogote hergestellten entsprechen.

Die Pires-Ferreira-Studie weist auf einen Komplex von Tauschnetzen hin, zu dem die Olmec, die Leute von Oaxaca und Menschen in den Dörfern vom Tal von Mexiko bis nach Zentralguatemala gehörten. Eisenerz war nur einer der ausgetauschten Werkstoffe, das bei weitem häufigste Tauschmaterial war Obsidian. Zu den anderen Gegenständen gehörten Töpfereiwaren, Jade, Trommeln aus Seeschildkrötenschalen, Rochenstachel und Haifischzähne für blutige Rituale und Seemuscheltrompeten. Derartige Trompeten sind in einer Reihe von Oaxaca-Dörfern heute noch in Gebrauch, um die Männer zu kommunalen Arbeitsprojekten oder zu Zusammenkünften in Notfällen zu rufen, wie jener, die vor nicht langer Zeit stattfand, um einen unbeliebten und höchst unheiligen Priester aus der Stadt zu jagen. Die Töne einer Muscheltrompete, ernst, aber etwas unmelodisch, verkündeten auch die Eröffnung einer kürzlich stattgefundenen anthropologischen Konferenz in Washington D. C.

In einer besonderen Untersuchung des Obsidianhandels in San Lorenzo zeigen Robert Cobean aus Harvard sowie Coe und ihre Mitarbeiter, daß es, als das Zentrum seinen Höhepunkt erreichte, einen Anstieg in der Menge des gebrauchten Materials und in der Anzahl der angezapften Quellen gab. Sie vergleichen, was dort geschah, mit einem System, das sich in Ozeanien entwickelte: »Die Olmec müssen teilgenommen haben an einem Handelsnetz mit

Leuten, die sie mit Obsidian und anderen exotischen Werkstoffen versorgt haben. Es könnte ein rituelles Tauschsystem gewesen sein, etwa wie jenes im berühmten Kula-Ring der Trobriand-Inseln.«

In diesem System bewegten sich die Olmec als Elite, als raffinierte Individuen unter den weniger raffinierten »Vettern vom Lande«. Nach Flannery könnte eine recht ähnliche Situation ausgangs des 18. und im 19. Jahrhundert unter den Indianern der Nordwestküste existiert haben, besonders zwischen den Indianern der Küste und denen des Inlands im südöstlichen Alaska. Die Tlingit lebten an der Küste in dichtbesiedelten Dörfern, stützten ihre Versorgung auf reiche Lachsfänge und rühmten sich der Häuptlinge und Edlen, die Reichtum in Form von Pelzen, Decken, Sklaven und anderen wertvollen Gütern anhäuften. Die »etwas bescheideneren« Inlandbewohner lieferten die Pelze und versuchten im Laufe der Zeit, es ihren hochklassigen Nachbarn so gut wie möglich gleichzutun.

Sie wurden auch sozialbewußter. Eine Inlandgruppe nahm eine Version der Tlingit-Sprache an, eine Tlingit-Gesellschaftsordnung mit Edlen und Gemeinen und Sklaven, sowie Tlingit-Mythen und Gesänge, in denen Küstentiere vorkamen, die sie niemals gesehen hatten. Sie teilten sich sogar in zwei Abstammungsgruppen, die Wolf- und Krähen-Sippen, und imitierten damit das Doppeltotemsystem der Tlingit, Wolf und Rabe. Etwas wie dies könnte bei den Leuten eingetreten sein, die mit den Olmec in Berührung kamen. Das Auftauchen des Feuerschlangen-Motivs in einigen Oaxaca-Haushalten und das Werjaguar-Motiv in anderen sieht in verdächtiger Weise einem mittelamerikanischen Zweisippen-, Zweitotemsystem ähnlich, das mit den Olmec-Leuten geteilt wurde und vielleicht von denen auch übernommen worden war.

Es fand etwas mehr als nur eine Imitation statt. Im allgemeinen sind die Menschen nicht für einen sozialen Aufstieg zu haben, es sei denn, sie sind in einem grundlegenden Sinne reif dafür. Die Leute von Oaxaca und die Inlandbewohner von Alaska hatten wahrscheinlich einen eigenen sozialen Entwicklungsstand erreicht, einschließlich einer sich entwickelnden Elite – Häuptlinge und Gefolge –, die sich Sitten und Institutionen von Außenseitern entliehen. Und – eine häufige Entwicklung – neuere Eliten könnten meinen, sie hätten wenigstens soviel mit schon länger etablierten Eliten von draußen gemeinsam wie mit ihren eigenen Leuten.

Sehr wenig ist über den Ursprung der Olmec bekannt. Sie könnten sich an Ort und Stelle entwickelt haben, das heißt, alles könnte eine regionale Entwicklung an der Golfküse gewesen sein. Eine andere Theorie besagt, sie kamen von jenseits der mittelamerikanischen Landenge an der Pazifikküste, von Orten zwischen den Mangrovensümpfen und träge fließenden Strömen und tropischen Wäldern an der Grenze zwischen Mexiko und Guatemala. Gareth Lowe von der Brigham Young University gehört zu den herzlich wenigen, die diesem Landstrich getrotzt haben, der den Ruf hat, noch heißer, schwüler und mehr von Insekten geplagt zu sein als die Niederungen des Golfes. Coe hat auch dort mit seiner Frau Sophie und bei einer anderen Gelegenheit mit Flannery gegraben.

In den Niederungen der Pazifikküste gibt es einige eindrucksvolle Fundstellen. Lowe fand ein kleines rituelles Zentrum in einer Umgebung von tropischen Lagunen und Fischereistationen. Es besaß Hügel mit Plattformen, zahlreiche Mahlsteine und ungewöhnliche Figurinen, die menschliche Wesen, Tiere und sonderbare Phantasiewesen darstellen. Es gab charakteristische Keramik, hautpsächlich offene Schalen mit flachem Boden, sowie runde Krüge mit enger Öffnung, wahrscheinlich zum Dämpfen von *tamales* (mexikanischer Eintopf), poliert und mit Schnurmuster, häufig auch mit roten funkelnden Flecken und irisierender Farbe verziert. Die Menschen, die diese Töpfereien herstellten, könnten die Vorfahren der Olmec gewesen sein. Sie erschienen nicht nur in der Pazifikregion, sondern auch in San Lorenzo selbst, zwei oder drei Jahrhunderte vor der Entwicklung der Olmec-Traditionen und der Kunst im Olmec-Stil.

Die Traditionen und die Kunst überlebten San Lorenzo. Das Zentrum zerfiel um 900 v. Chr. mit der unterschiedslosen systematischen Verstümmelung von Monumenten. Altäre und Stelen wurden zerschmettert, Köpfe von knieenden Ballspielern und dem kriechenden Jaguar und anderen Statuen abgeschlagen, die Kolossalköpfe durch eingemeißelte Furchen und Löcher entstellt. Coe betrachtet die Zerstörung als Aufruhr gegen eine unterdrückende Autorität und vergleicht sie mit dem Umwerfen der Riesenstatue von Stalin in Budapest durch ungarische Revolutionäre im Jahre 1956, vielleicht eine Rebellion von innen heraus.

Eine parallele Aktion geschah in Hawaii Anfang November 1819 bei einem großen Fest zur Verkündung des Sturzes der Götter, der Abschaffung einer uralten Religion und ihrer Tabus. Am nächsten Tag begannen die Menschen, unter der Anleitung eines »Rebellen-Priesters« Idole und Tempel zu zerstören (ein Ereignis, dem wenige Monate später interessanterweise die Ankunft des Schiffes *Thaddeus* aus den Vereinigten Staaten folgte, das die ersten christlichen Missionare brachte). Die Zerstörung von Idolen war auch eine übliche Praxis, wenn ein Häuptling den anderen besiegte, und eine ähnliche Situation könnte am Fall von San Lorenzo schuld gewesen sein.

Nach 900 v. Chr. wurde anscheinend La Venta das Hauptzentrum in der Region der Golfküste. Die Dinge waren aber nicht mehr so wie vorher. Nach der Umwälzung in San Lorenzo wurde der Komplex der Tauschsysteme geändert. Einige Netze brachen völlig zusammen. Oaxaca hat möglicherweise auch eine Verschiebung in der Machtstruktur erlebt, in kleinerem Maßstab und nur für eine begrenzte Zeit, als die Keramik mit dem Olmec-Feuerschlangenmotiv weniger üblich wurde und mehr Leute sich der Keramik mit dem Werjaguar zuwandten. Bald gab es einen Rückgang aller Olmec-Motive und Figurinen und ein Ende der Herstellung von Eisenerz-Spiegeln. Ähnliche Entwicklungen an anderen Orten zeigen eine allgemeine Verschiebung von – wie Pires-Ferreira es nennt – »dem Austausch über große Entfernungen von Luxusgütern unter den Eliten«, zu einem mehr regionalen System, das mehr Gewicht auf örtliche Bürokraten und örtliche Konsolidierung und Kontrolle legte.

Der Wechsel spiegelt sich in Kunststilen wider. Tatjana Proskouriakoff von der Carnegie Institution in Washington weist darauf hin, daß die Kolossalköpfe und andere Skulpturen in San Lorenzo das Individuum, die Gestalt und ihre Vorzüge betonen. »Die Abbildungen befassen sich in überwältigender Weise mit einer heroischen Darstellung des Menschen und seiner Beziehung zum Jaguar, einem Raubtier, das die Tugenden der Tapferkeit und Würde verkörpert.« Die dreidimensionalen Skulpturen kontrastieren mit Flachrelief-Gravuren auf Stelen, die die einzigartigen Erzeugnisse der La-Venta-Kunst sind – und die sich mehr auf kunstvolle Kopfbedeckungen und Kleidung sowie Objekte eines hohen Ranges konzentrieren als auf die Gestalt selbst.

In diesen Veränderungen sieht Proskouriakoff einen Niedergang im Führertum durch charismatische Individuen oder »Große

Männer« und die Entwicklung eines Systems mit der primären Betonung von Amt und seinen Insignien sowie hierarchischen Positionen. Kunst und Politik reflektieren den Drang nach engerer Organisation. Grob gesagt: Manager übernahmen die Funktionen des Adels.

XV
HOCHKULTUREN IN MITTELAMERIKA

Die 2300 Terrassen von Monte Alban/
Eroberungsaufzeichnungen in Stein/
Die erste Schrift der Neuen Welt/
Wachsender Abstand zwischen Elite und Gemeinen/
Der Aufstieg der Mayas/Die Pyramiden von Tikal/
Siedlungsmuster im Urwald/Hierarchien und Hieroglyphen/
Die Mayas des 20. Jahrhunderts/
Macht und Ritual im Tal von Mexiko/
Die Höhle unter der Sonnenpyramide/Planung und Großmacht

Ein Zeugnis früher großangelegter Siedlung und früher Eroberungen kommt aus San José Mogote und einem bedeutsamen Fund, der dort im Sommer des Jahres 1975 gemacht wurde. In flachem Relief auf eine große Steinplatte eingraviert, die auf dem Boden liegt, ist ein Mann, fast in Lebensgröße und unbekleidet und mit geschlossenen Augen zu sehen – ein *danzante* oder Tänzer, so genannt, weil derartige Figuren häufig in ungewöhnlichen stilisierten Posen dargestellt sind, die ursprünglich als Tanzposen interpretiert worden sind. Es handelt sich aber wahrscheinlich eher um Gefangene als um Tänzer, nackt als Kennzeichen für Demütigung und tot wegen der geschlossenen Augen.

Die neu aufgefundene *Danzante*-Figur geht auf etwa 600 v. Chr. zurück, als die Olmec einwandfrei schon im Abstieg begriffen waren. La Venta, wie vorher San Lorenzo, passierte seinen Höhepunkt, und seine Kolossalköpfe und die anderen Monumente sollten bald verstümmelt und beschädigt werden. San José Mogote nahm eine führende Position im Tal von Oaxaca ein, errichtete große Gebäude mit Fassaden aus rohbehauenen Kalksteinblöcken, von denen viele eine Tonne oder mehr wogen. Die Gebäude nahmen drei Seiten eines zentral gelegenen Platzes ein, eine glorifizierte Version des alten Dorfweilers mit Familienhäusern, die sich um einen gemeinsamen Hof drängen.

Der gesamte Komplex liegt auf einem Hügel, von wo man die Siedlung aus einer Höhe von 15 Metern überblickt, ein solides Symbol für eine von oben auferlegte Ordnung. Das einzig Schwierige bei der Ordnung ist nur, daß sie aufrechterhalten werden muß,

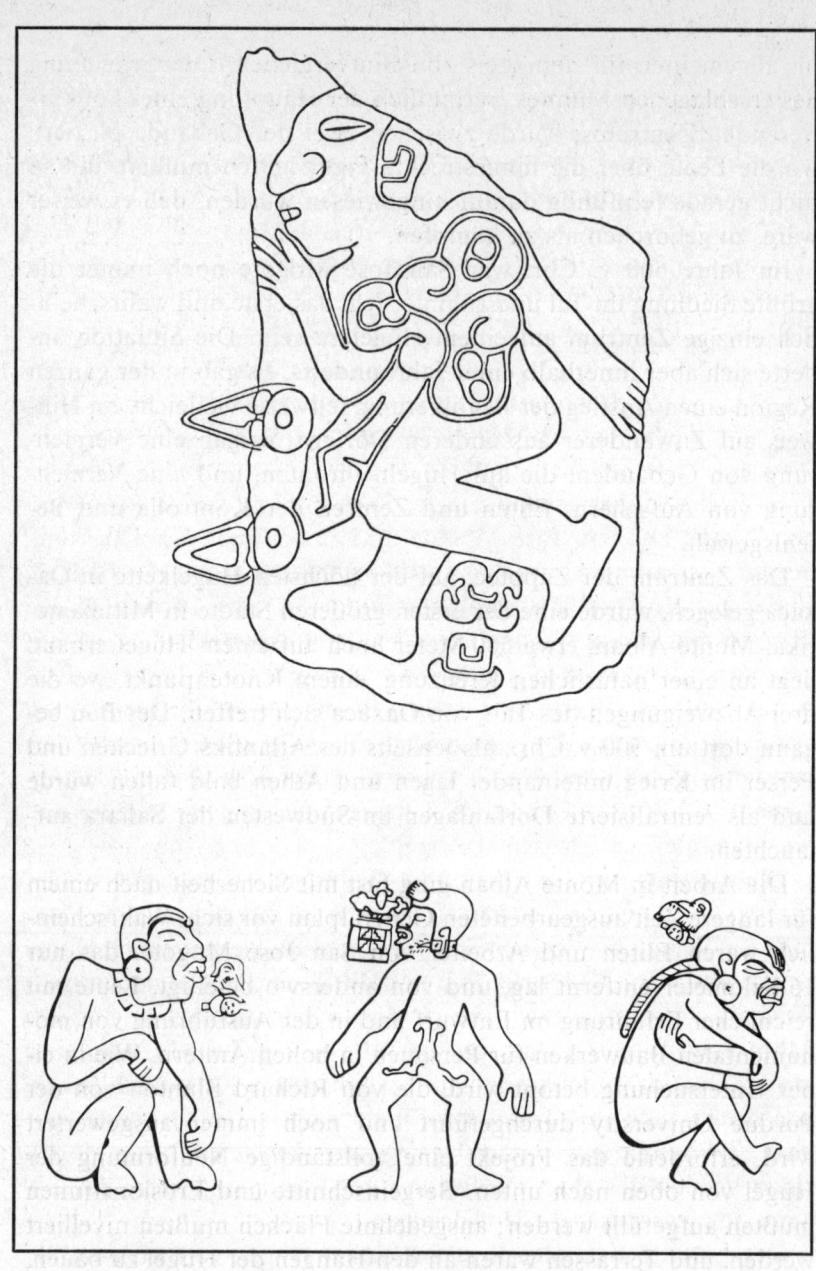

Oben: Gravierungen von Danzantes: erschlagenen oder geopferten Gefangenen auf Steinplatten an der Schwelle zu öffentlichen Gebäuden, neuer Fund in San José Mogote im Tal von Oaxaca, Mexiko, 600 bis 500 v. Chr..
Unten: Monte-Alban-Figuren in Reliefdarstellung auf Steinplatten, 500 bis 200 v. Chr.
(Quelle: Joyce Marcus, University of Michigan)

im allgemeinen für den Preis von Blutvergießen. Die Gravierung des erschlagenen Mannes, vermutlich der Häuptling eines konkurrierenden Zentrums, wurde zwischen zwei der Gebäude plaziert, wo die Leute über die hingestreckte Figur laufen mußten und so nicht gerade feinfühlig darauf hingewiesen wurden, daß es weiser wäre, zu gehorchen als zu kämpfen.

Im Jahre 600 v. Chr. war San José Mogote noch immer die größte Siedlung im Tal und rühmte sich, das erste und wahrscheinlich einzige Zentrum auf einem Hügel zu sein. Die Situation änderte sich aber innerhalb eines Jahrhunderts. Es gab in der ganzen Region einen Anstieg der Bevölkerung, teilweise vielleicht ein Hinweis auf Zuwanderer aus anderen Dörfern; es gab eine Vermehrung von Gebäuden, die auf Hügeln thronten, und eine Vermehrung von Aufsehern, Eliten und Zentren der Kontrolle und Befehlsgewalt.

Das Zentrum der Zapotec, auf der höchsten Hügelkette in Oaxaca gelegen, wurde eine der ersten größeren Städte in Mittelamerika. Monte Alban, etwa 500 Meter hoch auf einem Hügel erbaut, liegt an einer natürlichen Kreuzung, einem Knotenpunkt, wo die drei Abzweigungen des Tals von Oaxaca sich treffen. Der Bau begann dort um 500 v. Chr., als jenseits des Atlantiks Griechen und Perser im Krieg miteinander lagen und Athen bald fallen würde und als zentralisierte Dorfanlagen im Südwesten der Sahara auftauchten.

Die Arbeit in Monte Alban ging fast mit Sicherheit nach einem für längere Zeit ausgearbeiteten Generalplan vor sich. Wahrscheinlich waren Eliten und Arbeiter von San José Mogote, das nur 16 Kilometer entfernt lag, und von anderswo beteiligt, Leute mit reichlicher Erfahrung im Entwurf und in der Ausführung von monumentalen Bauwerken für Personen in hohen Ämtern. Wie in einer Untersuchung betont wird, die von Richard Blanton von der Purdue University durchgeführt und noch immer ausgewertet wird, erforderte das Projekt eine vollständige Neuformung der Hügel von oben nach unten. Bergeinschnitte und Erosionsrinnen mußten aufgefüllt werden; ausgedehnte Flächen mußten nivelliert werden, und Terrassen waren an den Hängen der Hügel zu bauen, um Fundamente für Straßen, Häuser und öffentliche Gebäude zu schaffen. Über 2300 Terrassen sind bis heute kartographisch erfaßt worden, einige groß genug für Dutzende von Häusern, und die größte und höchste der Terrassen war der Hauptplatz, etwa 55 Morgen groß, achtmal größer als der Petersplatz in Rom. Die Hügel von Monte Alban wurden ein dichtbebauter Stadtkomplex. Nach Blanton lebten um 100 v. Chr. etwa 5000 bis 10 000 Personen auf einer Fläche von etwa vier Quadratkilometern; ungefähr ein halbes Jahrtausend später, als die Stadt ihren Höhepunkt erreicht hatte und fast acht Quadratkilometer bedeckte, könnte die Bevölkerungszahl 30 000 erreicht haben.

Eine praktische Frage ist bei diesem Ort, von wo die Menschen ihr Wasser erhielten. Bis vor kurzem war die allgemeine Annahme, daß Knechte es von Flüssen und anderen Quellen im Tal heraufschleppten, doch vor einigen Sommern bemerkte James Neely, der zu jener Zeit mit Blanton arbeitete, bei einer Untersuchung der südlichen Hänge von Monte Alban unterhalb des Hauptplatzes mehrere dunkle Linien, die den Hügel hinabführten. Diese Entdeckung leitete eine intensive Suche ein.

Die Linien waren Streifen aus einer besonders dichten und üppigen Vegetation, die in dem lockeren, Wasser zurückhaltenden Mutterboden wuchs. Solche Linien zeigen häufig den Verlauf von uralten Kanälen an. Neely hatte ähnliche Muster früher schon gesehen, in Tehuacan und im Nahen Osten und auch andernorts. Bald entdeckt er noch ein zweites bedeutsames Merkmal etwa im zweiten Drittel des Hanges – eine Reihe von vulkanförmigen Kalksteinkegeln, Ablagerungen, die die Lage von nicht mehr funktionierenden »fossilen« Quellen, wo einstmals Wasser, reich an Mineralien, aus den Tiefen heraufsprudelte, verrieten. Ein System von Abzugsrinnen, Kanälen und Dämmen hatte das Wasser von den Quellen und von Regenwasserleitungen zu den terrassenartigen Feldern und zu Reservoirs geleitet.

Beträchtliche Anstrengungen waren erforderlich, um die Stadt und ihre Wasserversorgungsanlagen zu unterhalten und zu bewachen. Von Nord oder West angreifende Feinde hätten erst eine äußere Verteidigungsmauer durchbrechen müssen, an manchen Stellen sogar eine Doppelmauer, bis zu zehn Meter hoch; es gibt keine Anzeichen dafür, daß sie es jemals taten. Innere Mauern schützten bestimmte Bezirke innerhalb der Stadt. Lebhafte Zeichen für Konflikt und Verstümmelung finden sich in Kunst und Architektur oben auf dem Hügel, im Boden des Hauptplatzes selbst.

Grabungen haben dort etwa 320 *Danzantes* freigelegt, Flachrelief-Skulpturen und Fragmente von Skulpturen, die erschlagene Personen darstellen. Joyce Marcus von der University of Michigan weist darauf hin, daß einige Figuren in kunstvolle Insignien gekleidet sind und Personen von hohem Rang darstellen könnten. Die Mehrzahl scheint jedoch schon eher niedriges Volk gewesen zu sein, »wahrscheinlich einfache Dorfbewohner, die bei Überfällen oder in Scharmützeln gefangengenommen« und bei Gelegenheit geopfert und gegessen wurden, eine Sitte, die bis ins 16. Jahrhundert üblich war.

Der Hauptplatz birgt weitere Hinweise auf Kämpfe in vergangener Zeit. Ein Gebäude ist aus unbekannten Gründen pfeilförmig gebaut und weist nach Südwesten. In die Mauern eingesetzt sind »Aufzeichnungen« über vergangene Unterwerfungen und Niederlagen, um die 40 »Eroberungsplatten«-Skulpturen, die wie auch einige der *Danzantes*-Proben der Schriftform der Zapotec-Indios enthalten – die früheste Schrift in Mittelamerika, die bis auf 600 bis 400 v. Chr. zurückgeht. Es gibt einige hundert unterschiedliche Hieroglyphen, von denen etwa 25 oder 30 entziffert wurden.

Eine Hieroglyphe kann eine Reihe von Elementen in einem kompakten Bild oder Bildsymbol vereinen. Die Gravierungen enthalten Hieroglyphen, die »Hügel« oder »Ort« bedeuten und einen umgekehrten Kopf mit geschlossenen Augen, der »gestürzt« oder »erobert« bedeutet, was möglicherweise auf Dörfer hinweist, die wahrscheinlich an Monte Alban Tribut entrichten mußten. Das Problem liegt darin, die Namen der Dörfer aus besonderen Zeichen über dem Zeichen für Hügel und aus Kopfbekleidungen der umgekehrten Köpfe herauszulesen, indem Dokumente zu Hilfe genommen werden, in denen Orte in Oaxaca aufgeführt sind, die vor etwa 400 Jahren an die Azteken Tribut zahlten, und auch die Zeichen der Azteken für diese Orte.

Ein Zentrum, das die Azteken »Ort der Bohne« nannten und durch eine Abbildung der Bohne identifizierten, könnte Etla sein, ein Zentrum in der nördlichen Abzweigung des Tals von Oaxaca, oder eine andere Siedlung im selben Gebiet. Durch ständiges Vergleichen und Querverweise ist Marcus zu plausiblen Erklärungen einiger Ortsnamen auf den Eroberungsplatten gekommen. Eine weitere potentiell reiche Quelle für Hieroglypheninformation bezüglich militärischer Aktivitäten in Monte Alban sind Stelen, die im Hauptplatz gefunden wurden.

Hauptplatz-Bezirk

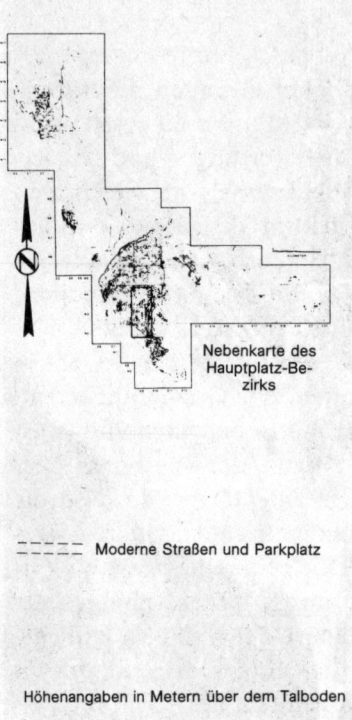

Nebenkarte des Hauptplatz-Bezirks

- - - - - Moderne Straßen und Parkplatz

Höhenangaben in Metern über dem Talboden

Monte Alban, Tal von Oaxaca: Lageplan des Zentralplatzes; *rechts:* Hauptplatz von Süden aus gesehen.
(Quelle: Richard E. Blanton)

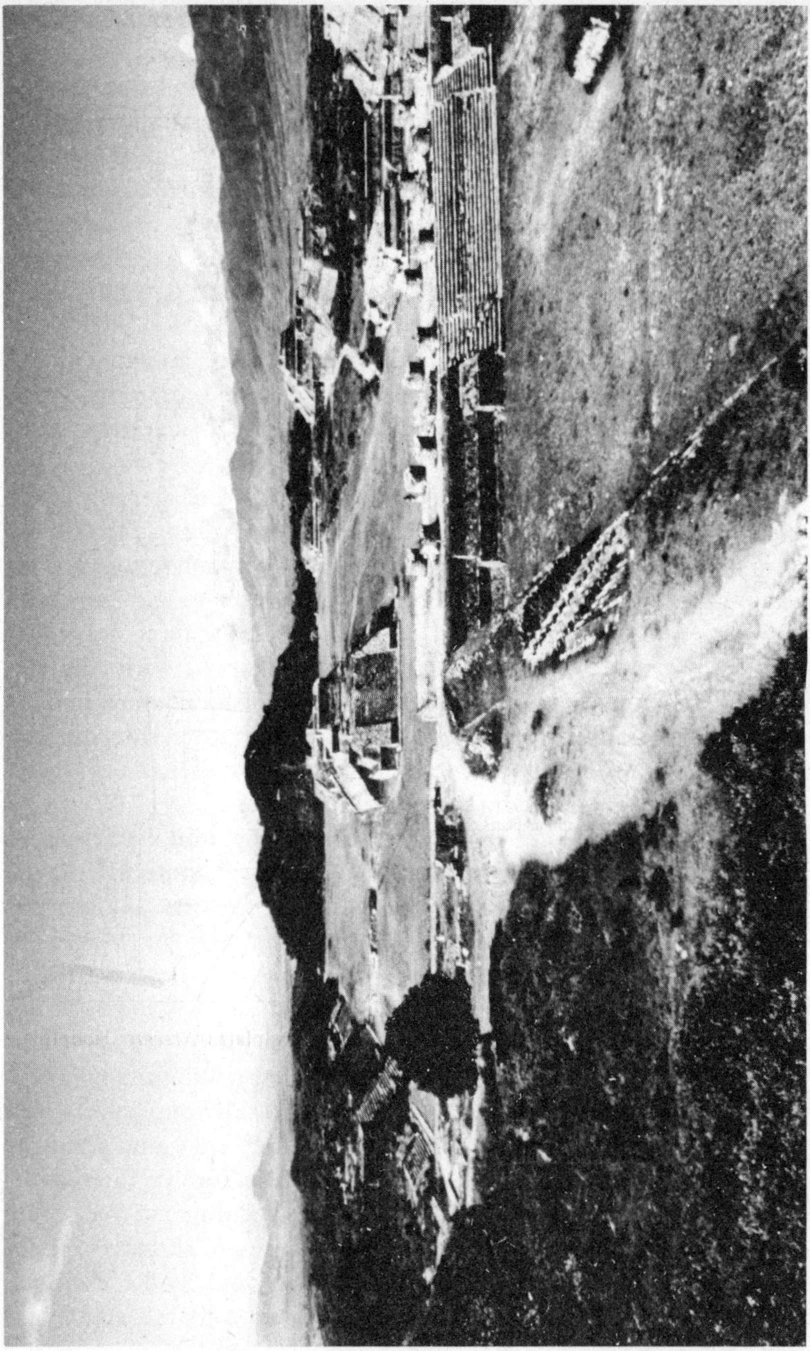

Die Stadt könnte als Zentrum einer Konföderation entstanden sein, einer Vereinigung von Führern aus verschiedenen Teilen von Oaxaca. Es gab wahrscheinlich drei Gruppen von Führern, die die drei Hauptzweige des Tales vertraten; das ist zumindest eine mögliche Schlußfolgerung aus Blantons Beobachtung, nach der das frühgeschichtliche Zentrum aus drei Gemeinschaften bestand, die in drei getrennten Bereichen auf dem Hügel lebten. Er berichtet auch, daß die Gebiete »eng beieinander lagen, aber getrennt«, was darauf schließen läßt, daß die Gemeinschaften und ihre Führer zusammengeschlossen, aber unabhängig waren.

Die Konföderation kontrollierte Menschen und Ressourcen außerhalb wie auch innerhalb des Tales. Die Eroberungsplatten zeugen vielleicht von Triumphen über Zentren, die 80 oder mehr Kilometer entfernt waren.

Veränderungen traten in Oaxaca selbst ein, Veränderungen, die sich im Stil von Skulpturen widerspiegeln. Am Anfang gab es mehrere lokale Stilrichtungen, wie man es unter getrennten und gleichgestellten Gruppen erwarten kann. Später tendierte man zu einem einzigen Stil und vielleicht zu einem zentralen Führer mit voller Autorität. Um das Jahr 400 n. Chr. – nach Marcus – »ist die Unterwerfung von politisch autonomen Orten vollkommen und ... manifestiert sich in einem dominierenden Stil in der Hauptstadt – Monte Alban«. In ihrer Blütezeit hat die Stadt vielleicht ein Gebiet von etwa 31 000 Quadratkilometern kontrolliert.

Die sich ausweitende Distanz zwischen Eliten und Gemeinen ist in der Anlage der Stadt erkennbar. Viele sogenannte öffentliche Bereiche waren tatsächlich private, gesperrte Gebiete. Blanton hat die größeren Straßen, Nebenstraßen und Rampen von Monte Alban auf einer Karte eingezeichnet, und zwar als ersten Schritt zu einer graphischen Analyse, ähnlich jener, die in Kapitel 5 für ein Zentrum in Britisch-Honduras beschrieben wird. Voruntersuchungen weisen auf eine zunehmende Tendenz zur Isolierung von rituellen Gebäudegruppen und Oberschicht-Residenzen abseits von den Hauptstraßen. Man konnte sie nur durch enge und leicht zu bewachende Zugänge und Tore erreichen. Die Tore können natürlich auch dazu gedient haben, Angehörige der Elite am Weggehen zu hindern, und nicht nur, um das Volk draußen zu halten. Während der späteren Perioden Monte Albans mögen die Zapotec-Häuptlinge der draußen liegenden Dörfer und Städte »drinnen«

gelebt haben, auf Einladung, aber möglicherweise auch als eine Art von Geiseln, um in ihren Heimatgebieten den Frieden aufrechtzuerhalten.

Der Hauptplatz war ebenso isoliert. Die Treppen seiner monumentalen Gebäude führten nach innen. Bürger wurden wahrscheinlich bei »Galavorstellungen« hereingelassen, zum Teil sicherlich nur, um ihnen Ehrfurcht einzuflößen. Ein geheimer Tunnel unter dem Platz läßt einen gewissen Hokuspokus vermuten, mit plötzlichen Erscheinungen und Verschwindungsszenen, mit Spezialeffekten und anderen Machenschaften, um die unwissenden Menschen zu narren. Taschenspielereien, die Kunst, Illusionen zu schaffen, spielten in der urbanen Politik eine frühe und herausragende Rolle.

Während Monte Alban, die Hauptstadt von Oaxaca und der Zapotec-Indios, im Aufstieg begriffen war, waren größere Entwicklungen etwa 720 Kilometer östlich im Gange. Die Maya-Indios, auf die Urwälder der Halbinsel Yukatan und nahe gelegene Regionen konzentriert, bauten über 100 große Städte und Hauptstädte, von denen nur etwa ein Dutzend ausgegraben worden sind. Die übrigen, einschließlich einiger Giganten, sind unter Wurzeln und Gestrüpp und Moos begraben. Eine bedeutende Fundstelle war so gründlich verborgen, daß Forscher sie nach ihrer Entdeckung vor über einem halben Jahrhundert wieder »verloren«, um sie erst 1973, geführt von örtlichen Sammlern einer Art Kaugummi, wieder zu entdecken. Die großartigste und am besten bekannte Großstadt der Mayas ist mit folgenden Worten beschrieben worden:

»Vor 2000 oder mehr Jahren siedelte eine Gruppe von Menschen auf und um einen kaum sichtbaren Hügel in den Urwaldniederungen des nördlichen Guatemala. Ihre Nachkommen sollten bald mit fast unermeßlichen Mitteln eine der erstaunlichsten Zivilisationen, die die Welt jemals gesehen hat, schaffen. Heute kennen wir jenen Hügel und das umliegende Gebiet als Tikal ... die Hauptstadt des Maya-Volkes ... noch immer bezeugt durch die zerfallenen Dachfirste riesiger weißer Tempel, die sich über einen welligen Regenwald erheben, der erst an der fernen Karibischen See endet.«

Dies sind die Worte von William Coe von der University of Pennsylvania, Bruder von Michael Coe und Direktor des Tikal-Projektes. Im Jahr 1970 beendeten er und seine Mitarbeiter 14 Pe-

Oben: Tikal im Flachland von Guatemala, 1957, vor der Ausgrabung. Tempel im rituellen Zentrum. *Rechts unten:* Rekonstruktion in Gips. *(Quelle: William R. Coe, University of Pennsylvania; für das Gipsmodell: Generalkonsulat von Guatemala, New York)*
Unten und rechts oben:

395

rioden der Grabungen und Rekonstruktion. Das Ergebnis wird wahrscheinlich über 30 Bände füllen. Sie kartographierten etwa 3000 Tempel, Plätze, Paläste, Heiligtümer, Terrassen und andere Merkmale und sammelten ungefähr 100 000 frühgeschichtliche Objekte sowie vorsichtig geschätzte fünf Millionen Scherben. (Aus verständlichen Gründen hat niemand tatsächlich eine Zählung durchgeführt, und die Gesamtzahl könnte beträchtlich größer sein.)

Die spektakulären Ruinen geben nur einen schwachen Eindruck von der Vergangenheit wieder. Bei einem kürzlichen Besuch kletterte ich auf die Krone eines verfallenen Walles, dem Stumpf einer großen Pyramide, und blickte hinab auf das teilweise restaurierte rituelle Zentrum von Tikal. Zu meiner Rechten und Linken, einander gegenüberliegend an einem grasbedeckten Platz, waren zwei Tempelpyramiden, 14 und 12 Stockwerke hoch – und gerade vor mir, nach Süden gerichtet, die Reste von Pyramiden, von mit Steinen verkleideten Terrassen, Treppen und Gebäuden mit vielen Räumen. Hinter den Gebäuden standen eine noch höhere Tempelpyramide, überwachsen von Bäumen und Büschen, und, aus dem Urwald aufsteigend, fern im Südwesten und weit von einer anderen entfernt, zwei weitere hohe einsame Tempelpyramiden.

Der Urwald beherrscht diese Szene heute. Doch in ihrer Blütezeit herrschte die Stadt. Menschen gingen durch eine geordnete geometrische Welt aus massivem Gestein mit dunklen und hellen Räumen, auf gepflasterten Durchgängen im Schatten der Pyramiden und sich auftürmender Tempel, hinaus auf die offenen gepflasterten Plätze zwischen Kalksteinmauern, die weiß in der Sonne strahlten. Die Farben sind jetzt vergangen, doch Fresken und Dachfirste auf vielen Gebäuden waren einmal rot, cremefarben und wahrscheinlich gelb, blau und grün angemalt. Der Verkehr bewegte sich über Dämme, erhöhte Straßen, die zu Teilen der Stadt führten, die heute durch Urwaldstreifen voneinander isoliert sind.

Ich verbrachte einen Morgen in jenem Urwald, stolperte über gefallene Bäume oder um sie herum und durch Unterholz und Unmengen von Spinnennetzen. Dennis Puleston von der University of Minnesota diente mir als Führer, was sich als sehr gut herausstellte. Wir folgten nämlich einem wenig benutzten Pfad, der so schlecht zu erkennen war, daß er für mich unsichtbar blieb, und auch er, ein hervorragender Waldläufer, mußte hier und da anhalten, um sich zu orientieren und die Stellen zu suchen, die durch alte Fußspuren markiert waren, um sicherzustellen, daß wir uns nicht verirrt hatten.

Der Urwald verbirgt sehr viel, einschließlich dessen, was die Großartigkeit erst ermöglichte. Unser Pfad verlief geradewegs nördlich vom rituellen Bezirk in der Nähe eines großen ausgehobenen Beckens – eines von mindestens einem halben Dutzend Reservoirs, die mit Ton und Stein ausgekleidet sind und von denen jedes Millionen Liter Wasser aufnehmen konnte, das durch Zuführungskanäle mit Längen bis zu 1500 Metern hineinfloß. Wir kamen an Plätzen vorbei, wo die Bauern von Tikal lebten, drei oder vier Haushügel, die meisten fast vollständig vom Unterholz bedeckt und um flache Stellen gruppiert, die einmal kleine Plätze waren. Es gibt nahezu 2000 derartige Gruppierungen im Umkreis von 1500 Metern um das Stadtzentrum, jeweils eine für zwei bis fünf Morgen, was auf eine verstreute Anlage mit Feuerrodungs-Gärten hinweist.

Jede Gruppierung besaß auch eine Reihe von flaschenförmigen unterirdischen Kammern, die aus dem gewachsenen Kalkstein herausgehauen wurden, Gruben, die – nach Puleston – in erster Linie für die Aufbewahrung der nahrhaften Nüsse des Ramon-Baumes dienten, einer Spezies der Feigenfamilie, die in Hainen nahe bei den Häusern wuchsen. Während wir wanderten, erklärte er mir, wie er zu dieser Schlußfolgerung durch ein direktes Experiment gekommen war. Mit typischen Tikal-Werkzeugen wie Feuerstein-Krummäxten grub er eine typische Tikal-Grube, füllte eine Reihe verschiedener Nahrungsmittel hinein und stellte fest, daß die Ramon-Nuß bei weitem am längsten haltbar war: Sie blieb über ein Jahr in gutem Zustand, im Gegensatz zu den wenigen Monaten der am längsten brauchbar gebliebenen anderen Nahrungsmittel.

Nach zwei Stunden erreichten wir das Hauptziel unseres Marsches, die überwachsenen Terrassen eines Erdwalles und eines drei Meter tiefen Grabens, die vor etwa einem Jahrzehnt zufällig entdeckt und irrtümlich für einen Kanal gehalten wurden. Das Erdwerk erstreckt sich ungefähr zehn Kilometer lang zwischen zwei Sümpfen und markiert die nördliche Grenze der Großstadt. Sie wurde vermutlich zum Zwecke der Verteidigung erbaut. Ein ähnliches System kennzeichnet die südliche Grenze. Als Hinweis darauf, wie schwierig es ist, Bevölkerungszahlen prähistorischer

Städte zu schätzen, vergleichen wir die Zahlen von Sanders mit denen von Puleston; Sanders behauptet 65 Quadratkilometer für Tikal und 20000 bis 25000 Einwohner während der Blütezeit um 700 bis 800 n. Chr.; Puleston nennt 143 Quadratkilometer und eine Bevölkerung von 65000 bis 80000 Personen. Nach der Tendenz in der Vergangenheit, die Zahlen zu hoch zu schätzen, ist es im allgemeinen recht gut, die mäßigeren Zahlen zu wählen.

Die Bevölkerung der Stadt stieg zwischen 400 und 800 n. Chr. steil an, wenn auch die Bevölkerungszahl der Region sich vielleicht nicht merklich geändert hat. Die Menschen verließen die Orte im Umland von Tikal und richteten sich neue Wohnungen innerhalb der Erdbefestigungen ein. Sie strömten in Massen in das Zentrum, es war eine Implosion ähnlich jener, die 3500 Jahre vorher in Uruk und Nippur stattgefunden hatte. Tikal war eines der spektakulärsten Zentren von den etwa 100 bekannten Zentren in den Niederungen der Mayas. Diese Zentren dehnten sich über 260000 Quadratkilometer aus und beherbergten während der Blütezeit etwa 5000 Personen. Wir wissen nicht, wann die ersten Siedler kamen, teilweise weil der Urwald soviel verbirgt. Bei einer Vegetation, die so dicht ist, daß Tempel und Paläste verlorengehen können, kann man nicht erwarten, die Lager von Jägern und Sammlern oder die Wohnstätten früher Gartenbauer zu finden. Ablagerungen tief unter den Kultgebäuden weisen jedoch darauf hin, daß Menschen um 2000 v. Chr. Siedlungen in den Niederungen errichtet hatten.

Auch im Hochland gab es Zentren. John Graham und Robert Heizer von der University of California in Berkeley fanden kürzlich über 50 Stelen in Abaj Takalik, in der Maya-Sprache »stehende Steine«, im Südwesten von Guatemala. Eine von ihnen trägt das Maya-Datum, das dem 3. Juni 126 n. Chr. entspricht; eine andere ist mindestens ein oder zwei Jahrhunderte älter. Mehrere Monumente sind im Stil der Olmec ausgeführt, was wiederum die Frage aufwirft nach der Natur und dem Ausmaß des Olmec-Einflusses auf spätere mittelamerikanische Kulturen.

Die Bevölkerungszahlen im Hochland und in den Niederungen müssen sehr schnell gestiegen sein. Nach einer Theorie führte eine Abzweigungsbewegung von überzähligen Menschen in das Innere zur Gründung vieler Orte und zu erfinderischen und in spektakulärer Weise erfolgreichen Methoden der Landbebauung. In Regionen, wo der Mutterboden dünn, schlecht entwässert und während der Regenzeit meistens überschwemmt ist, häuften die Menschen Erde in langen schmalen Streifen und Plattformen bis zu zwei oder mehr Metern auf und schufen so erhöht liegende »Felder«, auf denen Mais und andere Feldfrucht angebaut werden konnten. Sie lieferten Nahrung für Menschen, die viele Male zahlreicher waren als die, die vor der Veränderung des Landes hätten ernährt werden können.

Unterschiedliche Typen von erhöht liegenden Feldern sind hauptsächlich aus Luftaufnahmen entdeckt worden, und zwar in anderen Teilen von Mittel- und Südamerika und auch in den Maya-Niederungen. Bei Grabungen an einer Fundstelle im Tiefland, auf einer Insel im Hondo-Fluß des nördlichen Belize, fand Puleston Spuren eines tiefen Kanals, der über 3000 Jahre alt war, Teil der frühesten bekannten erhöhten Felder. Um die Leistungsfähigkeit der Felder zu untersuchen, rekonstruierte er eines, indem er ein Fundament aus Kalksteinton baute und uralte Kanäle säuberte. Bald wuchsen Mais, Kürbis, Bohnen, Tomaten und Baumwolle auf dem erhöhten Feld, und ein Dutzend Spezies eßbarer Fische schwammen in den Kanälen und lieferten den Dünger, der zur Steigerung der Fruchtbarkeit des Bodens gebraucht werden konnte.

Tauschhandelsnetze, lokal und über große Entfernungen, beeinflußten die Verteilung von Menschen, Gemeinden und Institutionen. In einer Untersuchung eines Teiles der Region, der auch Tikal einschloß, berichtete William Bullard von der Harvard University von einer Hierarchie von Siedlungen, die recht stark an die Hierarchien im Nahen Osten erinnern. Er fand ein System aus drei Ebenen, in dem die unterste Ebene aus Weilern bestand, in denen 35 bis 70 Personen in Häusergruppierungen um jeweils einen zentralen Hof lebten. Die nächste Ebene bestand aus kleineren Zentren, von denen jedes einen einzigen Platz mit mehreren öffentlichen Gebäuden und Tempelpyramiden aufwies und zehn bis fünfzehn angeschlossene Weiler mit Zeremonien, Märkten und anderen Dienstleistungen versorgte.

Auf der obersten Ebene in Bullards Untersuchung war das Hauptzentrum mit mehreren Plätzen, untereinander verbunden mit erhöhten Fußwegen, gravierten Stelen und Ballspielhöfen. Jedes größere Zentrum versorgte vielleicht zehn bis fünfzehn kleinere Zentren in einem Gebiet von etwa 160 Quadratkilometern mit

Tikal: Dennis Puleston gräbt eine Vorratsgrube.
(Quelle: Dennis E. Puleston, University of Minnesota)

6000 bis 10 000 Einwohnern. Weiler, kleineres Zentrum, größeres Zentrum – das mag eine Drei-Ebenen-Hierarchie, einen »Atom«- oder Minimal-Staat darstellen, entsprechend der Wrightschen Definition. Der Staat kam sicherlich mit dem Auftauchen einer vierten, noch höheren Ebene, die aus Superzentren wie Tikal, Clakmul im Norden, Palenque im Westen und Copan im Süden bestand.

Weitere Einzelheiten über Siedlungsmuster sind aus dem Studium der Maya-Schrift bekannt geworden, die sich aus Zapotec-Schriften entwickelt haben könnte und wie die Zapotec-Schrift dazu diente, politische Ereignisse aufzuzeichnen. Es war ein gemischtes System aus 800 Symbolen, hauptsächlich »Ideographien«, realistische Bilder mit abstrakten Bedeutungen (beispielsweise das Bild eines Frosches, das »Geburt« bedeutet), wie auch »Piktographien« (wo das Bild bedeutet, was es darstellt), phonetische Elemente und andere Muster. Einige der Symbole, vielleicht auch die frühesten, stellen groteske Gesichter dar und könnten von den bei Tänzen verwendeten Masken hergeleitet sein. Vor einigen Jahren studierte Heinrich Berlin aus Mexico City gravierte Inschriften, die mit Figuren zusammenhingen, die einen Steinsarg umgaben, der in einer unterirdischen Krypta in Palenque gefunden wurde; Berlin stellte fest, daß die Inschriften immer mit der gleichen Hieroglyphe endeten. In allen Fällen schloß die Hieroglyphe eine hochgestellte »Silbe« mit zwei Elementen ein, die über dem Mittelteil eingraviert war – ⌸ und ⌒ –, sowie eine Vorsilbe, die etwa wie Samenkörner oder Wassertropfen aussieht.

Berlin vermutete, daß die Figuren um den Sarg Verwandte der begrabenen Person waren, vermutlich alle in derselben Gemeinschaft geboren, und daß das zusammengesetzte Symbol der Name oder das »Bildzeichen« von Palenque war. Er ging noch weiter und studierte Inschriften anderer bedeutender Zentren auf der Suche nach anderen Wahrzeichen oder Ortsnamen, Piktographien, die Versionen derselben Hoch- oder Vorsilbe enthielten. Nachfolgend sind einige der von ihm identifizierten Symbole gezeigt und das von Marcus identifizierte Symbol von Calakmul:

| Palenque | Tikal | Copan | Piedras Negras | Calakmul |

Marcus untersuchte kürzlich Tausende von Hieroglyphen auf ungefähr 1500 Monumenten aus verschiedenen Fundstellen. Sie fand mindestens 100 Bildzeichen und entdeckte eine deutliche Verwandtschaft zwischen einigen von ihnen, eine Hierarchie von Querverweisen. Inschriften in Superzentren beziehen sich auf andere Superzentren, aber nicht auf nächstniedere Zentren. Im Jahre 731 n. Chr. wird das Bildzeichen von Palenque auf Monumenten in Tikal gefunden und umgekehrt.

Zwischen 25 und 30 Kilometer von Calakmul entfernt gab es sechs größere Zentren, und keine ihrer Inschriften erwähnt Tikal oder irgendein anderes Superzentrum außer Calakmul selbst. Sie hatten überwiegend mit jenem Superzentrum zu tun, indem sie untergeordnete Positionen in ihrer Dienstleistungszone innehatten. Darüber hinaus waren die größeren Zentren – wie Flannery in einer früheren Analyse aufgezeigt hat – in einem sechseckigen Muster um Calakmul angeordnet, eine Zentralortverteilung wie jene, die man im Umland von Uruk und auf der Susiana-Ebene gefunden hat.

Kombinierte Untersuchungen von Bildzeichen und Karten ergaben weitgehend gleiche Beziehungen in der gesamten Hierarchie von oben bis zu den Ebenen der kleinen Zentren und Weiler und zeigten den machtvollen Einfluß von Dienstleistungen und Tausch bei der Bestimmung von Ortslagen. Soweit der Übergang der Mayas zu einer Staatsstruktur betroffen ist – der Übergang von drei zu vier und mehr Verwaltungs- oder Hierarchie-Ebenen –, hat Marcus das Ereignis auf eine bestimmte Periode, 514 bis 534 n. Chr. zurückverfolgt.

Wie im Nahen Osten und anderswo impliziert eine Hierarchie von Orten auch eine Hierarchie von Menschen, eine Vorstellung, die auch durch Erforschung der Maya-Schrift gestützt wurde. Einst suchten die meisten Forscher nicht in gravierten Inschriften nach dieser Art von Erkenntnissen und hielten Hieroglyphen-Aufzeichnungen für hauptsächlich mit vagen mystischen Dingen befaßt, mit Offenbarungen und Prophezeiungen analog zu jenen des französischen Astrologen Nostradamus im 16. Jahrhundert. Vor etwa 15 Jahren demonstrierte jedoch Tatjana Proskouriakoff, wieviel solide Information aus den Aufzeichnungen herausgezogen werden konnte.

Der Weg zu einem Verständnis der Schrift der Mayas und ihrer allgemeinen Auffassung von Dingen ist die Zeit – bestimmte Zahlen und Daten, die auf etwas basieren, was Wheatley »das Kompliziertseste und Genaueste an frühgeschichtlichen Kalendersystemen« genannt hat. Ihr Kalender enthielt zwei Zyklen: einer, die sogenannte heilige Runde, bestand aus 260 Tagen, vor denen jeder seine eigenen Vorzeichen und seine eigene Gottheit besaß, und wurde nur für rituelle Zwecke gebraucht – um Prophezeiungen zu machen, die besten Tage für geschäftliche Unternehmungen auszuwählen und um ganz allgemein die Götter zu besänftigen. Coe hat den Zyklus als »eine Art von beständiger Wahrsagungsmaschine« bezeichnet, »die die Geschicke der Mayas und aller Völker in Mexiko leitete«.

Und dann war da noch der weltliche Zyklus, ein Sonnenjahr, für irdische Ereignisse. Er bestand aus achtzehn 20-Tage-Monaten; die überzähligen fünf Tage hatten keinen Namen und stellten eine

Periode des Unglücks dar. Die Astronomen der Maya verstanden die Welt als einen Ort großer Zyklen, universeller Schöpfungen und Zerstörungen und Neuschöpfungen, die in Abständen von 5000 Jahren wiederholt wurden. Das derzeitige Universum entstand 3114 v. Chr. (und nach einer Theorie soll seine Auslöschung am 24. Dezember 2011 vorgesehen sein), und alle Daten wurden von jenem Beginn an berechnet.

Proskouriakoff studierte 35 datierte Monumente aus Piedras Negras, die eine Periode von etwa 600 bis 800 n. Chr. überspannten, und ordnete sie ihrem Alter entsprechend. Sie stellte fest, daß sieben Monumente eingravierte »Aufstiegs-Motive« trugen, reichgekleidete Figuren, die in erhöhten Nischen saßen, mit Leitern und Fußabdrücken, die zu ihnen hinaufführten, vermutlich das Kommen von sieben aufeinanderfolgenden Herrschern darstellend. Sie bemerkte auch am oder nahe beim Beginn der Inschriften, die jeder Figur folgten, ein Datum, das immer mit einem charakteristischen Amtseinsetzungssymbol zusammenhing. Auf der Basis solcher Beobachtungen und Untersuchungen an abgebildeten Figuren leitete sie Regierungszeiten her, die von fünf bis 47 Jahre dauerten, und sah die Möglichkeit von Erbherrschaft durch dynastische Thronfolge.

Ihrer bahnbrechenden Studie sind eine Reihe anderer gefolgt, eine der neuesten konzentrierte sich auf Tikal. Christopher Jones von der University of Pennsylvania hat datierte Inschriften auf Knochen analysiert, die in einem Grabmal gefunden wurden, auf Stelen, Altären und Türbalken. Die Inschriften befassen sich mit drei Amtseinsetzungssymbolen, mit dem Leben der drei Personen, die das Tikal-Gebiet regierten und vielleicht sogar ein beträchtlich größeres Territorium, einer nach dem anderen zwischen 680 und 790 n. Chr., während der Blütezeit der Stadt.

Indem er die Zeugnisse aus der Inschrift mit archäologischen Funden kombinierte – viele von ihnen durch eigene Grabungen in Tikal –, präsentiert Jones ein provisorisches Bild von diesen drei Herrschern. Die sich auf den Herrscher A beziehenden Inschriften zeigen auf, daß er aus dem Westen kam, aus der Richtung von Piedras Negras und Palenque, daß er den Tod einer ihm nahestehenden Person betrauerte, über ein halbes Jahrhundert lang regierte und wahrscheinlich in der 14 Stockwerke hohen »Tempelpyramide des Kultzentrums begraben wurde. Außerdem »leitete er eine gewisse Renaissance ein«. Er war verantwortlich für die ersten gravierten Monumente, die dann über ein Jahrhundert lang errichtet werden sollten und einer Periode politischer Instabilität folgten, die übrigens Clemency Coggins von der Harvard University aus einer Untersuchung der Malerei- und Zeichnungs-Stilarten hergeleitet hat.

Nach den Inschriften und Monumenten zu urteilen, erscheint Herrscher B ein wenig krankhaft, selbstsüchtig und etwas gröber als Herrscher A. Er erwähnt sich selbst häufiger in langen Passagen, die anscheinend seine eigenen Errungenschaften beschreiben; er führt seine Vorfahren viel weiter zurück, vielleicht bis auf die Olmec, und scheint im allgemeinen weniger mit dem Geschäft des Regierens befaßt. Er erbaute mehr Monumente für sich selbst, und sein Grabmal wird in einer der beiden einsamen Tempelpyramiden vermutet, die vom Hauptzentrum entfernt sind und deren höchster Turm 21 Stockwerke hoch aufragt. »Seine massive Schwere« kontrastiert mit dem Turm des Herrschers A, der »eher leicht als massig, eher erhebend als sich erhebend und, vor allem, schön ist«. Herrscher C, eine weniger kreative Person, setzte die Tradition des »Ich kann alles übertreffen« fort, indem er »größere, aber nicht andere« Monumente für sich errichtete.

Die Forschung dokumentiert also weiterhin die Tendenz der Macht, sich aufzubauen und weiter auszubauen und sich aus sich selbst heraus zu nähren. Ein Ergebnis – in vergangenen Urwäldern von Tikal wie auch im Hochland von Neuguinea und in Industrieländern der Gegenwart – ist immer ein niedriger Lebensstandard für jene gewesen, die weiter unten in der Hierarchie angesiedelt sind. Das zeigt sich in den fossilen Zeugnissen. William Haviland von der University of Vermont stellt fest, daß die Skelette von wohlhabenden Männern, die in kunstvollen Grabmälern beigesetzt wurden, im Durchschnitt 12,5 Zentimeter größer waren als die von 62 Männern, die man in einfacherer Haushaltsumgebung begrub und die wahrscheinlich ein kürzeres und weniger gesundes Leben führten.

Grabstätten zeigen auch, daß einzelne Leute es in steigendem Maße schwerer hatten, die obersten Ebenen der Maya-Gesellschaft zu erreichen. Ein Teil einer Analyse von William Rathje von der University of Arizona befaßt sich mit Gräbern, die in Uaxactun freigelegt wurden, einer Fundstelle, die 18 Kilometer oder einen

Fußmarsch von fünf Stunden nördlich von Tikal gelegen ist. Vor 600 n. Chr. bestand das Zentrum des Ortes aus drei kleinen Pyramidentempeln, wo eine ausgesuchte Gruppe von Männern, offenbar Personen, die sich genügend Reichtum und Prestige in außenliegenden ländlichen Gebieten erworben hatten, mit Jade und anderen reichen Grabbeigaben bestattet wurden. Nach 600 n. Chr. rekrutiert sich die Oberschicht nicht mehr aus dem Umland. Sie lebt »drinnen«. Plätze tauchten in dem Zentrum auf, und reiche Begräbnisstätten schlossen Frauen, Kinder und Jugendliche sowie auch reife Männer ein, was auf eine Kontrolle durch eine oder nur wenige Familien schließen läßt, die »sich fortsetzen konnten, ohne auf Populationen draußen zurückgreifen zu müssen«. Als die Gesellschaft zunehmend geschlossener wurde, wurde das Zentrum zunehmend privater und abgeschlossener, ein Muster, das auch in Monte Alban und an anderen Maya-Orten festgestellt wurde.

Die Erforschung der Mayas schließt intensive und andauernde Studien der heutigen Maya-sprechenden Nachkommen jener Leute ein, die Tikal und andere Städte erbauten. Diese Studien, die seit 1957 ununterbrochen in der Gemeinde Zinacantan im südöstlichen Mexiko betrieben werden, haben über 100 im Außendienst tätige Wissenschaftler unter der Leitung von Evon Vogt von Harvard in Anspruch genommen. Ihre Ergebnisse machen es möglich, Kontinuitäten und Diskontinuitäten zu erkennen.

Gewisse Ähnlichkeiten sind zwischen alten und modernen Siedlungsmustern vorhanden. Die Stadt schließt ein politisch-religiöses Zentrum von etwa 400 Personen mit Rathaus, Schule, Gefängnis und drei katholischen Kirchen ein. Das Ritual ist hier eine fast ununterbrochene Runde von Fiestas und Prozessionen. Nach Vogt »gibt es nur wenige Tage im Jahr, an denen keine bestimmte Zeremonie durchgeführt wird, und gewöhnlich finden mehrere Zeremonien gleichzeitig statt«. Die Gemeinde, bekannt unter dem Namen Zinacantan-Zentrum, dient 15 Weilern in der näheren Umgebung und kann in etwa als Äquivalent eines uralten größeren Kultzentrums angesehen werden.

Der Vergleich wird auf einer mehr grundlegenden Ebene treffender. In Zinacantan, wie auch in allen Maya-Gemeinden der Gegenwart, werden die Priesterbeamten aus den draußenliegenden Weilern rekrutiert. Es sind wohlhabende Bauern, die genügend Geld aus dem Maisanbau gespart haben, um sich eine Reihe von

Jahren in dem rituellen Zentrum leisten zu können, wo sie teure Prestigefunktionen ausüben. Diese Einrichtung kommt der in Rathjes Analyse der frühgeschichtlichen Begräbnisse in Uaxactun implizierten nahe, die darauf hinwies, daß Zinacantan jene Situation darstellt, die vor dem Aufkommen des Establishments in Form einer »hauptberuflichen« Elite vorherrschend war.

Die Vergangenheit lebt noch immer. Richtung und Vorstellung von Ort und Position waren für die Vorfahren der modernen Mayas von besonderer Bedeutung. Das Studium von Hieroglyphen und Kunstmotiven zeigt, daß Osten, die Richtung des Sonnenaufganges, Symbol von Geburt und Wiedererwachen, in Zeremonien begünstigt wurde und noch begünstigt wird. Rituelle Mahlzeiten in Zinacantan müssen an traditionellen rechteckigen Tischen serviert werden, deren Länge von Osten nach Westen orientiert ist, wobei die ranghöchste Person am östlichen Ende sitzt. Auch der derzeitige Glaube, die letzten fünf Tage des Monats Februar seien »sehr schlecht«, kann auf die fünftägige Unglücksperiode am Ende des frühgeschichtlichen Sonnenjahres von 360 Tagen zurückgeführt werden. Diese und viele andere Überzeugungen sowie die ganze Weltanschauung, die damit zusammenhängt, stellten ein Muster dar, das weit über die Grenzen des Maya-Territoriums hinausging, ein verbreitetes mittelamerikanisches Muster. Ein anderer Teil des Musters bildete sich über 960 Kilometer westlich der Tikal-Urwälder aus, im Tal von Mexiko, einer Ebene, die fast 2400 Meter hoch liegt und von Hügeln im Norden und Bergen im Osten, Westen und Süden umgeben ist. Das von den Bergen herabfließende Wasser bildete den 1000 Quadratkilometer großen Texcoco-See in der Ebene, und zum Nordostufer des Sees öffnete sich ein kleines Seitental, in dem Teotihuacán, die größte aller frühgeschichtlichen Städte, lag.

Vieles von dem, was über seine Evolution bekannt ist, stammt von René Millon von der University of Rochester und seinen Mitarbeitern, die Teotihuacán in Einzelheiten kartographierten, und von Sanders, Blanton und Jeffrey Parsons von der University of Michigan, die zusammen mit ihren Mitarbeitern ein halbes Dutzend Sommer damit zubrachten, das gesamte Tal von Mexiko zu vermessen und über 2000 Fundstellen in die Karte einzutragen. Die frühesten Siedlungen am Ort der späteren Großstadt tauchten um 400 v. Chr. auf, als Monte Alban ein oder zwei Jahrhunderte alt war und bereits beachtliche Ausmaße angenommen hatte. Wenige hundert Menschen lebten in einer Gruppierung von drei Weilern und einem kleinen Dorf.

Zuwanderer wurden unter anderem von dem Fluß des Tales angezogen, der von 80 dauerhaften Quellen gespeist wurde und so die Aussicht auf guten Ackerbau bot. Während der nächsten zwei oder drei Jahrhunderte vereinigten sich das Dorf und die Weiler zu einer einzigen Gemeinschaft von vielleicht 10 000 Personen und wurden so zur zweitgrößten Stadt im Tal von Mexiko – eine natürliche Konkurrenz der größten Stadt, Cuicuilco, etwa 60 Kilometer südwestlich gelegen, mit ungefähr der doppelten Anzahl von Menschen. Der Wettstreit artete anscheinend in einen richtigen Krieg aus. Viele Menschen verließen Siedlungen auf dem Talgrund, zogen in sicherere Orte auf der Höhe der Hügel und schufen so ein Niemandsland zwischen den beiden Städten. Der Konflikt wurde schließlich gelöst, doch – nach Parsons – nicht allein als Ergebnis von Überlegenheit auf dem Schlachtfeld. Teotihuacán scheint gewonnen zu haben, doch es erhielt rechtzeitige und heftige Hilfe von den Göttern. Seine Bevölkerung erreichte die Zahl 20 000 ungefähr zur Zeit der Geburt Christi, als ein Vulkan in der Nähe von Cuicuilco ausbrach und das bereits im Niedergang begriffene Zentrum unter Lava begrub. (Die Ruinen seines Haupttempels liegen innerhalb des heutigen Mexico City, nicht weit vom Olympischen Dorf von 1968 entfernt.)

So spielte eine Katastrophe im entscheidenden Stadium des Aufstiegs von Teotihuacán eine Rolle. Ihr folgte eine spektakuläre Implosion, wie jene, die etwa drei Jahrtausende vorher in Uruk stattfand. Menschen strömten zu Tausenden herein, vielleicht nicht immer aus freiem Willen, bis 90 Prozent der gesamten Bevölkerung des Seitentales in der Stadt lebten. Das Zentrum dehnte sich von etwa 50 000 Personen im Jahre 100 n. Chr. auf mindestens 125 000 Personen um 500 n. Chr. aus. Nach Millon wuchs nicht nur die Bevölkerung, sondern die Stadt wurde auch um vieles kompakter. Der Stadtplan von 100 n. Chr. nahm viel Raum ein. Die Stadt war relativ dünn besiedelt auf einer Fläche von 26 bis 28 Quadratkilometern. Diese Fläche zog sich auf etwa 20 Quadratkilometer zusammen mit einer viel dichteren Bebauung um 500 n. Chr., eine Steigerung der Dichte von etwa 7800 bis 13 000 auf über 39 000 Personen je Quadratkilometer.

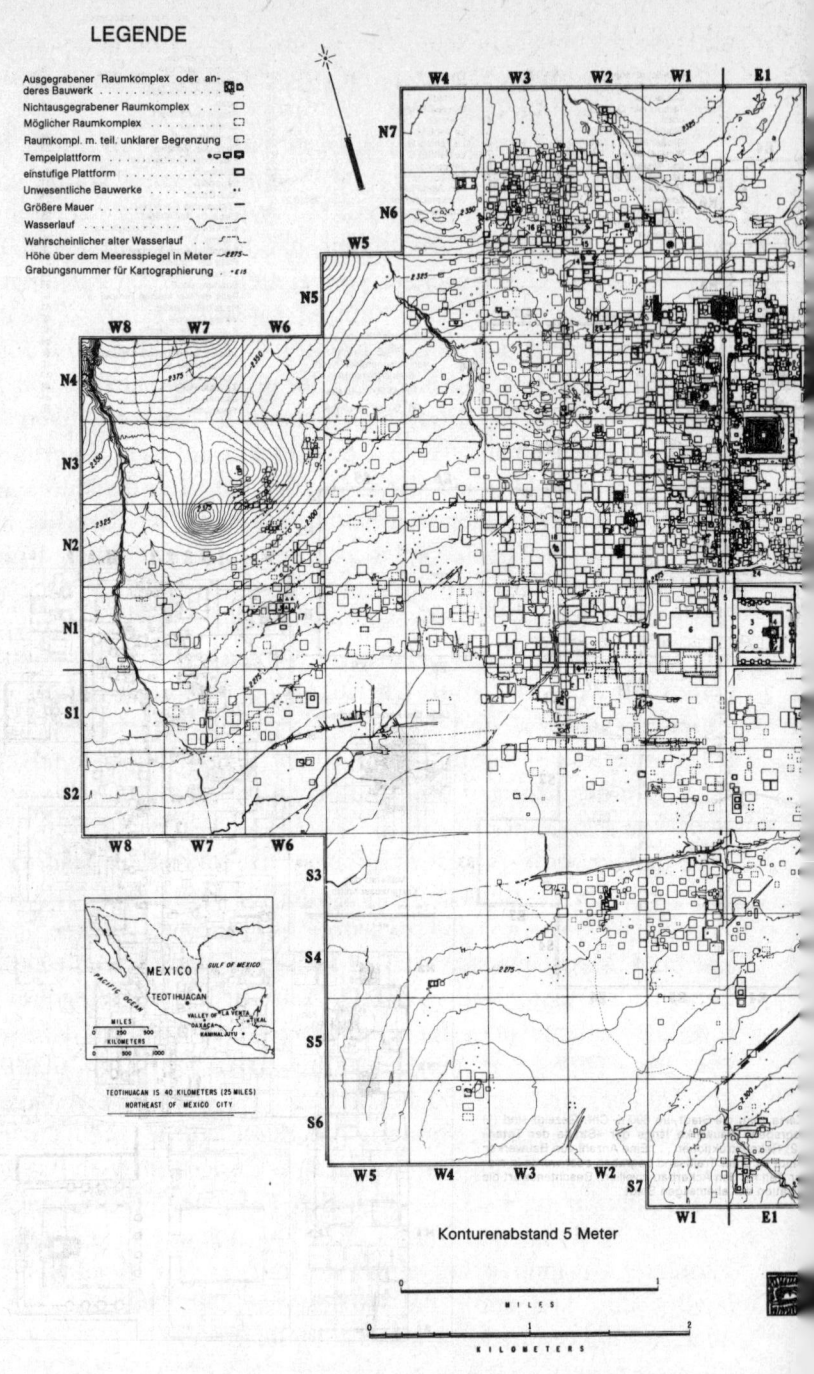

Teotihuacán, nördlich von Mexico City, Zentralgebiet: Generalkarte
(Quelle: René Millon)

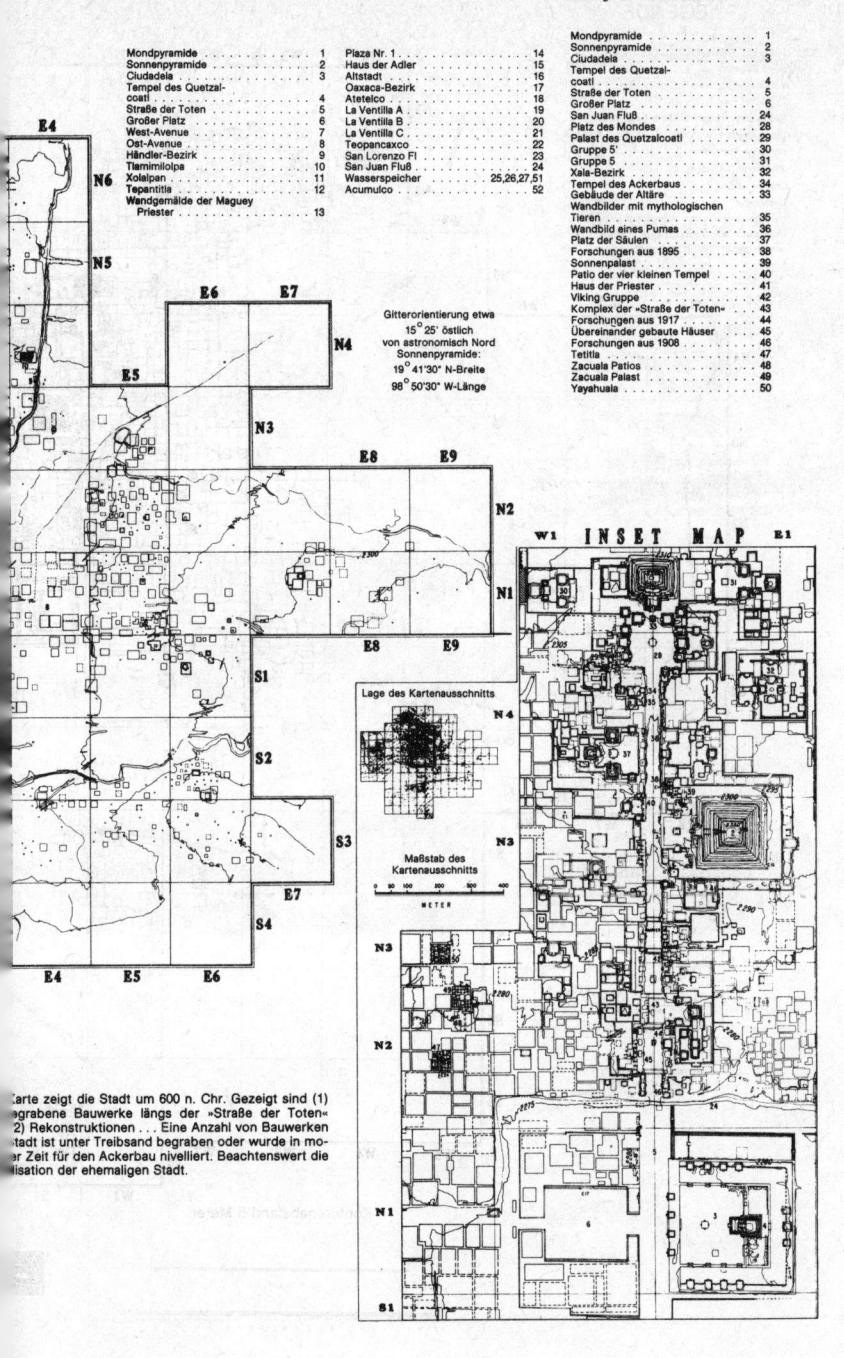

Mondpyramide	1
Sonnenpyramide	2
Ciudadela	3
Tempel des Quetzalcoatl	4
Straße der Toten	5
Großer Platz	6
West-Avenue	7
Ost-Avenue	8
Händler-Bezirk	9
Tlamimilolpa	10
Xolalpan	11
Tepantitla	12
Wandgemälde der Maguey Priester	13
Plaza Nr. 1	14
Haus der Adler	15
Altstadt	16
Oaxaca-Bezirk	17
Atetelco	18
La Ventilla A	19
La Ventilla B	20
La Ventilla C	21
Teopancaxco	22
San Lorenzo Fl	23
San Juan Fluß	24
Wasserspeicher	25,26,27,51
Acumulco	52

Erärung zu Kartenausschnitt

Mondpyramide	1
Sonnenpyramide	2
Ciudadela	3
Tempel des Quetzalcoatl	4
Straße der Toten	5
Großer Platz	6
San Juan Fluß	24
Platz des Mondes	28
Palast des Quetzalcoatl	29
Gruppe 5'	30
Gruppe 5	31
Xala-Bezirk	32
Tempel des Ackerbaus	34
Gebäude der Altäre	33
Wandbilder mit mythologischen Tieren	35
Wandbild eines Pumas	36
Platz der Säulen	37
Forschungen aus 1895	38
Sonnenpalast	39
Patio der vier kleinen Tempel	40
Haus der Priester	41
Viking Gruppe	42
Komplex der «Straße der Toten»	43
Forschungen aus 1917	44
Übereinander gebaute Häuser	45
Forschungen aus 1906	46
Tetitla	47
Zacuala Patios	48
Zacuala Palast	49
Yayahuala	50

Gitterorientierung etwa 15° 25' östlich von astronomisch Nord
Sonnenpyramide:
19° 41'30" N-Breite
98° 50'30" W-Länge

Lage des Kartenausschnitts

Maßstab des Kartenausschnitts

INSET MAP

...arte zeigt die Stadt um 600 n. Chr. Gezeigt sind (1)
...grabene Bauwerke längs der »Straße der Toten«
...2) Rekonstruktionen... Eine Anzahl von Bauwerken
...tadt ist unter Treibsand begraben oder wurde in mo-
...r Zeit für den Ackerbau nivelliert. Beachtenswert die
...isation der ehemaligen Stadt.

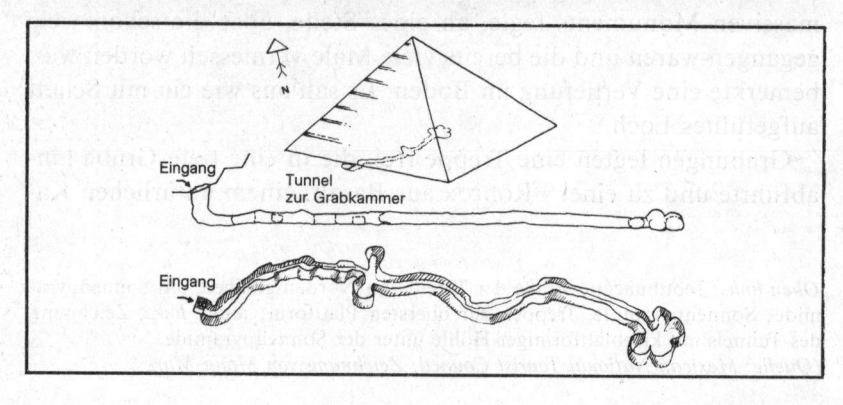

Eingang

Tunnel zur Grabkammer

Eingang

410

Das große Zentrum stellte einen völlig neuen Stadttyp dar, wobei ein Teil des Unterschieds zu anderen in der Art der Anlage und im Maßstab liegt. Eine präzise Vermessung der gesamten Fundstelle und ihres Umlandes, ausgeführt von Forschern unter Leitung von Millon, hat zwei riesige Karten ergeben, von denen jede eine Fläche von 10 Quadratmetern einnimmt und in einem einzigen Band in 147 getrennten Abschnitten zusammengefaßt ist. Eine der Karten zeigt Landkonturen und die Lage von über 4500 Plätzen, Tempeln, Häusern und anderen architektonischen Einheiten, die auf etwa 600 n. Chr. zurückgehen, als die Stadt ihre Blütezeit erlebte. Die andere Karte zeigt Gebäudegrundrisse und Straßen.

Teotihuacán wurde nach einem Block- oder Gitterplan ausgelegt. Seine Nord-Süd-Achse, eine Avenue, breiter als zehn Fahrbahnen einer Autobahn und heute bekannt als die Straße der Toten, erstreckte sich drei Kilometer lang, vorbei an monumentalen Bauwerken. Der heilige und weltliche Kern der Stadt lag dort, wo sie die Ost-West-Achse schnitt. Religiöse und politische Angelegenheiten wurden wahrscheinlich in der sogenannten Zitadelle behandelt, einem rekonstruierten Gebiet von fast 40 Morgen, mit 15 kleineren Pyramiden, Palästen und Verwaltungsgebäuden sowie dem sechsstufigen Tempel von Quetzalcoatl, dem Gott der gefiederten Schlange. Ein noch größeres Gebiet, der Hauptmarktplatz, könnte genau gegenüber diesem Komplex gelegen haben.

Ein früher heiliger Ort, vielleicht der früheste in der Stadt, liegt verborgen unter dem größten und imponierendsten Bauwerk an der Straße der Toten, unter der 60 Meter hohen Sonnenpyramide. Der vergrabene Ort wurde eines Abends zufällig entdeckt, nachdem alle Touristen gegangen waren. Ein Wächter, der am Fuße des massiven Monuments fegte, an einer Stelle, über die schon viele gegangen waren und die bereits viele Male vermessen worden war, bemerkte eine Vertiefung im Boden. Es sah aus wie ein mit Schutt aufgefülltes Loch.

Grabungen legten eine Treppe frei, die in eine tiefe Grube hinabführte und zu einer »Röhre« aus Basalt, einem natürlichen Ka-

Oben links: Teotihuacán; Straße der Toten, von Norden gesehen, mit Sonnenpyramide; Sonnenpyramide, Treppen zur obersten Plattform; *unten links:* Zeichnung des Tunnels mit kleeblattförmiger Höhle unter der Sonnenpyramide.
(Quelle: Mexican National Tourist Council; Zeichnung von Mona Marks)

nal, der sich vor Jahrmillionen in geschmolzener Lava bildete. Die Röhre verlief über 90 Meter weit unter der Mitte der Pyramide und endete in einer Kammer, der Steinmetze die Form eines vierblättrigen Kleeblatts gegeben hatten, möglicherweise ein Symbol für die heilige Mitte oder die vier Viertel der Unterwelt. Fast mit Sicherheit war diese Höhle ein heiliger Ort, wo prähistorische Menschen geheime Riten ausübten – Jahrhunderte ehe die Sonnenpyramide erbaut wurde, zu einer Zeit, da Teotihuacán noch ein Dorf war.

Die Stadt hatte etwas von Venedig an sich, ein System von verzweigten Wasserwegen mit künstlich begradigten Abschnitten des Hauptstromes, mit Nebenflüssen und auch Verbindungskanälen. Das Wasserwegenetz erstreckte sich wahrscheinlich bis zum 16 Kilometer entfernten Texcoco-See und trug vielleicht eine Vielfalt von Einbaumkanus – einfache »Werktags«-Kanus, beladen mit Lebensmitteln, Töpferwaren und anderen Erzeugnissen, und großartige »Rolls-Royce«-Kanus für die Elite und für besuchabstattende Würdenträger. Der Verkehr und das allgemeine Tempo der Dinge beschleunigten sich an größeren religiösen Feiertagen, wenn sich die Bevölkerung der Stadt möglicherweise durch die aus dem ganzen Tal von Mexiko und von noch weiterher hereinströmenden Menschen verdoppelte.

Wohnbezirke haben uns zumindest ebensoviel zu sagen über die ungewöhnlichen Eigenschaften von Teotihuacán wie ihre spektakulären rituellen Bezirke. Millons Karten zeigen 2000 bis 2500 Wohnbezirke, Wohneinheiten aus verputztem Vulkangestein mit schäbigen Räumen für die niedrigsten Einwohner bis zu Komplexen mit Innenhof und kunstvoll ausgeführten Wandmalereien für die Elite. Wenigstens 500 dieser Wohnbezirke beherbergten Gruppen von 50 bis 100 Handwerkern, die sich auf Edelsteine, Keramik, Figurinen und Objekte aus Schiefer, Obsidian und Basalt spezialisiert hatten – und damit eine Besonderheit der sozialen Struktur im Tal von Mexiko aufzeigten.

Monte Alban hatte eine Reihe von Werkstätten, einige hingen mit Residenzen der Elite und mit Tempelbezirken zusammen, aber die meisten Erzeugnisse kamen anscheinend von draußen, von Handwerkern in den Dörfern, die über das ganze Tal von Oaxaca verstreut waren. Eine ähnliche Situation herrschte wahrscheinlich in Tikal vor, wo starke Konzentrationen von Holzbearbeitungswerkzeugen, von Werkzeugen zum Brechen und Gravieren von

Stein, Scherben und andere Überreste auf örtlich begrenzte Werkstattbezirke hinweisen, die bis zu acht oder mehr Kilometer vom Kultzentrum entfernt lagen. Im Tal von Mexiko scheint jedoch fast alles in Teotihuacán selbst zusammengezogen gewesen zu sein, was eine neue Intensität der zentralen Kontrolle markiert, die Schaffung der – wie Bray es identifiziert – frühesten Stadtstaat-Supermacht der Neuen Welt.

Das Erreichen dieses Stadiums kann man als Zweistufenprozeß ansehen. Während des ersten Stadiums, etwa bis zur Geburt Christi, wurde Teotihuacán eine Stadt und ein bedeutendes Kultzentrum, in erster Linie, weil es über gutbewässertes Land verfügte und eine anwachsende Bevölkerung ernähren konnte. Etwas mehr war allerdings erforderlich, um den Endspurt zur Dimension einer Supermacht im zweiten Stadium herbeizuführen, und hier kommt der Handel als hauptsächliche treibende Kraft ins Spiel – besonders der Handel mit Obsidian, einem der wertvollsten Werkstoffe in Mittelamerika. Ungleich anderen Materialien bestand nach dem Vulkanglas eine doppelte Nachfrage, da es weitgehend für alltägliche Arbeitszwecke und für Zeremonien gebraucht wurde, für Messer und andere scharfkantige Geräte und auch für kunstvolle Schauobjekte.

Teotihuacán hatte eine strategisch günstige Lage. Es hatte Zugang zu zwei reichen Quellen für Obsidian, eine graue Varietät aus Lagern elf Kilometer entfernt und, etwa 72 Kilometer weg, eine seltene und wunderbar grüne Varietät, die in tiefen senkrechten Schächten abgebaut wurde. Die Forschung durch Michael Spence von der University of Western Ontario, eines Mitarbeiters von Millon bei der Kartographierung von Teotihuacán, zeigt, daß bis zum Ende des ersten Wachstumsstadiums das meiste Material lokal verwendet wurde, nur in etwa einem Dutzend Werkstätten, die in einem Bezirk lagen und wahrscheinlich eine Gruppe eng verwandter Familien repräsentierten.

Als die Stadt ihren Höhepunkt erreicht hatte, waren 350 der 500 Werkstätten Obsidianbetriebe, und ein großer Teil der Erzeugnisse – Geschoßspitzen, Schaber, Messer, Figurinen, seltsame tierähnliche Formen, durchbohrte Schmuckscheiben – ging in Gemeinden außerhalb des Tals von Mexiko und sogar bis in die entfernten Maya-Niederungen. Der Bedarf an geschickten Arbeitern war viel größer, als daß er innerhalb von Familienclans befriedigt werden konnte, was darauf hinweist, daß Wohnbezirke, in denen bis zu 100 Obsidianarbeiter lebten, eher nach Beschäftigungsart organisiert waren als nur auf Verwandtschaftsbasis.

Das Obsidiangeschäft, das wahrscheinlich ein Viertel bis zu einem Dirttel der Arbeitskräfte eingespannt hielt, nahm eine entscheidende Position in einem sorgfältig ausgearbeiteten, lawinenartig anwachsenden Prozeß ein. Als die Bevölkerung und die Nachfrage nach oben schnellten, wurde es für Amateure und den kleinen Mann zu groß. Die Anzahl der Heimwerkstätten in der Stadt und auch die Zahl der Werkstätten außerhalb gingen zurück. Die Gruben wurden wahrscheinlich stark bewacht und waren nur zugängig für Leute mit amtlichen Ausweisen. »Karawanen« von menschlichen Trägern unternahmen planmäßige Märsche in die tiefen Schluchten, wo Ablagerungen vorkamen, und kehrten mit Tonnen von Obsidian auf dem Rücken zurück.

Bei all diesem Handel und vielen anderen Dingen waren sicherlich genaue Aufzeichnungen erforderlich. Und doch kann Teotihuacán, die erste Supermacht in der Neuen Welt, die erste Supermacht gewesen sein, die sich etablierte, ohne eine Schrift zu erfinden. Es ist zumindest kein Hinweis auf Schrift entdeckt worden.

Die Kontrolle wurde immer strenger, draußen wie auch daheim. Sie erstreckte sich etwa 1000 Kilometer nach Südosten zu einer uralten Gemeinschaft im Hochland von Guatemala, Kaminaljuyu, das schon um 400 v. Chr. und wahrscheinlich noch beträchtlich früher zu einem größeren Kult- und Handelszentrum geworden war, mit Skulpturen und monumentaler Architektur und allem anderen. Kommerzielle und weniger kulturelle Interessen zogen Menschen aus dem Tal von Mexiko in dieses Zentrum, das ganz in der Nähe eines Hügels aus Obsidian lag, einer der reichsten Quellen in Mittelamerika.

Kaminaljuyu erlebte einen Bau-Boom, der um 500 n. Chr. begann. Ein neues, 20 Morgen großes Zentralgebiet tauchte auf mit Tempeln und Ballspielhöfen und vielleicht auch Elite-Residenzen, alles ausgeführt in – wie Sanders es beschreibt – »einer sklavischen Nachahmung des Stils von Teotihuacán«, einschließlich der abgestuften Pyramiden und des Gebrauchs von verputzem Vulkangestein. Die Teotihuacános waren gekommen, um zu bleiben, unauffällig, aber entschlossen. Die Tatsache, daß ihre Gebäude auf den Zentralbereich begrenzt waren, und das Fehlen irgendwelcher

Anzeichen für Kämpfe zeigen an, daß sie durch friedliche Methoden erhielten, was sie wollten, indem sie Boten aussandten, um den Handel und diplomatische Beziehungen zu organisieren und darauf zu sehen, daß die Dinge geordnet blieben.

Sie setzten noch weitaus ehrgeizigere Pläne in die Tat um, indem sie sich um die Kontrolle Tikals und vielleicht des ganzen Maya-Tieflands bemühten, das von Kaminaljuyu als Hauptversorgungsquelle für Obsidian abhängig war. Drei Plattformen im Stile Teotihuacáns sind in Tikal entdeckt worden sowie Malereien auf Keramik, die man in Grabmälern der Oberschicht fand, mit Abbildungen von Tempeln aus Teotihuacán und Kriegern. Coggins hat Beweise, daß ein Handelsbote, wahrscheinlich der Sohn von hochgestellten Teotihuacán-Kaminaljuyu-Eltern, die Tochter eines Königs von Tikal heiratete und später selbst König wurde. Falls diese Heirat Teil einer versuchten politischen Übernahme war, schlug sie fehl; Tikal und andere Städte in den Niederungen blieben Maya-Städte.

Indem es nach Herrschaft und Imperium strebte, integrierte Teotihuacán jedoch das Tal von Mexiko in ein weitgespanntes mittelamerikanisches System, das mit mehr als nur Obsidian zu tun hatte. Die Stadt enthielt einen Oaxaca-Bezirk, markiert durch die Konzentration von Oaxaca-Keramik, und ein Grabmal mit einer Stele im Stil von Monte Alban. Die Entdeckung weiterer Beziehungen zwischen frühgeschichtlichen Zentren kann in den nächsten wenigen Jahren erwartet werden. Die weitverbreiteten Bande, die Menschen und ihre Institutionen verbinden, werden besser verstanden werden, da die Forscher sich in zunehmendem Maße auf breitangelegte Zentralort-Muster konzentrieren, die die Fundorte als Teil einer Gesamtregion sehen.

XVI
ÜBERLEBEN UND RELIGION IN DEN ANDEN

*Nomaden der Berge/Domestizierung von Bohnen,
Meerschweinchen und Cameliden/Hochliegende Weiden und Gärten im
Tal/Trockengefrieren von Knollen/
Überlebensmuster in großen Höhen/
Die Ausbreitung des Chavín-Kultes/
Lama- und Menschenkarawanen/Besiedelung längs der Küste/
Archäologie im Urwald/Die »Archipele« der Anden/
Tiahuanaco, Stadt in den Wolken/
Erkenntnisse aus Dorfarchiven/
Geheimnisvolle Muster im Wüstensand/Ursprünge in Ecuador*

Wenn wir über die schneebedeckten Bergspitzen, die 3600 Meter hoch gelegenen Hochebenen und tiefen Täler der Anden fliegen, hinabblickend auf Meile um Meile isolierter Wildnis, so fällt es schwer, sich vorzustellen, daß auch hier, vor langer Zeit und in beträchtlicher Anzahl, Menschen lebten. Doch die von ihnen hinterlassenen Spuren können aus der Luft entlang der längsten Bergkette der Welt, die sich um die 7200 Kilometer lang von Kolumbien und Venezuela bis zum Kap Horn erstreckt, gesehen werden – und besonders im nördlichen Drittel der Kette, einem Landstrich mit Küstenebenen im Westen und dem Rand des Amazonas-Urwalds im Osten. Es gibt hoch- und tiefliegende Terrassen an steilen und rauhen Berghängen, von Menschenhand erbaute Flächen, wo Mutterboden und Wasser aufgehalten wurden, um Feldfrucht anzubauen. Es gibt auch Ruinen von Straßen und großen Monumenten sowie von Städten, und zwar an einigen der unwahrscheinlichsten Plätze der Erde.

Die ursprünglichen Südamerikaner waren Nomaden aus dem Norden, die von Mittelamerika aus durch den Trichter von Panama südwärts zogen. Thomas Lynch von der Cornell University fand einen ihrer ältesten bekannten Orte, die Guitarrero-Höhle in den Anden des nördlichen Peru, einem Territorium, das in vergangenen Zeiten viele geologische Umwälzungen erlebte, und grub ihn aus. Die Höhle öffnet sich in Richtung auf den schneebedeckten

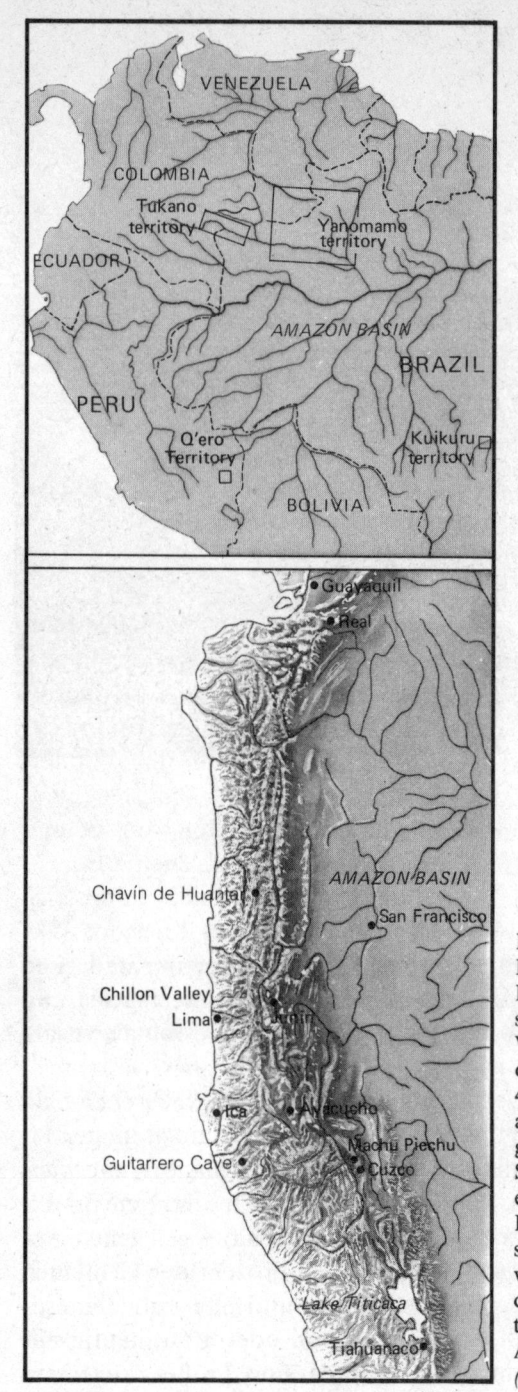

Durchhalten in der Bergwildnis: die Anden, wo Menschen überlebten, indem sie Nahrungsquellen in einer Vielfalt von Zonen ausnützten, dabei in Höhen von 1600 bis 4800 Metern lebten und arbeiteten; wo einige der größten rituellen Zentren und Städte auf größten Höhen existierten. Flüsse, gespeist von Regenfällen und schmelzendem Schnee, flossen von den Bergen und nährten das Küstenland im Westen und tropisches Land im Amazonas-Becken im Osten. *(Quelle: Vantage Art Inc.)*

Peruanische Anden
(Quelle: Pertour International)

Monte Huascaran, über 16 Kilometer jenseits eines Tales, wo 1971 ein von einem Erdbeben ausgelöster Erdrutsch eine Stadt und 50 000 Menschen unter Millionen Tonnen von Schneematsch und Schlamm begrub. (Lynch hatte die Gegend drei Monate vorher verlassen.)

Die ersten Bewohner der Höhle kamen hier um 9500 v. Chr. an und waren Jäger und Sammler. 2000 Jahre später, noch immer Jäger und Sammler, begannen sie damit, ihre Nahrung mit angebauten Pflanzen zu ergänzen, den frühesten bisher in der Neuen Welt entdeckten. Unter Pflanzenresten, die man aus tief gelegenen Ablagerungen herausgesiebt hat, sind etwa 30 Prozent der Gemeinen Bohne, einige rund, andere nierenförmig und alle voll domestiziert. Wilde Bohnen sind klein, gelb-braun oder grau, häufig mit dunklen Flecken; die Guitarrero-Bohnen sind größer, allgemein

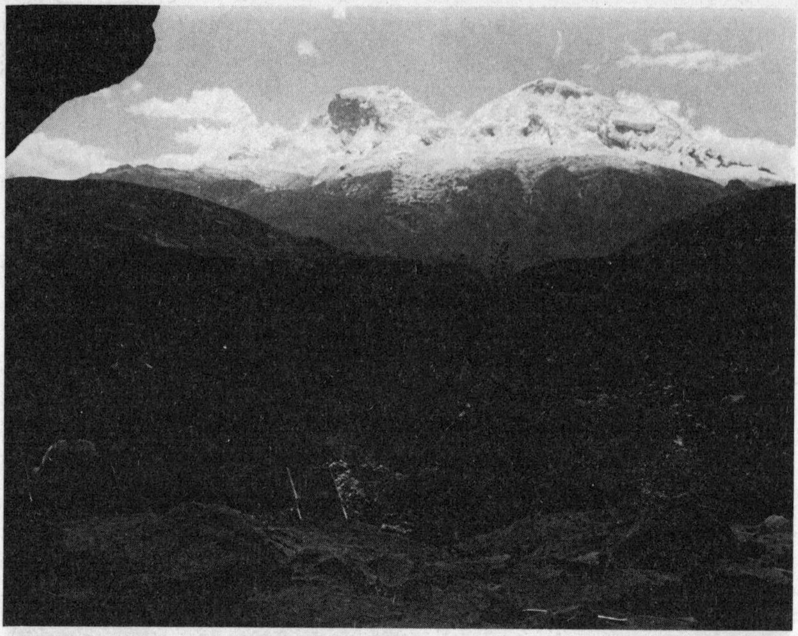

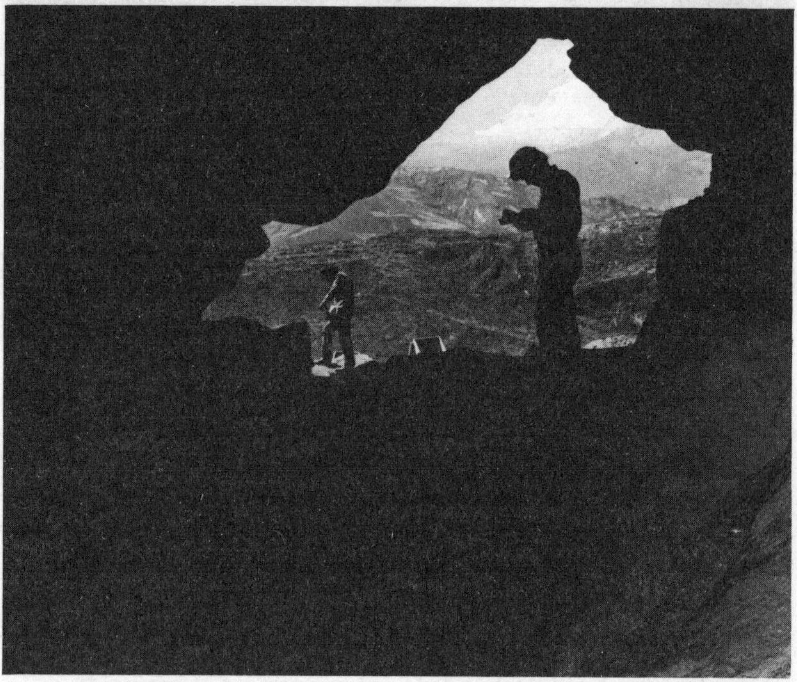

Oben: Freilegung des Fußbodens.
Links: Guitarrero – Höhle in den Anden – Blicke aus der Höhlenöffnung.
(Quelle: Thomas Lynch, Cornell University)

durchweg dunkel und niemals fleckig. Ablagerungen ergaben auch Lima-Bohnen, die, nach ihrer Größe und Form zu urteilen, ebenfalls voll domestiziert waren.

Diese Funde weisen auf eine frühe Entstehung eines deutlich erkennbaren Hochanden-Musters hin, eine einzigartige und grundlegende Lebensweise, die einmal die Bildung weitaus komplizierterer Gesellschaften beeinflussen sollte. Die Guitarrero-Höhle diente als Basislager, bot aber keine dauerhafte, ganzjährige Unterkunft. Nur 2400 Meter über dem Meeresspiegel gelegen, relativ weit unten für Menschen, die an die Anden angepaßt waren, bot ihre Umgebung wenig zur Versorgung während des trockenen, nur fünf Monate dauernden Sommers. In diesem Stadium haben sich die Höhlenbewohner, vielleicht zehn bis 15 Personen, 150 Meter niedriger in das nächste Flußtal zurückgezogen, um ihre Bohnen anzubauen und reichlich vorhandene wilde Spezies auszunützen.

Die Menschen nutzten auch viel höher gelegenes Land in der trockenen Jahreszeit, indem sie fast bis zur Schneegrenze der höchsten Spitzen hinaufkletterten, so hoch, daß das Atmen für nicht daran gewöhnte Menschen schwierig wird und das Feuer in der sauerstoffarmen Atmosphäre ausgehen kann. Ungefähr 450 Meter oberhalb der Höhle fand Lynch einen Platz mit ungewöhnlich großen Mengen von abgeschlagenen Steinsplittern, eine Lagerwerkstatt, wo Jäger – einige vielleicht von Guitarrero-Familien – haltmachten, um Geschoßspitzen und Werkzeuge herzustellen. Sie waren auf dem Weg zu noch höheren Gebieten, den Weiden für Rotwild und Camelide, die ungezähmten Vorfahren von Alpacas und Lamas, in Tälern, die in Höhen vom 4500 bis 4800 Metern von schmelzenden Gletschern bewässert wurden.

Ähnliche Lebensweisen werden auch in anderen Regionen gefunden. MacNeish berichtet von prähistorischen, jahreszeitlich bedingten Bewegungen zwischen dem Hochtal von Ayacucho, etwa 320 Kilometer südöstlich von Lima. Teilweise liegt hier wie auch anderswo der Grund in einem langsamen, aber stetigen Anwachsen der Bevölkerung von einer Horde, die aus etwa zwei Dutzend Jägern und Sammlern bestand, auf zehn größere Horden mit einer Bevölkerungszahl von 500 etwa um 5000 v. Chr. Barbara Pickersgill von der Universität Reading in England gibt einige Pflanzen an, die wahrscheinlich zu dieser Zeit domestiziert wurden: Kürbis, Flaschenkürbis, Pfefferschoten und Amarantasamen – von diesen wurden Reste gefunden.

Unter den gezähmten Tieren waren auch Hunde, die nach Elizabeth Wing vom Florida State Museum »das Andengebiet bereits voll gezähmt in sehr früher Zeit erreichten, so früh in der Tat, daß sie die erste menschliche Wanderung nach Südamerika schon hätten begleitet haben können«. Das früheste eingeborene Tier, das gezähmt wurde, war das Meerschweinchen, was durch ein größeres Wachstum um etwa ein Drittel aus Knochen identifiziert wurde, die Wing auf Fußböden in Ayacucho gefunden hat und die auf 7000 v. Chr. zurückgehen – und die heute noch als Nahrungsmittel, für Opfer, für Heilungszeremonien und andere Zwecke aufgezogen werden.

Erste Schritte zur Zähmung von Cameliden, dem Anfang einer Herdenwirtschaft, die dann zur Züchtung von Lamas und Alpacas führte, wurden anscheinend zwei Jahrtausende später unternommen. Zu diesem Schluß kommen Wing, Jane Pires-Ferreira, Edgardo Pires-Ferreira und Peter Kaulicke in einer Analyse, die kürzlich an der Universität von San Marcos in Lima abgeschlossen wurde. Die Forscher von San Marcos behaupten, ein Hauptzentrum der Camelid-Domestizierung sei das Junin-Plateau gewesen, über 4000 Meter hoch gelegen mit Seen, Teichen, Sümpfen, Flüssen und reichen Weidegründen das ganze Jahr hindurch.

Das Überleben hing davon ab, zur rechten Zeit und häufig wegzuziehen. Für einige Familien gilt dies heute noch. Die Q'ero-Indios leben in einer Region, die ein Forscher als »das Ende der Welt« beschreibt. Um zu ihrem Gebiet zu gelangen, muß man zwei bis vier Tage lang etwa 90 Kilometer genau östlich von Cuzco, der uralten Inka-Hauptstadt, marschieren, über serpentinenartige Bergpfade, die man nur zu Fuß oder auf dem Pferd bewältigen kann, durch eine großartige und entlegene Gletscherlandschaft mit Pässen, die in den Wolken liegen, und Tälern auf allen Höhen bis hinab zum Rand von tropischem Urwald.

Ihre Lebensweise wurde zum erstenmal vor einer Generation von Oscar Nunez des Prado von der Universität Cuzco und seinen Mitarbeitern studiert und in neuerer Zeit von Steven Webster von der University of Auckland in Neuseeland. Die Q'ero »pendeln« noch immer zwischen ihren tief gelegenen Wohnplätzen und denen auf der Höhe hin und her. Die Orte, die sie ihr Zuhause nennen, sind Steinhäuser mit Strohdächern in Weilern, die in Höhen von 3900 bis über 4200 Meter liegen, was an die obere physiologische Grenze für Dauersiedlungen kommt. (Der Rekord liegt bei etwa 5250 Meter, die Höhe eines Bergarbeiterlagers in den peruanischen Anden, und darüber hinaus können auch die härtesten und am besten akklimatisierten Menschen nicht mehr überleben.)

Die Indios leben so hoch, weil sie in der Nähe ihres wertvollsten Besitzes sein müssen – Alpacas, deren langes seidenweiches Haar, im Rohzustand oder in feine Gewebe versponnen, ihr hauptsächliches Tauschobjekt und die Quelle für Wohlhabenheit und Prestige darstellt. Adaptiert an Sümpfe und an das Fressen von rauhen Pflanzen der Hochebene, müssen die Tiere fast ständig wegen der Bewegungen von einer zur anderen Weidestelle beaufsichtigt werden. Sie liefern geringe Mengen von Fleisch außer ihrer Wolle, wie die Lamas, obwohl die Lamas mit weniger Aufsicht auf geringeren Höhen weiden können und auch noch als Lasttiere dienen.

Den größten Teil ihrer Nahrung müssen die Leute auf Landstükken anbauen, die eine halbe Meile oder mehr unterhalb ihrer höchstgelegenen Weiler liegen. Die Männer sind weniger als die Hälfte der Zeit zu Hause, und oft steigt die ganze Familie zu tiefergelegenen Häusern hinab, um mehrere Dutzend Sorten von Kartoffeln und anderen Knollenfrüchten anzubauen, wobei dann nur ein älterer Mann oder eine Frau oder ein Kind zurückbleiben, um nach den Herden zu sehen. Mais, Kürbis, Pfeffer, Maniok und andere Nahrungsmittel der warmen Klimazonen wachsen nur auf den untersten Ebenen, mehr als 2400 Meter unterhalb der Kartoffeln, auf den östlichen Hängen der Anden.

Dieser Lebensweise in den Anden gleicht keine andere irgendwo auf der Welt. Webster beschreibt die Gefahren, wenn man aus der Kartoffelzone in die Mais-Kürbis-Zone absteigt, und die Probleme, denen man bei der Ankunft begegnet: »Der Marsch bringt... steil abfallende Pfade in Schlamm und dichter Vegetation mit sich und Konfrontation mit gefürchteten Übernatürlichen, die im Urwald hausen. Der Verlust an Feldfrucht ist groß, in erster Linie durch Bären, Wildschweine und Papageien.« Ein Q'ero-Bauer kann sein Haus um vier Uhr an einem bitterkalten Tundra-Morgen verlassen und am frühen Nachmittag in einem heißfeuchten Landstrich sein. Der Weg bergauf zurück kommt dann vielleicht mehrere Wochen später und dauert zwei oder drei Tage.

Die größten Q'ero-»Siedlungen« sind die meiste Zeit verlassen. Auf einer Höhe von 3300 Metern, etwa halbwegs zwischen ihren höchstgelegenen Weiden und den tiefstgelegenen Gärten, ist ein Dorf mit 42 großen Häusern, die von Zeit zu Zeit von Familien benutzt werden, die in der unmittelbaren Nachbarschaft Land bebauen, und auch von Reisenden, die Rast oder Zuflucht suchen vor Stürmen. Bei besonderen Gelegenheiten erwacht das Dorf zum Leben. Es dient als rituelles Zentrum, wo sich Leute von ihrer täglichen Arbeit und vom Klettern ausruhen und zu Fiestas und religiösen Feiern zusammenkommen.

Diese Lebensweise des Auf und Ab – John Murra von der Cornell University nennt es »Vertikalität« – liefert ein Modell dessen, was in frühgeschichtlicher Zeit geschehen sein mag. Die Menschen hatten anscheinend wenig Wahl. Es gab einfach keinen Platz für alle Jahreszeiten, keine einzige Höhe, die für ein Überleben alle notwendige Nahrung lieferte. Solange es nur um wenige hundert

Menschen ging, um einige Weiler, mußten die Menschen in einer mühsamen, kraftzehrenden Runde von Aufstiegen und Abstiegen in Bewegung bleiben. Es war ein empfindliches Gleichgewicht und es geschahen viele Dinge, die es störten.

Eine schrumpfende Bevölkerung mit zu wenig Arbeitern für das Tragen der Lasten führte zum Auslöschen ganzer Gemeinschaften. Ein Anwachsen der Bevölkerung andererseits – auch eine geringe und langsame Zunahme – konnte das Entstehen größerer und komplizierterer sozialer Systeme beschleunigen. Nach Peter Jensen von der San José University und Robert Kautz vom Hamilton College geschah genau das in einigen Gebieten. Es waren genügend Menschen vorhanden, so daß Familien immer mehr Zeit miteinander auf einer Ebene verbringen und ihre Erzeugnisse gegen die anderer Familien, häufig ihre Verwandten, auf anderen Ebenen tauschen konnten. Das bedeutete weniger Umherziehen, einen verringerten Energieaufwand und die Auslösung eines sich hochschraubenden, selbstverstärkenden Prozesses des Bevölkerungswachstums.

Dieser Prozeß nahm zwischen 4000 und 2000 v. Chr. an Tempo zu. Er berührte bedeutsame Ernährungsstrategien, besonders unter den Anden-Indios, die von Landbebauung in hohen Regionen abhängig waren, wo die Temperaturen 200 bis 300 Nächte im Jahr auf Null oder noch weiter absanken. Sie nutzten rauhe klimatische Bedingungen für sich aus, indem sie wirksame Wege zum Gefriertrocknen von Kartoffeln entwickelten, etwas, was Deutschland während des Ersten Weltkrieges versuchte, aber nicht erreichte. Die Knollen wurden den starken Frösten während der Nacht ausgesetzt, dann wurde auf ihnen herumgetrampelt, um das Wasser herauszupressen, und später wurden sie in der tropischen Sonne getrocknet; es entstand ein nahrhaftes Lebensmittel, das jahrelang aufbewahrt werden konnte.

Das Gelände in den Anden über 3000 Metern ist unglaublich faltig und zerrissen. Es ist eine Welt der vielen kleinen Täler und in diesen Tälern wieder Mulden und Kessel, ein Fleckenteppich aus Pflanzen mit braunen, grünen und blauen Farbtönen und einer großen Vielfalt von Strukturen. Murra beschreibt, was dies heute für das Überleben bedeutet:

Alle hundert Meter gibt es eine neue Mikroumwelt, und wenn man weiter steigt, werden die Kessel zusammengedrückt, werden immer schmaler und immer flacher. Ständig sieht man sich anderen Problemen gegenüber, neuem Boden und Wasser einer anderen chemischen Zusammensetzung. In jeder einzelnen dieser Zonen muß man unterschiedliche Sorten von Knollen und anderen Feldfrüchten anbauen, neue Wege finden, um leben zu können.

Hagelstürme hängen oft über einem einzelnen Gebiet und zerschlagen die Feldfrucht hier, während Zonen, die nur wenige hundert Meter höher oder niedriger liegen, unversehrt bleiben. Das Überleben unter solchen Bedingungen verlangt eine Aufteilung der Risiken. Ziel ist es, stark lokalisierte Hagelstürme, knollenzerstörende Schädlinge und andere Katastrophen einzukalkulieren. Kleine Landstücke in so vielen unterschiedlichen Zonen wie möglich zu haben ist ein Weg, das Risiko zu streuen. Die Armen, womit ja die Mehrzahl der Menschen gemeint ist, heiraten aus anderen Gründen als nur Liebe. Sie kennen die Zonen, wo sie nur wenige Stücke oder gar keins besitzen, und müssen das bei der Suche nach einem Partner in Betracht ziehen.

Die Kontrolle von mehr Menschen erforderte neue Strategien, weitere Reisen zu Orten jenseits des eigenen Teils des Hochlands, zu anderen Gemeinschaften im Hochland oder weiter unten. Die dramatischsten Anzeichen für das Ausweiten sind in Chavín de Huantar, einer Fundstelle, die 3200 Meter hoch an den östlichen Hängen der peruanischen Anden gelegen ist, gefunden worden; John Rowe von der University of California beschreibt sie als »eines der bemerkenswertesten Monumente für Überleben amerikanischen Altertums«.

Chavín war ein wichtiges regionales Zentrum. Ausgrabungen seiner Tempelgebiete legen Plätze, Terrassen, erhöhte Plattformen, Pyramiden, verbindende Treppen und Rampen frei – und in den Gebäuden ein Honigwabensystem von blinden Alkoven und Galerien, die von Balken aus massivem Stein getragen werden. Aufrecht in der Mitte einer der unteren Galerien, im ältesten Teil des Tempels und auf etwa 1200 v. Chr. zurückgehend, steht eine fünf Meter hohe Säule aus graviertem weißen Granit, die eine Hauptgottheit jener Zeiten darstellt.

Es ist eine imponierende Figur mit Anakonda-Schlangen als Haar und dem Maul eines Kaimans (ein krokodilähnliches Reptil, das im Amazonas-Becken heimisch ist) mit riesigen oberen Eckzähnen und gefletschten Lefzen. Der Ausdruck auf seinem Gesicht ist unterschiedlich interpretiert worden, ein Beispiel für die Tatsache, daß Experten häufig nicht übereinstimmen, besonders wenn es um die Interpretation von Kunstformen und Symbolen geht. Rowe nennt ihn »den lächelnden Gott«, während Luis Lumbreras vom Nationalmuseum für Archäologie in Lima eine andere Reaktion zeigt: »Es ist eher ein grausamer Gott, da ... die Ausführung des Mundes an das drohende Knurren einer wilden Bestie erinnert«.

Diese und spätere Gottheiten wurden weithin bekannt. Beginnend um 1000 v. Chr. begannen deutlich erkennbare Keramiken und Skulpturen im Chavín-Stil in anderen Gemeinden aufzutauchen; letztere mit fantastisch angeordneten Reihen von religiösen Symbolen, die ein geordnetes Universum darstellen und eine soziale Hierarchie. Innerhalb eines halben Jahrhunderts erschienen sie überall in den Zentralanden, von der Küste bis zum Urwaldrand, etwa 1100 Kilometer von Ica im Süden bis nahe an die Grenze von Ecuador im Norden. Thomas Patterson von der Temple University sieht Parallelen zwischen der Ausbreitung des Chavín-Kults und der Verbreitung des Christentums in den drei Jahrhunderten nach dem Tode Christi.

In beiden Fällen existierten der Apparat, die physischen Bedingungen, die den Prozeß möglich machten, bereits vorher, sozusagen vorgefertigt. Patterson betont, daß das frühe Christentum »sich von Palästina aus auf den uralten vorrömischen Handelsrouten ... um das Mittelmeer und im Nahen Osten ausbreitete« und daß es wahrscheinlich auch in den Anden uralte Handelswege gab. In den Anden – wie in den Regionen um Palästina – führten die Routen zu anderen Zentren mit eigenen Tempeln und Spezialisten in der Abhaltung örtlicher Zeremonien, ein Netz von Orten, wohin potentielle Konvertiten kommen und von neuen Ideen hören konnten.

Und wieder war es ein Fall von Menschenmassen und Konflikten, diesmal aber in einer Anden-Umgebung. Hier wie auch anderswo brachten eine intensive Landnutzung, weniger Hin- und Herziehen, mehr Ansiedlung sowie das Wachsen von mehr Nahrung ein Wachstum der Bevölkerung mit sich. Das wiederum bewirkte eine Nachfrage nach noch mehr Nahrung und eine weitaus strenger organisierte Art der Nahrungsbeschaffung und Etablierung von Gesetz und Ordnung. Die institutionelle Grundlage für all dies führte zu einer Verschmelzung von Kunst, Religion und Handel.

Die Wurzel des Problems war der gleiche Bedarf, der die Gesellschaften heute antreibt, der Bedarf nach Nahrung und nach Sicherheit. Karawanen von Lamas kamen von den Bergen herab, brachten Obsidian, trockengefrorene Knollen, Fleisch und Alpacawolle in das Tiefland und kletterten wieder zurück, beladen mit Mengen von Trockenfisch, Maniok, Kürbis und anderen Produkten. Menschenkarawanen wurden ebenfalls eingesetzt, vielleicht in erster Linie für die schnelle Lieferung von verderblichen und zerbrechlichen Gütern, da Lamas dazu neigen, ihr eigenes Tempo zu gehen und zu rasten und zu fressen, wann immer sie das Bedürfnis verspüren. Nach Murra »erschien der Anden-Oberschicht das Lama eindeutig den Menschen unterlegen – die man dazu bringen konnte, mehr und weiter zu tragen und in Zusammenarbeit mit anderen, und die auch empfänglicher waren für die Erfüllung von ideologischen Forderungen und auch die Peitsche eher fürchteten.«

Vor allem muß die Nahrung regelmäßig kommen, entsprechend festgesetzten und zuverlässigen Zeitplänen. Gute Beziehungen waren überall wesentlich, Freundschaften und Cliquenbildung unter Händlern und den Organisatoren des Handels, Geschenke und Prämien sowie Verbindungen durch Heirat. So wurde der Handel mit Luxusgütern wie Muscheln, Gold und anderen Metallen, Baumwolle, Alpacawolle und Kakao ein lebenswichtiger Teil des gesamten Tauschsystems – wobei die Hochlandführer sich besonders bemühten um die Erzeugung von feiner Keramik im Chavín-Stil und von Textilien, die für rituellen Gebrauch, für den Nachweis von Prestige und nach hohem Tauschwert entworfen wurden.

In gewissem Sinne wurde Religion selbst ein Hauptexportgut. Die Verbreitung des Chavín-Kultes knüpfte feste Bande mit Menschen in der Ferne. Sie schuf auch einen Bedarf an rituellen Gütern, die im Hochland hergestellt wurden. Rahtje nimmt an, daß eine etwa gleiche Betonung von Ritual und Handel dabei helfen konnte, den Aufstieg von Tikal als größerem rituellen Zentrum zu erklären. Chavíns Lage ist ein Schlüssel zu seiner zentralen Rolle. Bei den Q'ero-Indios von heute liegen die größten Siedlungen auf hohen Pässen, wo die Menschen auf ihren Wegen von Tal zu Tal jeweils vorbeikommen müssen. Chavín lag am Zusammenfluß zweier Flüsse und an Pfaden, die zu noch höher gelegenen Landschaften, zum Urwald und zur Pazifikküste führten. Die Chavín-Religion könnte wohl systematisch in neuen Regionen eingeführt worden sein. An einer Fundstelle an der Küste, etwa 240 Kilometer südlich von Lima, hat man riesige bemalte Textilien gefunden, die im Norden gewebt wurden und in Einzelheiten Chavínsche Kosmologie zeigen. Lathrap behauptet, die Textilien seien gewissermaßen Lehrbücher, da »sie wohl dazu gedient haben könnten, den Heiden den Chavínschen Katechismus beizubringen«.

Nicht aller Druck kam jedoch vom Hochland. Die Küstenwüste von Zentralperu kann als ein höchst unwahrscheinlicher Platz für sozialen Fortschritt angesehen werden. Es hat dort seit 1925 nicht mehr geregnet, und das Klima war in prähistorischer Zeit nicht viel anders. Es gab dort aber Oasen, die von Wasser gespeist wurden, das aus den Anden herabfloß. Die Karte der Küste zeigt eine Zickzacklinie, die durch ein System von über 50 Flüssen und 50 kleinen Tälern entsteht, die meistens parallel verlaufen, im regelmäßigen Abstand von etwa 40 bis 50 Kilometern.

Untersuchungen in einen der Täler, der Region des Chillon-Flusses genau nördlich von Lima, zeigen, daß das Leben Jahrtausende lang recht bequem war. Um 5000 v. Chr. oder noch früher hatten Jäger und Sammler eine ständige, von den Jahreszeiten bestimmte Runde etabliert, indem sie im Sommer hauptsächlich von Fisch, Schalentieren und anderer Küstennahrung lebten. Zum Winter zogen sie 16 bis 24 Kilometer landeinwärts zu den Wiesen an den Hängen niedriger Ausläufer der Anden, wo kondensierte Feuchtigkeit aus den dicken Nebeln, die vom Pazifik her heranzogen, die Wüste mit wilden Gräsern und Knollenfrüchten grün machte. Die Ausläufer des Gebirges lieferten das Wild, einschließlich Rotwild und andere Tiere, die aus dem Hochland herabzogen, um die Pflanzen abzuweiden.

Dieses Pendelmuster begann sich während der gleichen Periode zu ändern, die auch im Hochland Änderungen herbeiführte, und auch aus dem gleichen Grund. Patterson berichtet, daß die Anzahl und Größe von Orten im Chillon-Tal zwischen 3000 und 2300 v. Chr. anstieg, was ein geschätztes Anwachsen der Bevölkerungszahl von 50 bis 100 Personen auf 500 oder noch mehr darstellt. Viele von ihnen mögen Zuwanderer aus dem Lurin-Tal im Süden gewesen sein, wo Meeresküste und Ausläufer der Berge nur wenige Meilen auseinanderliegen, so daß die Menschen beide Zonen nutzen konnten, ohne umzuziehen. Tatsächlich hatten sie sich zwei Jahrtausende vorher angesiedelt, indem sie ein während des ganzen Jahres bewohntes Dorf einrichteten und damit eine Quelle für überzählige Populationen.

Dann könnte es eine Bevölkerungs-Kettenreaktion oder auch eine »Epidemie« gegeben haben. Vielleicht wurden durch die Besiedelung des Lurin-Tales die überzähligen Familien in das Chillon-Tal verdrängt, wo die eingesessene Bevölkerung in der üblichen Weise reagierte – durch ihr eigenes Seßhaftwerden. Sie bauten Felder mit Mais, Kürbis, Bohnen und anderen domestizierten Pflanzen an, die meistens von Hochlandbauern importiert wurden, mit denen sie ja bereits Tausende von Jahren Muscheln und andere Gegenstände getauscht hatten. Um 1000 v. Chr., als die Chavín-Kunstrichtung sich auszubreiten begann, hatte das Chillon-Tal Bewässerung, rituelle Stätten und Handelszentren sowie eine ansteigende Bevölkerung von etwa 10 000 Personen. Ähnliche Entwicklungen waren entlang der ganzen peruanischen Küste im Gang.

Chavín, der Chavín-Kult waren Teil einer sich ausdehnenden Anden-Welt. Diese Welt schloß tropische Landstriche sowie auch Küsten- und Hochland ein, die am wenigsten erforschte und auch am schwersten zu erforschende aller Anden-Zonen, dichte Urwälder, die sich im Dunst an den hohen steilen östlichen Hängen der Berge verloren und unten mit den feuchten Regenwäldern des Amazonas verschmolzen. Die ersten Jäger und Sammler in Südamerika kannten derartiges Terrain. Nachdem sie bereits ausgedehnte Urwaldstrecken auf ihrem Weg von Norden herab kennengelernt hatten, sind sie fast mit Gewißheit in das Innere vorgestoßen, obwohl die große Mehrzahl ihrer Orte spurlos verschwunden ist.

Das Seßhaftwerden hätte im Urwald schon früh stattgefunden haben können, besonders an den größeren Nebenflüssen des Amazonas. Vor vielen Jahren verließ Carneiro New York City, um ein Dorf von etwa 145 Kuikuru-Indios in Zentralbrasilien, tief im Herzen Amazoniens, zu studieren. Die Indios lebten in der Nähe eines großen Sees und eines Flusses, und zwar schon fast ein Jahrhundert lang. Da sie in der Hauptsache von Fisch, Maniok (80 bis 85 Prozent ihrer Nahrung) und anderen Gartenpflanzen lebten, gingen sie fast gar nicht auf die Jagd.

Chavín de Huantar, Peru: Die Ornamente auf dem Tello-Obelisk.
(Quelle: John. H. Rowe, University of California, Berkeley)

Carneiro kam im vergangenen Jahr in das Dorf zurück, eine Generation nach seinem ersten Besuch. Die Leute konnten sich an ihn erinnern und hießen ihn willkommen, und ein Mann, der damals noch ein Kind gewesen war, stellte sich als sein wertvollster Informant heraus. Die Leute essen heute etwas weniger Maniok, das allerdings noch immer ihre Hauptnahrung darstellt, und etwas mehr Fisch. Die Bevölkerung hat sich von 145 auf 160 vermehrt. Wie Chagnon bei den Yanomamö im Norden festgestellt hat, ist die Tendenz festzustellen, daß mit jedem neuen Mitglied von einer bestimmten Kopfzahl an die Konfliktbereitschaft anwächst. In diesem Fall war die Differenz ausreichend, um die Gruppe in zwei Dorfgemeinschaften aufzuspalten. Der angegebene Grund dafür: ein Anwachsen der Zauberei.

Ähnliche Kräfte waren in prähistorischer Zeit wirksam. Nach Lathrap erzeugten frühe Steigerungen der Bevölkerungsdichte – eine Folge des Schmelzens von Gletschern und dadurch ansteigendem Meeresspiegel – wahrscheinlich die gleiche Art von Pressionen, wie sie sich im Nahen Osten und in Südostasien einstellten. Die Wasser krochen ins Landesinnere durch das tiefeingeschnittene Tal des Amazonas und setzten das ganze untere Flußtal unter Wasser, bis zu einer Entfernung von etwa 1600 Kilometern von der heutigen Mündung; dadurch reduzierten sich die besten Landstriche für das Jagen und Fischen um mehr als die Hälfte. Die Überflutung fand vor 10 000 bis 15 000 Jahren statt, und für diese Periode im Urwald haben wir keinerlei archäologische Zeugnisse. Aber an Fundstellen um das kleine Dorf San Francisco der Shipibo-Indios herum, in der Nähe von Pucallpa in den östlichen Ausläufern der Anden gelegen, an einem See, wo noch Delphine spielen, die nicht mehr ins Meer gelangen konnten, hat Lathrap Keramik und Beweise für Ackerbau gefunden, die auf 2000 v. Chr. und noch früher zurückgehen. Das dem Ton beigegebene Härtematerial schloß gemahlene Scherben von noch früherer Keramik ein. Es gibt dort noch Meilen von ausgedehnten und unerforschten Fundstellen an den früheren Läufen des Flusses.

Rechts oben: Tiahuanaco, Bolivien: Köpfe in der Mauer eines Tempels.
Rechts unten: monolithische Figur, wahrscheinlich ein Gott.
(Quelle oben: Lumbreras; unten: Pedro Rojas Ponce)

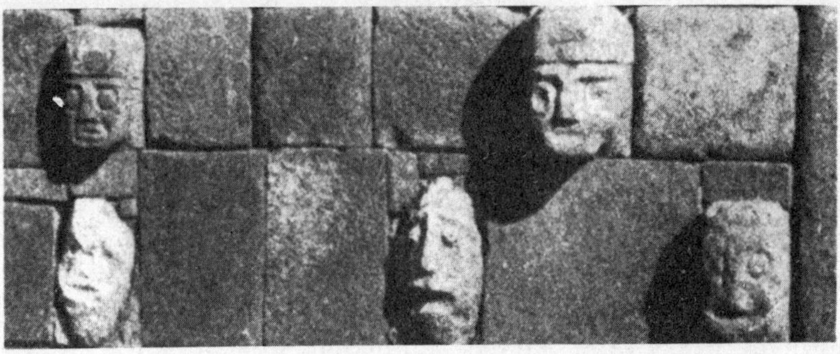

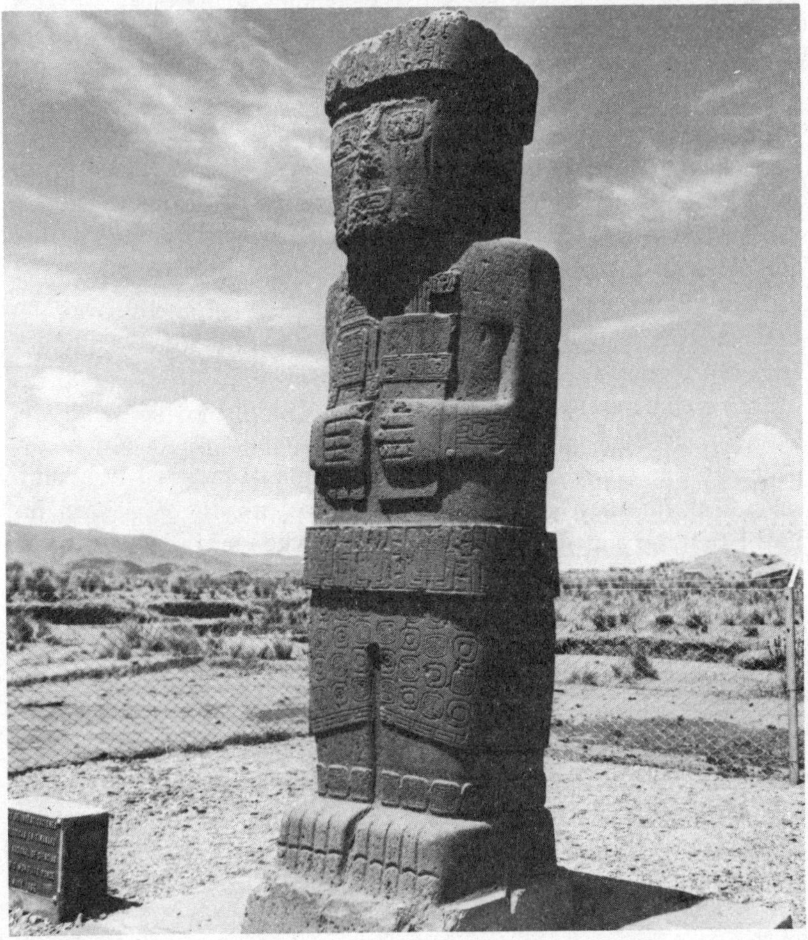

Das ist nur ein kleiner Teil der sich anhäufenden Anzahl von Zeugnissen, die darauf hinweisen, daß Urwaldmenschen zu der sozialen Evolution in Südamerika beigetragen haben und auch zu den Ideen und der Weltanschaung, die in Chavín vertreten wird. Das kunstvollste Denkmal in dem Hochlandzentrum, ein reichverzierter Obelisk, den der peruanische Archäologe Julio Tello gefunden hat, stellt unter vielen anderen Dingen eine vergöttlichte Schale der Seemuschel sowie eine Stachelauster von der Küste Ecuadors dar und eine Kaiman-Gottheit aus dem Urwald – was eine zugrunde liegende kulturelle Einheit in der Welt der Anden symbolisiert. Mit Ausnahme der Meeresmuschel sind alle Symbole auf dem Obelisk amazonischen Ursprungs. Das weist darauf hin, daß der große Urwald sehr stark zu der Bildung einer Anden-Gesellschaft beigetragen hat, ein Punkt, den Lathrap besonders betont.

Chavín hatte seine Blütezeit etwa um 700 v. Chr. Danach gibt es Anzeichen für wachsende Unabhängigkeit. Lokale Kunstrichtungen werden zahlreicher. Zunehmend tauchen auch befestigte, auf den Höhen von Hügeln gelegene Dörfer auf. Das war eine Periode der »Dekadenz« und des Zusammenbruchs vom Standpunkt der Chavín-Führer her, doch, in einem größeren Zeitraum gesehen, stellte es eine Einleitung zu breiter angelegten und weitaus komplizierteren Organisationen dar.

Eine Reihe von spektakulären Orten entstand im Hochland. Die Ruinen der höchstgelegenen prähistorischen Stadt, Tiahuanaco, liegen in der Nähe des Titicacasees in einen schmalen bolivianischen Tal, in einer Höhe von 3900 Metern, wo die Menschen für ihre Ernährung in starkem Maße von trockengefrorenen Knollen abhingen. Die Fundstelle dehnt sich über mehr als 700 Morgen aus und schließt einen versunkenen Tempel, Mauern aus sauber geschnittenen und zusammengesetzten Steinen, Stelen und Treppen, massive Statuen aus Sandstein und einen alleinstehenden reichverzierten Torbogen ein.

Das Gefühl verlorener Großartigkeit an diesem Ort, in einer hochgelegenen unwirtlichen Umgebung, hat so manche ausländischen Phantasien inspiriert. Eine der jüngsten und weitverbreiteten, anscheinend in aller Ernsthaftigkeit dargeboten, schreibt den Bau der Stadt Wesen mit Schwimmhäuten zwischen den Fingern zu, die vor langer Zeit in einem goldenen Raumschiff »von den

Sternen kamen«. Es gibt noch andere, weithergeholte Vorstellungen, die alle Beispiele für Pseudowissenschaft in ihrer flagrantesten Form sind und alle die Überzeugung teilen, daß – da die örtlichen Anden-Indios zu rückständig waren, um solche überraschenden Denkmäler zu schaffen – es das Werk überlegener Außenseiter gewesen sein muß.

Tiahuanaco spiegelt alteingesessene und nicht fremde Traditionen wider, uralte Methoden, mit den Umweltbedingungen der Anden fertig zu werden. Es markiert ein Stadium in dem Prozeß, der vermutlich damit begann, daß Familien in der Art der Q'eros zwischen unterschiedlichen Ernährungszonen aufwärts und abwärts zogen, und – mit dem Anwachsen der Bevölkerung – in weniger Bewegungen, mehr permanent besiedelten Gemeinschaften und Tauschsystemen mit Karawanen von Menschen und Lamas endete. Das nächste Stadium wurde geprägt durch eine höhere Ordnung der Organisation, den Übergang vom Tausch zwischen gleichgestellten Gemeinschaften zu einem Tausch, der von den Bedürfnissen eines einzigen Zentrums beherrscht und in erster Linie darauf gerichtet war, diese zu befriedigen.

Vor mehr als einem Jahrzehnt, in einem großen Hochlanddorf, stieß Murra im Haus eines Bauern, dem Hüter des örtlichen Archivs, auf Papiere, in denen er Aufzeichnungen von vielen Rechtsstreitigkeiten fand, die im frühen 15. Jahrhundert begannen. Einige der Streitfälle, die sich mit Rechten auf Maisfelder in einer tiefer gelegenen Zone, fast zwei Tagesmärsche entfernt, befaßten, Felder, die das Dorf in den Tagen vor dem Kommen der Inkas kontrollierten, wurden erst vier Jahrhunderte später beigelegt. Andere wurden nie beigelegt. Informationen aus solchen Aufzeichnungen, wie auch aus Volksmärchen und Sagen, aus den Berichten spanischer Beamter und Missionare, ergeben ein vorläufiges Bild der komplizierten Anden-Gesellschaft, wie sie immer noch existierte, als die Spanier ankamen.

Es war ein Kern oder Zentrum mit Kolonien auf einer Reihe von höher und niedriger gelegenen Ebenen, ein Muster, das vom üblichen Kolonialmuster abweicht. Gewöhnlich übt das Zentrum nicht nur die Kontrolle über seine Außenposten und Randgebiete sowie die Subzentren aus, sondern über alles Land dazwischen, wo nur Freunde und Bürger frei passieren dürfen.

In den Anden ist das »Land dazwischen« wild und häufig au-

Das Inka-Zentrum Machu Picchu in den peruanischen Anden.
(Quelle: Pedro Rojas Ponce)

ßerordentlich schwer erreichbar, und deshalb wurde es niemals unter eine derart vollkommene Kontrolle gebracht. Es war eher wie die offene See, wo es besonderer Anstrengung bedarf, die Haupthandelsrouten zu überwachen; Gemeinschaften in unterschiedlichen Entfernungen vom Zentrum waren eher wie Inseln anzusehen. Murra spricht von »Archipelen«, Inselgruppen, bei der Analyse sozialer Strukturen in den Anden.

Ein Archipel funktionierte noch um 1560 n. Chr. im zentralen Hochland von Peru mit einem Kerngebiet von über 40 Dörfern und 12000 bis 15000 Personen, die unter der Kontrolle einer Elite in rituellen Handelszentren arbeiteten. Außerhalb des Kerngebiets, in Entfernungen bis zu vier oder fünf Tagesmärschen, lagen mindestens vier »Inseln« – höher gelegene Gemeinschaften für Salz und Herden und tiefer gelegene Gemeinschaften für Baumwolle, Holz, Cocablätter, Pfefferschoten und wilden Honig.

Ein viel größerer Archipel existierte in derselben Periode, über 880 Kilometer südöstlich in der Nähe des Titicacasees. Sein Kerngebiet, wo bis zu 100000 Personen gelebt haben mögen, in Weidelandhöhen von nahezu 4000 Metern, kontrollierte Ressourcen, die aus etwa einem Dutzend »Inselgemeinschaften« stammten. Eine Gemeinschaft nutzte Weidegründe, die etwa 800 Meter höher gelegen waren; die übrigen lebten abwärts an den westlichen Hängen der Anden bis hinab zur Pazifikküste – und sammelten Dünger, Cocablätter, Fisch und Muscheln – und 25 wegelose Tagesmärsche entfernt abwärts an den östlichen Hängen bis in tropische Wälder.

Das Reisen in den Bergen ist oft gefährlich. Murra geriet einmal in einen derart heftigen Schneesturm, daß sein Zelt unter dem Gewicht des Schnees zusammenbrach. Menschen sind auf der Suche nach Schutz vor Stürmen verlorengegangen. Sogar bei schönem Wetter kann eine verkehrte Wendung in Labyrinthen von sich schneidenden Tälern und Schründen tief in unerforschte Wildnis führen, ein Risiko, das etwas durch traditionelle Markierungen durch Steinmännchen oder Steinhaufen verringert wird. Und Reisende sahen sich immer der Bedrohung durch »Piraten« ausgesetzt, die Inselgemeinschaften überfallen und plündern oder Karawanen in engen Durchlässen auflauern konnten. Archipele hielten nur so lange aus, wie Männer bereit waren, sie zu verteidigen.

Die große Frage ist natürlich, wie weit Rekonstruktionen von Gesellschaften des 16. Jahrhunderts auf frühere Gesellschaften zutreffen – und die allgemeine Antwort ist, daß sie recht gut zuzutreffen scheinen. Die Neigung, so weiterzuleben, wie es die Vorfahren taten, ist in entlegenen Andenregionen besonders stark gewesen. Sie blieben relativ unverändert bis in neuere Zeit. »Massive und sehr reale Zusammenhänge sind zwischen dem, was in den Anden während der voreuropäischen Periode geschah und dem, was dort heute vor sich geht, vorhanden«, betont Murra.

Das Inka-Reich, »das Land der vier Viertel«, das von 1430 bis 1532 bestand, kann als ein Superarchipel angesehen werden, ein Archipel von Archipelen. Durch ein Netz von Straßen, Städten und Festungen kontrollierte die Oberschicht von Cuzco eine große Anzahl von »Inselgemeinschaften«, die bis zu 40 und mehr Tagesreisen entfernt waren. Es gab besondere Kolonien für Soldaten, Metallarbeiter, Töpfer und Steinmetze, aber auch Nur-Frauen-Baracken zum Weben von Tuch, dem großartigen Prestige- und Machtsymbol der Anden. Das Reich hatte eine Ausdehnung von etwa 4300 Kilometern vom nördlichen Ecuador bis nach Zentralchile und dem nordwestlichen Argentinien, schloß die geschätzte Zahl von 6 000 000 Personen ein und wäre, nachdem es derartige dinosaurische Ausmaße angenommen hatte, sogar ohne die fähige Unterstützung durch die Spanier wohl für einen Zusammenbruch reif gewesen. In voreuropäischer Zeit gab es viele Rebellionen.

Gesellschaften, die sich in ähnlicher Weise organisierten, existierten mit Sicherheit bereits ein Jahrtausend vor den Inkas. Das war die Zeit, als Tiahuanaco seinen Höhepunkt erreichte als Hauptstadt eines Reiches, das zwei- bis dreimal größer war als der Archipel des 16. Jahrhunderts, der ebenfalls sein Zentrum in der Nähe des Titicacasees hatte. Tausende von Morgen erhöht angelegter Felder sind entlang der westlichen Küste des Sees gefunden worden, von denen manche nicht mehr brauchbar waren für den Ackerbau wegen der Anhäufung von Salzen, die die Pflanzen vergiften. Ein weiteres Reich entstand während des Zeitalters von Tiahuanaco im Südosten. Über zwei Bergrücken hinweg vom Eingang zu einer der größten Höhlen von Ayacucho aus liegen die Ruinen von Huari, einer Stadt, die über 500 Morgen ausgedehnt war und über 30 000 Personen beherbergte. Auch sie könnte das Zentrum einer Organisation im Stil der Archipele gewesen sein.

In derselben Periode brachten Menschen geheimnisvolle Zeichen in der Nähe von Nazca an, im Sand der Küstenwüste südwestlich von Huari – Linien, die sich über fünf Meilen und mehr dahinzogen, Muster, die durch Abkratzen der „Wüstenpflastersteine" entstanden, riesige Spiralen und Blumen sowie eine ganze Menagerie von Mammut-Tierdarstellungen, einschließlich eines Affen und einer Spinne. Diese Muster sind – wie die Ruinen von Tiahuanaco selbst – als das Werk von Wesen aus dem interstellaren Raum und von anderswo her interpretiert worden. Die wirkliche Erklärung, falls wir sie finden sollten, wird wohl schon ohne Zuflucht bei Science-fiction ausreichend interessant sein.

Geht man weitere 1200 Jahre in die Vergangenheit zurück, was kann man über noch ältere Zentren wie Chavín sagen? Waren es Präarchipele, evolutionäre Schritte in Richtung auf voll ausgebildete »Inselsysteme«, aber doch noch nicht ganz so weit? Weder diese noch irgendwelche andere komplizierte Systeme können ohne eine weitverbreitete populäre Religion funktionieren. Oft hilft es schon, wenn die Menschen, die hart arbeiten und 90 und mehr Prozent dessen, was sie erzeugen, weggeben, wenn diese Menschen das Gefühl haben, alles ginge an die Götter oder an die Oberen, die als Vertreter der Götter fungieren. Die Führer von Chavín erfanden sicherlich eine machtvolle Grundlage für solche Überzeugungen. Die alten Andenbewohner waren demütig davon überzeugt, daß sie für das, was sie gaben, das Geschenk der Fruchtbarkeit erhielten, ihrer eigenen Fruchtbarkeit und der ihres Landes. Im frühen 17. Jahrhundert, lange vor der Ankunft der Spanier und der Zerstörung der großen Archipele, der großartigen Tempel und ihrer Priesterschaft, bauten manche Bauern noch immer besondere Flecken Landes im geheimen an, sie zogen Lebensmittel nicht für sich selbst auf, sondern für ihre Götter.

Es gab schon Anfänge vor Chavín, manche in den Andenregionen und manche in der Region zwischen den Anden und Mittelamerika, die noch wenig systematische Archäologie gesehen hat. Neuere Untersuchungen in dieser Zwischenzone zeigen bedeutsame Entwicklungen in Kunst und Ritual auf. Während der ersten Periode in einem Langzeit-Grabungsprogramm an einer Fundstelle mit Namen Real Alto in der Nähe des Pazifischen Ozeans, etwa 130 Kilometer westlich von Guayaquil in Ecuador, fanden Lathrap und sein Mitarbeiter Marcos 60 bis 100 große ovale Häuser, die um einen großen rechteckigen Platz herum gebaut waren. Zwei tonbedeckte Plattformen liegen in der Mitte des Platzes ein-

Real Alto, Ecuador: Rekonstruierte Ansicht der Stadt, wo um 3000 v. Chr. ungefähr 1500 Menschen lebten.
(Quelle: Jorge G. Marcos)

ander gegenüber. Auf einer Plattform stand anscheinend ein Gemeinschaftshaus, wo sich die Männer versammelten, um an Zeremonien und anderen festlichen Aktionen teilzunehmen.

Unter dem Abfall, der in nahe gelegene Gruben geworfen wurde, waren Bruchstücke von Tonkrügen, wie sie heute noch weitgehend von Gruppen in den Tropenwäldern, wie beispielsweise den Shipibo-Indios im Dorf San Francisco, bei Biergelagen verwendet werden, Gelage, die häufig die Einleitung zu streng geregelten, die Spannung abbauenden rituellen Kämpfen sind und wahrscheinlich auch waren. Auf der anderen Seite jenseits des

Platzes sind die Überreste einer Begräbnisstätte in einer mit Steinen ausgekleideten Gruft, mit wiederholten Menschenopfern und einem Beinhaus für die Aufbewahrung der Gebeine von verehrten Vorfahren. Menschenknochen, vermischt mit Tierknochen in Küchenabfallhaufen, zeigen auf, daß Kannibalismus praktiziert wurde. »Trophäenköpfe waren üblich, da sie Kriegszüge und Kopfjagd anzeigten«, fügt Lathrap hinzu. »Die vielen Menschenfinger- und -zehenknochen, die über die ganze Dorfanlage verstreut sind, können Andenken von den im Beinhaus aufbewahrten Vorfahren gewesen sein.«

Die Gemeinschaft hatte einen frühen Anfang. Über 1000 Menschen lebten in Real Alto, und sie bauten ihren Komplex von Plaza und Plattformen zwischen 2300 und 2000 v. Chr. Es ist das früheste bekannte rituelle Zentrum in der Neuen Welt, und Lathrap nimmt an, daß die Entwicklung in den Zwischenzonen die Bildung der späteren Chavín- und Olmec-Kulturen im Süden und Norden beeinflußte. Monumentale Architektur jedoch und größere rituelle Zentren blieben in den Zwischenzonen auf einer bescheidenen Ebene. Die Kräfte, die solche Dinge hervorbrachten, die zu Zusammenballungen von Menschen in immer größeren Gruppen führten, funktionierten nicht mit voller Macht; und das zu erklären ist eine genauso schwierige Aufgabe wie die Erklärung des Auftauchens von größeren Zentren an anderen Stellen.

Diese Kräfte waren außerhalb der Zwischenzone und in weitgehend getrennten Regionen am Werk. Chavín entstand als Reaktion auf selektive Pressionen. Es befriedigte den Bedarf an wirksameren Kontrollen, an neuen Wegen zur Erhaltung oder – noch besser – zur Schaffung von Gesetz und Ordnung. Der gleiche Bedarf scheint etwa zur gleichen Zeit unter Menschen dringend geworden zu sein, die über 3200 Kilometer entfernt lebten. Die Periode von etwa 1200 bis 600 v. Chr. sah das, was Gordon Willey von Harvard eine »überraschende Zweifarbigkeit« genannt hat, den Aufstieg sowohl des Olmec- wie auch des Chavín-Kunststiles.

XVII
DIE FRÜHGESCHICHTE KOMPLEXER GESELLSCHAFTEN IN DEN VEREINIGTEN STAATEN

*Dörfer und Bewässerung im Südwesten/
Die ersten Pueblos/Die Ara- und Raben-Totems/
Pueblo Bonito/Jäger und Sammler der östlichen Waldgebiete/
Die Hügelbauer im Mittelwesten/Friedhofzeugnisse
für das Aufkommen von Eliten/Der Hopewell-Kult/
Cahokia, die Stadt am Mississippi/Ritual und Opfer/
Die Ähnlichkeit von frühgeschichtlichen
und modernen Methoden der Landbestellung*

Der gesamte nordamerikanische Kontinent, über 20,8 Millionen Quadratkilometer von der mexikanischen Grenze bis zum Polarkreis, brachte gerade eine frühgeschichtliche Stadt hervor. Ihre Überreste, unter dem Namen Cahokia bekannt, liegen im Herzen des Graslands im Mittelwesten, im Mark-Twain-Land in der Nähe des Mississippi-Stromes und zehn Kilometer genau östlich von St. Louis. Es könnte schon ein größeres Nationaldenkmal sein, so beeindruckend wie Tikal oder Teotihuacán; doch es ist dort nur wenig Rekonstruktionsarbeit zu verzeichnen und daher nicht viel zu sehen, lediglich einige Erdhügel, die wie natürliche Hügel aussehen.

In der Vergangenheit waren die Dinge anders, ohne den Putz und Staat unserer Tage, die überstaatlichen Autobahnen, Autokinos, Supermärkte und Tankstellen, Motels und Tingeltangel und Frikadellenbuden. Vor acht Jahrhunderten, in einem anderen Amerika zur Zeit der Unterzeichnung der Magna Charta, war eine Erdpyramide, zehn Stockwerke hoch, die bei weitem größte jemals in den Vereinigten Staaten gebaute Pyramide und die drittgrößte in der Neuen Welt (hinter der Sonnenpyramide von Teotihuacán und einem noch größeren Bauwerk im nahe gelegenen Cholula).

An der vorderen steilen Seite der Pyramide, abwärts und vorbei an drei Terrassen, lag ein 40 Morgen großer Platz und etwa 600 Meter entfernt auf der anderen Seite des Platzes zwei weitere große Erdhügel. Jenseits dieser Hügel zog sich eine Palisade aus schweren Holzstämmen nach rechts und links und umschloß so den rituellen Bezirk des Zentrums, ein dichtbesiedeltes Gebiet mit strohgedeckten Bauwerken, Tempeln und Verwaltungsgebäuden sowie Elite-Residenzen auf erhöhten Plattformen und Hunderten von kleinen Häusern, wo die einfachen Leute wohnten. Und jenseits der Palisade, sich in alle Richtungen erstreckend bis zu niedrigen Hügeln in der Ferne, lagen weitere Hügel, weitere Wohnungen, Seen, Bäche und Felder.

Im Umkreis von 2000 Kilometern existierte keine vergleichbare Siedlung, nichts, was diesem Maßstab auch nur nahekam. Die nächstgrößten Siedlungen hatten höchstens zwei Dutzend Hügel; Cahokia besaß über 100. Es hatte etwa 30 000 Einwohner, und keine andere Stadt in den Vereinigten Staaten erreichte dieses Niveau, bis New York sechs Jahrhunderte später entstand. Die Entstehung von Cahokia wirft schwierige Fragen auf, Fragen kontinentalen Ausmaßes. Warum entstand dort eine Stadt und in welcher Zeit? Und, was am interessantesten ist, warum blieb der übrige Kontinent ohne derartige Städte?

Der Wandel setzte sehr langsam nördlich des Rio Grande ein, viel langsamer als in Mittelamerika oder in den Anden. Menschen zogen aus Regionen der Beringstraße durch Korridore zwischen Gletschern abwärts zur Westküste und weiter in das »Regenschatten«-Land der Great Plains, in Wüsten, dürres und halbdürres Grasland und Prärien, über die der Wind vom Pazifik her weht, der vieles von seiner Feuchtigkeit in schweren Schneefällen über den Rocky Mountains verloren hatte. Sie zogen weiter nach Osten, heraus aus dem Regenschatten und über die Prärien, über den Mississippi in Waldgebiete hinein, die so ausgedehnt und zusammenhängend waren, daß nach einer Redensart aus den Pioniertagen »ein Eichhörnchen von New York nach Tennessee gelangen konnte, ohne den Boden zu berühren". Eine neuere Reihe von C-14-Daten zeigt an, daß Indianer vor 13 000 oder mehr Jahren Pennsylvania erreichten und sich wahrscheinlich entlang eines großen Teils der Ostküste ausbreiteten.

Sie fanden praktisch überall ausreichende Nahrungsquellen, genug, um Tausende von Jahren vom Jagen und Sammeln zu leben. Es gab einen außergewöhnlichen Reichtum an Großwild westlich des Mississippi, auf den Great Plains beispielsweise. Sogar frühe und ausgedehnte Ausrottungen spielten keine große Rolle. Masto-

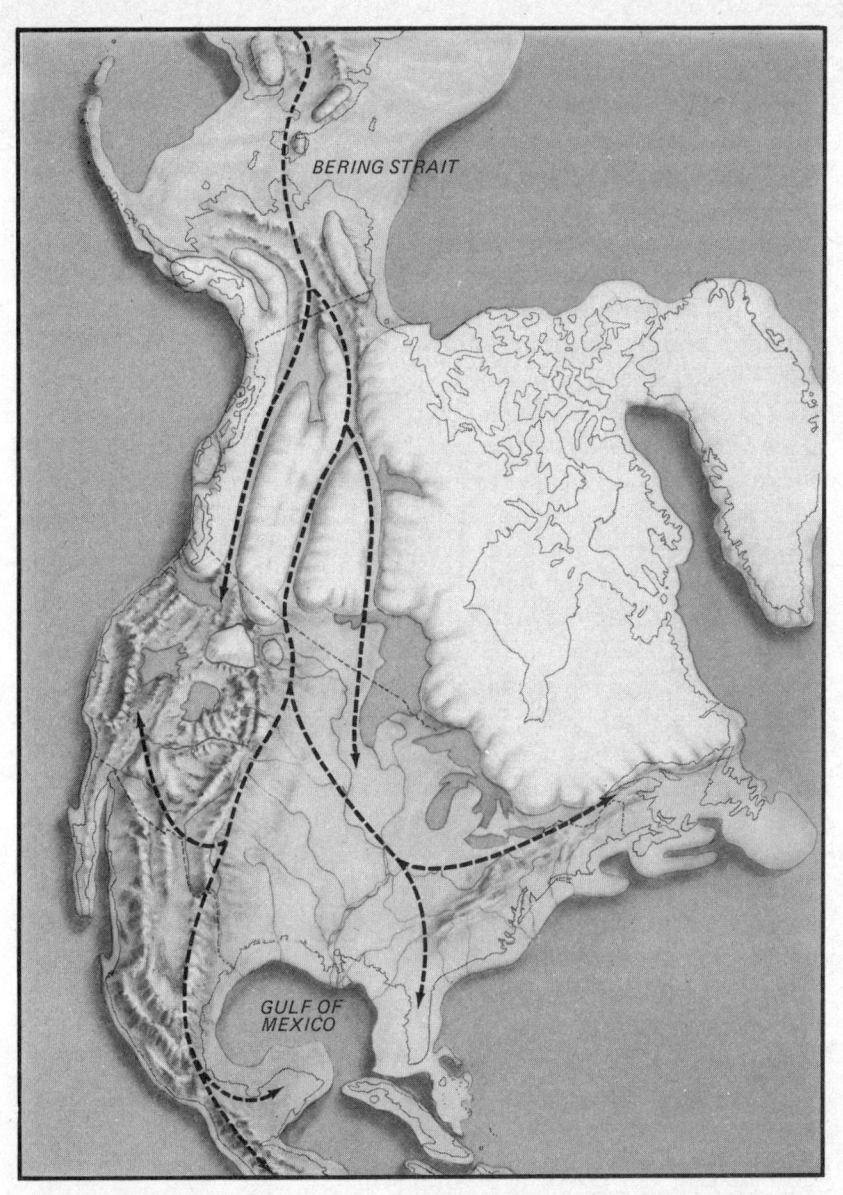

Durch Gletscherkorridore wanderten nordamerikanische Ureinwohner als Bahnbrecher von Alaska südwärts an der Pazifikküste entlang. Andere wanderten landeinwärts in Wüsten und Grasland im Regenschatten der Rocky Mountains und nach Osten, durch ausgedehnte Waldgebiete zur Atlantikküste, wo sie vor 13 000 oder mehr Jahren ankamen.
(Quelle: Vantage Art Inc.)

dons (mammut americanum), Pferde, Mammuts und andere Großwildspezies – die schon in den vorangegangenen Jahrmillionen in Schwierigkeiten waren, lange ehe der Mensch kam – waren etwa um 7000 v. Chr. verschwunden. Riesige Herden von Büffeln, Rotwild und anderen Tieren lieferten aber weiterhin einen zuverlässigen Fleischvorrat.

Die Versorgung wurde zuerst in den Randgebieten der großen Ebenen zu einem größeren Problem. Im Südwesten wurde das Klima trockener und brachte etwas zustande, was Hunderte Generationen von Treibjagden und Massentötungen nicht fertigbrachten – eine starke Verminderung der Bisonherden und ihr schließliches Verschwinden. Zuwanderer haben vielleicht das Problem noch vergrößert. Nach Michael Glassow von der University of California in Santa Barbara sind möglicherweise überzählige Populationen aus den blühenden Orten der Küste Kaliforniens in diese Region gekommen. In zunehmendem Maße tauchen Orte auf den Gebirgsausläufern und den Mesas, aber auch im Tiefland auf, ein Zeichen dafür, daß die Menschen intensiver in einem größeren Bereich ihrer Umwelt auf Nahrungssuche gingen. Zwischen 2000 und 500 v. Chr. begannen sie damit, domestizierte Pflanzen zu verwenden, in erster Linie Mais, wie aus Funden von Kolben hervorgeht, einige nicht mehr als 2,5 Zentimeter lang, ähnlich denen, die im mexikanischen Tehuacan-Tal ausgegraben wurden.

Und trotzdem war es noch immer ein nomadisierendes Jäger-und-Sammler-Dasein. Ein Versorgungsmuster jener Zeit wurde in Zeugnissen sichtbar, die man in der Jemez-Höhle aufgesammelt hat, die in der Nähe einer Mineralwasserquelle in den Ausläufern der Rocky Mountains im nördlichen Neumexiko gelegen ist. Nach Richard Ford von der University of Michigan weist alles auf ein Leben in warmem Wetter hin: Spuren von reifem Kürbis und auch von Mais, fehlende Vorratsgruben und flache Herde, in Sand und Kies gegraben anstatt mit Steinen ausgekleidet, was dazu diente, mehr Wärme abzugeben.

Die Höhle wurde im Spätsommer und im frühen Herbst benutzt. Das scheint eine gute Jahreszeit für ein Leben von den Erzeugnissen des Landes gewesen zu sein, was wiederum durch Reste von Piñon-Nüssen, stachligem Birnenkaktus und anderen Wildpflanzen und mehreren Spezies von Säugetieren wie Rotwild, Antilopen, Bergschafen und Waldkaninchen angezeigt wird. Ford behauptet, daß die Jemez-Menschen wie die Schafe und das Rotwild in niedrig gelegenen Höhen überwinterten, während des Frühlings ihrer wandernden Jagdbeute in das Weideland weiter oben in den Bergen folgten und unterwegs in der Höhle haltmachten, um Mais und Kürbis für die Ernte im Sommer anzubauen.

Von etwa 100 bis 300 n. Chr. war das Seßhaftwerden schon weit fortgeschritten, wie eine Reihe von C-14-Daten nachweist, die an der Fundstelle Snaketown, etwa 560 Kilometer südwestlich in einem Wüstental von Arizona außerhalb von Phoenix aufgezeichnet wurden. Zu dieser Zeit hatten die Dorfbewohner schon ein System von Bewässerungsgräben entwickelt, die von einem breiten, aber flachen Kanal gespeist wurden, der das Wasser aus dem Gila-Fluß über eine Strecke von mehr als 1600 Metern heranführte; sie bauten Pflanzen an, wobei Mais das Hauptnahrungsmittel war und den größten Teil ihres Speiseplans ausmachte, vielleicht 50 oder

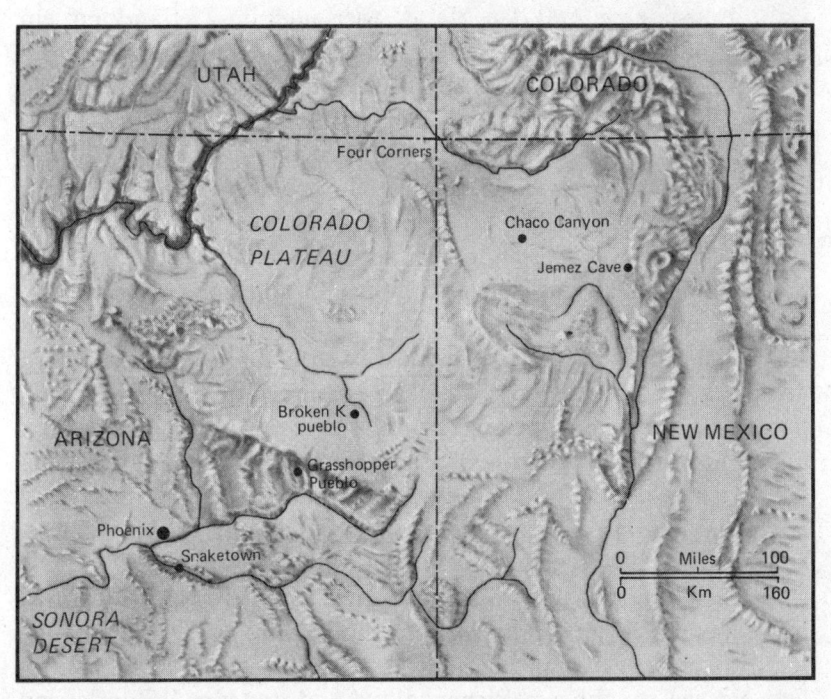

Das Pueblo-Territorium im amerikanischen Südwesten, wo in der Four-Corners-Region Utah, New Mexico, Colorado und Arizona zusammentreffen.
(Quelle: Vantage Art Inc.)

»Schwalbennest«-Felsklippen-Pueblos im Mesa Verde National Park, südwestlicher Teil von Colorado: 181 Räume und 19 *kivas* oder rituelle Räume im Langhaus. *(Quelle: United States Department of the Interior, National Park Service)*

mehr Prozent. Sie hatten einen großen öffentlichen Platz freigemacht, möglicherweise ein ritueller Platz oder ein Tanzboden.

Große Siedlungen, die weit über die Dorfebene hinausgingen, waren aber noch über ein Jahrtausend entfernt. Sie tauchten erst mindestens 12 000 bis 13 000 Jahre nach den ersten Menschen auf, die in den Südwesten zogen, und etwa 3000 Jahre nach der Einführung von Mais und anderen domestizierten Pflanzen. Als sie dann aber auftauchten, geschah dies in einer Form, die einmalig an die Bedingungen der halbdürren Umwelt und die wachsende Bevölkerung angepaßt war. Die Indianer entwickelten im Südwesten besondere Feldfrucht, zu der auch Mais gehörte, mit Varietäten, die tiefer gepflanzt werden konnten, näher an den tiefen Grundwasserspiegeln der Wüste. (Galinat berichtet, daß Pflanzen, die von diesen Sorten abstammen, heute mit »einigem Erfolg« in den von Dürren betroffenen Gebieten Nordafrikas angepflanzt werden.) In ihren Pueblo-Komplexen entwickelten sie eine Art von Baukasten-Architektur, ein System von genormten Raumeinheiten aus Stein und Lehm, die bei Bedarf einzeln oder in Blöcken an vorhandene Bauten angesetzt werden konnten.

Beginnend um 900 n. Chr. bauten sie Hunderte von Pueblos, zunächst hauptsächlich in der Four-Corners-Region, wo Arizona, Colorado, Neumexiko und Utah zusammentreffen, und später in den umliegenden Regionen. Einige ihrer größten und imponierendsten Bauwerke entstanden an Flußufern, auf Wüstenboden im Schatten von Mesa-Abhängen, oder sie wurden in hohe, überhängende Felsklippen gebaut, wie die Häusergruppe im »Schwalbennest« bei Mesa Verde, oft an Orten, die nur über Leitern oder steile Pfade, in den Fels gehauen, erreicht werden konnten. Es gab auch viele kleinere Siedlungen. Um einige von ihnen zu erreichen, muß man in Cañons hinabsteigen, in ausgetrockneten Flußbetten von Felsbrocken zu Felsbrocken springen, an gelegentlichen Klapperschlangen vorbei, und dann wieder hinauf zu den Ruinen auf Felsbänken, halb verborgen hinter Piñon- und Wacholderbäumen.

Gerade eines der weniger spektakulären Pueblos hat einige der interessantesten Informationen geliefert. In einer bahnbrechenden Forschungsarbeit in den sechziger Jahren, einer Untersuchung, die auf seitdem weitgehend angewandten Methoden basierte, demonstrierte James Hill von der University of California in Los Angeles, wie Fakten über Verwandtschaftsverhältnisse und soziale Organisation aus Analysen von frühgeschichtlichen Gegenständen gewonnen werden können. Seine Fundstelle im Gebiet der Broken-K-Ranch nahe der Stadt Snowflake im östlichen Zentral-Arizona besteht aus einigen hundert Räumen, die in Blöcken um einen Platz herum gebaut sind; sie war von etwa 1150 bis 1275 n. Chr. bewohnt gewesen.

Die meisten Räume in Broken-K – wie auch die meisten Räume an anderen Fundstellen – passen in eine von drei Kategorien: große Räume mit durchschnittlich etwa zehn Quadratmetern, kleine Räume, nur halb so groß, und besondere unterirdische Räume mit Eingängen durch die Decke mit Lüftungsschächten, Mauernischen und einem Tisch oder einer Plattform. Die Pueblos der heutigen Hopi- und Zuni-Indianer weisen ähnliche Einheiten zum Wohnen, für Vorratshaltung und rituelle Vorgänge auf, und dieselben Funktionen existierten wahrscheinlich in prähistorischer Zeit.

450

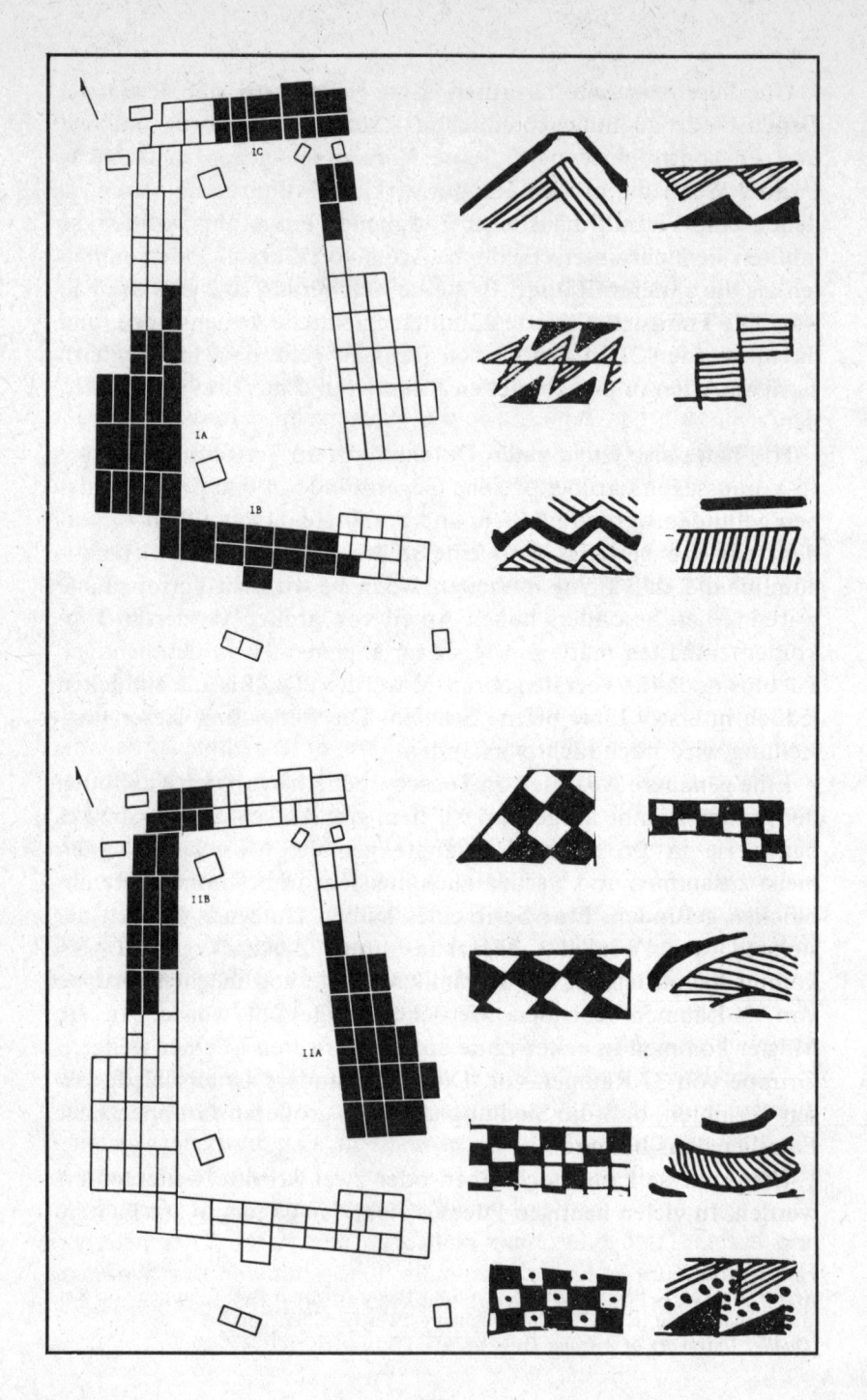

Um diese Annahme zu prüfen, sagte Hill voraus, daß bestimmte Gegenstände zu unterschiedlichen Raumtypen gehören müßten, und er kontrollierte dann seine Voraussage gegen tatsächliche Funde. Wenn die großen Räume wirklich Wohnräume waren, in denen eine Vielzahl häuslicher Tätigkeiten ausgeführt wurden, so müßten sie mehr unterschiedliche Arten von Gegenständen enthalten als die anderen Räume. Es stellte sich heraus, daß dies der Fall war. Die Fundstelle lieferte 22 unterschiedliche Gegenstände, und davon wurden 21 in den großen Räumen gefunden, im Vergleich zu neun Arten in den speziellen Räumen und nur drei in den kleinen.

Hill hatte also einen guten Durchschnitt an Treffern. Er machte 15 Voraussagen darüber, welche Gegenstände in den drei Raumtypen gefunden werden müßten, und bestätigte davon elf. Zwei wurden teilweise bestätigt, und eine stellte sich als falsch heraus – nämlich die, daß kleine Einheiten, wenn sie wirklich Vorratsräume waren, einen besonders hohen Anteil von großen verzierten Tonkrügen enthalten müßten, wie sie im allgemeinen in den heutigen Pueblos noch für Vorräte gebraucht werden. Die Räume enthielten jedoch in erster Linie offene Schalen. Die Bedeutung dieser Feststellung wird noch nicht verstanden.

Eine genauere Analyse von Tonscherben, die von den Fußböden der großen Räume aufgelesen wurden, gibt Aufschluß über die Lebensweise in Broken-K. Bestimmte gemalte Muster erscheinen meist zusammen und werden auch meistens in bestimmten Raumblöcken gefunden. Eine Serie eines halben Dutzends Muster, bestehend aus Winkel-, Sägezahn- und Zickzackverzierungen, kommt hauptsächlich auf Keramik vor, die von in einer Gruppe von 44 Räumen lebenden Menschen hergestellt wurde. Andere Muster kommen in erster Linie auf Töpferwaren in einer weiteren Gruppe von 37 Räumen vor. Diese und andere Unterschiede lassen vermuten, daß die Siedlung aus zwei größeren Gruppen oder Familienclans bestand.

Die Analyse kann noch einen oder zwei Schritte weitergeführt werden. In vielen heutigen Pueblos zieht der Ehemann zur Familie

Rechts: Broken-K-Pueblo, östlich von Snowflake, Arizona: zwei Gruppen von Keramikornamenten in zwei Wohneinheiten – zwei Familienclans?
(Quelle: University of Arizona Press 1970)

der Ehefrau. Hill schließt daraus, daß eine ähnliche Tradition in der Vergangenheit vorherrschte, zum Teil aus dem Grund, daß die Frauen die Mehrzahl der Tonwaren herstellen und auch wahrscheinlich herstellten und daß die Töpfereiformen von Generation zu Generation weitergegeben wurden. Dieses Argument muß noch bewiesen werden, desgleichen andere Argumente, die darauf abzielen, Wohntraditionen nach der Eheschließung aus dem Studium von Gegenständen herzuleiten.

Ein Erfolg würde sich schon lohnen. Die Traditionen können Spannungen zwischen verschiedenen Völkern und Arten des Überlebens in unsicheren Zeiten widerspiegeln. In einer Untersuchung einer Gruppe von Gesellschaften berichten Melvin und Carol Ember, daß zwei Voraussetzungen ein Leben der Ehemänner bei den Familien ihrer Frauen begünstigen: erstens, wenn die Männer in einem Krieg gegen Außenseiter »beschäftigt« sind, und zweitens, wenn die Abwesenheit der Männer die Frauen zwingt, zumindest ebensoviel wie die Männer zum Unterhalt beizutragen und häufig sogar noch beträchtlich mehr. Die Situation ist umgekehrt, wenn die Kämpfe Gruppen innerhalb desselben Stammes betreffen; in solchen Fällen neigen die Frauen dazu, sich den Familien ihrer Ehemänner anzuschließen.

Einsichten in dieser Richtung bedürfen noch weiterer Einzelheiten und ausgedehnter Forschungsarbeit, einer Forschung, die darauf abgestimmt ist, mehr über die Evolution von Pueblos zu erfahren. Neue Informationen kommen aus Studien der University of Arizona an einer viel größeren Ruine, dem Grasshopper-Pueblo in der Indianerreservation Fort Apache, etwa 50 Meilen südwestlich von Broken-K. Die Arbeit ist dort bereits in der fünfzehnten aufeinanderfolgenden Saison im Gange, und fünf weitere sind noch zu arbeiten. Die Forscher hoffen, bis dahin etwa ein Fünftel der Fundstelle ausgegraben zu haben.

Die Region, eine Übergangszone zwischen der Sonora-Wüste und der Hochebene von Colorado, ist noch nicht sehr weitgehend erforscht worden. Die ersten Pueblos tauchten hier um 900 n. Chr. auf, einige kleine Dörfer von vielleicht jeweils 50 Personen. Die nächsten drei Jahrhunderte erlebten einen ständigen Anstieg der Bevölkerung auf etwa 100 Dörfer, ebenfalls klein und gleichmäßig verteilt, mit insgesamt ungefähr 5000 Personen. Dann auf einmal drängte sich die gleiche Anzahl Menschen, oder auch wenige

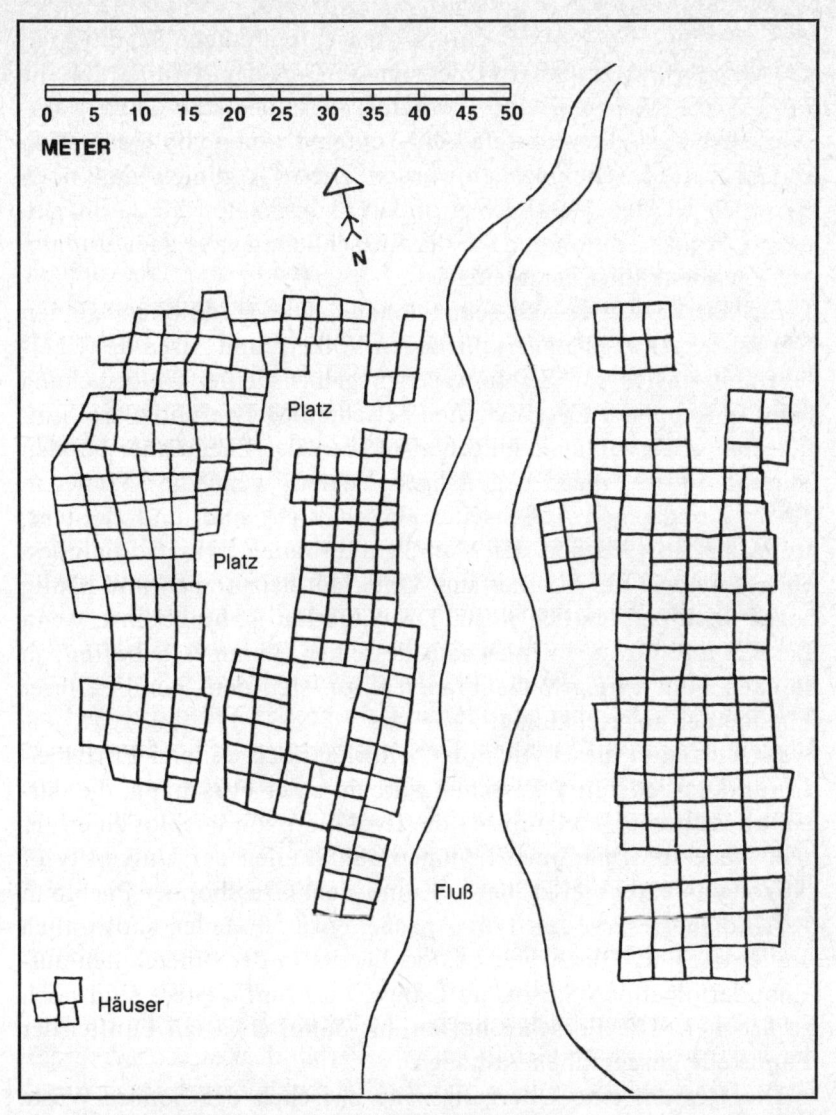

Grasshopper-Pueblo: Ost- und Westteil, getrennt durch einen Fluß; ein Forschungsprojekt, das 20 Jahre in Anspruch nimmt.
(Quelle: Mona Marks)

mehr, zusammen und gründete weniger, aber größere Gemeinschaften, ein Phänomen, das etwa an die Implosionen erinnert, die in Uruk und Teotihuacán stattfanden, wenn es auch hier in wesentlich kleinerem Maßstab geschah. Die Zahl der Siedlungen ging von 100 auf etwa 30 zwischen 1200 und 1250 n. Chr. zurück und in der nächsten Generation auf etwa ein Dutzend.

Das Klima hatte mit der Veränderung sehr viel zu tun. Aus Baumringen kann man ablesen, daß ein Trend von relativ breiten jährlichen Wachstumsringen – die Jahre mit gutem Regen repräsentieren – zu schmaleren Ringen vorhanden ist, die trockenere Jahre anzeigen. Eine zwanzigjährige Dürre im gesamten Südwesten brachte an vielen Orten Nahrungsmangel mit sich und senkte gleichzeitig in früheren Sumpfgebieten den Grundwasserspiegel; dadurch wurde vorher ungünstiges Terrain für Maisfelder geeignet.

Die Bearbeitung des neuen Landes verlangte ein erneutes Zusammenrücken der Menschen. Sie mußten ihre Anstrengungen zur Kontrolle der Wasserversorgung gemeinsam durchführen. Der Regen war knapper geworden, aber häufig fiel er dann in Form von heftigen Gewittern. Wolkenbrüche brachten bis zu 25 Millimeter Regen innerhalb einer Stunde, und ein großer Teil davon fiel im allgemeinen in fünf Minuten. Die Verringerung der Schäden durch blitzartige Überschwemmungen und das Auffangen des Wassers erforderten Drainagesysteme, Terrassen, Reservoirs und andere Gemeinschaftsobjekte. Die Dürre begann 1275 n. Chr., und dieses Jahr markiert den Beginn des Grasshopper-Pueblos und auch die Aufgabe von Broken-K.

Untersuchungen an der Fundstelle haben zu einem sorgfältig ausgearbeiteten Ableitungsspiel geführt, das als »cornering« bekannt ist: Ein völlig neu aufgebauter Pueblo-Raum in einem vorher nicht bewohnten Gebiet hat vier Verbundecken (corners), das heißt, seine Wände sind an den Ecken durch Ziegel »verzahnt«. Gestoßene Ecken, bei denen die Wände ohne Verzahnung einfach aneinanderstoßen, tauchen später auf, wenn neue Räume im Baukastensystem an den ursprünglichen Raum angebaut werden. Beobachtungen von Eckentypen in Verbindung mit Baumring-Daten und anderen Hinweisen zeigen die Reihenfolge, in der Räume angefügt wurden, und damit das Wachstum von Grasshopper.

Nach William Longacre von der University of Arizona begann

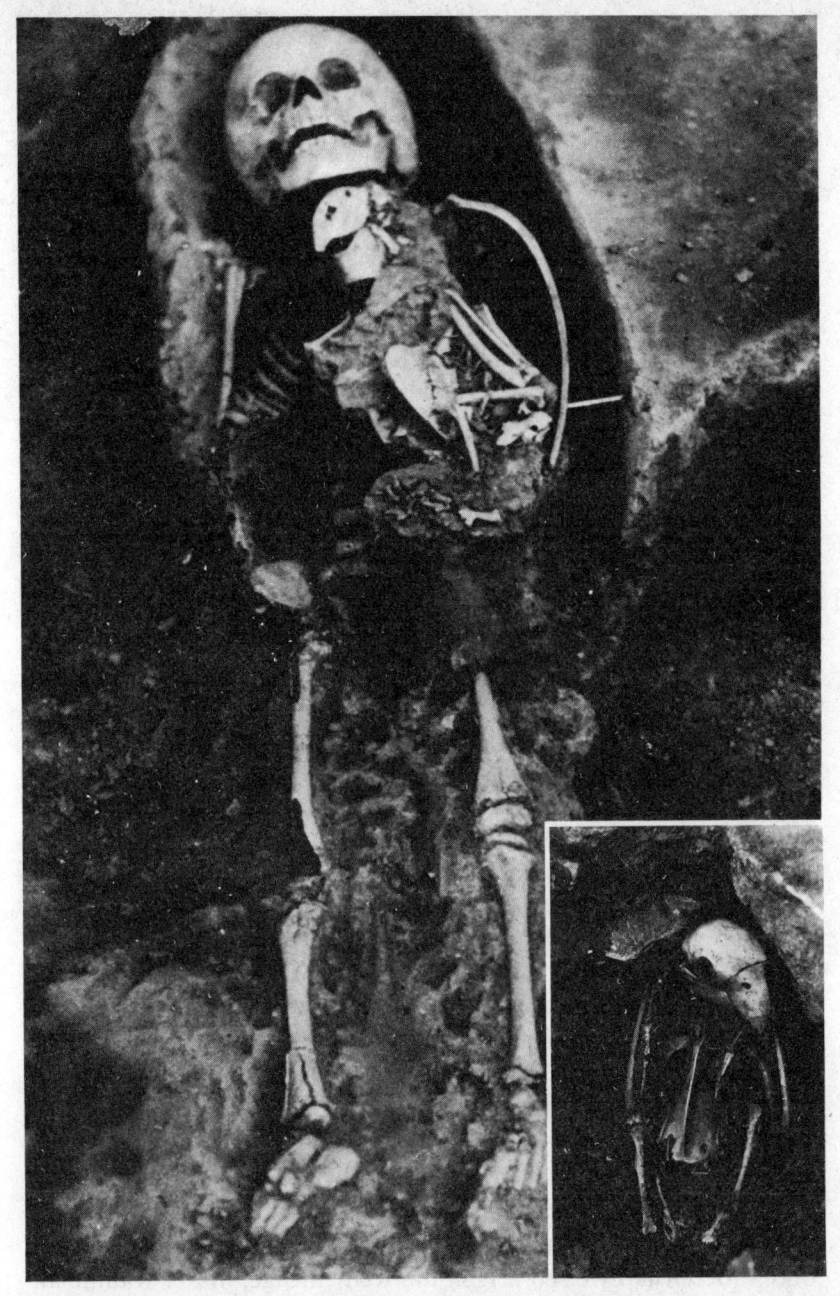

Grasshopper-Pueblo: Der Ara, das Clan-Symbol der Westufer-Leute, hier einmal allein und einmal mit einem Knaben begraben.
(Quelle: großes Bild von J. Ayers, Arizona State Museum; kleines Bild von Margaret K. Thompson)

oben: Chaco-Cañyon, Pueblo Bonito, im Nordwesten New Mexicos: Luftaufnahme von den Ruinen, die wahrscheinlich etwa 1200 Personen in einem vier- bis fünfstöckigen Bauwerk beherbergten; *unten:* Eine Rekonstruktion der prähistorischen »Appartement-Hochhäuser«.
(Quelle: oben: Chaco Center National Park Service; unten: McGraw-Hill Book Company)

die Siedlung mit drei Blöcken von insgesamt etwa 30 Räumen auf beiden Ufern eines mitten durch den Ort fließenden Flusses. Auf der Grundlage einer Schätzung von 2,8 Personen je Raum gibt dies eine Anfangsbevölkerung von etwa 100. Innerhalb eines Jahrhunderts nach seiner Gründung hatte Grasshopper sich auf fast 500 Räume ausgeweitet, also auf über 1000 Personen (wenn man annimmt, daß etwa jeweils ein Viertel der Räume zu jedem Zeitpunkt unbewohnt war).

Vieles spricht sehr stark gegen die Möglichkeit, daß sich Menschen in solcher Umgebung so schnell vermehren, und Longacre nimmt deshalb an, mehrere Gruppen von Zuwanderern, vielleicht insgesamt 500 bis 600, hätten sich den ursprünglichen Siedlern zugesellt. Statistische Analysen von Tonwaren, die allerdings noch abgeschlossen werden müssen, können bei der Überprüfung dieser Ansicht helfen, sie können sogar anzeigen, von wo die Zuwanderer kamen. In der Zwischenzeit gibt es aber bereits einige interessante Hinweise. Unter den auf der Ostseite der Ruinen ausgegrabenen Merkmalen sind einige übergroße Öfen; und Holzkohlestückchen, die man aus den Öfen herausgeholt hat, bestehen in erster Linie aus Piñon-Holz. Das hauptsächliche Brennmaterial der Öfen auf der Westseite war Eiche; die Menschen, die dieses Holz für ihre Feuer ausgewählt haben, könnten Einwanderer aus dem Süden gewesen sein, wo Eichenbäume weitaus seltener sind.

Es muß aber noch etwas mehr als nur Zuwanderung gegeben haben. Eine Zweiheit, ein Ost-West-Unterschied, scheint fast von Anfang an bestanden zu haben. Die Menschen, die ursprünglich auf dem Westufer des Flusses siedelten, fügten Räume an ihre beiden Blöcke so an, daß sie ein Hufeisen bildeten, während die Leute auf dem Ostufer neue Räume in einer Weise anbauten, daß sie eine Reihe bildeten. Noch überraschender sind Anzeichen für einen Unterschied bei Symbolen. Die Überreste von etwa einem Dutzend Raben sind an der Fundstelle entdeckt worden, und zwar bis auf einen oder zwei alle auf der Ostseite des Pueblos.

Der für die Westseite charakteristische Vogel ist der Ara. 15 Exemplare der langschwänzigen, glänzend gefiederten Papageien sind bisher in dieser Zone gefunden worden, davon sieben in der Großen Kiva, dem rituellen Raum der Fundstelle. Ebenfalls in der Großen Kiva ist ein ungewöhnliches Grab, ein kleiner Junge mit einem Ara auf der Brust. Vielleicht hatten die Leute der Westseite besonders enge Kontakte, Handelsverbindungen oder andere, mit Leuten, die südlich der Grenze im mexikanischen Hochland lebten, 320 oder mehr Kilometer entfernt, der nächstgelegenen Heimat der Vögel. Das Grasshopper-Pueblo könnte in zwei Clans aufgeteilt gewesen sein, die Raben-Leute und die Ara-Leute, die ihren Ursprung auf entfernte mythische Vorfahren zurückführten. Die gleichen beiden Totemgruppen existierten bis vor wenigen Jahrzehnten bei den Zuni-Pueblobewohnern der Gegenwart.

Die am höchsten entwickelten Gesellschaften im Südwesten tauchten in den Four Corners auf. Neuere Untersuchungen weisen auf Systeme hin, die sich aus vielen Siedlungen zusammensetzen, und ein derartiges System ist im Chaco Cañon in Neumexiko gefunden worden. Die Ruinen eines Pueblos mit mehr als 500 Räumen lehnt sich an rote Sandsteinklippen etwa in der Mitte des Cañons an, nicht weit von zwei weiteren Pueblos, eines auf Wüstenboden im Westen und ein anderes, Pueblo Bonito, ein »Apartment-Hochhaus«, das in der »Großen Biegung« mit vier oder fünf Stockwerken und etwa 800 Räumen erbaut wurde. In dem Gebiet liegen noch über ein halbes Dutzend weitere mehrstöckige Pueblos sowie auch mehrere hundert kleine Satelliten-Pueblos.

Dieser Siedlungskomplex mit seinen 15 000 Einwohnern wurde von über 320 Kilometern Straßen bedient, jenem in Kapitel 5 beschriebenen ausgedehnten Transportnetz, das mit Hilfe besonderer elektronischer Geräte entdeckt wurde, die Merkmale auf Luftaufnahmen feststellen, die dem bloßen Auge unsichtbar bleiben. Zur Analyse des Netzwerkes bereiteten Ebert und Hitchcock eine vereinfachte Karte vor, die die Hauptstraßenzüge zeigt, die Orte, die sie passierten, und die Lage der Schnittpunkte. Sie benutzten eine technische Formel zur Berechnung der Dichte des überstaatlichen Highway-Netzes in den Vereinigten Staaten von heute, des Anteils von Siedlungen, die untereinander durch direkte Routen verbunden sind, auf einer Skala von 0 bis 1 gemessen.

Der Chaco Cañon nimmt auf dieser Skala einen niedrigen Platz ein, mit einem Wert von nur 0,1645. Seine Straßen, wie die Super-Highways von heute, waren nicht gebaut worden, um den Bedürfnissen des Hinterlands zu dienen. Sie hatten die Neigung, in gerader Linie von einem Hauptzentrum zum anderen zu führen und an dazwischenliegenden geringeren Zentren vorbeizugehen, ein Muster, in idealer Weise geeignet für den Massentransport, im prähistorischen Fall durch menschliche Träger, von Stein, Holz, Feuerholz, Häuten, Nahrungsmitteln und anderen sperrigen Gütern. Einige Straßen führen ganz aus dem Cañon heraus und verbinden seine Zentren mit anderen, die wiederum mit entfernten Straßensystemen, vielleicht Hunderte von Meilen entfernt, zusammenhingen.

Die Ausdehnung des Chaco-Netzwerkes kommt fast einem Rätsel gleich. Eng zusammenlebende Populationen mit Nahrung und anderen Versorgungsgütern zu versehen setzt sicherlich einen gewissen Grad an zentraler Kontrolle, setzt organisierte Versorgungspläne und Leute mit Macht voraus. Und doch haben Pueblo Bonito und andere große Siedlungen wenig Beweise für die Existenz einer Elite erbracht, wie beispielsweise besonders große Räume mit besonders großer Anhäufung von ausgefallener Keramik und anderen Luxusgütern. Diese Situation könnte eine örtliche Autorität vom Typ des »Großen Mannes« aufzeigen. Vielleicht waren die Führer eher »selfmade«-Leute und nicht Mitglieder hochrangiger Familien, Individuen, die ihre Macht durch Taten und nicht durch Vererbung errangen und daher auch weniger Möglichkeiten zur Anhäufung von Reichtum über eine Reihe von Generationen hinweg hatten.

Diesen Unterschied archäologisch zu beweisen mag schwierig sein. Dauerhafte Zentralort-Merkmale, die eine etablierte Hierarchie von Siedlungen zeigen, könnten Argumente für Macht durch Vererbung liefern. Das könnten auch Untersuchungen von Grabbeigaben, obwohl in dem Cañon bisher noch keine großen Friedhöfe gefunden worden sind. Große Männer nehmen häufig ihre hochgeschätzten Besitztümer mit sich in das Leben danach, aber Erben von Macht neigen im allgemeinen dazu, wertvolle Statussymbole an ihre Erben weiterzugeben. Wie in Kapitel 4 erwähnt, können auch Gräber von Kleinkindern und Kindern mit Luxusgegenständen ein Zeichen für ererbten Status sein.

Solche Probleme sind derzeit eine Aufgabe für William Judge vom Chaco-Zentrum der University of New Mexico. Diese Aufgabe verlangt den Abschluß einer intensiven Studie des Cañons bis 1980, wenn die Geldmittel des National Park Service auslaufen sollen. Das wirft ein Schlaglicht auf das Problem, *wo* man graben soll, da ja nur ein Bruchteil der vorhandenen Fundstellen ausgegraben werden kann.

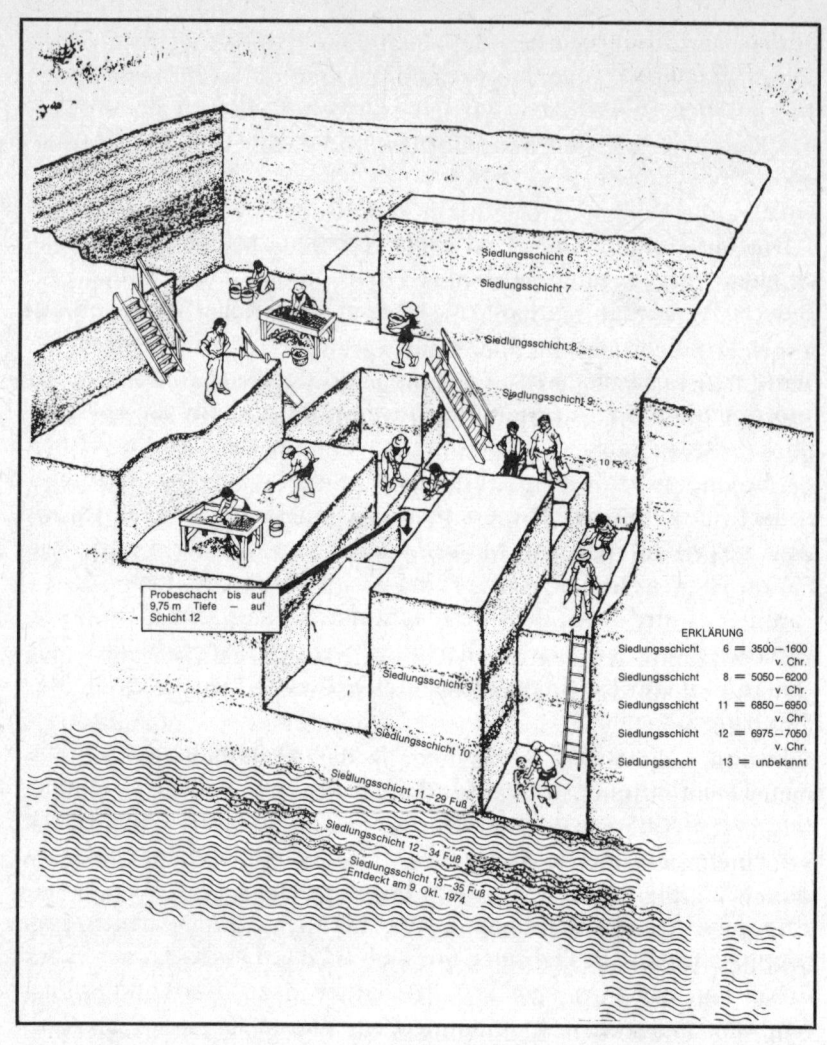

Koster bei Kampsville: Rekonstruktion der Ausgrabung mit durch C-14-Tests bestimmten Datierungen
(Quelle: George Amstrong, Northwestern Archeological Program)

Judge hat sich bereits für eine Konzentrierung auf Pueblo Alto entschieden, die Siedlung auf der Mesa, weil sie an einem Knotenpunkt des Verkehrsnetzes liegt, einem Ort, wo eine Reihe von Hauptstraßen zusammenkommen. Mit Hilfe statistischer Auswahlverfahren entscheidet er, welche Gebiete von Pueblo Alto auszugraben sind und welche Räume innerhalb dieser Gebiete; es ist seine Absicht, in einer begrenzten Periode soviel Informationen wie möglich über Chaco und seine Beziehungen zu anderen Pueblo-Komplexen in den Four Corners und darüber hinaus zu erlangen.

Wäre die Frühgeschichte nicht unterbrochen worden, wären die Europäer nie gekommen, so hätte der Südwesten vielleicht den Aufstieg von Pueblo-Metropolen erlebt, Systeme von Reihenhäusern, stark bevölkerte Pueblo Bonitos, die auf Ackerbau und großangelegter Bewässerung aufgebaut waren.

Und was ist mit den Entwicklungen im Nordwesten, längs der Pazifikküste? Die in Kapitel 14 erwähnten Lachs fischenden Tlingit waren nur einer der Stämme, die komplizierte Gesellschaften und eindrucksvolle Kunstwerke ganz ohne Ackerbau entwickelten – und die bei ausreichender Zeit und ansteigender Bevölkerung eine Kette von Küstenstädten von Alaska bis nach Kalifornien hervorgebracht hätten.

Nach dem Bericht zu urteilen, wären Städte und Staaten mit einer vollkommenen zentralen Kontrolle wahrscheinlich am frühesten außerhalb des breiten Regenschattens der Rocky Mountains aufgetaucht. Obwohl Cahokia Jahrhunderte vor Columbus verschwand, nahmen andere Systeme in den Millionen Quadratkilometern jungfräulichen Waldes östlich des Mississippi, im Süden und in den Tälern von Ohio, Illinois und Tennessee Form an. Dieselben umfassenden Lebensweisen wie im Südwesten kamen in dieser Wildnis vor. Über 10 000 Jahre des Jagens und Sammelns vergingen bis zur Entwicklung großer, ganzjähriger Siedlungen und des Ackerbaus.

Als Beispiel dafür, wie sich Existenzstrategien verschoben, um den sich ändernden Bedingungen zu begegnen, zitiert Howard Winters von der New York University, was im prähistorischen Illinois geschah, einem der am intensivsten erforschten Staaten im Mittelwesten. Wild lebte reichlich in Landstrichen, die von abfließendem Wasser der Gletscher, die sich in geringer Entfernung auftürmten und praktisch ganz Kanada und einen großen Teil der Region der großen Seen bedeckten, bewässert wurden. Jäger schlugen ihre Lager an Strömen auf, die in Prärie-»Halbinseln« flossen, lange, schmale Streifen offenen Graslands, die sich in die Wälder erstreckten und mit ihnen dort verschmolzen. Sie jagten Enten und

Eingang zur Salts Cave (Höhle) im Mummy Valley (Mumien-Tal), Mammoth Cave (Mammut-Höhle) National Park, Kentucky.
(Quelle: James W. Dyer, Cave Research Foundation)

anderes Wildgeflügel, dessen Wanderflugwege in breiten, flachen, jahreszeitlich vorhandenen Seen endete; wenn sich die Gelegenheit ergab, erbeuteten die Jäger auch hier und da einen bärengroßen Biber. Neuere Funde zeigen auf, daß ihre Hauptbeute eine andere Großwildspezies war: Herden von Elchen, die mehrere hundert Köpfe zählten und eine weitaus zuverlässigere Fleischquelle darstellten, und zwar bis etwa 700 v. Chr. Zu dieser Zeit hatten sich die Gletscher zurückgezogen, die Elche waren nach Norden, nach Wisconsin, gewandert, und die Indianer zogen weg vom Rand der Präriewälder in große Flußtäler.

Die Orte wurden allmählich größer, ein Zeichen für Bevölkerungswachstum. Der Verkehr auf dem Netz natürlicher Wasserwege, die die Wälder durchzogen, wurde auch stärker, eine steile Zunahme von Feuerstein-Meißeln, geeignet für die Herstellung von Einbaumkanus, war festzustellen und eine merkliche Verdünnung von Orten am Oberlauf der Flüsse, jenseits der Regionen, die mit dem Kanu zu erreichen waren. Rotwild lieferte den Hauptanteil an Fleisch. Eine fünffache Zunahme in der Zahl der Mahlwerkzeuge weist auf einen intensiveren Verbrauch von Pflanzennahrung hin.

Beweise für diese Art der Nahrung sind an der Koster-Fundstelle entdeckt worden, nördlich von St. Louis. Mikroskopische

Serpentine Mound (Schlangenhügel), Hopewell-Kultur, Adams County, Ohio.
(Quelle: Museum of the American Indian. Heye Foundation)

Untersuchung von Pflanzenfragmenten, die durch Ausschwemmverfahren aus Bodenproben herausgezogen wurden, zeigt, daß Nüsse ein Hauptnahrungsmittel waren, und ganz besonders Hikkory-Nüsse. In einer Ecke sind Gräber; fünf große Löcher für Pfosten, in einem Bogen angeordnet, sind möglicherweise die Reste eines strohgedeckten Hauses; und »Linsen«, d. h. sich überlappende Schichten von hellrot-orangefarbigem Boden, kennzeichnen Flächen, die wiederholt für Feuerstellen verwendet wurden. All dies geht zurück auf etwa 6400 v. Chr. und, mit den Worten von Gail Houart von der Northwestern University, repräsentiert »ein höchststrukturiertes Siedlungsmuster, eine sehr stabile Lebensweise«.

Dieses Muster, hauptsächlich auf Rotwild und Wildpflanzennahrung basierend, überdauerte in Koster und anderswo 4000 bis 5000 Jahre. Es begann sich zu ändern, entweder wegen eines plötzlichen Nachlassens der Kindestötung und anderer Bevölkerungskontrollmaßnahmen oder aus anderen Gründen, am wahrscheinlichsten aber, weil sich das Waldlandgebiet allmählich füllte. In jedem Fall wandten sich die Menschen zunehmend der Landbestellung zu. Wahrscheinlich hatten sie die ganze Zeit schon etwas Gartenbau betrieben, so daß es, als alles knapp wurde, nur eine Sache der intensiveren und umfangreicheren Anwendung vertrauter Techniken, wie Unkraut zu jäten und ausgesuchte Stellen einzuzäunen, war.

Patty Jo Watson von der Washington University in St. Louis hat Spuren einiger ihrer frühesten Feldfrüchte in der Salts-Höhle von Zentral-Kentucky gefunden, einem Teil des längsten Höhlensystems der Welt, zu dem auch die Mammut-Höhle und ein Irrgarten von etwa 320 Kilometern kartographierter Gänge gehören. (Speleologen – Höhlenforscher – finden mit einem Tempo von 1600 Meter je Monat oder alle zwei Monate neue Gänge.) Vor 4000 Jahren beginnend, lagerten ortsansässige Indianer in der Eingangskammer der Salts-Höhle, zündeten Fackeln aus Schilfrohr oder Unkrauthalmen an und drangen tief in die Höhle ein, um Gips und andere Mineralien zu holen. Aus ihren Abfallhaufen, Feuerstellen und wohlerhaltenen Fäkalienhaufen wissen wir, was sie gegessen haben.

Nach Richard Yarnell von der University of North Carolina ernteten die prähistorischen Erforscher der Salts-Höhle viele wilde

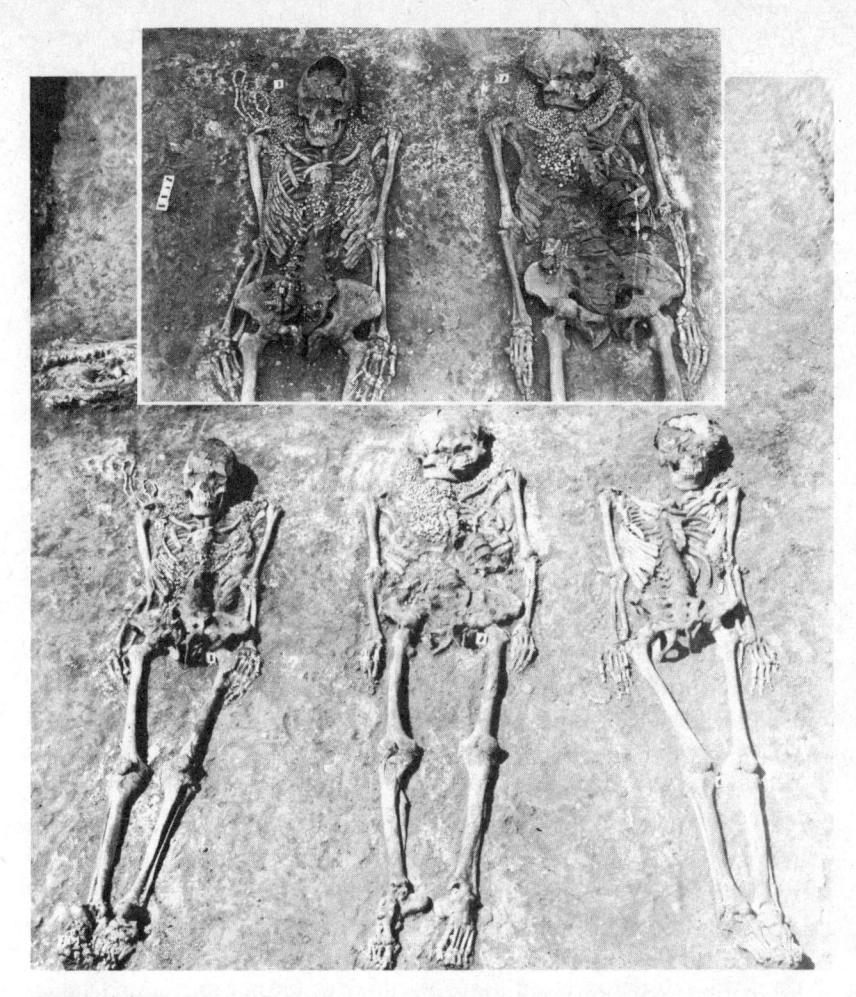

Hopewell-Grab, Fundort Dickson in der Nähe von Peoria, Illinois; in der Vergrößerung werden die beigegebenen Statussymbole sichtbar.
(Quelle: Illinois State Museum)

Spezies wie Erdbeeren, Blaubeeren, Trauben und große Mengen von Hickory-Nüssen. Außerdem bauten sie zwei in Nordamerika heimische Pflanzen an, Sonnenblumen und Angehörige der Asternfamilie, die als Sumpfkraut bekannt sind, beide gekennzeichnet durch Samenkörner, die etwas größer sind als die Samen wilder Sorten. Das natürliche Gebiet für Sumpfkraut liegt weit westlich von Kentucky, was darauf hinweist, daß die Pflanze möglicherweise bewußt eingeführt worden ist.

Die frühesten domestizierten Pflanzen in Nordamerika waren keine einheimischen und wurden wahrscheinlich auch nicht gegessen. Durch Ausschwemmen fand Watson Spuren von Kürbis, ursprünglich in Mittelamerika angebaut, an zwei Fundorten, etwa 80 Kilometer westlich der Mammut-Höhle am großen Bogen des Green River – in Schichten, die durch C-14-Tests auf etwa 2500 v. Chr. datiert wurden. Sie vermutet, daß der Kürbis, eine holzige und nicht besonders schmackhafte Sorte, in erster Linie wegen seiner harten Schale angebaut wurde, die als Behälter und vielleicht auch als Rassel bei rituellen Tänzen diente. Eßbarer Kürbis kam möglicherweise erst ein Jahrtausend später. Er wurde in der Salts-Höhle und an Winters Fundstelle Riverton im südöstlichen Illinois identifiziert, zusammen mit den Überresten von *chenopod,* Pflanzen der Gänsefuß-Familie, die auch vielleicht schon angebaut wurden.

Menschen unter ständigem und sich noch steigerndem Existenzdruck wandten sich zunehmend geringer vorhandenen Nahrungsmitteln zu und brachten mehr Zeit für die tägliche Nahrungssuche auf. Riesige Abfallhaufen mit Schalen in Kentucky und Tennessee bestätigen die weitgehende Nutzung von Muscheln und anderen Schalentieren. 45 Kilogramm dieser Kost stellen einen beträchtlich größeren Aufwand an Mühe dar als 45 Kilo Wildbret, dem Ertrag eines ausgewachsenen Stückes Rotwild. Ein weiteres Zeichen dieser Zeit war das tiefere Eindringen in zweitklassige Gegenden, der Rückzug in abgelegenere Teile des Wasserwegenetzes, die kleinsten Flüsse aufwärts bis zu Nebenbächen.

Zur gleichen Zeit tendierten die Orte in reicheren Landstrichen dazu, größer und komplizierter zu werden. Von etwa 1000 v. Chr. an und besonders in der Zeitspanne von 100 v. Chr. bis 500 n. Chr. tauchten im gesamten östlichen Waldland Zehntausende von Erdhügeln auf, die größten mehrere hundert Meter lang und etwa zwölf Meter breit. In späteren Tagen sollten europäische Siedler davon recht beeindruckt werden, und zwar so stark, daß sie mit einer wilden Vielfalt von Theorien aufwarteten.

Die meisten Siedler schrieben die Hügel Fremden zu, wie beispielsweise den Kelten, Wikingern, Phöniziern oder Römern. Ezra Stiles, Präsident von Yale im 18. Jahrhundert, stritt für Flüchtlinge aus Kanaan, die von Josuas Armeen aus Israel vertrieben wurden, und überprüfte diesen Gedanken mit seinem Freund Benjamin Franklin. Franklin war aber anderer Meinung und schlug dafür die Spanier vor, besonders die Leute von De Soto. So ziemlich das einzige, was die Theoretiker gemeinsam hatten, war die Überzeugung, daß die Hügelbauer weiße Männer gewesen seien, nicht Ureinwohner und ganz sicherlich nicht die »Wilden«, deren Land gerade in Besitz genommen wurde. Tatsächlich glaubte man, der »Rote Mann« hätte die Hügelbauer ausgelöscht.

Dabei war es gar nicht nötig, so weit abzuschweifen. Wie im Fall der großartigen Ruinen von Tiahuanaco in den hohen Anden stellten sich die eingeborenen Amerikaner als die Erbauer heraus – sogenannte Hopewell-Indianer, benannt nach einem Farmer, der in der Nähe von Zanesville im südlichen Ohio lebte und auf dessen Land eines ihrer größeren prähistorischen Zentren lag. Süd-Ohio und Illinois bilden das Kernland der Hopewell, die Region, wo die meisten ihrer frühesten und größten Fundorte liegen.

Sie begruben ihre Toten in den Hügeln, und Begräbnismuster verraten sehr viel davon, wie sie lebten. Joseph Tainter von der University of New Mexico hat über 500 Gräber untersucht, die in zwei Hügelgruppen auf den westlichen Steilufern des Illinois-River-Tales ausgegraben wurden. Seine Analyse ergab sechs Rangstufen. Angehörige des Ranges Nr. 6, die Geringsten der Geringen, wurden einfach in Löcher am Rande der Hügel gelegt und mit Sand bedeckt. Leute im Rang Nr. 5, die mehr als die Hälfte der Bevölkerung stellten, waren bereits ausgehobene rechteckige Gräber wert, aber auch nicht viel mehr. Die Spitze der Hierarchie, die Personen mit Rang Nr. 1, wurden in der Mitte der Hügel in den größten Grabmälern beigesetzt, mit Wänden aus Holzstämmen und Erdrampen und mit dem Allerbesten von allem. In den obersten Rangstufen wurden Kinder im gleichen Stil wie die Erwachsenen begraben, was darauf hinweist, daß hoher Status vererbt wurde.

In Hopewell-Hügeln wurden reiche Grabbeigaben gefunden: Schmuckstücke, aus Glimmer und Kupferblech geschnitten, kupferne Ohrrollen, Brustplatten und Kopfschmuck, rituelle Messer und Speerspitzen aus Obsidian, Zähne von Grizzly-Bären, Seemuscheln, Tonwaren und Tonfigurinen, steinerne Bildnispfeifen mit kunstvoll gravierten Köpfen. All das gibt Zeugnis von einem weitgespannten Tauschnetz für Rohstoffe und fertige Erzeugnisse. Die

Muscheln kamen von der Golfküste, aus einer Entfernung von mehr als 960 Kilometern, das meiste Kupfer stammte von »nuggets«, die, von einigen Kilogramm bis zu vielen Tonnen schwer, in Lagern am Lake Superior etwa in gleicher Entfernung gefunden wurden, der Obsidian kam vom Yellow-Stone-Park und die Bärenzähne aus den Rocky Mountains, die etwa 2000 Kilometer entfernt sind.

Die Rohstoffe wurden hauptsächlich in der Kernlandregion bearbeitet. Houart und Struever behaupten, daß der Hopewell-Fundort selbst, ein 130 Morgen großes Zentrum mit mehr als zwei Dutzend Erdhügeln, sich auf die Herstellung von Obsidiangegenständen spezialisiert haben könnte (über 136 Kilogramm Obsidianabfallsplitter wurden in einem einzigen Hügel gefunden), ebenfalls auf Bärenzahn-Schmuck sowie auch auf bestimmte Arten von Kupferarmreifen und Ohrrollen. Andere Zentren konzentrierten sich auf die Herstellung von Bildnispfeifen und anderen Objekten. Solche Gegenstände sind in einem weiten Gebiet außerhalb des Kernlandes gefunden worden, von Minnesota bis Florida und von Kansas bis Virginia, gewöhnlich natürlich in Gräbern von Personen mit hohem Status.

Vor über einem Jahrzehnt betonte Joseph Caldwell vom Illinois State Museum, daß die Gegenwart der Hopewell ganz von den Begräbnisriten bestimmt war. Das war unverkennbar, soweit es die Grabbeigaben, die Begräbnispraktiken und die vermuteten Begräbniszeremonien betraf. Anscheinend berührte aber diese Gegenwart nicht die Angelegenheiten der Lebenden. Deutliche regionale Stilrichtungen waren bei den weltlichen Objekten vorhanden, bei Gegenständen, die mit täglichen Aktivitäten für den Lebensunterhalt zu tun hatten, wie beispielsweise gewöhnliche Geschoßspitzen und Tonwaren zum Kochen und Aufbewahren.

Charakteristische Hopewell-Gegenstände waren wahrscheinlich Geschenke, die Solidarität unter der Oberschicht symbolisierten und förderten. Was sich anscheinend zusammen mit den Kunsterzeugnissen verbreitet hat, war eine Reihe von Anschauungen über den Tod und die Welt der Toten. Caldwell spricht von einem Hopewell-Kult, der in gewisser Weise Ähnlichkeit mit dem Kult der Chavín und Olmec in den Anden beziehungsweise in Mittelamerika aufweist. Er entstand, als die Menschen sich in größeren Gruppen zusammenfanden, vor dem Auftauchen von Städten, als

Riten und hoher Status als zentrale Merkmale einer sozialen Kontrolle entstanden.

Die Welt der Hopewell begann nach 500 n. Chr. auseinanderzufallen. Die Menschen siedelten zunehmend in Randgebieten an den Oberläufen von Nebenflüssen und Bächen – und sie aßen auch nicht mehr so gut. Die Knochenuntersuchungen von Della Cook an der Indiana University zeigen eine reduzierte Wachstumsrate bei Kindern und einen Rückgang in der Lebenserwartung. Es wurden weniger Luxusgüter erzeugt. Winters weist darauf hin, daß verzierte Keramik praktisch verschwand. Tauschnetze brachen zusammen; anscheinend wurde der Nachschub an Obsidian aus den Rocky Mountains völlig abgeschnitten. Das Erscheinen von mehr befestigten Orten auf Hügelkuppen und mehr Anzeichen für unnatürliche Tode bei Skeletten, die man in Grabhügeln um 700 bis 800 n. Chr. findet, weisen auf vermehrte Kämpfe um knappes Land und andere Rohstoffe hin.

Was darauf folgte, war eine neue Art der Anpassung an sich verändernde Lebensbedingungen, eine neue Kultur, die als Mississippi-Kultur bekannt ist und deren dramatischster Ausdruck Cahokia war. Dieses Zentrum, ein Beispiel für Entwicklungen, die zur selben Zeit in vielen Teilen des östlichen Waldlandes stattfanden, entstand in einem Gebiet der Zusammenflüsse von kontinentalen und lokalen Gewässern. Es wuchs wenige Meilen flußabwärts von einer der großen Kreuzungen Nordamerikas, wo der Missouri River, aus Quellen in den Rocky Mountains kommend, sich in den Mississippi ergießt, in ein fruchtbares Tal mit einer Überschwemmungsebene, die als »American Bottom« bekannt ist.

Das Zentrum besaß sein eigenes Netz von kleinen Wasserwegen, das von Wassern, die von hohen Kalksteinklippen im Osten herabflossen, gespeist wurde. Die meisten seiner Siedlungen, über ein Dutzend und alles Weiler, lagen in der Nähe der Klippen oder auf ihrem Kamm. Bedeutende Veränderungen waren jedoch 800 n. Chr. draußen in der Hochwasserebene im Gange, in einer Gruppe von fünf Weilern, die nahe bei einem örtlichen Zusammenfluß zweier Bäche, die sich auf ihrem Weg zum Mississippi vereinten, lagen. Die Menschen hier waren wie ihre Vorfahren vor langer Zeit mit der traditionellen Jagd und dem Sammeln beschäftigt, indem sie Rotwild, Fisch, Zugvögel, Nüsse und viele Wildpflanzen nutzten. Ihr täglicher Speiseplan schloß auch ein neues Hauptnah-

Cahokia, die einzige prähistorische Stadt Nordamerikas; der innere Stadtbereich, von einem Palisadenzaun umgeben, hat um 1150 n. Chr. eine Ausdehnung von 6,5 Quadratkilometern; die gesamte Stadtausdehnung beträgt siebzehn Quadratkilometer und zählt über 100 Erdhügel.
(Quelle: Victor Lazzaro, Time Inc.)

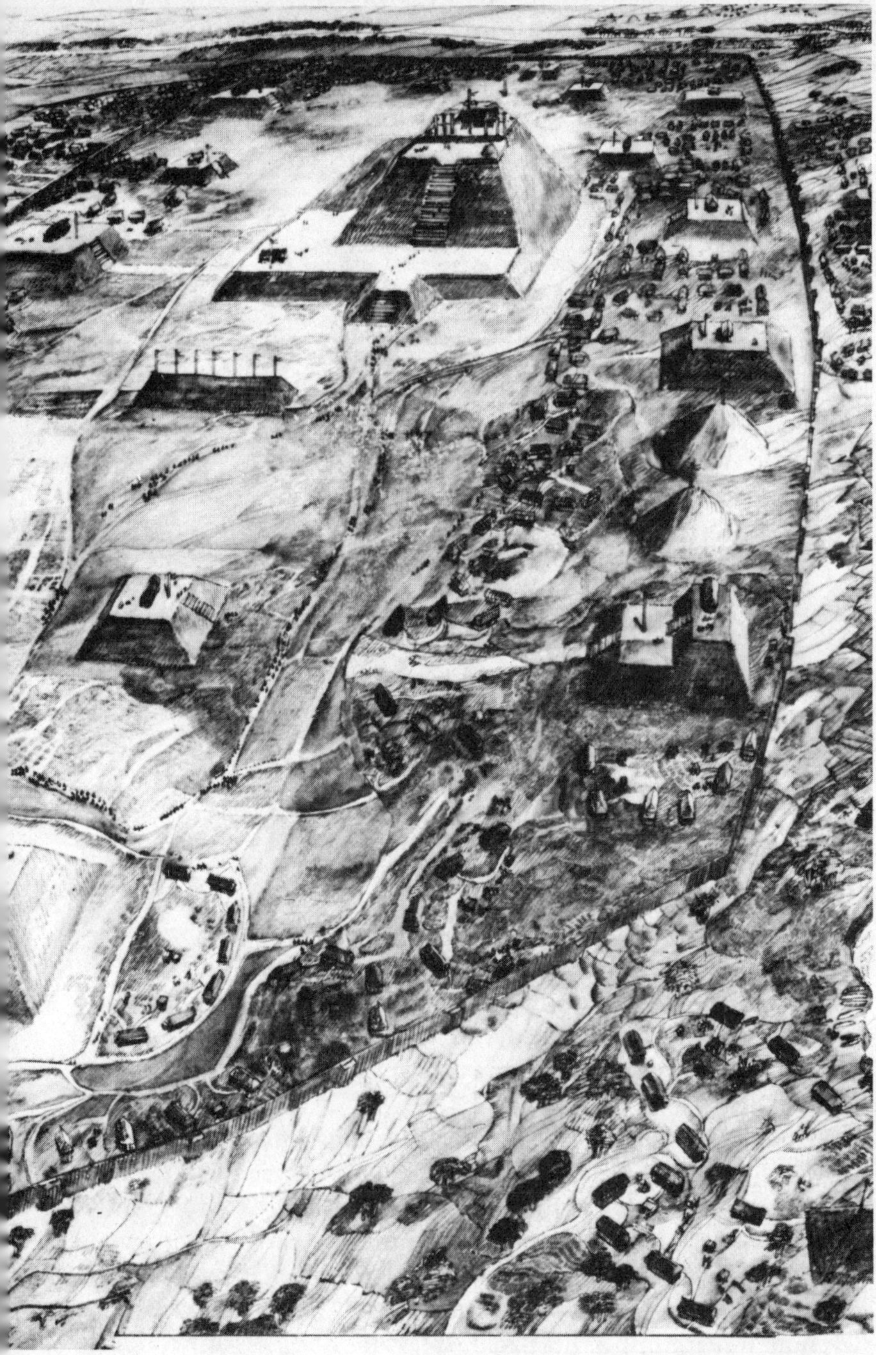

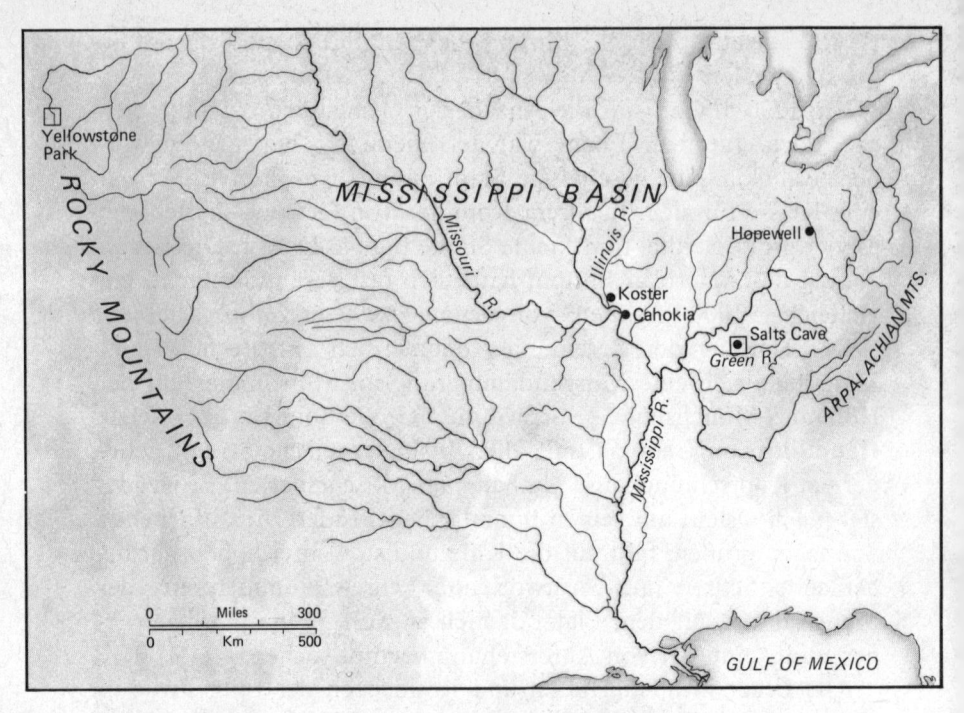

Mississippi-Becken, ein Zentrum am Zusammenfluß von Wassern: eine der großen Kreuzungen des Kontinents, 10 Kilometer genau östlich von St. Louis, wo vor etwa eintausend Jahren die einzige prähistorische Stadt Nordamerikas, Cahokia, entstand. Sie lag strategisch günstig in der Nähe der Vereinigung natürlicher prähistorischer Wasser-Verkehrswege, des Mississippi und des Missouri, die Handelswege von den Rocky Mountains bis zum Apalachen-Gebirgye und in das Mississippi-Becken bildeten.
(Quelle: Vantage Art Inc.)

rungsmittel ein: Mais. Nachdem er fast 1000 Jahre früher in den Waldgebieten eingeführt worden war, vielleicht als rituelle Nahrung oder Delikatesse, wurde der Mais schließlich in großem Maßstab angebaut, wie es im Südwesten etwa zur gleichen Zeit geschah.

Während der nächsten zwei oder drei Jahrhunderte fand eine Umwandlung statt. Anstelle weniger Siedlungen, die alle klein waren, gab es jetzt viele Siedlungen in mindestens drei Größenordnungen. Die Zahl der Gemeinschaften machte einen Sprung von einem Dutzend auf 49: 42 Dörfer, fünf kleine Städte und zwei große Städte, eine davon war Cahokia; sie nahm das vorher von den fünf Weilergruppen besetzte Gebiet ein. Ihre Riesenpyramide, als Mönchshügel (Monks Mound) bekannt, erhob sich am Ort eines der Weiler.

Um 1200 n. Chr. war die Anzahl der Gemeinden etwa die gleiche, doch eine neue Ebene war der Hierarchie hinzugefügt worden. Cahokia, eine geschäftige Stadt nunmehr in ihrer Blüte, war eine Klasse für sich. In ihrem Komplex von Gemeinschaften gab es vier große Städte, fünf kleine Städte und 43 Dörfer. Die Bevölkerung des American Bottom hatte sich fast verhundertfacht, mit vielleicht 50 000 Personen, von denen 30 000 in Cahokia lebten.

Der Umfang der Zeremonien dehnte sich entsprechend aus. Man stelle sich eine Morgendämmerung im Mittsommer auf der Höhe des Mönchshügels vor, wo die »Große Sonne«, der oberste Häuptling von Cahokia, mit allen Insignien erscheint, mit gefiedertem Kopfschmuck und Umhang aus Muschelperlen. Er wendet sich nach Osten, um seinen himmlischen Bruder, die aufgehende Sonne, zu grüßen, fällt auf die Knie und stößt drei hohe, schrille, heulende Schreie aus. Antwortende Schreie kommen aus der Menge unten auf dem Platz, danach ist Stille. Eine jährliche Erneuerung, eine Art von Auferstehung beginnt soeben.

Alle Feuer in allen Hütten und Residenzen der Elite sowie in Heiligtümern sind gelöscht worden, bis auf eines – die ewige Flamme, die im Tempel auf der Pyramide brennt. Nun geht ein tätowierter Krieger, der Glut aus dem Tempel in einer Schale trägt, langsam Rampen hinab und Treppen zu einem Kreuz aus Baumstämmen in der Mitte des Platzes, zündet ein Feuer unter den Stämmen an. Die Menge brüllt auf, als Flammen in die Höhe züngeln. Im ganzen Tal werden wieder Herde glühen, entzündet mit Glut vom brennenden Kreuz. Wieder einmal hat die »Große Sonne« das Leben der Gemeinschaft angefacht, indem er neues Feuer zum Wohle seines Volkes aus dem Himmel herabgebracht hat.

Man nimmt an, daß diese Art von Ritual die Eröffnung der jährlichen Herbstfeste markierte. Die Beschreibung basiert auf historischen Aufzeichnungen, Berichten von Augenzeugen über Zeremonien, die während des 17. und 18. Jahrhunderts von Indianern praktiziert wurden, deren Religion wahrscheinlich jener der Cahokianer ähnlich war. Die Archäologie liefert Zeugnisse für andere Zeremonien. In einem langen niedrigen Hügel südlich des Hauptplatzes, einfach als Nr. 72 bekannt, fand Melvin Fowler von der

Uralter, von Menschen errichteter Monks Mound (Mönchshügel), zwischen Collinsville, Illinois, und East St. Louis; er erhebt sich über 30 Meter hoch auf einer Basis von 14 Morgen, heute umgeben von Vorort-Warenhäusern.
(Quelle: Paul Ochrassa/NYT PICTURES)

University of Wisconsin in Milwaukee die Überreste einer bedeutenden Person, vielleicht einer »Großen Sonne«, die mit etwa 20000 Muschelschalen und in der Nähe eines Verstecks von 800 Pfeilspitzen und Glimmer- und Kupferscheiben auf einer Plattform zur letzten Ruhe gebettet wurde. Er starb nicht allein: unter den mit ihm Begrabenen waren über 50 junge Frauen, geopfert und in ordentlichen Reihen angeordnet.

Es gibt noch weitere flüchtige Eindrücke vom Leben in der Stadt. Ausgräber haben Spuren von einem »Woodhenge«, einem rituellen »Sonnenkreis« mit großen hölzernen Pfosten, anstelle der aufrechtstehenden Steine wie bei Englands Stonehenge, gefunden. Eine Konzentration von Seemuschelabfall und kleine Feuerstein-Bohrer nicht weit vom Monks Mound könnten auf eine Werkstatt für die Herstellung von Perlen hinweisen. Der große Palisadenzaun, der das Stadtzentrum umgibt, könnte eine Verteidigungsanlage gegen Räuber von draußen darstellen oder eine innere Schranke, ein Symbol für Status und Isolation, das die zunehmend mächtigere Elite von den Gemeinen trennte.

Viele Probleme bleiben offen, doch es könnte bereits zu spät für die Lösung einiger von ihnen sein. Charles Bareis von der University of Illinois hat einen guten Teil seines Archäologenlebens damit verbracht, Bulldozer fernzuhalten, das Gebiet vor Menschen zu schützen, die mehr an Profit als an Frühgeschichte interessiert waren.

Bei einer Gelegenheit, als er eine Grundstück-Transaktion gestört hatte, mußte er sich mit einem Farmer herumstreiten, der bei dem Handel gewonnen hätte: »Er ging mit geballten Fäusten auf mich los, bereit zuzuschlagen – ein zäher, hart arbeitender Mann der Scholle, mit dem zu argumentieren schwer war. Er sprach zwei oder drei Jahre lang nicht mehr mit mir.«

Es war oft ein aussichtsloser Kampf. Über die Hälfte der rund 100 Erdhügel der Fundstelle sind zerstört worden, und viele kleinere Fundorte sind vollkommen verschwunden.

Im Umland von Cahokia lagen zehn bis elf Kilometer südwärts vielhügelige Zwillingsgemeinden, auf beiden Seiten des Mississippi, wo heute East St. Louis und St. Louis liegen. Diese Siedlungen, wie die Zwillingsbezirke von Uruk im Nahen Osten, mögen als »Zollhäuschen« gedient haben, die den Verkehr auf dem Fluß kontrollierten. Weitere Satellitengemeinden lagen etwa in gleicher Entfernung im Norden und Süden, und James Porter von der Loyola University in Chicago, der im Sinne von Zentralort-Theorie und regionalen Siedlungsmustern gedacht hatte, nimmt an, daß bei einer Suche eine ähnlich gelegene Gemeinde im Osten gefunden würde.

Er betrachtet Cahokia als die Nabe eines höchstorganisierten Handelsnetzes. Einige Luxusrohstoffe wie Kupfer, Glimmer und ausgesuchte Feuersteine für Pfeilspitzen kamen aus großen Entfernungen, wie in Hopewell-Tagen, doch nicht in solch großen Mengen. Winters weist darauf hin, daß ein guter Hopewell-Hügel mehr Kupferblech vom Lake Superior enthielt als ganze Orte aus der Cahokia-Zeit.

Die Stadt könnte die Produktion von Steinhacken kontrolliert haben, die aus einer zähen Abart von Kieselschiefer hergestellt wurden, der aus einem Steinbruch etwa 160 Kilometer südlich gewonnen wurde – und die gebraucht wurden, um den Boden der Hochwasserebene und der Waldgebiete zu kultivieren, die nach der Schlag-und-Brenn-Methode gerodet wurden. Sie könnte auch den Handel mit Salz kontrolliert haben, der immer wichtiger wurde, während der Anteil von Fleisch in der Nahrung abnahm und der Anteil von angebautem Mais wuchs. (Mais enthält zum

Beispiel nur ein Neunzehntel des Salzgehalts, den ein gleiches Gewicht von Rindfleisch aufweist.)

Cahokias Macht hing von den Nahrungsquellen ab, die leicht erreichbar waren, quasi im eigenen Garten hinter dem Haus – und von der Organisation, die zur Nutzung dieser Rohstoffe und zur Ernährung einer wachsenden Population erforderlich war. Das Grundproblem im American Bottom wie auch in der völlig anders gearteten Szenerie der Anden war die Aufteilung des Risikos bei einem Ernteausfall durch unvorhersagbare Wetter- und Bodenbedingungen. Die noch immer in dem Gebiet lebenden Farmer hatten noch bis vor 40 Jahren mit genau demselben Problem fertig zu werden.

William Chmurny von der State University des New York College in Potsdam (USA) interviewte 14 pensionierte Farmer aus dem American Bottom und berichtet, daß diejenigen, die Mißerfolge hatten und schließlich alles verloren, »versuchten, das System zu schlagen«. Sie hatten zwei Eigenschaften gemeinsam: erstens bearbeiteten sie nur eine einzige Farm und setzten darauf, daß ein bestimmtes Gebiet ausreichenden Gewinn bringen würde, falls sie nur einen Weg fänden, Regen- und Temperaturmuster vorauszusagen; und zweitens hatte keiner von ihnen Verwandte in anderen Gebieten. Die erfolgreichen Farmer trafen strategische Abkommen mit Verwandten in unterschiedlichen Teilen der Hochwasserebene und im östlichen Hochland und erhöhten damit die Chancen, daß die Wachstumsbedingungen wenigstens auf einer Farm günstig sein würden.

Nach Chmurny könnte Cahokia als Reaktion auf ähnliche Bedingungen entstanden sein. Am Anfang vielleicht, sagen wir um 800 n. Chr., haben einzelne Bauern ausreichende Ernteerträge durch Verwandtschaftsbindungen gesichert, indem sie Land in verschiedenen Teilen des Tales mit ihren Verwandten teilten. Dieses System kann aber nicht lange gedauert haben, weil bereits innerhalb eines Jahrhunderts die Arbeit an Monks Mound begonnen hatte, ein starker Hinweis darauf, daß sich höhere Organisationsebenen entwickelten, um mit örtlicher Unsicherheit fertig zu werden und Mais und andere Rohstoffe in der ganzen Region, die bereits Tausende von Personen beherbergte, zu verteilen.

Der Zwang zur zentralisierten Autorität entstand im American Bottom aus innen heraus. Andererseits leisteten Außenseiter bedeutsame Beiträge. Eine Vielfalt von Anschauungen, von Kunstmotiven und Architekturrichtungen, einschließlich der durch Tempel gekrönten Pyramiden um zentrale Plätze, kamen mit dem Mais und anderer Feldfrucht aus Mittelamerika. Als Cahokia seine Periode des Aufstiegs hatte, etwa um 900 n. Chr., befanden sich Teotihuacán und Tikal in verschiedenen Stadien des Zusammenbruchs. Die Verbindung zwischen diesen Ereignissen, falls es sie überhaupt gab, ist nicht festgestellt worden. Aber die rührige Oberschicht von Cahokia und anderen blühenden Zentren im Waldgebiet haben vielleicht dieses oder jenes über die Kontrolle von Rohstoffen und Menschen von ihren erfahreneren, aber dahinschwindenden Ebenbildern im Süden gelernt.

XVIII
DIE SUCHE NACH SICHERHEIT

*Die Umgestaltung der Wildnis – der hohe Preis
für das Überleben/Spiralen von Angebot
und Nachfrage/Verteilung von Risiken/Schenken,
Strategien zur Erhaltung des Friedens/
Handelsnetze bei den Yanomamö/Menschenopfer/
Eliten im Hochland von Neuguinea/Das Prinzip des Sich-Ausdehnens
oder Untergehens/Ökologie und Religion
in den kolumbianischen Regenwäldern/
Die Stadt als höchstes Kunstprodukt*

Das Auftauchen von Ackerbau, von Städten und Staaten geschah in vielen Teilen der Welt. Stilformen des Überlebens, der Kunst und der Religion waren zwar regional und lokal verschieden, doch überall war derselbe grundlegende Prozeß im Gange. Es war eine Revolution, ein Ausbruch der Veränderung. Nach langen Zeiten des Jagens und Sammelns, nach Jahrhunderten dauerhafter Tradition, gelang es den Menschen, ihre Welt innerhalb von 10 000 Jahren umzuwandeln.

Nahrungsmangel, die Angst vor Hunger und Auslöschung lösten diese Kulturexplosion aus. Nahrungsmangel war natürlich nichts Neues. Das neue Element war der *homo sapiens,* eine so völlig andere Spezies, daß ihr Erscheinen sich zu einer neuen Art von Evolution auswuchs. Alle anderen Spezies hatten auf ähnliche Krisen im wesentlichen durch Adaptation an die Welt, wie sie war, reagiert. Die Menschen taten dies wohl auch, aber als es nicht länger genügte, begannen sie, die Welt zu ändern. Sie »betrogen«, indem sie die Wildnis umgestalteten, bis sie ihren eigenen Zwecken angemessen war, und vermehrten sich dann schneller als jemals zuvor. Sie durchbrachen die Regeln des Spiels. Es bleibt abzuwarten, ob sie damit durchkommen oder nicht.

Das Ziel, die Notwendigkeit, war es, eine Art von Heim zu schaffen, das vorher nur bei seltenen Gelegenheiten existiert hatte, wenn überhaupt – ein das ganze Jahr hindurch brauchbarer Ort, zu dem man jeden Abend des Jahres zurückkehren konnte. Anstatt je nach Jahreszeit oder für dauernd wegzuziehen, sobald der natürliche Überfluß zu schwinden begann, wurden die Menschen seßhaft und konzentrierten ihre Kräfte auf die Veränderung ihrer Umwelt. Sie schufen sich neue Umgebungen, kompakte Gebiete, wo die Dinge konzentriert und nahe bei der Hand waren, Landstriche, die innerhalb bestimmter Grenzen alles das lieferten, was weitaus entferntere Gegenden guten Jagd-und-Sammel-Territoriums geliefert hatten, und noch mehr.

Zunächst war es hauptsächlich eine Sache der Ausführung von Tätigkeiten, die in früherer Zeit schon vorkamen, doch jetzt in einem etwas größeren Maßstab und intensiver, wobei man sich mehr auf Spezies verließ, die früher als Nahrungsergänzung gebraucht wurden. Vom Menschen gewollte Pflanzengemeinschaften tauchten auf, die frühgeschichtlichen Gärten im Nahen Osten und in den Niederungen von Thailand, in Mittelamerika und Neuguinea, mit einer Vielfalt von Pflanzen an einem einzigen Ort, die unter natürlichen Bedingungen in der Wildnis über weite Gebiete verstreut waren.

Die Pflanzen wuchsen noch immer wild oder fast wild. Einige ihrer angestammten Räuber wurden unter Kontrolle gehalten. Vögel und Insekten waren nicht vollständig fernzuhalten, doch Zäune verwehrten Ziegen, Rotwild, Schweinen und anderen wildlebenden Tieren den Zugang. Unerwünschte Pflanzen wurden gejätet, die sonst Sonnenlicht und die Nährstoffe des Bodens beansprucht hätten. Manchmal wurde Wasser – wie bei den Pajute-Indianern und den australischen Ureinwohnern – in besonders ausgehobenen Bewässerungskanälen aus der Ferne herangeführt. Viele Pflanzen wuchsen da, wo vorher nur wenige gestanden hatten. Ein einziger Morgen Land gab soviel Nahrung her wie 20 oder mehr Morgen zuvor.

Die Menschen überlebten, aber sie bezahlten dafür. In gewissem Sinne gelang es ihnen zu gut, da die Evolution eine unerwartete Wendung nahm. Anstatt in Scharen zu sterben, vermehrten sie sich mit zunehmendem Tempo, eine ironische Entwicklung, wenn man bedenkt, daß doch der Bevölkerungsdruck ursprünglich einer der Hauptgründe für das Seßhaftwerden war. Die frühgeschichtlichen Vorfahren des Menschen hatten niemals voraussehen können, daß das Seßhaftwerden die Geburtenrate in die Höhe treiben würde. Forscher, die die Beziehung zwischen Fett und Fruchtbarkeit studieren, sind gerade im Begriff, heute das Phänomen zu verstehen. Es war der Beginn einer seltsamen Spirale von Angebot und Nachfrage, ein unaufhörliches Rennen zwischen steigender Produktivität des Bodens und einer aufblühenden Bevölkerung, zwischen mehr Nahrung und mehr Mäulern, die zu füttern waren.

In einer ausbalancierteren Welt könnte ein eigener Garten, ein Stückchen Land mit Pflanzen und Vieh, das Höchste an Sicherheit und Selbstversorgung bedeuten. Aber nicht angesichts jener Angebots-und-Nachfrage-Spirale und nicht angesichts einer Unmenge neuer Unsicherheiten. In vieler Hinsicht war das seßhafte Leben weniger zuverlässig als ein Leben, das nur auf Beweglichkeit, auf Jagen und Sammeln basierte. Es war schon mehr ein Glücksspiel. Männer und Frauen mußten die Chancen berechnen und gewinnen, indem sie Versicherungsprogramme für den Fall von Mißerfolgen entwarfen.

In den Anden konnten die Menschen von keinem einzelnen Stückchen Land erwarten, daß es sie am Leben erhielt. Sie verteilten die Risiken, indem sie die Landstücke auf vielen unterschiedlichen Höhen und in soviel unterschiedlichen Umweltbedingungen anlegten, wie es nur möglich war. Das erhöhte die Chancen so stark, daß sie immer irgendwo etwas Nahrung erlangen konnten. Dieselbe Politik leitete auch die Farmer des American Bottom, die um 1930 am Mississippi lebten, und auch wahrscheinlich die Indianer, die im gleichen Gebiet 1000 Jahre früher lebten, die Erbauer von Cahokia. Eine abwechslungsreiche Gestaltung der Existenzinvestitionen war eine Lehre, die die Siedler überall bei diesem Spiel schon sehr früh gelernt haben mußten.

Sie rangen mit einem alten und grundlegenden Problem, das jetzt um mehrere Größenordnungen komplizierter ist als jemals zuvor – wie man Tag um Tag, Jahreszeit um Jahreszeit, Jahr um Jahr für alle genügend Nahrung gewinnt. Im wesentlichen heißt dies, aus Unordnung Ordnung zu schaffen, ein Maß an Stabilität mitten unter wilden Schwankungen von Blütezeiten und Bankrotten zu erreichen. Die Welt ist ein höchst ungewisser Ort, und alle Existenzstrategien haben sich als Teil der Bemühungen entwickelt, sie so vorhersagbar wie möglich zu machen, im Idealfall 100 Prozent vorhersagbar.

Das bedeutet, mit der Möglichkeit einer Katastrophe zu leben, sie zu erwarten und in die Berechnungen einzubeziehen. In einer Abzweigung des Tals von Oaxaca fallen im Juni durchschnittlich etwa 138 Millimeter Regen; er ist also der beste Monat zum Anpflanzen (etwa ein Viertel der durchschnittlichen Jahresgesamtmenge). Die Bauern leben aber vom tatsächlich fallenden Regen, nicht von Durchschnitten, und in einer Periode von 40 Jahren betrugen die Juni-Regenfälle von weniger als zwölf Millimeter bis zu fast 250 Millimeter – und was alle »Systeme« und Vorhersagen betrifft, so könnte man ebensogut eine Münze hochwerfen. Es gibt kein Wiederholungsmuster, auf dem man Vorhersagen basieren kann.

Das einzige, was man tun kann, ist, zur rechten Zeit bereit und am Ort zu sein. Der Regen kann während des Essens in Oaxaca kommen oder während Fiestas oder während des Kirchgangs. Wann immer er fällt, stürmen alle körperlich fähigen Männer in den Dörfern auf ihren Fahrrädern auf die Felder. Sie können Stunden im strömenden Regen zubringen, die Schleusentore oder Kanäle in kleinen Stein- oder Gestrüppdämmen öffnen, damit nur gerade soviel Wasser durchkann, wie sie für ihre Felder brauchen; dann werden die Kanäle wieder geschlossen, damit die Bauern, die an ihren Dämmen weiter unten warten, ihren Anteil am Wasser bekommen.

Ernten fallen heute wiederholt aus, vielleicht eine von fünf, und sie fielen wahrscheinlich zumindest ebenso häufig in prähistorischer Zeit aus. Die Liste der Risiken schloß Insektenplagen, Pflanzenkrankheiten und nachlassende Fruchtbarkeit des Bodens sowie Überschwemmungen und Dürren ein und, was nicht weniger zerstörend war, die Überfälle von Außenseitern. Planungswege, die ausreichend hoch entwickelt waren, um einer Katastrophe vorzubeugen, waren hoch im Kurs. Die Bevölkerung jeder Siedlung stellt einen nicht aufhörenden und völlig vorhersagbaren Bedarf an Nahrung dar. Die Äcker, die die Nahrung liefern, sind sehr viel weniger vorhersagbar. Es war immer das Ziel gewesen, Sicherheit aus Unsicherheit zu schaffen, einen ständigen Zufluß von Nahrung von Feldern sicherzustellen, die einen Unsicherheitsfaktor darstellen.

Die Menschen wurden zusammen mit ihren Pflanzen und Tieren domestiziert. Sie mußten mehr als je zuvor in einer Welt der Termine leben, indem sie Pläne aufstellten und einhielten. Es gab Zeiten für die Rodung von Land, fürs Pflanzen, Jäten und Ernten. Ja es gab sogar Zeiten für den Genuß der Freizeit – als sich der Schwerpunkt von Festen und Tänzen, die aus dem Augenblick heraus kamen, vielleicht wenn Nahrungssucher mit einer ansehnlichen Antilope oder Körben voller wilder Früchte ins Lager zurückkamen, zu regelmäßigen Feiern verschob, die die Regenzeit oder die Ernte markierten. Die Kommunikation mit Geistern und Göttern wurde eine Sache der Planung, mit weniger spontanen und mehr »kalendarischen« oder jahreszeitlichen Ritualen.

Die Siedler hatten keine andere Wahl, als weise zu planen oder zu versagen, und wie durch viele verlassene »Geister«-Siedlungen angezeigt wird, haben viele wirklich versagt. Ihre einzige Möglichkeit, es letzten Endes doch zu schaffen, ihre einzige wirksame Form von Versicherung, war die Nutzung von vielen Umgebungen und Ressourcen. Sie mußten schwer und beständig auf ihren Feldern arbeiten, und zwar nicht nur, um ihren eigenen Nahrungsbedarf von Tag zu Tag zu decken. Sie mußten mehr Nahrungsmittel erzeugen, als sie sofort verbrauchen konnten, um so einen Überschuß aufzubauen, der sie über den Winter bringen konnte und, wenn es möglich war, auch ein gelegentliches schlechtes Jahr mit Ernteausfall und geringen Erträgen ausgleichen konnte. Wenn es funktionierte, dann war dies ein Sieg über die Unsicherheit; zuverlässige Systeme sind aus unzuverlässigen Einheiten geschaffen worden.

Die Lösung trug in sich eine Tendenz zur Ausbreitung, über Grenzen und Kontrollen hinweg. Überleben verlangte ein breiteres, ein regionales Denken bis jenseits der eigenen Felder und Vorratsgruben, über die kollektiven Felder und Vorratsgruben seiner Nachbarn und nächsten Verwandten hinaus und, zunehmend mit der wachsenden Bevölkerung, über sein eigenes Dorf und die benachbarten Dörfer hinaus. Was immer auch die Menschen über sich selbst denken mochten, was immer ihre Illusionen über Unabhängigkeit gewesen sein mochten, die harte Tatsache ist, daß sie auf sich selbst gestellt nicht überleben konnten. Deshalb wurde, um der Sicherheit willen, das Leben überall immer komplizierter, im Umland von Uruk und in Nordchinas Kerngebiet am Bogen des Gelben Flusses und in der Region Four Corners im amerikanischen Südwesten.

Die ersten Siedler, die in bis dahin unbesiedeltes Gebiet zogen, bauten ihre Dörfer auf, und es gelang ihnen, eine Reihe von Generationen zusammenzubleiben, bis die ansteigende Bevölkerung das Leben zu eng werden ließ. Und da begann der Ausbreitungsprozeß. Einige Familien zogen in einen anderen Teil des Tales, nicht zu weit, wegen der verwandtschaftlichen Bindungen. Eine Gruppe von einem halben Dutzend Dörfern entstand, von denen jedes seinen öffentlichen Platz und ein öffentliches Bauwerk besaß, und vielleicht wechselten sie sich reihum ab als Gastgeber für besondere Feiertage und Zeremonien; und alle standen so unter Existenzdruck, daß sie ihr Kontrollgebiet ausdehnen mußten. Von einem bestimmten Punkt an änderte sich das Muster von einer Gruppe getrennter und gleichwertiger Siedlungen zu einer Gruppe mit einer großen und wachsenden Siedlung, die den Beginn von Komplexität und zentraler Kontrolle markierte.

Viele derartige Anfänge müssen abgebrochen worden sein. Sogar bei bester Planung brachen Versorgungssysteme von Zeit zu Zeit zusammen. Das Leben ging immer im Schatten von Katastrophen weiter. Es gab noch andere Quellen für Unordnung. Die Kontrolle von Land und Rohstoffen bedeutete auch eine Kontrolle der Menschen, und gelegentlich können Menschen so unvorhersagbar sein wie Ernten. Konflikte entstehen zuweilen zwischen heutigen Jägern und Sammlern während des Prozesses der Wandlung zu Bauern, zum Beispiel bei den australischen Ureinwohnern und anderen Stämmen. Zweifelsohne war es genauso in prähistorischen Zeiten. Das enge Zusammenleben in großen Gruppen und permanenten Dörfern war der alten Formel zur Vermeidung von Kämpfen entgegengesetzt: Bleibe klein (in der Anzahl) und ziehe weg, wenn Streit droht.

Neue Formeln mußten gefunden werden. Friede war niemals ein natürlicher Zustand; er mußte geschlossen und gehalten werden. Es bedurfte beträchtlicher Anstrengungen, zumindest was die täglichen Arbeiten im Zusammenhang mit der Kultivierung des Landes und der Sorge für die gezähmten Herden anging. Der Mensch, ein Produkt von Jahrmillionen der Existenz in kleinen Horden, mußte sehr schwer arbeiten, um sich den Bedingungen anzupassen, die für kleine Horden nicht mehr günstig waren. Er mußte lernen, tiefverwurzelte Kräfte zu zähmen, die an einer Verstärkung von Konflikten und Gewalttätigkeit in großen Gruppen arbeiteten. Das bedeutete für ihn, auf vergangenen Sitten aufzubauen, auf Traditionen, die auf Erhaltung von Frieden und Wohlwollen gerichtet waren. Auf der Ebene der Jäger und Sammler räumte die Darreichung von Geschenken innerhalb der Gruppe

Spannungen aus. Nach den gebräuchlichen Praktiken zu urteilen hatte ein wertvoller Besitz, wie ein verzierter Beutel oder ein schönes Messer, eine doppelte Eigenschaft – positiv und negativ. Er wurde geschätzt, doch nicht lange, weil der Besitz ein Schuldgefühl weckte. Der Besitzer gab ihn gewöhnlich weg, um zu vermeiden, das Ziel von Neid und Abneigung zu werden.

Das Schenken war in den Beziehungen zwischen Gruppen so wichtig, um einen warmen Empfang an anderen Orten zu gewährleisten, wenn es nötig oder ratsam war wegzuziehen. Wiesners Untersuchung von Tauschnetzen in der Kalahari, der »Pfade für Dinge«, dokumentiert die Bedeutung von Geschenken bei der Schaffung einer sicheren Welt. Da Männer und Frauen fortgesetzt gaben und auch erzogen waren, von den ersten Lebensmonaten an zu schenken, hatten sie bei den Gruppen, die über Hunderte von Quadratkilometern verstreut waren, Kredit in Form von Wohlwollen. Der Kula-Ring der Trobriand-Insulaner und die Potlatches der Indianer der Nordwestküste sind weitaus verfeinertere und ostentativere Systeme, wie sie später bei einzelnen Gruppen entstanden.

Verwandtschaft selbst war Teil der intensiven Bemühung, sich eng an andere Menschen anzuschließen, Freund zu sein und willkommen, anstatt angegriffen zu werden. In einigen Fällen wurde sie ausgeweitet auf jene, die nicht zu den Blutsverwandten zählten, mit denen man aber doch Nahrung und andere Güter teilte. Sie wurden durch allseitige Zustimmung zu Blutsverwandten, mit allen Konsequenzen, bis auf die Tatsache der fehlenden Blutsbande. Sie wurden als Mitglieder der Familie im wörtlichsten Sinne angesehen. Heirat und Geschlechtsverkehr waren durch strikteste Inzest-Tabus untersagt.

Thomas Harding von der University of California in Santa Barbara zitiert eines der bewegendsten Beispiele dieser praktizierten Ethik. Er gibt den Ausspruch eines Stammesältesten aus Neuguinea wieder bei einer Diskussion über die Frage, was der Zusammenbruch eines solchen Systems bedeuten könnte. Wenn das Teilen beendet ist, so gilt dies auch für Verwandtschaft – und ebenfalls für die Tabus: »Wenn wir Leute um Hilfe bitten und sie kommen nicht, und wenn wir ihnen nicht helfen, sind wir nicht länger eines Blutes. Dann mögen unsere Kinder auch heiraten.«

Nichts illustriert die Begabung des Menschen für die Anpassung, für die Unterordnung der Sitten unter die Bedürfnisse mehr als seine nicht nachlassenden Bemühungen, Konflikte zu bekämpfen und ihnen entgegenzuwirken. Die frühesten Zusammenschlüsse und geheimen Gesellschaften und Bruderschaften, die über Blutsbruderschaft hinausgingen, entstanden als Teil dieser Bemühung. So war es auch mit den künstlichen Handelsnetzen, bei denen sich jedes Dorf auf die Herstellung eines Erzeugnisses spezialisierte, das leicht anderswo in einer weiteren Region hätte hergestellt werden können. Andere Dörfer spezialisierten sich wiederum auf andere Produkte, die auch ebensogut woanders hätten erzeugt werden können. Der einzige Zweck war es, etwas zum Handeln zu haben. Handel schuf wechselseitige Bedürfnisse und Wohlwollen.

Bei den Yanomamö im südlichen Venezuela und nördlichen Brasilien kann man Hängematten aus Lianen nur in einem Dorf erhalten, Bambus-Pfeilspitzen in einem anderen und so weiter, obwohl es überall Lianen und Bambuspflanzen gibt. Ähnliche Systeme sind bei Stämmen auf den Pazifikinseln und in anderen Regionen aufgetaucht. Die Menschen versuchen beharrlich, Konflikte auszuschalten, niemals entmutigt durch Fehlschläge; und flammen Konflikte wirklich auf, sind sie mit einer Vielfalt von Verfahren bereit, sie in Grenzen zu halten. Die Aufzeichnungen sind voll von abgestuften Ritualen, von unblutigen Konfrontationen und Drohgebärden sowie stilisierten Kämpfen – die so weit gehen können, daß eine geringe Menge Blut vergossen wird – bis zu Geplänkeln, die sofort aufhören, wenn einige Leute verletzt oder getötet sind. Das Ziel ist immer, Gewalttätigkeit nicht zu einem regelrechten Krieg werden zu lassen.

Kurz gesagt, Frieden wird vom Menschen gemacht. Er ist ein künstliches Produkt und eines der zerbrechlichsten von allen Kunsterzeugnissen. Der Kampf um die Erhaltung von Frieden dauert heute wie in der Vergangenheit unter allen primitiven Stämmen an, zum Teil auf bewußter, aber zum Teil auch auf unbewußter Ebene. Den Yanomamö ist nicht genau bewußt, was sie tun und warum sie es tun. Nach Chagnon wissen sie, daß ihre Handelsnetze gelegentlich freundliche Gefühle wecken und Kämpfen vorbeugen. Sie verstehen aber nicht, daß die Netze im wesentlichen künstlich sind, daß es keinen »praktischen« Grund dafür gibt, warum verschiedene Dörfer sich auf unterschiedliche Erzeugnisse spezialisieren, das heißt, es ist kein Grund da, der auf ungewöhnlicher Geschicklichkeit oder einem günstigeren Zugang zu seltenen Rohstoffen basiert.

Wenn ein Netz reißt, wie es immer einmal früher oder später geschieht, werden neue Netze und neue Zusammenschlüsse gebildet. Die Menschen können sich schnell an neue politische Realitäten anpassen. Die Angehörigen eines Dorfes »vergessen« auf geheimnisvolle Weise, wie ihr spezielles Erzeugnis hergestellt wird, und erwerben – genauso geheimnisvoll – das Talent für die Erzeugung von etwas anderem. Sie sehen darin gar nichts Ungewöhnliches oder Inkonsequentes, betrachten es vielmehr als natürlichen und logischen Weg, etwas zuwege zu bringen. Sie haben unsichtbare Markierungen für das Vorhandensein von Traditionen und Ritualen, die wesentlich geworden sind.

So weisen Untersuchungen heutiger und vergangener Gesellschaften auf frühere Veränderungen hin, die in den archäologischen Zeugnissen kaum zu entdecken sind. Das Auftauchen von Orten auf Hügelkuppen, von Verteidigungswällen und Erdbefestigungen zeigt auf, daß die Skala von Konflikten mit der Bevölkerungsdichte und der Gemeinschaftsgröße eskalierte. Es bleibt noch zu beweisen, daß das Geschenkemachen, umfassendere Verwandtschaftssysteme und künstliche Handelsnetze Teil der Bemühungen um die Erhaltung von Frieden waren, wenn auch die Indizien dafürsprechen.

Die Verbindung von wachsenden Spannungen und dem Bedürfnis nach langfristiger Planung trug insgeheim dazu bei, ein weiteres grundlegendes Merkmal der Lebensweise von Jägern und Sammlern verschwinden zu lassen – die alte, eingeführte Tradition der Gleichheit unter den Mitgliedern einer Gruppe. Die zahlenmäßig kleinen Gruppen ermutigten kaum den Aufstieg von Führern; immerhin waren ja nicht viele da, die geführt werden mußten. Anscheinend hat aber doch der Drang nach Status immer existiert. Die Geschichte der Weihnacht in der Kalahari von Lee zeigt, daß die Praktik der Unterdrückung von Stolz und von Leuten mit großen Ideen auf langer und bitterer Erfahrung beruht.

Es war die Klugheit der Jäger und Sammler, die Klugheit von Männern und Frauen, die sich eines relativ stabilen Lebens erfreuten, indem sie in Bewegung blieben, und die sich diese Lebensweise erhalten wollten. Sie hatte keinen Platz in der neuen und doch beträchtlich weniger verläßlichen Welt der festen Siedlungen

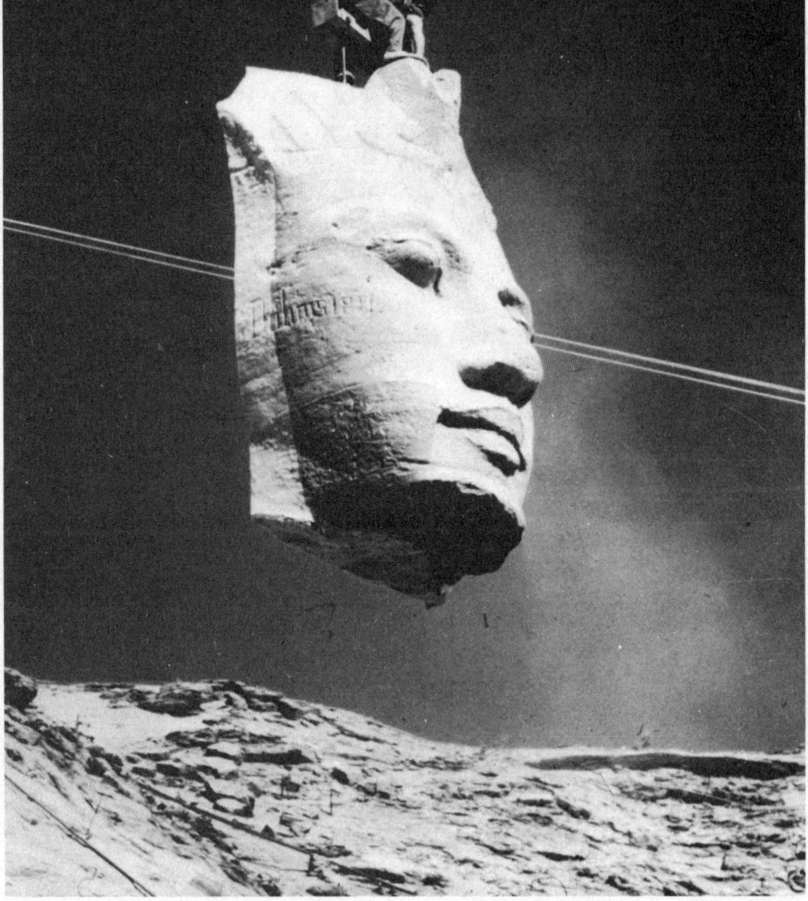

Oben: Symbol göttlichen Königtums: Statuen von Abu Simbel im Großen Tempel am neuen Standort in der Nubischen Wüste, Ägypten. *Links:* Verlegt in einer von der UNESCO geleiteten Aktion zum Schutz vor der Überschwemmung durch den Assuan-Stausee.
(Quelle: Dominique Roger /Unesco)

oder in Übergangszeiten vom Jagen und Sammeln zum Ackerbau, zu Städten und Staaten. Gleichheit verschwand mit dem Aufkommen von zunehmend umfassenderen Kontrollen, mit Disziplin und Plänen und Maßnahmen zur Reduzierung von Kämpfen.

Nach einer langen gleichmacherischen Vergangenheit, als Menschen einfach Menschen, Gleiche unter Gleichen waren und als das Gewicht von Tradition dazu beitrug, Männer nicht zu groß werden zu lassen – nach all dem wurden schließlich Prozesse in Gang gesetzt, die große Männer ankündigten, und zwar große Männer mit Macht. Ein frühes Zeichen für den Wechsel kam vor über 4000 Jahren in Sumer, als Schreiber eine Markierung wie ein Sternchen vor die Namen einiger ihrer Könige setzten, das Keilschriftsymbol für »Stern« oder »Himmel«. Dieses Zeichen stellte den Menschen als Gott hin; er konnte nicht weiter aufsteigen.

Von allen göttlichen Königen erreichte keiner höheren Status als der Pharao in Ägypten. »Seine bloße physische Gegenwart wurde wie die eines Gottes behandelt«, kommentiert Eric Uphill von der Universität London, »sein Thron wurde buchstäblich in ein Heiligtum gestellt wie jene der höchsten Götter in den großen Tempeln. Er wurde so sehr mit Göttlichkeit umgeben, daß es heute fast unmöglich ist zu verstehen, was dies mit sich brachte.«

»Jeder der von ihm berührten Gegenstände wurde als heilig angesehen, überall wo er sich niederließ, mußte er erhöht auf einer Estrade sitzen, wo er so den Platz, wo andere standen, überragte ... Jede seiner Aktionen wurde in Einzelheiten und mit genauer Beobachtung aufgezeichnet, mit unendlicher Mühe und Sorgfalt auf den Wänden von Tempeln und Palästen eingraviert und aufgemalt ... Sein Bild wurde kopiert und Millionen Untertanen und benachbarten Völkern durch eine solche Menge von Statuen und Abbildungen, durch Artikel mit Namenszug und durch Erinnerungsstücke bekanntgemacht, daß die Arbeit der modernen Werbeagenturen dagegen als kindisch erscheint.«

Es gab auch Veränderungen in der Auffassung darüber, was und wieviel ein Mann besitzen sollte. Es bestand eine Jäger-und-Sammler-Tradition, nach der man beschämt sein mußte, wenn man ein schönes Schmuckstück besaß, und zwar so sehr, daß man es zur Erleichterung des Gewissens so schnell wie möglich hergab. Dadurch wurde es nunmehr für einige Leute angebracht, beträchtlichen Reichtum anzuhäufen, je mehr, desto besser, und ihn für alle sichtbar zu machen. Sie wurden oft mit ihren Schätzen begraben, in niedrigen Erdgrabmälern wie Mound Nr. 72 in Cahokia, oder in aufragenden Türmen und Pyramiden wie jene im Tal des Nil, im Urwald von Guatemala und im Dschungel von Kambodscha, eine Sitte, die seither Plünderern gelegen kam. Leute in hohen Ämtern sammelten auch großzügige Anteile an Grundbesitz. Eine typische Siedlung, die in der Mitte des 19. Jahrhunderts auf den Inseln von Hawaii gegründet wurde, verteilte 2 000 000 Morgen an den König, weitere 2 000 000 Morgen an 245 Häuptlinge und 29 600 Morgen an etwa 11 000 Bürger.

Ein weiterer Bruch mit der Vergangenheit betraf das Allerletzte in der Macht über Leben und Tod der Menschen, das Wesen und das Ausmaß von Menschenopfern. Sie wurden bei Jägern und Sammlern praktiziert, um die Harmonie der Dinge zu erhalten oder um mit Schwierigkeiten fertig zu werden. Zumindest bei einer Gelegenheit legten australische Ureinwohner einen Streit um Territorium durch das rituelle Töten von Frauen bei; vermutete Hexen und Zauberer wurden manchmal umgebracht, wenn Wild knapp wurde oder wenn jemand krank wurde oder starb.

Hoher Status versetzte die Opferung auf eine reguläre Grundlage, quasi in »Massenproduktion«. Im Hinblick auf Cahokia bezieht sich Bareis auf umfangreiche Opferungen als »einer Beschäftigung mit dem Tod und dem Danach«. Wenn ein Führer starb, konnten viele Personen mit ihm begraben werden, einschließlich seiner Verwandten, besonders seiner Frauen und Töchter (wie in der Totengrube in Ur), geringerer Häuptlinge und Beamter, Diener und so weiter. Es wurde als Pflicht, sogar als Privileg angesehen, bei solchen Gelegenheiten geopfert zu werden. Entsprechend der Tradition und nach historischen Aufzeichnungen gingen die Opfer fröhlich in den Tod, und es kann wohl sein, daß sich die meisten benahmen, wie sie es durch ihre Erziehung gelernt hatten. Die Archäologie weist aber darauf hin, daß einige sehr wohl etwas dagegen hatten. Forscher fanden bei der Ausgrabung von Mound Nr. 72 in Cahokia die Überreste eines Mannes, der mit dem Gesicht nach unten ausgestreckt dalag, als hätte er sich vorher kämpfend gewehrt, während in einem königlichen Grabmal in China das Skelett eines Mannes lag, der sich dem Lebendig-begraben-Werden widersetzte und in Ketten gelegt werden mußte.

Das Dahinscheiden eines überragenden Führers oder Verwandten verlangte Opfer größten Maßstabs, manchmal mehrere hundert Menschen. Es war eine gefährliche Zeit, um so mehr, wenn er als göttlich angesehen wurde und durch jemand ersetzt werden mußte, der vorher als gewöhnlicher Sterblicher galt. Früh entstandene Gesellschaften, die in starkem Maße von einem absoluten Führer abhingen, waren besonders verwundbar, wenn es um die Nachfolge ging, wenn Cliquen der Elite um die Vakanz an der Spitze konkurrierten. Die Opferung der vertrauten Berater und Beamten mit hohem Rang des verstorbenen Führers war vielleicht ein Weg, die Konkurrenz zu reduzieren, etwa so, wie wenn man das Kabinett und die Exekutive umbringen würde, wenn der Präsident stirbt. Die Opferung seiner Frauen und Töchter würde eine Quelle zukünftiger Konkurrenten, der Söhne aus königlichem Geblüt, ausschalten.

Als spektakuläre und blutige Darstellung von Macht war die Menschenopferung Teil des Prozesses, der Anlaß zu Schauspielen aller Art gab und zu einer Architektur, die zu den Schauspielen gehörte. Die Bemühung, Menschen zu kontrollieren, wurzelte in den Anstrengungen, eine neue, vom Menschen gestaltete Umwelt zu kontrollieren, und hatte eine starke Tendenz, selbst außer Kontrolle zu geraten. Paläste und rituelle Bauwerke, die ein Forscher »die Beherrschungsmaschinerie« genannt hat, neigten dazu, größer und großartiger zu werden, als wären die an der Macht immer weniger sicher – und würden ihre Namen lauter und lauter rufen.

Als Tikal seine Blütezeit hatte, während einer Zeitspanne von über einem Jahrhundert, hatten drei aufeinanderfolgende Herrscher sich gegenseitig durch den Bau größerer Grabmäler und Monumente für sich selbst ausgestochen. Dieser Prozeß war immer ein sich selbst verstärkender und letzten Endes sich selbst vernichtender. Es war aber wahrscheinlich doch das Beste, was Menschen in prähistorischer Zeit tun konnten in den ersten Stadien des Lernens wirksamer gesellschaftlicher Kontrollen. Der Prozeß schuf einen neuen Menschenschlag, eine Elite, die kraft ererbtem und manchmal göttlichem Recht herrscht – und die, wie Untersuchungen an ausgegrabenen Skeletten demonstrieren, ein gesünderes und längeres Leben als die Gemeinen führte.

Ein ähnlicher Prozeß bildet sich heute in bestimmten Entwicklungsländern heraus. Peter Gorlin von der Columbia University stellte fest, daß eine Elite oder die Vorläufer einer Elite in der Region des Sepik-Flusses im nördlichen Neuguinea zu erscheinen beginnen. Die beschleunigenden Kräfte können über 30 Jahre zurückverfolgt werden, in eine Zeit, als es unter den in dieser Region lebenden Menschen noch keine formellen Statusunterschiede gab. Es waren allerdings wachsende Pressionen vorhanden. Die Bevölkerung hatte den Punkt erreicht, da Gruppen allmählich begannen, sich abzuzweigen und in weniger dicht besiedelte Landstriche im Westen auszuweichen.

Das war die traditionelle Lösung, die alte Formel des Wegziehens. Hätte sie weiterhin gegolten, so wäre das Entstehen von Status hier verzögert worden, wie es ja auch Tausende und aber Tausende von Jahren bei den prähistorischen Jägern und Sammlern auf der ganzen Welt verzögert wurde. Früher oder später wäre aber die Krise doch gekommen. In diesem Fall kam sie früher, weil die australischen Behörden intervenierten. Sie beschlossen, die Stammesgruppen in festgelegten Grenzen festzuhalten – und schufen dadurch, unbewußt wie in der Vergangenheit, eine Reihe von Vorbedingungen, die die Entstehung von Klassen begünstigten.

Ein typischer Verlauf der Ereignisse, eine typische Adaptation findet in dem Dorf Nungwaigo statt. Obwohl das Bevölkerungswachstum langsamer wird, verlangsamt es sich doch nicht gleichmäßig bei allen Menschen. Bei begrenzter Nahrung und beschränktem Territorium hatten jene Sippen, die das meiste Land besitzen, die »Gründerväter« oder ursprünglichen Siedler des Dorfes, von Anfang an einen großen Vorteil, und der ist seitdem immer weiter gewachsen. Heute genießen sie von allem das Beste, mehr Nahrung und bessere Gesundheit als ihre weniger wohlhabenden Nachbarn und haben auch mehr überlebende Kinder. Da die Zugehörigkeit zu einem Clan erblich ist, werden Privilegien und Statusunterschiede von Generation zu Generation fortgesetzt. Gorlin ist der Überzeugung, daß das Bild aus Neuguinea »Schichtung in ihrer frühesten Form« darstellt, ein Modell für die Entstehung von Eliten in prähistorischer Zeit.

Wo immer Eliten auftauchten, hatten sie die Tendenz, sich weiter und weiter vom geringeren Volk zurückzuziehen. Sie hatten überwiegend Umgang untereinander, und in vielen Fällen wandten sie sich außenstehenden Eliten zu. Ihre Isolierung ist in der wachsenden Isolierung ihrer rituellen Zentren erkennbar. Diese inneren Bezirke in den Städten können als große Gemeinschaftsplätze beginnen, wie in Monte Alban und Uaxactun, und werden letztlich Plätze mit »Zutritt verboten«, die nur bei besonderer Gelegenheit der Öffentlichkeit zugängig sind. Zurückgezogenheit, die sich in wechselnden Architekturmustern ausdrückt, wird zum Index der sich verbreiternden Kluft zwischen Elite und Volk.

Eliten stellten engere Kontakte mit ihren Gegenpolen in anderen Gemeinschaften her, oft über große Entfernungen. Status brachte weitgespannte Netze mit sich. Die Hin- und Herbewegung von Menschen auf der nördlichen und der südlichen Route über das Hochland von Iran ist in den Entdeckungen in Syrien, Sumer und dem Indus-Tal zu erkennen, wo man gravierte Steinschalen, die in Yahya, in der Nähe des östlichen Endes des Persischen Golfs, hergestellt wurden, fand. Keramik, Statuen und andere Kunsterzeugnisse markieren ihre Reisen in viele unterschiedliche

Regionen – quer durch die Sahara, auf den Meeresstraßen des Pazifik in Polynesien und über Bergpässe der Anden, durch die Urwälder von Mittelamerika und dem Amazonas-Becken. Keilschrifttäfelchen aus der Hochebene von Susiana tauchen in entfernten Plätzen auf, vor kurzem erst in Shahr-i Sokhta, über 1200 Kilometer entfernt. Architektonische Merkmale, die in Uruk entwickelt wurden, werden bei Ausgrabungen in Hierakonpolis am Nil entdeckt. Weder Entfernung noch schwieriges Terrain konnte die Kommunikation zwischen den Eliten und ihren Vertretern blockieren.

Dieses Sichausdehnen, das Hinausziehen über Schranken bis jenseits vertrauter Grenzen und Horizonte in neues Land, war eine Entwicklung, so zwingend wie es die Erforschung des Weltraums in unseren Tagen ist. Es war Abenteuer, und noch viel mehr als das – es spiegelte die Suche nach Sicherheit auf höchster Ebene wider, angesichts wachsender Komplexität und ernsthafter Bedrohung der Sicherheit. Etwas Ähnliches hatte sich in genau denselben Gebieten viel früher schon ereignet und in einem viel kleineren Maßstab, wo immer ein Dorf in einer Gruppe von Dörfern zum größten wurde und dann eine ganze Region beherrschte, wie Uruk sein Umland beherrschte.

Ein ähnliches Prinzip des Sichausdehnens oder Untergehens war in einer weitaus größeren Szenerie am Werk. Beschrieben im Sinne von Fernhandel und Handelsrouten und dem Austausch von Geschenken unter Eliten, hatte es in seinem Kern doch etwas mehr Grundlegendes, eine teils bewußte, teils unbewußte Suche nach Stabilität. Bewaffnete Männer und Boten und Missionare bewegten sich auf den gleichen Routen wie die Händler. Die Menschen versuchten, ihre Zukunft zu sichern, die Risiken zu streuen, wie sie es immer getan hatten, um auf Bevölkerungswachstum vorbereitet zu sein – um Ordnung durch die Schaffung von Wohlwollen oder aber durch Eroberung zu erreichen.

Ein Prozeß war zum Abschluß gekommen. Er begann mit dem Verlust oder doch einer starken Beschränkung von Beweglichkeit bei den Jäger-und-Sammler-Horden, die lange Zeit höchst beweglich gewesen waren, und endete mit einer neuen Art von Beweglichkeit, die eine Expansion von einer zentralen Heimatbasis oder einem Kernland aus war. Die Zwischenperiode erlebte eine Konsolidierung auf örtlichen und regionalen Ebenen, die Entwicklung

EVOLUTIONS-TABELLE

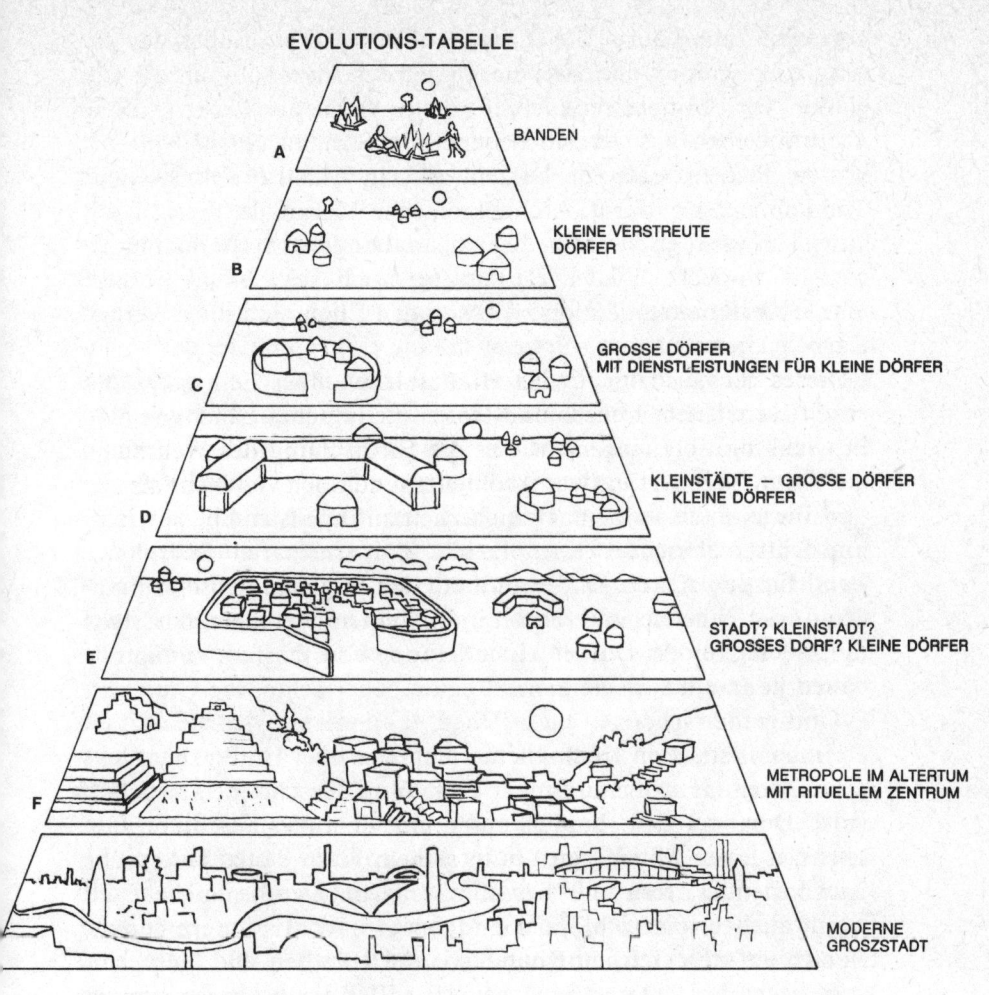

- A — BANDEN
- B — KLEINE VERSTREUTE DÖRFER
- C — GROSSE DÖRFER MIT DIENSTLEISTUNGEN FÜR KLEINE DÖRFER
- D — KLEINSTÄDTE – GROSSE DÖRFER – KLEINE DÖRFER
- E — STADT? KLEINSTADT? GROSSES DORF? KLEINE DÖRFER
- F — METROPOLE IM ALTERTUM MIT RITUELLEM ZENTRUM
- — MODERNE GROSZSTADT

Ein organischer Prozeß, symbolisierte Darstellung: von der Bande über das Dorf zur Metropole.
(Quelle: Mona Marks)

von zunehmend ausgeklügelteren Kontrollmechanismen. Von Anfang an hörten die Menschen auf herumzuziehen, weil die Umstände, wie beispielsweise andere Leute, die sich bereits in den begehrenswertesten Jagd-und-Sammel-Gebieten niedergelassen hatten, sie dazu zwangen. Sie hatten also keinen Ort, zu dem sie gehen konnten.

Das Eingeengtsein, der Zwang, an Ort und Stelle bleiben zu müssen, wie im Fall der Leute vom Sepik-Fluß auf Neuguinea, war ein Schlüsselfaktor bei der Auslösung frühen sozialen Wandels. Carneiro nimmt an, er spielte auch eine Hauptrolle bei der Evolution des Staates selbst. Er betont, daß die Umwelt, die geographische Beschaffenheit des Landes in vielen Regionen, die Beweglichkeit einschränkte und somit den Anstoß für die Bildung vormaliger Städte gab, wie in den Flußtälern von Euphrat und Tigris, Nil und Indus sowie auch im Hochland von Mexiko und in den Berg- und Küstentälern von Peru: »Es sind alles Gebiete mit begrenztem Land für den Ackerbau. Sie sind alle hervorgehoben durch Berge, Seen oder Wüsten, und diese ... Merkmale begrenzen das jeweilige Gebiet, in dem einfache Landleute sich niederlassen und es bebauen konnten, sehr stark.«

Und gerade in diesen natürlichen »Fallen« entwickelte sich das Drama der sozialen Komplexität. Angetrieben vom Bevölkerungsdruck, dem Hauptgrund für die Bebauung des Landes, schlug sich jedes Dorf mit dem doppelten Problem herum: Konflikte unter seinen eigenen Angehörigen unter Kontrolle zu halten und mit benachbarten Dörfern in Harmonie zu leben. Der Kampf war teilweise auch erfolgreich, da die Menschen ihren Führern folgten, Bündnisse schlossen, miteinander Handel trieben und Geschenke austauschten. Derartige Maßnahmen hätten vielleicht funktioniert oder wenigstens über eine längere Zeitspanne hinweg funktioniert, hätte sich die Bevölkerungszahl nicht verändert. Wie es jedoch war, brachen Konflikte immer häufiger und in immer größerem Maße aus – zunächst Dorf gegen Dorf und dann, nachdem ein Dorf den Rest seines Tales erobert und vereinigt hatte, Tal gegen Tal und immer weiter zu immer umfangreicheren Schlachten und Vereinigungen.

Nach Carneiro können Menschen andere Menschen genauso wirksam einschließen wie Ozeane, Wüsten oder Berge. Familien beispielsweise, die in zentral gelegenen Teilen eines Gebietes leben, können nicht wegziehen, wenn sich Spannungen dem Explosionspunkt nähern. Von Siedlungen umgeben, müssen sie bleiben, wo sie sind, und kämpfen. Solche einengenden Bedingungen, die über längere Zeiträume hinweg wirksam waren, mögen zur Entstehung komplexer Gesellschaften und Staaten in Nordchina, in den Maya-Niederungen und anderen Regionen beigetragen haben, wo geographische Schranken ein geringeres Problem darstellten.

Andere Kräfte schienen Menschen enger und enger zusammenzuziehen. Ein Ballungseffekt kam häufig ins Spiel, wenn die Städte den Höhepunkt ihres Wachstums erreicht hatten, ein Implosionsstadium, markiert durch das Heranströmen von Zuwanderern aus umliegenden Dörfern und Städten. Innerhalb weniger Jahrhunderte, beginnend um 3000 v. Chr., dehnte Uruk sich von 250 Morgen auf 1000 Morgen aus, bis sein von Mauern umgebenes Stadtgebiet geschätzte zwei Drittel der Bevölkerung des gesamten Umlands von Uruk beherbergte. Monte Albans Bevölkerung verdreifachte sich zwischen 100 v. Chr. und 400 n. Chr., während sich seine Grundfläche kaum verdoppelte, als etwa 30000 Menschen auf den Terrassen an den Hängen der Hügel siedelten. Teotihuacán hält den Rekord in Ballung: Sein Gebiet verringerte sich von etwa 26 auf 21 Quadratkilometer zwischen 100 und 500 n. Chr., während seine Bevölkerungszahl von 50000 auf mindestens 125000 Personen in die Höhe schnellte.

Hierbei handelte es sich um ein übliches Phänomen. In einer Studie über die Ursprünge von Städten diskutiert Wheatley die Verschiebung von verstreut lebenden zu kompakten Populationen und vermutet, daß es in »einem großen Teil, möglicherweise in allen« frühen urbanen Gemeinschaften eintrat. Es bedeutete eine wachsende Verfeinerung der Kontrolltechnik. Die Gesellschaften versuchten sich abzudecken, sich zu schützen vor allen Eventualitäten und allen Unsicherheiten, indem sie immer weitere Regionen einschlossen. Dazu mußten sie Menschen hereinbringen, die Nahrungsmittel und Versorgungsgüter trugen, die bauten, Aufsicht führten, kämpften und höhere Positionen in der sozialen Hierarchie einnahmen. Die Ausdehnung in neue Gebiete verlangte eine Kontraktion, eine allgemeine Straffung der Dinge im Zentrum.

Das Herz der Stadt, das Zentrum im Zentrum, schloß den religiösen Apparat der Beherrschungsmaschinerie ein, die größten Grabmäler, Tempel und Denkmäler. Der Glaube erfüllte viele

Funktionen und wirkte auf vielen Ebenen. Eine seiner wichtigsten Funktionen war es, detaillierte und logische Gründe und Regeln für das zu liefern, was getan werden mußte, eine Grundlage für Entscheidungen, die zu dringend für einen Aufschub waren und Situationen beinhalteten, die für eine Analyse zu kompliziert waren. Er stellte eine Ideologie der Ordnung und Notwendigkeit dar.

Um ein Beispiel aus der Gegenwart zu zitieren: die Tukano-Indios, die in den ausgedehnten Regenwäldern des Amazonas im südlichen Kolumbien leben, sind schon lange Zeit erstklassige Konservative, und zwar nicht aus wissenschaftlichen oder ökologischen Gründen, sondern wegen ihrer Religion. Gerardo Reichel-Dolmatoff vom Institut für Kolumbianische Anthropologie in Bogotá zeigt in beträchtlichen Einzelheiten auf, wie wunderbar ihre Auffassung von den Ursprüngen des Kosmos und vom Platz des Menschen im Schema aller Dinge sich den Bedürfnissen des Landes anpaßt. Sie glauben, die Sonne, oder »Vater Sonne«, schuf das Universum und alles, was darinnen ist, einschließlich des Menschen und eines Meisters der Wildtiere, eines »eifersüchtigen Wächters«, der verantwortlich ist für die Fruchtbarkeit und Vermehrung aller Spezies wie Rotwild, Tapire und Pecari.

Der Mensch muß den Regeln des Meisters folgen. Er muß Geschlechtsverkehr mindestens einen Tag vor der Jagd unterlassen und darf keine erotischen Träume haben. Keine der Frauen und keines der Mädchen, die in seinem Gemeinschaftshaus leben, in dem manchmal vier bis acht Familien wohnen, darf vor der Jagd menstruieren. Nur wenn diese und noch andere Voraussetzungen erfüllt werden, kann er damit fortfahren, Brechmittel zu nehmen, um seinen Magen zu reinigen, kann er im Fluß baden, sein Gesicht anmalen, verschiedene Amulette und aromatische Gewürzkräuter gebrauchen und eine Reihe weiterer Rituale ausüben – was alles zusammengenommen wirksam ein übermäßiges Töten verhindert, indem es die Jagdzeit begrenzt, weil es besondere Vorsorge und Vorbereitung verlangt. Diese Vorgänge sind alle nur ein Teil eines noch größeren Komplexes, der auch Riten zur Einschränkung menschlicher Geburtsraten einschließt. Die Tsembaga im Hochland von Neuguinea praktizieren andere Riten mit den gleichen Zielen und denselben Ergebnissen, wodurch sie ein Gleichgewicht mit der Natur erreichen, was Rappaport »ein rituell reguliertes Ökosystem« nennt.

Solche Systeme konfrontieren uns offensichtlich mit einer Schwierigkeit nach der anderen. Sogar relativ einfache Gesellschaften wie jene der Tsembaga und Tukano sind enorm kompliziert, so kompliziert, daß wir sie nach intensivstem Studium nur teilweise verstehen können. Es ist eine noch gewaltigere Aufgabe, die viel komplizierteren Zusammenhänge auch von frühen Staaten zu untersuchen, die doch mindestens einige Größenordnungen einfacher sind als die heutigen Industriestaaten.

Die Religionen früher Staaten schlossen neue Untersysteme von Glauben, von neuen Riten ein, die Veränderungen in Überlebensmustern widerspiegelten. Menschen, die noch näher an der Lebensweise der Jäger und Sammler leben, als wir es tun, Menschen, die das Land in einer Art und Weise bearbeiteten, wie es ihre Vorfahren niemals getan hatten, mußten einfach wissen, warum ihre Arbeit notwendig war – und reine Notwendigkeit war keine ausreichende Erklärung und ist es niemals gewesen. Unter anderem fragten sie, warum die Zeiten sich geändert hatten, warum sie an einem Ort blieben und so schwer arbeiteten und dabei das Beste jenen gaben, die schon das Beste hatten.

Die allgemeine Antwort war, daß der Mensch existierte, um den Göttern zu dienen, durch seine Herrscher, die als Mittler wirkten und oft auch aus eigenem Recht als Götter. Seine Arbeit stellte einen geringen Preis dar, wenn er bedachte, was er dafür erhielt – gute Gesundheit und gute Ernten, zahlreiche Nachkommen und eine gewisse Form von Leben nach dem Tode und vor allem Sicherheit in der Gewißheit, daß er in einer geordneten Gesellschaft und einem geordneten Universum lebte. Die tägliche Plackerei, der Tagesrhythmus von Disziplin und Rationierung und Plänen, die Verfolgung von Jahreszeiten und kommerziellen Transaktionen, all das begünstigte ein wachsendes Interesse für Zeit und das Universum, was in der umfangreichen Kalenderkosmologie der Mayas lebhaften Ausdruck findet. Die Menschen sahen sich eng verstrickt in die sich wiederholenden voraussagbaren Bewegungen der ewigen Sonne, des Mondes und der Sterne und erreichten durch die Bindung ein Maß für Ordnung und Harmonie.

Gelegentlich kollidierte natürlich der Glaube anscheinend mit der Art und Weise, in der sich die Dinge tatsächlich auswirkten. Bloch diskutiert den Gegensatz in seiner Untersuchung der Entstehung des Staatswesens auf Madagaskar ausgangs des 18. und im

19. Jahrhundert. Entsprechend den anerkannten Dogmen war das Recht auf Macht weit gestreut. Etwa die Hälfte der freien Menschen in dem Inselstaat waren vermutlich Angehörige der herrschenden Klasse, von Geburt schon versehen mit einem unterschiedlichen Grad von Göttlichkeit in Form »eines unfaßbaren und geheimnisvollen Geistes«, einer natürlichen Kraft, die allen Glück und die Fortdauer des Lebens selbst zusicherte. Als ihr Recht für den Besitz dieses Geistes, dafür, daß sie im Purpur geboren wurden, erhielten sie Nahrungsmittel und andere Geschenke in reichem Maße von denen, die einen niedrigeren Rang in der Hierarchie einnahmen, hauptsächlich von der anderen Hälfte des Volkes.

Diese Auffassung von der Gesellschaft auf Madagaskar war reine Illusion, reine Fiktion. Bloch zeigt, daß sie funktionierte, »indem die brutal erpresserische Realität der traditionellen ... Macht verborgen wurde«. Tatsächlich bestritt sie das bloße Vorhandensein dessen, was für die Beobachter, die von draußen hineinblickten, höchst offensichtlich war. Es gab keine große und allumfassende herrschende Klasse und hatte nie eine gegeben. Die »Geschenke« waren erzwungene Gaben, und die meisten von ihnen gingen bis hinauf zur Spitze einiger tyrannischer weniger, hinauf zu einer Handvoll Despoten.

Ausbeutung gab es ohne Zweifel in den frühesten Staatsgebilden, Ausbeutung, die so eklatant war wie die auf Madagaskar. Religionen sanktionierten häufig Handlungen, die ganz deutlich auf der unheiligen Seite erschienen, und gelegentlich mögen sich Elite wie Gemeine Gedanken über das System gemacht haben. Aber meistens sahen es wahrscheinlich die meisten Leute nicht so. Ihre Führung der alltäglichen Dinge war fehlerhaft, nicht ihre Religion. Nach Wheatley war »für die Alten, die die natürliche Welt als Extension ihrer Persönlichkeit auffaßten ... nur das Heilige wirklich« – und ihre Städte stellten die höchste Verkörperung dieses Standpunktes dar. Oder nach Nietzsche bewahrt uns die Kunst davor, an der Wahrheit zu sterben.

Die geplante Stadt war das höchste Kunsterzeugnis. Sie entstand als eine geschaffene Topographie, ein präzises geometrisches Muster, das durch einen Erlaß einer wilden Landschaft auferlegt wurde. Sie entstand an einem sorgfältig ausgesuchten und magischen Platz, einem heiligen Ort, der in einem uralten chinesischen

Text so beschrieben wird: »der Ort, wo sich Erde und Himmel vereinen, wo die vier Jahreszeiten ineinander aufgehen, wo Wind und Regen gesammelt werden und wo Yin und Yang sich in Harmonie finden«. Dieser Text spricht für alle frühgeschichtlichen Städte und für alle frühen Bestrebungen.

Die Stadt stand ein für Symmetrie aus ihrem Gittersystem von sich schneidenden und parallel verlaufenden Straßen, wobei häufig die Hauptstraße von Nord nach Süd verlief, vorbei am Palast, der auf dem heiligen Punkt erbaut war, und dann weiter zu künstlichen Hügeln mit Türmen darauf und zu offenen Plätzen; und alles war eingeschlossen innerhalb hoher undurchdringlicher Mauern. Sie stand ein für Ordnung und Unsterblichkeit oder doch für die Sehnsucht nach Ordnung und Unsterblichkeit, weil es immer Zweifel gab und im Kern aller Dinge die Furcht vor Chaos.

XIX
GESETZMÄSSIGKEITEN DER SOZIALEN EVOLUTION

*Warum Städte sterben/Nachlassende Fruchtbarkeit
des Bodens in Sumer/Möglicher Nahrungsmangel
im Tal von Mexiko/Die Grenzen der Kontrolle/
Das Problem der Einflüsse aus Übersee/
Die Herabsetzung der Frauen und die Entstehung von Geringschätzung/
Geschlechtsbewußtsein bei den seßhaften Buschmännern/
Die »Gelbe Gefahr« und die Systemtheorie/Stärken und Schwächen
der Hierarchien/Magische Zahlen/Die Bedeutung
der Schrift/Schaffung einer sicheren Umwelt durch den Menschen*

Begraben im Urwald rings um Tikal, nicht weit von den teilweise wiederhergestellten Ruinen seines rituellen Hauptbezirks und nicht weit von den großen Mauern und Pyramiden und gravierten Steinen liegen Zeichen für eine plötzliche Aufgabe. Forscher, unter ihnen Puleston und Blanton, untersuchten einen 22 Kilometer langen Streifen im wirren Unterholz und stellten fast 300 kleine Haus- und Platz-Fundorte fest. Sie hoben Testgräben bei ungefähr 90 Fundstellen aus und entdeckten, daß bis auf eine oder zwei alle etwa um 950 n. Chr. verlassen worden sind.

Tikal hatte seinen Höhepunkt zwischen 700 und 800 n. Chr., demnach muß das Zentrum innerhalb von zwei Jahrhunderten zusammengebrochen sein. In dieser kurzen Zeitspanne gelang es ihm irgendwie, von einer der stolzesten Maya-Städte zu einem einsamen Ort von vielleicht nicht mehr als 1000 Personen abzusteigen, einer Restbevölkerung, die zwischen vernachlässigten, aber an halb vergessene Vorfahren erinnernden Monumenten lebte. Darüber hinaus erlebte dieselbe Periode die Aufgabe von Zentren im gesamten Tiefland der Mayas, wo eine geschätzte Bevölkerung von insgesamt 5000000 Personen gelebt hatte.

Alle frühgeschichtlichen Städte erlitten ein ähnliches Schicksal, wenn auch nicht immer derart schnell. In einem anderen Tempo kam der Zusammenbruch im Indus-Tal. Die langen geraden Straßen und das Gewirr von Nebengassen und Tordurchgängen von Mohenjo-daro waren um 1750 v. Chr. verlassen, etwa ein halbes Jahrtausend nach ihrer Gründung. »Die Stadt starb bereits langsam vor ihrem endgültigen Ende«, schreibt Wheeler. »Die Häuser, die sich allmählich auf den Ruinen ihrer Vorgänger oder auf künstlichen Plattformen erhoben, in dem Bestreben, den Überschwemmungen zu entgehen, waren in zunehmendem Maße von schäbiger Konstruktion und auch zunehmend aufgeteilt in ›Mietskasernen‹ für die herumschwärmende niedere Bevölkerung... Nach den ausgegrabenen Gebieten zu urteilen, wurde die Stadt zu einem Slum.«

Etwa zur selben Zeit schrumpften Uruk und andere Städte der Sumer im Westen auf Dörfer zusammen, und Ägypten erduldete seine »große Demütigung«, seinen ersten Zusammenbruch (obwohl der endgültige Zusammenbruch des Reiches erst nach weiteren 1200 Jahren eintrat). In China fanden Anyang und die Shang-Dynastie zwischen 1100 und 1000 v. Chr. ihr Ende. Teotihuacán scheint plötzlich irgendwann nach 800 n. Chr. gefallen zu sein. Die Bevölkerung von Cahokia ging zwischen 1300 und 1400 n. Chr. von vielleicht 30 000 auf weniger als 5000 Personen zurück, und alle Spuren der Stadt waren etwa drei Jahrhunderte später verschwunden, als französische Forscher kamen und nichts weiter mehr sahen als grasbedeckte Erhebungen, die sie irrtümlich für natürliche Hügel hielten.

Die Erklärung derartiger Vorgänge ist nur eines aus einer Reihe von Problemen, die ungelöst bleiben. Es gibt Fragen nach den Anfängen wie auch nach dem Ende; danach, welche frühen Staaten wirklich »ursprünglich« waren in dem Sinne, daß sie in erster Linie aus lokalen oder regionalen Bedingungen heraus entstanden sind – und, falls überhaupt, welche entscheidenden Hilfen sie von noch früheren Staaten erhielten. Einige Forscher sind davon überzeugt, daß Kontakte zwischen der Alten und der Neuen Welt weitaus früher bestanden, als allgemein angenommen wird. Sie sind gleichfalls überzeugt – und das ist eine selbständige und ganz getrennte Streitfrage –, daß die Kontakte einen größeren Einfluß auf den Verlauf der sozialen Evolution in der Neuen Welt ausübten.

Viele Spannungen in unserer Zeit hatten ihren Ursprung in der Frühgeschichte. Hierarchien, die immer wesentlich gewesen zu sein scheinen für die Organisierung von Menschen in großem Maßstab, ermutigten anscheinend Ausschlüsse und Diskriminierungen von oben nach unten, von denen vielleicht die am weitesten verbreitete und verblüffendste den geringen Status der Frauen betrifft. Von den Untersuchungen vergangener Zeiten kann man Hilfe erwarten bei der Erklärung der Kräfte, die Menschen getrennt halten, und auch der die Menschen zusammenführenden Kräfte. Auf der ehrgeizigsten Ebene geht die Suche um nichts Geringeres als die der Hierarchie und Staatenbildung zugrunde liegenden Gesetze. Die Aussichten für die Entdeckung solcher Gesetze sind gut, weil bereits beträchtliche Forschungsarbeit in der Analyse der Dinge geleistet wurde, die die Staaten gemeinsam haben, grundlegende Ähnlichkeiten in der Evolution von Staaten überall. Unterschiede in der Erklärung beispielsweise der chinesischen Kunststilarten und Kosmologien im Gegensatz zu Kunststilarten und Kosmologien, sagen wir der Ägypter oder Mayas, bleiben ein Rätsel.

Soziale Evolution, das Dahinschwinden alter Staaten und die Entstehung neuer, ist eine dauerhafte Herausforderung. Viele mögliche Ursachen sind für den Zusammenbruch uralter Gesellschaften angeboten worden: Barbaren von außen, Rebellen von innen, ein Verlust der Moralstruktur, Epidemien, Übervölkerung, schlechter werdendes Klima und Ernteausfälle. Das Problem in jedem besonderen Fall liegt darin, möglichst durch direkten Beweis und nicht durch Spekulation die betreffenden Kombinationen von Ursachen festzulegen. Zu erklären, warum eine relativ einfache Gesellschaft vor langer Zeit unterging, mag sich als ein kleineres Problem herausstellen als die Erklärung des Schicksals neuerer und weitaus komplizierterer Gesellschaften – es gibt noch eine ganze Menge über das Dahinschwinden des britischen Empires zu lernen.

Eine schleichende Krankheit des Ackerbodens trug sicherlich zum Niedergang der Stadtstaaten von Sumer vor über 3500 Jahren bei und stellt heute noch eine weitverbreitete Bedrohung dar. Ich passierte Anzeichen für diesen Zustand während meiner Fahrt durch das Land im Irak auf dem Wege nach Uruk. Verstreut zwischen einstmals fruchtbaren Feldern auf beiden Seiten der Straße waren Flecken von weißen verkrusteten Ablagerungen von Salzen, die aus den Quellwasserregionen der Flüsse Euphrat und Tigris in den mehr als 960 Kilometer entfernten Berghängen der Türkei herabgewaschen wurden – und durch Bewässerungskanäle auf die Felder getragen wurden.

Ähnliche Flecken, tote Plätze auf dem Land, können sich über-

Salzablagerungen auf erhöht angelegten Feldern; das sterbende Land am Titicaca-See, Bolivien.
(Quelle: William N. Denewan, University of Wisconsin, Madison)

all da bilden, wo Menschen über längere Zeiträume Bewässerung in großem Maßstab betreiben. Salze verbleiben im Boden, wenn das Wasser verdunstet und, besonders wenn die Drainage schlecht ist, sammeln sich Jahrzehnt um Jahrzehnt an. Pflanzen können nicht gedeihen. Hohe Salzkonzentrationen stören die Fähigkeit der Wurzeln, Wasser und Nährstoffe aus dem Mutterboden aufzunehmen. Dieses Problem mag auch die Gesellschaften in den hohen Anden geplagt haben, wie aus den Salzablagerungen auf frühgeschichtlichen erhöht angelegten Feldern am Titicacasee ersichtlich ist. Zur Zeit müssen sich auch die Ingenieure im Bereich des Assuan-Stausees in Ägypten damit befassen; auch in den unteren Regionen des Indus-Tales und, in geringerem Ausmaß, in den westlichen Vereinigten Staaten, wo Salzablagerungen die Ernteerträge um geschätzte 20 Prozent verringern.

Adams bemerkt, daß Salzablagerungen auch das alte Sumer belasteten. Keilschriftarchive, geschrieben 2100 v. Chr., beschreiben das Auftauchen von verräterischen weißen Flecken auf Feldern, die drei Jahrhunderte früher salzfrei gewesen waren. Ein weiteres Zeichen für wachsende Schwierigkeiten kommt aus den Zählungen der Anzahl von Getreidekornabdrücken im Ton von ausgegrabenen Gefäßen. Gerste ist beträchtlich widerstandsfähiger gegen hohen Salzgehalt im Boden als Weizen, und Weizen- und Gerstenkörner sind etwa gleichmäßig vertreten bei den Abdrücken in Gefäßen, die auf 3500 v. Chr. zurückgehen. Danach trat eine Verschiebung ein. Die Bauern scheinen mehr und mehr Gerste und immer weniger Weizen angebaut zu haben, eine Strategie, die wahrscheinlich von dem ständig steigenden Salzgehalt diktiert wurde. Die Erzeugung von Gerste schnellte um etwa 2500 v. Chr. auf 83 Prozent der Gesamterzeugung in die Höhe und auf 98 Prozent um 2100 v. Chr. Etwa 400 Jahre später stammten alle Abdrücke im Ton von Gerstenkörnern. Trotz der Verschiebung fielen die Feldfruchterträge in dieser Zeitspanne von etwa 1000 Kilogramm auf 350 Kilo je Morgen ab. Derartige Bedingungen reichten aus, um den Bevölkerungszustrom in die Städte von Sumer umzukehren und die Familien zu zwingen, sich im Hinterland zu verteilen.

Wir haben kein besseres Zeugnis als das von Sumer. Keine einzelne Ursache kann irgendein komplexes Phänomen erklären, doch in den meisten anderen Regionen gibt es weniger, wonach man gehen könnte, wenig mehr als plausible Argumente und gleichermaßen plausible Gegenargumente. Andere Städte mögen auch wegen Nahrungsmangel aufgrund von salzigem Boden oder aus irgendeinem anderen Grund verlassen worden sein. Wheeler spekuliert, daß die Leute von Mohenjo-daro »ihre Landschaft abgenützt haben«. Sie haben möglicherweise ihr fruchtbares Tal in einen Staubkessel verwandelt, indem sie Bäume und andere Vegetation niedermachten und so den Boden dem erodierenden Regen aussetzten.

Bevölkerungsdruck kann so zerstörend sein wie sterbendes Land. Es gibt Vermutungen, daß Teotihuacán gegen sein Ende zu – trotz all der Fülle in seinem Umland – die Belastung durch ansteigende Bevölkerungszahlen zu spüren begann. Sanders schätzt, daß, falls Mais etwa 60 Prozent des Kalorienbedarfs lieferte, wahrscheinlich eine vorsichtige Schätzung für ein Hauptnahrungsmittel, der Durchschnitts-Teotihuacáno etwa 340 Gramm pro Tag verbrauchte (meistens in Form von Tortillas, die, nach den Resten zahlreicher Ton»bleche« zu urteilen, damals so populär waren wie heute). Nimmt man eine Bevölkerung von 125 000 an, ebenfalls eine vorsichtige Zahl, so käme das einem täglichen Verbrauch in der ganzen Stadt von fast 42 700 Kilogramm Mais gleich.

Die örtlichen Bauern hätten den Bedarf der Stadt decken können, d. h. Bauern, die in einem Umkreis von 16 bis 24 Kilometern lebten. Das System könnte sich aber der Grenze seiner Leistungsfähigkeit genähert haben. Da es im Tal von Mexiko keine Lasttiere gab, mußten Mais und alles andere auf dem Rücken von Menschen herbeigebracht werden, und es hätte einer kleinen Armee von Trägern und Aufsehern bedurft, um die Lagerhäuser gefüllt zu halten. Die Stadt fungierte dabei wahrscheinlich noch als Gastgeber für Zehntausende von Besuchern bei zeremoniellen Anlässen, während ihre eigene Bevölkerung sich der 200 000-Marke näherte. Das Ergebnis muß kein dramatischer Zusammenbruch gewesen sein, sondern einfach vorübergehende Knappheit und ein allgemeiner Abfall in der Qualität der Güter und Dienstleistungen, die üblichen Merkmale, wenn ein System beginnt, aus den Nähten zu platzen.

Fragmente von Zeugnissen sind quälende Hinweise, so wie wenn einige unvollständige Sätze vom letzten Kapitel eines Krimis übriggeblieben wären. Das Zentrum der Stadt Teotihuacán war im achten Jahrhundert n. Chr., der Periode ihres Zusammenbruchs, in Schwierigkeiten. Ein größerer Brand zerstörte viele Gebäude und, was bedeutsam war, der ausgebrannte Teil wurde nie mehr aufgebaut. Er blieb in Trümmern liegen zur Erinnerung an etwas Wichtiges, an etwas mehr als nur unbrauchbar gewordenes Mauerwerk.

Der Zusammenbruch der frühesten Städte war selten die Folge nur von örtlichen Fehlschlägen. Als Teil eines regionalen Netzes mußte sich jedes Zentrum mit Kräften herumschlagen, die in der Ferne wirkten, außerhalb der massiven Mauern und natürlichen Schranken, die es von geringeren Siedlungen zu trennen schienen. Sein Kontrollbereich war gewöhnlich begrenzt auf einen Radius von höchstens 80 bis 160 Kilometer. Darüber hinaus hingen Erfolg oder Fehlschlag von Ereignissen ab, die es nicht kontrollieren konnte: vom Schicksal der Menschen, die in den Zentren anderer Netze konzentriert waren, von der Errichtung neuer Macht- und Handelsmuster zwischen anderen Eliten.

Städte schwinden dahin, aber nicht Menschen. Als Cahokia niederging, wurden blühende Komplexe mit Hügeln und Plätzen an anderen Stellen des östlichen Waldlandes erbaut, in Georgia, West Virginia, Ohio, Kansas und Missouri. Neue Städte und Handelswege erschienen im Norden nach der Aufgabe von Tikal und an-

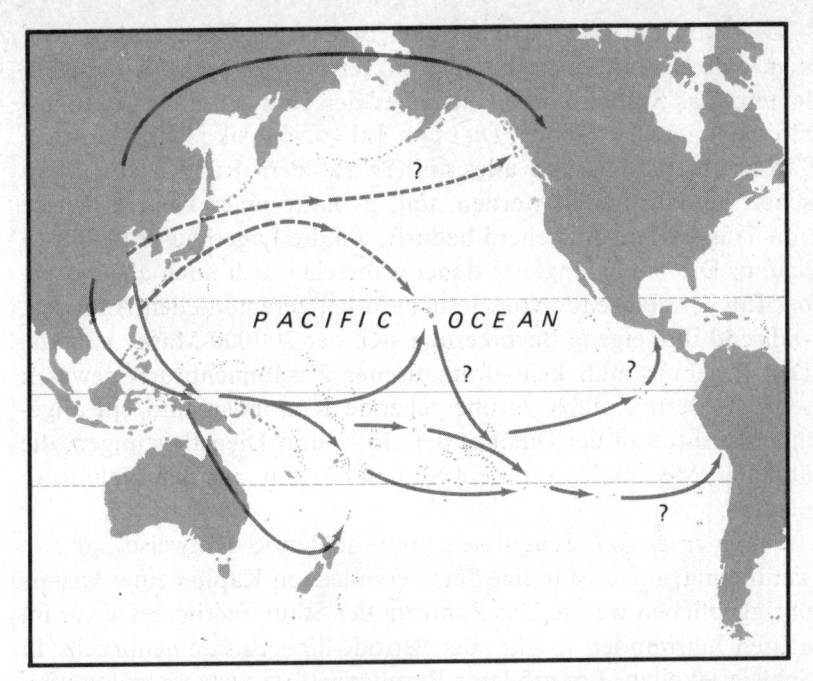

Transpazifische Kontakte: Ungelöste Fragen – sind wirklich Reisende aus Indien, China, Südostasien und anderen Ländern der Alten Welt 1500 oder mehr Jahre vor der Zeit von Kolumbus über den Pazifik gekommen? Falls ja, hatten sie wirklich einen größeren Einfluß auf die Entstehung von Kunst, Eliten und Stadtstaaten in der Neuen Welt?
(Quelle: Vantage Art Inc.)

deren Städten im Flachland der Mayas. Es gab immer neue Zentren anderswo, neue Staaten, die bereit waren weiterzumachen, wenn die alten verschwanden. Wie durch Handelsrouten zwischen dem Nahen Osten und dem Indus-Tal aufgezeigt wird, war auch Entfernung kein Hindernis für Kommunikationen.

Reichten diese Verbindungen auch über die Ozeane hinweg? Sind Menschen in Booten aus der Alten Welt in die Neue Welt gekommen, entweder auf Seewegen über den Atlantik oder den Pazifik, 2000 Jahre oder mehr vor Kolumbus? Einige Forscher, die glauben, diese Fragen seien bereits bejahend beantwortet worden, bieten positive Beweise an für Theorien, die – um sie noch im bestmöglichen Licht erscheinen zu lassen – nur wenig seltsamer sind als die unglaublichsten aller unglaublichen Geschichten, über ex-

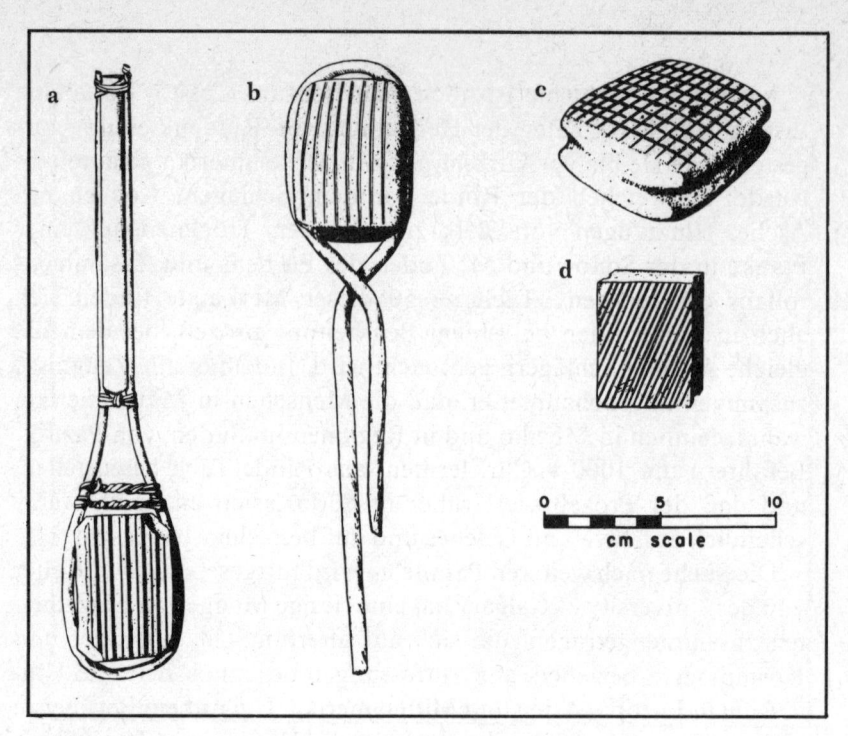

Transpazifische Verbindung? Rindenschläger aus Südostasien (a, d) und Mittelamerika (b, c).
(Quelle: Paul Tolstoy, Queens College)

traterrestrische Wesen, die Städte in den Anden bauen. Zu den neueren Beispielen gehört die Behauptung, daß Reisende aus Ägypten, ausgesandt von Ramses III., an der Küste des Golfs von Mexiko landeten und um 1200 v. Chr. die Olmec-Kultur begründeten.

Der Fall für oder gegen transozeanische Kontakte wird auf der Grundlage von mehr wissenschaftlicher Forschung entschieden, wie jener von Paul Tolstoy von der City University von New York. Er weist auf die starke Ähnlichkeit zwischen bestimmten Typen von Schlägern hin, die prähistorische Menschen auf entgegengesetzten Seiten des Pazifik benutzten, um Kleider aus der Rinde ausgesuchter Bäume herzustellen. Eine Untersuchung von etwa 400 Schlägern aus Mittelamerika und über 200 aus Südostasien ergibt eine Gruppe mit einer Reihe gemeinsamer Merkmale, einschließlich der Köpfe aus flachen, rechteckigen Steinen mit seitlichen Rillen am Rand für die Befestigung und deutlichen Mustern von tiefen und flachen Rillen auf den Schlagflächen.

An dieser Geschichte ist noch mehr seltsam. Tolstoy hatte eine Liste von 70 Merkmalen der Herstellung von Rindenkleidung aufgestellt, wie sie bis vor kurzem noch in Mittelamerika gehandhabt wurde: Einweichen der Rinde vor dem Schlagen, Kochen mit Asche, Hinzufügen von Kalk zum Wasser, Trocknen auf einer Planke in der Sonne und Methoden des Färbens und Zusammenrollens des fertigen »Tuches«. 50 dieser Merkmale finden sich auch in Südostasien bei einem Bearbeitungsprozeß, bei dem die gleiche Art von Schlägern gebraucht wird. Indem er alle Zeugnisse zusammenfaßt, behauptet er, daß die Menschen in Mittelamerika, wahrscheinlich in Mexiko und in Regionen im Süden, von Pazifik-Befahrern um 1000 v. Chr. lernten, aus Rinde Tuch herzustellen, und daß der Prozeß viel früher in Südostasien entstand, wahrscheinlich auf Java und Celebes und auf benachbarten Inseln.

Die Suche nach weiteren Parallelen wird fortgesetzt. David Keller von der University of Calgary hat eine riesige Menge von Einzelheiten zusammengetragen, die sich auf altertümliche Kalender und Kosmologien beziehen, auf Auffassungen bezüglich Zeit und Universum in Europa, Asien und Mittelamerika. Um nur ein Beispiel zu zitieren: Vor über 2000 Jahren hatten die Hindus eine Vorstellung von vier Weltaltern, vielleicht entlehnt von den Griechen, von vier Intervallen in der menschlichen Geschichte, die von Katastrophen beendet wurden. Sie verbanden das erste Weltalter mit Weiß, das zweite mit Gelb oder Rot, das dritte mit Rot oder Gelb und das vierte mit Schwarz. Etwa eineinhalb Jahrtausende später hatten auch die Azteken vier Weltalter, assoziiert mit der Zerstörung von weißhaarigen, gelbhaarigen, rothaarigen und schwarzhaarigen Menschen durch Hochwasser, Wind, Feuer und Erdbeben.

Kelley ist auf sehr viele weitere Ähnlichkeiten gestoßen – dieselben Tiere in Verbindung mit frühen indischen und mittelamerikanischen Kalendertagen, dieselben Lautfolgen in Verbindung mit Zahlenreihen und geschriebenen Symbolen sowie Beobachtungen, die darauf hindeuten, daß der Lageplan von Teotihuacán mit dem Lageplan frühgeschichtlicher indischer Städte verwandt ist. Er glaubt, daß frühestens im zweiten Jahrhundert v. Chr. Menschen aus dem Osten über den Pazifik segelten, in Mittelamerika landeten und die Bildung des mittelamerikanischen Kalenders sowie anderer kosmologischer Ideen beeinflußten.

Zusammentreffen, reiner Zufall, kann bei der Erklärung solcher

Tatsachen nicht ohne weiteres und völlig von der Hand gewiesen werden. Zufall ist ein Hauptfaktor bei allen unerklärten Ähnlichkeiten und Identitäten. Überall auf der Welt beobachteten die Menschen, sie dachten über das Beobachtete nach, brachten Tag und Nacht und die Jahreszeiten mit Lebenszyklen in Verbindung, und sie spekulierten über die Bedeutung von sich wiederholenden Veränderungen und der Zukunft. Sie bildeten sich umfangreiche Ansichten über das Universum, über Religionen und Symbolsysteme. Die riesige Anzahl von Ideen und Beobachtungen und die Vertauschungen von Ideen und Beobachtungen waren ausreichend, um viele identische Assoziationen von Farben und anderen Merkmalen in unterschiedlichen Ländern zu garantieren.

Zufall kann aber nur einige der Feststellungen von Tolstoy, Kelley und anderen erklären. Sicherlich bestanden Kommunikationen zwischen Ost und West, Ägypten und Griechenland und Indien sowie China. Außerdem waren die Menschen, wenn man die hervorragende Navigationsgeschicklichkeit der Südseeinsulaner berücksichtigt, in der Lage, quer über den Pazifik zu segeln. Sogar bei fehlendem transozeanischen Kontakt können Menschen mit ähnlichen geistigen Fähigkeiten und ähnlicher Denkungsweise einige ähnliche Ideen und Symbole entwickelt haben, wenn auch niemand, wie Kelley betont, »irgendeinen Aspekt von Gedankenverbindung« demonstriert hat, »der diese Art von Resultat verständlich machen würde«. Eines ist klar: Die Kenntnis ist nicht vorhanden, um zwischen alternativen Erklärungen entscheiden zu können. Meine eigene Neigung, mein Vorurteil – bis es sich als richtig oder falsch erweist – ist es, eine Kombination von Zufall und ähnlichen Denkprozessen als Erklärung der Tatsachen zu wählen.

Was immer auch herauskommen mag, es gibt keinen Beweis, daß Zuwanderer die Einheimischen in frühgeschichtlicher Zeit übernommen haben, kein Beweis für etwas, das mit dem zu vergleichen wäre, was die Europäer den amerikanischen Indianern vom 16. Jahrhundert an zugefügt haben. Wenn frühe Reisende Atlantik- oder Pazifiküberquerungen nach Mittelamerika oder Südamerika unternommen und überlebt haben, um davon zu erzählen, so taten sie doch wenig – falls überhaupt etwas –, um den Verlauf der örtlichen Evolution zu unterbrechen oder zu beschleunigen. Vertreter der Alten Welt mögen auf der Szene aufgetaucht sein, aber was in der Neuen Welt geschah, kann ohne sie erklärt werden.

Wandel vollzog sich in allen Ländern, wo immer Menschen seßhaft wurden. Von allen Traditionen der Jäger und Sammler verlor sich die Tradition der Gleichheit am schnellsten und mit den drastischsten Wirkungen auf die menschlichen Beziehungen. Das Aufkommen von Eliten hing mit der wachsenden Komplexität des Lebens zusammen. Die Kluft zwischen einer privilegierten Minderheit und ihren geringeren Brüdern spiegelte wachsenden Bedarf an Führern und Organisatoren wider, und damals wie heute war der Platz an der Spitze beschränkt.

Der sich verbreiternde Abstand zwischen den Geschlechtern, das Aufkommen von Geringschätzung für Frauen und für Frauenarbeit ist weniger leicht zu verstehen. Warum assoziierten die Religionen der Mayas und anderer Völker die Frauen, das Geschlecht, das Leben gibt, mit Verschmutzung, mit untergehender Sonne und Tod? Welchem Zweck konnte diese Haltung möglicherweise gedient haben? Solche Fragen unterwerfen die evolutionäre Perspektive einer Prüfung. Sie verlangen eine besondere Art von Erklärung, eine adaptive Erklärung, die auf der Annahme basiert, daß jede größere Entwicklung irgendwie das Überleben der Spezies fördert. In diesem Sinne ist die Abwertung der Frauen nicht leicht auszuloten.

Draper hat die seltene Gelegenheit gehabt, die Anfänge eines solchen Prozesses in der Kalahari-Wüste zu erleben. Sie berichtet, daß bei den Jäger-und-Sammler-Gruppen der Buschmänner die Gleichheit zwischen den Geschlechtern von Anfang an die allgemeine Regel zu sein scheint. Erwachsene behandeln kleine Mädchen nicht anders als kleine Knaben, Bestrafung ist selten; und alle Kinder wachsen in einer höchst zuträglichen Atmosphäre auf. Irgendwelche grundlegenden Unterschiede im Verhalten der Geschlechter, irgendwelche charakteristisch männliche oder weibliche Züge, unabhängig von der Erziehung, müßten unter solchen Bedingungen sichtbar werden, und sie tun es auch.

Mädchen neigen dazu, dichter bei der Wohnstätte zu bleiben. In über 300 Beobachtungen am Ort, die in einer Zeitspanne von 14 Monaten gemacht wurden, bemerkte Draper, daß im Durchschnitt etwa drei Viertel der Mädchen, aber nur die Hälfte der Jungen innerhalb des Lagerkreises waren. Unter den Kindern, die außer Sicht- und Rufweite gelaufen waren, übertrafen die Jungen die Mädchen zwei zu eins. Mädchen waren auch schneller bereit, sich

Gruppen von Erwachsenen anzuschließen, als Jungen, verbrachten mehr Zeit in tatsächlich physischem Kontakt mit anderen Personen und nahmen weniger Anteil an kindlichen Spielgruppen.

Diese Unterschiede spielen keine große Rolle, wenn es darum geht, miteinander auszukommen, weder in der Kindheit noch später. Draper ist beeindruckt von »der entspannten und gleichgestellten Beziehung zwischen Männern und Frauen«, eine Beziehung, die anhält, solange die Buschmänner Jäger und Sammler bleiben, aber nicht länger. Sie hat die Unterminierung dieser Beziehung beobachtet, die dann eintritt, wenn Buschmänner sich niederlassen und Bauern werden. Der bloße Vorgang des Wurzelschlagens an einem Ort schafft einen neuen Statustyp. Arbeit, die früher von Angehörigen beider Geschlechter getan wurde, wird irgendwie untergeordnete Arbeit, Arbeit für Frauen und für Kinder, die ebenfalls abgewertet werden.

Im Milieu der Jäger und Sammler holen Frauen gewöhnlich Wasser, besonders wenn die Quelle relativ nahe, sagen wir nicht weiter als etwa eineinhalb Kilometer, liegt. Knaben nehmen häufig an der Arbeit teil, und wenn es um größere Entfernungen geht, schließen sich auch Männer der Reihe der regelmäßigen Wasserholer an. Die Männer übernehmen normalerweise die Jagd und die Frauen das Sammeln, doch nicht immer. Männer sammeln eventuell Mongongo-Nüsse, ein Hauptnahrungsmittel, entweder mit oder ohne ihre Frauen und Töchter, und Frauen können sogar mit Fleisch nach Hause kommen, besonders mit Niederwild. Die Einstellung dazu, wer was tut, ist unformell und flexibel. Wenn es notwendig wird, können Angehörige beider Geschlechter die Pflichten des jeweils anderen übernehmen, ohne daß viel darüber diskutiert wird.

All dies ändert sich bei den Buschmännern, die sich neuerdings der Landbebauung zugewandt haben. Es gibt jetzt mehr Arbeit zu tun, und auch mehr Arbeit, die von Kindern verrichtet werden kann. Kinder werden schon herangezogen in einem Alter, in dem sie in der Jäger-und-Sammler-Umgebung noch spielen würden, und der Geschlechtsunterschied entscheidet häufig die Art der von ihnen zu verrichtenden Arbeit. Mädchen, die ja eher in der Nähe des Hauses und bei den Erwachsenen bleiben, helfen weiter gewöhnlich bei der Sorge um die jüngeren Kinder und verrichten eine Vielfalt häuslicher Arbeiten, während die Jungen, die sowieso freier herumgehen, üblicherweise die Arbeiten außerhalb des Dorfes übernehmen, wie die Aufsicht über Herden und das Heraushalten von Ziegen und Affen aus den Gärten.

»Hier können wir die Entstehung eines vertrauten Musters der Aufteilung von Arbeit nach Geschlecht erkennen,« faßt Draper zusammen. »Die Regel ist: Frauen drinnen, Männer draußen, wobei die weiblichen Mitglieder viele Aufgaben ausführen, und zwar unter dem Druck von mehr oder weniger dauerhafter Aufsicht – männliche Mitglieder verrichten weniger Aufgaben, die aber im allgemeinen länger dauern und weniger Aufsicht durch Erwachsene erfahren.« Das Problem ist nicht, daß einige Unterschiede vorhanden sind und ausgenutzt werden. Das Problem ist auch nicht die Ausbildung eines bestimmten Typs von Arbeitsteilung, sondern das Auftauchen von Geringschätzung.

Zum erstenmal werden Stolz und Würde extrem wichtig, wenn es um die Verrichtung von Arbeit geht. Bei den Buschmännern wird ein Mann wahrscheinlich das Wasserholen als seiner Männlichkeit unwürdig von sich weisen, und Knaben sind schnell dabei, sich nach ihren Vätern zu richten. Viel Flexibilität ist aus dem Leben verschwunden; in zunehmendem Maße wird die Arbeit nach Geschlecht getrennt. Der Trend geht weg von der Ein-Gruppen-Atmosphäre der Jäger-und-Sammler-Banden, hin zu einer Gesellschaft von Untergruppen von Frauen, Männern, Mädchen und Jungen – und immer, so scheint es, zum Nachteil der weiblichen Mitglieder. Ähnliche Tendenzen sind bei kürzlich erst seßhaft gewordenen Eskimos und australischen Ureinwohnern festgestellt, wenn auch nicht systematisch beobachtet worden.

Heutige und prähistorische Bedingungen sind niemals strikt vergleichbar. Jäger und Sammler werden seßhaft, weil ihre Lebensweise in einer Welt des Tourismus, von Landschaftsschutzgesetzen und nationalen Grenzen, die bei der Verfolgung von Wild nicht überschritten werden dürfen, keine Chance mehr hat. Die Jäger und Sammler vergangener Zeiten wurden aus ganz anderen Gründen seßhaft. In beiden Fällen jedoch widersetzten sich die Menschen der Veränderung und veränderten sich unter Streß. Die moderne Situation kann so als vorläufiges Modell für frühere Entwicklungen dienen.

Die Verschiebung zum Ackerbau mag wohl eher für die männliche als die weibliche Spezies ein Schlag gewesen sein. Die Familiarisierung des Männchens, es zu einem Teil einer Gruppe zu machen, ist ein altes und andauerndes Problem in der Evolution der Primaten. Der Ackerbau konfrontierte den Menschen mit einer Art von technologischer Arbeitslosigkeit, mit einem Verlust von Status und Selbstachtung. Mit zunehmender Abhängigkeit von gezähmten Tieren wurde das Jagen immer weniger notwendig und verschwand als Quelle für Prestige. Vielleicht fanden die Männer neue Quellen für Prestige im »gefährlichsten Spiel«, der Jagd auf andere Männer, und in der Spezialisierung auf Machtkämpfe und Gewalttätigkeit, organisiert und auch anders. Eine gewisse Verbindung existierte offensichtlich zwischen dem Kämpfen der Männer und dem Status der Frauen. Kämpfen begünstigt die Vorstellung von der Frau als Eigentum, als Beute, und das wiederum versetzte sie automatisch in eine erniedrigte Position.

Solche Kräfte waren wahrscheinlich in frühgeschichtlicher Zeit am Werk. Das Verstehen der Ursprünge und Anwendungen von geschlechtlicher Diskriminierung verlangt weitere Forschung. Eine Untersuchung durch Nan Rothschild von der New York University weist auf das hin, was die Archäologie dazu beitragen kann. Eine Phase ihrer Arbeit, Aufzeichnungen über Begräbnisse im Mittelwesten der Vereinigten Staaten zwischen 500 v. Chr. und 1500 n. Chr. mit einer Analyse von Grabbeigaben aus nahezu 2500 Grabstätten, zeigt, daß Geschlechtsbewußtsein mit der gesellschaftlichen Komplexität zunimmt.

Ein Studium der Geschichte wie auch der Frühgeschichte würde bei der Erklärung helfen, warum der Status von Frauen in Südostasien, besonders auf Java und Bali, höher ist als in irgendeinem anderen Teil der Welt. Männer und Frauen kleiden sich fast gleich, haben den gleichen schlanken Körperbau und feine Gesichtszüge, teilen sich in die Arbeit des Kochens und der Sorge für die Kinder, erfreuen sich gleicher Erbrechte und verehren hermaphroditische oder zweigeschlechtliche Götter. Obwohl die Tatsache, daß die Familie zusammen in den Reisfeldern hart arbeiten muß, etwas mit dem seltsamen Zustand in Südostasien zu tun hat, kann es doch nicht ein bestimmender Faktor sein, weil Familien beispielsweise in Indien ebenfalls zusammen hart arbeiten, während die Frauen dort eine sehr niedrige Stellung einnehmen. Niemand scheint sich überraschenderweise für die Erforschung dieser Situation zu interessieren.

Die Bildung der frühen Gesellschaft verlangt eine Analyse intensivster Art. Die archäologischen Zeugnisse sprechen von einfachen Anfängen, von heiligen Stellen in kleinen Dörfern und von für Zeremonien frei gelassenen Plätzen. Zunehmend umfangreichere Siedlungen wurden schließlich Städte und Stadtzentren, wo Monumente konzentriert standen und wo aufsteigende Eliten miteinander konkurrierten – manchmal sogar mit den Göttern selbst – um hohen Status und absolute Autorität.

Es war üblich gewesen, die vorüberziehende Szene zu betrachten, den Verlauf der Ereignisse, im Sinne von Macht und Ruhm, von Geschichtsbuchhelden und großartigen Ambitionen und offenkundigen Schicksalen. Forscher versuchen nunmehr, den Organisationsprinzipien hinter dem Melodrama auf die Spur zu kommen, die, wie sich herausstellt, auf eine ganze Reihe anderer Dinge außer den Gesellschaften zutreffen. Das menschliche Gehirn ist ebenfalls in Hierarchien geordnet. Es ist kein einzelnes Organ, sondern eine Ansammlung von untereinander verbundenen Subhirnen, die aufeinander angeordnet sind, wie Abbildungen, die in einen Totempfahl eingeschnitzt sind, mit Nervenzentren für die Kontrolle der einfachsten Reflexe am Grunde, aber auch mit Zentren, die mit den höchsten Denkprozessen im obersten Teil zu tun haben.

Geschäfte sind in ähnlicher Weise organisiert, wobei der Präsident der Firma seine hohe Stellung dadurch betont, daß seine Büros auf den oberen Fluren liegen. Ingenieure können die gleichen Grundprinzipien der Kontrolle anwenden, indem sie eine große Vielzahl von computergesteuerten Maschinen und Maschinensystemen konstruieren, alles, von elektronischen Steuerungen für Schiffe und Flugzeuge bis zu Flugkörpern, die ihren Weg selbst suchen, und zu automatischen »Roboter«-Fabriken, die von wenigen Leuten am Schaltpult betrieben werden.

Die Wissenschaft, die Mathematik komplexer Organisationen, wurde in den Anfangstagen des Zweiten Weltkrieges geboren. Sie erschien in Form eines Dokumentes mit dem Stempel *Top Secret* (Streng geheim) und dem Spitznamen die »Gelbe Gefahr«, weil es in einem hellgelben Aktendeckel herauskam – und es enthielt abstruse Gleichungen, die nur ihr Autor, Norbert Wiener vom Massachusetts Institute of Technology, und andere professionelle Mathematiker (und die nicht einmal alle) verstehen konnten. Einer der Kollegen Wieners am Institut übersetzte den Bericht in eine etwas einfachere Sprache für Forscher, die in höherer Mathematik nicht versiert waren.

Die zentralen Ideen der »Gelben Gefahr«, nunmehr eingebaut in sogenannte allgemeine Systemtheorien, finden gerade einen Platz in den Untersuchungen von komplexen Gesellschaften. In einer einleitenden Analyse diskutiert Flannery eine Reihe von Merkmalen, die Hierarchien entwickeln, wie beispielsweise »Beförderung«, den Aufstieg einer Institution oder einer Position auf eine höhere Ebene. Er weist darauf hin, daß etwas von dieser Art im frühgeschichtlichen Sumer eingetreten sein mag, wo zu einer Zeit Tempelbezirke auch Wohnhäuser einschlossen, die sich später zu größeren und eindrucksvolleren Palästen entwickelten und so auf den Aufstieg von Königen aus »einer Art von Priester-Manager-Rolle« hinweisen. Die Entwicklung öffentlicher Gebäude im Tal von Oaxaca könnte einen ähnlichen Prozeß darstellen.

Hierarchien haben auch ihre Schwächen, Tendenzen zum Zusammenbruch. Wenn sie auch normalerweise so funktionieren, daß sie die Dinge in einem Gleichgewicht halten und Angebot und Nachfrage auswägen, verursachen doch manchmal zu viele Mittelleute und zu wenig Information Schwierigkeiten. Wenn ein Beamter, dem eine der größeren Ackerbauzonen außerhalb der Stadt untersteht, feststellt, die seiner Kontrolle unterstellten Bauern erzielen die verlangte Getreidemenge nicht, so wird er eine allgemeine Steigerung der Produktion befehlen, gerade so viel, um das Defizit zu decken. Angenommen, seine Nachricht wird über Gebühr verzögert und die Minderproduktion dauert länger an als von ihm erwartet; in diesem Fall muß er eine zweite Nachricht senden, in der er eine weitere Steigerung anordnet. Nun aber angenommen, jemand weiter oben in der Hierarchie wurde über diese Entscheidungen nicht informiert und fordert in Erwartung eines Ansturms von Besuchern für eine anstehende Zeremonie auch mehr Getreide an:

Die praktische Auswirkung dieser Nachrichten könnte eine beträchtliche Überproduktion sein. Gibt es dann weitere Verzögerungen zwischen Nachrichten, die einen Ausgleich der Situation herbeiführen sollen, wenn sich also Signale gegenseitig auslöschen, kann die Produktion in die entgegengesetzte Richtung ausschlagen, was dann eine Getreideknappheit ergäbe. Derartige Schwankungen sind in den archäologischen Zeugnissen nicht aufgenommen worden, obwohl es interessant wäre, dies zu versuchen. Sie stellen jedoch eine typische »Krankheit« von Hierarchien dar. Sie geschehen in modernen Städten und können sehr wohl auch in Uruk, Mohenjo-daro oder Teotihuacán eingetreten sein. Auf einer höheren und komplizierteren Ebene könnte ein entsprechender Fehlschlag den Bau von immer größeren Monumenten durch aufeinanderfolgende Herrscher in Tikal erklären.

Überleben hängt von wirksamen Kontrollen und von Ausgleich ab. Alle komplexen Systeme mit bestimmten Zielsetzungen, sich selbst justierenden Maschinen, mit Individuen sowie Gesellschaften haben bestimmte eingebaute Standards und verhalten sich entsprechend. Bei einer automatischen Schiffssteuerung ist es vielleicht die genaue Kompaßeinstellung auf Nord: Die Vorrichtung besitzt Elemente, die dafür ausgelegt sind, Abweichungen von der Richtung zu messen und blitzschnell korrigierende Signale zu Motoren zu senden, die das Ruder entsprechend bewegen. Besondere Fühlerorgane im menschlichen Körper funktionieren praktisch in der gleichen Weise, um die Temperatur nahe an 36,5 Grad Celsius zu halten, den Blutzuckerspiegel auf 80 bis 120 Milligramm je 100 Kubikzentimeter, den Pulsschlag auf etwa 70 je Minute und so weiter.

Gesellschaften besitzen ähnliche Normen oder anerkannte Werte. Das könnte die Bedeutung der magischen Zahlen sein, auf die die Forscher von Zeit zu Zeit die Aufmerksamkeit lenken, wie beispielsweise 25 als die Anzahl von Personen in einer Gruppe von Jägern und Sammlern, etwa um 100 für frühgeschichtliche Dörfer, 500 für einen Jäger-und-Sammler-Stamm, 1000 für das Stadium, in dem ein Dorf beginnt, eine Reglementierung zu benötigen. Keine dieser Zahlen ist fixiert und unwandelbar. Die tatsächlichen Werte können weit streuen, sie haben aber doch die Neigung, sich um diesen Pegel einzupendeln.

Elizabeth Colson von der University of California in Berkeley bemerkt, daß Angehörige des Gwembe-Tonga-Stammes in Sambia im allgemeinen enge Beziehungen mit etwa zwei bis zwölf Personen unterhielten und sogar ihre Sorge um dahingegangene Vorfahren begrenzten: »Etwa acht bis 15 Schatten schienen für die Zwecke irgendeines lebenden Individuums ausreichend, und der Rest wurde einfach der Vergessenheit zugewiesen.« Am anderen

Ende der Skala weisen Sanders und Paul Baker von der Pennsylvania State University darauf hin, daß Dorfstämme, Vereinigungen von Dörfern, die gemeinsame Sitten, gemeinsame Sprache und ein Territorium teilten, bis zu 5000 oder 6000 Personen umfaßten, eine weitere ungefähre Grenze, jenseits derer entweder eine Teilung eintrat oder dadurch verhindert wurde, daß eine zentrale Autorität geschaffen wurde, die aus einem Häuptling und Leuten bestand, die seine Befehle bereitwillig ausführten.

Häuptlingsreiche waren in der Lage, weit größere Populationen, 10000 bis vielleicht 15000 oder mehr Personen, ohne große Schwierigkeiten zu vereinen. Vom kritischen Punkt an wurde aber die Teilungstendenz immer stärker. Beobachtungen in der Südsee und bei amerikanischen Indianern zeigen, daß Häuptlingsreiche mit bis zu 50000 Personen existierten, aber nur eine Generation oder höchstens zwei überdauerten. Derartige Situationen waren Anlaß für neue Kontrollordnungen, ein Stadium, in dem die Stabilität von einem anerkannten Häuptling unter Häuptlingen abhing, einem absoluten Herrscher und seinen Kohorten, kurz: von der Entstehung des Establishments.

Renfrew weist auf einige territoriale magische Zahlen hin. Er spricht von »Einheitszahlen früher Staaten« in den Niederungen der Mayas, in Sumer, Griechenland und anderen Regionen, Einheiten, die das Umland um Zentren wie Uruk und Tikal einschließen und im allgemeinen durchschnittlich 1500 Quadratkilometer umfassen. Nach seiner Analyse der Zeugnisse sind etwa ein Dutzend Einheitszahlen »in vielen frühen Zivilisationen vor der nachfolgenden Einigung« eingeschlossen, obwohl es in manchen Fällen beträchtlich mehr sein können. In einer einmaligen Methode konzentriert sich Johnson auf die Evolution von Hierarchien. Er nimmt an, daß Leute mit der Aufgabe konfrontiert werden, aufgrund von Informationen zu koordinieren und zu handeln, die von einer Reihe unterschiedlicher Quellen, sagen wir Gruppen, kommen, die mit Ackerbau, Handwerk, Handel, Kämpfen und so weiter beschäftigt sind – und er nimmt auch an, daß die Information deutlich durchkommt, daß das System immer glatt funktioniert im Sinne einer Koordination der Aktivitäten aller Gruppen und daß schließlich die Informationsmenge in gleichmäßigem Tempo zunimmt (als Folge von wachsender Bevölkerung oder zunehmender Komplexität oder von beidem).

Diese und wenige weitere einfache Annahmen dienen als Grundlage für ein theoretisches Modell für »die Entwicklung von Entscheidungen treffenden Organisationen«. Das Modell bringt gewisse Zahlen hervor und läßt bestimmte Ebenen der Komplexität erkennen, auf denen größere Veränderungen eintreten können. Mit zunehmender Komplexität und damit auch wachsender Zahl von Aktivitäten und Informationsquellen wird die Verwaltung einer Organisation immer schwieriger. Was die Reduzierung der Arbeitsbelastung angeht, so ist die Schaffung einer neuen Organisationsebene, einer elementaren Hierarchie erst sinnvoll, wenn die Anzahl der Gruppen auf sechs anwächst. Aus dem Modell geht auch hervor, daß eine Hierarchie am wirkungsvollsten funktioniert, wenn die Leute auf einer Ebene die Tätigkeit der nächstniedrigeren Ebene verwalten, und zwar von zwei oder drei bis zu maximal sechs Gruppen, wobei drei oder vier der Durchschnitt sein sollten.

Diese hypothetischen Werte können zu Beobachtungen in der Welt von heute in Bezug gebracht werden. Psychologische Tests zeigen auf, daß ein Verwalter im Durchschnitt etwa vier unterschiedliche Aktivitäten, mit einer Streuung von vielleicht drei bis sieben, koordinieren kann. Das könnte auch die Stabilität von Staaten wie dem der Yoruba in Westafrika erklären helfen, wo fünf Provinzen von einem König in der Hauptstadt verwaltet werden. Revolten scheinen eher üblich zu sein in Staaten mit neun oder mehr Provinzen, während kurz vor dem Zusammenbruch von Monte Alban seine Herrscher versuchten, 13 territoriale Einheiten zu kontrollieren. Ein Zahlenspiel zu betreiben ist immer riskant, aber trotzdem ist es faszinierend – und Johnson und andere Forscher stehen erst am Anfang der Entwicklung einer Theorie über die Bildung von Hierarchien.

Es gibt auch eine Suche nach verwandten Gesetzen für das Wachstum von Staaten. Rathje hat die allgemeine Systemtheorie gebraucht, um die Veränderungen durch Zeit, der »Fallkurve« der Maya-Kultur zu identifizieren. In Gesellschaftsbegriffe übersetzt: Die Theorie behauptet, daß, wenn die Bevölkerung einer Gemeinschaft wächst, auch ihre Komplexität mit einer unverhältnismäßig hohen Rate oder in der Potenz wächst. Demnach erzeugt jede Verdoppelung der Bevölkerung praktisch eine Vervierfachung von Informationen und Entscheidungen, also eine Vervierfachung der

Komplexität. Daraus bauen sich Spannungen auf, und Schritte müssen unternommen werden, diese wieder abzubauen und das System funktionierend zu halten.

Rathje zeigt auf, wie solche Schritte, durch die Theorie vorausgesagt, in den tatsächlichen archäologischen Zeugnissen aufgespürt werden können. Über 1000 Jahre lang war Kontrolle ein umfangreiches und teures Geschäft, in der Hand einer Elite-Minorität. Ungeheure Mühen gingen in den Bau von rituellen Zentren wie jenem in Tikal, eindrucksvoll nicht nur wegen ihrer Wucht, sondern auch wegen des Geschicks und der Kunst, die für ihre Gestaltung aufgewandt wurden – Steine, sauber geschnitten und aneinandergefügt und graviert, Skulpturen in Stein und Stuck, auffallende Steinbögen.

Das änderte sich nach 1200 n. Chr. Die Stadt Mayapán in der Nähe der nördlichen Spitze der Yucatán-Halbinsel in Mexiko hatte einen relativ kleinen Haupttempel, und ihre Monumente waren nicht mit der gleichen Sorgfalt wie früher errichtet. Anstatt neue Steine aus dem Steinbruch zu holen, gebrauchten die Leute alte Steine erneut, machten sich nicht die Mühe, sie genau zusammenzusetzen, und bedeckten das Mauerwerk mit dicken Schichten von Putz. Wie ein Ausgräber es nannte, »es scheint nur wenig Bemühung um Dauerhaftigkeit vorzuherrschen, nur Aufmachung und falsche Fassaden«, und dies alles ist als Anzeichen für Dekadenz interpretiert worden.

Die Dekadenz eines Mannes kann jedoch die Renaissance eines anderen sein. Weniger Mühe wurde für die Sorge um Eliten und für ihre Ernährung aufgewandt, und dafür mehr für den Rest der Bevölkerung; beispielsweise für eine breitere Verteilung von Wohlstand und einen höheren Lebensstandard. Der Gebrauch alter Steine in neuen Gebäuden könnte als eine Form von Umweltschutz oder Recycling betrachtet werden. Arbeiter bauten Häuser mit Mörtel und Balken und mit Strohdächern anstelle von Dächern, die von Steinbögen getragen wurden. Tonwaren wurden zunehmend für Massenmärkte hergestellt. Sie hatten genormte Formen und Muster und wurden nach Methoden der Massenproduktion erzeugt, was die Vorstellung zu bestätigen scheint, daß mehr Menschen an den materiellen Dingen der »Mittelklasse« teilhatten.

Das Endstadium im Wachstum der Maya-Gesellschaft könnte

eine Reaktion auf eine zu starke Standardisierung, auf zuviel Reglementierung gewesen sein. Zwei Anzeichen für die Veränderung sind eine Zunahme in der Zahl der örtlichen Heiligtümer oder, in den Worten von Proskouriakoff, eine »intensive Entwicklung privater Riten« und eine interessante Abwandlung der Methoden für Massenproduktion – Tonwaren und Figurinen noch immer in Mengen hergestellt, aber jetzt mit austauschbaren Teilen, wodurch die Leute eine große Vielfalt von Formen und Mustern zusammensetzen konnten. Rathje glaubt, daß die Verschiebung von einer fast totalen Kontrolle durch Eliten zu mehr materiellem Wohlstand für mehr Leute und zu einer vermehrten lokalen Vielfalt und Autonomie ein Muster darstellen könnte, das auch auf andere Gesellschaften zutrifft. Er stellt fest, daß die Pyramiden von Ägypten wie die Maya-Tempel und -Monumente ebenfalls dazu neigten, in Größe und Qualität der Arbeitsausführung abzunehmen.

Viele Eliten sind seit der Gründung der frühesten Staaten gekommen und gegangen. Doch die ersten Eliten hatten eine besondere Aura, einen besonderen Grad von Macht und Göttlichkeit, einfach nur weil sie die ersten waren, und der Schock bei ihrem Dahingehen muß ebenfalls etwas ganz Besonderes gewesen sein. Die moderne Gesellschaft steht noch immer stark unter dem Einfluß von Prunk, Förmlichkeit und Ritual, doch es ist schwierig, sich vorzustellen, wie absolut die frühen Eliten und die übrige Bevölkerung einander verpflichtet gewesen sein müssen.

Alles, was sie kannten und glaubten, das volle Gewicht von Autorität und Tradition der Vorfahren, verdichtete sich bei Zeremonien zu einem weißglühenden Brennpunkt. Was mit einer Schamanen-Vorstellung in Trance unter Menschen begann, die um Lagerfeuer versammelt waren, endete schließlich in Schauspielen, die von Hohenpriestern und ihrem Gefolge auf erhöhten Plattformen, die sich über die Menge erhoben, zelebriert wurden. Da war ein Singen und Daherleiern, Worte, die immer wieder und wieder aufgesagt und in metrischem Singsang rezitiert wurden, am Ende der Zeilen unterstrichen von Reimen. Musik, die im Hintergrund den Ton angab und mit Echos zu Creszendos und Höhepunkten anstieg, verstärkte den Takt. Tänzer mit Masken richteten sich nach den Worten und der Musik, während sie die Rollen von Göttern und Helden spielten. Die Zuschauer bewegten sich im Rhythmus und leierten rituelle Antworten.

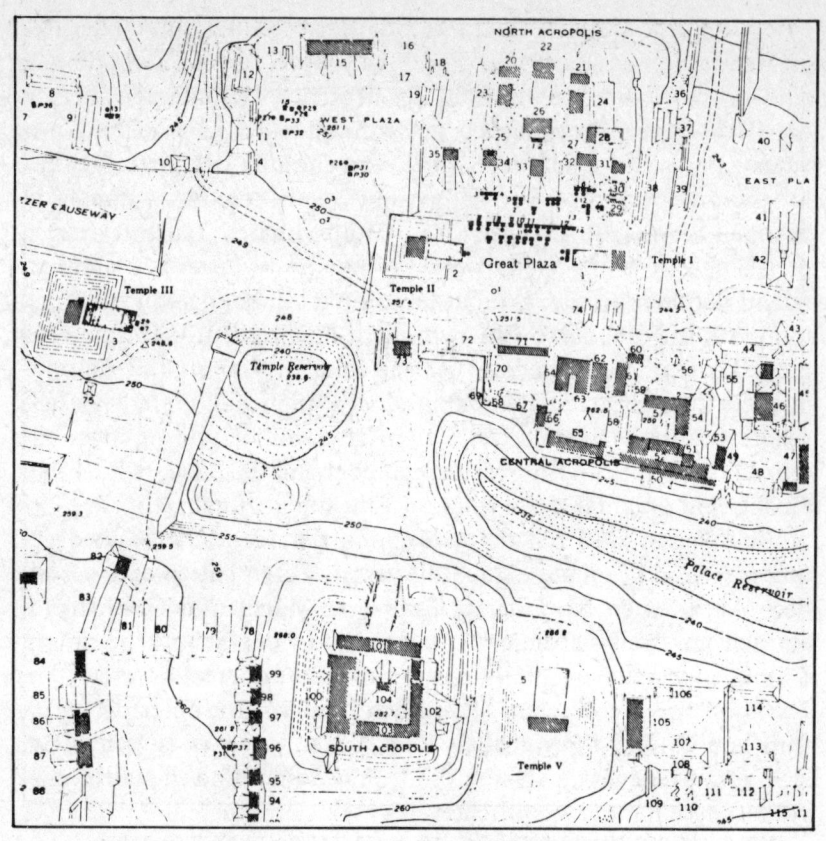

Zentralisierter Zeremonialbereich in einer frühen Stadt.
(Quelle: William L. Rathje)

Auch der Himmel war einbezogen. Oberhäuptlinge und Könige assoziierten sich oft mit Himmelskörpern, als Söhne oder Brüder der Sonne, und das schon etwas mehr als nur im bildlichen Sinne. Als Götter auf Erden hatten die Führer die Autorität, sogar das Aufgehen und Untergehen der Sonne selbst zu beeinflussen. Vielleicht akzeptierten nicht alle ein gegebenes Dogma. Die Archäologie kann uns nur wenig über die Tiefe und Gültigkeit uralten Glaubens sagen. Aber damals wie heute müssen doch viele Menschen das geglaubt haben, was sie glauben sollten.

All diese ausgeklügelten Mechanismen von Zeremonie müssen eine konzentrierte Wirkung gehabt haben, vergleichbar jener, die

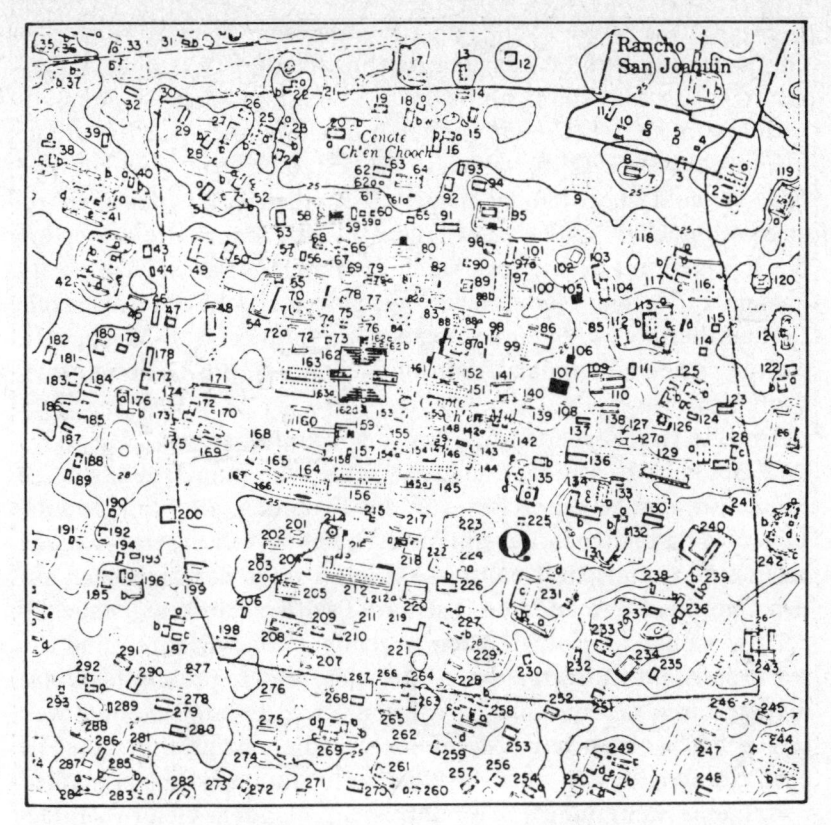

Verstreut liegende Heiligtümer (schwarz) in einer späteren Stadt (Mayapan).
(Quelle: William L. Rathje)

sich Eric Havelock von der Yale University für die frühen Tage der Griechen vorstellt: »Sie stellten eine Mobilisierung der Kräfte des Unterbewußtseins zur Unterstützung des Bewußten dar... Die Zuschauer fanden Freude und Entspannung, während sie selbst teilweise hypnotisiert waren von der Antwort auf eine Reihe von rhythmischen Mustern, die verbal, vokal, instrumental und körperlich, alle zusammen in Bewegung gesetzt, in ihrer Wirkung übereinstimmten.« Menschen, die von einer Massenveranstaltung mitgerissen wurden, von einem Chor der Verständigung, waren reif für Inspiration, für Anweisungen und Bewunderung und auch für Vergnügen.

Zeremonien dieses Maßstabs funktionierten in erster Linie zur Glorifizierung und Bewahrung der angehäuften Weisheit vergangener Zeiten. Gewöhnliche Unterhaltung, gesprochene Kommunikation von einer Person zur anderen in alltäglicher »Prosa«, hätte niemals diese Wirkung gezeigt. Wie Studien von Gerücht und Klatsch aufgezeigt haben, neigen Menschen dazu, das Gehörte auszuschmücken und zu entstellen, bis die dann zirkulierenden Nachrichten mit dem ursprünglich Erzählten nur noch wenig Ähnlichkeit aufweisen. Nur eine periodisch wiederholte eindrucksvolle Bombardierung der Sinne, eine Überflutung des Verstandes, konnte sicherstellen, daß Tradition Generation um Generation lebendig blieb.

Tradition verkörperte alles, was der Erinnerung wert war: Sage und Geschichte, was man glauben sollte, wie man sich verhalten sollte und wem zu gehorchen war, die Tugenden, die Ethik und die Loyalität im täglichen Leben. Wahrscheinlich verkörperte sie auch bestimmte technische Kenntnisse. Die Gesänge der Menschen auf den Carolinen und anderen Inseln im Pazifik schlossen genaue Segelanweisungen ein sowie auch Legenden von Vorfahren und deren Reisen; und Informationen über viele andere praktische Dinge mögen durch Gesang und Ritual von Experten an Neulinge weitergegeben worden sein. Zeremonie war die einzige wirksame Art zur Erlernung dessen, was Havelock »die Stammes-Enzyklopädie« nennt, eine Sammlung von Kenntnissen, die »dem Gehirn der Gemeinschaft eingeprägt wurden« – allerdings nur bis zur Erfindung der Schrift.

Die Schrift brachte größere Veränderungen in eine Welt, in der Tradition immer durch Wiederholung und Reime mitgeteilt worden war. Sie änderte das Wesen der Zeremonie und damit auch das Wesen des Denkens selbst. Sie könnte entstanden sein aus den praktischsten und irdischsten Gründen, in den meisten Regionen wie in Sumer und auf der Ebene von Susiana in einem kritischen Stadium, als das Gedächtnis allein nicht mehr mit den Einzelheiten von zunehmend zahlreicheren und komplizierteren Transaktionen fertig wurde, die mit der Versorgung mit Nahrung und anderen Gütern oder mit der Verhinderung und Kontrolle großangelegter Betrügereien zusammenhingen. Die Schrift wurde bald für die Aufzeichnung eines weiten Bereichs von Aktivitäten, von den Errungenschaften von Königen und den Kommunikationen mit verstorbenen Vorfahren bis zu Heldengedichten, Gesetzen und Heilungsmethoden gebraucht.

Eine Einheit war zerschlagen worden. Religion und Erziehung, Unterhaltung und die Künste: alles, was einst ausschließlich im Ritual zusammengefaßt gewesen war, begann nunmehr eigenständiges Leben zu gewinnen. Es wurden jetzt Spezialitäten, getrennte Gebiete der Bemühungen. Eine neue Ebene von Analyse war geboren. Es war eine Sache, in großen öffentlichen Zusammenkünften mitgerissen und erregt zu werden, und etwas ganz anderes, allein dazusitzen und zu lesen, was gesagt worden war, ganz für sich und ohne Leidenschaft und Gepränge. Mit den Worten von Jack Goody von der Universität Cambridge ist dies der Unterschied »zwischen wildem und domestiziertem Denken«.

Eine seltene Gelegenheit, den Gedanken im eigentlichen Prozeß der Domestizierung zu beobachten, hat sich in Westafrika ergeben, wo Sylvia Scribner und Michael Cole von der Rockefeller University in New York die Bedeutung einer Silbenschrift studieren, die zwischen 1825 und 1850 von den Vai-Leuten in Liberia aus dem Nichts erfunden wurde. Sie studieren Dokumente, die in einem Dorf im Hinterland entdeckt wurden und in dieser Schrift geschrieben sind – und die Hinweise darauf geben, wie die Anfangstage der Schrift das Denken und das Verhalten berührt haben mögen.

In Zusammenarbeit mit Scribner und Cole analysierte Goody eine Reihe von Familienaufzeichnungen, die die Faszination eines Mannes durch Daten, Namen und Zeitspannen erkennen lassen. Der Schriftführer vermerkte, wann er seine erste Frau heiratete, wann er sich von ihr scheiden ließ, wann sie starb, die Zeit, die zwischen der Heirat und ihrer Scheidung und ihrem Tode vergangen war, und so weiter. Er stellte sich jene Art von genauen und »ausgedachten« Fragen, die er in dieser Anzahl niemals gestellt hätte (oder beantwortet), hätte er die Fakten nicht in seine Bücher eingetragen. »Er manipuliert die Zahlen in einer Art und Weise, die durch die Situation gar nicht unmittelbar gefordert wird«, sagen die Forscher, »die einen aber an die Handelsweise von Kindern erinnert, die von ihnen in der Schule dauernd verlangt wird – Zahlenspiele zu ihrem eigenen Nutzen.«

Er führte Beitragsaufzeichnungen für etwa 450 Mitglieder einer religiösen Organisation über eine Zeitspanne von 20 Jahren, indem

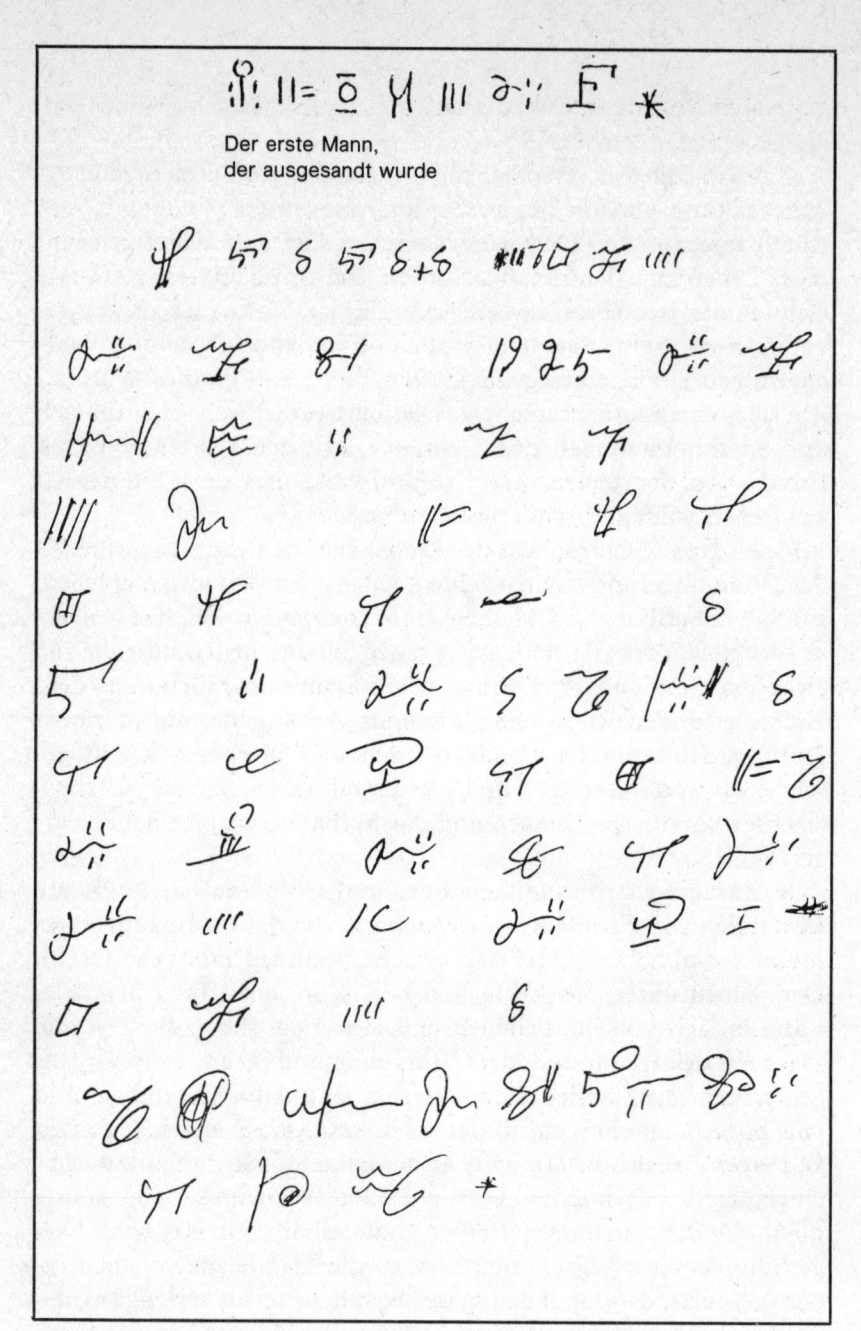

Die Erfindung der Schrift: eine Vai-Schrift aus Liberia, neunzehntes Jahrhundert, aus einem Geschichtsbuch, das von einem Mann in Diyak, Provinz Cape Mount, geschrieben wurde.
(Quelle: Sylvia Scribner und Michael Coe, Rockefeller University)

er Zahlungen nach Geschlecht, Clan, Stadt und phonetischen Ähnlichkeiten von Namen aufschrieb. Eine bemerkenswerte Wirkung der Aufzeichnungen ist es gewesen, Kategorien wie »Mitglied« zu bilden, unabhängig von seiner oder ihrer Person oder der Anwesenheit bei Zusammenkünften, völlig basierend auf Kriterien wie bezahlte oder geschuldete Beiträge. Schon der Vorgang des Niederschreibens von Namen und Zahlen führt zu Innovationen. Er ermöglicht neue Wege der Organisation von Information, stimuliert Experimente mit Codes und Indizes und regt neue Arten von Transaktionen an. Gleichartige Experimente wurden wahrscheinlich auch in prähistorischer Zeit durchgeführt. Einige der in Uruk von 3500 v. Chr. ausgegrabenen Tontäfelchen enthalten ebenfalls Listen, die anscheinend keinen praktischen Wert besaßen, Listen von Bäumen und Tieren, Göttern und Fischen.

Diese Art von Tätigkeit war der Beginn von Forschung. Listen aufstellen, Dinge beschreiben und klassifizieren ist der erste Schritt zur Etablierung einer Wissenschaft. Die tiefgehendsten Einsichten kommen danach. Aus dem Sehen vieler unterschiedlicher Baumarten den Begriff »Baum« und später den Begriff »Pflanze« und noch später »lebendes Ding« oder »Spezies« herauszuziehen ist ein Prozeß zunehmender Abstraktion und Verallgemeinerung. Er verlangt die Schaffung neuer Arten von Hierarchien, Hierarchien aufeinanderfolgender höherer und umfassenderer Kategorien, alle dem guten Zweck dienend, mehr über die Welt und des Menschen Platz in ihr zu lernen.

Die Schrift spornte an zu Analyse und Nachforschung. Sie spielte eine Hauptrolle in der andauernden Suche nach Realitäten hinter der Rhetorik, bei der Schaffung einer Art zu denken und zu antworten, die sich von der durch die halbhypnotischen Mächte einer Massenzeremonie geschaffenen unterscheidet. Wie die Stadt und der Staat war dies auch etwas Neues unter der Sonne. Das große Problem war immer, und ist es noch, auszubrechen aus den Schablonen sich wiederholender Konflikte, aus Beleidigungen und Gesicht-Wahren, aus Siegen und Niederlagen – und die vom Menschen gemachte Umwelt so sicher und so reich zu machen wie die beste der alten und fast schon verschwundenen natürlichen Umwelten aus der Zeit der Jäger und Sammler.

Literaturverzeichnis

KAPITEL 1

Eisenberg, John F., »The Social Organization of Mammals«, Handbuch der Zoologie, Bd. 10 (7), 1965
Holling, C. S. und Goldberg, M. A., »Ecology of Planning«, Journal of the American Institute of Planning, Juli 1971
Levine, Norman D. u. a., Human Ecology, North Scituate 1975
Pfeiffer, John E., The Emergence of Man, New York 1972
Rappaport, Roy W., Pigs for the Ancestors, New Haven 1967
Ders., »The Flow of Energy in an Agricultural Society«, Scientific American, September 1971
Sahlins, Marshall D., Tribesmen, Englewood Cliffs 1968

KAPITEL 2

Bicchieri, M. G., (Hrsg.), Hunters and Gatherers Today, New York 1972
Gould, Richard A., Yiwara: Foragers of the Australian Desert, New York 1969
Isaac, Glynn L.; Leakey, Richard E. F. und Behrensmeyer, Anna K., »Archaeological Traces of Early Hominid Activities, East of Lake Rudolf, Kenya«, Science, 17. September 1971
Klein, Richard G., »Ice-Age Hunters of the Ukraine«, Scientific American, Juni 1974
Lee, Richard Borshay, »Eating Christmas in the Kalahari«, Natural History, Dezember 1969
Ders., und DeVore, Irven, Man the Hunter, Chicago 1968
Pfeiffer, John E., Man the Hunter, Horizon Frühjahr 1971
Solecki, Ralph S., »Shanidar IV, A Neanderthal Flower Burial in Northern Iraq«, Science, 28. November 1975
Teleki, Geza, The Predatory Behavior of Wild Chimpanzees, Lewisburg 1973
Ders., »The Omnivorous Chimpanzees«, Scientific American, Januar 1973
Thomas, Elizabeth Marshall, The Harmless People, New York 1959

Ucko, Peter und Rosenfeld, Andrée, Palaeolithic Cave Art, London 1967
Van Lawick-Goodall, Jane, In the Shadow of Man, Boston 1971
Wobst, H. Martin, »Stylistic Behavior and Information Exchange«, Museum of Anthropology, Anthropological Papers, Nr. 61, Ann Arbor 1976

KAPITEL 3

Allan, William, »Ecology, Techniques and Settlement Patterns« in: Man, Settlement and Urbanism, Cambridge 1972
Binford, Lewis R., »Post-Pleistocene Adaptations«, in: New Perspectives in Archeology, Chicago 1968
Boserup, Ester, The Conditions of Agricultural Growth, Chicago 1965
Braidwood, R. J., Prehistoric Men, 8. Ausg., Glenview 1975
CLIMAP Project Members, »The Surface of the Ice Age Earth«, Science, 19. März 1976
Flannery, Kent V., »The Origines of Agriculture«, Annual Review of Anthropology, Bd. 2, 1973
Frisch, R. E., »Critical Weight at Menarche, Initiation of the Adolescent Growth Spurt, and Control of Puberty«, in: Control of Puberty, New York 1974
Harris, David R., »Alternate Pathways Towards Agriculture«, in: Origins of Agriculture, Chicago 1966
Ders., »Settling Down: An Evolutionary Model for the Transformation of Mobile Bands Into Sedentary Communities«, in: The Evolution of Social Systems, London 1976
Higgs, E. S., (Hrsg.), Papers in Economic Prehistory, New York 1972
Ders., Palaeoeconomy, New York 1974
Ders., und Jarman, M. A., »The Origins of Agriculture: A Reconsideration«, American Antiquity, März 1969
Howell, Nancy, »Toward a Uniformitarian Theory of Human Paleodemography«, Journal of Human Evolution, Bd. 5, S. 25, 1976
Pfeiffer, John E., »The First Food Crisis«, Horizon Herbst 1975
Ders., »A Note on the Problem of Basic Causes«, in: Origins of African Plant Domestication, Chicago 1976
Sahlins, Marshall D., Stone Age Economics, Chicago 1972
Scudder, Thayer, »Gathering Among African Woodland Savannah Cultivators«, Institute for African Studies, University of Zambia, 1971
Smith, Philip E. L., »Changes in Population Pressure in Archaeological Explanation«, World Archaeology, Juni 1972
Ders., Food Production and Its Consequences, Menlo Park 1976
Struever, Stuart (Hrsg.), Prehistoric Agriculture, New York 1971
Ucko, Peter J. und Dimbleby, G. W., (Hrsg.), The Domestication and Exploitation of Plants and Animals, Chicago 1969

KAPITEL 4

Adams, Robert McC., The Evolution of Urban Society, Chicago 1966
Chagnon, Napoleon A., Yanomamö, The Fierce People, New York 1968
Ders., Studying the Yanomamö, New York 1974
Crumley, Carole L., »Toward a Locational Definition of State Systems of Settlement«, American Anthropologist, März 1976
Flannery, Kent V., »The Cultural Evolution of Civilizations«, Annual Review of Ecology and Systematics, Bd. 3, 1972
Peebles, Christopher S., »Moundville and Surrounding Sites: Some Structural Considerations for Mortuary Practices«, Memoirs of the Society for American Archaeology 25, 1971
Ders., und Kus, Susan M., »Some Archaeological Correlates of Ranked Societies«, in: The Emergence of the Mississippian, Albuquerque 1978
Pfeiffer, John E., »How Man Invented Cities«, Horizon, Herbst 1972
Ucko, Peter J.; Tringham, Ruth und Dimbleby, G. W., Man, Settlement and Urbanism, Cambridge, Mass., 1972
Wheatley, Paul, The Pivot of the Four Quarters, Chicago 1971
Wright, Henry T. und Johnson, Gregory A., »Population, Exchange and Early State Formation in Southwestern Iran«, American Anthropologist, Juni 1975

KAPITEL 5

Binford, Lewis R., »Hatchery West: Site Definition – Surface Distribution of Cultural Items«, in: An Archaeological Perspective, New York 1972
Cook, Della C., »Pathologic States and Disease Process in Illinois Woodland Populations: An Epidemiologic Approach«, Dissertation, University of Chicago 1976
Drew, Isabella Milling; Perkins, Dexter und Daly, Patricia, »Prehistoric Domestication of Animals: Effects on Bone Structure«, Science, 22. Januar 1971
Ebert, James I. und Hitchcock, Robert K., Chaco Canyon's Mysterious Highways, Horizon, Herbst 1975
Friedrich, Margaret Hardin, »Design Structure and Social Interaction: Archaeological Implications of an Ethnographic Analysis«, American Antiquity, August 1970
Hammond, Norman, »The Planning of a Maya Ceremonial Center«, Scientific American, Mai 1972
Hill, James N., »Individual Variability in Ceramics, and the Study of Prehistoric Social Organizations«, in: The Individual in Prehistory: An Approach to the Past, New York 1976
Hole, Frank; Flannery, Kent V. und Neely, James A., »Prehistory and Human Ecology of the Deh Luran Plain«, Memoirs of the Museum of Anthropology, Nr. 1, University of Michigan 1969

Reed, Charles A., »Animal Domestication in the Prehistoric Near East«, Science, 19. Dezember 1959
Ders., und Palmer, Harris A., »A Late Quaternary Goat in North America?«, Zeitschrift für Säugetierkunde, Bd. 29, 1964, S. 372
Ders., und Schaffer, William H., »How to Tell the Sheep from the Goats«, Field Museum Bulletin, März 1972
Skinner, G. William, »Marketing and Social Structure in Rural China«, Teil I und II, Journal of Asian Studies, Bd. 24, 1975-76, S. 3-43, 195-228
Zeder, Melinda A., »Discrimination Between the Bones of Caprines from Different Ecosystems in the Near East: With the Use of Osteological Microstructure and Chemical Composition«, Diplomarbeit, Museum of Anthropology, University of Michigan 1976

KAPITEL 6

Cambel, Halet und Braidwood, Robert J., »An Early Farming Village in Turkey«, Scientific American, März 1970
Flannery, Kent V., »The Ecology of Early Food Production in Mesopotamia«, Science, 12. März 1965
Ders., »The Origins of the Village as a Settlement Type in Mesoamerica and the Near East: A Comparative Study«, in: Man, Settlement and Urbanism, Cambridge, Mass., 1972
Harlan, Jack R., »A Wild Wheat Harvest in Turkey«, Archaeology, Juni 1967
Mellaart, James, »A Neolithic City in Turkey«, Scientific American, April 1964
Oates, Joan, »The Background and Development of Early Farming Communities in Mesopotamia and the Zagros«, Proceedings of the Prehistoric Society, 1973
Renfrew, Jane M., Palaeoethnobotany, New York 1973
Saxon, Earl C., »Prehistoric Economies of the Israeli and Algerian Littorals«, Dissertation, Jesus College, Cambridre 1976
Smith, Philip E. L., »Ganj Dareh Tepe«, Iran, XIII, 1975
Ders., und Young, T. Cuyler, Jr., »The Evolution of Early Agriculture and Culture in Greater Mesopotamia: A Trial Model«, in: Population Growth, Anthropological Implications, Cambridge, Mass., 1972
Vita-Finzi, C. und Higgs, E. S., »Prehistoric Economy in the Mount Carmel Area of Palestine: Site Catchment Analysis«, Proceedings of the Prehistoric Society for 1970
Watson, Patty Jo, »Clues to Iranian Prehistory in Modern Village Life«, Expedition, Frühjahr 1966
Zohary, Daniel, »The Progenitors of Wheat and Barley in Relation to Domestication and Agriculture Dispersal in the Old World«, in: The Domestication and Exploitation of Plants and Animals, London 1969

KAPITEL 7

Adams, Robert McC., Land Behind Baghdad, Chicago 1965
Ders., »Patterns of Urbanization in Early Southern Mesopotamia«, in: Man, Settlement and Urbanism, Cambridge, Mass., 1972
Ders., »The Mesopotamian Social Landscape: A View From the Frontier«, in: Reconstructing Complex Societies, Supplement to Bulletin of the American Schools of Oriental Research, Nr. 20, 1975
Ders., und Nissen, Hans J., The Uruk Countryside, Chicago 1972
DeCardi, Beatrice, »The British Archaeological Expedition to Qatar 1973-74«, Antiquity, September 1974
Gibson, McGuire, »Population Shift and the Rise of Mesopotamian Civilization«, in: The Explanation of Cultural Change: Models in Prehistory, London 1972
Ders., »Violation of Fallow and Engineered Disaster in Mesopotamian Civilization«, in: Irrigation's Impact on Society, Tucson 1973
Johnson, Gregory A., »Locational Analysis and the Investigation of Uruk Local Exchange Systems«, in: Ancient Civilization and Trade, Albuquerque 1975
Nissen, Hans J., »The City Wall of Uruk«, in: The Explanation of Cultural Change: Models in Prehistory, London 1972
Oates, Joan, »Prehistory in Northeastern Arabia«, Antiquity, März 1976
Wright, Henry T., »The Administration of Rural Production in an Early Mesopotamian Town«, Museum for Anthropology, Anthropological Papers, Nr. 38, Ann Arbor 1969

KAPITEL 8

Barth, Fredrik, Nomads of South Persia, Boston 1961
Beale, Thomas W., »Early Trade in Highland Iran: A View from a Source Area«, World Archaeology, Oktober 1973
Cronin, Vincent, The Last Migration, London 1957
Dizon, J. E.; Caan, J. B. und Renfrew, Colin, »Obsidian and the Origins of Trade«, Scientific American, März 1968
Hole, Frank, »Excavation of Tepe Tula'i«, Proceedings of the IIIrd Annual Symposium on Archaeology in Iran, November 1974
Johnson, Gregory Alan, »Local Exchange and Early State Development in Southwestern Iran«, Museum for Anthropology, Anthropological Papers, Nr. 51, Ann Arbor 1973
Ders., »Early State Organization in Southwestern Iran: Preliminary Field Report«, Proceedings of the IVth Annual Symposium on Archaeological Research in Iran, November 1975
Lamberg-Karlovsky, C. C., »Trade Mechanisms in Indus-Mesopotamian Interrelations«, Journal of the American Oriental Society, April-Juni 1972

Ders., »Third Millenium Models of Exchange and Modes of Production«, in: Ancient Civilization and Trade, Albuquerque 1975
Ders., und Lamberg-Karlovsky, Martha, »An Early City in Iran«, Scientific American, Juni 1971
Lattimore, Owen, Inner Asian Frontiers of China, Boston 1962
Lees, Susan H. und Bates, Daniel G., »The Origins of Specialized Nomadic Pastoralism: A Systematic Model«, American Antiquity, April 1974
Lisitsina, G. N., »The Earliest Irrigation in Turkmenia«, Antiquity, Dezember 1969
Masson, V. M., »Altin-depe and the Bull Cult«, Antiquity, März 1976
Ders., und Sarianidi, V. I., Central Asia, New York 1972
Sumner, William, »Excavations at Malyan, 1971–72«, Iran, XII, 1974
Tosi, Maurizio, »The Early Urban Revolution and Settlement Pattern in the Indo-European Borderland«, in: The Explanation of Cultural Change: Models in Prehistory, London 1972
Ders., und Piperno, Marcello, »Lithic Technology Behind the Ancient Lapis Lazuli Trade«, Expedition, Februar 1973
Weiss, Harvey und Young, T. Cuyler, Jr., »The Merchant of Susa«, Iran, XIII, 1975

KAPITEL 9

Allchin, Bridget und Raymond, The Birth of Indian Civilization, Baltimore 1968
Clauson, Gerard und Chadwick, John, »The Indus Script Deciphered?«, Antiquity, September 1969
Dales, George F., »Excavations at Balakot, Pakistan, 1973«, Journal of Field Archaeology, Bd. 1, 1974
Fairservis, Walter A., Jr., »The Origin, Character and Decline of an Early Civilization«, American Museum of Natural History Novitates, Nr. 2302, 20. Oktober 1967
Ders., The Roots of Ancient India, New York 1971
Masson, V. M., »Prehistoric Settlement Patterns in Soviet Central Asia«, in: The Explanation of Cultural Change: Models in Prehistory, London 1972
Mughal, Mohammad Rafique, »The Early Harappan Period in the Greater Indus Valley and Northern Baluchistan«, Dissertation, University of Pennsylvania, 1970
Ders., »New Evidence of the Early Harappan Culture From Jalilpur, Pakistan«, Archaeology, Bd. 27, 1974
Possehl, Gregory L., »Lothal: A Gateway Settlement of the Harappan Civilization«, in: Studies of the Paleoecology of South Asia, Ithaca, N. Y. 1976
Ders., »Variation and Change in the Indus Civilization«, Dissertation, University of Chicago, 1974

Ders., (Hrsg.), »Papers on the Indus Civilization«, Delhi, India, Oriental Publishers, 1977
Singh, Gurdip, »The Indus Valley Culture«, Archaeology and Physical Anthropology in Oceania, Juli 1971
Wheeler, Sir Mortimer, The Indus Civilization, 3. Ausg., New York 1968

KAPITEL 10

Bayard, Donn T., »Non Nok Tha: The 1968 Excavation«, University of Otago Studies in Prehistoric Anthropology 4, 1971
Ders., »An Early Indigenous Bronze Technology in Northeastern Thailand: Its Implications for the Prehistory of East Asia«, in: The Diffusion of Material Culture, Canberra 1978
Bronson, Bennet und Dales, George F., »Excavations at Chansen, Thailand, 1968 und 1969: A Preliminary Report«, Asian Perspectives, Bd. XV, 1973
Chang, Kwang-chih, The Archaeology of Ancient China, New Haven 1968
Ders., »The Beginnings of Agriculture in the Far East«, Antiquity, Bd. LXIV, 1970, S. 175
Ders., »Man and Land in Central Taiwan: The First Two Years of an Interdisciplinary Project, Journal of Field Archaeology, Bd. 1, Nr. 3/4, 1974
Ders., »Urbanism and the King in Ancient China«, World Archaeology, Juni 1974
Gorman, Chester F., »Hoabinhian: A Pebble-Tool Complex with Early Plant Associations in Southeast Asia«, Science, 14. Februar 1969
Ders., »The Hoabinhian and After: Subsistence Patterns in Southeast Asia During the Late Pleistocene and Early Recent Period«, World Archaeology, Februar 1971
Ders., »A Priori Models and Thai Prehistory: A Reconsideration of the Beginnings of Agriculture in Southeastern Asia«, in: Origins of Agriculture, Chicago 1976
Ho, Ping-ti, »The Loess and the Origin of Chinese Agriculture«, American Historical Review, Oktober 1969
Ho, Ping-ti, The Cradle of the East, Chicago 1975
Honan, William H., »The Case of the Hot Pots: An Archaeological Thriller«, New York Times Magazine, 8. Juni 1975
Hutterer, Karl L., »An Evolutionary Approach to the Southeast Asian Cultural Sequence«, Current Anthropology, Juni 1976
Li, Hui-Lin, »The Origin of Cultivated Plants in Southeast Asia«, Economic Botany, Januar-März 1970
Ng, Ronald C. Y., »Population Explosion on the North Thai Hills«, Geographical Magazine, Januar 1971
Solheim, Wilhelm G., II, »Southeast Asia and the West«, Science, 25. August 1967

Ders., »Early Man in Southeast Asia«, Expedition, Frühjahr 1972
Ders., »An Earlier Agricultural Revolution«, Scientific American, April 1972
Treistman, Judith M., The Prehistory of China, New York 1972
Wheatley, Paul, »Archaeology and the Chinese City«, World Archaeology, Oktober 1970
Ders., The Pivot of the Four Quarters, Chicago 1971
Ders., »The Earliest Cities in Indianized Southeastern Asia«, Vortrag auf dem Londoner Colloquium über das frühgeschichtliche Südostasien, September 1973

KAPITEL 11

Achebe, Chinua, Things Fall Apart, Greenwich, Conn., 1959
Bisson, Michael S., »Copper Currency in Central Africa: The Archaeological Evidence«, World Archaeology, Februar 1975
Bloch, Maurice, »The Disconnection Between Power and Rank as a Process: An Outline of the Development of Kingdoms in Central Madagascar«, in: The Evolution of Social Systems, London 1976
Charney, J. Stone, P. H. und Quick, W. J., »Drought in the Sahara: A Biogeophysical Feedback Mechanism«, Science, 7. Februar 1975
Clark, J. Desmond, »A Re-Examination of the Evidence for Agricultural Origins in the Nile Valley«, Proceedings of the Prehistoric Society, Bd. XXXVII, Teil II, Dezember 1971
Ders., »Mobility and Settlement Patterns in Sub-Saharan Africa: A Comparison of Late Prehistoric Hunter-Gatherers and Early Agricultural Occupation Units«, in: Man, Settlement and Urbanism, Cambridge, Mass., 1972
Ders., »Prehistoric Populations and Pressures Favoring Plant Domestication in Africa«, in: Origins of African Plant Domestication, Chicago 1976
Davidson, Basil, A History of West Africa to the Nineteenth Century, New York 1966
Ders., African Kingdoms, New York 1971
Fagg, Bernard, »Recent Work in West Africa: New Light on the Nok Culture«, World Archaeology, Juni 1969
Hoffman, Michael A., »City of the Hawk«, Expedition, Frühjahr 1976
Ders., Egypt Before the Pharaohs – The Prehistoric Foundations of Egyptian Civilization, New York 1977
Klein, Richard, G., »Environment and Subsistence of Prehistoric Man in the Southern Cape Province, South Africa«, World Archaeology, Februar 1974
Kottak, Conrad P., »Cultural Adaptation, Kinship, and Descent in Madagascar«, Southwestern Journal of Anthropology, Sommer 1971

Ders., »Ecological Variables in the Origin and Evolution of African States: The Buganda Example«, Comparative Studies in Society and History, Juni 1972
Munson, Patrick J., »Archaeological Data on the Origins of Cultivation in the Southwest Sahara and Its Implications for West Africa«, in: Origins of African Plant Domestication, Chicago 1976
Netting, Robert McC., Hill Farmers of Nigeria, Seattle 1968
Ders., Ecosystems in Process: A Comparative Study of Change in Two West African Societies, National Museums of Canada, Bulletin 20, November 1969
Oliver, Roland und Fagan, Brian M., Africa in the Iron Age, London 1975
Posnansky, Merrick, »Bantu Genesis – Archaeological Reflexions«, Journal of African History, Bd. IX, 1968, S. 1
Ders., »Aspects of Early West African Trade«, World Archaeology, Oktober 1973
Saxon, Earl C., »Prehistoric Economies of the Israeli and Algerian Littorals«, Dissertation, Jesus College, Cambridge 1976
Shaw, Thurstan, »Archaeology in Nigeria«, Antiquity, Bd. XLIII, 1969, S. 187
Ders., »Africa in Prehistory: Leader or Laggard?«, Journal of African History, Bd. XII, 1971, S. 143
Ders., »Early Crops in Africa: A Review of Evidence«, in: Origins of African Plant Domestication, Chicago 1976
Smith, Philip E. L., »Stone Age Man on the Nile«, Scientific American, August 1976
Wendorf, Fred, »The Use of Ground Grain During the Late Paleolithic of the Lower Nile Valley, Egypt«, in: Origins of African Plant Domestication, Chicago 1976
Ders., Said R., und Schild, R., »Egyptian Prehistory: Some New Concepts«, Science, Bd. 169, 1970, S. 1161
Wheatley, Paul, »The Significance of Traditional Yoruba Urbanism«, Comparative Studies in Society and History, Oktober 1970
Wilson, John A., The Culture of Ancient Egypt, Chicago 1951

KAPITEL 12

Ammerman, A. J. und Cavalli-Sforza, L. L., »Measuring the Rate of Spread of Early Farming in Europe«, Man, Dezember 1971
Berciu, Dumitru, Romania, New York 1967
Chadwick, John, »Life in Mycenaean Greece«, Scientific American, Oktober 1972
Crumley, Carole L., »Celtic Social Structure: The Generation of Archaeologically Testable Hypotheses From Literary Evidence«, Museum of Anthropology, Anthropological Papers, Nr. 54, Ann Arbor 1974

Evans, John D., »Neolithic Knossos; The Growth of a Settlement«, Proceedings of the Prehistoric Society, Bd. XXXVII, Teil II, Dezember 1971
Fleming, Andrew, »Tombs for the Living«, Man, Juni 1973
Fox, Sir Cyril, The Personality of Britain, Cardiff, National Museum of Wales 1959
Jacobsen, Thomas W., »17 000 Years of Greek Prehistory«, Scientific American, Juni 1976
Norton-Taylor, Duncan, The Celts, New York 1974
Piggott, Stuart, Ancient Europe, Chicago 1965
Renfrew, Colin, »Monuments, Mobilization and Social Organization in Neolithic Wessex«, in: The Explanation of Culture Change: Models in Prehistory, London 1972
Ders., The Emergence of Civilization: The Cyclades and the Aegean in the Third Millennium B. C., New York 1973
Ders., Before Civilization, New York 1973
Renfrew, Colin, Beyond a Subsistence Economy: The Evolution of Social Organization in Prehistoric Europe, Boston 1975
Ders., »Acculturation and Continuity in Atlantic Europe«, Dissertationes Archaeologicae Gandenses, Bd. XVI, 1976
Rodden, Robert J., »An Early Neolithic Village in Greece«, Scientific American, Januar 1965
Rowlett, Ralph M., »The Iron Age North of the Alps«, Science, 12. Juli 1968
Soudsky, Bohumil und Pavlu, Ivan, »The Linear Pottery Culture Settlement Patterns of Central Europe«, in: Man, Settlement and Urbanism, Cambridge 1972
Tringham, Ruth, Hunters, Fishers and Farmers of Eastern Europe, 6000–3000 B. C., London 1971
Wailes, Bernard, »The Origins of Settled Farming in Temperate Europe«, in: Indo-European and Indo-Europeans, Philadelphia 1970

KAPITEL 13

Allen, Harry, »The Bagundji of the Darling Basin: Cereal Gatherers in an Uncertain Environment«, World Archaeology, Februar 1974
Allen, Jim, »The First Decade in New Guinea Archaeology«, Antiquity, September 1972
Bellwood, Peter, »Fortifications and Economy in Prehistoric New Zealand«, Proceedings of the Prehistoric Society, Juli 1971
Ders., »The Prehistory of Oceania«, Current Anthropology, März 1975
Cassels, Richard, »Locational Analysis of Prehistoric Settlement in New Zealand«, Mankind, Bd. 8, 1972, S. 212
Cassels, Richard, »Human Ecology in the Prehistoric Waikato«, Journal of the Polynesian Society, Juni 1972

Cordy, Ross H., »Cultural Adaptation and Evolution in Hawaii: A Suggested New Sequence«, Journal of the Polynesian Society, Juni 1974
Ders., »Complex Rank Cultural Systems in the Hawaiian Islands: Suggested Explanations for Their Origins«, Archaeology and Physical Anthropology in Oceania, Juli 1974
Ember, Carol R. und Ember, Melvin, Anthropology, New York 1973
Gladwin, Thomas, East Is a Big Bird: Navigation and Logic on Puluvat Atoll, Cambridge, Mass., 1970
Golson, Jack, »The Pacific Islands and Their Prehistoric Inhabitants«, in: Man in the Pacific Islands, Oxford 1972
Ders., »Both Sides of the Wallace Line: New Guinea, Australia, Island Melanesia, and Asian Prehistory«, in: Early Chinese Art and Its Possible Influence in the Pacific Basin, New York 1972
Ders., »The Making of the New Guinea Highlands«, in: The Melanesian Environment: Change and Development, Canberra 1976
Ders., »No Room at the Top: Agricultural Intensification in the New Guinea Highlands«, in: Sunda and Sahul: Prehistoric Studies in Island Southeast Asia, Melanesia, and Australia, London 1976
Ders., und Hughes, P. J., »The Appearance of Plant and Animal Domestication in New Guinea«, Vortrag, ausgearbeitet für den 9. Kongreß der International Union of Pre- and Protohistoric Sciences, Nizza, September 1976
Green, R. C., »Sites With Lapita Pottery: Importing and Voyaging«, Mankind, Dezember 1974
Ders., »New Sites with Lapita Pottery and Their Implications for an Understanding of the Settlement of the Western Pacific«, Vortrag, ausgearbeitet für den 9. Kongreß der International Union of Pre- and Protohistoric Sciences, Nizza, September 1976
Harris, David R., »Subsistence Strategies Across Torres Strait«, in: Sunda and Sahul: Prehistoric Studies in Island Southeast Asia, Melanesia, and Australia, London 1976
Hutterer, Karl L., »The Evolution of Philippine Lowland Societies«, Mankind, Bd. 9, 1974, S. 287
Lewis, David, We, The Navigators, Canberra 1973
Matthiessen, Peter, Under the Mountain Wall, New York 1962
Sahlins, Marshall D., Tribesmen, Englewood Cliffs 1968
Sorenson, E. Richard, »Socio-Ecological Change Among the Fore of New Guinea«, Current Anthropology, Juni-Oktober 1972
Tainter, Joe, »The Social Correlates of Mortuary Patterning at Kaloko, North Konoa, Hawaii«, Archaeology and Physical Anthropology in Oceania, April 1973
Webb, M. C., »The Abolition of the Taboo System in Hawaii«, Journal of the Polynesian Society, März 1965
White, Peter; Crook, K. A. W. und Buxton, B. P., »Kosipe: A Late Pleistocene Site in the Papuan Highlands«, Proceedings of the Prehistoric Society, Bd. XXXVI, 1970

KAPITEL 14

Bada, Jeffrey L. und Helfman, Patricia Masters, »Amino Acid Racemization Dating of Fossil Bones«, World Archaeology, Oktober 1975

Beadle, George W., »The Mystery of Maize«, Field Museum Bulletin, November 1972

Bray, Warwick, »From Foraging to Farming in Early Mexico«, in: Hunters, Gatherers and First Farmers Beyond Europe: An Archaelogical Survey, Leicester 1976

Carlson, John B., »Lodestone Compass: Chinese or Olmec Primacy?«, Science, 5. September 1975

Cobean, Robert H. u. a., »Obsidian Trade at San Lorenzo Tenochtitlan, Mexico«, Science, 12. November 1971

Coe, M. D., America's First Civilization: Discovering the Olmec, New York 1968

Ders., »San Lorenzo and the Olmec Civilization«, in: Dumbarton Oaks Conference on the Olmec, Washington 1968

Flannery, Kent V. u. a., »Farming Systems and Political Growth in Ancient Oaxaca«, Science, 27. Oktober 1967

Ders., »The Olmec and the Valley of Oaxaca: A Model for Inter-Regional Interaction in Formative Times«, in: Dumbarton Oaks Conference on the Olmec, Washington 1968

Ders., »The Origins of the Village as a Settlement Type in Mesoamerica and the Near East: A Comparative Study«, in: Man, Settlement and Urbanism, Cambridge, Mass., 1972

Ders., (Hrsg.), The Early Mesoamerican Village, New York 1976

Ders., und Marcus, Joyce, »The Evolution of the Public Building in Formative Oaxaca«, in: Cultural Change and Continuity, New York 1976

Flannnery, Kent V. und Schoenwetter, James, »Climate and Man in Formative Oaxaca«, Archaeology, April 1976

Galinat, Walton C., »The Origin of Maize«, Annual Review of Genetics, Bd. 5, 1971

Grove, David C., »Chalcatzingo, Morelos, Mexico: A Reappraisal of the Olmec Rock Carvings«, American Antiquity, Oktober 1968

Ders., »The Highland Olmec Manifestation: A Consideration of What It Is and Isn't«, in: Mesoamerican Archaeology: New Approaches, Austin 1974

Ders., u. a., »Settlement and Cultural Development at Chalcatzingo, Science, 18. Juni 1976

Heizer, Robert F., »New Observations on La Venta«, in: Dumbarton Oaks Conference on the Olmec, Washington 1968

Kirkby, Anne V., »The Use of Land and Water Resources in the Past and Present Valley of Oaxaca, Mexico«, Memoirs of the Museum of Anthropology, University of Michigan, Nr. 5, 1973

Lees, Susan H., »Sociopolitical Aspects of Canal Irrigation in the Valley of Oaxaca«, Memoirs of the Museum of Anthropology, University of Michigan, Nr. 6, 1973

MacNeish, Richard S., »Food Production and Village Life in the Tehuacan Valley, Mexico«, Archaeology, Oktober 1971
Ders., »Ancient Mesoamerican Civilization«, Science, 7. Februar 1974
Ders., The Prehistory of the Tehuacan Valley: The Dawn of Civilization, Bd. 6, Austin 1976
Patterson, Thomas C., America's Past: A New World Archaeology, Glenview 1973
Pickergill, Barbara, »Agricultural Origins in the Americas: Independence of Interdependence«, Abhandlung, vorgetragen am Institut für Archaeologie, London, 25. März 1975
Pires-Ferreira, Jane W., »Formative Mesoamerican Exchange Networks With Special Reference to the Valley of Oaxaca«, Memoirs of the Museum of Anthropology, University of Michigan, Nr. 7, 1975
Proskouriakoff, Tatiana, »Olmec and Maya Art: Problems of Their Stylistic Relation«, in: Dumbarton Oaks Conference on the Olmec, Washington 1968
Rainer, Berger, »Advances and Results in Radiocarbon Dating: Early Man in America«, World Archaeology, Oktober 1975
Swanson, Earl H.; Bray, Warwick; und Farrington, Ian, The New World, London, 1976

KAPITEL 15

Blanton, Richard E., »Prehispanic Adaptation in the Ixtapalapa Region, Mexico«, Science, 24. März 1972
Ders., »The Origins of Monte Alban«, in: Cultural Change and Continuity, New York 1976
Bray, Warwick, »The City State in Central Mexico at the Time of the Spanish Conquest«, Journal of Latin American Studies, Bd. 4, 1973, S. 161
Bullard, W. R., Jr., »Maya Settlement Pattern in Northeastern Peten, Guatemala«, American Antiquity, Bd. 25, 1960, S. 355
Coe, Michael D., The Maya, New York 1966
Ders., »Death and the Ancient Maya«, in: Death and the Afterlife in Pre-Columbian America, Dumbarton Oaks Research Library and Collections, Washington 1975
Coe, William R., »Tikal, Guatemala, and Emergent Maya Civilizations«, Science, 19. März 1965
Ders., Tikal: A Handbook of the Ancient Maya Ruins, Philadelphia 1967
Coggins, Clemency Chase, »Painting and Drawing Styles at Tikal: An Historical Iconographic Reconstruction«, Dissertation, Harvard University 1975
Cowgill, George L., »Quantitative Studies of Urbanization at Teotihuacán«, in: Mesoamerican Archaeology: New Approaches, Austin 1974
Flannery, Kent V., »The Cultural Evolution of Civilization«, Annual Review of Ecology and Systematics, Bd. 3, 1972

Ders., und Marcus Joyce, »Formative Oaxaca and the Zapotec Cosmos«, American Scientist, Juli 1976

Hammond, Norman, »The Distribution of Late Classic Maya Major Ceremonial Centres in the Central Area«, in: Mesoamerican Archaeology: New Approaches, Austin 1974

Haviland, W. A., »Stature at Tikal, Guatemala: Implications for Ancient Maya Demography and Social Organization«, American Antiquity, Bd. 32, 1967, S. 316

Ders., »Tikal, Guatemala, and Mesoamerican Urbanism«, World Archaeology, Oktober 1970

Jones, Christopher, »Inauguration Dates of Three Late Classic Rulers of Tikal, Guatemala«, American Antiquity

Marcus, Joyce, »Territorial Organization of the Lowland Classic Maya«, Science, 1. Juni 1973

Ders. »The Origins of Mesoamerican Writing«, Annual Review of Anthropology, Bd. 5, 1976

Ders., »The Iconography of Militarism at Monte Alban and Neighboring Sites in the Valley of Oaxaca«, in: The Origins of Religious Art and Iconography in Preclassic Mesoamerica, Lateinamerikanisches Zentrum der University of California in Los Angeles, 1976

Millon, Clara, »Painting, Writing, and Polity in Teotihuacán, Mexico«, American Antiquity, Juli 1973

Millon, René, »Teotihuacán«, Scientific American, Juni 1967

Ders., »Teotihuacán: Completion of Map of Giant Ancient City in the Valley of Mexico«, Science, 4. Dezember 1970

Ders., »The Study of Urbanism at Teotihuacán, Mexico«, in: Mesoamerican Archaeology: New Approaches, Austin 1974

Neely, James A., »Prehistoric Domestic Water Supplies and Irrigation Systems at Monte Alban, Oaxaca, Mexico«, Vortrag auf der 37. Jahresversammlung der Society for American Archaeology, Miami, Mai 1972

Parsons, Jeffrey R., »Teotihuacán, Mexico, and Its Impact on Regional Demography«, Science, 22. November 1968

Ders., »The Development of a Prehistoric Complex Society: A Regional Perspective from the Valley of Mexico«, Journal of Field Archaeology, Bd. 1, 1974

Pfeiffer, John, »The Life and Death of a Great City«, Horizon, Winter 1974

Proskouriakoff, Tatiana, »Historical Implications of a Pattern of Dates at Piedras Negras, Guatemala«, American Antiquity, Bd. 25, 1960, S. 454

Ders., »The Lords of the Maya Realm«, Expedition, Bd. 4, 1961, S. 14

Puleston, Dennis E., »An Experimental Approach to the Function of Classic Maya Chultuns«, American Antiquity, Juli 1971

Ders., »Intersite Areas in the Vicinity of Tikal and Uaxactun«, in: Mesoamerican Archaeology: New Approaches, Austin 1974

Puleston, Dennis E., »The Art and Archaeology of Hydraulic Agriculture in the Maya Lowlands«, in: Social Process in Maya Prehistory: Studies in Memory of Sir Eric Thompson, New York 1976

Ders., und Puleston, Olga Stavrakis, »An Ecological Approach to the Origins of Maya Civilization«, Archaeology, Oktober 1971

Pyne, Nanette M., »The Fire-Serpent and Were-Jaguar in Formative Oaxaca: A Contingency Table Analysis«, in: The Early Mesoamerican Village, New York 1976

Rensberger, Boyce, »New Finds Suggest Mayas Originated in the Highlands«, New York Times, 11. April 1976

Sabloff, Jeremy A. u. a., »Trade and Power in Post-classic Yucatan: Initial Observations«, in: Mesoamerican Archaeology: New Approaches, Austin 1974

Ders., und Rathje, William L., »The Rise of a Maya Merchant Class«, Scientific American, Oktober 1975

Sanders, William T., »The Cultural Ecology of the Lowland Maya: A Reevaluation« in: The Classic Maya Collapse, Albuquerque 1973

Siemens, Alfred H. und Puleston, Dennis E., »Ridged Fields and Associated Features in Southern Campeche: New Perspectives on the Lowland Maya«, American Antiquity, April 1972

Spence, Michael W., »The Obsidian Industry of Teotihuacán«, American Antiquity, Oktober 1967

Ders., »The Development of the Classic Period Teotihuacán Obsidian Production System«, Vortrag auf der Jahresversammlung der Society for American Archaeology, San Francisco, Mai 1973

Turner B. L., II, »Prehistoric Intensive Agriculture in the Maya Lowlands«, Science, 12. Juli 1974

Vogt, Evon Z., Zinacantan: A Maya Community in the Highlands of Chiapas, Cambridge, Mass., 1969

Weaver, Muriel Porter, The Aztecs, Maya, and Their Predecessors, New York 1972

Winter, Marcus C., »Residential Patterns at Monte Alban, Oaxaca, Mexico«, Science, 13. Dezember 1974

KAPITEL 16

Browman, David L., »Pastoral Nomadism in the Andes«, Current Anthropology, Juni 1974

Cohen, Mark N., »Population Pressure and the Origins of Agriculture: An Archaeological Example from the Coast of Peru«, in: Advances in Andean Archaeology, Chicago 1976

Denevan, William M., »Aboriginal Drained-Field Cultivation in the Americas«, Science, 14. August 1970

Gross, Daniel R., »Protein Capture and Cultural Development in the Amazon Basin«, American Anthropologist, September 1975

Jensen, Peter M. und Kautz, Robert R., »Preceramic Transhumance and Andean Food Production«, Economic Botany, Januar-März 1924

Kaplan, L.; Lynch, Thomas F. und Smith, E. E., Jr., »Early Cultivated Beans (Phaseolus vulgaris) From an Intermontane Peruvian Valley«, Science, 5. Januar 1973

Lathrap, Donald W., The Upper Amazon, New York 1970

Ders., »The Tropical Forest and the Cultural Context of Chavín«, in: Dumbarton Oaks Conference on Chavín, Dumbarton Oaks Research Library and Collections, Washington 1971

Ders., »Gifts of the Cayman: Some Thoughts on the Subsistence Basis of Chavín«, in: Variation in Anthropology, Illinois Archaeological Survey, Urbana 1973

Ders., »The Antiquity and Importance of Long-Distance Trade Relationships in the Moist Tropics of the Pre-Columbian South America«, World Archaeology, Oktober 1973

Ders., »The Origins of Mesoamerican Civilization as Viewed from Northern South America«, Vortrag auf dem 2. Symposium über Mittelamerikanische Archaeologie, Cambridge, August 1976

Ders., »Our Father the Cayman, Our Mother the Gourd: Spinden Revisited, or a Unitary Model for the Emergence of Agriculture in the New World«, in: Origins of Agriculture, Chicago 1976

Ders., Marcos, Jorge, und Zeidler, James, »Real Alto: An Ancient Ecuadorian Ceremonial Center?«, Archaeology, April 1977

Lumbreras, Luis G., The Peoples and Cultures of Ancient Peru, New York 1974

Lynch, Thomas F., »Preceramic Transhumance in the Callejon de Huaylas, Peru«, American Antiquity, April 1971

Ders., »The Antiquity of Man in South America«, Quaternary Research, Bd. 4, 1974, S. 356

MacNeish, Richard S.; Berger, R. und Protsch, Reiner, »Megafauna and Man from Ayacucho, Highlands Peru«, Science, 22. Mai 1970

Ders., Patterson, Thomas C. und Browman, David L., The Central Peruvian Prehistoric Interaction Sphere, Peabody Foundation for Archaeology, Andover 1975

Menzel, Dorothy, »The Inca Occupation of the South Coast of Peru«, Southwestern Journal of Anthropology, Sommer 1959

Ders., »Style and Time in the Middle Horizon«, in: Peruvian Archaeology: Selected Readings, Palo Alto 1967

Moseley, M. Edward, »Subsistence and Demography: An Example of Interaction from Prehistoric Peru«, Southwestern Journal of Anthropology, Frühjahr 1972

Murra, John V., »The Economic Organization of the Inca State«, Dissertation, University of Chicago, 1956

Ders., »Cloth and Its Function in the Inca State«, American Anthropologist, August 1962

Ders., »Herds and Herders in the Inca State«, in: Man, Culture and Animals, American Association for Advancement of Science, Washington 1965

Ders., »An Aymara Kingdom in 1567«, Ethnohistory, Frühjahr 1968
Ders., »Current Research and Prospects in Andean Ethnohistory«, Latin American Research Review, Frühjahr 1970
Ders. und Morris, Craig, »Dynastic Oral Tradition, Administrative Records and Archaeology in the Andes«, World Archaeology, Februar 1976
Parsons, James J. und Denevan, William M., »Pre-Columbian Ridged Fields«, Scientific American, Juli 1967
Patterson, Thomas C., »Central Peru: Its Population and Economy«, Archaeology, Oktober 1971
Ders., »Chavín: An Interpretation of Its Spread and Influence«, in: Dumbarton Oaks Conference on Chavín, Dumbarton Oaks Research Library and Collections, Washington 1971
Pearsall, Deborah M., »Evidence of Maize from Real Alto, Ecuador: Preliminary Results of Opal Phytolith Analysis«, Vortrag auf der 41. Jahresversammlung der Gesellschaft für Amerikanische Archaeologie, St. Louis, Mai 1976
Pires-Ferreira, Jane Wheeler; Pires-Ferreira, Edgardo und Kaulicke, Peter, »Preceramic Animal Utilization in the Central Peruvian Andes with Particular Reference to Uchcumachay Cave and the Puna of Junin«, Vortrag auf der 41. Jahresversammlung der Gesellschaft für Amerikanische Archaeologie, St. Louis, Mai 1976
Rowe, John Howland, »Form and Meaning in Chavín Art«, in: Peruvian Archaeology: Selected Readings, Palo Alto 1967
Willey, Gordon R., »The Early Great Art Styles and the Rise of Pre-Columbian Civilizations«, American Anthropologist, Februar 1962
Wing, Elizabeth, »Animal Domestication in the Andes«, Vortrag auf dem XII. International Congress of Prehistoric and Protohistoric Sciences, Chicago 1973

KAPITEL 17

Bannister, Bryant und Robinson, William J., »Tree-Ring Dating in Archaeology«, World Archaeology, Oktober 1975
Brown, James A., »Spiro Art and Its Mortuary Contexts«, in: Death and the Afterlife in Pre-Columbian America, Dumbarton Oaks Research Library and Collections, Washington 1975
Caldwell, Joseph R., »Interaction Spheres in Prehistory«, in: Hopewellian Studies, Illinois State Museum, Springfield 1964
Chmurny, William Wayne, »The Ecology of the Middle Mississippian Occupation of the American Bottom«
Dragoo, Don W., »Some Aspects of Eastern North American Prehistory: A Review 1975«, American Antiquity, Januar 1976
Ebert, James I. und Hitchcock, Robert K., »Spatial Inference and the Archaeology of Complex Societies«, Abhandlung, ausgearbeitet für die

Konferenz über Formale Methoden der Analyse von regionalen Sozialstrukturen, Santa Fé, Oktober 1973

Ember, Melvin und Ember, Carol R., »The Conditions Favoring Matrilocal Versus Patrilocal Residence«, American Anthropologist, Juni 1971

Ford, Richard I., »Northeastern Archaeology: Past and Future Directions«, Annual Review of Anthropology, Bd. 3, 1974

Ders., »Re-excaviation of Jemez Cave, New Mexico«, in: Awanyu, Archaeological Society of New Mexico, 1. September 1975

Fowler, Melvin L., »A Pre-Columbian Urban Center on the Mississippi«, Scientific American, August 1975

Fritts, Harold C., »Tree Rings and Climate«, Scientific American, Mai 1972

Haury, Emil W., The Hohokam: Desert Farmers and Craftsmen, Tucson 1976

Hill, James N., »A Prehistoric Community in Eastern Arizona«, Southwestern Journal of Anthropology, Frühjahr 1966

Ders., Broken K-Pueblo: Prehistoric Social Organization in the American Southwest, Tucson 1970

Houart, Gail L., »Koster: A Stratified Archaic Site in the Illinois Valley«, Illinois State Museum, Reports of Investigations, Nr. 22, Springfield 1971

Longacre, William A., »Current Directions in Southwestern Archaeology«, Annual Review of Anthropology, Bd. 2, 1973

Ders., »Populations Dynamics at the Grasshopper Pueblo, Arizona«, American Antiquity, April 1975

Osborne, Douglas, »Solving the Riddles of Wetherill Mesa«, National Geographic, Februar 1964

Ders., »Slow Exodus from Mesa Verde«, Natural History, Januar 1976

Pfeiffer, John, »America's First City«, Horizon, Frühjahr 1974

Ders., Indian City on the Mississippi, Time Life Nature, Science Annual, New York 1974

Prufer, Olaf H., »The Hopewell Cult«, Scientific American, Dezember 1964

Schwartz, Douglas W., »Prehistoric Man in Mammoth Cave«, Scientific American, Juli 1960

Struever, Stuart und Houart, Gail L., »An Analysis of the Hopewell Interaction Sphere«, in: Social Exchange and Interaction, Museum of Anthropology, Anthropoligical Papers, Nr. 46, Ann Arbor 1972

Ders., und Vickery, Kent D., »The Beginnings of Cultivation in the Midwest-Riverine Area of the United States«, American Anthropologist, Oktober 1973

Stuart, George E., »Who Were the Mound Builders?«, National Geographic, Dezember 1972

Watson, Patty Jo, »The Prehistory of Salts Cave, Kentucky«, Illinois State Museum, Reports of Investigations, Nr. 16, Springfield 1969

Ders., »Archaeology of the Mammoth Cave Area«, New York 1974

Winters, Howard D., The Riverton Culture, Illinois State Museum, Springfield 1969

KAPITEL 18

Bloch, Maurice, »The Disconnection Between Power and Rank as a Process: An Outline of the Development of Kingdoms in Central Madagascar«, in: The Revolution of Social Systems, London 1976
Carneiro, Robert L., »A Theory of the Origin of the State«, Science, 21. August 1970
Chagnon, Napoleon A., Studying the Yanomamö, New York 1974
Gorlin, Peter, »Medical Variation and the Origin of Social Stratification: A New Guinea Case«, Human Ecology, Oktober 1976
Harding, Thomas G., »Money, Kinship and Change in a New Guinea Economy«, Southwestern Journal of Anthropology, Herbst 1967
Rappaport, Roy A., »Ritual Regulation of Environmental Relationships Among a New Guinea People«, in: Environment and Cultural Behavior, New York 1969
Reichel-Dolmatoff, Gerardo, Amazonian Cosmos, Chicago 1971
Ders., »Cosmology as Ecological Analysis: A View from the Rain Forest«, Man
Uphill, Eric, »The Concept of the Egyptian Palace as a ›Ruling Machine‹ «, in: Man, Settlement and Urbanism, Cambridge, Mass., 1972

KAPITEL 19

Beer, Stafford, Brain of the Firm, New York 1972
Cole, M. und Goody, Jack, »Writing and Formal Operations in Misila«, Africa
Culbert, T. Patrick, The Classic Maya Collapse, Albuquerque 1973
Dales, George F., »The Decline of the Harappans«, Scientific American, Mai 1966
Draper, Patricia, »Socialization for Sex Role Among Kung Bushmen Children«, Vortrag auf der Jahresversammlung der American Association for the Advancement of Science, Philadelphia, Dezember 1971
Ders., »Kung Women: Contrasts in Sexual Egalitarianism in Foraging and Sedentary Contexts«, in: Toward an Anthropology of Women, Lexington 1972
Flannery, Kent V., »The Cultural Evolution of Civilizations«, Annual Review of Ecology and Systematics, Bd. 3, 1972
Goody, Jack, »Evolution and Communication: The Domestication of the Savage Mind«, British Journal of Sociology, März 1973
Jacobsen, Thorkild und Adams, Robert M., »Salt and Silt in Ancient Mesopotamian Agriculture«, Science, 21. November 1958

Johnson, Gregory A., »Information Sources and the Development of Decision-Making Organizations«, Vortrag auf einer Konferenz über soziale Differenzierung und Wechselwirkung an der State University of New York, Binghamton, April 1976

Kelley, David H., »Eurasian Evidence and the Maya Calendar Correlation Problem«, in: Mesoamerican Archaeology: New Approaches, Austin 1974

Kolata, Gina Bari, »Kung Hunter-Gatherers: Feminism, Diet, and Birth Control«, Science, 13. September 1974

Pfeiffer, John, »The Life and Death of a Great City«, Horizon, Winter 1974

Possehl, Gregory L., »The Mohenjo-daro Floods: A Reply«, American Anthropologist, Februar 1967

Ders., »The End of a State and the Continuity of a Tradition: A Discussion of the Late Harappan«

Rathje, William L., »The Last Tango in Mayapán: A Tentative Trajectory of Production-Distribution Systems«, in: Ancient Civilization and Trade, Albuquerque 1975

Renfrew, Colin: »Trade as Action at a Distance: Questions of Integration and Communication«, in: Ancient Civilization and Trade, Albuquerque 1975

Rothschild, Nan A., »Sex, Graves and Status«, Vortrag auf der Jahresversammlung der American Anthropological Association, New Orleans, November 1973

Sabloff, Jeremy und Rathje, William L., »The Rise of a Maya Merchant Class«, Scientific American, Oktober 1975

Tolstoy, Paul, »Cultural Parallels Between Southeast Asia and Mesoamerica in the Manufacture of Bark Cloth«, Transactions of the New York Academy of Sciences, April 1963

Willey, Gordon R., »The Classic Maya Hiatus: A Rehearsal for the Collapse?«, in: Mesoamerican Archaeology: New Approaches, Austin 1974

Personen- und Sachregister

Aalto, Penti 234
Aborigines 60
Adamgarh, Felsenloch von 220
Adams, Robert 181, 185, 195, 214, 506
Agave, Pflanze 359
Ahnenkult 251 ff., 317, 368
Aleppo 185
Algonkin-Indianer 68
Ali Kosh, Fundstelle 118 f., 150, 155, 158, 163, 193
Allen, Harry 328
Altin, Fundstelle 228, 233
American Bottom 469, 476, 481
American Museum of National History 95
Ammermann, Albert 300 f.
Amri, Fundstelle 221
Anaktuvuk, Eskimosiedlung 88
Angkor 266
Anu, Gott 173, 185
Anyang 248, 250 f., 504
Ara, Vogel 457
Archeological Survey of India 230
Archipele, soziale Strukturen in den Anden 437 f.
Architektur, monumentale 348, 441
Assuan-Staudamm 42, 271, 506
Aufstiegs-Motive 403
Ausbreitungswelle, Modell der 301 f.
Ausschwemmtechnik 198
Australian National University, Canberra 94, 218, 334, 338, 347, 350
Autorität, Schaffung von 45, 103, 476
Ayacucho, Höhlen von 438
Azteken 511

Bada, Jeffrey 355
Badehaus 226
Bäume, räumliche Verteilung der 136
Bagdad 185
Baker, Paul 520
Ban Chiang, Dorf 259
Bandar Abbas, Stadt 200
Bangkok, Nationalmuseum in 259
Bareis, Charles 474
Bar-Yosef, Ofer 143
Bates, Daniel 212
Baumaterial 174
Baumethode 154
Bayard, Donn 257, 259
Beadle, George 363
Beerdigungszeremonie 59, 106 f., 305, 467, 516
Begräbnishügel 283
Behrens, William 44
Bellwood, Peter 347
Benin, Stadt 291
Berberschaft 275
Beringstraße 355
Berlin, Heinrich 400
Bevölkerungskonzentration 175, 247, 255, 307
Bevölkerungswachstum 35, 43 ff., 60, 73 ff., 81, 88 f., 101, 157, 161 f., 173, 302, 342, 398, 429, 463, 480, 496, 521
Bewässerung 45, 105, 114, 121, 136, 158–162, 175, 213, 388, 447, 454, 461, 480
Bewirtschaftungszyklus 314
Bibracte, Stadt 322
Binford, Lewis 88, 119
Bishop Museum, Honolulu 351 f.
Bisson, Michael 293

Bitumen 192
Blanton, Richard 387
Bloch, Maurice 297, 499f.
Borobudur, Heiligtum 266
Boserup, Ester 162
Brachperiode 162
Braidwood, Robert 137, 154
Brandeis University 79
Brando, Marlon 347
Bray, Warwick 308
British Academy 117
Broken-K-Ranch 449, 452
Bronson, Bennet 260
Bulla, Tonkugel 206f.
Bullard, William 399
Buto, Stadt 277
Bylany, Fundstelle 314

Caesar, Julius 324
Cahokia 443, 469, 472f., 475f., 481, 491, 504
Caldwell, Joseph 468
California Institute of Technology 79
Cambay, Stadt 230
Cameliden 422
Carbon-14-Methode 127ff., 156, 220, 242, 444, 447, 466
Carnegie Institution 383
Carneiro, Robert 95, 430, 432
Cassels, Richard 350
Catal Hüyük, Fundstelle 156
catchment-analysis 144
Cavalli-Sforza, Luigi 300f.
Chaco Cañon 131, 458f.
Chaco National Park Service's Center, Albuquerque 133
Chadwick, John 236, 311f.
Chagnon, Napoleon 100
Chalcatzingo 375
Chansen, Dorf 262
Charney, Jule 279
Charoenwongsa, Pisit 259
Chavín de Huantar 426
Chavín-Kult 430, 432, 434
Chmurmy, William 476

Choga Mami, Fundstelle 160f., 181
Choga Mish, Fundstelle 196f., 206
Christaller, Walter 136, 179
Christentum, frühes 427
City University of New York 510
Clark, Desmond 276
Cobean, Robert 380
Coe, Michael 370, 374, 380, 382, 393
Coe, William 393
Coggins, Clemency 404
Cole, Michael 527
Colson, Elizabeth 519
Columbia University 122
Columbus, Christopher 325
Combe Grenal, Höhle von 218
Computer, Ausgrabungen mit Hilfe des 139, 234f.
Conklin, Harold 255
Connah, Graham 291
Cook, Della 123, 469
Cook, James 349, 352
Cornell University 417
cornering 454
Coursey, Pat 283
Crumley, Carole 322

Dänisches Nationalmuseum 150
Dales, George 224, 260
Daly, Patricia 122
Danzante-Figur 385, 388f.
Darwin, Charles 58, 76
Davis, David 79
DDT 40f.
Delougaz, Pinhas 195
Deutsches Archäologisches Institut, Bagdad 173
Domestizierung, Wege zur Entdeckung der 121f.
Doppeltotemsystem 381
Dorf, System des 36, 97, 104, 110, 249, 304, 407
Draper, Patricia 95, 513
Drew, Isabella 122

Droge 80
Dünger 82
Dürreperiode 279
Duke University 198

Eanna, Göttin 173, 185
Ebert, James 133, 458
Einfriedung 366
Eisen 321
Eisenberg, John 34
Elite, Entstehung einer 45, 308, 491, 493, 523
Ember, Carol und Melvin 336, 452
Entwässerung 297, 335, 349
Erdhügel, prähistorische 31, 33
Ericson, Leif 345
Eridu, Stadt 184
Ernährungsweise 65, 425
Etla, Ort der Bohne 389
Evans, Arthur 308 f.
Evans, John 306
Existenzstrategie 481 f.
Export 198

Fagg, Bernard 286
Fairservis, Walter 215, 220
Familiarisierung 34 f., 54, 515 f.
Familieneinheit, Gründung einer 156
Familienleben 364
Fandango-Fest 368
Farbe, Gebrauch von 143, 271
Farbenvorstellung 511 f.
Farukhabad, Hügel 192
Feldmaus 120
Feuer 244
–rodung 255, 314, 331, 335, 350
–schlange 379
Fieberbaumrücken, Felsenhügel 56
Field Museum für Naturgeschichte, Chicago 260
Figurinen 124, 286, 290, 304, 368, 375, 467
Fischfang 81 f., 102, 245

Flannery, Kent 117, 155, 175, 364, 368, 379, 402, 518
Fleischessen 52, 56 f., 65
Fleming, Andrew 315
Ford, Richard 446
Fowler, Melvin 473
Franchthi-Höhle, Griechenland 302, 304, 368
Franklin, Benjamin 467
Französische Archäologische Mission 147, 195
Frau, Stellung der 513 ff.
Freie Universität Berlin 169
Frisch, Rose 89
Fronarbeitssystem 196
Fruchtbarkeitskult 305
Führer 266 f., 392 f.
Fusionslinie 122

Galinat, Walton 362, 448
Ganj Dareh, Fundstelle 152
Gartenanbau 85, 255 f., 329, 331, 334, 359
Geburtenzeitspanne 88 f.
Gedächtnisleistung 54, 65
Gehirn, Entwicklung des 56, 62
Geisterhöhle, Thailand 256 f.
Geld 293
Gemeinschaftsplatz 493
Geschenke 70, 100, 112, 297, 336, 428, 468, 484 f.
Gewalttätigkeit 67 ff., 94 f., 101 f.
Gibson, McGuire 181, 188
Giftstoffe 80
Glassow, Michael 446
Gleichheit 38, 69, 97, 188, 365, 487, 489, 513
Godin 204, 208
Götter 45, 115, 188, 237, 263, 305, 439, 499
Golson, Jack 334 f.
Goody, Jack 527
Gorlin, Peter 492 f.
Gorman, Chester 256, 259
Grabbeigabe 106 f., 259, 405, 467 f., 490

Grabstätte 59, 259, 272, 277, 291,
  293, 315, 317f., 322, 404, 415, 440
Grabstock 78, 163, 247, 334
Graham, John 398
Green, Roger 343
Große Kiva, ritueller Raum 457
Großmann-Gesellschaften 38,
  365, 383, 459
Guitarrerro-Höhle, Peru 417, 419,
  421

Habuba, Fundstelle 185
Hadza, afrikanischer Stamm 63
Häuptlingswesen 104, 297, 305,
  350, 353, 382f.
Haltung, aufrechte 54
Hamilton College 425
Hammond, Norman 130
Handel 100f., 193f., 204, 228,
  232, 336, 343, 428, 475, 508f.
Handelsnetz, künstliches 486f.
Handelsroute 204, 228f., 262, 283,
  287, 437, 509
Harappa, Stadt 221, 227f., 231
Hardin, Margaret 130
Harding, Thomas 485
Harlan, Jack 149
Harris, David 88
Harvard Center for Population
  Studies 89
Harvard University 399, 405, 441
Hatchery West, Illinois 119f.
Haufendorf 39
Hauptplatz 393
Haustyp 119f., 295, 451
Havelock, Eric 525f.
Haviland, William 404
Hebräische Universität,
  Jerusalem 120, 143, 148, 186
Heiliger Ort, Tradition des 368,
  373, 392, 411, 500f.
Heilungsritus 87
Heizer, Robert 398
Helbaek, Hans 150
Herbstfest 473
Herd, Feuerstelle 58

Herdenhaltung 86, 146, 275, 364,
  422
Herdentier, Schlachten des 143
Heureka-Theorie 76
Hickory-Nuß 464
Hierakonpolis, Stadt 276
Hierarchie, Entstehung von 93,
  108, 114, 177, 228, 267, 323, 350,
  402, 427, 459, 467, 504f., 518, 520
Higgs, Eric 144
Hill, James 129, 449, 451
Hippopotamus-Knochen 57
Hitchcock, Robert 133, 458
Ho, Ping-ti 250f.
Höfe, Arten von 365f.
Hoffmann, Michael A. 276
Hole, Frank 118
Hole, Fundstelle 213
Holz 194
Hominiden, Glieder der
  Menschenfamilie 49ff.
Hominidenpopulation, Gesamtzahl
  der 73f.
Hommon, Robert 352
Horowitz, Michael 290
Houart, Gail 463f., 468
Howell, Nancy 88
Huari, Ruinen von 438
Hunt, Eva 368
Hunter College, New York 91,
  212, 336
Hutterer, Karl 268
Hybridgetreide 149

Ibadan, Universität 284, 291
Ibn Rashid 186
Idole, Zerstörung von 383
Igbo-Ukwu, Stadt 291
Illinois State Museum 468
Indianer 39, 60, 68, 100, 123, 158,
  198, 329, 360, 444, 448f., 464, 467
Indios, Straßennetz der 133f.
Initiations-Ritus 67
Institut für Archäologie, Peking 243
Institute of Archeology,
  London 306, 308

Institut des Mittleren und Fernen
   Ostens, Rom 198
Institut für Technologie,
   Massachusetts 279
Inzest-Tabu 485
Iran 175, 177
Isaac, Glynn 57
Iwo Eleru, Felsen der Asche 284

Jacobsen, Thomas 302
Jagen, kooperatives 80
Jarmo, Fundstelle 137, 154f.
Jemez-Höhle 446
Jensen, Peter 425
Jericho 156
John Hopkins University 214
Johnson, Gregory A. 179, 195ff.,
   520
Jones, Christopher 403
Jordanien 104
Jordantal, Fundstelle 120
Judge, William 459f.

Kaiki, Schweinetötungsfest 43
Kaiman-Gottheit 434
Kalahari 88
–Buschmänner 65
Kalender 374, 499, 511
Kaminaljuyu 414f.
Kampfritual 94, 102f., 440, 486
Kampsville, Fundstelle 139
Kannibalismus 371, 441
Kantor, Helene 195
Kanu, Entwurf eines 337
Kapelehua, Kawika 342
Kaulicke, Peter 423
Kautz, Robert 425
Keilschrifttafel 189
Keller, David 511
Kelly, Marion 351, 511f.
Kelten 322
Keramik 292
– kegel 179ff., 196
Kile Gul Mohammad (KGM),
   Hügel 220f.
Kleinhüttenmuster 155

Knochen, Analyse fossiler 59
Knossos 307ff.
Koboldmakis 34
Königtum 39, 103, 189, 191, 266,
   290, 292, 490
Kofyar, Stamm der 296
Kohl, Philip 201
Kompaßnadel 375
Kom el Ahmar, Roter Hügel 276
Konfliktregelung 94f.
Kosipe, Fundstelle 330f.
Koskenniemi, Seppo 234
Kosmologie,
   mittelamerikanische 375
Koster-Fundstelle 463
Krankheiten 79, 123f.
Kreta 306
Kriege 253, 350
Kürbis 466
Kuk-Teeforschungsstation 335
Kula-Ring, Inselring-Kette 336
Kunst, prähistorische 62, 81
Kus, Susan 297
Kwang-chih, Chang 244

Lamberg-Karlovsky, Carl 201,
   203
Landbrücke 355
Landschaftsmarkierung, Überreste
   als 120
Landwirtschaft, Technologie in
   der 163
Lapislazuli 198f.
Lascaux, Malereien von 62
Lathrap, Donald 125, 429, 432,
   434, 439
Lattimore, David 214
La Venta 374, 383
Lee, Richard 65, 67f.
Lees, Susan 91, 212
Les Eyzies, Dorf 38, 62, 80, 86
Li-chi, Aufzeichnung von
   Riten 252
Linear A und Linear B,
   Schrift 311
Löß 242

London School of Economics 64, 297
Longacre, William 454
Lothal, Seehafen 230 f.
Lowe, Gareth 382
Luftfotografie 131, 133, 137, 399
Lumbreras, Luis 427
Lynch, Thomas 417, 422

MacAdams, Robert 169, 171
Macht, Konzentration von 184, 266, 280, 319
Machtsymbol 247
MacNeish, Scotty (Richard) 358, 361, 364, 422
Madagaskar 296 f., 499 f.
Männchen, Familiarisierung der 34 f., 515 f.
Mahlzeit, rituelle 406
Mais 359 f., 363, 472
Mais-Bohnen-Nahrung 363
Malerei 62, 287
Mallaha, Dorf 147
Malyan, Hügel 204, 208
Mammut-Tierdarstellung 439
Mandali, Stadt 160
Mangelsdorf, Paul 363
Mangelsituation, Behelfsmaßnahmen in einer 71 f.
Maoris, Ureinwohner Neuseelands 349 f.
Marcus, Joyce 389
Marshall, John 224
Massachusetts Institute of Technology 44
Massenhypnose 318
Massierungseffekt 172
Masson, V. M. 233
Maya-Indios 393, 398, 402, 405, 503
McGill University of Montreal 293
Medizin 80
Meeresspiegel, steigender 255
Meerschweinchen 422

Megalithe 283
Mendelssohn, Heinrich 145
Menschenknochen, Veränderung im 122 f.
Menzel, Dorothy 129 f.
Mesa Verde 449
Meses, König von Ägypten 277
Meshed, Stadt 201 f.
Metallurgie 33, 194, 308
Mikrolithen 143, 285
Millon, René 406
Minos, König 308
Mississipi-Kultur 469
Mohenjo-daro, Stadt 221, 224, 227 f., 230 f., 237, 503, 507, 519
Mont Dardon, Fundstelle 323
Monte Alban, Hügel von 388 f., 392 f., 412, 493, 497
Moundville, Hügelstadt 106 ff.
Mount Hagen 334
Münze 171, 263
Mughul, Rafique 221
Munson, Patrick 279, 282
Murra, John 424, 437

Nahal Hadera V, Fundstelle 146
Nahrung 45, 52, 56, 64, 109, 161
Nahrungsmittelreserven 110
Nahrungsmittelverteilung 186
Nahrungsproblem; s. Versorgungsdruck
Nazca 438
Neandertaler 58 f., 76, 123
Neely, James 118
Nervensystem 54
Netting, Robert 295
Netzdiagramm 131, 134
Neuchâtel, See von 131
Neue-Yam-Festival 283
Nippur, Stadtstaat 183
Nissen, Hans 169, 171, 196
Nomaden, Rolle der 210–215
Non Nok Tha, Hügel 257, 259
Northwestern University 139
Nunez des Prado, Oscar 423

Oates, Joan 160, 181
Oaxaca, Tal von 91, 365, 377, 389
Obsidian 193 f., 304, 343, 380 f., 413, 460
–splitter 79
Oc-eo, Stadt 263, 266
Ohio State University 204
Oliven 307 f.
Olmec-Menschen 370, 372, 374, 377, 379 f., 382, 385
Opfer 188, 252 f., 305, 367, 375, 490
Orakelknochen 250 f., 253
Orientalisches Institut, Chicago 277
Owens Valley, Kalifornien 158

packing effect 134
Pajute-Indianer 158, 329
Palast 309
Palenque 403
Pan-po, Dorf 242
Parker, Hamilton 257
Parpola, Asko und Simo 234
Patterson, Thomas 427, 429
Peabody Foundation for Archeology, Massachusetts 358
Peebles, Christopher 105 ff.
Perkins, Dexter 122
Perlenherstellung 231, 474
Perrot, Jean 147, 195
Peterson, Nicolas 94
Pflanzen, Untersuchung von 118, 163
Pharao von Ägypten 490
Pickersgill, Barbara 422
Piedras Negras 403
Piktogramm 208, 400
Pires-Ferreira, Edgardo 423
–, *Jane Wheeler* 380, 383, 423
Pollenbestimmung 219, 244
Polynesian Voyaging Society 342
Polynesien 345 f.
Porter, James 475
Possehl, Gregory 232
Priesterbeamter 405

Proskouriakoff, Tatjana 383, 523
Protein, Analyse von 355
Pueblo 449, 452, 454, 458
Puleston, Dennis 396
Pyne, Nanette 379
Pyramide 174, 368, 443, 472, 523

Q'ero-Indios 423, 428
Quetta, Stadt 220 f.

Ramon-Nuß 397
Ramses III. 510
Rao, S. S. 230
Rappaport, Roy 43
Rathje, William 404, 406, 521
Real Alto, Fundstelle 439
Redding, Richard 120
Reed, Charles 121
Reichel-Dolmatoff, Gerardo 498
Reisanbau 247, 255 f.
Religion 237, 250 f., 499
Renfrew, Colin 193, 305, 307 f., 318, 321, 347, 520
Rice University 118
Rindenkleidung, Herstellung von 511
Rosenfeld, Henry 186
Rothschild, Nan 516
Rowe, John 426
Rowlett, Ralph 321
Royal Ontario Museum 162
Rutgers University 328

Säen 148
Sahlins, Marshall 38, 111, 345, 353
Saigon, Museum von 263
San Francisco, Dorf in den Anden 432, 440
Sanga, Friedhof 293
San José Mogote 335, 366 f., 377, 379 f., 387
San José University 425
San Lorenzo, Fundstelle 370, 373, 380, 382, 385
Santa Cruz, Fundstelle 343

Sauer, Carl 246
Saxon, Earl 146, 274 f.
Schalenmotive 202
Scherben, Untersuchung von 125, 127 f.
Schimpanse, Verhalten des 52 ff.
Schlag- und Brennmethode 82
Schlammziegel 174
Schmidt, Jürgen 174
Schmuck 60, 62
Schnurkeramik 246 f.
Schrift 33, 205–209, 234, 250, 253, 277, 311, 389, 400, 402, 526 f., 529
Schrire, Carmel 328
Schweine 43 f., 335
Scribner, Sylvia 527
Scripps Institution of Oceanographie 355
Scudder, Thayer 79
Seefahrerwissen 338 f., 342
Selbstbewußtsein, Steigerung des 60
Seßhaftwerden 31, 33, 87 f., 95, 124, 147, 161, 172, 245, 430, 479 f.
Shahr-i Sokhta 197–200, 209
Shang-Aufzeichnungen 250
Shantzis, Steven 44
Shaw, Thurstan 284, 291
Shawcross, Kathleen und Wilfred 350
Shih Huang ti 241
Shipibo-Indios 440
Shoshonen-Indianer 60, 368
Sian, Stadt 241
Sichelglanz 143
Siedlungsgeometrie 97
Siedlungsmuster 136, 154 f., 177, 179, 195 f., 224, 244, 276 f., 304, 399 f., 426, 437 f., 454 f., 457 f., 463 f., 472 f.
Siegel 205, 233, 277
Singh, Gurdip 218 f.
Sippe, Entstehung der 105
Skandinavisches Institut für Asiatische Angelegenheiten 234
Skinner, Williams 136

Sklavenwesen 297 f.
Smith, Carol 198
Smith, Philip 152 f., 162 f.
Smithsonian Institute 34, 194
Snaketown, Fundstelle 447
Snowflake, Fundstelle 449
Sonnenlicht 50
Sorenson, Richard 332
Soudsky, Bohumil 314
Southern Methodist University, Dallas 271
Sozialisierung 31, 34, 54
Spektograph 194
Spence, Michael 413
Spiegel, Herstellung eines 380, 383
Sprache 56, 292
–, dravidische 236
Springmaus 163
Spurenlesen 66
Staat, System des 33, 114, 177, 402, 499 f.
Stadt
–, Entstehung der 37, 40, 169, 171 f., 180 f., 215 ff., 260, 497
–, Leben in der 186, 474
–, System der 183, 322 f., 396 f., 405, 411, 505 ff.
Stammesgröße 60, 67 f.
Stanford University 136, 300
State University of New York 290
State University Pennsylvania 100
Stebbins, Ledyard 77, 247
Steinaxt 328
Steinkammern 315, 317 f.
Steinkopf 372
Steinobjekt 201
Steinsiegel 233
Steinwerkzeug 57, 79
Sterberate 40
Stiles, Ezra 466
Stone, Peter 279
Stonehenge 104 f., 319, 321
Straßennetz 133 f., 231, 458
Struever, Stuart 139, 468

Sturdy, Derek 86
Süßkartoffel 349
Sumer 33, 39, 169, 180, 183, 185, 187f., 192, 203, 232, 489, 507, 518, 525
Sumner, William 204
Susa, Stadt 195ff., 204, 206, 208
Symbole 62, 93, 107, 124, 205, 236, 293, 307, 369, 403, 427, 512

Tabu, Schaffung von 283
Tätowierung 343
Tainter, Joseph 467
Tanzritual 368, 466
Taro, Nahrungsmittel 353
Taruga, Fundstelle 286, 290
Tauschsystem 380f., 399, 435, 469
Tee, Anbau von 334f.
Tehuacan, Tal von 358, 363f.
Teilung 54, 56
Tello, Julio 434
Tempel 174, 184, 263, 305, 367f., 404
Teosinte, Gras 360
Teotihuacán 407, 411, 413, 504, 507, 519
Terrakotta-Figurinen 286, 290
Theseus 308
Thomas, Elizabeth Marshall 65
Tiahuanaco 434f., 438
Tier
–, Domestizierung des 145ff.
–, Untersuchung des 163
Tierknochen 120f.
Tikal 393, 396, 398f., 403, 405, 412, 492, 503, 522
Titschitt, Stadt 279, 282
Tlingit, Stamm 381
Töpferwaren 196, 246, 262
Töten, rituelles 491
Tolstoy, Paul 510, 512
Tongerät, Studium von 124f., 128f.
Tosi, Maurizio 198
Troja 307

Tropical Products Institute, London 283
Tschechoslowakisches Institut für Archäologie 314
Tschengtschou 247f.
Tschernow, Eitan 120
Tsembaga, Bauern in Neuguinea 43
Tukano-Indios 498
Tula'i, Nomadenwohnstätte 211
Turkana-Hirten 278
Turkana-See 56
Turm der Riesen 305
Tushka, Stadt 271f., 276

Uaxactun 493
Uhr, radioaktive 57, 127
University College, London 88, 329
University of Arizona 295, 452
– – Auckland, Neuseeland 328, 343, 350, 423
– – California 57, 102, 129f., 195, 224, 246, 276, 398, 426, 449, 485, 519
– – Cambridge 64, 86, 130, 144, 160, 527
– – Chicago 38, 77, 114, 137, 169, 181, 195, 262, 277, 363
– – Durham 146
– – Illinois 121, 125, 149, 375
– – Indiana 123, 279, 302
– – Massachusetts 62, 363
– – Michigan 43, 70, 105, 114, 117, 120, 123, 268, 297, 406, 446
– – Minnesota 396
– – Missouri 322
– – Montreal 152
– – New Mexico 88, 95, 133, 459, 467
– – Otago 257
– – Oxford 286, 308
– – Pennsylvania 232, 256, 393, 403, 520
– – Rochester 406
– – Sheffield 315

-- Southampton 193
-- Sydney 331
-- Texas 118
-- Toronto 65, 88
-- Vermont 404
-- Virginia 276
-- Washington 379f.
-- Western Ontario 413
-- Wisconsin 474
Uphill, Eric 490
Ur, Stadt 184
Urbarmachung 78
Uruk, Ruinen von 165–185, 192, 195ff., 207, 215, 497, 504, 519

Vassar College 215
Ventris, Michael 311
Venus-Figurinen 124
Versorgungsdruck 71f., 79, 175, 272f., 279, 315, 328f., 428, 446, 479
Verwandtschaft 485
Vielweiberei 156
Vix, Dorf 322
Vogt, Evon 405

Wanderung 58, 77, 87f., 246, 330, 342, 492f.
Warao-Leute 101
Watson, Patty Jo 464
Webster, Steven 423
Wein 307f.
Weiß, Harvey 204
Wellesley College 201
Wendorf, Fred 271
Werjaguar 372, 374, 379, 383
Werkzeug 54, 60, 78, 119, 143f., 217f., 272, 284f., 292, 342f., 412
Wertime, Theodore 194
Wheatley, Paul 114, 260, 262, 266, 291, 500
Wheeler, Mortimer 117, 224, 226, 236
White, Peter 331
Wiener, Norbert 517

Wiesener, Polly 69, 76
Wilbert, Johannes 102
Wildlife Research Center, Tel Aviv 145
Willey, Gordon 441
Wilson, John 277
Winters, Howard 461
Wobst, Martin 62
Wohnstattfeuer 58
Woodburn, James 64
Woodhenge, ritueller Sonnenkreis 474
Wright, Henry 114, 177, 192

Yahya, Hügel 201, 209
Yale University 255, 369
Yams, Pflanze 283f.
Yanomamö-Indios 100f., 486
Yarnell, Richard 464
Yoruba-Fundstelle 287
Yoruba-Stamm 284, 291
Young, Cuyler 162f., 204

Zagros-Berge 142
Zahl, Bedeutung der magischen 519f.
Zahlensystem 374, 511
Zapotec-Indios 387, 389, 392f., 400
Zeder, Melinda 123
Zentralisierungseffekt 172, 177
Zentralort-Theorie 136, 179, 195, 402, 415, 459, 475
Zeremonie 59, 68, 112, 172, 187, 250, 267, 304, 350, 367ff., 373, 406, 422, 440, 473, 484, 498, 523, 526
Ziege, Veränderung der 121
Ziggurat, Stufenpyramide 174
Zivilisation
–, Beginn der 33
–, minoische 308
Zohary, Daniel 148
Zwergmakis 34